Beck'sche Elementarbücher

Arbeitsbücher zur Literaturgeschichte

Herausgegeben von Wilfried Barner und Gunter Grimm
unter Mitwirkung
von Hans-Werner Ludwig (Anglistik)
und Siegfried Jüttner (Romanistik)

Es liegen bereits vor:

Hartmann von Aue
Von Christoph Cormeau
und Wilhelm Störmer

Lessing
Von Wilfried Barner, Gunter Grimm,
Helmuth Kiesel, Martin Kramer

Heinrich Heine
Herausgegeben von Jürgen Brummack

Grimmelshausen
Von Volker Meid

Gerhart Hauptmann
Von Peter Sprengel

Thomas Mann
Von Hermann Kurzke

Die nächsten Bände:

Nibelungenlied (O. Ehrismann)

Die deutsche Komödie des 18. Jahrhunderts
(N. Altenhofer/I. Ruttmann/G. Lohr)

E. T. A. Hoffmann (B. Feldges/U. Stadler)

Verlag C. H. Beck München

Bertolt Brecht
Epoche – Werk – Wirkung

Von Jörg-Wilhelm Joost,
Klaus-Detlef Müller und Michael Voges

Herausgegeben von
Klaus-Detlef Müller

Verlag C. H. Beck München

1985

CIP-Kurztitelaufnahme der Deutschen Bibliothek

Joost, Jörg-Wihelm:
Brecht, Bertolt: Epoche – Werk – Wirkung / von Jörg-Wilhelm Joost, Klaus-Detlef Müller u. Michael Voges. Hrsg.
von Klaus-Detlef Müller. – München: Beck, 1985.
  (Beck'sche Elementarbücher) (Arbeitsbücher zur Literaturgeschichte)
  ISBN 3 406 30871 6

NE: Müller, Klaus-Detlef; Voges, Michael

ISBN 3 406 30871 6

Umschlagentwurf von Walter Kraus, München
Umschlagbild: Rudolf Schlichter, Bildnis Bert Brecht. Bleistiftzeichnung, ca. 1926
(© Galerie Alvensleben, München)
© C.H. Beck'sche Verlagsbuchhandlung (Oscar Beck), München 1985
Satz und Druck: C.H. Beck'sche Buchdruckerei, Nördlingen
Printed in Germany

Inhalt

ARBEITSBEREICH I

Ein sozialistischer Aufklärer in Deutschland, seine Voraussetzungen
und seine Möglichkeiten

6 Inhalt

ARBEITSBEREICH IV

Versuche. Politisch-ästhetische Experimente des Stückeschreibers in der ‚vorrevolutionären' Endphase der Weimarer Republik
(Aufstieg und Fall der Stadt Mahagonny, Das Badener Lehrstück vom Einverständnis, Die Maßnahme, Die Mutter)

ARBEITSBEREICH V

Brechts medientheoretische Überlegungen
(*Radiotheorie* und *Dreigroschenprozeß*)

ARBEITSBEREICH VI

Ein Beispiel aus dem epischen Werk:
Der Dreigroschenroman

ARBEITSBEREICH VII

Gesellschaft und Kunst im ‚wissenschaftlichen Zeitalter'. Brechts Theorie
eines episch-dialektischen Theaters
(Marxistische und philosophische Studien, *Der Messingkauf, Kleines Organon für das Theater, Über den Realismus*)

ARBEITSBEREICH VIII

Die großen Dramen des Exils. Parabelstück und episches Theater

ARBEITSBEREICH IX

Lyrik des Exils und späte Lyrik

ARBEITSBEREICH X

Die Bearbeitungen

ARBEITSBEREICH XI

Vorüberlegungen zur Rezeption

Einleitung

Mit Bertolt Brecht wird erstmals im Rahmen der ‚Arbeitsbücher‘ ein Autor behandelt, dessen Werk ganz dem 20. Jahrhundert angehört. Der geringe Zeitabstand und das Fehlen allgemein anerkannter oder gar verbindlicher Epochenkonzepte werfen Probleme auf, die für die Konzeption dieses Arbeitsbuches bestimmend geworden sind. Zwar sind im historischen Prozeß allenthalben Brüche zu entdecken, doch nirgends ein der Epochenschwelle vergleichbarer Einschnitt. Was am Ende des 19. Jahrhunderts beginnt, was früh schon als Selbstbezeichnung die ‚Moderne‘ wählt, ist sichtbar noch nicht an ein Ende gelangt. Selbst neueste Versuche, philosphische und ästhetische wie publizistische, ein Epochenende herbeizureden – zu denken wäre an den sich einbürgernden Sprachgebrauch ‚Postmoderne‘ –, zeugen nur von einem ungebrochenen Streben nach Kontinuität. Heines Diktum, jede Zeit sei eine Sphinx, die sich in den Abgrund stürzt, sobald ihr Rätsel gelöst ist, geht fehl. Vielmehr hat, wie Hans Blumenberg zeigen konnte, noch die Epochenwende als schärfste Zäsur die Funktion einer Identitätswahrung. Ein einheitsstiftendes Moment dieser eigentümlich unbestimmten Epoche des 20. Jahrhunderts ist nun gerade der Verlust einer selbstverständlichen Einheit, die geschichtsphilosophische Einsicht in die ‚transzendentale Obdachlosigkeit‘ (Lukács) der modernen Welt. Festzuhalten bleibt in diesem Sinne nur die Zusammengehörigkeit eines historischen Erfahrungsraumes, der im 19. Jahrhundert ansetzt und noch die Gegenwart in sich einschließt. Insofern ist das Selbstverständnis der Epoche, die in Brecht einen herausragenden Vertreter gefunden hat, in weiten Teilen identisch mit dem der Gegenwart. Gerade hieraus aber resultiert die besondere Problematik einer dezidiert literaturgeschichtlichen Aufarbeitung des Brechtschen Werkes.

Die Konzeption der ‚Arbeitsbücher‘ trägt der doppelten Vermittlung literaturwissenschaftlicher Gegenstände Rechnung, indem sie die Kategorien der Literarizität und der Historizität als zentrale methodische und didaktische Leitlinien begreift. Die Verfasser haben – trotz der fehlenden historischen Distanz – den Versuch unternommen, diesen beiden methodischen Postulaten gerecht zu werden. Nun mag gerade die konsequente Historisierung eines noch immer wirkungsmächtigen und politisch überaus kontrovers bewerteten Autors, noch dazu im Rahmen eines ‚Arbeitsbuches zur Literaturgeschichte‘, Befremden hervorrufen. Wird damit nicht die ohnehin vorhandene Gefahr einer Kanonisierung Brechts zum

‚sozialistischen Klassiker mit Goldrand' noch verschärft? Verrät eine derartige literarhistorische Eingemeindung nicht die umfassenden gesellschaftsverändernden Wirkungsabsichten des Stückeschreibers, ist sie nicht selbst untrügliches Anzeichen seiner endgültig verlorengegangenen Aktualität? Die Berechtigung solcher Kritik hängt nicht zuletzt ab vom Zutreffen der von ihr gemachten Prämisse: der unmittelbaren gesellschaftskritischen Relevanz von Literatur und literaturwissenschaftlicher Forschung. „Die Welt des tradierten Sinnes erschließt sich dem Interpreten nur in dem Maße, als sich dabei zugleich dessen eigene Welt aufklärt." (Habermas 1973) Ein solches Moment reflexiver Aufklärung beschreibt nicht allein den Rahmen für die Formulierung erkenntnisleitender Interessen im Bereich der Literaturwissenschaft; sie bezeichnet zugleich die Grenze ihrer gesellschaftskritischen Relevanz. Eine unmittelbar gesellschaftsverändernde Praxis ist nur mittels einer ahistorischen und damit letztlich unkritischen Instrumentalisierung literaturwissenschaftlicher Gegenstände möglich. Die spezifische Aktualität Brechts ergibt sich erst aus der beharrlichen Berücksichtigung der literarischen Gestalt und des geschichtlichen Charakters seiner Werke. Die epochalen historischen Voraussetzungen beschreiben mit den Möglichkeiten zugleich die Grenzen des Stückeschreibers, die produktiv aufzuheben den ‚Nachgeborenen' aufgegeben bleibt. „Die Widersprüche sind die Hoffnungen." So lautet das Motto zum *Dreigroschenprozeß*. Das heißt zugleich: nur wenn die Widersprüche als historische erkannt sind, können die Hoffnungen zu gegenwärtigen werden. Erst eine konsequente Historisierung des Stückeschreibers könnte seine mögliche Aktualität erweisen.

Besondere Schwierigkeiten ergaben sich für den Arbeitsbereich I. Hier sollten epochale gesellschaftliche Zusammenhänge des 20. Jahrhunderts skizziert werden, die eine Rekonstruktion des gesellschaftlichen Erfahrungshorizonts ermöglichen, der Produktion und Rezeption des Brechtschen Werkes bestimmt hat. Dabei konnte der Schwerpunkt nicht auf einer ereignis- oder personenbezogenen Darstellung liegen. Beabsichtigt war vielmehr eine systematische Präsentation wesentlicher Strukturen und Prozesse in Wirtschaft, Gesellschaft und Staat in Deutschland im 20. Jahrhundert. Zugleich waren mit dem ‚Strukturwandel der Öffentlichkeit' (Habermas) und einem Abriß zur ‚Institution Kunst' (Bürger) in der bürgerlichen Gesellschaft zentrale Rahmenbedingungen für die ästhetische Produktion der Moderne zu berücksichtigen.

Die Vermittlung der durchweg theoriegeleiteten Informationen zu einer Sozialgeschichte des 20. Jahrhunderts stellt zugegebenermaßen erhebliche Ansprüche an den Benutzer des Arbeitsbuchs. Doch sollte hier die Verkürzung komplexer gesellschaftsgeschichtlicher Theorien zum werkspezifischen Kommentar bewußt vermieden werden. Die Komplexität der Gesellschaftsgeschichte des 20. Jahrhunderts verbot eine – ohne hin problematische – Kompilation theoretisch ungeklärter empirischer Daten und Ereignisse. (Zur näheren Begründung dieses Vorgehens vgl. AB I, S. 23–28.)

Die Dimensionen des Gegenstandes (Wilhelminisches Kaiserreich, Revolution 1918/19, Weimarer Republik, Drittes Reich, Nachkriegsdeutschland, Deutsche Demokratische Republik und Bundesrepublik Deutschland) ließen zudem äußerste Konzentration und Beschränkung geraten erscheinen. Die wirtschaftliche, politische und gesellschaftliche Entwicklung der DDR konnte hier nur ansatzweise skizziert werden. Das Schwergewicht der Darstellung liegt nach 1945 eindeutig bei der Bundesrepublik. Die Gründe dafür sind vielfältig: Die unvergleichlich größere Kontinuität, die das für die gesamte Epoche charakteristische Darstellungsparadigma des Organisierten Kapitalismus in der Bundesrepublik erkennen läßt, wäre hier ebenso zu nennen wie die schlechtere Quellen- und Forschungslage für die DDR.

Entscheidend aber wurde ein anderer Gesichtspunkt, der den gegenwärtigen Schwierigkeiten mit dem Autor Brecht Rechnung zu tragen versucht. Die allenthalben beklagte Brecht-Müdigkeit erklärt sich nicht zuletzt aus der vermeintlichen Allwissenheit des Stückeschreibers, dessen Antworten in dem Maße frag-würdig werden, wie die geschichtliche Entwicklung einer politischen Theorie den Boden entzieht, auf die Theorie und Praxis des episch-dialektischen Theaters gegründet sind. Die gesellschaftsgeschichtliche Skizze des Arbeitsbereichs I, die bewußt auch die bundesrepublikanische Entwicklung bis in die Gegenwart einbezieht, will die jüngere Vergangenheit in eine erklärungsträchtige Distanz rücken, die hilfreich für den Fall sein kann, daß eine Aktualisierung des Brechtschen Werkes auf der Grundlage seiner Historisierung versucht wird. Grenzen von Brechts politischer Theorie werden dadurch erkennbar, aber auch Grenzen und Möglichkeiten seiner Stücke, deren Kapitalismuskritik ja ebenfalls einer – tendenziell anachronistischen – marxistischen Theorie geschuldet ist. Über die Problematik der Prämissen der Brechtschen Theatertheorie (AB VII) kann aber nur gehandelt werden, wenn die politische Theorie des Stückeschreibers in einen zeitgemäßen gesellschaftsgeschichtlichen Rahmen gestellt wird. Diese Arbeit wird dem Leser des Arbeitsbuchs nicht abgenommen. Der Arbeitsbereich I stellt ihm dafür lediglich einige notwendige Werkzeuge zur Verfügung.

Die Analysen sollen auf der Grundlage dieser historischen Rahmenbedingungen einen textbezogenen Überblick über das Brechtsche Gesamtwerk geben. Sie orientieren sich am Gesichtspunkt seiner Literarizität, d.h. sie widersetzen sich dem in jeder Blickrichtung wohlfeilen Vorverständnis eines bestimmenden politischen Aktionismus. Der Deutungsansatz beruht auf der Annahme, daß die gesellschaftsverändernden Intentionen literarisch vermittelt sind und in ihrer ganzen Komplexität erst erkennbar werden, wenn man sie als solche begreift.

Die einzelnen Arbeitsbereiche stehen jeweils unter leitenden Fragestellungen, die als Gesichtspunkte für eine Auseinandersetzung, nicht als abschließende Ergebnisse einer literaturgeschichtlichen Würdigung gemeint sind. Es schien uns sinnvoll, unterschiedlich zu akzentuieren und zwischen einer Darstellung im Überblick und exemplarischen Analysen zu wechseln. Dabei ergab sich allerdings die Notwendigkeit, wichtige Werke unberücksichtigt zu lassen. Eine Aussage über ihre Bedeutung ist damit nicht beabsichtigt. Für die spätere Lyrik etwa sind deutliche Akzente gesetzt, die sich aus der Orientierung auf ihre funktionalen Zusammenhänge ergeben. Die Prosa, deren stärkere Beachtung neuerdings gefordert wird, ist gewiß unterrepräsentiert: die kleine Form der Keuner-Geschichten und des *Me-ti*, die Kalendergeschichten oder auch die Dialogform der *Flüchtlingsgespräche* hätten aber einen je eigenen Zugang erfordert, während für den *Tui*-Komplex ein aufwendiger Rekonstruktions- und Strukturierungsversuch notwendig gewesen wäre. Für den Bereich des Dramas halten wir den Verzicht auf den Einakter für unproblematisch. *Die heilige Johanna der Schlachthöfe* wird man hingegen zu Recht vermissen: bei der für die ‚Versuche' gewählten Darstellungsweise hätte sie jedoch zu viel Raum beansprucht. Für das Spätwerk hingegen schien es uns richtig, auf die Bearbeitungspraxis im Rahmen der Theaterarbeit einzugehen – *Die Tage der Commune* und *Turandot oder der Kongreß der Weißwäscher* mußten deshalb ausgespart werden. Mit der Berücksichtigung der bislang von der Forschung kaum beachteten medientheoretischen Schriften Brechts versucht das Arbeitsbuch demgegenüber einen Vorstoß in Neuland.

Es legt sich jedoch für den Bereich der Rezeption eine Zurückhaltung auf, die angesichts einer emphatisch geführten Diskussion um die Aktualität oder Klassizität des (Theater-) Autors und auf dem Hintergrund eines Forschungszweiges, der Konjunktur hat und Brecht unter einer Pluralität von Perspektiven zu erschließen beginnt, befremdlich erscheinen mag und der Erklärung bedarf.

Im Vergleich zu den Gegenständen anderer Arbeitsbücher mögen die Argumente des geringen Zeitenabstands und der Unabgeschlossenheit der Epoche von der Seite pragmatischer Erwägungen relativ plausibel erscheinen, läßt doch der Überblick über die Forschungsgeschichte bereits erkennen, welchen und wie starken Schwankungen bereits die Gegenstandskonstitution unterliegt. Das Faktum einer disparaten oder gespaltenen Rezeption gehört zweifellos zu den Gemeinplätzen jeder Rezeptionsforschung. Sie haftet an deren Gegenständen auch dort, wo die Urteilsstrukturen eine geringere ideologische Voreingenommenheit verraten als beispielsweise im Bereich der Heine-Rezeption. Aber das Moment des Disparaten ist hier bereits wesentlich ein Moment der Literaturgeschichtsschreibung, das sich in eindeutig periodisierbaren Phasen der Urteils- und Ideologiegeschichte innerhalb der Wirkungsgeschichte des Autors niederschlägt. Die Wirkungsgeschichte hat den historischen Ort ihres Gegenstands bereits definiert. Sie liefert der Rezeptionsanalyse gesicherte Befunde, die die Wechselbeziehung zwischen Gesellschaftsgeschichte und Geschichte der Gestaltung verläßlich zu rekonstruieren und die Dimension der Rezeptionsforschung im Singular zu formulieren erlaubt: es gibt die Rezeption eines Autors als ein Rahmenkonstrukt, an dessen Vorgaben sich die Untersuchung jeder Partialrezeption orientieren kann, auch in der Form kritischer Abgrenzung. Bezüglich Brechts zögert man indessen von *der* Brecht-Rezeption zu sprechen; zu disparat sind die Sektoren, deren Ungleichzeitigkeit ins Auge fällt. Wer Brecht-Rezeption sagt, meint primär die Bühnenrezeption des ‚Theaterklassikers'. Nur auf diese Rezeption lassen sich überhaupt (erste) Versuche der Periodisierung (vgl. Aktualisierung Brechts, L⁺ 318, S. 4 ff; Brechtdiskussion, L⁺ 312) oder der gegenwärtig zu beobachtenden Ausweitung des Untersuchungsspektrums durch die Einbeziehung der Theaterrezeption im europäischen Ausland und in den Ländern der Dritten Welt sinnvoll beziehen, Ansätze, die die vergleichende Betrachtung einer im Verordnungswege oder über die Strategien des Marktes gelenkten ideologisch fixierten Rezeption im geteilten Deutschland zu verdrängen beginnen. Daß Brecht-Rezeption mehr und auch wesentlich anderes bedeutet als Theaterrezeption, mag vor allem an den Bereichen einer produktiven Rezeption (Drama und Lyrik in der Tradition Brechts; Brecht als Gegenstand der bildenden Kunst/Karikatur und der Vertonung etc.) erkennbar werden, mag die Bühnenrezeption sich hier auch einordnen wollen. In den Bereichen spezialisierter Rezeption hat die Forschung bereits wertvolle Vorarbeiten geleistet. Es fehlen jedoch einschlägige Forschungsberichte oder -überblicke, die auch das Brecht-Jahrbuch, das der Rezeptionsforschung Impulse vermittelt hat (solange es erschien), nicht vorgelegt hat.

Bevor sich die Rezeptionsforschung jedoch der Aufgabe der Skizzierung einer Wirkungsgeschichte Brechts in der Bundesrepublik analog dem Versuch Mittenzweis für die DDR (Mittenzwei, L⁺ 115) stellen kann, wären die für die Brecht-Rezeption relevanten Sektoren allererst zu benennen und in ihrem Zusammenhang mit den Faktoren, die Rezeption ermöglichen und steuern, systematisch darzustellen (Kultur- und Bildungssektor: Theater, Presse- und Verlagswesen, Schule und Hochschule etc.) und auf den Stand der außerordentlich kontrovers geführten Diskussion in der Rezeptionstheorie zu beziehen. Davon ist die Brechtforschung jedoch – auch in Ermangelung verläßlicher statistischer Erhebungen – noch weit entfernt. So kann das Arbeitsbuch die Tugend der Zurückhaltung nach Lage der Dinge nur aus der Not begründen, eingedenk der Tatsache, daß Defizite auf Desiderate weisen, deren sich künftige Rezeptionsforschung kritisch annehmen mag.

Es schließt sich jedoch zugleich kritisch der Diskussion um den totgesagten Brecht an, indem es die Gelegenheit zur Veröffentlichung der Rede Hans Mayers ergreift, in seinem Sinne auf die eilfertigen Nekrologe und ihre modischen Begleiterscheinungen eingeht und das geistige Klima kennzeichnet, in dem augenblicklich ‚Brechtrezeption‘ gedeiht. Gerade weil sein Gegenstand historisch noch nicht eindeutig fixiert ist, muß hier gelegentlich auch polemische Stellungnahme erlaubt sein.

Die verwendete Forschungsliteratur ist in den Grundlageninformationen zu den einzelnen Arbeitsbereichen und in der Gesamtbibliographie zusammengestellt und nachgewiesen. Da das Arbeitsbuch sich nicht als Kompendium oder Handbuch versteht, sondern zur selbständigen Beschäftigung mit den Texten anleiten und auf mögliche Problemstellungen hinweisen will, ist ein vollständiger Überblick über die Brechtforschung nicht angestrebt.

Andererseits waren bei der noch offenen Diskussion wertende Vorentscheidungen so weit wie möglich zu vermeiden: deshalb ist die Zahl der verzeichneten Titel relativ groß. Um die Bibliographie dennoch übersichtlich zu halten und eine rasche Information zu gewährleisten, wurde sie durchnumeriert, beginnend bei den Teilbibliographien in den Grundlageninformationen der einzelnen Arbeitsbereiche (chronologische Anordnung) und endend mit der Gesamtbibliographie (alphabetische Anordnung). Nachweise erfolgen durch Angabe des Verfassernamens und die Nummer in der Bibliographie in Verbindung mit der Sigle L (L^+ für Titel, die kommentiert sind). Eine Ausnahme bildet die Teilbibliographie zum Arbeitsbereich I, die nicht durchnumeriert wurde: Nachweise erfolgen durch Angabe von Verfassernamen und Erscheinungsjahr. Arbeiten, die für den Argumentationszusammenhang wichtig sind, werden kommentiert, jedoch war es nicht möglich, immer wieder genannte Untersuchungen (z.B. Knopf, L^+ 294; Mennemeier, L^+ 409 oder Hinderer, L^+ 322) wiederholt in Teilkommentaren zu behandeln.

Einheitliche Zitiergrundlage ist die 20bändige *werkausgabe edition suhrkamp*, auf die durch Angabe von Band und Seitenzahl verwiesen wird. Die übrigen zitierten Quellen sind im Abkürzungsverzeichnis angegeben.

Zum Gegenstand aller Arbeitsbereiche wurden in der Vorbereitungsphase Lehrveranstaltungen an der Universität Kiel durchgeführt, in denen die Deutungsansätze und Akzentuierungen entwickelt und erprobt wurden. Die Verfasser bekennen sich dankbar zu einer Fülle von Anregungen und Einsichten in Diskussionsbeiträgen, Arbeitspapieren, Seminar- und Staatsexamensarbeiten ihrer Studenten, die ohne Nachweise in die Ausführungen eingegangen sind.

Die Gesamtkonzeption des Buches wurde von den Verfassern gemeinsam entwickelt, die einzelnen Teile in ständiger Kooperation und Diskussion geschrieben. Dabei ging es nicht darum, die Positionen auf einen gemeinsamen Nenner zu bringen und auf ein Argumentationsschema zu vereinheitlichen, sondern sie bei gegenstandsspezifisch unterschiedlichen Vorgehensweisen vermittelbar zu halten. Individuelle Schreibweisen wurden von vornherein zugestanden. Bestimmend war aber der Gesichtspunkt, daß die Ergebnisse auf nachprüfbare Weise hergeleitet werden und als Anregungen zu eigener Arbeit am Text zu verstehen sind.

Die Anteile der Verfasser verteilen sich folgendermaßen: Jörg Joost ist verantwortlich für AB IX und X sowie den Abschnitt 1.2. in AB IV, Klaus-Detlef Müller für AB II, III, V, VI, VIII und XI, 2., Michael Voges für AB I, IV und VII. Die Manuskripte wurden im Herbst 1984 abgeschlossen.

Wir danken Hans Mayer für die freundliche Genehmigung zum Abdruck seiner Rede anläßlich der Eröffnung des Frankfurter Brecht-Colloquiums 1978.

Abkürzungsverzeichnis

1–20	= werkausgabe edition suhrkamp Bd. 1–20 (L 223)
V	= Versuche (L 214)
G	= Gedichte (L 217)
T	= Schriften zum Theater (L 218)
AJ	= Arbeitsjournal (L 226)
Tb	= Tagebücher 1920–1922. Autobiographische Aufzeichnungen 1920–1954 (L 225)
B	= Briefe (L 227)
TF	= Texte für Filme (L 222)
Ba	= Baal. Drei Fassungen (L 228)
D	= Im Dickicht der Städte (L 230)
BBA	= Bertolt Brecht Archiv (Mappe/Blatt)
AB	= Arbeitsbereich
L	= Die Sigle verweist, in Verbindung mit einer Ziffer, auf die entsprechende Nummer in der Bibliographie. Die Zählung beginnt bei den Teilbibliographien in den Grundlageninformationen zu den Arbeitsbereichen und setzt sich in der Gesamtbibliographie fort. L$^+$ bedeutet, daß der entsprechende Titel kommentiert ist. Forschungsliteratur wird mit Verfassernamen und entsprechender Nummer (L, L$^+$) der Bibliographie zitiert. Eine Ausnahme bildet die Teilbibliographie zum Arbeitsbereich I: deren Titel werden durch Angabe von Verfassernamen und Jahreszahl zitiert.
K$^+$	= Hinweis, daß der entsprechende Titel an anderer Stelle (Seitenangabe) (teil-)kommentiert wird.

Arbeitsbereich I

Ein sozialistischer Aufklärer in Deutschland, seine Voraussetzungen und seine Möglichkeiten

0. *Vorbemerkung*

Der Versuch, das Werk Bertolt Brechts im Kontext seiner historischen Produktions- und Rezeptionsbedingungen darzustellen, wirft Probleme auf: Es fehlt eine epochale Rückendeckung, d. h. sozialgeschichtliche und literaturgeschichtliche Epochenkonzepte sind, soweit überhaupt vorhanden, von ungleich kürzerer Reichweite und geringerem Erklärungswert als etwa bei dem ‚bürgerlichen Aufklärer' Lessing. Die relative geschichtliche Nähe des Autors sowie sein politisch kontroverser Status lassen den Gegenstand dieses Arbeitsbuches als einen Gegenstand sui generis erscheinen. Hinzu kommt, daß der Stückeschreiber, wie kaum ein anderer, sein soziales, politisches und literarisches Selbstverständnis aus einer hochgradig bewußten und theoretisch fundierten Auseinandersetzung mit den gesellschaftlichen Verhältnissen seiner Zeit entwickelt hat.

Die Historisierung eines beinahe gegenwärtigen Autors, der seine politisch-gesellschaftlichen und literarischen Voraussetzungen und Möglichkeiten im historischen Kontext reflektiert hat, könnte überflüssig scheinen; die Versuchung war und ist groß, Brechts Gesellschafts- und Geschichtsanalysen unbesehen für eine – ohnehin noch in weiten Teilen zu schreibende – Sozialgeschichte seiner/unsrer Epoche zu nehmen. Die jüngere Rezeptionsgeschichte, die wissenschaftliche nicht ausgenommen, zeigt die prekären Folgen eines solchen Sonderstatus, der einem literarischen Gegenstand den falschen Schein von Unmittelbarkeit und dem gesellschafts- und literaturtheoretischen Werk den zweifelhaften Charakter einer nicht weiter hinterfragbaren, nurmehr exegetisch zu behandelnden Autorität verleiht. Die negative Version dieses problematischen Verfahrens einer literarisch-politischen Legendenbildung findet sich dann in neueren Versuchen, den solchermaßen heiliggesprochenen Autor als einen weit überschätzten Vereinfacher der neueren deutschen Literatur zu verketzern und ihm zum achtzigsten Geburtstag den feuilletonistischen Totenschein auszustellen (H. Karasek, Brecht ist tot, Der Spiegel, 27. 2. 1978). Keinesfalls sollte die Legende um ein wirkungsgeschichtliches Martyrium ergänzt werden.

Eine mögliche Nähe zum Werk Brechts ist nur aus der Entfernung zu gewinnen. Solcherart distanzierte Nähe wird ermöglicht erst durch eine Rekonstruktion des gesellschaftlichen Erfahrungshorizonts des Literaturproduzenten Brecht, die ihr Material zwar bezogen auf den Autor, aber unabhängig von ihm gewinnt. Ein angemessenes historisches und ideologiekritisches Verständnis ist auch und gerade bei Brecht nur gewährleistet durch eine strikte Relativierung der Selbstaussagen, die keineswegs eine sozial- und literaturwissenschaftliche Analyse erübrigen können.

Die folgende Darstellung der ökonomischen, sozialen und politischen Geschichte des 20. Jahrhunderts ist dem Programm einer historischen Sozialwissenschaft verpflichtet (vgl. Kocka 1977, Wehler 1980 in der Bibliographie zum AB I). Ein grundlegender Paradigmenwechsel hat in den letzten beiden Jahrzehnten das methodische Grundmuster der Politik- und Diplomatiegeschichte zurückgedrängt. Es scheint, als habe sich die Gesellschaftsgeschichte von einer begrenzten Teildisziplin zum neuen Grundmuster einer auf die Totalität des historischen Prozesses zielenden Synthese historiographischer Theoriebildung und Praxis entwickelt. Gesellschaftsgeschichte meint die sozialgeschichtliche Interpretation der allgemeinen Geschichte. Strukturen und Prozesse, funktionale Zusammenhänge haben den Vorrang vor Ereignissen und Handlungen, Personen und Entscheidungen. Die Geschichte selbst stellte den Freiheits- und Persönlichkeitsbegriff der traditionell historistisch orientierten bürgerlichen Geschichtswissenschaft in Frage. Die Kollektivität der neuen historischen Subjekte, das komplizierte Beziehungsgefüge, das individuellem Handeln als Spiel- und Wirkraum vor- und nachgeordnet ist, haben die Intentionalität als historische Grundkategorie relativiert: Gesellschaftsgeschichte sucht als Funktionsgeschichte mit der Beschreibung und Erklärung von Strukturen und Prozessen die Bedingungen historischen Verhaltens anzugeben, Bedingungen allerdings, die nicht allein das Wirkliche zum Notwendigen (v)erklären, sondern auch das Mögliche als aus bestimmten Gründen verhinderte Option der Geschichte erkennbar werden lassen.

Die Dialektik des geschichtlichen Prozesses ist nach vorn hin offen. „Die Menschen machen ihre eigene Geschichte", heißt es bei Marx, „aber sie machen sie nicht aus freien Stücken, nicht unter selbstgewählten, sondern unter unmittelbar vorgefundenen, gegebenen und überlieferten Umständen." (Marx, Der achtzehnte Brumaire des Louis Bonaparte) Allerdings bedarf das Geschäft des „rückwärts gekehrten Propheten" (Friedrich Schlegel) zeitgemäßer Methoden und Darstellungsweisen. Mehr denn je entzieht die Geschichte des 20. Jahrhunderts sich erzählerischer Darbietung. Chronologisch-ereignisgeschichtliche Reduktion verfehlt notwendig ihren Gegenstand. Hat die Erzählliteratur der Moderne aus der schwindenden Verfügbarkeit welthafter Wirklichkeit längst die Schlußfolgerung gezogen, indem sich der Sinn des Erzählens mehr und mehr aus dem Erzählten in die Erzählung selbst zurückzog, so hat sich die traditionelle historische Forschung vergleichbaren Konsequenzen lange Zeit verweigert. Historischer Sinn haftet aber den Dingen ‚wie sie sind' nicht unmittelbar an; er ergibt sich nicht aus der Reproduktion des vermeintlich Faktischen. Geschichtlich-gegenwärtiger Sinn erwächst vergangenen Wirklichkeiten erst aus der Deutung, die sie im Rahmen einer Theorie der Gesellschaft erfahren, die weder dem Fetischismus der Fakten noch dem der ‚objektiven Gesetze' aufzusitzen droht. Existiert eine solche Gesellschaftstheorie auch erst in Ansätzen, so erlauben diese doch schon eine grundsätzliche Perspektivierung und methodische Durchdringung der historischen Forschung, die ohne Teiltheorien, ohne heuristische Modelle, die den Zusammenhang der bekannten Daten, Fakten, Ereignisse, Strukturen und Prozesse in Wirtschaft, Herrschaft und Kultur angemessen zu beschreiben und zu erklären in der Lage sind, nicht länger auskommen kann.

Daher erfolgt die Darstellung der politischen, ökonomischen und gesellschaftlichen Entwicklung Deutschlands im 20. Jahrhundert im Rahmen ausgewählter Theoriemodelle der historischen Sozialwissenschaften. Berücksichtigt werden der „Organisierte Kapitalismus" (Hilferding), der „Strukturwandel der Öffentlichkeit" (Habermas), die historische Kulturtheorie (Claessens/Thompson) und die „Institution Kunst" (Bürger). Der Gegenstandsbereich der herangezogenen Theorien ist nicht auf die Biographie des behandelten Autors beschränkt. Es schien sinnvoll, allgemeine gesellschaftsgeschichtliche Zusammenhänge des 20. Jahrhunderts herauszuarbeiten, um von hier aus die Rekonstruktion des gesellschaftlichen Erfahrungshorizonts des Stückeschreibers zu ermöglichen. Damit werden zugleich die Voraussetzungen für eine behutsame ideologiekritische und historische Relativierung Brechts geschaffen, dessen Werk sich nach 1945 in beiden deutschen Staaten einer überaus kontroversen, ideologisch verzerrenden Vorannahmen verpflichteten Rezeption ausgesetzt sah. Die Kunst des „wissenschaftlichen Zeitalters" (Brecht) wird auf diese Weise in einen historischen Bezugsrahmen gestellt, der eine kritische Einschätzung ihrer eigenen gesellschaftstheoretischen Prämissen erlaubt. Brechts auf marxistischer Grundlage entstandene Gesellschafts- und Geschichtstheorie wird zunächst ausgespart, um der Gefahr eines weit verbreiteten methodischen Zirkelschlusses zu entgehen: Das in den neuerdings zahlreichen ‚Sozialgeschichten der Literatur' häufig praktizierte Verfahren, gesellschaftsgeschichtliche Theorien zum gegenstandsspezifischen Werkkommentar zu verkürzen, wird hier bewußt vermieden. Der Arbeitsbereich I skizziert epochentypische Bedingungen ästheti-

scher Produktion und Rezeption, die grundsätzlich für jeden Autor des
20. Jahrhunderts Gültigkeit besitzen.

Das wichtigste Paradigma für die Darstellung lang- und mittelfristiger
Prozesse im wirtschaftlichen, sozialen und politischen Bereich bildet das
Konzept des ‚Organisierten Kapitalismus‘. Gemeint ist mit diesem von
dem marxistischen Theoretiker und sozialdemokratischen Politiker Rudolf Hilferding geprägten Begriff „die Ablösung einer von Einzelunter-
nehmern getragenen und gegen Staatseingriffe weitgehend abgeschirm-
ten Wettbewerbswirtschaft durch eine hochgradig konzentrierte, innerlich bürokratisierte und verbandsmäßig organisierte Wirtschaftsordnung, deren Funktionsfähigkeit durch Staatsinterventionen unterschiedlichster Qualität gesichert wird“ (Winkler 1974). Das Modell des Organisierten Kapitalismus scheint geeignet, wesentliche Strukturveränderun-
gen in Staat, Wirtschaft und Gesellschaft des späten 19. und des 20. Jahrhunderts auf den Begriff zu bringen. Wird gemeinhin der Beginn des
Organisierten Kapitalismus mit der Großen Depression von 1873 ange-
setzt, so besteht keine Einigkeit darüber, ob bzw. wann diese Periode ihr
Ende gefunden hat. Bei der folgenden Darstellung wird unterstellt, daß
der Organisierte Kapitalismus als epochales Verlaufs- und Erklärungs-
muster der politischen Ökonomie bis in die Gegenwart hinein Gültigkeit
besitzt. Die Zäsuren von 1918/19, 1933 und 1945/49 verlieren – so
betrachtet – viel von ihrer scheinbaren Eindeutigkeit. Das Dritte Reich
erscheint auf dieser globalen sozio-ökonomischen Ebene nicht als Bruch
epochaler Trends, die sich vielmehr noch bis in die bundesrepublikanische Gegenwart nachweisen lassen. Gerade die wirtschaftliche und soziale Kontinuität schärft jedoch den Blick für den tatsächlich erfolgten politischen Einbruch 1930/33, sie läßt Begründung und Funktion autoritärer
und faschistischer Herrschaftsformen um so nachdrücklicher hervortreten. Hilferding konnte 1915 auf Ergebnisse zurückgreifen, die er fünf
Jahre zuvor im „Finanzkapital“, einer „Studie über die jüngste Entwicklung des Kapitalismus“, gewonnen hatte.

Das Finanzkapital – die Beherrschung der monopolistisch organisierten Industrie durch die kleine Zahl der Großbanken – hat die Tendenz, die Anarchie der
Produktion zu mildern und enthält Keime zu einer Umwandlung der anarchisch-
kapitalistischen in eine organisiert-kapitalistische Wirtschaftsordnung. [...] Die
ungeheure Stärkung der Staatsmacht, die das Finanzkapital und seine Politik
erzeugt hat [!], wirkt in derselben Richtung. Anstelle des Sieges des Sozialismus
erscheint eine Gesellschaft zwar organisierter, aber herrschaftlich, nicht demokra-
tisch organisierter Wirtschaft möglich, an deren Spitze die vereinigten Mächte der
kapitalistischen Monopole und des Staates stünden, unter denen die arbeitenden
Menschen in hierarchischer Gliederung als Beamte der Produktion tätig wären.
Anstelle der Überwindung der kapitalistischen Gesellschaft durch den Sozialis-

mus träte die den unmittelbaren materiellen Bedürfnissen der Klassen besser als bisher angepaßte Gesellschaft eines organisierten Kapitalismus. (Hilferding nach Winkler 1974, 9)

1924 sah Hilferding sich in seinen Prognosen bestätigt. Das Ende der Nachkriegszeit zeigte unübersehbar die Überlebenschancen eines modifizierten Kapitalismus, der die Marxsche Vorhersage vom Primat der Produktivkräfte auf den Kopf stellt. Zur Signatur des Zeitalters wurde vielmehr die Behauptung der überkommenen Produktionsverhältnisse, die bisher von jeder technologisch-wissenschaftlichen Revolution unangetastet blieben. Die Flexibilität des kapitalistischen Systems entzog revolutionären Versuchen, eine neue, sozialistische Gesellschaftsordnung zu begründen, die Grundlage. Hilferdings Hoffnung, der auf Planung, Lenkung, auf die Kollektivität der Produktion angelegte Organisierte Kapitalismus konvergiere langfristig mit seinem eigenen politischen Ziel, der Wirtschaftsdemokratie, wurde zumindest kurz- und mittelfristig enttäuscht. Die neue Funktion des Staates, der präventiv sozialtechnologisch und mit Hilfe einer antizyklischen Konjunkturpolitik zur Krisenmilderung erheblich beitrug, hat den Grundwiderspruch von Kapital und Arbeit nicht beseitigt, die Vergesellschaftung der Produktion fand nicht statt. Die Möglichkeiten des Systems, seine Grenzen durch Anpassung hinauszuschieben, scheinen unbegrenzt. Zu Beginn der siebziger Jahre ist das Konzept des Organisierten Kapitalismus von der historischen Sozialwissenschaft aufgegriffen worden. Es hat sich als grober begrifflicher Bezugsrahmen, als Modell in heuristischer Funktion, ansatzweise als eine historische Theorie bewährt, die den komplexen politischen, ökonomischen und sozialen Wachstums- und Transformationsprozeß des industrialisierten Deutschland von 1873 bis in die Gegenwart angemessen zu erfassen und zu erklären vermag. Die wesentlichen Charakteristika werden im folgenden dargestellt.

Die knappe und notwendig vergröbernde Skizze wichtiger Entwicklungen in Wirtschaft, Herrschaft und Kultur des 20. Jahrhunderts kann und will eine umfassende Darstellung der Epoche nicht ersetzen. Auf die zur Ergänzung und Vertiefung des hier Angedeuteten notwendigen weiterführenden Informationen verweist die detaillierte Bibliographie am Ende des Arbeitsbereichs I. Aufgabe dieses Arbeitsbereiches ist es allerdings, einen historischen Bezugsrahmen zu bieten für die Rekonstruktion des gesellschaftlichen Erfahrungshorizonts Brechts, Bedingungen zu beschreiben, die die Rezeption des Stückeschreibers in der literarischen und politischen Öffentlichkeit bis in die Gegenwart bestimmt haben. Hinweise auf Texte, die die Position des Autors verdeutlichen können, sorgen für eine behutsame Verknüpfung des Arbeitsbereichs I mit der Werkbiographie. In den einzelnen Arbeitsbereichen wird dann verschiedentlich der Versuch unternommen, eine ideologiekritische und historisch relativierende Bewertung der politisch-ästhetischen Produktion des Stückeschreibers vorzunehmen.

A. Deutschland im 20. Jahrhundert: Wirtschaft, Gesellschaft, Staat und Politik

1. Wirtschaft

Ein einfaches Wachstumsmodell, begrenzt auf die Faktoren Bevölkerungsentwicklung, Erwerbsstruktur und Kapitalbildung, gemessen an Produktivitätszuwachs sowie an der durchschnittlichen jährlichen Steigerung des realen (preisbereinigten) Sozialprodukts, vermag am ehesten eine globale Trendanalyse der deutschen Wirtschaft im 20. Jahrhundert einzuleiten. Zwei Phasen schnellen Wachstums (1896/1913, 1950/1970) stehen vier bzw., rechnet man die letzte Dekade hinzu, fünf Jahrzehnte relativer wirtschaftlicher Stagnation gegenüber. Die durchschnittliche jährliche Wachstumsrate des Sozialprodukts pro Einwohner betrug im Deutschen Reich bzw. in der Bundesrepublik Deutschland 1896/1913 1,8%, 1913/25 0,0%, 1925/38 2,5%, 1938/1950 − 0,9%, 1950/1959 6,2%, 1960/1969 4,0%.

Der zyklische Verlauf der Konjunktur mit ihren periodisch wiederkehrenden Krisen und Depressionen (Produktionsrückgang, Arbeitslosigkeit, Preisverfall, Stagnation oder Rückgang des Sozialprodukts) ist auch im 20. Jahrhundert deutlich erkennbar, wenn auch Dauer und Intensität der Zyklen charakteristisch variieren gegenüber dem Konkurrenzkapitalismus des 19. Jahrhunderts. Bezogen auf den Stand von 1913 (= 100) hatte die bundesdeutsche Wirtschaft 1969 einen Wachstumsindex von 276 erreicht. Erst in den letzten Jahren ist das Wachstumsparadigma als Leitkonzept westlich-kapitalistischer und östlich-staatswirtschaftlicher Industriegesellschaften in Frage gestellt worden. Dazu haben nicht allein die Zunahme konjunktureller Störungsanfälligkeit und die anhaltende Wachstumskrise beigetragen, sondern auch die diagnostizierten bzw. prognostizierten Grenzen des Wachstums selbst. Knapper werdende natürliche Ressourcen und die immer klarer hervortretenden gesellschaftlichen und ökologischen Kosten unverminderten industriellen Wachstums verschaffen alternativen Konzepten einer postindustriellen Gesellschaft zunehmend Gewicht. Brechts unübersehbare Fixierung auf ein ökonomisches Wachstum, eine industriell erzeugte Steigerung der Produktivität, wäre von hier aus kritisch zu relativieren. (Vgl. etwa die Auseinandersetzung mit der forcierten Industrialisierung der Sowjetunion unter Stalin im *Me-ti. Buch der Wendungen*, 12, 417–585.)

Gewisse Abwandlungen des globalen Trends sind auch in der Bevölkerungsentwicklung erkennbar. Das sprunghafte Wachstum der deutschen Bevölkerung im 19. Jahrhundert ist schon vor dem 1. Weltkrieg deutlich abgeschwächt. Die durchschnittliche Zuwachsrate der Jahre 1919/1939 (0,6 Prozent) fällt auf die Hälfte der beiden Vorkriegsjahrzehnte zurück. Das Grundmuster generativen Verhaltens bleibt seitdem relativ konstant: geringere Sterblichkeit und eine ständige Abnahme der Geburtenrate, deren Ausmaß in der Bundesrepublik zunächst wegen der hohen Wanderungszuwächse (Ost-West- und Süd-Nord-Wanderung) nicht bemerkt worden ist. Charakteristische Veränderungen der Erwerbsstruktur im 20. Jahrhundert signalisieren dagegen deutlich den globalen industriellen Wachstumstrend. Die Erwerbsquote bewegte sich relativ konstant zwischen 45 und 50 Prozent. Verschiebungen im Altersaufbau, interregionale Mobilität und eine Verbesserung der schulischen und beruflichen Qualifikationen führten allerdings zu beträchtlichen Modifikationen im Potential der Erwerbsbevölkerung.

Einen grundlegenden Wandel hat der sektorale Aufbau der Erwerbsstruktur erfahren. Der Anteil der Beschäftigten in der Land- und Forstwirtschaft nahm beständig ab: 1882 42,2%, 1895 36,3%, 1925 30,4%, 1939 25,9%, 1950 22,1%, 1970 8,8%. Das produzierende Gewerbe konnte seinen Anteil an der Erwerbsbevölkerung im Jahrhundertdurchschnitt nur noch leicht steigern: 1907 40,0%, 1961 48,7%, 1970 48,7%. Er ist gegenwärtig rückläufig. Der eigentliche Wachstumsbereich war dagegen der zu Unrecht als Restgröße definierte Tertiäre Sektor: 1895 24,8%, 1925 27,4%, 1939 34,2%, 1971 42,6%, 1977 48%. Als Zuwachsbranchen erwiesen sich dabei zunächst Handel und Verkehr, aber schon im Dritten Reich und besonders in der Bundesrepublik die privaten und öffentlichen Dienstleistungen. Hier, wie auch beim Anteil der Sektoren an der gesamtwirtschaftlichen Wertschöpfung, spiegelt sich ein allmählicher Übergang von der Industrie- zur postindustriellen Dienstleistungsgesellschaft. Die kapitalistisch organisierte Industriegesellschaft prägte aber entscheidend die ökonomisch-sozialen, politischen und ideologischen Strukturen des 20. Jahrhunderts.

Die deutsche Wirtschaft am Ende des 19. Jahrhunderts profitierte erheblich aus ihrer verspäteten Entwicklung und aus ihrer erfolgreichen Imitation fortgeschrittener Technologien. Erst 1850 bis 1873 kann sinnvollerweise von einer Industriellen Revolution in Deutschland gesprochen werden; die Phase der Hochindustrialisierung ist etwa von 1873 bis 1895 anzusetzen. Aus den besonderen Startbedingungen erklärt sich das beschleunigte Tempo der ökonomischen Prozesse, der binnen kurzem marktgesellschaftliche und konkurrenzkapitalistische Strukturen zu einem System des Organisierten Kapitalismus umwandelte. Voraussetzung und Folge dieses Strukturwandels zugleich war die zukunftsträchtige

Vorrangstellung der Schwer- und Produktionsgüterindustrie vor der verbrauchsnahen Leichtindustrie, die das Industrialisierungsmuster in anderen Ländern, etwa England, viel stärker bestimmt hatte. Die das industrielle System des 20. Jahrhunderts beherrschenden Branchen: Chemie und Elektrotechnik, Metallverarbeitung und Maschinenbau, später Automobil- und Flugzeugbau, Optik und Feinmechanik, haben sich in Deutschland frühzeitig entwickeln können. Die neuen, in der Regel kapitalintensiven Industrien förderten die Tendenz zu betrieblicher und überbetrieblicher Planung. Größere Betriebseinheiten, die Verwendung hochspezialisierter Technologien, eine Verwissenschaftlichung des Produktionsprozesses und nicht zuletzt der hohe Kapitaleinsatz erzwangen eine größere Organisationseffizienz. Die steigende Quote des fixen Kapitals (Industrieanlagen, aufwendige Maschinenausrüstungen etc.) brachte eine gewisse Unbeweglichkeit der Großbetriebe mit sich, die immer mehr ihr Kalkül darauf richteten, die Risiken eines zyklischen Konjunkturverlaufs zu mindern. Das Ziel war eine mittel- und langfristige Produktions- und Absatzsicherung, lineares Wachstum sowie politisch und sozial stabile Rahmenbedingungen. Mit der Organisation großindustrieller Interessen nahm der privatwirtschaftliche Planungsersatz Gestalt an.

Eine kaum zu überschätzende Rolle spielten in diesem Zusammenhang die Großbanken, wie überhaupt eine enge Verflechtung von Industrie- und Bankkapital, das „Finanzkapital" (Hilferding), die deutsche Wirtschaftsgeschichte besonders stark geprägt hat. Der steigende Kreditbedarf der neuen Industrien und die neuen gesellschaftsrechtlich sanktionierten Organisationsformen der Großunternehmen ließen die Banken in eine ökonomische Schlüsselstellung gelangen. Die Aktiengesellschaft und die mit ihr verbundene Trennung von Eigentum und Produktion, die Anonymisierung des Kapitals ermöglichte den Großbanken eine Doppelrolle: Sie waren nicht nur für die Kreditbewirtschaftung der Industrie zuständig; eigener Aktienbesitz und die vom Depotstimmrecht hergeleitete Wahrnehmung der Interessen fremder Anteilseigner ließen sie zugleich in unternehmerische Funktionen einrücken. Eine beherrschende Stellung in den Aufsichtsräten verschaffte den Großbanken ein erhebliches unternehmenspolitisches Gewicht. Risikominderung und eine stärkere Berechenbarkeit der wirtschaftlichen Abläufe mußte im Interesse der in besonderem Maße Stabilitätserwartungen ausgesetzten Kreditinstitute liegen.

Das ‚Finanzkapital' hat daher beträchtlich zu dem Konzentrationsprozeß beigetragen, der in verschiedenen Formen die Wirtschaftsgeschichte des 20. Jahrhunderts bestimmt hat. Die Konzentrationsbewegung manifestiert sich in immer größeren Unternehmenseinheiten, die mit immer mehr Beschäftigten z. T. marktbeherrschende Produktionskapazitäten erarbeiteten. Sie wird aber auch sichtbar im Zusammenschluß gleicher oder verschiedener Produktionsstufen in Konzernen, Trusts oder vertikalen Verbünden sowie in institutionalisierten Produktions-, Preis- und Marktabsprachen, d. h. in der Zunahme von Kartellen und Syndikaten. Schon vor dem 1. Weltkrieg kontrollierten Kartelle in der Papierindustrie 90%, im Bergbau 74% und in der Rohstahlerzeugung 50% der Produktion. 1925 wurden nicht weniger als 1539 Kartelle in der traditionell konzentrationsfreudigen deutschen Wirtschaft gezählt. Ihren Höhepunkt aber erreichte die Kartellmacht im Dritten Reich: 1935/37 belief sich der Anteil der Kartellproduktion (insbesondere der Rohstoff- und Investitionsgüterindustrie) auf 50 Prozent der Gesamterzeugung (1907: 25 Prozent). Die alliierten Entflechtungsmaßnahmen nach 1945 und das neoliberal inspirierte Gesetzgebungswerk der bundesrepublikanischen Frühzeit (Gesetz gegen Wettbewerbsbeschränkungen, Einrichtung des Bundeskartellamts 1957) haben den globalen Trend zur Konzentration nicht aufhalten können. Im Gegenteil. Von 1954 bis 1969 erhöhte sich der Anteil der 50 größten Unternehmen an der industriellen Gesamterzeugung von 25,4 auf 44,8 Prozent. Die Zunahme von Fusionen selbständiger Unternehmen, die charakteristischste Konzentrationsform der bundesrepublikanischen Geschichte, führte dazu, daß jeweils nur wenige Betriebe in den Schlüsselbranchen eine oligopolartige Machtstellung behaupten. Die Marktregulierung setzte in den wichtigsten Bereichen der Wirtschaft die Marktmechanismen außer Kraft. Das Bestreben nach längerfristiger Produktions-, Preis- und Absatzsicherung hatte eine partielle Abkoppelung der Profitrate und der Preisgestaltung von Angebot und Nachfrage zur Folge.

Hand in Hand mit dem Konzentrationsprozeß in der Weltwirtschaft ging das Bemühen um eine Organisation der ökonomischen und politischen Interessen und um eine Institutionalisierung des Sozialkonflikts. Eine weitgehende Befriedung der Klassenauseinandersetzungen, die überwiegend in Lohn- und Arbeitskämpfen ihren Ausdruck gefunden hatten, gelang noch im 1. Weltkrieg mit der Einführung der informellen Tarifautonomie. Die Organisation des Arbeitsmarktes wurde flankiert von der Gründung und dem Ausbau branchenspezifischer, regionaler und nationaler Interessenverbände von Kapital und Arbeit. Die Schwerindustrie schloß sich schon 1876 im „Zentralverband Deutscher Industrieller" (ZDI) zusammen, die exportorientierte Fertigwaren- und Leichtindustrie 1895 im „Bund der Industriellen" (BdI). Vergleichbare Organisationen entstanden in der Landwirtschaft, in Handel und Handwerk. Die Sozialdemokratie konnte trotz ihres Verbots unter dem Sozialistengesetz (1878–1890) 1912 als stärkste Partei in den Reichstag einziehen. Den Gewerkschaften gelang es allmählich, als Tarifvertragspartner in Lohnverhandlungen anerkannt zu werden. Der Übergang zu einer verbandsstrukturierten Wirtschaft, zum Organisierten Kapitalismus, blieb nicht ohne Folgen für das politische System: charakteristische Veränderungen des Parteiensystems werden in diesem Zusammenhang zu behandeln sein.

Die Zunahme von Dienstleistungen, die dem Produktionsprozeß vor- und nachgeordnet waren, führte zu dem schon dokumentierten Anwachsen des Tertiären Sektors. Die Bürokratisierung der Unternehmensverwaltung und die verbreitete Trennung von Besitz und Kontrolle ließen neue wirtschaftliche Führungsschichten entstehen, die leitenden Angestellten und Manager. Andererseits war eine ständige Vermehrung von Angestellten mittlerer und unterer Ränge zu verzeichnen, wobei neben Industrieverwaltung, Handel, Banken und privaten Dienstleistungen (Versicherungsgewerbe) allmählich auch die öffentlichen Dienstleistungen stärker ins Gewicht fielen. Auf die neue Rolle des ‚Interventionsstaates‘, auf die Sozialökonomisierung der Politik wird noch im einzelnen einzugehen sein. Soviel aber sei hier festgestellt, daß entgegen neoliberaler Behauptung zunehmende Staatseingriffe in Wirtschaft und Gesellschaft dem kapitalistischen System nicht äußerlich oder fremd sind: sie entsprechen einem langfristig angelegten epochalen Grundmuster und haben sich längst nicht nur als systemkonform, sondern als systemnotwendig erwiesen. Gerade die staatlich garantierten politischen, ökonomischen und sozialintegrativen Rahmenbedingungen verschaffen den marktbeherrschenden Großunternehmen wichtige Voraussetzungen für eine langfristige Planung und Sicherung von Produktion, Preis und Absatz. Der Staat fungiert dabei keineswegs als Agentur des ‚Monopolkapitals‘, als verlängerter Arm der ‚herrschenden Klassen‘; systemfunktional wirkt er gerade durch sein relatives Eigengewicht, die begrenzte Unabhängigkeit von je partikularen Interessen. Dabei ist im Auge zu behalten, daß der Organisierte Kapitalismus politisch polyvalent ist; als epochales gesellschaftsgeschichtliches Grundmuster verknüpft er Phasen politischer Herrschaft, die von der parlamentarischen Demokratie (Weimar und Bonn) über die konstitutionelle Monarchie (Wilhelminisches Reich) bis zur faschistischen Diktatur reichen.

Die hier in groben Zügen angedeutete Physiognomie des Organisierten Kapitalismus in Deutschland wird im folgenden historisch zu konkretisieren sein.

1.1. Kriegswirtschaft im 1. Weltkrieg

Die deutsche Wirtschaft war 1914 nur sehr begrenzt auf Krieg eingestellt, die nicht zuletzt sozialimperialistisch motivierte „Flucht nach vorn" (Wehler) schlecht vorbereitet. Die größten Probleme erwuchsen der Wirtschaft aus der Umstellung von Friedens- auf Kriegsproduktion sowie aus der mit Kriegsbeginn drastisch verschärften Arbeitsmarktsi-

tuation. Bis 1918 wurden 10 Mio. Soldaten einberufen. Die Zunahme
der Frauenarbeit (1913 10,8 Mio., 1918 16 Mio.) konnte nur zu einem
Teil den Arbeitskräftemangel in der Rüstungsindustrie wettmachen. Die
Strategien, die von Militär, Industrie und Bürokratie zur Lösung dieses
Problems verfolgt wurden, verweisen insgesamt auf den langfristig angelegten politisch-ökonomischen Transformationsprozeß des Organisierten Kapitalismus. Schon zu Beginn des Krieges kam es in den Korpsbezir-
ken, in denen nach Verhängung des Kriegsrechtes die Stellvertretenden
Generalkommandos weitgehende Vollmachten erhalten hatten, zu einer
engen Zusammenarbeit von Militär und Industrie. Gemeinwirtschaftliche Vorstellungen wie die Walther Rathenaus, die eine Verbindung staatlicher Planung und industrieller Selbstverwaltung (Kartelle, Syndikate)
vorsahen, erhielten im Laufe des in seiner Dauer zunächst unterschätzten
Krieges Auftrieb. Die angespannte Rohstoffversorgungs- und Ernährungslage (vorsichtige Schätzungen gehen von 700 000 Hungertoten in
Deutschland im 1. Weltkrieg aus) sowie die sich verschärfende Kapazi-
tätskrise der Rüstungsproduktion führten mit dem Hindenburgpro-
gramm und dem Kriegshilfsdienstgesetz vom Dezember 1916 zu einer
gesellschaftlichen Institutionalisierung der Zusammenarbeit von organisiertem Kapital und organisierter Arbeit. Mit der Bildung paritätisch
besetzter Arbeiter- und Schlichtungsausschüsse, die für die Dienstver-
pflichtung und Arbeitsplatzbewirtschaftung zuständig waren, erhielt die
informelle Tarifautonomie, die Anerkennung von Unternehmerverbän-
den und Gewerkschaften als legitime Kontrahenten des Sozialkonflikts,
einen ersten institutionellen Ausdruck.

Ihr Ziel, die Steigerung der Rüstungsproduktion und die Vermeidung
von Streiks, haben die vereinten Bemühungen von Staat, Militär, Industrie und Gewerkschaften nur teilweise erreicht. Die Zahl der Streiks
nahm von 1915 auf 1916 um 75 Prozent zu und verdoppelte sich 1917
noch einmal auf 561. Die Pazifizierung des Klassenkonflikts hatte allerdings verheerende Folgen für die erste deutsche Republik. Die halbherzige Integration der organisierten Arbeiterbewegung in den Rahmen eines
politischen und sozioökonomischen Burgfriedens verhinderte schließlich
jenen tiefgreifenden Wandel in Wirtschaft und Gesellschaft, der allein
der in letzter Minute verordneten Parlamentarisierung des politischen
Systems eine Chance eingeräumt hätte. Der Organisierte Kapitalismus,
hier sah Hilferding klar, wurde zum revolutionären Hemmschuh; die
ungebrochene soziale und wirtschaftliche Kontinuität verurteilte das Experiment einer deutschen Republik zum Scheitern, noch bevor es richtig
angefangen hatte. Die ‚republikanische Todgeburt‘ hat eine meisterhafte
Darstellung in Brechts satirischen Skizzen über die Entstehung der Weimarer Republik im *Tui*-Komplex gefunden (12, 623–646; vgl. aber auch
das Gedicht *Drei Paragraphen der Weimarer Verfassung*, 8, 378–381).

Bleibt festzuhalten, daß die Kriegswirtschaft im 1. Weltkrieg die globalen Trends der ökonomischen Entwicklung deutlich bestätigte. Der strukturelle Wandel der Industrie setzte sich fort; die Kriegsproduktion begünstigte die Zuwachsbranchen der Vorkriegszeit: Metall, Maschinenbau, Elektro, Chemie. Die Verflechtung von Staat und Industrie, von Bürokratie und Management nahm zu. Staatlich erzeugte und garantierte Nachfrage (Rüstung) ersetzte in weiten Bereichen den Markt. Im ideologischen Schutzraum der Kriegswirtschaft beschleunigte sich der Konzentrationsprozeß in der Großindustrie. Gemeinwirtschaftliche Konzeptionen verstärkten die Tendenz zur Organisation sozialer und wirtschaftlicher Interessen.

1.2. Krisen vor der Krise: Wirtschaft in der ersten Republik

Die Nachkriegsinflation hatte eigentlich schon im August 1914 begonnen. Die Kriegskosten (164 Mia. Mark) waren nur zu einem geringen Teil über Steuermittel aufgebracht worden; die Bedarfsdeckung erfolgte im wesentlichen über Anleihen und kurzfristige Schuldtitel des Reiches. Unvermeidliche Folgen einer solchen Ausdehnung des Geldvolumens bei gleichzeitiger Verringerung des Warenangebots waren eine zunehmende Geldentwertung, Preissteigerungen und letztlich ein Absinken der Reallöhne. Die Kriegsfolgekosten verschärften die Finanzsituation der öffentlichen Haushalte. Wenn dennoch erst Ende 1923 wirksame Maßnahmen zur Währungsreform und Etatsanierung unternommen wurden, so hatte dies seinen Grund darin, daß sowohl der Staat als auch große Teile der Wirtschaft erheblich von der Inflation profitierten. Außenpolitisch war die Inflation eine Waffe im Kampf gegen die Reparationen; innenpolitisch konnte sich der Staat binnen kurzem seiner Schuldenlast entledigen, da Alt- und Neuverschuldung sowie die bei Kriegsende drückenden Kapitaldienste trotz permanenter Geldentwertung im Verhältnis Mark zu Mark abgetragen wurden. Kurzfristiger Inflationsgewinner war auch die hochverschuldete Landwirtschaft Ostelbiens.

Die Großindustrie war nicht nur Nutznießer von Staatsaufträgen und billigen Investitionskrediten, die die Reintegration der heimkehrenden Soldaten in eine allmählich restaurierte ‚Friedenswirtschaft‘ bewirken sollten; sie profitierte zugleich von der Verbilligung deutscher Exporte, und nicht zuletzt zogen große Kapitaleigner beträchtliche Spekulationsgewinne aus kurzfristigen Devisengeschäften. Selbst die Großbanken, eng mit dem Industriekapital verflochten, waren unter diesen Umständen nur halbherzig an einer raschen Währungssanierung interessiert. Ohne Zweifel haben jedoch die zahlreichen Inflationsopfer (Wertpapier- und Anleihenbesitzer, Rentiers, Inhaber von Bankguthaben, im weiteren Sinne Lohnempfänger) das antidemokratische Potential der Weimarer Republik vergrößert; mit der dem neuen ‚System' zugeschriebenen Inflation gelang den alten und neuen Eliten eine politische Entschuldung gigantischen Ausmaßes.

Mit der Währungsreform und dem Inkrafttreten des Dawes-Planes 1923/24 begann eine Phase relativer Stabilisierung. Die Einfuhr ausländischen Kapitals verdeckte eine Zeitlang die tiefe Strukturkrise, in der sich die deutsche Wirtschaft seit Kriegsende befand. Der Wachstumsindex zeigt, daß die Jahre 1924 bis 1927 zugleich eine Zeit relativer Stagnation waren. Das Produktionsvolumen der Vorkriegszeit wurde erst 1927/29 wieder erreicht. Die hohe Dauerarbeitslosigkeit (Tiefststand 1925: 8,3 Prozent) indiziert die Stabilisierungskrise der Nachkriegswirtschaft, die zudem von einer anhaltenden Agrarkrise begleitet war. Die Disparität zwischen Produktivitätssteigerung und Marktbegrenzung hatte eine latente Überproduktion zur Folge. Die Steigerung der Produktivität ergab sich in erster Linie aus einer technischen und organisatorischen Verbesserung der industriellen Produktion. Die Mechanisierung, die Einführung des Fließbandes, die Bürokratisierung und Verwissenschaftlichung der Produktion, die mit einer immer stärkeren Überwachung des Arbeitsprozesses verbunden war, sollten den Arbeitskostendruck verringern. Die durch die Rationalisierung bewirkte Steigerung der industriellen Arbeitsproduktivität (1925–29 25 Prozent) bedeutete gleichzeitig den Verlust zahlreicher Arbeitsplätze. Eine Reihe neusachlicher Gedichte Brechts reflektiert zunehmend kritisch die Technisierung der Produktion im Zeichen der Rationalisierung (8, 297–302, 314–318; dazu Lethen, L⁺ 17).

Krisen hatten die strukturelle und konjunkturelle Störungsanfälligkeit des ökonomischen Systems in Deutschland unter Beweis gestellt, längst bevor die weltweite Depression in Sicht kam. Die Weltwirtschaftskrise, deren Ursachen und Verlaufsformen hier nicht behandelt werden können, weist charakteristische Spuren des Organisierten Kapitalismus auf. Das traditionelle Muster der Überproduktionskrise wurde auffällig abgewandelt, insofern die Preise in der monopolisierten bzw. kartellierten Großindustrie relativ stabil gehalten werden konnten; Absprachen über eine Produktionsdrosselung und die Marktregulierung verkürzten den Krisenmechanismus. Brecht hat die Fabelkonstruktion der *Heiligen Johanna der Schlachthöfe* auf den Krisenzyklus der Überproduktionskrise abgestellt (Rülicke-Weiler, L⁺ 428).

Die verschiedenen zur Bekämpfung der Krise entworfenen Lösungsstrategien verweisen eindringlich auf die neue Rolle, die dem Staat als ökonomischem Faktor ersten Ranges zugewiesen wurde. Ob es sich um die prozyklisch angelegte Deflationspolitik Brünings handelt, die mit dem Abbau des Sozialstaats, mit der Etatsanierung und der Lösung des Reparationsproblems die deutsche Exportwirtschaft konkurrenzfähig machen wollte, oder um den zunächst von Teilen der Gewerkschaften, später von Papen und Schleicher verfolgten Weg der antizyklischen Konjunkturpolitik, die mit kreditfinanzierten Arbeitsbeschaffungsmaßnahmen die Arbeitslosigkeit senken und die Nachfrage beleben wollte: der Interventionsstaat wurde als Instrument der Krisenmilderung und damit der Systemerhaltung begriffen und eingesetzt. Die Verflechtung von Staat und Wirtschaft wurde zusehends enger. Kein Zufall, daß in der Regierung Brüning nicht weniger als drei Minister aus den Reihen der hochkonzentrierten chemischen Industrie saßen. Das faschistische Krisenmanagement bewahrte in mancherlei Hinsicht Kontinuität. Das Dritte Reich vervollständigte die unter Brünings Präsidialdiktatur begonnene Demontage des Sozialstaats. Mit der Zerschlagung der Gewerkschaften, mit der Abschaffung der Betriebsräte und der Aufhebung der Tarifautonomie beseitigte es die wenigen sozialpolitischen Errungenschaften der Republik in kürzester Zeit. Auf der anderen Seite schaffte eine großangelegte kreditfinanzierte staatliche Nachfrage (Arbeitsbeschaffung, Rüstung) die Voraussetzungen für eine längerfristige Berechenbarkeit von Produktion und Absatz. Die fatale politische Polyvalenz des Organisierten Kapitalismus wird nirgends deutlicher erkennbar als in der faschistischen Aufhebung des immer schon fragwürdigen Klassenkompromisses, der die Weimarer Republik begründet hatte.

1.3. Kriegswirtschaft im Frieden: Wirtschaft im Dritten Reich

Entgegen verbreiteten Vorurteilen erweist sich das Dritte Reich in fast allen wichtigen Bereichen der makroökonomischen Entwicklung nicht als Bruch, sondern im Gegenteil als teilweise beschleunigte Fortsetzung langfristig angelegter Strukturwandlungen. Auf diese Kontinuität von kapitalistischer Wirtschaftsordnung und faschistischer Herrschaft hat Brecht wiederholt hingewiesen. (Vgl. die *Aufsätze über den Faschismus*, 20, 179–265.) Die sektorale Umschichtung (Rückgang der Landwirtschaft, Anwachsen des sekundären und tertiären Sektors), der industrielle Strukturwandel (von der Konsum- zur Produktionsgüterindustrie), Konzentration, Rationalisierung, technologische Innovation, eine nahezu symbiotische Verflechtung von Wirtschaft und Staat im Zeichen des Organisierten Kapitalismus bestimmten trotz aller mit großem propagandistischen Aufwand inszenierten ideologischen Verschleierung die soziale und ökonomische Wirklichkeit des faschistischen Deutschland. „Der Faschismus hat die Veränderung der Produktionsstruktur zu Lasten der Verbrauchsgüterindustrien in einem Tempo beschleunigt, wie es in keinem anderen Land, mit Ausnahme der Sowjetunion, vor 1939 erkennbar war." (Petzina 1973, 705) Mit einiger Berechtigung bezeichnet David Schoenbaum das Dritte Reich als eine „Revolution" im doppelten Sinne: „Es war eine Revolution der Zwecke und der Mittel zugleich. Die Revolution der Zwecke war ideologischer Natur; sie sagte der bürgerlichen und industriellen Gesellschaft den Krieg an. Die Revolution der Mittel war ihre Umkehrung. Sie war bürgerlich und industriell, da ja selbst ein Krieg gegen die industrielle Gesellschaft in einem industriellen Zeitalter mit industriellen Mitteln geführt werden muß und da es des Bürgertums bedarf, um das Bürgertum zu bekämpfen." (Schoenbaum, 1968, 26) Es war diese instrumentelle Revolution, die das nationalsozialistische Krisenmanagement für breite Kreise in Wirtschaft, Militär und Bürokratie so attraktiv machte; sie legte zugleich den Grund für die bundesrepublikanische Industriegesellschaft, der 1945/49 eine revolutionäre Umwälzung ein weiteres Mal erspart blieb. Brechts These von der ‚deutschen Misere' findet hier ihre realhistorische Fundierung (vgl. dazu AB X).

Allerdings verlief die staatlich-industrielle Zusammenarbeit nicht ohne Probleme; eine vollkommene Interessenkongruenz gab es weder innerhalb der noch zwischen den beiden Gruppierungen. Der ‚Primat der Politik' wurde besonders im zweiten Vierjahresplan (VJP) 1936 sichtbar, der den Versuch unternahm, „eine staatlich reglementierte ‚Kommandowirtschaft' auf der Grundlage eines privatkapitalistischen Systems zu errichten' (Petzina 1968, 11). In modellhafter Zuspitzung mag diese Institution für den Organisierten Kapitalismus im Dritten Reich stehen. Eine konzertierte Aktion von Staat und Wirtschaft, an der Spitze der Reichsminister Hermann Göring und der IG-Farben-Direktor Carl Krauch, bemühte sich, der drängendsten Wirtschaftsprobleme in der Rüstungskonjunktur (Außenhandel, Devisen, Rohstoff- und Ernährungslage, Steigerung der Rüstungsproduktion) Herr zu werden und den in vier Jahren erwarteten Krieg vorzubereiten. Dabei entwickelte sich ein reichhaltiges Repertoire staatlich-industrieller Planungs- und Lenkungsinstrumente: von der Lohn- und Preispolitik über Rohstoff- und Arbeitsmarktbewirtschaftung bis hin zur Investitions- und Verbrauchslenkung. Die enge Verflechtung von Staat und Wirtschaft ließ es schwierig werden, die Grenzen zwischen industrieller Selbstverwaltung und staatlicher Auftragsverwaltung auszumachen.

Der Krieg wurde von allen Beteiligten nicht nur frühzeitig in Kauf genommen, er wurde bewußt als Mittel zu unterschiedlichen Zwecken angestrebt und herbeigeführt. Das imperialistische Programm eines europäischen Großwirtschaftsraums zur Sicherung von Rohstoffen und Absatzmärkten hatte seit der Kriegszieldiskussion vor dem 1. Weltkrieg eine einschlägige Tradition in Kreisen der deutschen Wirtschaft. Der Krieg kann daher nicht allein als zielstrebige politische Umsetzung der nationalsozialistischen Raum- und Rassenideologie begriffen werden. Er muß zugleich als ‚Flucht nach vorn', als letzte und radikalste Konsequenz faschistisch-kapitalistischen Krisenmanagements gelten.

Brechts Faschismustheorie verblieb zunächst ganz im Rahmen der vom Exekutivkomitee der Kommunistischen Internationale autorisierten These Dimitroffs, nach der der Faschismus „die offene terroristische Diktatur der am meisten reaktionären, chauvinistischen und imperialistischen Elemente des Finanzkapitals" darstellt. Spätere Aufsätze zum Faschismus, vor allem aber die subtilen Beobachtungen Brechts im *Arbeitsjournal*, lassen ein wesentlich differenzierteres Bild der gesellschaftlichen Wirklichkeit im Dritten Reich erkennen. Am Zusammenhang von Faschismus und Kapitalismus hat der Stückeschreiber gleichwohl zeitlebens mit Grund festgehalten. (Vgl. AB VIII, A.2. und 3., AB IX, A.)

1.4. Tendenzen der wirtschaftlichen Entwicklung im Nachkriegsdeutschland

Die Ausgangslage für die wirtschaftliche Entwicklung in der Ost- und in den Westzonen war extrem unterschiedlich.

	Westzonen	Sowj. Besatzungszone	Berlin
Bevölkerung (1939)	67%	26%	7%
Nettoindustrieproduktion (1936)	65%	26%	9%

Das Ausmaß der Kriegszerstörung in der Ostzone war doppelt so hoch, die sowjetische Reparationsforderung überstieg die westlichen um ein Zehnfaches. In Westdeutschland konnte man nach der Währungsreform von 1948 auf eine hochentwickelte Massenproduktionstechnik zurückgreifen; die Zuwanderung hochqualifizierter Arbeitskräfte aus dem Osten (bis 1961) war eine kaum zu überschätzende Produktivkraft der bundesdeutschen Nachkriegswirtschaft. Amerikanische Kapital- und Devisenhilfen zur Finanzierung von Investitionen und Einfuhren (Marshall-Plan 1948–1952) sorgten für eine rasche Wiederankurbelung der industriellen Produktion. Eine bestimmte Wirtschaftsordnung wurde vom Grundgesetz (1949) nicht verbindlich festgelegt (Art. 14, 15, 20). Selbst Parteien des konservativen Spektrums traten nach den Erfahrungen des Dritten Reiches für eine radikale Veränderung des ökonomischen Systems ein. In den Kölner Leitsätzen der CDU von 1945 hieß es: „Die Vorherrschaft des Großkapitals, der privaten Monopole und Konzerne ist zu beseitigen." (Nach: Claessens/Klönne/Tschoepe 1981, 30) Doch hatte die wirtschaftliche Gesundung schwerwiegende politische und gesellschaftliche Konsequenzen. Mit der Westintegration der Bundesrepublik im Zeichen eines sich verschärfenden Ost-West-Gegensatzes (Kalter Krieg) war untrennbar eine Restauration der privatkapitalistisch organisierten Wirtschaft verbunden. Noch in den fünfziger Jahren ließ ein einzigartiges Wirtschaftswachstum die faktische Wiederherstellung der kapitalistischen Wirtschaftsgesellschaft zur ideologisch verbrämten Norm erstarren. Alternative Modelle einer Wirtschaftsdemokratie wurden als verfassungsfeindlich tabuisiert; in gesellschaftspolitischen Harmoniemodellen wie dem der ‚Formierten Gesellschaft‘, das ein Überleben der ‚Volksgemeinschafts‘-Ideologie aus dem Dritten Reich signalisierte, schien der Gegensatz von Kapital und Arbeit im Rahmen der nun entstandenen ‚Sozialpartnerschaft‘ von Unternehmern und Arbeitnehmern aufgehoben: Arbeitskämpfe galten öffentlich als unerwünschte Störung eines geregelten Wirtschaftslebens.

Schon in den sechziger Jahren hatte die bundesrepublikanische Wirtschaft Anschluß an die wichtigsten globalwirtschaftlichen Trends des Jahrhunderts gefunden. Der Organisierte Kapitalismus war erneut zum bestimmenden Grundmuster des politisch-ökonomischen Systems geworden. Die Besitz- und Verfügungsverhältnisse dokumentieren den hohen Konzentrationsgrad der deutschen Wirtschaft. 43,2 Prozent aller Betriebe verfügen über einen Anteil von 2 Prozent an Beschäftigten und Gesamtumsatz, 1,2 Prozent dagegen über 40 Prozent. 1,7 Prozent der bundesdeutschen Haushalte besitzen 73,5 Prozent des zumeist als Aktienkapital ausgelegten Produktivvermögens. Die Bedeutung des Finanzkapitals, insbesondere der drei beherrschenden Großbanken (Deutsche Bank, Commerzbank, Dresdner Bank), hat noch zugenommen. Über ihre Aufsichtsratspräsenz kommt den Großbanken eine kaum zu überschätzende Koordinationsfunktion in bezug auf die großindustrielle Investitionsplanung und -lenkung zu.

Dem entspricht es, wenn eine mit der Bürokratie eng kooperierende verbandsstrukturierte Wirtschaft ihren Einfluß weniger auf dem Wege traditioneller politischer Interessenvertretung geltend macht, als über eine sich als unentbehrlich erweisende konsultative Tätigkeit, die bis in die Gesetzgebungsarbeit hinein nachweisbar ist. Der Staat übernimmt, besonders seit der Rezession von 1967, die Aufgabe einer politökonomischen Globalsteuerung des wirtschaftlichen Prozesses (Konzertierte Aktion, Stabilitätsgesetz 1967, Energiesicherungsgesetz 1973). Mehr denn je bezieht der Staat seine Legitimation aus der Garantie wirtschaftlichen Wachstums. Die anhaltende Wachstumskrise läßt indessen den aporetischen Zielkonflikt zwischen der politisch notwendigen Erhaltung der Massenloyalität und den Bedürfnissen privatwirtschaftlicher Kapitalrentabilität schärfer hervortreten.

Gerade hier macht sich die prekäre Ambivalenz des Organisierten Kapitalismus erneut bemerkbar. Hat er einerseits zur Krisenmilderung und zur Bildung eines erheblichen (wenn auch ungleich verteilten) materiellen Wohlstands beigetragen, so ist andererseits unverkennbar, daß

der Primat der ökonomischen Systemerhaltung jede politische Festlegung, etwa auf die bundesrepublikanische Spielart einer parlamentarischen Massendemokratie, inopportun erscheinen läßt. Wirtschaftliches
Wachstum steht in Gefahr, sich ungeachtet der immer deutlicher hervortretenden gesellschaftlichen und ökologischen Kosten tendenziell zu ver-
selbständigen. Eine weithin oligopolistisch organisierte Wirtschaft emanzipiert sich von dem Marktmechanismus von Angebot und Nachfrage:
sie schafft die ihr notwendigen Bedürfnisse selbst. Eine breit angelegte
Planung von Produktion und Absatz begreift die menschliche und politische Gesellschaft als Mittel zum Zweck. Die hochkonzentrierte Industriegesellschaft des Organisierten Kapitalismus begünstigt die Zunahme
autoritärer Strukturen in Wirtschaft und Gesellschaft, sie enthält eine
Fülle restriktiver Bedingungen für die Verwirklichung von Gleichheit, die
Sicherung humaner Arbeits- und Lebensbedingungen in einer ökologisch
überlebensfähigen demokratischen Wirtschaft und Gesellschaft.

Genau hier trifft sich, paradoxerweise, der Organisierte Kapitalismus
mit dem DDR-Modell einer staatsgelenkten Planwirtschaft. Mit der Ost-
integration war der Aufbau einer neuen Wirtschaftsordnung verbunden.
Das Privateigentum an Produktionsmitteln wurde aufgehoben, private
wurden in volkseigene Betriebe überführt, nach einer Bodenreform kam
es zur Gründung von Produktions- und Absatzgenossenschaften in Landwirtschaft, Handwerk und Handel. Trotz erheblich schlechterer Startbedingungen gelang der DDR eine umfassende Industrialisierung in relativ
kurzer Zeit. Wenn auch Planungsmängel und die einseitige Bevorzugung
der Produktionsgüter- vor der Konsumgüterindustrie wiederholt zu Ver-
sorgungsengpässen (Lebensmittel, Güter des gehobenen Bedarfs) führten, so nimmt die DDR doch nach Produktionsvolumen und Lebensstan-
dard eine Spitzenstellung unter den Ländern des Ostblocks ein.

Die verschärfte Systemkonkurrenz beider deutscher Staaten verstärkte
in der DDR frühzeitig die Tendenz zu einer rigorosen Unterdrückung
alternativer politischer und ökonomischer Konzepte; sie begünstigte den
Auf- und Ausbau einer autoritären Herrschaft kleiner Cliquen von Funk-
tionären in Staat, Partei und Bürokratie. Trotz formaler Gleichheitsbe-
teuerungen kam es sehr bald zur Reproduktion gesellschaftlicher Ungleichheit unter den neuen Bedingungen. Ein forciertes Wirtschaftswachstum führte zu einer relativen Steigerung des materiellen Wohlstands. (Zu Brechts kritischen Reflexionen der politischen und gesellschaftlichen Verhältnisse in der DDR, insbesondere im Zusammenhang
mit dem Aufstand vom 17. Juni 1953, vgl. AB IX, B.)

2. Gesellschaft

2.1. Klassen und Schichtung

Der jüngeren Diskussion um Spätkapitalismus und Industriegesellschaft ist der traditionelle Klassenbegriff zunehmend problematisch geworden (Adorno in: Spätkapitalismus 1969). Die zahlreichen Schichtungsmodelle der empirischen Sozialforschung vertrauen den in ihnen sich manifestierenden subjektiven Selbst- und Fremdeinschätzungen einzelner Individuen mehr als der nach objektiven Kriterien (Stellung im Produktionsprozeß, Verfügung über Produktionsmittel) bestimmbaren Klassenzugehörigkeit. Grober Selbsttäuschung erliegt aber, wer die individuelle Wahrnehmung sozialer Wirklichkeit zur objektiven Struktur des gesellschaftlichen Systems selbst erklärt, ohne die die Wahrnehmung bestimmenden Faktoren (Prestige, Status, Einkommen, Konsum etc.) selbst auf ihre soziale Funktion hin zu befragen. Zwar gilt der Satz: „Nicht schafft gesellschaftliches Sein unmittelbar Klassenbewußtsein." (Adorno, ebd., 16) Doch muß, wer nicht dem gesellschaftlich erzeugten Verblendungszusammenhang aufsitzen will, gerade die Inkongruenz von Klassenlage und Bewußtsein zum Gegenstand der Untersuchung machen: Es ist die Kluft zu bestimmen und zu erklären, die objektive Interessen und subjektive Verhaltens- und Bewußtseinsformen trennt. Daher kann die kritische Theorie der Gesellschaft auf eine Klassenanalyse im doppelten Sinn nicht verzichten.

Das Zahlenmaterial für die Klasse ‚an sich‘ (Verfügung oder Nicht-Verfügung über Produktionsmittel) ergibt für das gesamte Jahrhundert eine rapide Abnahme ökonomisch selbständiger Existenzen und ein entsprechendes Anwachsen der lohnabhängigen Bevölkerung.

	1907	1925	1933	1939	1950	1970	1977
Selbst.	22,0	15,7	16,2	14,0	14,6	10,7	8,9
Abhäng.	62,4	67,3	67,3	69,6	71,6	82,5	86,7

Die hier erkennbare Anonymisierung sozioökonomischer Herrschaft – hervorstechendes Kennzeichen des Organisierten Kapitalismus – darf nicht mit ihrer Aufhebung selbst verwechselt werden. Die beschriebene Autodynamik des ökonomischen Prozesses, in dem menschliche Bedürfnisse zunehmend zur Funktion des Produktionsapparats verkommen, erinnert allerdings an Nietzsches Motto ‚Kein Hirt und eine Herde‘. Der Tauschwertgesellschaft und ihrer omnipotent gewordenen Kultur- und Bewußtseinsindustrie dient gerade jene die empirischen Schichtungsmodelle fundierende soziale Wahrnehmungsoptik zur Erzeugung des „technologischen Schleiers" (Adorno), der gesellschaftliche Repression und Ungleichheit zum Natur- und Sachzwang verklärt.

Die Klasse ‚für sich' dagegen, die aus der Homogenität einer Lebens- und Arbeitswelt, aus der Identität von Erfahrung und Interessen, aus Basisprozessen und Organisationsverhalten resultiert, ist eine genuin historische Kategorie. Sie ergibt sich aus der Beobachtung von Verhaltens- und Bewußtseinsformen gesellschaftlicher Gruppen in der Zeit. Klassen dieser Art entstehen und vergehen. Ein solcher Klassenbegriff bedarf einer offenen Konzeptualisierung, die das Klassenbewußtsein als vermittelten Ausdruck des Klassenkampfes begreift, der sich unter verschiedenen historisch-gesellschaftlichen Bedingungen unterschiedlicher Formen bedient.

Allerdings macht die Klassenanalyse eine weitergehende sozialstrukturelle Differenzierung nötig, die der wachsenden Diskrepanz zwischen Klassenlage und Klassenbewußtsein Rechnung trägt.

Die wohl fundierteste und methodisch überzeugendste Untersuchung zur sozialen Schichtung wurde 1932 von Theodor Geiger vorgelegt (Geiger 1932). Ausgehend von den Daten der Berufszählung von 1925 kam Geiger zu einer Einteilung der deutschen Bevölkerung in fünf Schichten, wobei Schicht als Bevölkerungsteil definiert wurde, dem eine typische Mentalität zugeordnet werden kann. Die Mentalität, die „geistig-seelische Disposition", die „unmittelbare Prägung des Menschen durch seine soziale Lebenswelt und die von ihr ausstrahlenden, an ihr gemachten Lebenserfahrungen", scheint als zentrales Konzept der kritischen Sozialforschung geeignet, zwischen der objektiven Klassenlage und der demoskopisch ermittelten Selbst- und Fremdeinschätzung zu vermitteln.

Die soziale Schichtung der deutschen Bevölkerung 1925 (Geiger)

Kapitalisten	0,84%
Alter Mittelstand	18,33%
Neuer Mittelstand	16,04%
Proletaroide	13,76%
Proletariat	51,03% (Anteil Erwerbstätige)

Die soziokulturelle und soziopolitische Akzentuierung sozialer Strukturen (im Gegensatz zu ihrer sozioökonomischen Begründung) hat für die bundesrepublikanische Gesellschaft eher noch zugenommen. 1961 hat Erwin K. Scheuch ein Schichtungsmodell vorgelegt, dem ein gewichteter Index aus Beruf, Einkommen und Schulbildung zugrundeliegt.

Untere Unterschicht	16%
Obere Unterschicht	30%
Untere Mittelschicht	17%
Mittlere Mittelschicht	12%
Obere Mittelschicht	5%
Oberschicht	2%
Nicht eingeordnet	18%

Eine extreme, wenngleich symptomatische Schlußfolgerung aus der gesellschaftlichen Entwicklung des Nachkriegsdeutschland hat Helmut Schelsky mit seiner Parole von der „nivellierten Mittelstandsgesellschaft" gezogen.

Aus einer relativen Angleichung der wirtschaftlichen Positionen und einer Vereinheitlichung des politischen Status ergibt sich eine umfassende Nivellierung der soziokulturellen Verhaltensformen, die schließlich in einer neuen einheitlichen Gesellschaftschicht (auf dem Niveau der unteren Mitte) ihren Ausdruck findet.

Schelsky ignoriert die objektiv gegebene gesellschaftliche Ungleichheit, die in den Besitz- und Verfügungsverhältnissen, in der politischen Struktur des Organisierten Kapitalismus wie in seinem Sozialsystem Niederschlag gefunden hat. Arbeitsunfall- und Invaliditätsstatistiken, Untersuchungen zu Wohn- und Arbeitsbedingungen, Daten zur Lebenserwartung und Gesundheitssicherung, zu Urlaubs- und Freizeitregelungen, die geschlechtsspezifische Benachteiligung, ganz zu schweigen von den erheblichen Einkommensunterschieden, zeigen, daß die Lebenschancen in der BRD ungleich verteilt sind. Das Schulsystem, ein eminent wichtiger Auslese- und Zuteilungsfaktor, der weitgehend über die Teilhabe an gesellschaftlicher Macht entscheidet, erweist sich noch immer als Instrument der Reproduktion gegebener sozialer Ungleichheit. Die vertikale Mobilität in der Bundesrepublik ist entsprechend gering ausgebildet. Nicht vergessen werden darf in diesem Zusammenhang das erstaunliche Ausmaß an Armut. 1974 lagen nach ihrem Einkommen 2 Mio. Haushalte mit 5,8 Mio. Personen unter den Sozialhilfesätzen, eine Zahl, die sich infolge der anhaltenden Massenarbeitslosigkeit eher noch erhöht haben dürfte.

Präzise Aussagen über Klassen und Schichtung in der Gesellschaft der DDR sind problematisch. Mit der weitgehenden Abschaffung des Privateigentums an Produktionsmitteln entfällt das Kriterium der Klassenbestimmung. Dem eigenen Selbstverständnis zufolge besitzt die DDR eine klassenlose Gesellschaft. 1972 waren 87 Prozent der erwerbstätigen Bevölkerung Arbeiter und Angestellte, 10,1 Prozent Mitglieder von Produktionsgenossenschaften und 2,5 Prozent Selbständige (private Betriebe in Handwerk und Dienstleistung, Kultur). Schichtungsverhältnisse ergeben sich, öffentlichen Statistiken zufolge, nur in einem sehr engen Spektrum. Die vertikale soziale Mobilität ist vergleichsweise hoch. In der Tat erweist sich die Bildungsqualifikation als wichtigstes Kriterium der Statuszuweisung in der „leistungsorientierten Laufbahngesellschaft" (Ludz) der DDR. Die hohe Frauenarbeitsquote ist nicht nur Ausdruck eines chronischen Arbeitskräftemangels, sie dokumentiert zugleich die weitergehende Gleichstellung von Mann und Frau in der Lebens- und Arbeitswelt.

Soziale Gleichheit ist in der staatssozialistischen Gesellschaft der DDR in größerem Maße verwirklicht als in der Bundesrepublik. Doch gab es von Anfang an und zunehmend in den letzten Jahren Anzeichen dafür, daß eine neue „Dienstklasse" (Dahrendorf) an Konturen gewinnt und auf latente und manifeste Distinktion von anderen sozialen Gruppen dringt.

Technokraten und Verwaltungsfunktionäre in Partei, Staat, Wirtschaft und Militär grenzen sich, nicht zuletzt infolge der streng hierarchischen und zentralistischen Organisationsstruktur, als eine bürokratische Elite mit besonderen Privilegien ab. Eine Bevorzugung beim Zugang zu Gütern des gehobenen Bedarfs, bei der Verteilung begehrter Wohn- und Freizeitobjekte, eine liberale Handhabung von Reisebeschränkungen und ein verzweigtes verwandtschaftlich oder gruppenspezifisch begründetes Beziehungssystem, das seinen Mitgliedern Vorteile bei der Besetzung von Positionen mit gesellschaftlicher Macht und Prestige einräumt, ähnelt Rekrutierungsmustern sich allmählich abschließender neofeudaler Eliten und stellt damit den formalen Gleichheitsanspruch des Systems zunehmend in Frage.

2.2. Alter und neuer Mittelstand – Die Angestellten

Die soziale Physiognomie des Organisierten Kapitalismus ist entscheidend durch den „neuen Mittelstand" (Geiger) geprägt worden. Die verbreitete Trennung von Besitz und Kontrolle, die wachsende Bürokratisierung und Verwissenschaftlichung der Produktion und Distribution sowie die Zunahme privater und öffentlicher Dienstleistungen ließen nicht nur neue Führungsschichten (Manager, leitende Angestellte) entstehen, sie bewirkten zugleich die Bildung eines riesigen Angestelltenheeres, dessen Spektrum vom ‚Stehkragenproletariat' (Büroarbeiter) bis zur wissenschaftlich-technischen Intelligenz reicht. Ihre epochentypische Funktion gewinnt diese Schicht gerade durch die konfliktgeladene Austragung der gesellschaftlichen Modernisierungskrise, die in den sozialgeschichtlichen Verwerfungen des alten und neuen Mittelstandes einen sinnfälligen Ausdruck gefunden hat.

Der alte Mittelstand, Bauern, Handwerker und Händler, sah sich durch die Folgen der Hochindustrialisierung zunehmend in Frage gestellt. Handwerk und Kleinhandel hatten sich eine auf frühkapitalistische Verhältnisse bezogene ständische Orientierung bewahrt. Wie bei den Bauern sind bei Händlern und Handwerkern Eigentumsdenken und Ortsgebundenheit stark ausgeprägt, die Familie blieb als Produktionsgemeinschaft erhalten. Beide Gruppen besaßen eine traditionalistische, oft noch kirchlich-religiös verankerte Mentalität. Der Modernisierungsschub des späten 19. und 20. Jahrhunderts versetzte den Mittelstand in eine doppelte Frontstellung; er sah sich zugleich durch die organisierte Arbeiterbewegung und durch die Macht der hochkonzentrierten Großindustrie bedroht. Das zunehmend radikal und antimodernistisch sich gebärdende Krisenbewußtsein der Mittelständler resultierte nicht allein aus einer wirtschaftlichen Notlage (Übersetzung von Handel und Handwerk, Agrarkrise, Umsatzrückgang und Bankrotte durch die Weltwirtschaftskrise), verschärfend wirkte vor allem der langfristig angelegte gesellschaftliche Positionsverlust einer anachronistisch gewordenen Schicht.

Sah sich der alte Mittelstand mit dem Verlust seiner ökonomisch-sozialen und ideologischen Geltung konfrontiert, so geriet mit dem neuen Mittelstand eine soziale Gruppe in die Krise, die ihre Identität noch nicht gefunden hatte. Hervorstechendes Kennzeichen der recht heterogenen neuen Mittelschicht – Geiger zählt zu ihr u. a. Büroarbeiter und Hausangestellte, öffentliche Bedienstete, freie Berufe, Intellektuelle und die große Zahl von Angestellten in Handel und Industrie – war eine tiefgreifende ideologische und soziale Orientierungslosigkeit. Die – ex post betrachtet – Vorreiter und Schrittmacher der modernen Gesellschaft beerbten denn auch die Mentalität einer Reihe anderer sozialer Großgruppen. Auf die prototypische Funktion der Bediensteten im öffentlichen Dienst, insbesondere der Beamten, ist in anderem Zusammenhang schon hingewiesen worden.

Das Fehlen einer klassengebundenen Mentalität fand gerade in dem extrem ausgeprägten Bedürfnis nach Abgrenzung von anderen sozialen Gruppen seinen Ausdruck. Das ideologische Vakuum ließ die kleinbürgerlichen Mittelschichten in einer Zeit wirtschaftlicher Not anfällig für Ersatzideologien verschiedenster Provenienz werden. Die Entwurzelung des alten Mittelstandes und die Wurzellosigkeit des neuen machten das Kleinbürgertum zum wichtigsten und größten Faschismuspotential in der deutschen Gesellschaft am Ende der zwanziger Jahre. Beide Gruppen waren in der NS-Mitgliedschaft überrepräsentiert.

Mitglieder der NSDAP 1930 nach gesellschaftlichen Gruppen (in Klammern Anteil an der Gesamtbevölkerung)

Arbeiter	28,1%	(45,9%)
Angestellte	25,6%	(12,0%)
Selbständige	20,7%	(9,0%)
Beamte	8,3%	(5,1%)
Bauern	14,0%	(10,6%)
Sonstige	3,3%	(17,4%)

So gesehen kann der Faschismus, der „Extremismus der Mitte" (S. Lipset), als eine von verängstigten Kleinbürgern getragene diktatorische Variante des Kapitalismus gelten. Die kleinbürgerliche Massenbasis des Nationalsozialismus hat Brecht wiederholt in seine faschismustheoretischen Überlegungen einbezogen. (Vgl. die *Aufsätze über den Faschismus*, 20, 179–265.)

2.3. Negative Integration: Arbeiterklasse und Klassenbewußtsein

Das System des Organisierten Kapitalismus hat in Basisprozessen und Organisationsverhalten der Arbeiterklasse deutliche Spuren hinterlassen. Das rasche Tempo der Hochindustrialisierung verkürzte den notwendigen politisch-ökonomischen Lernprozeß des Proletariats und verhinderte eine ausreichende Einübung in kollektive Handlungsstrukturen. Die Gewerkschaften und Parteien der Arbeiterbewegung wurden weitgehend ‚von oben‘ aufgebaut. Die Emanzipation der Arbeiterklasse war immer schon identisch mit ihrer Integration in das bestehende Gesellschaftssystem, einer Integration allerdings, die, zumindest bis 1914/18, als „negative“ zu bezeichnen ist (Groh 1973). Sozialdemokratische und gewerkschaftliche Institutionen waren ein konstitutiver Bestandteil des wilhelminischen Systems, ohne daß eine tatsächliche politisch-soziale Gleichberechtigung der Arbeiter erreicht wurde, ohne daß ökonomische Ausbeutung und politische Unterdrückung ein Ende fanden. Gewerkschaften und Sozialdemokraten kompensierten die verweigerte Anerkennung durch einen ausgeprägten Organisationsfetischismus, mit dem auch die Arbeiterbewegung Anschluß an die autoritär-etatistische Tradition gewann. Einer perfektionierten und hochzentralisierten Partei- und Gewerkschaftsbürokratie wurde die Selbsterhaltung zum obersten Ziel. Basisaktivitäten verkümmerten in einer zunehmend verkrusteten Organisationshierarchie. Was sich als wirksames Gegenbild zur bürokratisch-feudalen Wilhelminischen Gesellschaft verstand, geriet bald in die fatale Nähe ihres Spiegelbildes.

Sozialdemokratie und Gewerkschaften hatten nach Aufhebung des Sozialistengesetzes einen raschen Aufschwung erlebt. Die Partei zählte 1913 eine Million Mitglieder, 1912 gewann sie als stärkste Partei 35 Prozent der Stimmen für die Reichstagswahl. Sie verfügte über 4100 bezahlte Funktionäre, 11 000 Parteiangestellte und 13 000 Mandatsträger. 80 Tageszeitungen und eine reiche Vereinskultur ließen ein geschlossenes sozialdemokratisches Milieu entstehen, einen Staat *im* Staate. Die organisatorische Stärke wurde nur zu einem geringen Teil umgesetzt in politische Macht. Der „Bismarxismus“ (Erich Mühsam) vermochte es nicht, eine politische Strategie zu entwickeln, die der unübersehbaren Konsolidierung des Kapitalismus Rechnung trug. Die Fixierung auf Organisationserhalt und Wahlerfolge und die prekäre Trennung von politischem und ökonomischem Kampf – die Gewerkschaften verhielten sich seit dem Sozialistengesetz gewissermaßen politisch neutral – minderte den politischen Einfluß der Arbeiterbewegung im Wilhelminischen Reich und weit darüber hinaus. Die ‚Massenstreikdebatte‘ (1905) dokumentiert auf exemplarische Weise den „revolutionären Attentismus“ (Groh) der sozialdemokratischen Führung. Ein fataler Dualismus von verbal-revolutionärer Radikalität und tatsächlich praktizierter reformistischer Anpassung an die bürgerliche Gesellschaft lähmte Führung und Basis der Partei, als es darauf ankam, die politische Weichenstellung entscheidend zu beeinflussen.

Der Kriegsausbruch 1914 und die Revolution 1918/19 trafen die Sozialdemokratie unvorbereitet: Theoretisch lange Zeit auf das Ende des Systems eingestellt, praktisch seinen Erhalt betreibend, waren die deutschen Sozialdemokraten weitgehend unfähig, die Subjektrolle im historischen Prozeß zu übernehmen.

Die schon im Krieg sich abzeichnende Spaltung der Arbeiterbewegung führte zu einer weiteren Schwächung ihres Gewichts. Die KPD wurde schon bald nach Lenins Tod 1924 zum Opfer einer veränderten Komintern-Strategie, die die nationalen Parteien zu Agenturen der sowjetischen Außenpolitik werden ließ. Aufreibende Flügelkämpfe und eine illusionsgetragene Wahrnehmung der sozialen Wirklichkeit, die den politischen Feind nicht im Nationalsozialismus, sondern in der als ‚sozialfaschistisch' diffamierten Sozialdemokratie suchte und fand, hatten zur Folge, daß der effektive Widerstand gegen die seit 1930 erkennbare Faschisierung des politischen Lebens trotz großer Opfer nur gering war. Brechts bekannte Skepsis und Zurückhaltung gegenüber der organisierten Arbeiterbewegung, die auch durch seine kritisch-distanzierte Solidarität mit der KPD nicht prinzipiell aufgehoben wurde, muß wohl auch in diesem Zusammenhang gesehen werden. (Zu Brechts Verhältnis zum Marxismus vgl. AB VII, 1.)

Die Weimarer SPD erscheint noch immer stark durch entschieden anachronistische attentistische Verhaltensmuster geprägt; unentschlossen, ob sie auf bewußte Integration oder auf eine kämpferische Alternative zum Weimarer System setzen sollte, wurde sie ein frühes Opfer des Organisierten Kapitalismus, dessen politische, soziale und ökonomische Restriktionen die erste deutsche Republik schmerzhaft erfahren hat.

Allerdings ist daran zu erinnern, daß Arbeiterklasse und Klassenbewußtsein keineswegs mit der organisierten Arbeiterbewegung identisch zu setzen sind. Gerade die auf den Betrieb bezogenen, klassenkampffähnlichen Formen politischen und ökonomischen Widerstands der Industriearbeiter im Dritten Reich zeigen, daß es auch nach der brutalen Zerstörung von Parteien und Gewerkschaften Arbeitern in einer als Solidaritätsgemeinschaft verstandenen Klasse gelang, sich nationalsozialistischen Versuchen der Gleichschaltung zu entziehen. Dazu hat sicher beigetragen, daß die in den Zeiten ‚negativer Integration' ausgebildete proletarische Subkultur noch weitgehend erhalten geblieben war. Trotz zunehmender produktionsbedingter Differenzierung der Arbeiterschaft (Kontroll- und Überwachungsfunktionen, Facharbeiter, Techniker, Fließbandarbeiter) hatte sich der proletarische Lebenszusammenhang, der lebensgeschichtliche Aufbau von Erfahrungen und Interessen in Familie,

Freundschaft, Partei, Gewerkschaft und Vereinen nur geringfügig verändert. Noch in den fünfziger Jahren haben Untersuchungen charakteristische Unterschiede zwischen der klassenbewußten Wahrnehmung sozialer Wirklichkeit bei Arbeitern und der hierarchischen Strukturierung gesellschaftlicher Zusammenhänge bei Angestellten ergeben, die sich stets in einer sozialen Mittellage verorteten. Das Aufbrechen des proletarischen Lebenszusammenhangs, die Nivellierung klassenspezifischer Lebensformen ist erst in der entwickelten Nachkriegsgesellschaft der BRD zu beobachten. Die die kulturellen Ausdrucksformen der Freizeit- und Konsumgesellschaft beherrschenden Massenmedien haben die Zahl des ‚falschen Mittelstandes' unter den Arbeitern stark anwachsen lassen. Die Entwicklung der Sozialdemokratie nach 1945 reflektiert diese soziale Veränderung ihrer Basis.

3. Staat

Auf die komplementäre Entwicklung von Organisiertem Kapitalismus und Interventionsstaat ist schon mehrfach hingewiesen worden. Das politisch-administrative System wurde zu einem vorrangigen Stabilisierungsfaktor des ökonomischen Systems, dessen überlebenssichernde Anpassungsleistung erst durch die staatliche Garantie sozioökonomischer Rahmenbedingungen ermöglicht wurde. Die politische Dimension des epochalen Transformationsprozesses vom Konkurrenzkapitalismus zum Organisierten Kapitalismus ist anhand der Erweiterung der Interventionsrechte und der Interventionskapazität des Staates zu veranschaulichen.

Schon in der zweiten Hälfte des 19. Jahrhunderts beeinflußte der Staat in zunehmendem Maße die außen- und binnenwirtschaftlichen Strukturen und Prozesse. Er war Träger der Außenhandels- und Zollpolitik, er setzte und kontrollierte die wirtschafts- und gesellschaftsrechtlichen Bedingungen, er fungierte als Auftraggeber (Rüstung) und Subventionsgeber (Schiffbau, Kolonialwirtschaft). Über das Bildungssystem und weitere Infrastrukturmaßnahmen trug der Staat erheblich zur Produktivitätssteigerung des ökonomischen Systems bei. In den Bereichen Kommunikation und Verkehr, Energie und Montan trat der Staat – z. T. in monopolartiger Stellung – als Unternehmer auf. Schon nach dem 1. Weltkrieg standen Teile eines umfangreichen Instrumentariums der Finanz-, Geld- und Kreditpolitik zur Verfügung, mit dessen Hilfe der Staat sich – zunehmend erfolgreich – um eine präventive antizyklische Krisenbekämpfung bemühte. Sichtbarer Ausdruck der gewachsenen ökonomischen Bedeutung des Staates ist der immens gestiegene Anteil der Staatsausgaben am Sozialprodukt (zu Faktorkosten) im Deutschen Reich und in der Bundes-

republik: 1901 14,9%, 1913 17,7%, 1925 25,0%, 1932 36,6%, 1938 42,4%, 1950 40,8%, 1968 48,4%.
Des weiteren ist eine Zunahme staatlicher Sozialinterventionen zu verzeichnen. Stichwortartig sei hier auf die wachsende Bedeutung der Sozialpolitik (Sozialversicherungssystem), auf sozialprotektionistische Maßnahmen (Förderung agrarischer und mittelständischer Interessen), auf die präventive Sozialintegration (ideologisch und sozial integrative Institutionen im Bereich der sekundären Sozialisation) und schließlich auf das Gewaltmonopol des Staates bei der Bekämpfung sozialer Konflikte verwiesen. Neuerdings ist auch eine Verstärkung der distributiven Funktion des Staates zu beobachten; schon die kontinuierliche Erhöhung der Steuerlastquote (1913 9%, 1969 32%) läßt erkennen, daß das politische System zu einem gewichtigen Instrument der sozialen Umverteilung geworden ist, das allzu krasse Ungleichheiten des kapitalistischen Wirtschaftssystems auszugleichen trachtet.

Mit der Zunahme staatlicher Interventionen im sozialen und ökonomischen System war notwendig die Herausbildung einer zahlenmäßig starken, ideologisch und sozial einflußreichen Bürokratie in Staat, Ländern und Kommunen verbunden. Die herkömmliche Ordnungsverwaltung wurde zur Leistungs- und schließlich zur Versorgungsverwaltung erweitert, ohne daß die autoritären Strukturen, die dem absolutistisch geprägten Verhaltenskodex des Beamten entsprachen, dadurch spürbar verändert wurden. Kein Zweifel, daß der mit der Sozialökonomisierung der Politik einhergehende Funktionszuwachs des Staatsapparats diesen für wirtschaftliche und soziale Gruppen zu einem bevorzugten Objekt des Interesses werden ließ. Die bürokratische Spitze läßt dementsprechend eine breite Überlappung der ökonomischen und der politischen Sphäre erkennen. Der Organisierte Kapitalismus ist durch eine enge Kooperation von Staat und verbandsstrukturierter Wirtschaft charakterisiert. Keineswegs ist damit jedoch gesagt, daß der Staat auf diese Weise zum Transmissionsriemen einer fälschlicherweise als homogen und interessenkongruent betrachteten Klasse von Kapitaleignern degeneriert.

Die mitteleuropäische Tradition des absolutistischen Staates hat das politische und ideologische Gefüge des Deutschen Reiches folgenreich beeinflußt. Sie hat das Eigengewicht der auf Systemerhalt ausgerichteten Herrschaftsinteressen vorindustrieller aristokratischer Eliten (Großgrundbesitz, Militär, Staatsbürokratie) zumindest bis 1918 entscheidend geprägt. Die Ungleichzeitigkeit der um den Staat bemühten rivalisierenden Eliten (neben den genannten die Schwerindustrie sowie informelle ‚strategische Cliquen') stellt die ‚Agententheorie', die den Staat als verlängerten Arm ökonomischer Interessen begreift, in Frage: Herrschaftsinteressen und der Primat des Systemerhalts setzten sich in den meisten Fällen gegen widerstreitende Kapitalinteressen durch.

In diesem Zusammenhang muß noch einmal an die politische Polyvalenz des Organisierten Kapitalismus erinnert werden. Seine Entstehungsbedingungen fand er in der „bonapartistischen Halbdiktatur" (Engels) des Bismarck-Reiches, das nach der gewaltsam erzwungenen Staatsgründung 1870/71 noch die Industrialisierung als Revolution von oben erscheinen ließ. Züge halbabsolutistischen Scheinkonstitutionalismus und monarchischen Semiabsolutismus, charismatische und plebiszitäre Elemente vermischen sich in diesem autoritären Staatsgefüge, das den politischen Rahmen für die Wirtschaftsgesellschaft des Wilhelminischen Reiches bereitstellte.

Genauer betrachtet erweisen sich die vierzehn Jahre der Weimarer Republik als demokratisches Experiment ohne wirkliche Chance des Gelingens. Die Kontinuität politisch-ökonomischer Herrschaftsstrukturen wurde 1918/19 nicht gebrochen. Der von Niederlage und revolutionären Wirren erzwungene Klassenkompromiß, der seinen sichtbaren Ausdruck in der ‚Zentralarbeitsgemeinschaft' von Gewerkschaften und Unternehmern fand, war nicht von Dauer; er erwies sich als wirksames Mittel in der Not der Stunde, er nahm der revolutionären Umgestaltung des politisch-ökonomischen Systems die Spitze und legte so den Grund für seine eigene autoritäre Aufhebung 1930/33. Die Weimarer Reichsverfassung enthielt eine doppelte Option, die freilich in der Verfassungswirklichkeit der Republik bald entschieden war. Plebiszitäre und präsidiale Elemente bildeten die extremen Pole der von der Verfassung vorgegebenen parlamentarisch-demokratischen Struktur. Die kombinierte Anwendung der Artikel 48, 53 und 25 der Verfassung erlaubten es Hindenburg und Brüning am Ende der Republik, ein autoritäres Präsidialregime zu errichten, ohne damit dem Buchstaben der Verfassung allzu deutlich zuwider zu handeln. Die Erosion des immer schon fragilen Rechtsstaates erfolgte schrittweise. Die erste deutsche Republik erweist sich rückblickend als kurzes demokratisches Intermezzo zwischen der bonapartistischen Halbdiktatur des Kaiserreichs und der faschistischen Diktatur. Ein gleitender Übergang 1930/33 erlaubte den alten und neuen Eliten die allmähliche Restauration autoritärer Strukturen in Staat und Gesellschaft. Wichtig ist in diesem Zusammenhang, daß nicht der Stimmzettel die Nationalsozialisten an die Macht brachte. Allerdings verschaffte die nationalsozialistische Massengefolgschaft aufgeputschter Kleinbürger autoritären Ordnungsvorstellungen in Staat, Wirtschaft und Militär die nötige plebiszitäre Legitimation. Die faschistische Bewegung bot sich an als ein militantes Gegengewicht zur organisierten Arbeiterbewegung, als ein wirksames Instrument, diese gewaltsam zu zerschlagen: sie war eine letzte und radikale Option des Krisenmanagements im Organisierten Kapitalismus.

3.1. Faschismus und Kapitalismus

Andererseits geht der Faschismus in dieser seiner primären sozialen Funktion nicht auf. Zwar wäre Hitler ohne die massive Hilfe bürokratisch-militärischer und ökonomischer Eliten weder an die Macht gekommen, noch hätte er sich ohne ein solches Arrangement längere Zeit an der Macht halten können. Der Faschismus läßt sich aber keineswegs auf die von Brecht lange Zeit bis in den Wortlaut hinein als verbindlich betrachtete Formel Dimitroffs reduzieren, die der Stückeschreiber in den *Fünf Schwierigkeiten beim Schreiben der Wahrheit* wie folgt referiert: „Der Kapitalismus existiert in den faschistischen Ländern nur noch als Faschismus, und der Faschismus kann nur bekämpft werden als Kapitalismus, als nacktester, frechster, erdrückendster und betrügerischster Kapitalismus." (18, 226 f.; in die gleiche Richtung weist Brechts provozierender Appell auf dem ‚I. Internationalen Schriftstellerkongreß zur Verteidigung der Kultur' im Juni 1935 in Paris: „Kameraden, sprechen wir von den Eigentumsverhältnissen!", 18, 246.) Wohl muß der Kapitalismus als die Bedingung der Möglichkeit faschistischer Herrschaft gelten, und in diesem Sinne bleibt Horkheimers Diktum aktuell, wer vom Kapitalismus nicht reden wolle, der solle auch vom Faschismus schweigen. Doch ist mit der Bedingung seiner Möglichkeit die historische Wirklichkeit des Phänomens kaum hinreichend bestimmt und erklärt. Einer genauen Bestimmung bedarf das soziale Milieu, in der eine faschistische Massenbewegung sich entfalten konnte; einer genauen Erklärung die Bedingungen, die ihre politische Durchsetzung ermöglichten. Der Linkssozialist Otto Bauer hat 1936 drei sozialhistorische Faktoren hervorgehoben, die den gesellschaftlichen Nährboden, auf dem der Faschismus gedieh, wesentlich angereichert haben dürften.

Erstens hat der Krieg Massen von Kriegsteilnehmern aus dem bürgerlichen Leben hinausgeschleudert und deklassiert. Unfähig, in die bürgerlichen Erwerbs- und Lebensformen zurückzufinden, an den im Kriege erworbenen Lebensformen und Ideologien hängend, bildeten sie nach dem Kriege die faschistischen Milizen, die völkischen Wehrverbände mit einer eigenartig militaristischen, antidemokratischen, nationalistischen Ideologie. Zweitens haben die Wirtschaftskrisen der Nachkriegszeit breite Massen von Kleinbürgern und Bauern verelendet. ... Drittens haben die Wirtschaftskrisen der Nachkriegszeit die Profite der Kapitalistenklasse gesenkt. Die Kapitalistenklasse an ihren Profiten bedroht, will ihre Profite durch Steigerung des Grades der Ausbeutung wiederherstellen. Sie will den Widerstand, den die Arbeiterklasse dem entgegensetzt, brechen. Sie verzweifelt daran, dies unter demokratischer Herrschaft zu können. Sie bedient sich der um die faschistischen und völkischen Milizen gescharten rebellischen Massenbewegungen der Kleinbürger und Bauern zuerst, um die Arbeiterklasse einzuschüchtern und in die Defensive zu drängen, später um die Demokratie zu zerschlagen. (Nach Winkler 1972, 163 f.)

Die soziale Funktion, die der faschistischen Bewegung in der entscheidenden Phase Anfang 1933 zur Macht verhalf, war die von ihr versprochene Stabilisierung des kapitalistischen Wirtschaftssystems und die von ihr erhoffte Restauration autoritärer Ordnungsvorstellungen in Staat und Gesellschaft. Die gesellschaftliche Reproduktion des Systems war, so schien es den reaktionär orientierten Eliten, nur noch mit politischen Mitteln zu bewerkstelligen. Die faschistisch-kapitalistische Krisenlösung war daher mit einer zunehmenden Differenzierung von politischer und ökonomischer Herrschaft verbunden, die zeitweise sogar zu einer tendenziellen „Verselbständigung der Exekutive" (A. Thalheimer) führte. Staat und Partei formierten sich in relativer Unabhängigkeit von besonderen sozialen Klassen; sie formulierten die politischen Interessen der Bourgeoisie jenseits jeder Bindung an ihre partikularen Fraktionen. Um ihre soziale Herrschaft zu retten, so Thalheimer, übergab diese ihre politische Macht an den Faschismus. Der „Primat der Politik" (T. Mason) bestimmte das Erscheinungsbild und wesentliche Elemente der ökonomisch-sozialen Struktur des Dritten Reichs. Brechts im *Arbeitsjournal* überlieferte Reflexionen über den deutschen Faschismus kommen dem ‚bonapartistischen' Erklärungsversuch Thalheimers nahe. Die historische Realität des Dritten Reiches korrigierte zusehends die früher dominante ‚Agententheorie', die von einer totalen Instrumentalisierung des Staatsapparats durch das organisierte Großkapital ausging. (Zu Brechts Faschismustheorie vgl. Mennemeier, L⁺ 410 und Münch, L⁺ 122.)

So wenig wie die kapitalistische Grundstruktur der Gesellschaft waren im Dritten Reich die ökonomisch-sozialen Interessengegensätze wirklich aufgehoben. Nur wurden sie jetzt über den Transmissionsriemen des politischen Systems geleitet, das soziale und ökonomische „Ruhe und Ordnung" mit brutalem Terror ebenso wie mit sozialpolitischen Zugeständnissen herzustellen suchte (Mason 1977). Die gesellschaftlichen und wirtschaftlichen Widersprüche nahmen an Schärfe zu, mit dem Beginn der rüstungsbedingten Hochkonjunktur in den letzten Friedensjahren erfuhren sie eine krisenhafte Zuspitzung. Die kumulative Radikalisierung des Regimes war wie die riskante Außenpolitik und schließlich der Krieg Ausdruck einer sozial und ökonomisch bedingten ‚Flucht nach vorn', mit der ein Ausweg aus einer systemimmanent ausweglosen Situation gesucht wurde.

Zwar gehen Terror und politische Verfolgung, Kriegsgreuel und Holocaust in der Gleichung Faschismus = Kapitalismus nicht annähernd auf; zwar gibt es keine historische Gesetzmäßigkeit, die den Organisierten Kapitalismus notwenig in faschistische Herrschaft münden läßt. Doch gilt auch: die faschistische Herrschaftsform ist und bleibt als immanente Entwicklungsmöglichkeit im kapitalistischen System angelegt. Der Organisierte Kapitalismus enthält eine Fülle restriktiver Bedingungen, die eine wirksame Demokratisierung von Gesellschaft und Wirtschaft erschweren oder gar verhindern. Die Entstehungsbedingungen faschistischer Bewegungen und ihre politischen Erfolgschancen waren und sind aber „umgekehrt proportional der Stärke demokratischer Traditionen in einer Gesellschaft" (Winkler, 1972, 162).

B. Die literarisch-publizistische Öffentlichkeit und die Institution Kunst im 20. Jahrhundert

0. Vorbemerkung

Eine fatale Dialektik bestimmt die Physiognomie der bürgerlichen Öffentlichkeit im Zeitalter des Organisierten Kapitalismus: durchdringt sie einerseits immer weitere Sphären der Gesellschaft, ist dieser Erweiterungsprozeß doch andererseits untrennbar verbunden mit einem zunehmenden Verlust ihrer ehemals kritischen politischen Funktion. Ihre Voraussetzung hat diese Entwicklung in einer anderen realhistorisch faßbaren Dialektik, in der fortschreitenden Konvergenz des politischen und des gesellschaftlichen Systems, in der ‚Verstaatlichung der Gesellschaft', die ihr Pendant in einer ‚Vergesellschaftung des Staates' findet. Die derart aufgehobene Trennung von Staat und Gesellschaft zerstört aber, das konnte Jürgen Habermas nachweisen, die entscheidende Prämisse der bürgerlichen Öffentlichkeit in ihrer originären Gestalt und Funktion (Habermas 1962).

Der ‚Strukturwandel der Öffentlichkeit' ist die Folge eines doppelten Angriffs auf die öffentlich relevant gewordene Privatsphäre der Gesellschaft, in der im 18. Jahrhundert die zum Publikum versammelten Privatleute sich ein Forum schufen, auf dem sie die öffentliche Gewalt zur Rechenschaft vor der Kritik der öffentlichen Meinung zwangen. Einerseits wertete ein verstärkter Legitimationsbedarf des politisch-administrativen Systems die Funktion einer Produktion gesellschaftlichen Sinns erheblich auf. Die bürgerliche Öffentlichkeit wurde zu einem wichtigen politischen Integrationsfaktor im gesellschaftlichen System des Organisierten Kapitalismus.

Der Zuschnitt formaldemokratischer Einrichtungen und Prozeduren sorgt dafür, daß die administrativen Entscheidungen relativ unabhängig von den konkreten Zielen und Motiven der Staatsbürger gefällt werden können. Eine breite Partizipation der Staatsbürger an den politischen Willensbildungsprozessen, also materielle Demokratie, müßte den Widerspruch zwischen der administrativ vergesellschafteten Produktion und einer nach wie vor privaten Form der Aneignung der produzierten Werte ans Licht bringen. Um diesen Widerspruch der Thematisierung zu entziehen, muß das administrative System gegenüber der legitimierenden Willensbildung hinreichend autonom sein. Das geschieht durch einen Legitimationsprozeß, der Massenloyalität beschafft, aber Partizipation vermeidet. (Habermas 1976, 309)

Andererseits wurde die Herstellung von Massenloyalität zunehmend abhängig von einer kulturindustriell sichergestellten Verbreitung von Ideologie. Die primär von ökonomischen Verwertungsinteressen bestimmte kommerzielle Durchdringung der literarisch-publizistischen Öffentlichkeit hatte letztlich eine Industrialisierung auch der Sphäre gesellschaftlicher Reproduktion zur Folge, die in einer seriellen Erzeugung von Bedürfnissen massenhaften Kulturkonsums ihren Ausdruck findet. (Freizeit- und Kulturindustrie).

Im Verlauf dieses Strukturwandels der Öffentlichkeit wird die Kunst zwar gesellschaftlich integriert, allerdings nicht, wie frühe Hoffnungen (etwa W. Benjamin) es erwarten ließen, im Gebrauch durch die Massen, als Kultur der Massen. Tatsächlich erkaufte sich die Kunst den Verlust ihrer „Aura" (Benjamin) mit dem Fetisch der Ware. (Dieser Zusammenhang bestimmt Brechts Argumentation im Dreigroschenprozeß, 18, 139–209; vgl. dazu auch AB V.) Kunst hat dem konsumindustriellen Zugriff weniger denn je sich entziehen können, die Zerfallsformen der literarisch-publizistischen (bürgerlichen) Öffentlichkeit wurden zu wichtigen Bausteinen einer zunehmend konzentrierten Kultur- und Bewußtseinsindustrie. Hinzu kommt, daß die Erweiterung und Spezifizierung technisch-medialer Vermittlungsformen ästhetischen Produkten Zwänge setzte, die die gesellschaftlichen Rahmenbedingungen künstlerischer Produktion ungemein verschärften. Nurmehr als Medienwerk erreicht Kunst ihren Adressaten. Die institutionelle Vermittlung ästhetisch-gesellschaftlicher Kommunikation hat ein Gewicht erlangt, das den kritischen Impetus künstlerischer Produkte zur Affirmation des Bestehenden zu verwandeln vermag.

Brecht hat die grundlegenden Veränderungen der Rahmenbedingungen literarischer Produktion früh wahrgenommen und reflektiert (vgl. AB IV und V). Seine politisch-ästhetische Theorie antwortet mit gleicher Radikalität auf die vom historischen Prozeß erzwungene bzw. ermöglichte Vergesellschaftung der Kunst wie Adornos Theorie der negativen Dialektik einer aufs Autonome verpflichteten Kunst. Nicht um diese Antworten aber geht es in diesem Kapitel, das sich überdies außerstande sieht, seine notwendig grobflächigen Darstellungen empirisch zu erweitern. Vielmehr werden hier einige an ausgewählte Theoriemodelle (E. P. Thompson, D. u. K. Claessens, J. Habermas, P. Bürger) angelehnte Überlegungen vorgestellt, die wesentliche Aspekte epochaler Rahmenbedingungen künstlerischer Produktion in der ersten Hälfte des 20. Jahrhunderts zu thematisieren versuchen.

1. Kapitalismus als Kultur – Arbeiterkultur

Die materialistische Theoriebildung widerspiegelt auf eigentümliche
Weise das kulturelle Organisationsdefizit des kapitalistischen Systems;
wie selten sonst bestimmt die Begrenztheit des Gegenstandes die Grenzen
seiner Verarbeitung im Rahmen einer Theorie, die doch – dem Anspruch
nach – seine revolutionäre Aufhebung betreibt. Die entwickelte Marxsche Theorie schweigt sich weitgehend aus über die Art und Weise, in der
materielle Erfahrungen kulturell verarbeitet werden, über kulturelle und
moralische Vermittlungsformen, den Zusammenhang von bestimmten
Wertsystemen und Produktionsweisen, der in spezifischen Produktionsverhältnissen begründet liegt. Die Dialektik von Ökonomie und Wertsystem, die historisch differenzierende Beschreibung und Erklärung der
„moral economy" (E. P. Thompson), wird einem pauschal-determinisit-
schen Zurechnungsmechanismus von Basis und Überbau geopfert. Die
ökonomische Bestimmung des Menschen, selbst widerspruchsvolles Produkt der kapitalistischen Kultur, geht – in übergroßem Maße – ein in die
kritische Theorie dieser Gesellschaft, die mit der Überwindung des Systems auch die ökonomistische Reduktion aufzuheben trachtet. Eine Sozialgeschichte der Kultur, die immer auch eine Kulturgeschichte der Gesellschaft ist, hat zeigen können, daß die Entstehung proletarischer Klassen und Kulturen nicht allein als automatische Folge ökonomischer Ver-
elendung zu begreifen ist; vielmehr liegen ihr komplexe Lernprozesse
zugrunde, die von einer tiefgreifenden und umfassenden soziokulturellen
Krise provoziert wurden. Klasse und Kultur erscheinen nicht als Ausgangspunkt, sondern als reversibles Ergebnis realhistorischer Auseinandersetzungen.

Class happens, when some men, as a result of common experiences (inherited
or shared), feel and articulate the identity of their interests as between themselves,
and as against other men whose interests are different from (and usually opposed
to) theirs. The class experience is largely determined by the productive relations
into which men are born – or enter involuntarily. Class-consciousness is the way
in which these experiences are handled in cultural terms: embodied in traditions,
value-systems, ideas, and institutional forms. If the experience appears as determined, class-consciousness does not. (Thompson 1963, 9 f.)

„Kapitalismus als Kultur" (Claessens), d. h. als in sich geschlossenes
Ensemble epochaler Wertsysteme, Lebens-, Verhaltens- und Bewußtseinsformen, basiert letztlich auf der privaten Aneignung gesellschaftlich
erzeugten Mehrwerts. Die Zugehörigkeit zu den beiden soziokulturell
unterschiedlichen Großgruppen erwächst aus dem Vorhandensein bzw.
Nichtvorhandensein persönlicher Freiheit und Unabhängigkeit, die wiederum aus der Möglichkeit einer Verfügung über die eigene Arbeitskraft

resultiert. Dem antagonistischen Gesellschaftsmodell des Kapitalismus entspricht die Existenz zweier oppositionell angelegter Kulturen. Zwar tritt das kapitalistische System als historisch erstes mit einem universalistischen Anspruch auf: die Ganzheit der Gesellschaft zählt ebenso zu seinem ideologischen Grundarsenal wie der Anspruch auf prinzipielle Gleichberechtigung aller in ihr versammelten einzelnen. Doch wird dieser Anspruch durch die Systemlogik selbst permanent Lügen gestraft. Eine ‚systematisch‘ erzeugte Doppelmoral kennzeichnet die kapitalistische Kultur, die sich aus ihrer tabuisierten ‚unsittlichen‘ Grundlage ergibt: aus dem Zwang der Arbeiter, sich selbst als Ware Arbeitskraft zu verkaufen, und aus der mehrwertschaffenden Praxis der Kapitalisten, menschliche Arbeitskraft billiger einzukaufen als zu verkaufen. Flankierende Kräfte, die kaum zufällig dem kapitalistischen Wirtschaftsprozeß mehr oder minder entfernt gelagert sind, verschaffen dem janusköpfigen Bürger-Kapitalisten ein gutes Gewissen: Familie und Freundschaft, Wissenschaft und Technik, Literatur und Kunst bilden zentrale Bestandteile der kapitalistischen Kultur, deren affirmativ-kompensatorische Funktion sich gerade in ihrer gesellschaftlichen Randständigkeit erfüllt. Das chronische kulturelle Organisationsdefizit kapitalistischer Gesellschaften erweist sich am Ende als systemfunktional.

Für die deutschen Verhältnisse läßt sich zudem feststellen, daß weder das herrschende Bewußtsein durch eindeutig kapitalistische, noch das beherrschte durch eindeutig proletarische Züge charakterisiert waren. Die dominanten Verhaltens- und Bewußtseinsformen entsprachen zu keinem Zeitpunkt dem Stand der Entwicklung. Eine erstaunliche Zählebigkeit traditioneller Mentalitäten verschafften ‚kleinköniglichen‘ und ‚kleinbürgerlichen‘ Zügen, einer ‚spätfürstlichen‘ und ‚kleinstadtbürgerlichen‘ Haltung Wirksamkeit. Gesellschaftlich relevante und kulturell prägende Sozialcharaktere entstammten fast ausschließlich Mittelschichten, die im Hinblick auf die kapitalistische Grundstruktur bedeutungslos waren. Hier mag einer der Gründe dafür liegen, warum nach 1945 die sozial distinkten Kulturen und Lebensformen so rasch und so vollständig beseitigt werden konnten, warum die konsum- und kulturindustrielle Beherrschung gesellschaftlicher Ausdrucksbedürfnisse einen so durchschlagenden Erfolg zu verzeichnen hatte. Im kulturellen Gehäuse des Spätkapitalismus sind bürgerliche ebenso wie proletarische Lebensformen zu bedeutungslosen Schwundformen geworden.

Eine geschlossene Arbeiterkultur (Freizeit- und Geselligkeitsverhalten, Wohn-, Eß- und Trinkgewohnheiten, Gebärden und Gebräuche, Kommunikationsmuster in Betrieb und Nachbarschaft, Familie, Geschlechtsrollen, Erziehungsstile, genuin künstlerische Ausdrucksformen) hat ihren Höhepunkt schon vor dem 1. Weltkrieg überschritten. Die „negative Integration“ (Groh) hatte eine schrittweise Vereinnahmung der Arbeiterklasse in die wilhelminische Gesellschaft ermöglicht, ohne daß dadurch die soziokulturelle Ungleichheit und die politische Benachteiligung aufgehoben wurden. Die stärkere Trennung von Freizeit und Arbeit, die gleichzeitige Ausdehnung und Säkularisierung der von Arbeit freien Zeit, die immer dichtere Vernetzung kommunikativer Beziehungen und die Erhöhung der Mobilität waren Prämissen, die die Entstehung einer proletarischen Kultur und Öffentlichkeit wesentlich gefördert haben dürften. Zugleich fungierten sie jedoch als Wegbereiter einer neuen industriell geförderten sozial uniformen Kultur, die mit dem Begriff ‚Verbürgerlichung‘ kaum angemessen zu beschreiben ist.

Der rasche Bedeutungsverlust proletarischer Lebenswelten hatte mehrere Gründe. Er ist nicht zu trennen von der politischen Entwicklung der organisierten Arbeiterbewegung, die sich nach 1918/19 der Spaltung, im Dritten Reich einer brutalen Unterdrückung und nach 1945 einem schwer standzuhaltenden Integrationssog ausgesetzt sah. Eine unheilvolle Koinzidenz von gesellschaftlicher Integration und verweigerter politisch-sozialer Emanzipation kennzeichnet das Schicksal der proletarischen Bewegung bis in die Gegenwart. Die in rasantem Tempo entwikkelten und verbreiteten Medien moderner Massenkommunikation (Massenpresse, Bestsellerproduktion, Unterhaltungselektronik, Film, Fernsehen) taten ein übriges, klassenspezifische Verhaltens- und Bewußtseinsformen zu zerstören. Allgegenwärtige Werbestrategien, der zunehmend über Supermärkte und Warenhäuser abgewickelte Massenkonsum, eine Professionalisierung des Spitzensports bei gleichzeitiger Kommerzialisierung des Massensports, der Massentourismus, die umfassende Vermarktung der Freizeit führten zu einer tendenziellen Vereinheitlichung, zu einer uniformen Kultur mit angeglichenen Mentalitäten, Sprach- und Rollenverhalten, zu einer standardisierten Wohn- und Lebenswelt. Die kriegs- und kriegsfolgenbedingte regionale und berufliche Mobilität ließ konfessionelle Unterschiede ebenso wie die zwischen Stadt und Land und verschiedenen Schichten und Klassen zurücktreten. Das Ergebnis war eine in weiten Teilen fremdbestimmte, industriellen Verwertungsinteressen und politischen Integrationsbestrebungen ausgesetzte ‚allgemeine‘ Kultur, deren Substanz- und Sinnverlust in dem Maße zunimmt, wie ihre Verankerung in klassen- oder schichtspezifischen Lebenswelten (proletarische bzw. bürgerliche Kultur) sich lockert.

Das von Negt/Kluge (1972) entworfene Konzept einer proletarischen Öffentlichkeit als Gegenbegriff zur bürgerlichen Öffentlichkeit, das auf den Gebrauchswert organisierter gesellschaftlicher Erfahrung abhebt, mag als heuristischer Bezugsrahmen einer kritischen Theorie spätkapitalistischer Öffentlichkeit unverzichtbar sein; seine politische Bedeutung ist abhängig von dem postulierten Erfahrungshorizont der Arbeiter, von dem als Einheit begriffenen proletarischen Lebenszusammenhang: die

Fortexistenz einer solchen proletarischen Kultur, einer Arbeiterkultur mit eigenen lebensgeschichtlichen Erfahrungswelten, muß aber bezweifelt werden. Zwar ist auch Brechts politischer Reflexion die Anpassungsfähigkeit des kapitalistischen Systems, sein Vermögen, Krisen produktiv zu verwerten, nicht entgangen. Allerdings bleibt dies weitgehend folgenlos für seine Revolutionstheorie, die einem allzu schematischen Klassenbegriff verhaftet ist. Neue potentielle Zielgruppen des episch-dialektischen Theaters, die nicht mehr allein und vielleicht nicht einmal primär das zunehmend abhanden gekommene ‚klassische Proletariat' umfassen, geraten so nicht in den Blick. (Vgl. dazu AB VII, 3.5: Die problematischen Prämissen der Brechtschen Theatertheorie.)

Ebenso ist eine genuin bürgerlich-kapitalistische Kultur, wenn es sie denn gegeben hat, längst der konsum- und kulturindustriellen Uniformierung zum Opfer gefallen. Wie für den deutschen ‚gemütlichen' Kapitalismus immer schon eine Dominanz kapitalistisch randständiger Lebensformen zu beobachten ist (als typisch und repräsentativ gilt bis weit über das 19. Jahrhundert hinaus der gehobene Beamtenhaushalt!, vgl. Claessens 1979), so müssen auch nach dem 2. Weltkrieg primär Mittelschichtsangehörige zu den ‚Kulturträgern' gerechnet werden, die eine Zweifrontenposition einnehmen. Die Exklusivität einer bürgerlichen Kultur ist bis auf wenige Ausnahmen (Oper, Golf) aufgehoben. So wird die Schwelle des postindustriellen Zeitalters erreicht, ohne daß die industriell-bürgerliche Epoche je zu einem nur ihr eigenen kulturellen Ausdruck gefunden hätte.

2. Zum Strukturwandel der Öffentlichkeit im 20. Jahrhundert

Schon im 19. Jahrhundert zeichnet sich eine tendenzielle Verschränkung von öffentlicher Sphäre und privatem Bereich ab. Im Interventionsstaat des Organisierten Kapitalismus manifestiert sich die zunehmende Übersetzung von Interessenkonflikten, die in der Privatsphäre nicht länger auszutragen sind, in den politischen Raum. Aus und zwischen Staat und Gesellschaft bildet sich eine repolitisierte Sozialsphäre, der weder ein öffentlicher noch ein privater Charakter zugesprochen werden kann. Jürgen Habermas hat die Entwicklungslinien des Zerfalls der bürgerlichen Öffentlichkeit anhand des Übergangs vom kulturräsonierenden zum kulturkonsumierenden Publikum verfolgt (Habermas 1962). Die literarische Öffentlichkeit, in der das entstehende Bürgertum ein kulturelles Forum für die Entfaltung und Verbreitung seines keineswegs in Ideologie aufgehenden Humanitätsideals gefunden hatte, verwandelte sich in den sowohl pseudo-öffentlichen wie scheinprivaten Bereich des Kulturkonsums, der in uniformen Akten vereinzelter Rezeption seinen Ausdruck findet. Das gemeinsame Gespräch, der öffentliche Diskurs verkommt zum Konsumgut; quietiver Handlungsersatz mit primär sozialpsychologischer Funktion wird, was ehedem über eine kritisch-publizistische Potenz verfügte. In dem Maße, in dem die ursprüngliche Identität von Eigentümer und natürlicher Person verlorengeht und in dem die Trennung zwischen Geschäft als Forderung individueller Reproduktion und Publikum der Privatleute aufgehoben wird, dringen Gesetze des Marktes in die Substanz literarischer Kommunikation ein, in die Werke selbst, deren Form und Inhalt schon bald dem Postulat subtiler Absatzstrategien sich beugen, diktiert von den Profitinteressen einer immer mächtiger werdenden Kulturindustrie.

Die immer schon erkennbare Ambivalenz des Marktes verschärft sich zusehends. Nicht mehr nur erleichtert er durch die Verbilligung der Kulturwaren einem größeren Publikum den Zugang zu ihnen; den massenhaften Absatz zu ermöglichen, werden auch die psychologischen Zugänge erleichtert, indem der Inhalt der Konsumgüter dem angeblichen Bedürfnis breiter Schichten angepaßt wird. Nicht nur schafft der Markt die Bedingungen der Möglichkeit der Freiheit des Schriftstellers; zugleich verfestigt er die Struktur der Entfremdung, die Autor und Produkt, Autor und Publikum voneinander trennen. Der Herausbildung einer bohèmehaften Avantgarde entspricht die Dissoziation des Publikums in eine Masse von Konsumenten und eine Elite von nicht öffentlich räsonierenden Spezialisten. An die Stelle der kritischen Öffentlichkeit treten die Medien einer konsumindustriell inszenierten öffentlichen Meinung, in denen gut bezahlte Kulturfunktionäre und ökonomisch-bürokratische Führungseliten systemkonforme Dienstleistungen erbringen. Der Strukturwandel der Öffentlichkeit wird implizit in Brechts Überlegungen zu einer kritischen Theorie der Medien reflektiert. (Dazu AB V; überaus lesenswerte Anmerkungen zur Rolle der bürgerlichen Intelligenz in der politisch-gesellschaftlichen Öffentlichkeit finden sich im *Tui*-Roman, 12, 587–727, und in dem späten Stück *Turandot oder Der Kongreß der Weißwäscher*, 5, 2193–2270.)

Eine solchermaßen ‚refeudalisierte‘ bürgerliche Öffentlichkeit erfüllt primär eine soziale Integrations- und eine politische Legitimationsfunktion. Eine manipulative Publizität entfaltet sich von oben: Parteien, Verbände, Administrationen und Konzerne bedienen sich einer professionell hergestellten Öffentlichkeit als einer effektiven Public Relations-Agentur. Aus dem Journalismus schriftstellernder Privatleute ist ein industriell aufgezogener Dienstleistungsbetrieb der Massenkommunikation geworden. Eine progressive Kommerzialisierung ebnet den Unterschied von Warenzirkulation und Publikumsverkehr ein. Öffentlichkeit ist zu einem äußerst effizienten Faktor organisierter Interessenvertretung geworden, der sich selbst jeglicher Form ‚öffentlicher‘ Kontrolle und Kritik zu entziehen vermag.

Der Strukturwandel der Öffentlichkeit bestätigt Ergebnisse und Prognosen zur amerikanischen Kulturindustrie, die Horkheimer/Adorno schon in den vierziger Jahren unter dem Motto „Aufklärung als Massenbetrug" vorgestellt haben (Horkheimer/Adorno 1971).

Der Zirkel von Manipulation und rückwirkendem Bedürfnis, in dem die Einheit des Systems der Massenmedien immer enger sich zusammenschließt, führt die Vorstellung autonomer Individuation endgültig ad absurdum: die Freiheit des „außengelenkten Menschen" (Riesman) reduziert sich allmählich auf den konditionierten Reflex. Nur so wird erklärbar, daß Massen unbeirrbar auf einer Ideologie bestehen, die sie unfrei macht. In den massenhaft verbreiteten Medien wird die Macht der Technik über die Gesellschaft erfahrbar, doch nicht eine technische Macht allein, sondern die Macht der ökonomisch Stärkeren: die scheinbar technische Rationalität des kulturellen Fortschritts erweist sich am Ende als eine solche der Herrschaft selbst. Den Kulturmonopolen des Organisierten Kapitalismus gelingt in gigantischem Ausmaß die Erzeugung und Planung von Bedürfnissen nach Phantasie, nach Lebenszusammenhang, nach der Erfahrung individueller und kollektiver Identität.

Die Bedürfnisproduktion bleibt nicht ohne Rückwirkung auf die Produktion der Kulturwaren, die diese zu befriedigen sich anschicken. Der ganze Stumpfsinn massenmedial erzeugter Kultur, die sinnentleerte Wiederholung des ewig ‚Neuen', die monotone Standardisierung ahistorischer Dramen, die, jeglichen gesellschaftlichen Bezuges entkleidet, das ernste Spiel von Desintegration und Integration, von Abweichung und Anpassung in Szene setzen, findet hier seine politökonomische Begründung. Hier wie nirgends sonst gelangt die in der Kulturindustrie präsente gesellschaftliche Gewalt zu dem ihr eigenen Ausdruck: Sie liegt „in ihrer Einheit mit dem erzeugten Bedürfnis [...], nicht im einfachen Gegensatz zu ihm, wäre es selbst auch der von Allmacht und Ohnmacht. – Amusement ist die Verlängerung der Arbeit unterm Spätkapitalismus. Es wird von dem gesucht, der dem mechanisierten Arbeitsprozeß ausweichen will, um ihm von neuem gewachsen zu sein." (Horkheimer/Adorno 1971, 123) Nicht nur betreibt die Kulturindustrie das Geschäft der Ideologie; auch geht ihre Ideologie zum großen Teil auf im Geschäft. Brechts gesamtes Kunstverständnis steht in einer – womöglich ohnmächtigen – Opposition gegen eine derart mächtig gewordene Kulturindustrie.

Eine offene Frage muß bleiben, inwieweit in einer unmittelbar dem Verwertungsprozeß ausgesetzten Kulturwarenproduktion Vermittlung und Vermitteltes auseinandergehalten werden können, inwieweit im Kunstwerk als Medienwerk das Medium immer schon Sorge dafür trägt, daß der Tauschwert über den Gebrauchswert triumphiert.

Alles hat nur Wert, sofern man es eintauschen kann, nicht sofern es selbst etwas ist. Der Gebrauchswert der Kunst, ihr Sein, gilt [...] als Fetisch, und der Fetisch, ihre gesellschaftliche Schätzung, die sie als Rang der Kunstwerke verkennen, wird zu ihrem einzigen Gebrauchswert, der einzigen Qualität, die sie genießen. So zerfällt der Warencharakter der Kunst, indem er sich vollends realisiert. Sie ist eine Warengattung, zugerichtet, erfaßt, der industriellen Produktion angeglichen, käuflich und fungibel, aber die Warengattung Kunst, die davon lebte, verkauft zu werden und doch unverkäuflich zu sein, wird ganz zum gleißnerisch Unverkäuflichen, sobald das Geschäft nicht mehr bloß ihre Absicht, sondern ihr einziges Prinzip ist. (Horkheimer/Adorno 1971, 142)

3. Anmerkungen zur Institution Kunst in der bürgerlichen Gesellschaft

Vermittlung ist eine zentrale Kategorie bei der Erforschung literaturwissenschaftlicher Gegenstände. Unmittelbarkeit, ein Zugang zu Werken der Literatur ohne Berücksichtigung ihrer Literarizität und ihrer im doppelten Sinne geschichtlichen Vermittlung liegt außerhalb des Erkenntnisinteresses kritisch-hermeneutischer Literaturwissenschaft. Neben der literarischen und historischen Vermittlung literaturwissenschaftlicher Gegenstände ist in den letzten Jahren, initiiert durch Überlegungen Peter Bürgers, die „Institution Kunst" selbst in den Blick getreten, die Funktionsbestimmung der Literatur und ihrer Gattungen im Ensemble der künstlerischen Produktion einer Zeit (Bürger 1979). Die Institution Kunst formiert sich nicht allein mit den kulturproduzierenden und -distribuierenden Apparaten; hinzu treten die epochal vorherrschenden, rezeptionsleitenden Vorstellungen über Kunst in spezifischen Gesellschaften.

Der bürgerlichen Institutionalisierung vorgängig sind Funktionsbestimmungen von Kunst in der höfischen und frühbürgerlichen Gesellschaft. In der Renaissance emanzipiert sich die Kunst vom Ritual durch ihre Bindung an die Wissenschaft. Damit beginnt der säkulare Prozeß der Befreiung der Kunst aus ihrer theonom-sakralen Bestimmung. Im Absolutismus fungiert das Kunstwerk als Form der Entfaltung repräsentativer Öffentlichkeit in der geselligen Sphäre des Fürstenhofes. Der entstehenden bürgerlichen Gesellschaft wird die Kunst zum vorrangigen Medium der öffentlichen Selbstverständigung. Die bürgerlich-aufklärerische Institutionalisierung von Kunst kennt eine enge Verknüpfung von Kunst und Lebenspraxis: die literarische Öffentlichkeit wird zum Ort der Diskussion über gesellschaftlich relevante Verhaltensweisen. Doch erweist sich bei näherem Hinsehen die Säkularisierung der Kunst als identisch mit ihrer Autonomisierung. Kunst folgt der Religion als zentrales Versöhnungsparadigma der bürgerlichen Gesellschaft. In den theoretischen Schriften von Karl Philipp Moritz und Friedrich Schiller, wo die ästhetische Autonomie zuerst sich entfaltet, ist der fundamentale genetische Zusammenhang noch deutlich erkennbar, der das Entfremdungssyndrom mit dem neuen Kunstprogramm verbindet. Auch stellt sich schon früh heraus, daß die Autonomie auf einer unversöhnlichen Entgegensetzung von Kunst und Lebenspraxis gründet. Mit Herbert Marcuse bestimmt Peter Bürger die widerspruchsvolle Rolle von Kunst in der bürgerlichen Gesellschaft:

Sie entwirft das Bild einer besseren Ordnung, insofern protestiert sie gegen das schlechte Bestehende. Aber indem sie das Bild einer besseren Ordnung im Schein der Fiktion verwirklicht, entlastet sie die bestehende Gesellschaft vom Druck der auf Veränderung gerichteten Kräfte. Diese werden in einem idealen Bereich gebunden. (Bürger 1980, 68)

Der Doppelcharakter der autonom institutionalisierten Kunst erlaubt dem einzelnen Rezipienten, aus der Alltagspraxis verdrängte Bedürfnisse ideell zu befriedigen; gerade der praxisenthobene Status der Kunst aber läßt deren scheinhafte Befriedigung folgenlos bleiben. Die affirmative Funktion bürgerlicher Kunst besteht geradezu in einer Neutralisierung gesellschaftlich relevanter Kritik.

Mit den historischen Avantgardebewegungen tritt die bürgerliche Kunst ins Stadium ihrer Selbstkritik. Nicht mehr erschöpft künstlerische Innovation sich in systemimmanenter Opposition; ins Visier tritt die Institution Kunst selbst, das sie begründende und im Ästhetizismus der Jahrhundertwende radikalisierte Autonomiepostulat: die Avantgarde zielt auf die Rückführung der Kunst in die gesellschaftliche Praxis. Allerdings bleibt dieses Unterfangen in hohem Maße widersprüchlich:

Denn die (relative) Freiheit der Kunst gegenüber der Lebenspraxis ist zugleich die Bedingung der Möglichkeit kritischer Realitätserkenntnis. Eine Kunst, die nicht mehr von der Lebenspraxis abgesondert ist, sondern vollständig in dieser aufgeht, verliert mit der Distanz zur Lebenspraxis auch die Fähigkeit, diese zu kritisieren. (Ebd.)

Die Preisgabe des autonomen Status erweist sich für die Kunst als zutiefst ambivalent. Zwar wird auf diese Weise erst ihr Eindringen ins Ensemble der Gebrauchswerte ermöglicht. Doch stimmen die falschen Aufhebungen der Autonomie in der Kulturindustrie des 20. Jahrhunderts nachdenklich: das „nachauratische Kunstwerk" (Habermas) tendiert weit eher zur Degeneration in eine propagandistische Massenkunst und eine kommerzialisierte Massenkultur als zur Begründung einer subversiven Gegenkultur.

Die Restitution der sozialen Funktion von Kunst ohne gleichzeitige Aufgabe erreichter Standards ästhetischer Erkenntnis und Darstellung von Wirklichkeit ist nicht allein künstlerisch zu bewerkstelligen. Die Dissoziation von Kunst und Lebenspraxis ist aufzuheben nicht in einer neuen Kunst, sie hat die politische Herbeiführung einer gesellschaftlich neu fundierten Lebenspraxis zur bedingenden Voraussetzung. Gerade hier aber erreicht Bürgers Argumentation ihren schwächsten Punkt. Unerklärlich bleibt nämlich, warum er auf eine hinreichende Reflexion der Brechtschen Position verzichtet. Seine diesbezüglichen Ausführungen bleiben vage, nur höchst oberflächlich lassen sie sich auf Theorie und Praxis des Stückeschreibers ein. Zwar ist Bürger zuzustimmen, daß erst mit den historischen Avantgardebewegungen der Moderne der methodologische, d. h. der historisch-kritische Ort erreicht ist, von dem aus eine systemtranszendierende Erkenntnis der bürgerlichen Institution Kunst möglich wird. Doch stellt sich die Frage, ob mit der im Konzept des episch-dialektischen Theaters vorliegenden politischen Theorie der Kunst nicht ein Reflexionsniveau erreicht ist, das weit eher die Aporien der bürgerlichen Institution Kunst zu bezeichnen, wenn auch schon nicht aufzuheben imstande ist. Ist doch die politische Bestimmung von Kunst bei Brecht radikalisiert, ohne daß eine Rücknahme ästhetischer Standards die notwendige Folge ist. Ist doch in aller Schärfe der dialektische Zusammenhang von neuer Kunst und neuer Gesellschaft in den Blick getreten. (Zur Aktualität der politisch-ästhetischen Theorie des Stückeschreibers vgl. AB VII, bes. 3.5.)

Bibliographie zu AB I

Angesichts der überwältigenden Fülle einschlägiger Literatur zur Zeitgeschichte mußte eine strenge Auswahl getroffen werden. Das Bücherverzeichnis soll eine vertiefende und ergänzende Information zu den im Arbeitsbereich I dargestellten Gegenständen und Sachverhalten ermöglichen. In die folgende Bibliographie wurden daher neben („klassischen') Monographien auch eine Reihe von Spezialuntersuchungen aufgenommen, die einen detaillierten Zugang zu einzelnen Problemen der Geschichte von Staat, Wirtschaft und Gesellschaft im 20. Jahrhundert erlauben. Unter A. 1. sind Gesamtdarstellungen, Handbücher und methodisch fundierende Werke verzeichnet. Teil A. 2. enthält Spezialuntersuchungen zur politischen, ökonomischen und Gesellschaftsgeschichte, Teil B. wichtige Arbeiten zur Entwicklung des kulturellen Lebens im 20. Jahrhundert.

A. Wirtschaft, Gesellschaft, Politik

1. Grundlageninformationen, Gesamtdarstellungen, Handbücher, Methodisches

Benz, Wolfgang (Hrsg.): Die Bundesrepublik Deutschland. Geschichte in drei Bänden. Frankfurt/M. 1983.

Bracher, Karl Dietrich: Die Auflösung der Weimarer Republik. Eine Studie zum Problem des Machtverfalls in der Demokratie. Villingen ³1960.

Bracher, Karl Dietrich: Die deutsche Diktatur. Entstehung, Struktur, Folgen des Nationalsozialismus. Köln/Berlin 1969.

Bracher, Karl Dietrich/Sauer, Wolfgang/Schulz, Gerhard: Die nationalsozialistische Machtergreifung. Studien zur Errichtung des totalitären Herrschaftssystems in Deutschland 1933/34, 3 Bde. Frankfurt/Berlin/Wien 1974.

Broszat, Martin: Der Staat Hitlers. Grundlegung und Entwicklung einer inneren Verfassung. München 1969.

Buchheim, Hans/Jacobsen, Hans-Adolf/Krausnick, Helmut: Anatomie des SS-Staates, 2 Bde. Olten/Freiburg i. Br. 1965.

Claessens, Dieter/Klönne, Arno/Tschoepe, Arnim: Sozialkunde der Bundesrepublik Deutschland. Düsseldorf/Köln ¹¹1981.

Dahrendorf, Ralf: Gesellschaft und Freiheit. Zur soziologischen Analyse der Gegenwart. München 1965.

Dahrendorf, Ralf: Gesellschaft und Demokratie in Deutschland. München 1971.

Deuerlein, Ernst (Hrsg.): DDR – Geschichte und Bestandsaufnahme. München ³1971.

Deutsche Geschichte seit dem Ersten Weltkrieg. Hrsg. vom Institut für Zeitgeschichte. 2 Bde. München 1971/1973.

Erdmann, Karl Dietrich: Die Zeit der Weltkriege, in: Gebhardt. Handbuch der deutschen Geschichte, Bd. 4.1 und 4.2. Stuttgart 1973/1976.

Faschismus und Kapitalismus. Theorien über die sozialen Ursprünge und die Funktion des Faschismus. Hrsg. v. Wolfgang Abendroth. Frankfurt/M. 1967.

Geiger, Theodor: Die soziale Schichtung des deutschen Volkes. Stuttgart 1932.

Geschichte der Bundesrepublik Deutschland. Hrsg. v. Karl Dietrich Bracher et al., Bde. 1, 3. Stuttgart/Wiesbaden 1983.

Geschichtliche Grundbegriffe. Historisches Lexikon zur politisch-sozialen Sprache in Deutschland. Hrsg. v. Otto Brunner et al., Bde. 1–4. Stuttgart 1972–1982.

Grebing, Helga: Geschichte der deutschen Parteien. Wiesbaden 1962.

Grosser, Alfred: Geschichte Deutschlands seit 1945. Eine Bilanz. München 1980.

Gruchmann, Lothar: Der zweite Weltkrieg. Kriegführung und Politik. München 1971.

Habermas, Jürgen: Erkenntnis und Interesse. Frankfurt/M. 1973.

Habermas, Jürgen: Legitimationsprobleme im Spätkapitalismus. Frankfurt/M. 1973.

Habermas, Jürgen: Zur Rekonstruktion des Historischen Materialismus. Frankfurt/M. 1976.

Habermas, Jürgen: Theorie des kommunikativen Handelns, 2 Bde. Frankfurt/M. 1981.

Hardach, Karl: Wirtschaftsgeschichte Deutschlands im 20. Jahrhundert. Göttingen 1976.

Henning, Friedrich-Wilhelm: Das industrialisierte Deutschland 1914–1972. Paderborn 1974.

Hildebrand, Klaus: Das Dritte Reich. München/Wien 1979.

Hilferding, Rudolf: Das Finanzkapital. Eine Studie über die jüngste Entwicklung des Kapitalismus. Berlin 1955.

Horkheimer, Max: Traditionelle und kritische Theorie. Vier Aufsätze. Frankfurt/ M. 1970.

Horkheimer, Max/Adorno, Theodor W.: Dialektik der Aufklärung. Philosophische Fragmente. Frankfurt/M. 1971.

Jaeggi, Urs: Kapital und Arbeit in der Bundesrepublik. Elemente einer gesamtgesellschaftlichen Analyse. Frankfurt/M. 1974.

Kocka, Jürgen: Sozialgeschichte. Begriff, Entwicklung, Probleme. Göttingen 1977.

Landes, David S.: The Unbound Prometheus. The Technological Change and Industrial Development in Western Europe from 1750 to the Present. Cambridge 1969.

Lehmann, Hans Georg: Chronik der Bundesrepublik Deutschland 1945/49 bis 1981. München 1981.

Lütge, Friedrich: Deutsche Wirtschafts- und Sozialgeschichte. Berlin/Heidelberg ³1966.

Lukács, Georg: Geschichte und Klassenbewußtsein. Studien über marxistische Dialektik. Darmstadt/Neuwied 1968.

Milatz, Alfred: Wähler und Wahlen in der Weimarer Republik. Bonn 1965.

Miliband, Ralph: Der Staat in der kapitalistischen Gesellschaft. Frankfurt/M. 1972.

Mommsen, Wolfgang J.: Imperialismustheorien. Göttingen 1977.

Narr, Wolf-Dieter/Thränhardt, Dietrich (Hrsg.): Die Bundesrepublik Deutschland. Entstehung, Entwicklung, Struktur. Königstein 1979.

Negt, Oskar/Kluge, Alexander: Öffentlichkeit und Erfahrung. Zur Organisationsanalyse von bürgerlicher und proletarischer Öffentlichkeit. Frankfurt/M. 1972.

Nolte, Ernst (Hrsg.): Theorien über den Faschismus. Köln 1967.

Offe, Claus: Strukturprobleme des kapitalistischen Staates. Frankfurt/M. 1972.

Petzina, Dietmar: Grundriß der deutschen Wirtschaftsgeschichte 1918–1945, in: Deutsche Geschichte seit dem Ersten Weltkrieg. Hrsg. v. Institut für Zeitgeschichte. Bd. 2. Stuttgart 1973, S. 663–784.

Plessner, Helmut: Die verspätete Nation. Frankfurt/M. 1974.

Reich, Wilhelm: Die Massenpsychologie des Faschismus. Frankfurt/M. 1974.

Rosenberg, Arthur: Geschichte der Weimarer Republik. Frankfurt/M. ¹⁷1975.

Rosenberg, Hans: Probleme der deutschen Sozialgeschichte. Frankfurt/M. 1969.

Schulze, Hagen: Weimar. Deutschland 1917–1933. Berlin 1982.

Sombart, Werner: Der Moderne Kapitalismus. München/Leipzig 1902.

Sozialgeschichte der Bundesrepublik Deutschland. Beiträge zum Kontinuitätsproblem. Hrsg. v. Werner Conze u. Rainer Lepsius. Stuttgart 1983.

Spätkapitalismus oder Industriegesellschaft. Verhandlungen des 16. Deutschen Soziologentages. Hrsg. v. Theodor W. Adorno. Stuttgart 1969.

Stürmer, Michael (Hrsg.): Das kaiserliche Deutschland. Politik und Gesellschaft 1870–1918. Düsseldorf 1970.

Stürmer, Michael (Hrsg.): Die Weimarer Republik. Belagerte Civitas. Meisenheim/Königstein 1980.

Theorie des sozialen Wandels. Hrsg. v. Wolfgang Zapf. Königstein ⁴1979.

Thomas, Rüdiger: Modell DDR. Die kalkulierte Emanzipation. München 1973.

Thompson, Edward P.: The Making of the English Working Class. London 1963.

Thompson, Edward P.: The Poverty of Theory & other Essays. London ²1979.

Tönnies, Ferdinand: Gemeinschaft und Gesellschaft. Grundbegriffe der reinen Soziologie. Darmstadt 1979.

Weber, Hermann: DDR. Grundriß der Geschichte 1945–1976. Hannover 1976.

Wehler, Hans-Ulrich: Historische Sozialwissenschaft und Geschichtsschreibung. Studien zu Aufgaben und Traditionen deutscher Geschichtswissenschaft. Göttingen 1980.

Wehler, Hans-Ulrich: Das deutsche Kaiserreich 1871–1918. Göttingen 1973.

Wehler, Hans-Ulrich (Hrsg.): Moderne deutsche Sozialgeschichte. Köln/Berlin 1966.

Winkler, Heinrich August (Hrsg.): Organisierter Kapitalismus. Voraussetzungen und Anfänge. Göttingen 1974.

Wippermann, Wolfgang: Faschismustheorie. Zum Stand der gegenwärtigen Diskussion. Darmstadt ³1975.

Zapf, Wolfgang: Wandlungen der deutschen Elite (1919–1961). München 1965.

2. Einzeluntersuchungen

Abendroth, Wolfgang: Sozialgeschichte der europäischen Arbeiterbewegung. Frankfurt/M. ⁷1970.

Apelt, Willibald: Geschichte der Weimarer Verfassung. München 1946.

Arbeiterkultur. Hrsg. v. Gerhard A. Ritter. Königstein 1979.

Becker, Josef et al. (Hrsg.): Vorgeschichte der Bundesrepublik Deutschland. Zwischen Kapitulation und Grundgesetz. München 1979.

Böhme, Helmut: Prolegomena zu einer Sozial- und Wirtschaftsgeschichte Deutschlands im 19. und 20. Jahrhundert. Frankfurt/M. 1968.

Borchardt, Knut: Die industrielle Revolution in Deutschland. München 1972.

Borkenau, Franz: Der europäische Kommunismus. Seine Geschichte von 1917 bis zur Gegenwart. München 1952.

Broszat, Martin et al. (Hrsg.): Bayern in der NS-Zeit, 6 Bde. München/Wien 1977–1983.

Carsten, Francis L.: Reichswehr und Politik 1918–1933. Köln/Berlin 1964.

Claessens, Dieter: Familie und Wertsystem. Berlin ⁴1979.

Conze, Werner und Hans Raupach (Hrsg.): Die Staats- und Wirtschaftskrise des Deutschen Reichs 1929/1933. Stuttgart 1967.

Czichon, Eberhard: Wer verhalf Hitler zur Macht? Köln 1967.

Deuerlein, Ernst: Der Hitlerputsch. Bayerische Dokumente zum 9. November 1923. Stuttgart 1962.

Deuerlein, Ernst (Hrsg.): Der Aufstieg der NSDAP in Augenzeugenberichten. München ²1968.

Deutschland in der Weltwirtschaftskrise in Augenzeugenberichten. Hrsg. v. Wilhelm Treue. Düsseldorf 1967.

Deutschland-Berichte der Sozialdemokratischen Partei Deutschlands (Sopade) 1934–1940. Hrsg. v. Klaus Behnken, 7 Bde. Frankfurt/M. 1980.

Domarus, Max (Hrsg.): Hitler. Reden und Proklamationen 1932–1945. 2 Bde. München 1965.

Duhnke, Horst: Die KPD von 1933 bis 1945. Köln 1972.

Eichholtz, Dietrich/Schumann, Wolfgang (Hrsg.): Anatomie des Krieges. Berlin/Ost 1969.

Fest, Joachim C.: Das Gesicht des Dritten Reiches. Profile einer totalitären Herrschaft. München 1963.

Fest, Joachim C.: Hitler. Eine Biographie. Frankfurt/Berlin/Wien 1973.

Fischer, Fritz: Griff nach der Weltmacht. Düsseldorf 1967.

Flechtheim, Ossip K.: Die KPD der Weimarer Republik. Frankfurt/M. 1969.

Fromm, Erich: Arbeiter und Angestellte am Vorabend des Dritten Reichs: Eine sozialpsychologische Untersuchung. Bearb. und hrsg. v. Wolfgang Bonß. Stuttgart 1980.

Fülberth, Georg/Harrer, Jürgen: Die deutsche Sozialdemokratie 1890–1933. Darmstadt/Neuwied 1974.

Gamm, Hans-Joachim: Führung und Verführung. Pädagogik des Nationalsozialismus. München 1964.

Groh, Dieter: Negative Integration und revolutionärer Attentismus. Frankfurt/M. 1973.

Hannover, Heinrich u. Elisabeth: Politische Justiz 1918–1933. Frankfurt/M. 1982.

Hennig, Eike: Thesen zur deutschen Wirtschafts- und Sozialgeschichte 1933–1938. Frankfurt/M. 1973.

Hildebrand, Klaus: Deutsche Außenpolitik 1933–1945. Kalkül oder Dogma? Stuttgart 1971.

Hörning, Karl H.: Der „neue" Arbeiter. Frankfurt/M. 1972.

Huck, Gerhard (Hrsg.): Sozialgeschichte der Freizeit. Untersuchungen zum Wandel der Alltagskultur in Deutschland. Wuppertal 1980.

Industrielles System und politische Entwicklung in der Weimarer Republik. Hrsg. v. Hans Mommsen et al. Düsseldorf 1974.

Die deutsche Inflation. Hrsg. v. Gerald D. Feldman et al. Berlin/NewYork 1982.

Jasper, Gotthard (Hrsg.): Von Weimar zu Hitler 1930–1933. Köln/Berlin 1968.

Klönne, Arno: Die deutsche Arbeiterbewegung. Geschichte – Ziele – Wirkungen. Düsseldorf/Köln 1980.

Kocka, Jürgen: Klassengesellschaft im Krieg. Deutsche Sozialgeschichte 1914–1918. Göttingen 1973.

Kolb, Eberhard (Hrsg.): Vom Kaiserreich zur Weimarer Republik. Köln 1972.

Kracauer, Siegfried: Die Angestellten. Aus dem neuesten Deutschland. Frankfurt/M. 1971.

Kuczynski, Jürgen: Die Geschichte der Lage der Arbeiter unter dem Kapitalismus, Bde. 5, 6, 7. Berlin/Ost 1963–1966.

Kuczynski, Jürgen: Geschichte des Alltags des deutschen Volkes, 5 Bde. Köln 1980–1982.

Laqueur, Walter Z.: Die deutsche Jugendbewegung. Eine historische Studie. Köln 1962.

Lenk, Kurt/Neumann, Franz (Hrsg.): Theorie und Soziologie der politischen Parteien. Neuwied/Berlin 1968.

Ludz, Peter Christian (Hrsg.): Wissenschaft und Gesellschaft in der DDR. München 1971.

Luthardt, Wolfgang: Sozialdemokratische Arbeiterbewegung und Weimarer Republik 1927–1933, 2 Bde. Frankfurt/M. 1978.

Mason, Timothy W.: Sozialpolitik im Dritten Reich. Arbeiterklasse und Volksgemeinschaft. Opladen 1977.

Matthias, Erich/Morsey, Rudolf (Hrsg.): Das Ende der Parteien 1933. Düsseldorf 1960.

Michels, Robert: Zur Soziologie des Parteiwesens in der modernen Demokratie. Stuttgart 1957.

Miller, Susanne: Die SPD vor und nach Godesberg. Bonn/Bad Godesberg 1974.

Miller, Susanne/Ritter, Gerhard A. (Hrsg.): Die deutsche Revolution 1918–1919. Dokumente. Frankfurt/M. 1983.

Milward, Alan S.: Die deutsche Kriegswirtschaft 1939–1945. Stuttgart 1966.

Mommsen, Hans: Beamtentum im Dritten Reich. Stuttgart 1966.

Niethammer, Lutz: Die Mitläuferfabrik. Die Entnazifizierung am Beispiel Bayerns. Berlin/Bonn 1982.

Petzina, Dietmar: Autarkiepolitik im Dritten Reich. Der Nationalsozialistische Vierjahresplan. Stuttgart 1968.

Poliakov, Léon/Wulf, Josef: Das Dritte Reich und die Juden. Berlin 1955.

Preller, Ludwig: Sozialpolitik in der Weimarer Republik. Stuttgart 1949.

Der Prozeß gegen die Hauptkriegsverbrecher vor dem Internationalen Militärgerichtshof. Amtlicher Text in deutscher Ausgabe, 42 Bde. Nürnberg 1947–1949.

Reger, Erich: Union der festen Hand. Der große Schlüssel- und Industrieroman der Weimarer Republik. Reinbek 1979.

Scheibe, Wolfgang: Die reformpädagogische Bewegung 1900–1932. Weinheim/Basel [8] 1982.

Schelsky, Helmut: Auf der Suche nach der sozialen Wirklichkeit. Köln/Düsseldorf 1965.

Schoenbaum, David: Die braune Revolution. Köln/Berlin 1968.

Schweitzer, Arthur: Big Business in the Third Reich. Bloomington 1964.

Sinzheimer, Hugo u. Ernst Fraenkel: Die Justiz in der Weimarer Republik. Neuwied/Berlin 1968.

Speier, Hans: Die Angestellten vor dem Nationalsozialismus. Ein Beitrag zum Verständnis der deutschen Sozialstruktur 1918–1933. Göttingen 1977.

Theweleit, Klaus: Männerphantasien. 2 Bde. Reinbek 1980.

Turner, Henry Ashby: Faschismus und Kapitalismus in Deutschland. Studien zum Verhältnis zwischen Nationalsozialismus und Wirtschaft. Göttingen 1972.

Vester, Michael: Die Entstehung des Proletariats als Lernprozeß. Frankfurt/M. 1972.

Vondung, Klaus: Magie und Manipulation. Ideologischer Kult und politische Religion des Nationalsozialismus. Göttingen 1971.

Vondung, Klaus: Das Wilhelminische Bildungsbürgertum. Göttingen 1976.

Vorwärts – und nicht vergessen. Arbeiterkultur in Hamburg um 1930. Hrsg. von der Projektgruppe Arbeiterkultur Hamburg. Hamburg 1982.

Weber, Hermann: Die Wandlung des deutschen Kommunismus. Die Stalinisierung der KPD in der Weimarer Republik. Frankfurt/M. 1969.

Weber-Kellermann, Ingeborg: Die deutsche Familie. Versuch einer Sozialgeschichte. Frankfurt/M. 1974.

Wehler, Hans-Ulrich: Krisenherde des Kaiserreichs 1871–1918. Göttingen 1970.

Weisbrod, Bernd: Schwerindustrie in der Weimarer Republik. Interessenpolitik zwischen Stabilisierung und Krise. Wuppertal 1978.

Winkler, Heinrich August: Mittelstand, Demokratie und Nationalsozialismus. Die politische Entwicklung von Handwerk und Kleinhandel in der Weimarer Republik. Köln 1972.

Winkler, Heinrich August: Die deutsche Sozialdemokratie und die Revolution 1918/19. Berlin 1979.

B. Die literarisch-publizistische Öffentlichkeit und die Institution Kunst

Adorno, Theodor W.: Prismen, Kulturkritik und Gesellschaft. Frankfurt/M. 1976.

Adorno, Theodor W.: Negative Dialektik. Frankfurt/M. 1980.

Adorno, Theodor W.: Noten zur Literatur. Frankfurt/M. 1981.

Benjamin, Walter: Illuminationen. Ausgewählte Schriften. Frankfurt/M. 1977.

Bloch, Ernst: Erbschaft dieser Zeit. Erweiterte Ausgabe. Frankfurt/M. 1977.

Brenner, Hildegard: Die Kunstpolitik des Nationalsozialismus. Reinbek 1963.

Bürger, Peter: Vermittlung – Rezeption – Funktion. Ästhetische Theorie und Methodologie der Literaturwissenschaft. Frankfurt/M. 1979.

Bürger, Peter: Theorie der Avantgarde. Frankfurt/M. ²1980.

Claessens, Dieter und Karin: Kapitalismus als Kultur. Entstehung und Grundlagen der bürgerlichen Gesellschaft. Frankfurt/M. 1979.

Deak, Istvan: Weimar Germany's Left-wing Intellectuals. Berkeley/Los Angeles 1968.

Dovifat, Emil: Die Publizistik der Weimarer Zeit, in: Die Zeit ohne Eigenschaften. Hrsg. v. Leonhard Reinisch, Stuttgart 1961.

Gay, Peter: Die Republik der Außenseiter. Geist und Kultur in der Weimarer Zeit 1918–1933. Frankfurt/M. 1970.

Habermas, Jürgen: Strukturwandel der Öffentlichkeit. Untersuchungen zu einer Kategorie der bürgerlichen Gesellschaft. Neuwied/Berlin 1962.

Habermas, Jürgen (Hrsg.): Stichworte zur ‚Geistigen Situation der Zeit', 2 Bde. Frankfurt/M. 1980.

Haug, Wolfgang J.: Kritik der Warenästhetik. Frankfurt/M. ⁴1973.

Hauser, Arnold: Sozialgeschichte der Kunst und Literatur. 2 Bde. München ²1958.

Hay, Gerhard (Hrsg.): Literatur und Rundfunk 1923–1933. Hildesheim 1975.

Hay, Gerhard (Hrsg.): Zur literarischen Situation 1945–1949. Kronberg 1977.

Hermand, Jost/Trommler, Frank: Die Kultur der Weimarer Republik. München 1978.

Hinz, Berthold: Die Malerei im deutschen Faschismus. Kunst und Konterrevolution. München 1974.

Kaes, Anton (Hrsg.): Kino-Debatte. Texte zum Verhältnis von Literatur und Film 1909–1929. Tübingen 1978.

Kracauer, Siegfried: Von Caligari zu Hitler. Frankfurt/M. 1979.

Kron, Friedhelm: Schriftsteller und Schriftstellerverbände. Schriftstellerberuf und Interessenpolitik. 1842–1973. Stuttgart 1976.

Kurucz, Jenö: Struktur und Funktion der Intelligenz während der Weimarer Republik. Saarbrücken 1957.

Laqueur, Walter: Weimar. Die Kultur der Republik. Frankfurt/Berlin 1976.

Lattmann, Dieter (Hrsg.): Die Literatur in der Bundesrepublik Deutschland. Kindlers Literaturgeschichte der Gegenwart. Bd. 3. München 1973.

Link, Werner (Hrsg.): Schriftsteller und Politik in Deutschland. Düsseldorf 1979.

Loewy, Ernst (Hrsg.): Literatur unterm Hakenkreuz. Das Dritte Reich und seine Dichtung. Frankfurt/M. 1966.

Lukács, Georg: Die Zerstörung der Vernunft. Neuwied/Berlin 1962.

Marcuse, Herbert: Kultur und Gesellschaft I. Frankfurt/M. 1965.

Mohler, Arnim: Die Konservative Revolution in Deutschland 1918–1932. Grundriß ihrer Weltanschauungen. Stuttgart 1950.

Otto, Rainer/Rösler, Walter: Kabarettgeschichte. Abriß des deutschsprachigen Kabaretts. Berlin 1977.

Poliakov, Léon/Wulf, Joseph: Das Dritte Reich und seine Denker. Frankfurt/M./ Berlin/Wien 1983.

Prokop, Dieter: Faszination und Langeweile. Die populären Medien. Stuttgart 1979.

Richards, Ronald Ray: The German Bestseller in the 20th Century. A Complete Bibliography and Analysis. Bern 1968.

Rühle, Jürgen: Literatur und Revolution. Die Schriftsteller und der Kommunismus. Köln/Berlin 1960.

Schäfer, Hans Dieter: Das gespaltene Bewußtsein. Über deutsche Kultur und Lebenswirklichkeit 1933–1945. München 1982.

Schlenker, Wolfram: Das „kulturelle Erbe" in der DDR. Gesellschaftliche Entwicklung und Kulturpolitik 1945–1965. Stuttgart 1977.

Schmitt, Hans-Jürgen (Hrsg.): Einführung in die Theorie, Geschichte und Funktion der DDR-Literatur. Stuttgart 1975. (= Literatur- und Sozialwissenschaften Bd. 6).

Schnell, Ralf (Hrsg.): Kunst und Kultur im deutschen Faschismus. Stuttgart 1978.

Simmel, Georg: Philosophische Kultur. Über das Abenteuer, die Geschlechter und die Krise der Moderne. Berlin 1983.

Sontheimer, Kurt: Antidemokratisches Denken in der Weimarer Republik. München 1962.

Sozialgeschichte der deutschen Literatur von 1918 bis zur Gegenwart. Hrsg. v. Jan Berg u.a. Frankfurt/M. 1981.

Spittmann, Ilse/Fricke, Karl Wilhelm (Hrsg.): 17. Juni 1953. Arbeiteraufstand in der DDR. Edition Deutschland Archiv. Köln 1982.

Strothmann, Dieter: Nationalsozialistische Literaturpolitik. Bonn 1960.

Tendenzen der zwanziger Jahre, 15. Europäische Kunstausstellung. Berlin 1977.

Toeplitz, Jerzy: Geschichte des Films. 2 Bde. Berlin ²1975.

Trommler, Frank: Der sozialistische Realismus im historischen Kontext, in:

Grimm, Reinhold/Hermand, Jost (Hrsg.), Realismustheorie. Stuttgart 1975, S. 68–86.

Walter, Hans-Albert: Deutsche Exilliteratur 1933–1950, Bde. 1, 2, 7 Darmstadt/ Neuwied 1972/1974, Bde. 2, 4 (Neue Zählung) Stuttgart 1974/1978.

Weimarer Republik, Hrsg. vom Kunstamt Kreuzberg und dem Institut f. Theaterwissenschaft der Universität Köln. Berlin ³ 1977.

Weimars Ende. Prognosen und Diagnosen in der deutschen Literatur und politischen Publizistik 1930–1933. Hrsg. v. Thomas Koebner. Frankfurt/M. 1982.

Wulf, Joseph: Die bildenden Künste im Dritten Reich. Eine Dokumentation. Frankfurt/M./Berlin/Wien 1983. (Unveränd. Nachdr. d. Ausg. 1966).

Wulf, Joseph: Literatur und Dichtung im Dritten Reich. Eine Dokumentation. Frankfurt/M./Berlin/Wien 1983. (Unveränd. Nachdr. d. Ausg. 1966).

Wulf, Joseph: Musik im Dritten Reich. Eine Dokumentation. Frankfurt/M./Berlin/Wien 1983. (Unveränd. Nachdr. d. Ausg. 1966).

Wulf, Joseph: Presse und Funk im Dritten Reich. Eine Dokumentation. Frankfurt/M./Berlin/Wien 1983. (Unveränd. Nachdr. d. Ausg. 1966).

Wulf, Joseph: Theater und Film im Dritten Reich. Eine Dokumentation. Frankfurt/M./Berlin/Wien 1983. (Unveränd. Nachdr. d. Ausg. 1966).

Arbeitsbereich II

Die frühe Lyrik

0. Vorbemerkung

„Meine Lyrik hat mehr privaten Charakter. Sie ist mit Banjo und Klavierbegleitung gedacht und bedarf des mimischen Vortrags. Im Drama hingegen gebe ich nicht meine private Stimmung, sondern gleichsam die Stimmung der Welt. Mit andern Worten: eine objektiv angeschaute Sache." (T 2, 267) Diese Äußerung Brechts in einem Interview mit Bernard Guillemin ist ernstzunehmen: Die lyrischen Anfänge sind weitgehend Artikulationen einer Lebensform und eines Lebensgefühls im Augsburger Freundeskreis. Hier bildet sich der Sprachgestus, der die Gedichte der zwanziger Jahre bestimmt. Privat meint freilich nicht subjektiv und schon gar nicht unverbindlich: die Lyrik ist für den Vortrag gedacht, ist kommunikativ und will provozieren. Sie tut das so nachhaltig, daß Brecht erst vergleichsweise spät (1927) einen Verleger für die *Hauspostille* fand. Wenn dem Dramatiker das Individuum problematisch wurde (s. AB III), so hält der Lyriker an ihm fest, allerdings in der Stilisierung zur ‚dritten Person‘ (‚Vom armen B.B.‘). Auch die Gedichte vermitteln eine Weltsicht. Damit entsprechen sie einer Forderung, die Brecht bei der Beurteilung der Einsendungen zu einem Lyrik-Wettbewerb 1927 mit Nachdruck erhoben hat: „Alle großen Gedichte haben den Wert von Dokumenten." (18, 55) Ihre Qualität liegt in ihrem „Gebrauchswert" (ebd.). Für das Verständnis der frühen Lyrik Brechts ist es wichtig, den Zusammenhang zwischen ‚privater‘ Äußerungsweise, zeitspezifischer Objektivierung (Dokument) und praktischer Intention (Gebrauchswert) zu begreifen. Dabei ist zu beachten, daß der Zusammenhang durch eine planvoll zyklische Anordnung in Gebrauchsformen (Postille, Lesebuch) gestiftet wird. Schon der zweite lyrische Zyklus, das *Lesebuch für Städtebewohner* ist allerdings von den als schmerzvoll erfahrenen Zwängen zur Einseitigkeit und Blickverengung bestimmt (vgl. AB IX).

1. ‚Bertolt Brechts Hauspostille'

1.1. Grundlageninformationen

Neudrucke

– Bertolt Brechts Taschenpostille (L 258).
– Bertolt Brechts Hauspostille (L 259). [Im Beiheft zur Faksimileausgabe gibt Klaus Schuhmann einen Überblick über Entstehung, Komposition, Edition und Rezeption der Hauspostille.]

Forschungsliteratur

– Benjamin (L⁺ 324).

1 Schöne, Albrecht: Bertolt Brecht Erinnerung an die Marie A. In: B. v. Wiese (Hrsg.): Die deutsche Lyrik. Form und Geschichte. Interpretationen. Düsseldorf 1957 ²1959, Bd. 2, S. 485–494.

– Schuhmann (L⁺ 433).

2 Blume, Bernhard: Motive der frühen Lyrik bei Bertolt Brecht. 1. Der Tod im Wasser. 2. Der Himmel der Enttäuschten. In: Monatshefte (Wisconsin) 57/ 1965, S. 97–112 und 273–281.

3 Weisbach, Reinhard: Das Paradigma des Gedichts in Bertolt Brechts Hauspostille. Ein Beitrag zum Verhältnis des jungen Brecht zur Tradition und zum Expressionismus. Diss. (Ms) Berlin 1966.

– Schwarz (L⁺ 439).

4 Morley, Michael: An Investigation and Interpretation of two Brecht Poems. In: Germanic Review 46/1971, S. 5–25. [Untersucht am Beispiel von Apfelböck oder Die Lilie auf dem Felde und Sonett Nr. 1 die poetische Bearbeitung authentischer Vorfälle.]

5 Rey, William H.: Hohe Lyrik im Bordell. Bertolt Brechts Gedicht Die Liebenden. In: Monatshefte (Wisconsin) 63/1971, S. 1–18.

– Steffensen (L 445).

6 Weisstein, Ulrich: Apfelböck oder die Lilie auf dem Felde. Interpretation eines Gedichts aus Bertolt Brechts Hauspostille. In: German Quarterly 45/ 1972, S. 295– 310.

7 Wagenknecht, Regine: Bertolt Brechts Hauspostille. In: Text und Kritik. Sonderband Bertolt Brecht II. München 1973, S. 20–29. [Nachweis der strengen und überlegten Komposition des Zyklus als Auseinandersetzung mit dem weltanschaulichen Gegner.]

– Pietzcker (L⁺ 423).

– Marsch (L⁺ 296).

– J. Müller (L 418).

8 Grübel, Rainer: Bertolt Brecht Gegen Verführung. Versuch einer Interpretation. In: Pinkerneil/Kimpel (Hrsg.): Methodische Praxis der Literaturwissenschaft: Modelle der Interpretation. Kronberg 1975, S. 284–318.

9 Riha, Karl: Moritat, Bänkelsang, Protestballade. Zur Geschichte des engagierten Liedes in Deutschland. Frankfurt/M. 1975.

10 Lehmann, Hans-Thies/Lethen, Helmut (Hrsg.): Bertolt Brechts Hauspostille. Text und kollektives Lesen. Stuttgart 1978. [Das Buch, Ergebnis eines hoch-

schuldidaktischen Experiments, plädiert am Beispiel der *Hauspostille* für eine neue Art der Entzifferung literarischer Texte als Koproduktion von Autor und Leser. Es setzt auf das Assoziationsfeld von Lesergruppen, das gemeinsam und in Verbindung mit herkömmlichen Deutungsverfahren geduldig an den Texten erprobt wird und zu neuartigen, freilich nicht durchweg überzeugenden Auslegungen führt.]
– Grimm (L$^+$ 360).

11 Lehmann, Hans-Thies: Das Subjekt der *Hauspostille*. Eine neue Lektüre des Gedichts *Vom armen B.B.* In: Brecht-Jahrbuch 1980, S. 22–42. [Im Widerspruch zur üblichen autobiographischen Lesart des Gedichts *Vom armen B.B.* schlägt L. vor, die Konzeption eines stilisierten literarischen Subjekts und einer durch Nietzsche (Zarathustra) vermittelten radikalen Sprachkritik als Formintention der *Hauspostille* zugrundezulegen.]
– Bohnert (L$^+$ 329).
– Mennemeier (L$^+$ 411).

1.2. Formmuster der Gebrauchskunst und Kontrafaktur im Gehalt

Die *Hauspostille* ist ein sorgfältig ausgewählter und nach kompositionellen Gesichtspunkten streng aufgebauter repräsentativer Querschnitt durch Brechts lyrisches Frühwerk. Die zyklische Anordnung war für die Publikation von Anfang an vorgesehen, veränderte sich in der unfreiwillig langen Vorbereitungsphase (vgl. Marsch, L$^+$ 296, Schuhmann, L$^+$ 433) nur im einzelnen. Mit der Postillenform orientiert Brecht sich – ironisch und kontrafaktisch – an einer verbreiteten und volkstümlichen Publikationsform religiöser Erbauungsliteratur. Damit beansprucht er programmatisch den Gebrauchscharakter dieser Lyrik, wie er sich auch im einzelnen den Formtypen der geistlichen Lyrik anschließt, die in den Überschriften der einzelnen Kapitel festgehalten sind: Bittgänge, Exerzitien, Chroniken, Psalmen, kleine Tagzeiten der Abgestorbenen. Mit Liturgie, (Kirchen-)Lied, Choral und Legende erscheinen im Zyklus weitere Gebrauchsformen geistlicher Dichtung, mit Ballade, Moritat, Chronik, Rede und Bericht zugleich bestimmende Formen volkstümlicher Lyrik, deren praktische Funktionen ebenfalls festgelegt sind. Die ,Anleitung zum Gebrauch der einzelnen Lektionen' nimmt zudem eine geläufige Praxis der Erbauungsbücher auf, die den Ablauf der Andachtsübungen für den Gläubigen verbindlich organisieren, die Wirkungsintention vorab bestimmen und sie überprüfbar machen. Schon in der bewußten Wahl seiner Traditionen verwirklicht Brecht also den Gebrauchswert seiner Lyrik. Zugleich grenzt er sich von den Typen des zeitgenössischen Gedichts ab: von der Formkunst ebenso wie von der Ausdruckskunst.

Der bewußte Rückgriff auf erprobte und praktikable lyrische Formen und das parodistische Moment einer weitgehenden Orientierung an der Erbauungsliteratur bedeuten freilich keineswegs, daß diese Lyrik unselbständig und abgeleitet wäre. Die Wahl der geistlichen Formen erklärt sich vielmehr aus der gehaltlichen Intention einer fröhlichen Widerlegung der Religion und der auf ihr begründeten Weltsicht. Die Normen und Verhaltensmuster, die sich aus dem christlichen Weltbild ergeben, werden in einer fast spielerischen Kritik, jedoch mit radikaler Konsequenz aufgehoben, und zugleich wird provozierend eine Lebensform sinnfällig, die das Ende der Glaubenszwänge als Befreiung erlebt. Brecht setzt sich so kritisch mit den Sozialisationsformen des Bürgertums und mit den Repressionsmechanismen gegen die kleinen Leute im Kaiserreich auseinander, und wenn er verbreitete und zugleich funktional bestimmte Gebrauchsformen der Lyrik aufgreift, so sichert er damit seiner provokanten Kritik eine intersubjektive Verbindlichkeit und eine suggestive Mitteilbarkeit (vgl. Pietzcker, L$^+$ 423). Der Autor kann sich deshalb im Titel und in den Gedichten selbst präsentieren, ohne damit nur für sich zu sprechen. Er nutzt und benutzt die erprobte Rhetorik des Glaubens zur Kritik seiner Inhalte.

Die Grunderfahrung der Hauspostillen-Lyrik beruht auf einer vielfältigen Variation der Nietzscheschen Formel vom Tod Gottes. Wie für die meisten seiner Zeitgenossen ist die Nietzsche-Rezeption bestimmendes Moment für die Weltsicht des frühen Brecht. Der Einfluß des Philosophen ist inzwischen nachgewiesen (Grimm, L$^+$ 360), zugleich wendet sich aber eine modische Tendenz der Forschung (besonders Hagen, in L$^+$ 10) gegen die These, daß Brechts frühe Lyrik auf der Grundlage des Nihilismus entstanden sei (so Schwarz, L$^+$ 439, Pietzcker, L$^+$ 423). Der Streit ist insofern müßig, als er auf beiden Seiten ein philosophisch-systematisches Nihilismus-Verständnis voraussetzt, während Brecht sich tatsächlich im Strom einer popularisierten Nietzsche-Rezeption befindet, die seine Poesie inspiriert.

Sein Atheismus und Nihilismus haben nichts Verzweifeltes, sondern vermitteln das Gefühl eines fröhlichen Befreitseins von den Zwängen des Glaubens:

> Ob es Gott gibt oder keinen Gott
> Kann, solang es Baal gibt, Baal gleich sein.
> Aber das ist Baal zu ernst zum Spott:
> Ob es Wein gibt oder keinen Wein. (G 1, 126)

Der Nihilismus bedeutet zunächst die Aufhebung von eingebildeten Zwängen. Das außerordentliche Freiheitspathos, das die frühe Lyrik bestimmt, ergibt sich aus dem Bewußtsein, die Welt denen aus den Händen genommen zu haben, die die Religion zur Verstümmelung der menschlichen Natur benutzt und mißbraucht haben. Die Leugnung Gottes hebt die Verbindlichkeit der repressiven Moral auf, befreit die Natur und das natürliche Verhalten vom Odium des Bösen, richtet das menschliche

Glücksverlangen auf die Immanenz und bricht mit den Gewaltmechanismen einer Gesellschaft, die sich der Religion als Rechtfertigung bediente. Der Nihilismus ist also weniger ein privates und weltanschauliches Problem als eine frühe Form von Brechts gesellschaftlichem Verhalten. Zugleich bedeutet der ‚Tod Gottes' für Brecht eine sehr persönliche Säkularisierung: die religiösen und christlichen Motive werden poetisch verfügbar und zur fruchtbaren Quelle lyrischer Inspiration. Er gewinnt eine Möglichkeit des Gedichts jenseits der Esoterik der zeitgenössischen Lyrik (George, Rilke, Hofmannsthal) und zugleich jenseits des weltanschaulichen Pathos der Expressionisten: seine Vorbilder sind die Vaganten Villon, Verlaine und Rimbaud, Wedekinds erneuerter Bänkelsang, die Balladen Kiplings und die Abenteuererzählungen Bret Hartes und Charles Sealsfields.

In der ‚Anleitung zum Gebrauch der einzelnen Lektionen' wird empfohlen, „jede Lektüre in der Hauspostille mit dem Schlußkapitel zu beschließen" (8, 171). Das Schlußkapitel ‚Gegen Verführung' (8, 260) erhält dadurch eine programmatische Schlüsselstellung. Im religiös-erbaulichen Sinne, auf den die Eingangszeilen der 1. und 4. Strophe zitierend anspielen, bedeutet Verführung die Verführung durch die Welt, die zur Gefahr für das Seelenheil wird. Hier hingegen wird die Warnung umgekehrt zu einer Warnung vor dem Glauben, der ein großer Schwindel ist, weil er den Gläubigen um seine diesseitige Existenz, um sein Leben betrügt. Das Gedicht lebt aus der formalen Spannung seines predigthaften Redegestus und seiner gehaltlichen Aussage. Nur die trochäischen Eingangsverse jeder Strophe sind dabei scheinbar übernommen: die jambische Fortsetzung ist Reflexion, die die Übernahmen aufhebt und umkehrt. Die jeweils zweiten Verse der ersten drei Strophen wären mit ‚denn' anzuschließen: an die Stelle der Auslegung tritt die analysierende Begründung, die die *adhortatio* in ihr Gegenteil umkehrt, in die beschwörende Hinführung zum Genuß eines Daseins, das seinen Wert aus der scheinbaren Entwertung zum reinen Naturvorgang erhält. Die 4. Strophe formuliert diese Aussage direkt: der Mensch steht auf einer Stufe mit den Tieren – seine Transzendenz ist das Vermodern: „Es kommt nichts nachher". Das ist die Sachlichkeit, die Brecht in der *Hauspostille* predigt, so daß das Schlußkapitel tatsächlich die Summe der Einzelaussagen des Zyklus enthält.

Es sind insbesondere die Formen geistlicher Lyrik, in denen die Kritik am Glauben vorgetragen wird. So ist etwa der ‚Große Dankchoral' (8, 215 f.) eine blasphemische Kontrafaktur des berühmten Neanderschen Kirchenliedes ‚Lobet den Herren, den mächtigen König der Ehren'. Der antichristliche Inhalt erscheint in der christlichen Form, schreibt sich der vertrauten Melodie ein. Das Lob gilt paradoxerweise der Kälte, der Finsternis und dem Verderben – Erscheinungen, die die *Hauspostille* durchgängig zur Charakterisierung des menschlichen Daseins verwendet, die aber dennoch positiv sind, weil sie die transzendente Bedrohung aufheben:

> Schauet hinan:
> Es kommet nicht auf euch an
> Und ihr könnt unbesorgt sterben.

Das Lob gilt auch dem „schlechten Gedächtnis des Himmels". Das ist eine weitere wiederkehrende Umschreibung der fehlenden Transzendenz. In dem Ophelia-Gedicht ,Vom ertrunkenen Mädchen', wo Brecht die in der zeitgenössischen Lyrik verbreitete Wasserleichen-Poesie verwendet, erweist sich der Tod als Rückkehr ins Nichts; der Naturvorgang hebt jede ideologische Sinngebung drastisch auf:

> Als ihr bleicher Leib im Wasser verfaulet war
> Geschah es (sehr langsam), daß Gott sie allmählich vergaß
> Erst ihr Gesicht, dann die Hände und ganz zuletzt erst ihr Haar.
> Dann ward sie Aas in Flüssen mit vielem Aas. (8, 252)

Gottes Gedächtnis ist mit den Phasen der Verwesung synchronisiert, wird in ihr aufgehoben.

Noch deutlicher wird das Nichts im ,Ersten Psalm':

> Über der Welt sind die Wolken, sie gehören zur Welt. Über den Wolken ist
> nichts. [...]
> Ich komme sehr vereinzelt vor. Ich habe keine Geduld. Unser armer Bruder
> Vergeltsgott sagte von der Welt: sie macht nichts. (8, 241)

Seine konsequente Formulierung zum Nihilismus findet diese Weltsicht in dem zur Hauspostillen-Lyrik gehörenden Gedicht ,Der Nachgeborene':

> Ich gestehe es: ich
> Habe keine Hoffnung.
> Die Blinden reden von einem Ausweg. Ich
> Sehe.
>
> Wenn die Irrtümer verbraucht sind
> Sitzt als letzter Gesellschafter
> Uns das Nichts gegenüber. (8, 99)

Auf diesem Hintergrund werden die ,Verführer' angeklagt: diejenigen, die die Menschen um das mögliche Daseinsglück betrügen und mit Vertröstungen auf das Jenseits tatsächliches Unrecht und Elend verteidigen. Die Polemik artikuliert sich als Anklage gegen Gott und gegen den Theodizeegedanken (etwa in ,Gottes Abendlied' [8, 75 f.] oder als eine Art negativer Gottesbeweis in der ,Hymne an Gott' [8, 54]).

1.3. Die Konsequenz der nihilistischen Weltsicht: Daseinsgenuß und Preis der Asozialen

Die positive Konsequenz dieser Weltsicht ist die Aufforderung zum Daseinsgenuß, der im intensiven und gesteigerten Naturerlebnis seine wichtigste Erfüllung erhält. Die Natur ist der dem menschlichen Glücksverlangen korrespondierende Erfahrungsraum: dem entsprechen die zentralen Bildbereiche Pflanze, Wasser, Wind, Wolke, Himmel und die symbolischen Farben blau, violett, braun, rot und schwarz. Genußfähigkeit ist allerdings an Stärke und Vitalität gebunden, deren Verkörperung Baal ist (8, 249 ff., vgl. AB III). Baals Stärke ist aber die rücksichtslose Vernichtung alles dessen, was sich seinem Glücksverlangen in den Weg stellt. Sein Weltverhalten ist deshalb eine extreme und einzigartige Möglichkeit, die ihn zu einer zentralen Identifikationsfigur für den jungen Brecht macht. Von ähnlicher Unbedingtheit sind in der *Hauspostille* die Abenteurer und Seeräuber, die aus der Banalität des gewöhnlichen Lebens ausbrechen, um intensivere Erfahrungen zu machen, deren Lebensgier allerdings ein unerfüllbarer Traum bleibt. Das Abenteurerdasein ist in Brechts früher Lyrik eine widerlegte Utopie.

Eine wirkliche Identifikationsfigur ist hingegen der Asoziale. Mit dem Glauben ist ja auch die auf ihm begründete Gesellschaftsmoral fragwürdig geworden, und Brecht feiert folglich diejenigen, die sich frech und zynisch über die Wertordnung einer bigotten und verlogenen Gesellschaft hinwegsetzen. Das ist die früheste Form der kritischen Auseinandersetzung mit Problemen der Ethik. Inbegriff des Asozialen ist neben Baal der Dichter François Villon, den Brecht in einem ursprünglich in der *Hauspostille* enthaltenen Gedicht preist (8, 38 f.). Er ist „armer Leute Kind", aufgewachsen unter Entbehrungen, verfolgt und ein Opfer der Gesellschaft. Er ist aber fähig, in jeder Situation Glück zu empfinden. Was immer er tut und wozu er gezwungen ist, es ‚schmeckt' ihm. Er muß sich sein Glück allerdings nehmen:

> Er lernte früh den Stein auf andre schmeißen
> Und sich auf andrer Leute Häuten wälzen.

Aber seine Frechheit und ertrotzte Freiheit macht ihn in seinen Liedern unsterblich.

1.4. Sympathie für die Schwachen und für die Opfer der Gesellschaft

Die Freiheit der Galgenvögel ist aber nur eine Seite der Existenz am Rande der Gesellschaft. Brechts Interesse und seine Sympathie gelten auch den Schwachen und Opfern, den hilflosen Mördern, den Dirnen, Dieben, Landstreichern und Vagabunden, die sich nicht triumphal behaupten, sondern sich kümmerlich durchschlagen. Man muß dieses Moment nachdrücklich betonen, denn der anarchische Vitalismus eines Baal ist nicht allein bedingungslose Verherrlichung von Gewalt und Stärke im Daseinskampf. Der freche Zynismus schließt Mitleid nicht aus. Auch zeigt Brecht, daß die scheinbare Unmoral der Asozialen ethisch höher steht als die ,Tugend' der Philister. Die ,Ballade von der Hanna Cash' (8, 229 ff.) schildert etwa Liebe und Treue unter Lebensbedingungen, die nach der bürgerlichen Moral keine Bindung mehr verlangen. Die Armen praktizieren Tugenden ohne ideologische Programmatik, und ihr Verhalten wird zugleich zum Gradmesser ihres Elends. Die Verachtung der Gesellschaft wird in der Hochachtung des Balladensprechers aufgehoben: selbst Gott stünde in der Schuld dieser Elenden.

Erhöht das Elend den Wert mitmenschlicher Beziehungen, so ist es andererseits auch der Horizont für die Verbrechen der Armen, die dadurch verständlich und notwendig werden und umgekehrt die selbstgerecht richtende Gesellschaft anklagen. In zwei Moritaten hat Brecht den Elternmord des 13jährigen Jakob Apfelböck und den Kindesmord der 16jährigen Marie Farrar geschildert, und diese Berichte sind nicht von ungefähr in der ,Anleitung zum Gebrauch' besonders hervorgehoben. Der Apfelböck-Moritat liegt ein authentischer Fall zugrunde (s. Morley, L⁺ 4), für die ,Marie Farrar' ist das noch nicht nachgewiesen, aber wahrscheinlich. Moritat und Bänkelsang sind als literarische Formen vor allem von Frank Wedekind erneuert worden. Bekanntestes Beispiel ist der zynisch-makabre ,Tantenmörder'. Brecht geht aber noch hinter diese parodistische Wiederbelebung zurück, indem er auch den naiven Ton des Bänkelsangs, der Zeitung des kleinen Mannes, zu treffen versucht. Das entspricht der gleichsam selbstverständlichen Übernahme der Formen geistlicher Lyrik. Wie diese ist auch die Moritat eine Form der Gebrauchsdichtung. Und auch hier wird das Zitat zur Kontrafaktur: der vertraute Sprachgestus dient der Aufhebung des Argumentationsmusters. Denn während die Moritat in der Verurteilung von Sünde und Vergehen einen betont affirmativen Standpunkt einnimmt, werden hier die Täter als Opfer legendenhaft erhöht. Marie Farrar „erregte das Gemüt des Gerichtshofes durch ihre Unschuld und menschliche Unempfindlichkeit" (8, 169), für Jakob Apfelböck ist schon im Gedichttitel das biblische Unschuldssymbol der Lilien auf dem Felde verwendet. Mord und Kindestötung sind unbegriffene Konsequenzen einer Lebensweise, für deren Beurteilung die richtende Instanz inkompetent ist. Das Schicksal der Schmerzensmutter Marie Farrar (ausdrücklich wird auf Maria, die Mutter Gottes, angespielt) wird zur sozialen Anklage:

Ihr, die ihr gut gebärt in saubern Wochenbetten
Und nennt ,gesegnet' euren schwangeren Schoß
Wollt nicht verdammen die verworfnen Schwachen
Denn ihre Sünd war schwer, doch ihr Leid groß. (8, 179)

Normen, die für alle gelten sollen, setzen die Gleichheit der sozialen Umstände voraus. Wenn deshalb der neugeborene Sohn allenfalls mit anderen Söhnen gleichzusetzen ist, so gilt das keinesfalls für die Mutter. Es ist ein abstrakter Pharisäismus, von Marie zu verlangen, sie solle sein wie andere Mütter, weil sie unter anderen Umständen empfängt und gebiert. Sie wird von einer Gesellschaft gerichtet, deren Opfer sie ist. Der Balladensprecher, der durch den Einbruch von Selbstgerechtigkeit (In-Zorn-Verfallen) selbst schuldig geworden ist, wird dadurch sensibel für jene Fehleinschätzung, die sein falsches Urteil begründet hat. Er erkennt, daß die Strafe vorausliegt und die Bestrafung ihre Verdoppelung bedeutet. Sie ist ein Akt der Selbstgerechtigkeit einer ungerechten Gesellschaft. In dieser Wendung zeigt sich die sozialethische Dimension der *Hauspostille*. Die nihilistische Aufhebung der auf dem Christentum begründeten Wertordnung führt nicht nur zu anarchischem Vitalismus und Natürlichkeitskult, sondern auch zu einer neuen Form der Mitmenschlichkeit in einer Welt, die durch die Zentralmetaphern der Kälte und des Windes gekennzeichnet ist.

1.5. Die Unmöglichkeit der Liebe: ‚Erinnerung an die Marie A.‘

In dieser Welt wird die Vereinzelung zwangsläufig, die Liebe unmöglich. Das hat Brecht in einem seiner schönsten Liebesgedichte, ‚Erinnerung an die Marie A.‘ (8, 232), verdeutlicht. Das Gedicht handelt von der Erinnerungslosigkeit: die Liebe, die Person und selbst das Gesicht der Geliebten sind vergessen, nur der Moment der Liebe ist im Gedächtnis bewahrt, und zwar weil er sich an die ganz ephemäre Erscheinung einer weißen Wolke knüpft. Dieser Eindruck des Vergänglichsten wird aber im Erinnern zur Vergegenwärtigung im Gedicht. Die ‚Erinnerung an die Marie A.‘ berichtet also eigentlich vom Vergessen der Marie A. und zugleich doch auf sehr mittelbare Weise von einem Nichtvergessen, denn das Gedicht trägt ja den Namen der vergessenen Geliebten (Marie A[mann], nicht wie Schöne [L 1] suggeriert, Maria). Es bewahrt ihn auf, indem es vom Nichterinnernkönnen berichtet und doch zugleich den präzisen Moment der Liebesbegegnung festhält: das Erscheinen und Verschwinden der weißen Wolke ist ja dieser Moment als Erlebnis der Vergänglichkeit. In der Welt der Kälte gibt es die Liebe nicht oder allenfalls als Augenblick, den selbst die Erinnerung nicht festzuhalten vermag.

1.6. Die zyklische Geschlossenheit der ‚Hauspostille‘

Thematisch und formal ist die *Hauspostille* von einer bemerkenswerten Geschlossenheit: sie ist die lyrische Bestandsaufnahme einer Welt ohne Transzendenz, ganz persönlich und ganz objektiv zugleich. Der Dichter gibt im Anhang ein Selbstporträt als Zeitgenosse (‚Vom armen B.B.'). Gegen die Erwartung des Titels appelliert er nicht an das Mitleid des Lesers, sondern an seine Sachlichkeit. Zentrale Motive und Bilder des Zyklus sind hier aufgenommen und in der Beschreibung einer Haltung zitiert: Diesseitigkeit und Genußwille, tierische Natur des Menschen und Kälte der Welt. Illusionslosigkeit und Gelassenheit, Vergänglichkeit und Lieblosigkeit. Wie in der ‚Erinnerung an die Marie A.' hat auch hier nur das Momentanste Dauer – der Wind:

> Von diesen Städten wird bleiben: der durch sie hindurchging, der Wind!
> Fröhlich machet das Haus den Esser: er leert es.
> Wir wissen, daß wir Vorläufige sind
> Und nach uns wird kommen: nichts Nennenswertes. (8, 262)

Die Leugnung der Transzendenz, die in einer sehr dichten Bildlichkeit Gestalt gewinnt, bestimmt sich noch wesentlich als Negation und wird so zur Provokation, die zugleich die Gebrauchsformen der lyrischen Tradition erbaulicher Dichtung aufhebt und dadurch neu gewinnt. Die Verhöhnung der Frommen und Bigotten, die Freiheit der Abenteurer, Galgenvögel und asozialen Genießer, die Beschreibung der Welt der Kälte, Finsternis und Beziehungslosigkeit, an der die Menschen sinnlos leiden und in der sie zu Aas vergehen, alle diese strukturbestimmenden Momente sind Ausdruck eines Unglaubens, der auf den Glauben der anderen oder zumindest auf die auf ihm begründete Gesellschaftsmoral der wilhelminischen Zeit negativ bezogen bleibt. Ihre Poesie gewinnt die *Hauspostille* durch die Umwertung, durch die Befreiung zu einer neuen Gegenständlichkeit und nicht zuletzt durch den ganz persönlichen Zugriff. Die eigentliche Leistung Brechts ist aber die Entdeckung der Sachlichkeit für die Lyrik, der Verzicht auf Lyrismen und Pathos. Dabei spielt die im Zyklus aufgehobene volkstümliche Tradition eine wichtige Rolle: die Sprache der Predigt und der Erbauung, der Bänkelsang, der Balladenton. Der Freund Caspar Neher hat die Wirkung dieser Gedichte folgendermaßen beschrieben: „Bert singt seine Lieder, die einem immer wieder wohl tun. Kraft, Kraft, ganz ungeheure Kraft. Und ohne jede Romantik und mit einer großen Stimmung." (zit. Völker, L⁺ 284, 21) Brecht hat hier nicht nur seinen eigenen lyrischen Ton gefunden, sondern zugleich der deutschen Lyrik des 20. Jahrhunderts entscheidende Anregungen gegeben. Wenn er im nachhinein von Dekadenz sprechen konnte, so gilt das für die Wahl des Standpunkts, nicht für dessen lyrische Objektivierung, wie denn ja auch Nehers Eindruck von der großen Kraft dieser Gedichte von der Selbstkritik unberührt bleibt. Daß ihre Wirkung ungebrochen ist, hat nicht zuletzt das Lehmann/Lethensche Experiment des ‚kollektiven Lesens' (L⁺ 10) bewiesen, das bewußt dem auch unhistorischen Assoziieren der Rezipienten freien Raum ließ.

2. ‚Aus einem Lesebuch für Städtebewohner‘

2.1. Grundlageninformationen

– Buono (Hrsg.): Bertolt Brecht. Gedichte für Städtebewohner (L 262). [Anthologie der Stadt-Gedichte Brechts mit einem nichtssagenden Nachwort.]

Forschungsliteratur

– Benjamin (L⁺ 324). [B. aktualisiert das *Lesebuch für Städtebewohner* in den 30er Jahren einseitig zum „Anschauungsunterricht in der Illegalität und Emigration".]
– Schuhmann (L⁺ 433). [Sch. kritisiert Brechts Sichtweise als einseitig und undialektisch. Die fehlende revolutionäre Perspektive führe zu einem „historischen Zerrbild".]
12 Brady, P. V.: ‚Aus einem Lesebuch für Städtebewohner‘: On a Brecht Essay in Obliqueness. In: German Life and Letters 26/1972–73, S. 160–172. [B. versteht den Zyklus als einen experimentellen Dialog des Autors Brecht mit dem Leser, der durch die Offenheit und Uneindeutigkeit der Aussagen provoziert werden soll.]
– Knopf (L⁺ 293). [Widerlegt die im Rahmen der ‚Phasentheorie‘ behauptete These, der Behaviorismus sei eine Vorform des marxistischen Weltverständnisses Brechts.]
13 Jacobs, Jürgen: Wie die Wirklichkeit selber. Zu Brechts *Lesebuch für Städtebewohner*. In: Brecht-Jahrbuch 1974, S. 77–91. [Unterstreicht den objektivgestischen Charakter des Zyklus als frühe Form der Auseinandersetzung Brechts mit sozialen Phänomenen. Die Wendung zum Marxismus erscheint von hier aus als Aufhebung der beunruhigenden Faszination einer selbstzerstörerischen Zivilisation.]

2.2. Gebrauchslyrik und Großstadterfahrung

Auch die zweite von Brecht zusammengestellte Gedichtsammlung *Aus einem Lesebuch für Städtebewohner* weist sich als Gebrauchslyrik aus: das Lesebuch, die Fibel, ist ein Lehr- und Lernbuch. Es dient der elementaren Unterweisung und Einführung in die Gegebenheiten der großstädtischen Wirklichkeit und beschreibt die ihnen angemessenen Verhaltensweisen. Damit ist es auch eine Vorwegnahme der Form der ‚Pädagogien‘, wie Brecht sie in seiner Lehrstücktheorie beschrieben hat (s. AB IV).

Schon in der *Hauspostille* war die Großstadt als problematischer Gegenbereich zur bejahten Naturwelt sichtbar geworden: im *Lesebuch* wird sie zum ausschließlichen Gegenstand der Lyrik. Die irritierende Erfahrung des ‚kalten Chikago‘ (Berlin) und eine unbestimmte, nach und nach sich aufhebende Faszination von Amerika als dem Inbegriff moderner Wirklichkeit hatten bei Brecht zur Ausbildung eines sehr persönlichen Großstadtmythos geführt, der in Verbindung mit dem Dschungel-Motiv im *Dickicht* die deskriptive Erfassung von Verhaltensmustern angeregt und Selbstentfremdungszwänge verdeutlicht hatte (s. AB III). Zugleich verband sich die frühe Stadterfahrung mit biblischen Motiven: die Großstadt wird als ein babylonisches Chaos verstanden, die Motive der Arche und des Schiffbruchs tauchen auf. Als mythologisierende Chiffre führt Brecht schon in der *Hauspostille* ‚Mahagonny‘ ein, den Ort, an dem Gott seine Ohnmacht erfährt, weil die Welt schon zur Hölle geworden ist (8, 243 ff.). In der Oper *Aufstieg und Fall der Stadt Mahagonny* werden dann die Widersprüche der verdinglichten Warenwelt am Beispiel der Lebensform Stadt aufgezeigt (s. AB IV). Der Mythos der Großstadt wird also allmählich in einer immer präziseren Erkenntnis der Entfremdungsvorgänge aufgehoben und zur Kapitalismuskritik weitergeführt. Das *Lesebuch für Städtebewohner* bildet den Übergang von der irritierenden Wahrnehmung zur kritischen Registrierung: es benutzt noch die poetischen Qualitäten des Großstadtdschungels, hält aber bereits typische Verhaltensweisen des Städtebewohners fest.

Die Gedichte sind zum größten Teil zwischen 1925 und 1928 entstanden, zehn von ihnen hat Brecht 1930 als Zyklus im zweiten Heft der ‚Versuche‘ veröffentlicht. Wie schon im Falle der *Hauspostille* handelt es sich um eine verspätete Publikation, die Brechts Bewußtseinsstand nicht mehr entspricht, wobei es aber kennzeichnend ist, daß die Gedichte zusammen mit der *Mahagonny*-Oper und dem für die Lehrstückphase wegweisenden *Badener Lehrstück vom Einverständnis* gedruckt wurden: damit sind weiterführende Perspektiven bezeichnet.

2.3. Eine Schule des Überlebens im Großstadt-Dschungel

Inhaltlich handelt es sich bei den Gedichten um eine Sammlung von Exempeln und Anweisungen für das Leben in der Stadt, genauer gesagt um eine Schule des Überlebens. Bedingung des Überlebens ist der Verzicht auf Mitmenschlichkeit. Die Gedichte verdeutlichen das in schonungsloser Weise, verzichten dann aber provozierend auf Anklage, Protest, Widerspruch oder auch nur Selbstmitleid. Sie stellen lediglich fest, worauf sich der Städtebewohner einzustellen hat, wenn er sich nicht aufgibt. Eine Erklärung, die im Ansatz auch Rechtfertigung ist, gibt erst das Schlußgedicht des Zyklus, das eine ähnlich herausgehobene Funktion hat wie das Anfangs-Gedicht der *Hauspostille* (‚Gegen Verführung‘) und dessen Unterdrückung in der Werkausgabe zugunsten der Zweit-Wiedergabe im *Me-ti* ein unverzeihlicher Fehler ist:

> Wenn ich mit dir rede
> Kalt und allgemein
> Mit den trockensten Wörtern
> Ohne dich anzublicken

(Ich erkenne dich scheinbar nicht
In deiner besonderen Artung und Schwierigkeit)
So rede ich doch nur
Wie die Wirklichkeit selber
(Die nüchterne, durch deine besondere Artung unbestechliche
Deiner Schwierigkeiten überdrüssige)
Die du mir nicht zu erkennen scheinst. (G1, 171)

Die Übersetzung der Sprache der Wirklichkeit in die Sprache des lyrischen Ichs und des Gedichts bedingt also die Unterdrückung aller für die lyrische Tradition bestimmenden subjektiven Momente, führt zu einer Sachlichkeit, die im Zeichen der Verdinglichung und der Entfremdung steht. Die Gedichte werden so im Sinne des gleichzeitig formulierten Brechtschen Lyrikverständnisses zu Dokumenten. Auch jedes Moralisieren wird ausdrücklich verweigert, denn: „nicht schlecht ist die Welt / Sondern / Voll." (8, 269)
Das Gesetz der Stadt erzwingt die Vereinzelung, den Verzicht auf jede mitmenschliche Beziehung, Selbstverleugnung, Härte gegen sich selbst und andere, Selbstdisziplin, Fühllosigkeit, die Preisgabe von Hoffnungen, Träumen, Ansprüchen und Selbstachtung, Unkenntlichkeit und den bedingungslosen Willen zum Überleben, denn „das Abc" – Lerngegenstand der Fibel – heißt hier: „Man wird mit euch fertig werden." (8, 275) Wer nicht fähig ist, sich anzupassen, wer die Zeichen der Wirklichkeit nicht zu deuten versteht, ist verloren. Der Prozeß der Entindividualisierung, zentrales Problem des Brechtschen dramatischen Frühwerks, ist hier schon zu Ende geführt: der Städtebewohner kann es sich nicht mehr leisten, Individuum sein zu wollen.

2.4. Die Formen der Lehre: Unterweisung und Exempel

Die Lehre wird entweder direkt als Unterweisung (Anweisung zu realitätsgerechtem Verhalten) oder im Exempel des richtigen bzw. falschen Verhaltens vermittelt: die Darbietungsweise ist gestisch. Die Anonymität des Städters wird durch die durchgängige Verwendung pronominaler Formen verdeutlicht: neben den Anredeformen (du, ihr, Sie) gibt es ich-, wir- und er-Aussagen, die generalisierend aufgelöst werden (eine Frau, ein Mann, Leute). Der Redegestus ist deskriptiv, feststellend, deklarativ, kommentierend, in der Anrede belehrend und ermahnend bis hin zur beschwörenden Suggestion. In der adhortativen Rhetorik wird deutlich, daß ein spontaner Widerstand gegen die Verbindlichkeit der geforderten Haltungen beim Angesprochenen zu überwinden ist. Der Preis des wirklichkeitsgerechten Verhaltens ist also die Selbstaufgabe.
Die Sprechsituation ist komplexer, als es zunächst den Anschein hat. Die ersten sechs Gedichte schließen mit erklärenden Erläuterungen: „Das

wurde mir gelehrt." – „Das hast du schon sagen hören." – „So sprechen wir mit unsern Vätern." – „So habe ich Leute sich anstrengen sehen." – „Das habe ich eine Frau sagen hören." – „Das habe ich schon Leute sagen hören." Es handelt sich also nicht um Aussagen eines lyrischen Ichs: der Sprechende erweist sich vielmehr im nachhinein als ein Hörender, der erst in der Wiedergabe des Gehörten zum Sprecher wird. Die Aussage wird anonym, indem sie zur Lehre formuliert wird. Wenn das Schlußgedicht sich für die Ich-Aussagen auf die Sprache der Wirklichkeit beruft, so verdeutlichen die Schlußformeln, daß im Zyklus bereits die Wirklichkeit zum Sprecher geworden ist.

Unter den zum *Lesebuch* gehörigen Gedichten gibt es zwei, die eine weiterführende, zur Veränderung drängende Perspektive wenigstens andeuten: ,Ich merke, ihr besteht darauf, daß ich verschwinde' (8, 293 f.) und ,Anleitung für die Oberen' (8, 294 f.). Es ist bezeichnend, daß Brecht sie in die für die ,Versuche' getroffene Auswahl nicht aufgenommen hat. Sie bezeichnen einen Standpunkt, der den Gestus der reinen deskriptiven Sachlichkeit verläßt, indem er Möglichkeiten des Widerstands und die Ausbildung eines Klassenstandpunktes andeutet. Es war aber offensichtlich die sachliche Haltung, die für die Sammlung bestimmend bleiben sollte. In diesem Sinne fügen sich die Gedichte nur bedingt dem Grundsatz, den Brecht bei der Erstpublikation im ersten Heft der ,Versuche' formuliert hat:

Die Publikation der ,Versuche' erfolgt zu einem Zeitpunkt, wo gewisse Arbeiten nicht mehr so sehr individuelle Erlebnisse sein (Werkcharakter haben) sollen, sondern mehr auf die Benutzung (Umgestaltung) bestimmter Institutionen gerichtet sind (Experimentcharakter haben) und zu dem Zweck, die einzelnen sehr verzweigten Unternehmungen kontinuierlich aus ihrem Zusammenhang zu erklären. (V 1, 6)

Freilich sollte man daraus nicht schließen, daß „Mangel an Dialektik zu Einbußen an poetischer Wahrheit (führt)", wie Klaus Schuhmann das tut (L⁺ 433, 176): ein solcher Ansatz verkürzt das gesamte Frühwerk zu einer Vorstufe der marxistisch orientierten Dichtung, die als Erfüllung zunächst nur unklar geahnter Intentionen verstanden wird. Demgegenüber hat auch die Sachlichkeit der *Lesebuch*-Gedichte einen sehr präzisen Eigenwert, was sich nicht zuletzt in der außergewöhnlichen formalen Geschlossenheit als dem Ausdruck einer bewußten Darstellungsabsicht zeigt. Der diffusen Bewegung der ,Neuen Sachlichkeit' läßt sich der Zyklus allerdings kaum zuordnen: er ist Ausdruck der sehr spezifischen soziologischen Orientierung des jungen Brecht. Von einer bewußten Zweideutigkeit (*obliqueness*), wie Brady (L⁺ 12) sie unterstellt, kann kaum die Rede sein, so wenig wie von einer Schule der Illegalität (Benjamin, L 324). Pries die *Hauspostille* noch den Asozialen, der auf die Erfahrung der negativen Momente der Wirklichkeit mit einem gesteigerten Anspruch auf Selbstverwirklichung reagierte, so zeigt sich im *Lesebuch*, daß jeder Selbstbehauptungsanspruch tödlich ist: die Wirklichkeit selbst ist a-sozial, zwingt dem Städtebewohner bedingungslos ihr Gesetz als Bedingung des Überlebens auf.

In der nüchternen Bestandsaufnahme befindet sich Brecht in der Nähe des Behaviorismus, der soziale Verhaltensabläufe in ihrer objektiven Determiniertheit konstatiert und dabei die subjektiv-individualistischen Reaktionen als belanglos ignoriert (zum Behaviorismus vgl. Knopf, L$^+$ 293). Dabei ist in der konsequenten Schilderung von Prozessen der Selbstentfremdung natürlich ein kritisches Moment enthalten, das aber das veraltete Verständnis der Individualität nicht mehr akzeptiert. In diesem Sinne sind die Gedichte zwar nicht zweideutig (Brady), aber offen.

2.5. Textbeispiel: ‚An Chronos‘

Als Beispiel für Gehalt und Vermittlung der Lehre kann das dritte Gedicht des Zyklus dienen, das zugleich die komplexeste Struktur aufweist: ‚An Chronos‘ (8, 269 f.). Gemeint ist nicht Chronos = die Zeit, sondern Kronos = der Vater des Zeus, eine Verwechslung, die seit der Antike üblich ist und in umgekehrter Richtung in Goethes berühmtem Sturm- und Drang-Gedicht ‚An Schwager Kronos‘ vorliegt. Kronos, der Sohn des Uranos, ist der Vater der griechischen Götter-Dynastie, dem geweissagt war, daß eines seiner Kinder ihn entthronen werde, und der deshalb alle seine Nachkommen nach der Geburt verschlang. Nur der jüngste, Zeus, wurde von seiner Mutter gerettet und heimlich aufgezogen. Er besiegte später den Vater, zwang ihn, die verschlungenen Geschwister auszuspeien und verbannte ihn in den Tartarus, um seinen Platz einzunehmen. Dieser Mythos vom erbarmungslosen Kampf zwischen Vater und Sohn war durch die Tiefenpsychologie aktualisiert worden und beschäftigte seit Kafka und dem Expressionismus die Literatur. Brecht war durch die Mitarbeit an der Inszenierung von Arnolt Bronnens *Vatermord* mit der Thematik vertraut. Im Sinne einer soziologischen Aktualisierung des Mythos ist der Titel Hinweis auf den Gehalt des Gedichts. Die Familie – unter den zerstörerischen Lebensbedingungen der Großstadt – ist Schauplatz eines erbarmungslosen Vernichtungskampfes zwischen den Generationen. Der Hinweis auf Kronos zeigt, daß die verdrängte Vätergeneration durchaus kein Mitleid verdient.

Das *Lesebuch* hat vor allem zwei Redegesten: Belehrung in der Form der Anrede an ein ‚du‘ oder ‚ihr‘ und Selbstdarstellung als Selbstbehauptung in Ich-Aussagen. ‚An Chronos‘ verbindet beides: die Wir-Aussage dient der Selbstbehauptung, die Anrede an ein Du ist hier nicht belehrend, sondern vernichtend. Die erste Strophe beginnt mit zwei Anreden,

die das Kampffeld bestimmen: noch behaupten die Väter das Recht, die
Kinder aus ihrem Haus zu weisen. Aber die gedenken zu bleiben, und so
räumen sie den Gegenständen ein Recht ein, das zugleich deren Eigentümer negiert: „Haus, Ofen und Topf kann bleiben / Und du sollst verschwinden." Stilistisch auffällig ist die Konjunktion ‚und‘ statt des zu
erwartenden ‚aber‘: die adversative Haltung ist zugunsten einer undisku-
tierbaren Konsequenz aufgehoben. Das Verschwinden der Väter ist nicht
etwa die Bedingung für das Fortbestehen ihrer Häuser, sondern die Aneignung schließt die Ausweisung ein.

Die zweite Strophe skizziert in Wenn/dann-Sätzen Verhaltensmuster
der Verweigerung. Hatten die Väter in der ersten Strophe noch den
Kampf angesagt, so sind sie und ihre Frauen nun Bittende, von denen
man sich abwendet. Dabei geht die passive Verweigerung der ersten
beiden Sätze in beflissene Denunziation über, die sich vorhandener Gewalt bedient. Die Doppelung des Verbs (deuten und sagen) intensiviert
den Gestus der Absage.

Zwar ist die Feindschaft letztlich grundlos: „Wir wissen nicht, was
kommt, und haben nichts Besseres / Aber dich wollen wir nicht mehr";
dennoch wird sogar die Zeit angehalten (die Fenster werden verhängt),
damit die Gemeinschaft nicht auch nur noch einen Tag andauert. Und in
der vierten Strophe wächst die feindselige Haltung ins Grenzenlose. Sie
artikuliert sich in drei Negationen: „du darfst dich nicht ändern"; „dich
wollen wir töten"; „du darfst nicht gewesen sein". Das beinhaltet eine
dreifache Verweigerung: Verweigerung der Anpassung an veränderte
Gegebenheiten, Verweigerung der Existenz und schließlich Verweigerung der Erinnerung: totale Auslöschung. Dem entspricht eine dreifache
Bejahung: „die Städte dürfen sich ändern"; „den Steinen wollen wir
zureden"; „Lügen (müssen wir) glauben". Diese Bejahungen sind aufgehobene Negationen, die bis zum Absurden gehen (den Steinen zureden).
Sie bezeichnen das Ausmaß der Feindseligkeit, indem in ihnen offenbar
das kleinere Übel hingenommen wird.

Der Redegestus steigert die Aggressivität: denn zunächst ist ja unklar,
wer redet und wer angesprochen wird. Die Überschrift wirkt rätselhaft,
fehlte in der Erstpublikation sogar; ihre Bedeutung erschließt sich erst
nachträglich. Der Angeredete erscheint als ein Fremder. Wenn von seiner
Frau die Rede ist, wird der Leser sie spontan kaum als Mutter der Spre-
chenden identifizieren. Als Gegenstand des Gedichts wird also zunächst
nur ein vernichtender Haß erkennbar: erst die Schlußzeile macht deutlich, gegen wen er sich richtet („So sprechen wir mit unsern Vätern").
Das wirkt als Überpointierung.

Das Gedicht erregt sicher Befremden und Widerwillen: scheinbar ist es
ein Fall brutaler Roheit, der hier vorgeführt wird. Aber die Schlußzeile
hebt ihn als individuellen Einzelfall auf: eine Erfahrung wird mitgeteilt.

Wie in allen Gedichten des *Lesebuchs* ist das lyrische Ich – hier als Wir –
kein Ich, sondern das anonyme Kollektiv der Städtebewohner. Insofern
verbietet sich eine moralische Beurteilung der Verhaltensformen, die sich
zunächst aufdrängt. Die Vatermörder von ‚An Chronos' sind keine un-
menschlichen einzelnen, sondern der Vatermord ist das Gesetz der Großstadt, das Verhalten ist ganz durch die Umstände determiniert, so daß
konsequent auch alle individuellen Motive entfallen. Der Haß läßt sich
nur auf absurde Weise verdeutlichen: „Den Steinen wollen wir zureden".

2.6. Der Gestus der ‚Kälte'

Schon das in seiner Thematik dem *Lesebuch* verwandte Stück *Im Dik-
kicht der Städte* (s. AB III) gibt vor, auf psychologische Motivationen
ganz zu verzichten und leitet zur Beobachtung bedingter Verhaltensweisen an. Ebenso ist das *Lesebuch für Städtebewohner* eine in ihrer Artiku-
lationsform wertungsfreie Sammlung von Handlungsmustern, die aus
Anpassungszwängen entstehen: das Überleben ist an gewisse Verhaltensformen gebunden, die außerhalb der freien Entscheidung liegen und deshalb keiner subjektiven Begründung bedürfen, ja so nicht einmal erklärbar sind und deshalb auch kein moralisierendes Urteil zulassen. Dadurch
entsteht jene für das *Lesebuch* so kennzeichnende Kälte, jener scheinbare
Zynismus, der sich als Sachlichkeit versteht. Abgesehen von der Entwicklung einer pathosfreien, emotionslosen und kalten Sprache, die auf lyrische Bildlichkeit verzichtet und nur Genauigkeit sucht, gleichwohl aber
lyrische Produktion ermöglicht, ist die beobachtende Haltung vor allem
für die Entdeckung des Gestischen folgenreich geworden. Zu theoretischer Klarheit über den Gestus als ein zentrales Formprinzip seiner Dramatik gelangte Brecht zwar erst im Zusammenhang mit der Entwicklung
der Theorie des epischen Theaters zu Beginn der 30er Jahre, aber er hat
schon in den ersten Schriften auf das *Dickicht* als Beispiel zurückverwie-
sen, und auch das *Lesebuch für Städtebewohner* muß als eine Gestensammlung verstanden werden. Gemeint ist der ‚gesellschaftliche Gestus'
als „der für die Gesellschaft relevante Gestus, [...] der auf die gesellschaftlichen Zustände Schlüsse zuläßt" (15, 484; zum Gestus vgl. AB
VI).

3. Die Perspektive der frühen Lyrik

Von den eingangs zitierten Äußerungen Brechts über seine Lyrik trifft die
eine („meine Lyrik hat mehr privaten Charakter") als eine überscharfe
Zuspitzung eher auf die *Hauspostille,* die andere („alle großen Gedichte
haben den Wert von Dokumenten") stärker für das *Lesebuch für Städtebewohner* zu, ohne daß eine solche Zuordnung Ausschließlichkeit bean-

spruchen dürfte. Beide Momente stehen in einem dialektischen Verhältnis. Für das gesamte lyrische Frühwerk gilt aber der Anspruch des Gebrauchswerts, mit dem Brecht für die deutsche Lyrik des 20. Jahrhunderts neue Maßstäbe gesetzt hat und die er auch für das eigene Schaffen konsequent durchgehalten hat (s. AB IX).

Arbeitsbereich III

Die frühen Dramen

0. *Vorbemerkung: Die Krise des Individuums – schlechte Zeit für Dramatik*

Als Brecht – seinem Selbstverständnis nach von Anfang an ‚Literat‘ und ‚Dichter‘ – für das Theater zu schreiben begann, befand sich das Drama, wie Peter Szondi ausgeführt hat (L 15), (schon seit dem Naturalismus) in einer Krise. Es hatte sich im Ästhetizismus und Expressionismus nicht grundlegend erneuern können: Brechts Anfänge fallen mit dem Scheitern der expressionistischen Bewegung und ihres Erneuerungspathos zusammen, und er gewinnt sein literarisches Selbstbewußtsein geradezu in der Frontstellung zum Expressionismus. Daraus ergibt sich freilich noch keine Orientierung, denn der lebendigen Theaterszene des Regietheaters stand eine stagnierende Produktion im Zeichen von Naturalismus, Symbolismus und Expressionismus gegenüber. Von ihr gingen keine weiterwirkenden Impulse mehr aus.

Der idealtypische und insgesamt zu Recht als weitgehend unhistorisch kritisierte Versuch Peter Szondis, die ‚Krise des Dramas‘ zu begründen, bietet sich als Erklärungsmöglichkeit in diesem Falle an, weil er sich mit Einsichten Brechts in der Phase seiner soziologischen Reflexion am Ende der 20er Jahre weitgehend deckt (s. AB IV). Brecht ließ sich von Sternberg bestätigen, daß das Drama der ‚großen Einzelnen‘ bei Shakespeare seine heroische Zeit und seine gesellschaftliche Berechtigung hatte, inzwischen aber zur unendlichen Variation belangloser Privatheit (Beziehungen zwischen Mann und Frau, Frau und Mann) erstarrt sei (15, 146 ff.). Szondi hat gefolgert, daß die ‚Wiedergabe des zwischenmenschlichen Bezugs‘ im Dialog, die im Drama der Renaissance in idealtypischer Weise möglich war und das neuzeitliche Drama begründete, in dem Augenblick scheiterte, wo (seit dem Naturalismus) die soziale Frage zum bestimmenden Moment gesellschaftlicher Interaktion wurde. Es ist offensichtlich, daß die Verdinglichung der zwischenmenschlichen Beziehungen (die ‚Prosa der Verhältnisse‘ im Sinne Hegels) die Darstellung gesellschaftlicher Prozesse als Interaktion von Individuen nicht mehr zuläßt und damit einer Dramatik der großen Gegenstände zunächst den Boden entzieht. Die Krise des Dramas ergibt sich aus der schwindenden

Bedeutung des Individuums als bestimmender Größe der Wirklichkeit. Die Frage nach dem Individuum, nach den Möglichkeiten einer Selbstverwirklichung in einer Welt verdinglichter und zur Selbstentfremdung nötigender Prozesse, ist denn auch für den jungen Brecht das zentrale Thema der Dramatik. Das bedeutet aber, daß der Selbstklärungsprozeß, der zur fröhlichen Vernichtung der Persönlichkeit (in *Mann ist Mann*) und zur Liquidation des Individuums (in den Lehrstücken) führt, in eine ‚schlechte Zeit für Dramatik' fällt. Daß der Stückeschreiber dennoch sehr bedeutende Werke produziert, hängt mit der *Thematisierung* des Individuellen zusammen, die deshalb für diesen Arbeitsbereich zum Gesichtspunkt der Darstellung gewählt wird.

Das Problem ist als solches bereits frühzeitig reflektiert worden. Georg Lukács hat in seinem bedeutenden, wenn auch später von ihm kritisch zurückgenommenen Aufsatz ‚Zur Soziologie des modernen Dramas' (L⁺ 14) bereits 1909 ausgeführt, daß jedes neue Drama ein bürgerliches Drama, historisch und ein Drama des Individualismus sei (284), letzteres − das ist der zentrale Gesichtspunkt − „mit einer Kraft, einer Intensität und Ausschließlichkeit, wie es ein Drama noch niemals gewesen ist" (vgl. hierzu Hinck, L⁺ 379). Historismus und Individualismus sind auf dem Boden der bürgerlichen Kultur gewachsen. Das Individuum als bestimmende Größe der bürgerlichen Dramatik ist aber durch die gesellschaftliche Arbeitsteilung, die ‚Uniformierung' und ‚Versachlichung' des Lebens, also durch die Prozesse der Verdinglichung und Selbstentfremdung fraglich geworden; die zwischenmenschlichen Bezüge werden durch die ‚objektiven' verdrängt. Während das Renaissance-Drama „das Drama der großen Individuen [war], [ist] das heutige das des Individualismus" (289), d. h. die Individuation als die Bedingung herkömmlicher Dramatik wird zu einem immer unlösbareren Problem: „die Aufrechterhaltung der Individualität [ist] durch die Gesamtheit der Tatsachen gefährdet" (292). Lukács sieht bereits, daß das Leben immer epischer, romanhafter wird, eine Konsequenz, die Szondi dann als Episierungstendenz der Dramatik seit dem Naturalismus beschreibt. Insofern ist es folgerichtig, daß das von Brecht als zeitgemäß intendierte Theater zum epischen Drama wird.

In diesem Zusammenhang ist es bemerkenswert, daß Hugo von Hofmannsthal in einem Vorspiel zur Wiener Aufführung des *Baal* (1926) das ‚Theater des Neuen', als dessen wichtigsten Vertreter er den jungen Brecht versteht, als eine systematische Infragestellung des Individuums und damit der überlieferten Dramatik deutet (vgl. Günther, L⁺ 16). In einem Gespräch mit dem Regisseur Waniek und den Schauspielern Oskar Homolka (dem Berliner und Wiener Baal und dem Mortimer der Erstaufführung von *Leben Eduards des Zweiten von England*), Hermann Thimig und Gustav Waldau erklärt der Kulturkritiker Egon Friedell, daß die Zeit vom Individuum ‚erlöst' werden möchte: „Sie schleppt zu schwer an dieser Ausgeburt des sechzehnten Jahrhunderts, die das neunzehnte großgefüttert hat." (Hofmannsthal, Lustspiele IV. Ffm. 1956, S. 419.) Ähnlich wie etwa zur gleichen Zeit Brecht es sah (15, 217f.), wird auch hier der Beginn des 1. Weltkriegs als der Zeitpunkt verstanden, wo es notwendig wurde, „den lebensmüden Begriff des europäischen Individuums in das Grab zu legen, das er sich selber geschaufelt hat". Der Brecht-Schauspieler Homolka stimmt Friedell zu, Hermann Thimig als Vertreter der überlieferten Schauspielkunst kann dem ‚Paradox' nicht mehr folgen. Mit ironischer Distanz bezeichnet Hofmannsthal hier eine Grundtendenz der Brechtschen Dramatik, deren Gültigkeit für den *Baal* (selbst in der 3. Fassung von 1926) freilich noch zu prüfen ist.

1. Grundlageninformationen

1.1. Zur Vorbemerkung

14 Lukács, Georg: Zur Soziologie des modernen Dramas. In: GL, Schriften zur Literatursoziologie (hrsg. v. P. Ludz). Neuwied/Berlin [3]1968, S. 261–295. [L. beschreibt bereits 1909, wie die Voraussetzungen der modernen Lebenswirklichkeit und ihrer Erfahrung (bürgerliche Werthaltungen, historischer Relativismus, Problematischwerden der Individualität in der verdinglichten Wirklichkeit) für die Dramatik und ihre Form zum Problem werden.]
15 Szondi, Peter: Theorie des modernen Dramas. Frankfurt/M. 1956.
– Hinck (L[+] 379).
16 Günther, Vincent J.: Hofmannsthal und Brecht. Bemerkungen zu Brechts *Baal*. In: Untersuchungen zur Literatur als Geschichte. Festschrift f. B. v. Wiese. Berlin 1973, S. 505–513. [G. weist nach, daß Hofmannsthal bereits 1926 Brechts These vom Ende des Individuums richtig wiedergibt.]

1.2. Zu den frühen Dramen insgesamt

– Schumacher (L[+] 436).
– Bronnen (L[+] 278).
– Hecht (L[+] 364).
– Rischbieter (L[+] 425).
17 Lethen, Helmut: Neue Sachlichkeit 1924–1982. Stuttgart 1970. Studien zur Literatur des ‚Weißen Sozialismus'. [Weiterführung von kritischen Ansätzen bei Schumacher (L 436); Analyse gesellschaftlicher Widersprüche in ihrer literarischen Widerspiegelung. Enthält Ausführungen zum Amerikanismus, zum Technik-Kult und zur Selbstaufhebung des Liberalismus. Von Brecht wird vor allem der *Dreigroschenprozeß* behandelt.] (K[+] S. 172).
– Herrmann (L[+] 372).
– Mennemeier (L[+] 409).
18 Bielefeld, Claus-Ulrich: ‚Das aufgebrauchte Chaos'. Brechts frühe Stücke. Von der Rebellion gegen das gesellschaftliche Chaos zur Aufdeckung seiner Bewegungsgesetze. Diss. Berlin 1975.

- Völker (L⁺ 298).
- Wyss (L⁺ 470).
- Voigts (L⁺ 454, L⁺ 455).
- Knopf (L⁺ 294).

2. ‚Baal': Vitalismus als Widerlegung der gesellschaftlichen Möglichkeiten des Individuums

2.1. Grundlageninformationen

Texte, Fassungen
- Schmidt (L 228). [Vorbildliche kritische Ausgabe der Fassungen von 1918, 1919 und 1926. Zuverlässige Textausgabe mit kritischem Apparat.]
- Schmidt (L 235). [Kritische Ausgabe der letzten Fassung von 1955 sowie des Fragments *Der böse Baal, der asoziale* mit kritischem Apparat. Enthält außerdem eine Sammlung von Äußerungen Brechts zum *Baal* 1918 bis 1954.]

Forschungsliteratur
19 Schmidt, Dieter: *Baal* und der junge Brecht. Eine textkritische Untersuchung zur Entwicklung des Frühwerks. Stuttgart 1966. [Auf der Grundlage biographischer und textkritischer Nachforschungen korrigiert Sch. zahlreiche Irrtümer und Legenden der frühen Brecht-Forschung. Der Hauptteil der Untersuchung gilt einer Darstellung der Textgeschichte des *Baal*. Die Arbeit hat zusammen mit den Materialienbänden Schmidts (s. o.) für die Brecht-Philologie Maßstäbe gesetzt und Schule gemacht.]
- Frühwald in: Hinderer (L⁺ 322).

2.2. Der Gegenentwurf

Baal ist, pointiert gesagt, der kritische Ausgangspunkt des Brechtschen dramatischen Werkes. Das bedeutet, daß sich die späteren Positionen gleichsam als die Weiterentwicklung oder Aufhebung von Setzungen erklären lassen, die hier mit naiver Unmittelbarkeit exponiert sind. Das Stück ist kein tastender Entwurf, sondern eine erste umfassende Summe des dramatischen Wollens. Mag ihm auch Weisheit fehlen (17, 948), so begründet es doch in einer für die Dramatik schwierigen Zeit kraftvoll einen bereits selbständigen Ausgangspunkt, der sich als tragfähig erweisen sollte.

Baal war ursprünglich ein Gegenentwurf Brechts zu Hanns Johsts Grabbe-Drama *Der Einsame. Ein Menschenuntergang.* Das Moment der Kontrafaktur war in der ersten Fassung (1918) in Figurenanlage, Szenenführung und Handlungsverlauf noch bestimmend, wurde dann aber in der hier zugrundegelegten zweiten Fassung von 1922 (Text: *Baal. Drei Fassungen.* Hrsg. v. D. Schmidt. Ffm. 1966 [L 15]; Sigle: Ba) weitgehend zurückgenommen. *Der Einsame* schildert die letzten fünf Lebensjahre

des Dichters Christian Dietrich Grabbe als den Untergang des ungebän-
digten Genies in einer Gesellschaft, die seiner Größe nicht gewachsen ist
und an deren Normalität es zerbricht. Sein Tod führt in die Unsterblich-
keit, seine Exzentrik, sein zerstörerischer Egoismus ist die Voraussetzung
eines grandiosen Werkes, das seine Existenz zugleich vernichtet und sublimiert: „Dieses Gottvatergefühl! Himmel und Erde wird Willkür meiner
Gunst! Ich bin der Kosmos!" Johst folgt hier einem typisch expressionistischen Denkansatz, wonach der Dichter zum Führer einer erneuerten
Menschheit werden und das idealistische Programm der Wandlung exemplarisch realisieren soll (vgl. Toller, Hasenclever, Sorge).

Brecht wendet sich von Anfang an gegen den Expressionismus als eine
„(kleine deutsche) Revolution" (Tb 18), die ihrem eigenen Freiheitsbe-
griff nicht gewachsen ist; er sieht in den Expressionisten „unsere jungen
Leute mit den ramponierten Bourgeoisidealen von 1789" (20, 48). In
diesem Sinne ist der Gegenentwurf zu Johst programmatisch und Moment einer selbständigen Dramaturgie.

Auch Baal ist ein Dichter, jedoch kein Dramatiker und Autor genialer
Weltentwürfe, sondern ein Lyriker, der in seinen Gedichten sein Lebensgefühl unmittelbar artikuliert, der seine Wirklichkeit zum ‚göttlichen
Schauspiel' arrangiert (Stierszene, Ba 128 ff.), bei dem das Erleben gewissermaßen von selbst zum Gedicht wird, weshalb viele Dialogpassagen
schon lyrisch artikuliert werden: es gibt keine Differenz, nicht einmal
einen sprachlichen Unterschied zwischen Poesie und Wirklichkeit. Insofern ist ein solcher Dichter das Gegenteil der expressionistischen Welt-
veränderer. Brecht dachte zunächst an ein Drama „über François Villon,
der im XV. Jahrhundert in der Bretagne Mörder, Straßenräuber und
Balladendichter war" (B 32), später nahm er sich die Bohème-Gestalt
Verlaines zum Vorbild (B 56), vor allem aber stilisierte er die eigene frühe
lyrische Produktion: Baals Gedichte sind aus dem Umkreis der *Hauspostille* und der sie begründenden Lebensform im Augsburger Freundeskreis entnommen. Dieser stark autobiographische Anteil dürfte für die
Schwierigkeit der Objektivierung, wie sie sich in den immer neuen Fassungen des Stücks zeigt, mitverantwortlich sein.

Johst hatte im *Einsamen* eine Apotheose des Dichters gestaltet: Brecht
übernimmt das als Programm, wenn er als Titel erwägt: „Baal frißt! Baal
tanzt!! Baal verklärt sich!!!" (B 38). Aber die Apotheose wird jetzt in die
reine Lebensimmanenz zurückgenommen, materialistisch zum totalen
Sichausleben des rücksichtslosen starken Menschen entideologisiert. In
einem Brief an Caspar Neher wird das Projekt folgendermaßen beschrieben: „Da kommt ein Hamster drin vor, ein ungeheurer Genüßling, ein
Kloß, der am Himmel Fettflecken hinterläßt, ein maitoller Bursche mit
unsterblichen Gedärmen" (B 44). Das große Individuum, das der Expressionismus in Gestalt des zur Wandlung Fähigen entworfen hatte und mit

dem er die Krise des Dramas in der verdinglichten Wirklichkeit idealistisch überspielte, wird hier zum vitalen, durch und durch asozialen Genußmenschen verkürzt. Darin zeigt sich aber, daß das Prinzip der Individualität, die vollkommene Selbstverwirklichung, in der modernen Gesellschaft nur noch in monströser Form möglich ist, die Gesellschaft negieren muß, wie Baal das ausdrücklich tut. Baals Verklärung ist eine Selbstapotheose mit tragikomischen Zügen: „Ich glaubte nur an mich. Aber man *kann* Atheist werden." (Ba 124). Grabbes ‚Gottvatergefühl' wird zu einer Selbstvergottung des starken Lebens mit fast mythischen Zügen. In diesem Sinne ist wohl auch die Wahl des Namens zu verstehen. Baal war der semitische Sturm- und Fruchtbarkeitsgott, der als Herr des Himmels dargestellt wird. Die Ausrottung des Baalskultes durch Jehu, eine der blutigsten Episoden der jüdischen Überlieferung (2. Könige, 9–10), war die entscheidende Etappe auf dem Weg des jüdischen Glaubens zum Monotheismus, so daß Baal später zum Inbegriff der heidnischen Gottheiten und zur Antithese des jüdisch-christlichen Gottesverständnisses werden konnte. Darauf spielt Brecht an. Es gehört zum Prinzip der Verklärung, daß dem Stück von der 2. Fassung an der ‚Choral vom großen Baal' vorangestellt und damit die Figur mythisch erhöht wird. Baals Verhältnis zur Wirklichkeit ist in direkter Beziehung zu dem aller transzendenten Bedeutung entkleideten Himmel gesehen, der als immer jung (d. h. zeitlos), nackt (frei von Jenseitigkeit) und wunderbar (diesseitig vollkommen) verstanden wird. Das Fruchtbarkeitsmotiv ist zur unersättlichen sexuellen Gier, zum Schwelgen in weißen Leibern verendlicht, das Sturmmotiv kennzeichnet das Zerstörerische der Baalschen Vitalität. Als er über Sophie Dechant herfällt, erklärt er: „Und jetzt gehörst du dem Wind, weiße Wolke! [...] Ich heiße Baal." (Ba 108)

2.3. *Naturhaftes Dasein und gesellschaftliche Verweigerung*

Die totale Persönlichkeit gerät also ins Mythische oder erweist sich umgekehrt als eine ideologische Annahme, die nur in solchen Denkmustern vorstellbar ist (das gilt ja schon für den in Baal aufgehobenen Geniekult). Dabei ist es aufschlußreich, daß die unbedingte Seinsimmanenz des rücksichtslosen Genießers dazu führt, daß Baals Dasein ganz von der Natur bestimmt ist, Teil ihres Kreislaufs: zwischen dem ‚weißen Mutterschoß' und dem ‚dunklen Schoß' der Erde liegt der Handlungsspielraum seiner Selbstverwirklichung. Als sein eigener Abgott kennt Baal weder Glauben noch Moral. Dabei ist jedoch zu beachten, daß er nicht gegen die Gesellschaft, die ihre Zwänge durch Ideologie legitimiert, revoltiert, sondern daß er sie auf geradezu naive Weise ignoriert: er grast die Welt, nur seinen Appetiten verpflichtet, einfach schmatzend ab (Ba 83). Aus der

Sicht der Gesellschaft wird er immer wieder als ‚Tier' bezeichnet (ein
Schlüsselwort des Stücks, dessen Untersuchung höchst aufschlußreich
ist), am deutlichsten durch den Gefängnisgeistlichen:

> Sie lästern Gott. Sie sind ein Tier. Sie sind das *Tier*. Das Urtier! Ein schmutzi-
> ges, hungriges Tier, das schön ist und gemein. Eine Plage des Himmels. (Ba 119)

Für Baal ist das keine Beleidigung, sondern eine Bestätigung, wie er
denn fordert: „Man muß das Tier herauslocken!" (Ba 95). Das Tier
bezeichnet für ihn nicht Regression, sondern noch unverbrauchte Stärke.
Er führt sich auf wie ein Elefant, ein Mammut, ein Stier, ein Orang-
Utang, auch wie ein Hamster oder eine Sau, und selbst wenn er wie eine
Ratte verreckt, ist er in seiner rein naturhaften Existenz nicht widerlegt.
   Während der ‚Choral' als Inbegriff der Figur die Existenz Baals von
vornherein in die Natur aufhebt, schildert das Stück zunächst den Zusammenstoß mit der Gesellschaft. In der Soirée-Szene (Ba 84ff.) wird der
Versuch gemacht, das wilde Genie als Salonsensation zu integrieren.
Aber Baal ignoriert die an ihn gestellten Forderungen, verweigert sich
den Spielregeln, läßt die Gesellschaft verstummen (‚Stille') und provoziert den Skandal: „Das ist doch keine Schenke." (Ba 87) Als ‚versoffenes
Genie' (Ba 88) wird er ausgestoßen, versteht das aber als Triumph: er
zeigt denen, die es sich erlauben, ihn zu stören, „wer Herr ist" (Ba 88).
Das führt zu einem kontinuierlichen gesellschaftlichen Abstieg, der folgerichtig ins Gefängnis (letzter Ort der Gesellschaft: das Individuum, das
sich ihr widersetzt, erfährt den äußersten Zwang) führt und seine Biographie aus gesellschaftlicher Sicht zum Steckbrief (Ba 144) verkürzt, während er schließlich in den Wäldern die Natur als den ihm gemäßen Le-
bensraum wiederfindet. Was als Niedergang einer zunächst durchaus
noch akzeptierten exzentrischen Persönlichkeit erscheint, ist in Wahrheit
die konsequente Selbstverwirklichung des starken, von allen beschrän-
kenden Skrupeln befreiten Individuums. Aber dieser Weg ist gekennzeichnet durch den rücksichtslosen Verschleiß aller ihm begegnenden
Mitmenschen, der Frauen insbesondere, aber auch der Mutter und der
Freunde. Stärke und grenzenloser Genuß sind nur für den einzelnen auf
Kosten der anderen möglich, die sich selbst unbedingt verwirklichende
Individualität ist ein Moloch, der von der Schwäche der Mitmenschen,
ihrer Faszination, ihrer Zuneigung, ihren moralischen Skrupeln und ihren durch gesellschaftliche Normierungen gehemmten Antrieben profitiert. Er erfüllt sich seine Appetite, indem er die Rechte der anderen – ihm
durch Schwäche Unterlegenen – einfach ignoriert. Darin zeigt sich der
latent anarchische Charakter des konsequenten Individualismus, der
durch Ideologien, Zwänge und Spielregeln gemildert und verschleiert
werden kann, der aber nur in dem Maße, wie die Zwänge wachsen
(Verdinglichung und Selbstentfremdung), aufgehoben wird. Brecht wi-

derlegt, indem er das Konzept des großen Individuums im Zeichen des Vitalismus radikalisiert, dessen gesellschaftliche Möglichkeit.

Insofern steht mit *Baal* eine extreme These am Beginn des schriftstellerischen Werkes: der ‚natürliche' Anspruch ist nur zu verwirklichen, wenn die Ansprüche der Gesellschaft (der anderen zunächst, dann auch jeder Ordnung) brutal ignoriert werden.

2.4. *Glücksanspruch statt Menschheitsbeglückung*

Dabei handelt es sich jedoch nicht um eine bewußte oder auch nur folgerichtige Widerlegung. Brecht hat später, ausdrücklich mit Bezug auf *Baal,* auf sein Projekt ‚Reisen des Glücksgotts' hingewiesen, mit dem er zeigen wollte, daß es „unmöglich (ist), das Glücksverlangen der Menschen ganz zu töten" (17, 948). Das ist ein weiterer Gesichtspunkt, von dem aus *Baal* das spätere Gesamtwerk programmatisch ankündigt. Es stellt sich die Frage, wie sich das individuelle Glücksverlangen mit den von Baal aufgehobenen Rechten seiner Mitmenschen vereinbaren läßt. Hier liegt zunächst einmal nur der totale Anspruch vor, der die Gesellschaft negiert.

Dabei ist Baal, wie so viele der späteren Brechtschen Gestalten, ein Überlebenskünstler. Er kann sich behaupten, weil ihm alles ‚schmeckt', was er sich antun lassen muß, selbst der Speichel der Holzfäller, die den Sterbenden bespucken (Ba 147f.). In der Auseinandersetzung mit dem Gefängnisgeistlichen bei der endgültigen, von Baal bedingungslos akzeptierten Verstoßung aus der Gesellschaft (eine Schlüsselszene des Dramas), sieht er seine Selbstbehauptung als Passion, wenn auch als eine siegreiche: „Wer hat mehr gelitten als ich um ein bißchen Freude. Ich habe immer aus Eigenem drauf gezahlt, bekam nie etwas geschenkt." (Ba 119) Der Geistliche, der die Rechte der Gesellschaft bezeichnenderweise im Namen der Religion geltend macht, scheitert an Baals Bekenntnis zur ‚Einsamkeit', an seiner Gefräßigkeit („Mich interessiert alles, soweit ich es fressen kann." [Ba 118]). Dabei zeigt sich, daß das totale Individuum als bloße Natur das Moment der Unbestimmtheit enthält, das dem Persönlichkeitsbegriff gegenläufig ist: „Ihre Seele ist wie Wasser, das jede Form annimmt und jede Form ausfüllt." (Ba 119) Das kennzeichnet die Glücksmöglichkeiten des Überlebenskünstlers. Aus der Sicht der Gesellschaft sinkt er immer tiefer (Ba 107): in Wahrheit folgt er dem Gesetz seiner Schwerkraft, sucht die rein vegetative Existenz (Winterschlaf!).

Was Baal als Genußmöglichkeiten der Natur bestimmt, sind materielle Freuden: Fressen, Saufen, Liebe und Kampf. Nicht von ungefähr sind das aber die gleichen Bedürfnisse, die Brecht später in der Freizeit-Utopie *Mahagonny* als extrem vergesellschaftete – durch Kontakte geregelte – Ansprüche kennzeichnet (2, 532 – vgl. AB IV). Die naive Auffassung, daß Genüsse nur von Appetit und Durchsetzungsvermögen abhängen, ist durch ihre Überführung in die Warenform abgelöst: der einzelne ‚darf‘, wofür er bezahlen kann, nicht wessen er bedarf. Baal unterscheidet sich von den Holzfällern von Alaska durch seine lyrische Produktion, die aber nicht gesellschaftliche Arbeit ist (auch wenn er gelegentlich daran denkt, Gedichte zu verkaufen), sondern unmittelbarer Ausdruck des starken Lebens, Äußerung von Glück und Glücksverlangen. Wenn seine Appetite auch tierhaft sind, so ist sein Bedürfnis nach Artikulation menschlich, zumindest ins Soziale weisend.

Was Baal als Glück beansprucht, ist zugleich die Aufhebung des expressionistischen Konzepts einer Menschheitsbeglückung: in diesem Vorgang einer Entideologisierung, die vom Programm zum Problem führt, erweist sich abermals die antiexpressionistische Tendenz als ein bestimmender Ausgangspunkt für das Werk des Stückeschreibers.

Für die Struktur des Stückes ist das Schema des Lebenslaufs bestimmend. Im ‚Choral‘ wird es als lyrische Reihe von Erlebnisformen antizipiert, die in den Kreislauf des natürlichen Werdens und Vergehens eingefügt und dadurch relativ bestimmt werden. Bei der dramatischen Ausgestaltung entsteht eine Art Stationendrama, das durch gesellschaftliche Räume (Soirée, Gefängniszelle), Baals Kammer (Schauplatz der sexuellen Ausschweifungen), Schenken (zugleich neutraler Ort und Refugium des Alkoholikers), Natur und Landschaft (Erlebnisraum starker Gefühle und lyrischer Selbstaussprache) gekennzeichnet ist. Die Szenen sind selbständig und in ihrer Reihenfolge nicht genau festgelegt. Eine gewisse Folge ist durch den sozialen Abstieg gegeben, der aber aus Baals Sicht kontinuierliche Selbstbefreiung ist. Die offene Form ist jedoch eher lyrisch als episch, da das Gegenspiel mehr Anlaß zur Artikulation als bedingende Fessel ist, also die Selbstverwirklichung nicht einschränkt. Brecht stellt somit in einem Kraftakt das große Individuum wieder her, nicht jedoch das Drama, das durch die Unmöglichkeit individuellen Handelns in die Krise geraten war: Baal hat keinen Gegenspieler, sondern einen Spielraum zerstörerischen Sichauslebens, er negiert sogar die verdinglichenden Zwänge der Gesellschaft als einer Gegenwelt, so daß allenfalls eine Form epischen Theaters, nicht aber dessen Konfliktform entsteht. Wenn das monologische und monomane Lebensgefühl zur Artikulation drängt, so korrespondiert dem großen Individuum die lyrische Aussage. Bezeichnenderweise – auch das wird zur Konstante des Werks – hat Brecht das Stück von Anfang an als Komödie verstanden (B 37, 44), wie er denn schon früh erklärte: „Es ist schimpflich, Tragödien zu schreiben." (Tb 70)

Die dezidierte Wendung gegen den Expressionismus, ein rein immanentes, jede Transzendenz leugnendes Glücksverlangen und die Verwirklichung der Individualität in der Aufhebung der Gesellschaft zur Natur kennzeichnen also den Beginn von Brechts dramatischem Werk. *Baal* ist insofern schon mehr als ein Erstlingswerk: er ist die Exposition einer dramatischen Auseinandersetzung mit der Wirklichkeit.

3. ‚Trommeln in der Nacht': Das Drama des beschädigten Individuums

3.1. Grundlageninformationen

Materialien

– Protokolle von Gesprächen über *Trommeln in der Nacht* (T 2, 272–293). [Aufzeichnungen über Gespräche, die Brecht, Piscator und Sternberg zwischen dem 18. und 24. November 1928 im Zusammenhang mit einer geplanten, aber nicht realisierten Aufführung des Stücks auf der Piscator-Bühne führten. Auseinandersetzungen über die Darstellung der Revolution und über Kragler als Individuum und als Typ.]

20 Feilchenfeldt, Konrad: Bertolt Brecht. *Trommeln in der Nacht*. Materialien, Abbildungen, Kommentar. München 1976. [Enthält Materialien zur Textkritik, zur Uraufführung in München und zur Berliner Erstaufführung 1922, einen pedantischen Einzelkommentar. Undiskutable Interpretation des Stücks als expressionistisches Wandlungs- und Heimkehrerdrama. Für F. ist Brechts Dramatik Selbstdarstellung.]

Forschungsliteratur

21 Kaufmann, Hans: Drama der Revolution und des Individualismus. Brechts Drama *Trommeln in der Nacht*. In: Weimarer Beiträge 7/1961, S. 316–331. [Aus Verachtung für den Idealismus der Weltverbesserer suche Brecht die Desillusionierung um jeden Preis. Der revolutionsfeindliche ‚Realismus' der individualistischen Lösung sei widersprüchlich. K. entdeckt das volkspoetische Motiv des Wiedergängers in Brechts Stück.]

22 Lehnert, Herbert: Die Fragwürdigkeit geistiger Politik. Brechts *Trommeln in der Nacht* und Tollers *Hinkemann*. In: Akten des 6. Internationalen Germanisten-Kongresses 4, S. 104–111.

23 Stern, Guy: *Trommeln in der Nacht* als literarische Satire. In: Monatshefte (Wisconsin) 61/1969, S. 241–259.

24 Bathrick, David: ‚Anschauungsmaterial' for Marx. Brecht Returns to *Trommeln in der Nacht*. In: Brecht heute (L 309) 2/1972, S. 136–148. [Untersucht die verschiedenen Formen der Historisierung des Stücks in den Gesprächen von 1928 (s. o.) und in der letzten Fassung von 1953.]

– Giese (L⁺ 354). [Im Rahmen seiner Analyse der Brechtschen Komödienform schlägt G. eine Lesart des Stücks als allegorische Gestaltung der deutschen Revolution vor (S. 67).]

25 Bathrick, David: The dialectic and the early Brecht. An interpretative study of *Trommeln in der Nacht*. Stuttgart 1975. [Methodisch interessante Untersuchung von Thematik und Sprache des Stücks als materialistische Verweigerung der romantischen Idealismen der Zeit. Die späteren Interpretationen und Veränderungen Brechts erscheinen als Verkürzung der ursprünglichen komplexen Darstellungsintention.]

– Knopf in: Hinderer (L⁺ 322).

3.2. Widersprüche und Antithesen

Mit seinem zweiten Drama *Trommeln in der Nacht* (im Entwurf ,Sparta-
kus') war Brecht sein Leben lang – aus sehr unterschiedlichen Gründen –
unzufrieden, obwohl es ihm den gewünschten Erfolg brachte. Schon früh
notierte er: „,Trommeln' [entstand], um Geld zu machen (es ist danach)." (Tb 207, vgl. a. 17, 963) Brecht hat sich, im Unterschied zu allen
anderen Stücken seines Frühwerks, auf einen Stoff der zeitgenössischen
Wirklichkeit eingelassen und die Novemberrevolution von 1918 zwar
nicht als Gegenstand, aber als Kontext der dramatischen Handlung gewählt. Aus seiner späteren Sicht ist das eine verfrühte Entscheidung für
einen politischen Stoff. Angepaßt an den Geschmack des zahlenden Publikums (17, 963 ff.) erscheint er als Moment in einer Liebesgeschichte,
also in genau jener Form der Mann/Frau- und Frau/Mann-Dramatik, zu
der nach Sternbergs Ansicht das bürgerliche Drama als zu einer
Schwundform des Individualdramas verkommen war. In den ,Protokol-
len von Gesprächen über *Trommeln in der Nacht*' (T 2, 272 ff.) ist denn
auch immer wieder von ,Privatschicksal', ,Individualfall', ,Einzelfall eines Individualdramas' die Rede. War also im *Baal* das Individuum auf
Kosten der Wirklichkeit monumentalisiert worden, so regeneriert sich im
Zusammenhang mit einem annähernd ernstzunehmenden zeitgeschichtlichen Wirklichkeitskontext die traditionelle, schon seit langem krisenhafte Form dramatischer Individualität. Dabei sind aber Einschränkungen
in bezug auf den Stoff, die Auseinandersetzung mit der zeitgenössischen
Dramatik und das dramatische Genre zu beachten.

In der Forschung ist Hans Kaufmanns Hinweis auf das volkspoetische
Motiv des Wiedergängers (L⁺ 21) unbeachtet geblieben. In der Tat wird
Kragler aber leitmotivisch als ,Gespenst', als ,Leichnam', als ohne Gesicht aus dem Leben Verschiedener verstanden, der als solcher seine
Rechte auf die ihm einst versprochene Frau geltend macht und gegen den
Willen derer durchsetzt, die sich mit seinem Tod bereits arrangiert haben: der gefallene Soldat kehrt als Gespenst wieder und macht Hochzeit
(wie in Bürgers ,Lenore'). Als Frontsoldat, dessen Rückkehr uner-
wünscht ist, weil sein Tod zum Kalkül der Kriegsgewinnler gehört, wird
er von Kaufmann zu Recht als zeitgemäße Form des Wiedergängers gedeutet. Er ist damit aber zugleich einer jener Überlebens-Künstler, die für
Brechts Individuumsbegriff bestimmend sind. Freilich bedeutet das nicht,
daß im Sinne Kaufmanns die Revolution zum Jüngsten Tag, zum gedeu-
teten Traum der Volkspoesie würde, denn sie ist hier noch frei von jedem
utopischen Element. Wohl aber wird man schließen dürfen, daß der
Wirklichkeitskontext durch eine balladeske Behandlung des Stoffes lite-
rarisiert wird: Brecht hat den Lyrismus eingestanden (T 2, 280).

Für das Verständnis der Revolution ist wiederum der antiexpressionistische Affekt bestimmend – Brecht über sich selbst: „Szenen, die Toller macht, schätzt er nicht." (T 2, 284) Die „Oh-Mensch-Dramatik dieser Zeit mit ihren unrealistischen Scheinlösungen" (17, 945) forderte seinen Widerspruchsgeist heraus: die „Abneigung gegen die Ideologen, die uns vorlogen, die Menschen seien bereit, für Ideen, die mit ihren Interessen nichts zu tun haben, ja ihnen widersprechen können, zu sterben" (17, 959), führt zu einer demonstrativen und provokativen Stellungnahme gegen die historische Revolution im Zeichen eines ‚realistisch‘ gemeinten Pragmatismus. Babusch karikiert das expressionistische Revolutionsverständnis: „Sie fetzen Zeitungen in die Regenlachen, schreien Maschinengewehre an, schießen sich ins Ohr, meinen, sie machen eine neue Welt." (1, 116) Davon distanziert sich Kragler: „Mein Fleisch soll im Rinnstein verwesen, daß eure Idee in den Himmel kommt? Seid ihr besoffen?" (1, 122 f.) Brecht kannte die Münchner Räterepublik, die Revolution der Literaten, aus eigener Anschauung: Der Realismus seines ‚schäbigen‘ Protagonisten ist also von Erfahrungen der Wirklichkeit bestimmt. Es ist deshalb unzutreffend, wenn Voigts behauptet (L⁺ 454, 58), Brecht habe das ‚Romantische‘ der Revolution erst geschaffen, um es poetisch zu verarbeiten: er hat es im Expressionismus literarisch und teilweise auch politisch vorgefunden. Die späteren Aussagen des Stückeschreibers über das mit wachsender politischer Einsicht immer peinlichere Stück sind zwar mit großer Vorsicht zur Interpretation heranzuziehen: die Wendung gegen den Expressionismus ist in ihnen aber richtig bezeichnet. Sie führt zu einer ins Balladeske aufgehobenen Wiederkehr des traditionellen Individualdramas.

Dabei ist freilich zu beachten, daß Brecht den an sich pathetischen Stoff von vornherein zur Komödie gestalten wollte, auch wenn sich die tragische Variante anbot (Tb 24) und selbst beim Verzicht auf „Anläufe in die kühleren Höhen der Kunst" (Tb 24) nicht ohne weiteres zu vermeiden war. Bei der Arbeit erwies sich der vierte Akt, Kraglers halbherzige Entscheidung für den revolutionären Kampf und deren Widerrufung, als eine Klippe, die zu den tiefsten Selbstzweifeln Anlaß gab (s. Tb 56, 59). Die Schwierigkeiten ergaben sich aus dem bewußten Verzicht auf das übliche idealistische Konzept der Individualität in ihrer Einstellung zu Liebe und Gesellschaft:

> Und der starke, gesunde, untragische Ausgang, den das Stück von Anfang an gehabt hat, wegen dem es geschrieben ist, ist doch der einzige Ausgang, alles andere ist ein Ausweg, ein schwächliches Zusammenwerfen, Kapitulation vor der Romantik. Hier kehrt ein Mensch auf der scheinbaren Höhe des Gefühls plötzlich um, er schmeißt die ganze Pathetik zum alten Eisen, läßt sich von seinen Bewunderern und Jüngern am Arsch lecken und geht mit der Frau heim, wegen der er das ganze tödliche Tohuwabohu gemacht hat. Das Bett als Schlußbild. Was Idee, was Pflicht! (Tb 47)

3.3. Die Sachlichkeit der sozialen Determinationen

Im Zusammenhang des Frühwerks stellt *Trommeln in der Nacht* insofern einen Sonderfall dar, als das Problem der Individualität nicht thematisch wird (wie es in der Konsequenz der Monumentalität und Widersprüchlichkeit Baals liegt), sondern durch die Prägnanz der Handlungs- und Verhaltensweisen der Figuren überspielt ist. Obwohl die Revolution nicht Gegenstand, sondern Kontext der Vorgänge ist, entsteht doch „ein Abbild der ersten deutschen Revolution" (17, 966). Das beruht vor allem darauf, daß die Verhaltensweisen der Personen konsequent sozial determiniert sind.

Die Balickes sind Kriegsgewinnler, die mit der Umstellung der Produktion von Geschoßkörben auf Kinderwagen die Kontinuität ihrer Profite gesichert haben. Die veränderte gesellschaftliche Lage ermöglicht und fordert zugleich die Ersetzung des ‚Helden‘ Kragler durch den Geschäftsmann Murk, der auf der Höhe einer Zeit ist, die für Kragler fremd geworden ist (sinnbildlich dafür ist die exotische Ferne: Afrika). Auch Anna hat gelernt, zwischen ihrer ‚geistigen‘ Liebe und ihren sinnlichen Bedürfnissen zu unterscheiden. Es bedarf nicht einmal mehr des Hinweises ihres Vaters, ein Mann sei wie der andere (*Mann ist Mann!*), um sie zu ihren Interessen zu bekehren. In typisch komödienhafter Manier ist das Töchterchen selbst den vulgären Anspielungen des Vaters voraus: sie ist bereits schwanger. Und sie kennt ihren Wert, wenn sie Murk darauf hinweist, daß er um eine Korbfabrik anhält (1, 75).

Kragler wiederum ist Kriegsheimkehrer: er war der Einsatz in einem Spiel, das die Daheimgebliebenen gewonnen haben. Er selbst ist aber dadurch wertlos geworden. Obwohl er die Verhältnisse nach vierjähriger Abwesenheit völlig verändert vorfindet, besteht er auf seinen alten Rechten. Daß er bei den Balickes überhaupt Gehör ertrotzen kann, verdankt er den revolutionären Unruhen, die der kleinbürgerliche Geschäftsmann zwar nicht überschätzt („Höchstens noch ein paar Wochen Bürgerkrieg, dann Schluß!" [1, 77]), die er aber durch ein energischeres Eingreifen der Regierung beendet wünscht. Die Frontsoldaten werden von den saturierten Bürgern als eine Gefahr verstanden, ihre Ansprüche gefährden eine Rechnung, in der sie nicht mehr als Faktor vorgesehen sind. Balicke versteht die Revolution realistisch als einen Verteilungskampf, und er sieht deshalb in den Soldaten von vornherein potentielle Revolutionäre, weil die Heimat ihnen ihre alten Rechte und Ansprüche verweigern muß, um die durch den Krieg entstandenen Besitzverhältnisse zu bewahren. Ihre Rückkehr bringt ein gefährliches Moment der Anarchie in die gewünschte Ordnung. Die Revolution erscheint deshalb primär im Bewußtsein der Besitzenden als eine Gefahr.

Kraglers Bewußtsein ist demgegenüber naiv kleinbürgerlich: er beansprucht lediglich seine alten Rechte. So ist es konsequent Balicke, der den ‚Habenichts‘ in Verbindung mit dem Aufstand bringt: „Spartakus! Ihre Freunde, Herr Andreas Kragler! Ihre dunklen Kumpane! Ihre Genossen, die in den Zeitungsvierteln brüllen und nach Mord und Brand riechen. Vieh! [...] Ihr müßt ausgetilgt werden." (1, 97) Kragler ist jedoch kein Revolutionär, er wird erst von den Kleinbürgern in die Revolution abgedrängt, indem man ihm die Braut verweigert, die durch den Besitz ihrer Eltern zu einer Ware geworden ist. Er akzeptiert die Rolle halbherzig aus privater und gesellschaftlicher Enttäuschung: „Vielleicht können sie uns dort [in den Zeitungsvierteln] brauchen." (1, 102) Er handelt also nicht aus politischer Überzeugung, sondern aus fatalistischer Resignation. Er ist fremdbestimmt, folgt einer Unterstellung der Bürger, die ihm ein folgerichtiges Handlungsmuster zuweisen. Als Enttäuschter schließt er sich Enttäuschten an: Dirnen, Kellnern, einem Schnapshändler.

Die halbherzige Motivation ermöglicht die rasche Umkehr. Sie erfolgt zu dem Zeitpunkt, als das Eingreifen der Artillerie die Niederlage der Aufständischen ankündigt. Anna, die (aus romantischem Mitleid!) zusammen mit dem Journalisten Babusch Kragler gefolgt ist, um sich zu rechtfertigen und ihn von der veränderten Sachlage (ihrer Schwangerschaft) zu unterrichten, verhindert, daß er rechtzeitig zum Schauplatz der Ereignisse kommt. Er erkennt, daß er schon in Afrika seine Menschenwürde verloren hat, zum ‚Schwein‘ herabgesunken ist (1, 118): jetzt ist er nicht mehr zu beleidigen, wenn ihn die Dirne wegen seines Rückzugs aus den Kämpfen als Schwein beschimpft – ebenso wie die zur Hure gewordene Braut: „Schwein auch du!" (1, 121) Hatte Anna sich am Beginn des 5. Aktes noch geweigert, heimzugehen (1, 116), so gehen jetzt beide, einander ebenbürtig, heim. Der Verzicht auf die Romantik der Liebe zerstört zugleich die Romantik der Revolution: sie ist keine „rein geistige, ethische Erhebung" (17, 958), sondern Reaktion des enttäuschten Kleinbürgers auf die gesellschaftliche Verweigerung seines überkommenen Status.

Im Sinne des herkömmlichen idealistischen (‚romantischen‘) Persönlichkeitsverständnisses sind Anna und Kragler beschädigte Individuen: Anna für Kragler durch ihre Schwangerschaft, Kragler für Anna durch den Verlust seines ‚Gesichts‘. Sie gewinnen Stärke und Lebensmöglichkeit, indem sie sich auf diese Realität einstellen. Gegenstand des Stücks ist der Verzicht auf die zunächst noch verbindliche Romantik. Das begründet eine Form der Individualität, die sich sachlich mit den Gegebenheiten einrichtet, die mit den gesellschaftlich bedingten Entstellungen zu leben vermag. Eine solche Haltung erweist sich in der Komödienkonstellation und bezogen auf das pseudorevolutionäre expressionistische Pathos als Stärke. Das bedeutet aber, daß das Individualdrama sich auf Kosten der verworfenen ideologischen Konzepte wiederherstellt, die ähnlich wie im *Baal* als lebensfeindlich zurückgewiesen werden. Kragler findet auf ganz eigene Weise zu der auch von Balicke gepriesenen Sachlichkeit. Der Preis ist der Abschied von Illusionen, die als Werte propagiert und teilweise auch geglaubt worden waren: Liebe und Kampf für eine bessere Welt. Dem Individuum ist seine Beschädigung jetzt nur noch äußerlich. Mit dem Verzicht auf lebensschwächende Werthaltungen wird zugleich die gesellschaftlich bedingte Selbstentfremdung verdrängt: es entsteht der falsche Schein, daß ein sachliches Sicheinstellen auf gegebene Verhältnisse das handlungsfähige, autonome Subjekt wiederherstellt.

3.4. Das Bild der Revolution

In der Einschätzung der Revolution ist die Perspektive des Stücks nicht weiter als die der Kleinbürger: Sie erscheint als ferne, ein wenig unwirkliche Revolte der Zukurzgekommenen und allenfalls weltfremder Idealisten. Brecht hat dazu selbstkritisch angemerkt: „Die Revolution, die als Milieu dienen mußte, interessierte mich nicht mehr, als der Vesuv einen Mann interessiert, der darauf seinen Suppentopf stellen will." (17, 965) Sie bestimmt nur das Bewußtsein der kleinbürgerlichen Kriegsgewinnler, die sich in ihrem Besitz bedroht fühlen und die Infragestellung der Ordnung, in der sie sich eingerichtet haben, als ‚Weltuntergang' (1, 85) fürchten. Der Grund dieser Furcht wird irrationalistisch zur Unnatur mystifiziert: leitmotivisch wird der rote Mond in Verbindung mit Spartakus zum Symbol der dumpfen Ängste. Balicke leugnet zunächst die Existenz von Spartakus (1, 78), gibt dann zu, daß man mit ihm rechnen muß (1, 90), und wird in seiner vulgär-brutalen Selbstsicherheit verunsichert, solange die Lage ‚unentschieden' ist. Nur die Furcht der Kleinbürger vor der Revolution verschafft Kragler einen vorläufigen Handlungsspielraum: als Widersacher der Balickes findet er den Weg, den ihre Ängste ihm weisen, schließt er sich der Revolution an. Der Kampf erscheint vorübergehend als Alternative zum Selbstmord als Erfüllung des Vernichtungswillens der Bürger, die den Tod des ‚Helden' wünschen (1, 92), ihn nur noch als Gespenst sehen. Kragler ist einer von denen, auf die die ‚zu wenigen' in den Zeitungsvierteln warten, um den Kampf erfolgreich führen zu können. Er ist ‚unterwegs', aber er kommt nicht an: und als der Kampf entschieden ist, sind der ‚Bourgeois und seine Hure' (1, 119) sich schon wieder einig.

1938 hat Brecht *Trommeln in der Nacht* als ein „fünfaktiges Stück mit einer Mittelpunktsfigur, einem Plot ältester Art (dem Enoch-Arden-Motiv) und einem aktuellen Milieu" bezeichnet (Tb 225). Die Revolution ist zeitgeschichtlicher Kontext eines Individualdramas, aber es zeigt sich doch auch schon, daß und inwiefern sie scheitern mußte, wenn sie auf die Kraglers angewiesen war. Das Stück ist aber nicht von den Vorgängen, sondern von den Figuren her konzipiert. Insofern war es nicht mehr als eine Retusche, wenn Brecht 1953 die Gegenseite verstärkte, indem er dem Schankwirt Glubb einen in der Revolution gefallenen Neffen gab, einen wirklichen Revolutionär. Und es ist auch müßig, den Akzent von der Revolution auf das Problem der heimkehrenden Soldaten und ihre Reintegration in die Gesellschaft verlegen zu wollen (Feilchenfeldt, L$^+$ 20) oder eine allegorische Deutung zu versuchen, wonach die Sozialdemokratie sich mit der beschädigten, von den restaurativen Kräften geschwängerten Braut Deutschland abgefunden habe, statt ihre Ziele in der Revolution durchzukämpfen (Giese, L$^+$ 354). Die auf das Individuum orientierte Konzeption verhindert, daß die Zeitgeschichte wirklich thematisch werden konnte. Die Sympathie des Stückeschreibers für den kleinen Realisten Kragler ist in dieser Konstellation kein Versehen. Sie ergibt sich einerseits aus dem Einverständnis mit der aufgehobenen Romantik, ist aber zugleich die notwendige Folge einer relativierten Bedeutsamkeit der Zeitgeschichte im Protagonistendrama.

3.5. Die Aufhebung der Illusionen

Zugleich ist es richtig, wenn Brecht in einem Brief an Herbert Ihering vom Oktober 1928 den ,Zeitpunkt des Erscheinens' von *Trommeln in der Nacht* als den ,Beginn einer neueren Ära' versteht (B 146). Neu und zukunftweisend ist vor allem die Aufhebung der Bühnenillusion. Sie hängt eng mit dem Desillusionierungsprozeß der Protagonisten zusammen. Tatsächlich gibt es von Anfang an die beiden Ebenen der Sachlichkeit und der Romantik. Der gewöhnliche und vulgäre Pragmatismus Balickes wird als solcher erst wirklich prägnant, weil er sich gegen eine verlogene Selbststilisierung wendet. Darin sind aber die Gemeinplätze der bürgerlichen Lebenslügen noch aufgehoben. So spielt Anna ihren Eltern die Rolle unwandelbarer Treue zu ihrem vermißten Verlobten vor, während sie längst mit Murk schläft. Ihre Selbstdarstellung ist also Komödie, die von Balickes ordinären Anzüglichkeiten so massiv eingeholt wird, daß auch die Selbstbeschwichtigungen (Unterscheidung von ,geistiger' Liebe und sinnlicher Hingabe) sich als lügenhaft erweisen, lange bevor ihr hurenhaftes Verhalten im 5. Akt öffentlich ausgestellt werden kann. In entsprechender Weise sind die Verhaltensmuster durchgängig von Klischees überformt: Sie ergeben sich aus den falschen Projektionen des Bewußtseins, das sich von überholten Normierungen leiten läßt. Das wird aber bereits im Spiel durchschaut. So empfinden die Protagonisten das Verhalten ihrer Gegenspieler als romanhaft, theatralisch, opernhaft. Es ist vor allem der Realist Balicke, der den Widerspruch gegen ,seine' Ordnung der Dinge als ,Affenkomödie' (1, 101), als ,Oper' (1, 94) und als ,Roman' (1, 101) empfindet. Schon stückimmanent erscheinen also

,romantische' Verhaltensweisen als nicht wirklichkeitsgerecht, werden
ideologische Muster zu Fiktionen aufgehoben. Das führt dann am Schluß
zu einer Aufhebung der Bühnenillusion unmittelbar nach Kraglers
Absage an das idealistische Revolutionspathos:

> Es ist gewöhnliches Theater. Es sind Bretter und ein Papiermond und dahinter
> die Fleischbank, die allein ist leibhaftig. [...] Der halbe Spartakus oder Die Macht
> der Liebe. Das Blutbad im Zeitungsviertel oder Jeder Mann ist der beste Mann in
> seiner Haut. [...] Ich bin ein Schwein, und das Schwein geht heim. [...] Glotzt
> nicht so romantisch! Ihr Wucherer! *Trommelt.* Ihr Halsabschneider! *Aus vollem
> Halse lachend, fast erstickend: Ihr blutdürstigen Feiglinge, ihr! Sein Gelächter
> bleibt stecken im Hals, er kann nicht mehr, er torkelt herum, schmeißt die Trom-
> mel nach dem Mond, der ein Lampion war, und die Trommel und der Mond
> fallen in den Fluß, der kein Wasser hat.* Besoffenheit und Kinderei. Jetzt kommt
> das Bett, das große, weiße, breite Bett, komm! (1, 123)

Dieser Hinweis auf die Scheinwirklichkeit des Theaters, auf den Spiel-
charakter der Vorgänge, ist aber noch Teil der gespielten Vorgänge, liegt
nicht jenseits der Bühnenhandlung, sondern in ihr selbst, ist ein Moment
der Szene, die sich zum Publikum öffnet. Die Zuschauer werden provoziert: Unter ihnen vermutet Brecht jene Typen, die auf der Bühne agieren
– Wucherer, Halsabschneider, blutdürstige Feiglinge. Sie sollten nichts
zu lachen haben, wenn ihresgleichen auf der Bühne agierte. Und sie
sollten sich vor allem nicht in die romantischen Illusionen ihres ideologischen Selbstverständnisses flüchten können. Brechts Provokation richtet
sich deshalb gegen das Revolutionspathos der Erfolgsstücke und zugleich
gegen dessen Rezeption. Diese Stücke verdankten ihren Erfolg einem
Publikum, das sich im Theater mit Konzepten identifizierte, die es zugleich in der Wirklichkeit bekämpfte. Die Aufhebung der beschönigen-
den Selbstinszenierungen zur gemeinen Realität im Stück findet also ihre
Fortsetzung in der Aufhebung der romantischen Identifizierungsmuster
der Zuschauer im Theater. Brecht bekämpft schon das reaktionäre Element der Bühnenillusion, als er noch nicht an Gesellschaftskritik im
strengen Sinne denkt, sondern sich noch mit der Frechheit einer lyrisch
bestimmten Provokation begnügt. Es sollte sich allerdings zeigen, daß
der Appetit des Publikums ausreichte, um selbst solche Provokation kuli-
narisch zu konsumieren: *Trommeln in der Nacht* wurde zum Erfolgs-
stück.

In einer ,Glosse für die Bühne' (1, 70) verwies Brecht auf Caspar
Nehers szenisches Arrangement für die Münchner Uraufführung, das
nicht die Illusion eines wirklichen Raumes vortäuschte, sondern hinter
nur andeutenden Kulissen eine kindlich gemalte Stadt skizzierte. Zu diesem Arrangement gehörte es auch, daß jeweils einige Sekunden vor Kraglers Auftritten der Kulissenmond rot aufleuchtete und die Angst der
Kleinbürger vor dem vermeintlichen Revolutionär signalisierte. Im Zu-

schauerraum hingen Tafeln mit der Aufschrift ‚Glotzt nicht so romantisch'. Solche Illusionsdurchbrechungen sind ein erster Vorgriff auf die
Verfremdungstechnik, wie denn auch in den räsonierenden Überschriften
der einzelnen Akte Verfahrensweisen des epischen Theaters sich andeuten. In solchen Momenten weist das Individualdrama über sich hinaus:
immerhin wußte Brecht ja, daß „das deutsche Drama unter(geht)" (Tb
68).

4. ‚Im Dickicht (der Städte)': Drama der Selbstentfremdung

4.1. Grundlageninformationen

Materialien
- Bahr (L 230), (abgekürzt zitiert als: D). [Enthält die Erstfassung von 1922
  (Textgrundlage für die Münchner Uraufführung von 1923 und die Berliner
  Aufführung von 1924) als Erstveröffentlichung. Ferner eine Zusammenstellung von Varianten, Entwürfen, Anmerkungen und Notizen Brechts sowie
  einen Überblick über die literarischen Vorlagen. Für eine Beschäftigung mit
  dem Stück unverzichtbar.]

Forschungsliteratur
- Heidsieck (L⁺ 368).
- Rosenbauer (L⁺ 426).
- Seliger (L⁺ 442).
- Bahr in: Hinderer (L⁺ 322).

4.2. ‚Mythologie' der Großstadt

Mit seinem Stück *Im Dickicht* (1922 – erst die Zweitfassung von 1927
erhält den Titel *Im Dickicht der Städte*) – setzt Brecht den Versuch einer
Neubegründung der Dramatik unter Verzicht auf die krisenhaft gewordenen traditionellen Konzepte fort. Ausdrücklich verwirft er die Belang-
losigkeiten der sog. neuen Literatur in der Thematik Ibsens oder Gerhart
Hauptmanns: „etwa die Behauptung, der Mann solle die Frau nicht als
Puppe behandeln, oder: heiraten sei gefährlich, oder: ein Fuhrmann sei
im Grund etwas ebenso Tragisches wie ein höhergestellter Mensch" (D
140). Er selbst setzt sehr viel grundsätzlicher an, nicht beim Einzelfall,
sondern bei dessen Voraussetzungen. Im *Dickicht* geht es, wie schon im
Baal, um die Möglichkeit individueller Selbstbehauptung, wobei jetzt
jedoch statt des Wirklichkeitsverschleißes des totalen Individuums Baal
die vernichtenden Zwänge der Wirklichkeit thematisch werden. Brecht
rühmt sich

> der epochalen Entdeckung, daß eigentlich noch kein Mensch die große Stadt als
> Dschungel beschrieben hat. Wo sind ihre Helden, ihre Kolonisatoren, ihre Opfer?

Die Feindseligkeit der großen Stadt, ihre bösartige, steinerne Konsistenz, ihre babylonische Sprachverwirrung, kurz: ihre Poesie ist noch nicht geschaffen. (D 138)

Das trifft zwar für das Motiv selbst nicht zu, denn zu den wichtigen Anregungen gehört Upton Sinclairs Roman *Der Dschungel* (1906) (zu den weiteren Anregungen vgl. Knopf, L^+ 294 und Bahr, L^+ 230), aber es ist wichtig, daß die Stadt als der repräsentative Lebensbereich der Moderne dargestellt wird. Das ist ausdrücklich die Intention, denn war *Baal* „der Gesang der Landschaft, der Schwanengesang", so wird im *Dickicht* mit der Stadt „eine Mythologie aufgeschnuppert" (Tb 176). Das bedeutet zugleich, daß die Individualität und ihre Interaktionsformen als bedingt erscheinen, daß die im *Baal* noch geleugneten, in der ‚Natur' aufgehobenen Verdinglichungszwänge sichtbar werden. Es kann also keine Rede davon sein, daß das *Dickicht* im Gesamtschaffen Brechts eine Krise bezeichnet (Mennemeier, L^+ 409), und auch die These, daß sich in diesem Stück Konzepte des absurden Theaters vorbereiten (Heidsieck [L^+ 368], Mennemeier [L^+ 409], Voigts [L^+ 454] u. a.), bezeichnet eher die Verlegenheit der Forschung gegenüber diesem schwierigen Stück als einen literaturgeschichtlichen Befund. Der Stückeschreiber hat diese Verlegenheit, die auch die Rezeption des Publikums und der Kritik bestimmte, durch eine scheinbar rein phänomenale Darstellungsweise bewußt provoziert. Im Programmzettel zur Erstfassung spricht er von einer ‚lükkenhaften' Rekonstruktion eines Kriminalfalls, bei der wichtige Momente ‚für immer dunkel' bleiben (D 9), die lediglich „bestimmte Minuten *der Menschheitsgeschichte*" in „einer vielleicht zu *romantischen Ausschmückung*" zu rekonstruieren versucht (D 9 f.). In der Vorbemerkung zur strafferen und klareren Fassung von 1927 ist dann von einem „unerklärlichen Ringkampf zweier Menschen" die Rede:

> Zerbrechen Sie sich nicht den Kopf über die Motive dieses Kampfes, sondern beteiligen Sie sich an den menschlichen Einsätzen, beurteilen Sie unparteiisch die Kampfform der Gegner und lenken Sie Ihr Interesse auf das Finish. (1, 126)

Die Haltung eines Sportpublikums, die Brecht in seiner neusachlichen Phase fordert, darf jedoch nicht zu dem Eindruck verführen, daß die Vorgänge tatsächlich unmotiviert sind, auch wenn sie sich von der Interaktionsform des Kampfes her nicht in der gewohnten Weise erschließen lassen. Denn der Kampf beruht nicht auf einem Konflikt, folgt nicht aus der Feindschaft der Kämpfenden, sondern ist eine ‚metaphysische Aktion', dient dazu, die ‚Mythologie' der Großstadt Gestalt werden zu lassen. Die Motive liegen nicht im individuellen psychologischen Bereich, aber es gibt, wie zu zeigen ist, eine gesellschaftlich-objektive Motivation.

Es handelt sich um „ein Kampfstück, östlich-westlich, mit einem unterirdischen Austrag, Ort: die Hinterwelt", in den „großen Formen des

Baal" (Tb 146). Als Schauplatz wählt Brecht Chicago, wobei aber zu beachten ist, daß ‚das kalte Chicago‘ in den Tagebüchern als Synonym für Berlin steht (s. Tb 185), also den Inbegriff der Großstadt bezeichnet. Dazu heißt es im Programmheft zur Heidelberger Aufführung:

Meine Wahl des amerikanischen Milieus entspricht nicht, wie oft gemeint wurde, einem Hang zur Romantik. Ich hätte ebensogut Berlin wählen können, aber das Publikum hätte dann nicht gesagt: „Der Mensch handelt eigenartig, auffällig, bemerkenswert", sondern nur: „Ein Berliner, der so handelt, ist eine Ausnahmeerscheinung". Durch einen Hintergrund (eben den amerikanischen), der meinen Typen von Natur entsprach, so daß er sie nicht preisgab, sondern sie deckte, glaubte ich das Augenmerk am leichtesten auf die eigenartige Handlungsweise zeitgemäßer großer Menschentypen lenken zu können. Im deutschen Milieu wären diese Typen romantisch: Sie hätten sich bloß in einem Gegensatz zu ihrer Umgebung befunden, statt im Gegensatz zu einem romantischen Publikum. (D 143)

Es handelt sich also um eine frühe Form der Verfremdung, die in der gleichen Weise wie *Trommeln in der Nacht* die ideologischen Muster der Rezipienten (ihre ‚Romantik‘) unterläuft.

4.3. Die Beschreibung eines Kampfes (Einsätze, Verlauf, Ergebnisse)

Der Kampf beginnt damit, daß der reiche malaiische Holzhändler Shlink den kleinen Angestellten in einer Leihbibliothek Garga dazu zwingt, ‚aus der Haut zu fahren‘. Er besteht darauf, ihm seine Ansicht über ein Buch abzukaufen. Garga, erst vor kurzem mit seiner Familie aus der Savanne in die Großstadt zugewandert, versteht die Forderung zunächst nicht und weigert sich dann standhaft, ihr nachzukommen. Er hat das Prinzip der Großstadt, die universale Verdinglichung aller Beziehungen zu Waren, noch nicht realisiert und besteht auf der Freiheit der Meinung als einem unverzichtbaren Recht der Individualität, die sich nicht ‚prostituieren‘ läßt. Dabei verkennt er schon seine Abhängigkeit als Arbeitnehmer, dessen Entlassung aus seinem Arbeitsverhältnis – Grundlage seiner städtischen Existenz und weitgehend auch der seiner Familie – der Reiche bewirken kann. Die dünnhäutige Selbstachtung führt dazu, daß Shlink ihm den von ihm gewünschten Kampf aufzwingen kann. Die Großstadt ist ein Schlachtfeld, das derjenige beherrscht, der über die notwendigen Mittel – Kapital – verfügt.

Shlink hat sich Garga als Gegner ausgesucht, weil er seine Kämpferqualitäten erkannt hat. Die beruhen auf seiner Selbsteinschätzung als autonomes Individuum. Er ist „immer ohne Maß gewesen" (D 33). Seine Mutter sagt von ihm: „Seit seiner frühesten Kindheit verträgt er es nicht, daß etwas über ihm ist." (1, 145) Obwohl er sie respektiert und liebt, weiß sie: „Ich [darf] dir nichts sagen, wie es andere Mütter machen." (1,

147) Aus dieser Haltung heraus nimmt Garga den Kampf an, ohne nach den Gründen zu fragen. Shlink seinerseits begibt sich seines Vorteils, stellt gleiche Bedingungen her, indem er seinen Holzhandel, seine überlegene materielle Position, aufgibt. Garga, der selbst kein Unrecht erträgt, verschenkt ihn an die Heilsarmee unter der Bedingung, daß der Geistliche auf seine Menschenwürde verzichtet und sich von Shlink anspucken läßt.

Im Sinne des Vorspruchs ist der Holzhandel Shlinks ,Einsatz' für den Kampf, und von hier aus läßt sich eine Motivation der Vorgänge erschließen. Shlink hat seinen Besitz nicht ,ererbt'. Er ist das Ergebnis vierzigjähriger Arbeit, bei der es der einstige Rudersklave auf dem Jangtsekiang dazu gebracht hat, im Sinne der Pionierlegenden des Kapitalismus aus dem tiefsten Elend zu Reichtum und Macht aufzusteigen: „Seine Hand lag dem ganzen Viertel am Hals." (D 47) Mit dem Holzhandel setzt Shlink also die Summe seiner Existenz ein: Er hat „nichts als dies hier" (D 31). Er ist dazu bereit, weil er erfahren hat, daß die Glücksmöglichkeiten, die eine verdinglichte Warenwelt im Besitz verheißt, nicht einlösbar sind: „Jetzt gewöhne ich mich an die Leichtigkeit und alles ist mir zum Überdruß." (D 24) Denn der Preis des materiellen Erfolges ist die totale Selbstentfremdung, in der 2. Fassung konsequent versinnbildlicht im Motiv der harten Haut:

> Die Menschenhaut im natürlichen Zustande ist zu dünn für diese Welt, deshalb sorgt der Mensch dafür, daß sie dicker wird. Die Methode wäre unanfechtbar, wenn man das Wachstum stoppen könnte. (1, 153 f. vgl. schon D 107)

Die Harthäutigkeit führt zur Fühllosigkeit, zu Vereinzelung und Einsamkeit. Der Kampf ist, wie sich später zeigt, das Indiz dafür, daß Shlink seine Selbstentfremdung bewußt wird und daß er an ihr zu leiden beginnt.

Gargas Existenz ist für ihn eine Provokation: Er ist dünnhäutig, kann ,aus der Haut fahren', besteht auf seiner persönlichen Integrität (Eingangsszene). Er entzieht sich den Zwängen der städtischen Arbeitswelt in seiner „Gewohnheit, einige Wochen gleichzeitig zu trinken, zu lieben und zu rauchen. Und das Konversationslexikon durchzublättern" (D 25), er leistet sich die private Utopie eines Traumes von Tahiti. Das alles beruht darauf, daß er noch kein wirklicher Großstadtbewohner, noch nicht an die Zwänge des entfremdeten Daseins angepaßt ist. Er lebt noch in der Familie, der Sozialisationsform der Savanne, auch wenn die in der Großstadt zu zerfallen beginnt: Der arbeitslose Vater ,vertiert' zum von der Familie ausgehaltenen Schmarotzer, die Mutter wird in der Arbeitsfron versklavt, die Schwester steht zwangsläufig ,auf dem Markt' (D 30) (sie muß sich so oder so verkaufen).

Aber das bestimmt noch nicht das Bewußtsein: Während Shlink „nie die Spur eines Herzens (hatte)" (D 47), weiß Garga sich durch sein Herz der Familie gegenüber unfrei (D 35). Die ‚Opferung der Familie' (Szenentitel, D 33) ist der Einsatz, den Shlink ihm unerbittlich abtrotzt. Obwohl Garga insbesondere die Mutter nicht preisgeben will („Ich brauche dich notwendig" [D 37]), wird er in die Vereinzelung gezwungen. Shlink macht die Familie zum Kampffeld, indem er mit der asiatischen Kampfform scheinbarer Passivität Gargas Platz als Ernährer der Familie besetzt, bis der Gegner sich seiner Sozialisation entfremdet hat und indem er Marie, ihre Liebe zu ihm ausnutzend, in die Prostitution treibt, ebenso wie Gargas Verlobte Jane, die als Städtebewohnerin von vornherein käuflich ist. Das Ergebnis ist die „völlige Liquidierung der Familie Garga" (D 137): Die Mutter verschwindet im Dickicht der Stadt, dem Vater ist es gleichgültig, wer ihn aushält, Marie zerbricht an ihrer unmöglichen Liebe und Jane wird von Shlinks Leuten umgebracht, nachdem Garga sie trotz allem geheiratet hat. Dieser Einsatz, der Antagonismus zur städtischen Lebensweise, ist endgültig verloren, während sich der Holzhandel von dem mit allen Wassern gewaschenen Shlink wiederherstellen läßt.

Äußerlich findet der Kampf dann einen überraschenden Verlauf, indem Garga Shlinks passive Kampfesweise übernimmt, an seiner Stelle ins Gefängnis geht und dann den Rassenhaß gegen den Malaien mobilisiert, die Lyncher auf den Plan ruft:

Der andere hat die Moral auf ihn gehetzt. Die niederen Instinkte. Den Neid, das Majoritätsgefühl, die Religiosität, die Geschlechtsangst. Der neue Karl Moor! (D 135)

Brecht hat „mit *Dickicht* die Räuber verbessern" (D 140) wollen: Garga „kann nicht zu den Räubern in die böhmischen Wälder" (D 94), er kann nicht in einer individuellen moralischen Handlung sein Recht erzwingen wollen, er macht sich vielmehr die Gewalttätigkeit des kollektiven Vorurteils zunutze, um den Gegner zu liquidieren. Das Befremdliche des Stücks beruht auf dem Verzicht auf Individualisierung und Psychologisierung der Konflikte im Stile der idealistischen (Schiller) oder naturalistischen (Ibsen, Hauptmann) bürgerlichen Dramatik: „In dieser Welt und in dieser Dramatik findet sich der Philosoph besser zurecht als der Psychologe." (D 141) Mit Nachdruck orientiert Brecht sich auf die Menschen und Zustände der Zeit und des Jahrhunderts im Kontext der „Geschichte der Menschheit" (D 140). Shlink ist in diesem Sinne eine ‚historische Person', die auf den in *Mann ist Mann* dargestellten „Umbau eines Individuums in ein Dividuum" (D 141) vorausweist. Das *Dickicht* gehört also in den Kontext der Brechtschen Auseinandersetzung mit dem Problem der Individualität und ihrer Konsequenzen für die Dramatik.

Der Kampf erweist sich dann auch nach seinem Scheitern, nachdem Garga den lynchwütigen Rassismus auf den Plan gerufen hat, als ein philosophisches Experiment, als eine ‚metaphysische Aktion' (D 92). Shlink hatte versucht, aus der unendlichen Vereinzelung, die die entfremdete Lebensform dem Städtebewohner aufzwingt, herauszugelangen. Er liebt Garga (D 98), hatte auf den Kampf als die im Dickicht der Stadt allein noch vorstellbare Form der Annäherung gesetzt, muß aber erfahren, daß auch der Kampf als Lebensform unmöglich ist, weil er die ‚Vernichtung' als notwendige Konsequenz nach sich zieht: „Die unendliche Einsamkeit der Menschen macht eine Feindschaft zum unerreichbaren Ziel." (D 92) Garga hat das Experiment provoziert, weil er noch nicht von der städtischen Selbstentfremdung gezeichnet war, weil seine ‚unausgetragene Kindheit' in der Savanne (D 97) ihn nicht gesichtslos gemacht hat wie den in vierzig Jahren städtischer Existenz versteinerten Shlink. Aber der Kampf verändert Garga: er wird zum Städtebewohner („Jetzt fülle ich meine Haut aus" [D 93]), er erwirbt eine harte „Krokodilshaut" (D 104), wird einsam und vereinzelt. Er gibt die Tahiti-Utopie auf („Es gibt keine Träume mehr." [D 103]) und stellt sich der Großstadt: „Chicago ist kalt. Ich gehe hinein." (D 100) Am Ende der 2. Fassung geht er konsequent nach New York, in die größere Stadt. Das Ergebnis ist also nicht, wie Shlink gehofft hatte, ein Durchbrechen der Entfremdungszwänge, sondern eine Anpassung des Savannenbewohners an die städtische Lebensweise, ein Lernprozeß, der die Illusion der Selbstbestimmung aufhebt, vermittelt durch die aufgezwungenen Reaktionen.

Das Opfer der Vorgänge ist vor allem Marie: Sie erfährt die Unmöglichkeit der Liebe, wird in die Prostitution gezwungen, hat kein Gesicht mehr (D 81), wird am Ende von den Lynchern und dem von Garga seiner Menschenwürde (seines „reingehaltenen Gesichts" [D 32]) beraubten Geistlichen vergewaltigt (D 103). Ihr Leiden zeigt, mit welchem Preis die harte Haut erkauft ist.

4.4. Die ‚Unzulänglichkeit der Sprache'

Das Problem der Vereinzelung, der Unmöglichkeit jeder zwischenmenschlichen Beziehung bis hin zur Feindschaft, wird in besonders aufschlußreicher Weise als Problem der Sprache entwickelt. Brecht war davon ausgegangen, daß in der ‚babylonischen Sprachverwirrung' ein entscheidendes Moment der ‚Poesie' der großen Stadt liege (Tb 145, D 138). Demgemäß wird das Stück gleichsam in Sprachetüden entworfen, die Aktion ist erst sekundär (s. Tb 147). Aber der Dialog ist kein Medium der Verständigung, er ist im Gegenteil die Demonstration ihrer Verhinderung: „Die Sprache reicht zur Verständigung nicht aus" (D 92), lautet Shlinks Fazit. Das gilt im umfassendsten Sinne, denn Brecht will mit dem Stück den Nachweis führen, daß sogar Kampf „unmöglich sei wegen der Unzulänglichkeit der Sprache" (Tb 207).

Das Problem ist von grundsätzlicher Bedeutung. Der Krieg und die
Vorgänge der Nachkriegszeit hatten Brecht bewußt gemacht, daß die
Menschen bereit sind, „für schwindelhafte Phrasen [...] alles zu opfern",
selbst zu sterben (Tb 39). In ihrer ideologischen Verwendung verstellt die
Sprache die Wirklichkeit:

> Viele Dinge sind erstarrt, die Haut hat sich ihnen verdickt, sie haben Schilde
> vor, das sind die Wörter [...] Man hat nicht seine eigenen Wörter, und man
> wäscht sie nie. Im Anfang war nicht das Wort. Das Wort ist am Ende. Es ist die
> Leiche des Dinges. (Tb 53 ff.)

In diesem Sinne sind ,Vorstellungskomplexe' wie Freundschaft, Ehe,
Ehre, also ideologische Muster, die ,Kampfzonen' des Dickicht: Shlink
benutzt sie, um Garga zu schädigen – er „schießt Gedanken in seinen
Kopf wie Brandpfeile" (D 142). Das führt jedoch nicht zu einer Auseinandersetzung, sondern nur zu einem Kreisen in sich selbst. Shlink ist
verbittert, daß Garga nur reagiert: „Bestenfalls wird die Sprache ausge-
tauscht." (D 127) Das hat zur Folge, daß keine wirklichen Dialoge entstehen, sondern ganz bewußt Formen des Aneinandervorbeiredens, die
so beziehungslos sind, daß Brecht bei der Arbeit Redeanteile unter den
Gesprächspartnern einfach austauschen konnte. Daß das nicht ungefährlich war, wurde ihm in einer Phase der Stagnation bewußt: „Es ist zuviel
Literatur drin. Das Gewäsch zweier Literaten." (Tb 165) Aber das beruht nicht auf einem Mangel an Disziplin, sondern ist Folge der Konzeption: In dem Stück wird geredet, obwohl die Figuren wissen, daß es keine
Worte gibt (s. D 19). Ausgerechnet der unentwegt schwatzende Vater
Gargas ist sich der Überflüssigkeit des Geredes bewußt:

> Wie lange die Leute schwatzen. Und sie haben keinem Menschen mehr zu
> sagen, als in fünf Minuten gesagt ist. Mehr Lügen haben sie nicht. Ja, in zwei
> Minuten wäre alles verschwiegen, was es zu sagen gibt. (D 74)

Nicht zufällig arbeitet Garga in einer Leihbibliothek: er handelt mit
Unverbindlichem:

> Die Schriftsteller! Sie rächen sich am Leben durch ein Buch. Das Leben rächt
> sich dadurch, daß es anders ist. (D 20)

Die Literatur ist denn auch für Garga eine Fluchtmöglichkeit. Wenn er
nichts zu sagen hat, wirft er mit Rimbaud-Zitaten um sich. War für das
selbstbewußte Individuum Baal die Lyrik noch die Möglichkeit, sein
Lebensgefühl unmittelbar und spontan zu artikulieren, so entfällt mit
dem Schein der Selbstbestimmung auch die Rechtfertigung der Poesie,
die hier nur angelesen ist: „Lyrik ist dazu da, die Schwäche zu verdek-
ken." (D 123) Die Sprache automatisiert sich zum Geschwätz, nicht einmal „die Gemeinheit der Menschen läßt sich in ihrer Sprache [...] beschreiben" (D 128).

Im Anschluß an Mennemeier (L+ 409) hat Voigts (L+ 454) in Brechts Sprachkritik eine Annäherung an Positionen der spätbürgerlichen Literatur, wie sie programmatisch in Hofmannsthals ‚Brief des Lord Chandos‘ formuliert worden ist, sehen wollen (zur Kritik vgl. Knopf, L+ 294). Wenn er daraus aber eine „Tendenz zur Autonomisierung der Kunst" folgert, so verkennt er die Bedeutung des Stücks. Denn der Sprachverlust korrespondiert der Zerstörung der Individualität. Im *Baal* hatte sich das sprachgewaltige Individuum (der Lyriker) auf Kosten der Wirklichkeit behauptet, im *Dickicht* zerstört die zunächst rein phänomenologisch gesehene Wirklichkeit der Großstadt das Individuum und seine Sprache. Das Stück macht deutlich, daß weder Handlung (Kampf) noch Dialog (Verständigung) im Sinne der herkömmlichen Dramaturgie möglich sind, es läßt aber zugleich erkennen, daß es die verdinglichende Macht der Wirklichkeit ist, die die Selbstentfremdung der Menschen, ihre totale Vereinzelung verursacht. Diese Wirklichkeit selbst wird also thematisch, indem sie jede zielgerichtete Interaktion verhindert. Damit hat Brecht die ‚Krise des Dramas‘ (Szondi) auf die Spitze getrieben, den weltlosen Lyrismus des *Baal* aufgehoben und eine veränderte Gegenständlichkeit gewonnen, von der aus die Bedeutung der dramatischen Figur neu zu bestimmen war. Im *Dickicht* ist der Selbstbehauptungswille zur Anpassung gebrochen.

4.5. Die Vernichtung des Individuums und die neue Form des Dramas

Wie im *Baal* behauptet sich auch im *Dickicht* die Vitalität: der jüngere Mann triumphiert über den älteren, aber damit stellt sich zugleich das Realitätsprinzip her, das Baal noch ignoriert hatte. Gargas Erfolg, seine Möglichkeit, im Stadtdschungel zu überleben, führt in jene Verdinglichung, die Shlink in der ‚metaphysischen Aktion‘ des Kampfes zu durchbrechen versuchte, was die Selbstvernichtung nach sich zieht. Der Kampf ist dann im Rückblick die heroische Zeit einer entindividualisierenden Selbstwerdung: „Allein sein ist eine gute Sache. Das Chaos ist aufgebraucht. Es war die beste Zeit." (1, 193) Es siegt nicht einer der Kämpfenden (deshalb gibt es auch kein ‚Finish‘), sondern das Realitätsprinzip der Großstadt, das Brecht hier noch zu einer ‚Mythologie‘ totalisiert, das aber nach der Aufhebung des Individuums als Gegenstand der Analyse für eine neue, zeitgerechte Dramatik gewonnen ist. Brecht hat in der folgenden Phase der Reflexion über das Theater seinen Ausgangspunkt bei den ‚neuen Gegenständen‘ gesucht und von hier aus die neuen Formen begründet (s. AB IV).

Neue Formen kündigen sich bereits im *Dickicht* an. Bei der Arbeit hat der Stückeschreiber sich immer wieder zu einer rein phänomenologischen Betrachtungsweise gezwungen: „Man darf nichts beweisen wollen" (Tb 156) und: „Es liegt mir daran, nicht auf eine Idee hereinzufallen" (Tb 166). Von daher bestimmt sich auch die Rezeptionsvorgabe für das Publikum:

Einen großen Fehler sonstiger Kunst hoffe ich, im *Baal* und *Dickicht* vermieden zu haben: ihre Bemühung, mitzureißen. Instinktiv lasse ich hier Abstände und sorge, daß meine Effekte (poetischer und philosophischer Art) auf die Bühne begrenzt bleiben. Die Splendid isolation des Zuschauers wird nicht angetastet, es ist nicht sua res, quae agitur, er wird nicht beruhigt dadurch, daß er eingeladen wird, mitzuempfinden, sich im Helden zu inkarnieren und, indem er sich gleichzeitig betrachtet, in zwei Exemplaren, unausrottbar und bedeutsam aufzutreten. Es gibt eine höhere Art von Interesse: das am Gleichnis, das am Andern, Unübersehbaren, Verwunderlichen. (Tb 187)

Bereits im Februar 1922 sind in dieser Äußerung wichtige Grundsätze des epischen Theaters vorformuliert: Aufhebung der Bühnenillusion, Verzicht auf Einfühlung, Verfremdung, Ermöglichung von Distanz und sogar parabelhafte Darstellung. Brecht hat dann später, unter Hinweis auf das Paradigma des Boxens als Kampf ohne Feindschaft, von seinen Zuschauern die Haltung des Sportpublikums gefordert: eine sachkundige Beurteilung von Vorgängen, die nach bekannten Regeln ablaufen. Die idealistische Leugnung des Realitätsprinzips wird hier zwar aufgehoben. Das führt aber zunächst zu einer ‚sachlichen' Affirmation der bestehenden Verhältnisse. Nur von hier aus erscheint eine Überwindung der dramatischen Tradition möglich. Deshalb darf nicht unbeachtet bleiben, daß Brecht die Vorgänge des *Dickicht* immer wieder als Teil der Welt- und Menschheitsgeschichte verstanden hat.

5. ‚Mann ist Mann': Das aufgehobene Individuum

5.1. Archaisierung des Individuums in ‚Leben Eduards des Zweiten von England'

Materialien
– Grimm (L 231). [Enthält die Vorlage von Marlowe, die fragmentarische erste Fassung (Merkur 1924) und die Druckfassung (1924) in einer kritischen Edition.]

Forschungsliteratur
26 Canaris, Volker: *Leben Eduard des Zweiten von England* als vormarxistisches Stück Bertolt Brechts. Bonn 1973. [Textvergleich mit Marlowe und Nachweis, daß es sich eher um ein neues Stück als um eine Bearbeitung handelt. Herausarbeitung der spezifischen Eigenarten des Stücks im Vergleich zu Brechts marxistischer Dramatik – ein für das Stück höchst unspezifischer Zugang.]
27 Grimm, Reinhold: Brechts Rad der Fortuna. In: German Quarterly 46/1973, S. 549 ff. Auch in: L$^+$ 360. [Untersucht das Motiv des Glücksrads in Brechts

Werk und schließt von hier aus auf Brechts Geschichtsverständnis. *Leben Eduards* ist das wichtigste Beispiel für das Weiterwirken des barocken Fortuna-Motivs.]

28 Mayer, Hans: Christopher Marlowe und König Eduard II. von England. In: HM, Außenseiter. Frankfurt/M. 1975, S. 184–197. [Analyse des ‚homosexuellen Bekenntnisdramas‘ im zeitgeschichtlichen Zusammenhang. Brecht habe in seiner Umdichtung Marlowes ‚absolute Lebensalternativen‘ verfehlt.]

Den entscheidenden Schritt zum neuen Drama geht Brecht in *Mann ist Mann,* indem er den Übergang vom Individuum zum Dividuum als „Umbau“ vorführt (D 141). *Leben Eduards des Zweiten von England* ist ein Zwischenspiel, wenn auch ein „gutes Stück“ (B 99). Brecht hatte sich zu einer Shakespeare-Regie in den Münchner Kammerspielen verpflichtet, vor der er jedoch zurückscheute: Er wich auf Marlowe aus, der aber „nicht ausreichte“ (Tb 207). In der gemeinsam mit Lion Feuchtwanger verfaßten Bearbeitung erscheint noch einmal die eigentliche, heroische Zeit des Individualismus, jedoch in einer kritischen Sicht. Eduard versucht, sein persönliches Interesse, die Liebe zu dem mit gutem Grund geächteten Scheusal Gaveston, gegen die Staatsräson durchzusetzen. Er scheitert zwar, zwingt aber seinem Land einen dreizehnjährigen blutigen Bürgerkrieg auf und macht den Staat durch den verweigerten Thronverzicht auf lange Zeit unregierbar. Der Selbstbehauptungswille im Zeichen irrationaler Bedürfnisse ist zwar letztlich vergeblich, wird aber zu einem blutigen und mörderischen Moment der Geschichte. Eduard kann wohl seinen Tod lange hinauszögern, ist aber im Unterschied zu den Protagonisten der anderen frühen Stücke Brechts kein Überlebenskünstler, sondern ein Opfer seiner zu großen, im Kontext seiner Wirklichkeit asozialen Möglichkeiten. In einer historisierenden Deutung hat Brecht bezeichnenderweise das große Thema seiner frühen Stücke, die Infragestellung der Individualität, auch für diese Bearbeitung geltend gemacht:

> Im Eduard [habe ich] jenes große und finstere Tier zu zeichnen unternommen, das wie in der Witterung eines Erdbebens die ersten Wellen einer das Individuum bedrohenden gewaltigen Erdkatastrophe wahrnahm. Ich habe seine primitiven und hoffnungslosen Maßnahmen gezeigt, sein schreckliches Ende in anachronistischer Vereinsamung. Also taucht in jenen Jahren dem Nachgeborenen sichtbar der letzte Saurier auf, der die Sintflut kommen fühlt. (D 141)

5.2. Grundlageninformationen

Materialien

– Wege (L 232). [Enthält einen Überblick über die Textgeschichte, Entwürfe zu *Galgei,* Vorarbeiten zur Erstfassung, Auszüge aus dem ‚Hauptmann-Manuskript‘, die erste Druckfassung (1926), die Schlußszene der Malik-Ausgabe (1938), unveröffentlichte Texte Brechts, einen Überblick über literarische Vorlagen und Texte von Freunden und Mitarbeitern Brechts zum Stück.]

Forschungsliteratur

– Heidsieck (L⁺ 368).

29 Kesting, Marianne: Die Groteske vom Verlust der Identität. Bertolt Brechts *Mann ist Mann*. In: H. Steffen (Hrsg.): Das deutsche Lustspiel, Bd. 2. Göttingen 1969, S. 180–199. [Analysiert die grotesk-komischen Darstellungsmittel im Hinblick auf das Thema des Persönlichkeitsverlusts. Geht auf das Verhältnis Person/gesellschaftliche Rolle im Gesamtwerk ein.]

30 Mantle, Rodney: Bertolt Brechts *Galgei* – an early dramatic fragment. In: Monatshefte (Wisconsin) 63/1971, S. 380–385. [Knappe Vorstellung der fragmentarischen Vorform von *Mann ist Mann*.]

– Giese (L⁺ 354).

– Lyon (L⁺ 404).

– Weisstein (L 460).

– K.-D. Müller in: Hinderer (L⁺ 322).

5.3. Entstehung und Wandlungen der Konzeption von ,Mann ist Mann'

Pläne zu *Mann ist Mann* (der häufigste Arbeitstitel ist *Galgei*) lassen sich bis 1918 zurückverfolgen: Es geht von Anfang an um die Verwandlung eines Mannes in einen anderen in einem zweifelhaften Milieu (zuerst unter Augsburger Butterschiebern), wobei schon die verdinglichte Identität bestimmend ist: „Es geht mit Papieren." (Tb 87) Im Nachhinein hat Brecht die Thematik aus der Erfahrung des Weltkrieges begründet:

> Der Krieg zeigt die Rolle, die dem Individuum in Zukunft zu spielen bestimmt war. Der einzelne als solcher erreichte eingreifende Wirkung nur als Repräsentant vieler. Aber sein Eingreifen in die großen ökonomisch-politischen Prozesse beschränkte sich auf ihre Ausbeutung. Die ,Masse der Individuen' aber verlor ihre Unteilbarkeit durch ihre Zuteilbarkeit. Der einzelne wurde immerfort zugeteilt, und was dann begann, war ein Prozeß, der es keineswegs auf ihn abgesehen hatte, der durch sein Eingreifen nicht beeinflußt und der durch sein Ende nicht beendet wurde. (15, 217f.)

Die endgültige Konzeption, in der dann auch die These des Stücks als Titel formuliert wird, entsteht ab 1924 im Zeichen einer ,Kiplingisierung' (s. Lyon, L⁺ 404). Die Verlagerung der Vorgänge in ein literarisiertes Kolonial-Indien hat eine ähnliche Funktion wie die Wahl des Schauplatzes Chicago für das *Dickicht*: Der Exotismus ermöglicht eine Verfremdung der Geschehnisse. Dabei ergibt sich die Möglichkeit, die Gauner- und Schieberwelt des *Galgei* mit der Armee als einem Paradigma der aufgehobenen Individuation zu verschmelzen. Der ökonomische Charakter des Krieges, wie er schon in *Trommeln in der Nacht* thematisiert wurde, bestimmt auch die Verhaltensweise der Soldaten.

Mit dem Motiv der (Ver)wandlung greift Brecht wiederum eines der zentralen Themen des Expressionismus auf. Bernard Guillemin stellt denn auch in einem aufgezeichneten Gespräch nach Andeutungen über das Stück die bezeichnende Frage: „Entsteht dabei vielleicht der ideale Mensch?", die Brecht lakonisch beantwortet: „Nein, nicht sonderlich." (T 2, 271)

5.4. Die Verkürzung der Identität zur Identifizierbarkeit

Galgei, der spätere Galy Gay, ist eine Baals-Figur, er wird von Brecht mit den gleichen Termini eingeführt wie der Protagonist seines Stücks, aber seine Vitalität ist passiv, so daß er sich nicht mehr rücksichtslos ausleben kann, sondern von der ihn beherrschenden Wirklichkeit entstellt wird:

> Der Vorwurf des ‚Galgei' hat etwas Barbarisches an sich. Es ist die Vision vom Fleischklotz, der maßlos wiehert, der, nur weil ihm der Mittelpunkt fehlt, jede Veränderung aushält, wie Wasser in jede Form fließt. Der barbarische und schamlose Triumph des sinnlosen Lebens, das in jede Richtung wuchert, jede Form benützt, keinen Vorbehalt macht noch duldet. Hier lebt der Esel, der gewillt ist, als Schwein weiterzuleben. Die Frage: Lebt er denn? Er wird gelebt. (Tb 132)

Die Vitalität Galy Gays steht im Mißverhältnis zu seinen Lebensumständen. Er ist zwar ein „Elefant", ein „Mammut", ein „Güterzug", aber er lebt als Packer in so ärmlichen Verhältnissen, daß er sich die bescheidensten Genüsse (Rauchen und Trinken) versagen muß (1, 299). Seine soziale Lage ermöglicht ihm keine Ausbildung von Identität, verhindert die Individuation. Das machen sich die von Brecht als „Gefühlsingenieure" (T 2, 271) bezeichneten Soldaten zunutze:

> So einer verwandelt sich eigentlich ganz von selber. Wenn ihr den in einen Tümpel schmeißt, dann wachsen ihm in zwei Tagen zwischen den Fingern Schwimmhäute. Das kommt, weil er nichts zu verlieren hat. (1, 329)

Er hat in der Tat nichts zu verlieren als seinen Namen. Der wird kritisch, als sich die kaum vorhandene Identität in eine problematische Identifizierbarkeit verwandelt, als dem kaum gelebten Leben die Auslöschung droht.

Das Problem wird in der Pagodenszene (Szene 2) in einer sehr bezeichnenden Umkehrung exponiert. Der bei einer räuberischen Aktion in der Tempel-Falle gefangene Jeraiah Jip erhält durch den Verlust seiner Haare plötzlich ein Gesicht, wird zum „lebenden Steckbrief" (1, 304). Er verrät dadurch nicht nur sich selbst, sondern zugleich seine drei Kumpane, denn die kleinste Einheit der Armee ist nicht der einzelne Soldat, sondern die Vierergruppe. Die Funktionsfähigkeit wird als numerische Vollzähligkeit beim Zählappell überprüft, und hier ist die Gruppe mit oder ohne Jip identifizierbar geworden. Jip muß also ersetzt werden, und das ist möglich, weil Uria Shelley vorsorglich die Militärpässe aus der ‚Kampf'-Handlung gegen den Tempel herausgehalten hat: „Ein Mann kann jederzeit ersetzt werden, aber es gibt nichts Heiliges mehr, wenn es nicht ein Paß ist." (1, 302) Mit Bier und Zigarren (den ihm normalerweise nicht zugänglichen Genüssen) wird der gutmütige Galy Gay zunächst bestochen, Jip beim Zählappell zu vertreten. Aber dann stellt sich heraus, daß der Soldat wirklich abhandengekommen ist, da der geschäftstüchtige Bonze ihn in einen Gott verwandelt hat (die erste Verwandlung des Stückes), um seinen Schaden zu ersetzen. Jetzt muß Galy Gay ummontiert werden. War Jips anonyme Soldatenexistenz durch sein Verbrecher--,Gesicht' (seine Glatze) zur Identifizierbarkeit aufgehoben worden (sein Name ist mit dem Paß unversehrt), so steht Galy Gays Name seiner Verwandlung zur Nummer (der vierte Mann einer Maschinengewehrabteilung) im Wege: Er muß kriminalisiert werden, Galy Gay muß seine Identifizierbarkeit fürchten, um die minimale Identität des Namens abzulegen.

Er ist Realist genug, sich nicht durch die Ideologie des Soldatenstandes (Uniform und heroisches Dasein) bestechen zu lassen, aber er ,leckt Blut', als ihm ein Geschäft angeboten wird. Denn wie er nichts zu verlieren hat, fasziniert ihn in seiner kleinbürgerlichen Mentalität die Aussicht, etwas gewinnen zu können: „Ich denke, daß ich für beinahe jedes Geschäft der richtige Mann bin." (1, 333) Er selbst liefert die Stichworte für das Spiel, das mit ihm gespielt wird, die Soldaten brauchen nur seinen Wunschvorstellungen zu folgen. Und zugleich verändert er sich: Aus eigenem Antrieb verleugnet er zum zweiten Mal seinen Namen, dieses Mal vor seiner Frau, die ihn nicht mehr eindeutig wiedererkennt:

Es [ist] mir fast, als sei er etwas anders als mein Mann Galy Gay, der Packer, etwas anders, obgleich ich nicht sagen könnte, was es ist. (1, 335)

In der Tat hat Galy Gay, der „Mann, der nicht nein sagen kann" (1, 308), das Neinsagen gelernt: er sagt nein zu seinem Namen. Daraus folgert Uria: „Ein Mann ist wie der andere. Mann ist Mann." (1, 335) Diese These des Stücks wird im ,Zwischenspruch' (1, 336 f.) noch einmal formuliert und dann in der 9. Szene in einem fingierten Spiel verifiziert. Im Spiel wird der „oberflächliche Firnis des Indiviudalismus in unserer Zeit" (17, 974) aufgehoben. Deshalb wird die programmatische Bedeutung des Vorgangs noch ein weiteres Mal grundsätzlich exponiert:

Von einem weiteren Gesichtspunkt aus ist, was hier vorgeht, ein historisches Ereignis. Denn was geschieht hier? Die Persönlichkeit wird unter die Lupe genommen, dem Charakterkopf wird nähergetreten. Es wird durchgegriffen. Die Technik greift ein. Am Schraubstock und am laufenden Band ist der große Mensch und der kleine Mensch, schon der Statur nach betrachtet, gleich. [...] Der Mensch ist gar nichts! Die moderne Wissenschaft hat nachgewiesen, daß alles relativ ist. [...] Der Mensch steht in der Mitte, aber nur relativ. (1, 340 f.)

Wissenschaft und Produktionsverhältnisse sind die Orientierungspunkte einer Historisierung, die durch Witwe Begbicks ,Lied vom Fluß der Dinge' fortlaufend kommentiert wird. Das Medium für die Verwandlung sind die ökonomischen Verkehrsformen der Gesellschaft als deren eigentliche Realität. Die Soldaten verwickeln Galy Gay in ein Geschäft, „wie es in unserer Zeit üblich ist" (1, 338). Das Geschäft ist eine primitive Täuschung, und Galy Gay vermeidet es sorgfältig, den von ihm zu veräußernden Elefanten überhaupt in Augenschein zu nehmen. Es kommt nicht auf dessen nicht vorhandenen Gebrauchswert an, sondern auf den das Geschäft ermöglichenden Tauschwert, und der ist gegeben, sofern sich ein Käufer findet. Ausgestattet mit den Attributen seiner neuen Identität (einem „Schluck aus der Cherry-Brandy-Flasche" und einem „Zug aus der Felix Brasil" (1, 341)) verhält Galy Gay sich funktionsgerecht: als Verkäufer. Und er legt zugleich Wert darauf, daß sein Name nicht genannt wird (1, 343) – der Warenverkehr ist anonym, von der Identität der Beteiligten abgelöst.

Durch den Verkauf von Heeresgut wird Galy Gay aber kriminell. Dabei spielt es keine Rolle, daß es sich bei dem Verkauf nicht wirklich um einen Armee-Elefanten gehandelt hat, im Gegenteil kommt der Tatbestand des Betrugs noch erschwerend hinzu. Galy Gay hat nach dem Grundsatz gehandelt: ‚Geschäft ist Geschäft', und eben dadurch wird aus dem Spiel Ernst. Denn der Verkauf war ja beabsichtigt, die Bereitschaft, Heeresgut zu verschieben also real vorhanden. Die Verkehrsformen der Ökonomie sind nicht durch die Sachen, sondern durch die Warenbeziehungen vermittelt, durch einen Schein, der auch als fingierter wirklich ist, sofern er das Handeln bestimmt. Deshalb muß Galy Gay die gespielte Anklage und Verurteilung ernstnehmen und auf sie mit echter Todesfurcht reagieren. Der Mann, der „nicht genannt sein wollte", wird als Galy Gay identifiziert und zum Tode verurteilt – Galy Gay muß ein drittes Mal, nun endgültig, seinen Namen verleugnen, da er durch ihn als Verbrecher kenntlich wäre. Die funktionsgerechte Anonymität des Verkaufsaktes war schon der halbe Persönlichkeitsverlust, der nunmehr in der Todesfurcht endgültig wird. Die Vitalität triumphiert über die Individualität:

> Ich bin einer, der nicht weiß, wer er ist. Aber Galy Gay bin ich nicht, das weiß ich. Der erschossen werden soll, bin ich nicht. (1, 352 f.)

Schon vor seinem ‚Tode', der fingierten Hinrichtung, übernimmt er die These „einer ist keiner" (1, 348), danach gibt er ihr einen Sinn: „Einer ist keiner. Es muß ihn einer anrufen." (1, 360) In seinem Selbstbewußtsein bedroht, reagiert er mit einem Angebot:

> Vielleicht
> Bin ich der Beide, der eben erst entstand
> Auf der Erde veränderlicher Oberfläch [...]

Und ich, der eine ich und der andere ich
Werden gebraucht und sind also brauchbar.
Und hab ich nicht angesehen diesen Elefanten
Drück ich ein Auge zu, was mich betrifft
Und lege ab, was unbeliebt an mir, und bin
Da angenehm. (1, 360 f.)

Und so wächst der Packer mit dem weichen Gemüt in die Rolle der menschlichen Kampfmaschine, übernimmt die angebotene Funktion, die jenseits jeder Individualität liegt.

5.5. Der Spielraum der Verwandlungen

Der Umbau der Persönlichkeit wird als ein Montageakt verstanden. Das wird zusätzlich verdeutlicht, insofern er mit dem Abbau des Begbick-schen Kantinengebäudes parallelisiert wird. Für ihre Beteiligung an dem Elefantenverkauf verlangt die Begbick, daß die Soldaten die Kantine für den Transport demontieren, und zwar „Zug um Zug" (1, 339). Das Gebäude des alten Persönlichkeitsverständnisses fällt also zusammen wie das Kantinengebäude.

Und neben der Verwandlung des Soldaten Jip in einen Gott wird schließlich noch eine weitere komplementär vorgeführt: die des Sergeanten Fairchild in einen Zivilisten. Bei Regen wird der ‚Blutige Fünfer', der gnadenlose Einpeitscher des Exerzierreglements, Opfer seiner Sinnlichkeit. In seiner zivilistischen ‚Verkleidung' aber ist er für die Soldaten eine Unperson, mit der sie ihren Spott treiben: seine Autorität ist an die Uniform gebunden. Dabei verliert er seinen ‚großen Namen', der sich als die Mystifizierung einer barbarisch-feigen Handlung, der Ermordung fünf gefesselter Hindus, erweist. Dem Zivilisten wird bedeutet, daß er „von einem menschlichen Standpunkt aus [...] einfach eine Sau" ist. (1, 355) Wie Galy Gay, der aber umgekehrt von einem Zivilisten zu einem Soldaten wird, muß Fairchild seine Identität verleugnen: „Sagt nicht, daß ich es bin." (1, 356)

Für den immer noch an seiner neuen Identität zweifelnden Galy Gay wird er zum Menetekel, als er, einer Anregung der Begbick folgend, seinen ‚Anfällen' durch die Selbstkastration vorbeugt. Die Selbstverstümmelung wird zur Voraussetzung der gesellschaftlichen Konformität. Galy Gay wird dadurch von seinen ‚Rückfällen' geheilt:

Dieser Herr hat wegen seinem Namen etwas sehr Blutiges mit sich gemacht. Er hat sich eben sein Geschlecht weggeschossen! Das ist ein großes Glück für mich, daß ich das gesehen habe: jetzt sehe ich, wohin diese Hartnäckigkeit führt, und wie blutig es ist, wenn ein Mann nie mit sich zufrieden ist und so viel Aufhebens aus seinem Namen macht! (1, 369)

Die Einsicht ist zwar widersinnig, weil Fairchild um seinen militärischen, Galy Gay aber um seinen zivilen Namen kämpft, aber das Ergebnis ist in beiden Fällen die unbedingte Unterordnung unter das militärische Kollektiv.

5.6. Der ‚neue Typus von Mensch‘

Die Verwandlung des Packers mit dem ‚weichen Gemüt‘ in eine blindlings funktionierende ‚menschliche Kampfmaschine‘ erweckt den Eindruck, als sei die Entindividualisierung als Enthumanisierung gemeint. Von einer solchen Sicht hat sich Brecht aber in provozierender Weise distanziert. In der Vorrede von 1927 führt er aus, daß der Individualismus die Leitvorstellung einer ‚niedergehenden Menschenschicht‘ war, deren Epoche abgelaufen ist und die durch einen ‚neuen Typus von Mensch‘ abgelöst wird:

Dieser neue Typus Mensch wird nicht so sein, wie ihn der alte Typus Mensch sich gedacht hat. Ich glaube: Er wird sich nicht durch die Maschinen verändern lassen, sondern er wird die Maschinen verändern, und wie immer er aussehen wird, vor allem wird er wie ein Mensch aussehen. (17, 977)

Gerade das wird man von dem neuen Galy Gay nicht behaupten wollen, und Brecht steigert die Irritation, wenn er ihn als einen ‚großen Lügner‘ und ‚unverbesserlichen Opportunisten‘ kennzeichnet, zugleich aber eine Beurteilung nach herkömmlichen Maßstäben ablehnt:

Ich denke auch, Sie sind gewohnt, einen Menschen, der nicht nein sagen kann, als einen Schwächling zu betrachten, aber dieser Galy Gay ist gar kein Schwächling, im Gegenteil, er ist der Stärkste. Er ist allerdings erst der Stärkste, nachdem er aufgehört hat, eine Privatperson zu sein, er wird erst in der Masse stark [...] Sie werden sicher auch sagen, daß es eher bedauernswert sei, wenn einem Menschen so mitgespielt und er einfach gezwungen wird, sein kostbares Ich aufzugeben, sozusagen das einzige, was er besitzt, aber das ist es nicht. Es ist eine lustige Sache. Denn dieser Galy Gay nimmt eben keinen Schaden, sondern er gewinnt. Und ein Mensch, der eine solche Haltung einnimmt, muß gewinnen. Aber vielleicht gelangen Sie zu einer ganz anderen Ansicht. Wogegen ich am wenigsten etwas einzuwenden habe. (17, 978)

Mann ist Mann ist ein Lustspiel, obwohl nach den Gesetzen der Dramatik für diesen Gegenstand, die Vernichtung des autonomen Individuums, ein Trauerspiel zu erwarten wäre. Die Wahl der Gattung ist eine gesellschaftliche Stellungnahme, sie verwirklicht schon das Prinzip des ‚Gesellschaftlich-Komischen‘: Eine abgelegte Gestalt der Geschichte wird heiter zu Grabe getragen (vgl. Giese, L+ 354). Die aufgehobene Tragödie impliziert aber die Billigung der Vorgänge. Galy Gay rettet seine Vitalität, indem er sie in die zeitgemäße Form des kollektiven Handelns überführt. Das Stück hat die fröhliche Vernichtung der Privatperson zum Gegenstand und beendet damit die erste Phase der Brechtschen Produktion, in der der Individualismus als Wirklichkeitskonzept und als dramaturgisches Prinzip problematisch geworden ist. Einverständnis mit und Selbstbestimmung aus dem Kollektiv werden dann in den Lehrstücken thematisiert.

Aber die im Zeichen eines sachlichen Soziologismus wertfrei zur Schau gebrachte Überführung des Individuums in das zu historischem Handeln fähige Kollektiv erwies sich doch als fragwürdig, insofern sie ausgerechnet am Beispiel der Armee aufgezeigt wurde (vgl. hierzu Schumacher, L^+ 436, Heidsieck, L^+ 368, Mennemeier, L^+ 409, Kesting, L^+ 29, Voigts, L^+ 454, Knopf, L^+ 294). Der Kolonialkrieg wird ja im Stück unzweideutig als Ausbeutung geschildert, die Soldaten erscheinen durchweg als Verbrecher (‚Abschaum'), aber Brecht sieht von diesen Erscheinungen ab, indem er rein objektivistisch das Kollektiv als zeitgemäße Lebensform darstellt. Dabei rechnet er damit, daß auch die bürgerliche Gesellschaft den Individualismus als ein zentrales Moment ihrer Ideologie in der Praxis bereits negiert:

> Würde man in 1000 Jahren die Fordschen Fabriken ausgraben, so würden die Leute nicht leicht feststellen können, ob sie vor oder nach der Weltrevolution so gebaut wurden. (20, 24)

Noch pointierter:

> Die Fordsche Fabrik ist, technisch betrachtet, eine bolschewistische Organisation, paßt nicht zum bürgerlichen Individuum, paßt besser zur bolschewistischen Gesellschaft. (15, 152)

Gleichwohl wurde der wertfreie Objektivismus von *Mann ist Mann* für den Stückeschreiber zum Problem, als er einerseits das Kollektiv im sozialistischen Sinne positiv zu bestimmen versuchte (in den Lehrstükken) und andererseits in der faschistischen Massenbewegung die Gefahren einer bedingungslosen Bejahung des Kollektivismus erkannte. In der entscheidenden Berliner Aufführung von 1931 wurden deshalb die 10. und 11. Szene gestrichen, weil Brecht angesichts von Hitlers Mißbrauch des Verlangens nach dem „geschichtlich reifen, echten sozialen Kollektiv der Arbeiter [...] keine Möglichkeit sah, dem Wachstum des Helden im Kollektiv einen negativen Charakter zu verleihen" (17, 951).

5.7. Die Vernichtung des Individuums und die Begründung des epischen Theaters

Trotz dieser Doppeldeutigkeiten in der Einschätzung der dargestellten Vorgänge stellt das Stück in formaler Hinsicht die entscheidenden Wei-

chen für Brechts neue Dramaturgie. Mit der endgültigen Zerstörung des
alten Persönlichkeitsbegriffs ist Handlung als ein Vorgang zwischen Individuen nicht mehr möglich: die Achse des Geschehens verlagert sich auf
die Interaktion zwischen Bühne und Zuschauerraum. Das hat sich in der
gezielten Provokation der ‚romantischen' Zuschauererwartungen vorbereitet, von dem Zeitpunkt an, als Brecht die Wirklichkeit als Einschränkung bzw. Aufhebung der Selbstverwirklichungsansprüche seiner vitalen
Figuren für das Drama ernstnahm. Jetzt geht er einen Schritt weiter,
indem er das Stück als Demonstration und als Experiment anlegt. Die
These wird als Aussage des Stückeschreibers formuliert, das Stück versteht sich als Beweis, der Zuschauer ist, wie insbesondere die verschiedenen Vorreden belegen, zugleich Adressat und urteilende Instanz:

> Herr Bertolt Brecht behauptet: Mann ist Mann.
> Und das ist etwas, was jeder behaupten kann.
> Aber Herr Bertolt Brecht beweist auch dann
> Daß man mit einem Menschen beliebig viel machen kann. (1, 336)

In der ersten Druckfassung lautet die Regieanweisung zu diesem ‚Zwischenspruch': „gesprochen von der Witwe Leokadja Begbick neben dem
Bildnis der Herrn Bertolt Brecht" (Wege, L$^+$ 232, S. 190). Der Stückeschreiber führt sich also selbst als Veranstalter eines gesellschaftlichen
Experiments ein und unterstreicht den beweisenden, demonstrierenden
Gestus. Das ist die unmittelbarste Begründung der erst später systematisch entwickelten Parabelform (s. AB VII und Müller, L$^+$ 120). Die
Vorgänge werden so arrangiert, daß sie eine Gesetzmäßigkeit der Wirklichkeit, der sozialen Welt, veranschaulichen. Die Darstellung ist episch
organisiert: der Stückeschreiber gibt sich als Parabelerzähler zu erkennen. Das bezieht sich zwar zunächst nur auf den Montageakt, die Num-
mernfolge der 9. Szene, aber in diesem Spiel im Spiel wird der Gehalt des
insgesamt parabelhaften Stücks nur explizit entwickelt; nicht von ungefähr hat Brecht in der Fassung von 1929 den ‚Zwischenspruch' als Prolog
dem ganzen Stück vorangestellt. Aus der Überordnung des zeitgeschichtlichen Stellenwerts der Vorgänge über die subjektiven Konsequenzen für
die beteiligten Figuren (Galy Gay schreitet bei seiner Hinrichtung als
Privatperson „wie die Hauptperson eines tragischen Dramas" (1, 351)
folgt die Komödienform und die Darstellungsweise der Groteske: der
Mensch wird „wie ein Auto ummontiert" (1, 336). Die Groteske ist eine
systematische Entstellung, die aber nur die in der Wirklichkeit schon
vorhandene Entstellung sichtbar macht und insofern eine realistische
Aussage über die gesellschaftlichen Sachverhalte formuliert. Die Darbietungsweise ist also eine Aussage über den Gegenstand und nimmt bereits
zu ihm Stellung. Sie zielt auf eine Verständigung des Stückeschreibers mit
dem Publikum über die vorgeführten Sachverhalte, also auf eine neue

lehrhafte, zu gesellschaftlichen Einsichten hinführende Dramaturgie. Dadurch wurde es möglich, daß die Berliner Aufführung von *Mann ist Mann* 1931 zu einer entscheidenden Demonstration des inzwischen auch theoretisch fundierten epischen Theaters werden konnte. Brecht inszenierte das Stück als ein groteskes Antikriegsstück und arbeitete die in ihm angelegten Verfremdungseffekte und den ‚Parabeltypus' (17, 980) deutlich heraus, u. a. durch die Verwendung kommentierender Zwischentitel. Mit Stelzen und Drahtbügeln, Riesenhänden und Teilmasken wurden die Soldaten als Ungeheuer dargestellt, und Galy Gay wurde buchstäblich zu einem solchen Ungeheuer montiert. Vor allem aber verwendete Brecht eine neue Technik der Schauspielkunst (vgl. AB IV), so daß die Kritik am Hauptdarsteller Peter Lorre ein Fehlen der schauspielerischen Aura bemängelte. Genau das war aber beabsichtigt, denn mit dem Abbau der Persönlichkeit thematisiert *Mann ist Mann* ja ein Wirklichkeitsverständnis, in dem der ‚tragende Schauspieler' mit seinen Verwandlungskünsten unzeitgemäß geworden ist. Durch die Verwendung von Masken hat Brecht gezielt die Mimik, neben der Stimmführung das wichtigste Medium der herkömmlichen Schauspielkunst, ausgeschaltet. Die Regie arbeitete mit Gestik und Arrangement, das Geschehen war in Episoden und sogar Nummern aufgelöst, die der kommentierenden Verknüpfung und also einer epischen Spielweise bedurften.

6. Rückblick: Überwindung der Krise des Dramas durch Verabschiedung des Individuums

Mann ist Mann steht am Ende einer Phase, die Brecht zu einer Klärung der Voraussetzungen eines zeitgemäßen Theaters, zur Begründung von dessen Möglichkeiten jenseits der Krise des Dramas geführt hat. Die Monumentalisierung des Individuums im Zeichen naturhafter Vitalität hatte zu einer Vernichtung der Wirklichkeit geführt, die Wahrnehmung der Wirklichkeit zu einer wachsenden Beschädigung der Individuen, zu Anpassung, Selbstaufgabe und Eingehen in das Kollektiv. Die gesellschaftliche Wirklichkeit wirkt zunächst als Zwang, wird dann mythisiert (Großstadt) und schließlich zum soziologischen Befund, der zum Gegenstand werden kann, wenn das Drama sich nicht mehr als zwischenmenschliche Aktion versteht, sondern die die Wirklichkeit bestimmenden Vorgänge untersucht. In diesem Sinne weist *Mann ist Mann* gehaltlich und formal schon auf die Praktiken des epischen Theaters voraus.

Arbeitsbereich IV

‚Versuche‘. Politisch-ästhetische Experimente des Stücke-schreibers in der ‚vorrevolutionären‘ Endphase der Weimarer Republik
(Aufstieg und Fall der Stadt Mahagonny, Das Badener Lehrstück vom Einverständnis, Die Maßnahme, Die Mutter)

0. Vorbemerkung

Ein radikaler Wirklichkeitsbezug kennzeichnet Brechts Werk von Anfang an. Dennoch läßt sich in dem Bemühen, die Wirklichkeit mit Hilfe der Kunst kritisch zu erkennen und darzustellen, eine Entwicklung beobachten, die als ein Lernprozeß beschreibbar ist. Das allein auf einen ästhetischen Modus der Wirklichkeitserkenntnis gestellte Frühwerk sieht sich zunehmend Problemen gegenüber, die – zunächst durchaus noch im Horizont ästhetisch dominierter Konzepte – eine gesellschaftswissenschaftliche Klärung notwendig machen. (Vgl. AB III) Der Weg führt von der ‚objektiven‘ Registrierung von Vorgängen der gesellschaftlichen Wirklichkeit zu deren kritischer Durchdringung mit Hilfe der materialistischen Dialektik. (Vgl. AB VII) Die einzelnen Erkenntnisschritte finden Niederschlag in den theatertheoretischen Konzeptionen, in der Institutionenkritik wie in der künstlerischen Praxis des Stückeschreibers. In der mit ‚Versuche‘ überschriebenen Phase der Brechtschen Entwicklung, die ungefähr die Zeit zwischen 1926 und 1932, zwischen *Mann ist Mann* und der *Heiligen Johanna der Schlachthöfe* umfaßt, wird das Lernen selbst vielfältig thematisiert. Ihre Einheit gewinnt diese Phase aus dem experimentellen Charakter der Produktion, die insgesamt als ein ‚Versuch‘ gewertet werden muß, die seit 1926 erworbenen gesellschaftswissenschaftlichen Kenntnisse, insbesondere die materialistische Dialektik, in dramatische Formen umzusetzen. Dabei ist von einem Nebeneinander verschiedener politisch-ästhetischer Strategien auszugehen, die gleichzeitig praktisch erprobt werden: die Opern, die Lehrstücke, das soziologische Experiment, das epische Theater. Das Moment der Gleichzeitigkeit ist deshalb so stark zu unterstreichen, weil diese Entwicklungsphase forschungsgeschichtlich auf doppelte Weise einer verzerrenden Fehleinschätzung ausgesetzt war. Zum einen wurde diese Phase als pejorativ besetzte ‚Übergangszeit‘ des ‚Noch-nicht‘ das Opfer einer teleologischen

Betrachtungsweise, die das schließliche Ziel des Weges, das epische Theater, vorschnell mit dem Weg selbst ineins setzte. Andererseits muß der Versuch, das Lehrstück, eine der politisch-ästhetischen Strategien, aus seinem historischen Kontext zu lösen und als ‚Theater der Zukunft' zu verabsolutieren, als eine ahistorische Systemprojektion zurückgewiesen werden. Wenn hier auf den Versuchscharakter der Produktion, ihren Wert für die Selbstverständigung des Autors hingewiesen wird, so bedeutet das keineswegs eine Relativierung, sondern eine Qualifizierung, die gerade die tendenzielle Überschüssigkeit der experimentellen Phase herauszuarbeiten sucht: Der Weg von einer Dramatik der kritischen Distanz zu einer des revolutionären Eingriffs entfaltete in kürzester Zeit einen Reichtum, der später nur teilweise eingelöst werden konnte. Und schließlich: Die Radikalität der Lehrstücktheorie, die Schärfe der Kritik bürgerlicher Kulturinstitutionen verweisen auf eine Brechts ästhetische Theorie und Praxis bestimmende utopische Intention, die ihren historischen Ort weder verraten kann noch mag. Die Jahre von der Weltwirtschaftskrise bis zur Machtergreifung der Nationalsozialisten erschienen Brecht als ‚vorrevolutionäre' Situation, in der eine zu erwartende proletarische Umwälzung vorzubereiten war; eine historisch erledigte Illusion, deren Bedeutung für die politisch-ästhetischen Experimente des Stückeschreibers aber nicht unterschätzt werden darf.

Die folgende Darstellung sucht den drei wichtigsten politisch-ästhetischen Strategien der ‚Versuche' Rechnung zu tragen (zum *Dreigroschenprozeß*, vgl. AB V). Der Schwerpunkt liegt allerdings bei der Oper *Aufstieg und Fall der Stadt Mahagonny,* deren überaus fruchtbare Vermittlungsleistung zwischen der frühen Produktion und den materialistischen Experimenten bislang keine angemessene Berücksichtigung erfahren hat.

1. Entwürfe für ein zeitgemäßes ‚episches' Theater

1.1. Grundlageninformationen

Forschungsliteratur
31 Bab, Julius: Das Theater der Gegenwart. Leipzig 1928.
  – Schumacher (L⁺ 436), S. 125–210.
  – Hauptmann (L 362). [Arbeitsnotizen der Mitarbeiterin Brechts, die außerordentlich erhellend für die Entwicklung des epischen Theaters sind.]
  – Hecht (L⁺ 364).
32 Piscator, Erwin: Das Politische Theater. Reinbek 1963. [Zentrales Dokument der Theatergeschichte der Weimarer Republik. P. schildert in diesem zuerst 1929 erschienenen Buch die wichtigsten Stationen einer technischen und dramaturgischen Theaterreform, die die Bühne dezidiert in den Dienst der politischen Willensbildung der Massen stellen will.]
  – Sternberg (L⁺ 281).

33 Kindermann, Heinz: Theatergeschichte Europas, Bde. VIII–X. Salzburg 1968–1974.
  – Lethen (L⁺ 17).
34 Melchinger, Siegfried: Geschichte des politischen Theaters. Velber 1971.
  – Hecht (L 365), S. 25–72.
  – Brüggemann (L⁺ 335).
35 Knust, Herbert: Piscator and Brecht. Affinity and alienation. In: Essays on Brecht. Theatre and politics. Hrsg. v. S. Mews u. H. Knust. Chapel Hill 1974, S. 44–68. [Sorgfältige biographische Studie, die die lebenslange, zutiefst ambivalente Beziehung zwischen dem Theatermacher und dem Stückeschreiber zum Gegenstand hat. K. kann bisher unveröffentlichtes Material Piscators (Briefe, Tagebücher, Notizen) einbeziehen.]
  – Brecht im Gespräch (L 268). [Für die Entstehung des epischen Theaters besonders interessant sind das ‚Gespräch über Klassiker‘ von 1929 und das Interview ‚Was arbeiten Sie?‘ mit B. Guillemin 1926.]
36 Buehler, Georg: Brechts Wendung zum epischen Theater: Erwin Piscators Einfluß. In: Maske und Kothurn 23/1977, S. 122–129.
37 Buehler, Georg: Bertolt Brecht – Erwin Piscator. Ein Vergleich ihrer theoretischen Schriften. Bonn 1978. [Die fatale Konkurrenz ihres Gegenstandes auf anderer Ebene fortführend, sucht die Arbeit durch systematische Vergleiche zu „beweisen, daß die Politisierung des Theaters sowie die Einführung wichtiger epischer Stilmittel Piscator zugesprochen werden muß, während nur (!) die genaue Formulierung und Entwicklung des epischen Theaters (...) Brecht zusteht.“]
  – Voigts (L⁺ 454), S. 77–113.
  – Müller (L 420).
  – Voigts (L⁺ 455), S. 146–187.
38 Brauneck, Manfred: Theater im 20. Jahrhundert. Programmschriften, Stilperioden, Reformmodelle. Reinbek 1982.

1.2. Theater im Epochenwandel: Von der Stilbühne Max Reinhardts zum Politischen Theater

„Wenn die Kinos weiterhin solche Schweinereien wie eben jetzt spielen dürfen, dann geht bald kein Mensch mehr in die Theater rein" (15, 6 – 7. 11. 1919). Die Empörung des Augsburger Theaterkritikers über die seichte Unterhaltung des Kinos, die auf die Sensationslust des Publikums spekuliert, gilt in erster Linie der Langeweile erzeugenden Provinzialität des Theaters. Brechts Kritik erfaßt scharfsichtig die Schwächen des Stadttheaters, dessen bürgerlich-liberale Tradition sich in der Provinz zwar neben der modernen experimentellen Stilbühne behaupten konnte, die die Theatermetropolen beherrscht, das aber durch die unzureichende Ausstattung des Schauspiels mit Sachmitteln, durch ‚Dilettantismus‘, ‚Dummheit‘ und ‚Denkfaulheit‘ einen Zustand der ‚Verkommenheit‘ erreicht hat, der seinen Zusammenbruch unvermeidlich erscheinen läßt

(15, 13). Unzulänglichkeit der Bühnenausstattung, Dilettantismus der Programmgestaltung, Antiquiertheit des Repertoires, Fehlbesetzung, Unfähigkeit der Dramaturgie, Mängel im sprachlichen Gestus, der am Pathos festhält, wo eine fortschrittliche Regie die Schauspieler „menschlich sprechen" lassen will (15, 10 – 15. 4. 1920), sind die zentralen Aspekte der Kritik, mit denen Brecht gleichermaßen die Dekadenz des Schauspiels und die Funktionslosigkeit des Stadttheaters am Beginn der Weimarer Republik quittiert. Den historischen Bezugsrahmen und die Legitimationsgrundlage der Kritik, die den Anspruch auf das Sprechtheater behauptet, weil die Notwendigkeit der gesellschaftlichen Institution Theater für Brecht außer Frage steht, gibt das Theater der Reichshauptstadt. Berlin hatte die glanzvollen Anfänge der Meininger, die Eröffnung eines Deutschen Theaters unter L'Arronge, die Gründung der naturalistischen ‚Freien Bühne‘ durch Brahm gesehen. Mit der Übernahme des Deutschen Theaters durch Max Reinhardt nach der Jahrhundertwende hatte die Theaterszene in Berlin nach kurzer Zeit Weltgeltung gewonnen.

Die beherrschende Stellung Max Reinhardts unter den deutschen Regisseuren, die Modernität seiner Regie, die einen wesentlichen Bestandteil der europäischen Theaterreform um 1900 darstellt, sind in den letzten Jahren des Kaiserreichs nicht mehr unumstritten. Reinhardts Theater, das die enge Wirklichkeitsbindung der naturalistischen Bühne aufgibt und sich primär als Medium des reinen Spiels begreift, entwickelt ein Konzept ästhetischer Autonomie, das den Kunstcharakter des Theaters betont und in der esoterischen Konzeption des ‚festlichen Spiels‘ kulminiert. Auch Reinhardts Programm der Erneuerung der Bühnenklassiker aus dem ‚Geist‘ der modernen Epoche, mit dem er den ‚gipsernen‘ und musealen Stil der Meininger verdrängt, der an den Hoftheatern noch gepflegt wurde, steht gleichermaßen unter dem Zeichen des Experiments und der Stilisierung und setzt alle optischen und akustischen Mittel zur Illusionierung ein, über die das Theater verfügt. Musik und Geräusch, der Klang der menschlichen Stimme, fungieren als Stimmungsfaktoren, seine ‚Dramaturgie des Lichts‘ leistet die Symbolisierung des Bühnenvorgangs, der sich gegenüber der Außenwirklichkeit hermetisch abschließt.

Mit der Dada-Bewegung in Zürich und Berlin, des Theaterexpressionismus und der Orientierung speziell der Volksbühne an veränderten Publikumsinteressen zeichnen sich Tendenzen ab, gegenüber deren radikaleren experimentellen Formen und politischen Implikationen Reinhardts Theaterkonzept der „‚Gegenwirklichkeit‘" (Melchinger, L 34, 177) sich nicht länger behaupten kann. Er zieht sich 1918 von Berlin nach Wien und Salzburg zurück und widmet sich vor allem der Entwicklung und Pflege der Festspielkonzeption.

Reinhardts Theaterstil findet in den 30er und 40er Jahren unter der Intendanz Gustav Gründgens an den Preußischen Staatstheatern eine

künstlerische Enklave in einer gleichgeschalteten und ideologisch miß-
brauchten Theaterszenerie. Den radikalen Bruch mit der Tradition der
‚glänzenden Spielweise der Göring-Theater‘ vollzieht erst der späte
Brecht.

Die experimentellen Formen, die mit dem Futurismus um 1910 und
mit der im ‚Cabaret Voltaire‘ proklamierten Protestbewegung des Dadaismus entstanden, bilden eine wesentliche Voraussetzung zur Veränderung des Theaters, da sie die Ästhetiktraditionen des 19. Jahrhunderts
radikal aufkündigen, denen die Stilbühne als Reformbewegung noch verpflichtet ist. Die Ausdrucksformen und Kunstmittel des experimentellen
Theaters bedeuten die Negation des traditionellen Kunstbegriffs. Die
Umkehrung der gewohnten Relation von Bühnenvorgang und Publi-
kumsrezeption durch kalkulierte Provokation, die das Publikum ‚inszeniert‘ und Medien wie Zirkus, Variété, Film, Zeitung einbezieht, macht
durch die „Theatralisierung öffentlicher Aktionen“ (Brauneck, L 38,
176) tabula rasa mit den konventionellen Prämissen des Theaters, dessen
Formen mit den Inhalten von Kunst und Bildung parodiert und zum
Programm des Variété verdinglicht werden. Nach dem Ende des Krieges
konstituiert sich um Richard Huelsenbeck Dada-Berlin in veränderter
personeller Konstellation aus der aufgelösten Zürcher Bewegung. Seine
Veranstaltungen und Aktionen sind gegenüber der Dada-Bewegung in
Zürich in stärkerem Maße politisch, d. h. auch tagespolitisch orientiert.

Gemessen an diesen radikalen Bewegungen bedeutet der Theaterexpressionismus, der die Aufbruchs- und Erneuerungsthematik der Kaiser,
Toller und Sternheim auf die Bühne bringt, den erneuten Versuch, den
Zusammenhang von Literatur und Bühnenrealisation wiederherzustellen. Das von Strindberg entwickelte Stationendrama erweist sich dabei
als brauchbares Modell zur pathetischen Verkündigung von Konzepten
zur Erneuerung von Mensch und Gesellschaft (Gemeinschaft). Elemente
der Stilbühne und Theaterexperimente der Avantgarde gehen eine Verbindung ein und realisieren „eine neue Form des Literaturtheaters“
(Brauneck, L 38, 210). Die wichtigsten Institutionen, die, noch im Kontext des expressionistischen Theaters, die von der europäischen Avantgarde entwickelten experimentellen Formen integrieren, sind Herwarth
Waldens ‚Sturm-Bühne‘ und Lothar Schreyers ‚Kampf-Bühne‘.

Der Zusammenbruch des Kaiserreichs begünstigt die Theaterrezeption
des expressionistischen Dramas: mit der Gründung der Republik ändert
sich die Theaterszene radikal. Die Berliner Hoftheater, die weder mit
dem Theater Otto Brahms noch mit den Reinhardt-Bühnen je konkurrie-
ren konnten, gehen in Preußischen Staatsbesitz über. Das Staatliche
Schauspielhaus Berlin, das ehemalige Königliche Schauspielhaus, beruft
Leopold Jeßner, dessen Anfänge in Hamburg noch im Zeichen des Naturalismus gestanden hatten und dessen spätere Wedekind-Aufführun-

gen und politisch akzentuierten Klassiker-Inszenierungen in Königsberg
eine eigenständige Theaterform realisierten, die mit der Reinhardt-Bühne
nur in der Überwindung des Naturalismus übereinstimmte und sich im
übrigen durch ihren expressiven Stil als „Anti-Reinhardtsches Theater"
verstand (Kindermann, L 33, 735). In Zusammenarbeit mit Kortner und
Fehling wurde das expressionistische Theater, das während des Krieges
auch von Reinhardt gepflegt worden war, in der Berliner Theaterszene
aber auch in den anderen Theaterzentren der Republik dominant. Die
Theateraktivitäten von Carl Zeiß, der nach Übernahme der Münchener
Staatstheater u. a. die Aufführung von Brechts *Dickicht* durch Erich Engel veranlaßte, wirkten in die gleiche Richtung. Gleichzeitig arbeitete an
den Münchener Kammerspielen Otto Falckenberg, der wie Zeiß und wie
Jeßner und Fehling in Berlin dem expressionistischen Theater zum
Durchbruch verhalf und dadurch dem politischen Theater Piscators und
Brecht/Nehers Theater den Weg ebnete. Auch die Berliner Volksbühne,
in deren Leitung Friedrich Kayssler Reinhardt 1918 ablöste, setzte unter
maßgeblicher Mitwirkung Fehlings den expressionistischen Inszenie-
rungsstil gegenüber Reinhardts Theaterkonzeption durch. Brecht, der
später das lapidare Urteil fällte: „Die Volksbühne hat niemals angefangen" (15, 102), der Piscators Neuerungen kritisch und den Expressionismus insgesamt abschätzig beurteilte, bekannte sich 1928, wie vereinzelt
schon in seinen Augsburger Theaterkritiken, gleichwohl zur Dramatik
Georg Kaisers, der seine eigenen dramatischen Versuche verpflichtet
sind:

> Gefragt [...] ob ich die Dramatik Georg Kaisers für entscheidend wichtig, die
> Situation des europäischen Theaters für durch ihn verändert halte, habe ich mit Ja
> zu antworten. Ohne die Kenntnis seiner Neuerungen ist die Bemühung um ein
> Drama fruchtlos, sein „Stil" ist keineswegs nur „Handschrift" [...], und vor
> allem muß seine durchaus kühne Grundthese, der Idealismus, unbedingt disku-
> tiert und die Diskussion darüber zur Entscheidung geführt werden. (15, 155)

1.3. Kritik des bürgerlichen Theaterbetriebes

Brechts frühe Auseinandersetzung mit dem oben skizzierten bürgerlichen
Theaterbetrieb stand im Zeichen einer zwar berechtigten, aber notwendig einseitigen Polemik. Zwar teilte die Kritik ihre Ausdrucksformen mit
intellektuellen Moden wie der Neuen Sachlichkeit; doch bargen die kritischen Gänge des genüßlich als enfant terrible des herrschenden Theater-
betriebes sich gebärdenden jungen Autors von vornherein Entwürfe eines
neuen zeitgemäßen Theaters, das die gleichnamige bürgerliche Institution künstlerisch wie politisch zu überwinden trachtete.
Erste Ansatzpunkte fand eine derart antizipierende Kritik beim Theaterpublikum, genauer gesagt: bei der herrschenden Verkehrsform zwi-

schen Bühne und Zuschauerraum, die ein zentraler Bezugspunkt für Brechts Theatertheorie bleiben sollte. Unter dem Bild des Sport- und Rauchtheaters (*Das Theater als sportliche Anstalt*, 15, 47–49; *An den Herrn im Parkett*, 15, 74–75; *Mehr guten Sport*, 15, 81–84) entwickelte Brecht seine Vorstellungen von einem ‚objektiven Theater‘, das das Interesse an den beobachtbaren Vorgängen der Wirklichkeit selbst wiederherstellen sollte. Der für sein Vergnügen zahlende Sportbesucher, der sachlich und illusionsfrei die als Spiel dargebotene Wirklichkeit der Wettkämpfe in der Arena verfolgt, wurde zum Vorbild für einen neuen Typus des Theaterbesuchers, der distanziert und entspannt das Geschehen auf der Bühne wie „eine objektiv angeschaute Sache“ zur Kenntnis nimmt. „Ich schreibe nicht für jenen Abschaum, der Wert darauf legt, daß ihm das Herz aufgeht. [...] Ich appelliere an den Verstand“, heißt es in dem höchst aufschlußreichen Interview, das Brecht Bernard Guillemin im Schlüsseljahr 1926 gab. (Brecht im Gespräch, L 268, 187 f.)

Aus der Kritik der Einfühlungsästhetik des alten Theaters ergaben sich grundlegende Bestimmungen für das ‚epische Theater‘, das in diesen Jahren mehr und mehr zum Leitkonzept der programmatisch vorgetragenen Forderungen der neuen Dramatik sich entwickelte. Nicht auf kulinarischen Genuß, sondern auf die „großen Appetite“, auf „jene Gattung Leute, die einzig ihres Spaßes wegen kommen und nicht anstehen, im Theater ihre Hüte aufzubehalten“, war Brechts dramatische Produktion berechnet. „Spaß“ meint hier ein produktives Verhalten; eine sinn- und erkenntnisproduzierende Stellungnahme zu den auf unterhaltsame Weise in der Kunst dargebotenen Phänomenen der gesellschaftlichen Wirklichkeit. Die viel später formulierte dialektische Einheit von Unterhaltung und Belehrung ist programmatisch vorweggenommen. Im Programmatischen wird aber bereits die Aporie erkennbar, die mit der Konstruktion eines „Publikums des wissenschaftlichen Zeitalters“ gegeben ist. (15, 188) Die mit ihrer Radikalisierung letztlich intendierte Aufhebung des Warencharakters der Kunst (Sport/Theater als bezahlte Vergnügen), der Übergang von der Konsumenten- zur Produzentenrolle des Zuschauers scheiterte an der bürgerlichen Institution Kunst, die die Getrenntheit von ästhetischer Produktion und Konsumtion zur bedingenden Voraussetzung hat. Der frühe Entwurf einer „Zuschaukunst“ wurde auf die Institutionenkritik verwiesen.

Die neue Dramatik war vor allem eine Dramatik neuer Gegenstände, deren angemessene Darstellung zugleich eine neue Form erforderlich machte. „Das erste ist also: die Erfassung der neuen Stoffe, das zweite: die Gestaltung der neuen Beziehungen. Grund: die Kunst folgt der Wirklichkeit.“ (15, 196) Die alte dramatische Form ist untauglich, die moderne Wirklichkeit, die den einzelnen in einer komplizierten Verflechtung in politisch-ökonomisch bestimmte Prozesse zeigt, wiederzugeben. „Schon zur Dramatisierung einer simplen Pressenotiz reicht die dramatische Technik der Hebbel und Ibsen bei weitem nicht aus." (15, 197) Die Obsoletheit des Dramas zeigt sich besonders an seiner Unfähigkeit, dem Funktionsverlust der individuellen Persönlichkeit Rechnung zu tragen. Schon 1926 hatte Brecht lakonisch festgestellt: „Das kontinuierliche Ich ist eine Mythe. Der Mensch ist ein immerwährend zerfallendes und neu sich bildendes Atom. Es gilt zu gestalten was ist." (Brecht im Gespräch, L 268, 189; vgl. auch AB III) Im folgenden Jahr, in einem offenen Briefwechsel mit dem Soziologen Fritz Sternberg, lieferte er eine historisch-soziologische Begründung nach. Die Liquidierung der traditionellen Dramatik erfolgte nicht inner-ästhetisch: Der Soziologe, eine gesellschaftsgeschichtliche Analyse über den Niedergang des großen Individuums – das gattungskonstitutive Voraussetzung des herkömmlichen Dramas war –, lieferte die entscheidenden Gesichtspunkte. (15, 126 ff.)

Überhaupt sah sich das epische Theater vor die ungeheure Schwierigkeit gestellt, „das Theater auf das Niveau der Wissenschaft zu bringen" (15, 141). Brecht hat rückblickend sein Studium des Marxismus als Folge „einer Art Betriebsunfalls" gedeutet. (TB, 221 f.) Recherchen über Vorgänge an der Chicagoer Weizenbörse, die für das geplante Stück *Joe Fleischhacker* notwendig waren, seien solange erfolglos geblieben, bis die Marx-Lektüre die zerstreuten Erfahrungen und Eindrücke zu einem lebendigen Zusammenhang geordnet hätte. Der Betriebsunfall war programmiert. Eine wissenschaftlich fundierte Dramatik lag in der Konsequenz einer ästhetischen Produktion, die auf eine präzise Darstellung der Wirklichkeit nicht Verzicht leisten mochte. Insofern trifft zu, was Max Frisch als Diktum Peter Suhrkamps kolportiert: „Brecht sei Marxist geworden durch Kunst-Erfahrung." (Frisch, L⁺ 285)

Sternbergs soziologische Hilfestellung diente denn auch nicht allein als Mittel zur ‚Liquidierung‘ der überkommenen Dramatik, sondern ebenso zur Begründung einer neuen. Die gesellschaftswissenschaftliche Legitimation blieb weder äußerlicher Zierrat, noch erklärt sie sich als taktische Finesse. Das epische Theater war keine bloß formale Erneuerung des alten Dramas; es ist nicht herauszulösen aus einem politisch-wissenschaftlichen Theoriegefüge, das sich in den folgenden Jahren – mit dem Studium des Marxismus – weiter verdichtete. (Vgl. AB VII) Die Bedeutung der neuen Stoffe, der neuen dramatischen Form und der epischen Darstellungsweise, die mit der Berliner Aufführung von *Mann ist Mann* 1931 erstmals voll ausgebildet war (vgl. AB III), ergibt sich erst aus der Funktion, die sie im Zusammenhang einer außerästhetischen, einer marxistischen Gesellschafts- und Geschichtstheorie erhalten. Ein fundamentaler ‚Funktionswechsel‘ der Kunst kündigt sich an. „Der Schrei nach einem neuen Theater", so steht es bereits 1928 in einer fragmentarisch gebliebenen Beschreibung der „neuen Dramatik", „ist der Schrei nach einer neuen Gesellschaftsordnung." (15, 172)

1.4. Radikalisierung: Die Kritik des Kulinarischen als Kritik der bürgerlichen Institution Kunst (Theater/Oper)

Brecht begriff die ästhetische Arbeit als Produktion. Die konsequente Vertretung des Produzentenstandpunktes führte zu einer bedeutsamen Erweiterung der politisch-ästhetischen Überlegungen, die auf eine Verwirklichung des epischen Theaters gerichtet waren. „Die Kampffront der neuen Dramatik richtet sich im Moment dennoch beinahe weniger gegen die alte Dramatik [...] als vielmehr gegen das bestehende Theater, worunter tatsächlich die wirklichen Institute zu verstehen sind, ob sie nun von Staatsgeldern leben oder private Handelsunternehmungen sind." (15, 171) Die Erfahrungen mit dem zeitgenössischen Theaterpublikum, mit der Theaterkritik, besonders aber mit den ‚Apparaten' selbst bewogen Brecht zu einer Schwerpunktverlagerung in der Theorie. Es gehört zu den herausragendsten Leistungen des Theatertheoretikers, daß er den Kampf um das neue Theater nicht als einen Kampf um Meinungen, sondern als einen Kampf um die Produktionsmittel führte.

In den Opern-Versuchen stand mit dem selbstzweckhaften Genuß, mit dem Kulinarischen, der bürgerliche Theaterbetrieb selbst zur Debatte. In der *Dreigroschenoper* wurden – wie sich herausstellen sollte – verbreitete Vorstellungen bürgerlicher Theaterbesucher nicht nur inhaltlich, sondern auch in der Form (Text/Musik) thematisiert. Doch leistete die Institution Widerstand, behauptete der Produktionsapparat seinen Primat. Das ideologiekritische Projekt scheiterte; es fand seine Fortsetzung im soziologischen Experiment des *Dreigroschenprozesses* (vgl. AB V), der unmittelbarer Bestandteil einer Revolutionstheorie war.

Die Oper *Aufstieg und Fall der Stadt Mahagonny* verschärfte den Angriff auf die bürgerliche Ideologie. In den Anmerkungen zu *Mahagonny* radikalisierte sich zugleich die Institutionenkritik. Brecht stellte hier den Lieferantencharakter der ästhetischen Produktion heraus. Der ökonomisch begründete Primat der Apparate, ihre Monopolisierung der Produktionsmittel sorgt dafür, daß das Kunstwerk Warencharakter annimmt. Sein Wert bemißt sich nach seiner Eignung für die Apparate, nach der Möglichkeit seiner Verwertung. Damit ist die Freiheit künstlerischer Arbeit, die Freiheit der Erfindung selbst als nützliche ideologische Fiktion entlarvt. Eine Verwirklichung des Produzentenstandpunktes hat die gesellschaftliche Aneignung der Apparate durch die Produzierenden zur bedingenden Voraussetzung. Der Kampf um den gesellschaftlichen Funktionswechsel des Theaters/der Oper ist zugleich ein Kampf um die künstlerischen Produktionsmittel, um die Institute selbst.

1.5. Brecht und Piscator

Ein Vergleich mit Erwin Piscators Konzept eines ‚politischen Theaters'
vermag die Radikalität des Brechtschen Ansatzes zu verdeutlichen.
Seit 1919 experimentierte Piscator auf verschiedenen Bühnen mit Formen
eines politischen Theaters, das sich als direkte Aktion verstand. Kunst
wurde zum Mittel politischer Information, Propaganda und Erziehung.
Mit der Aktualisierung geschichtlicher Stoffe und der Gestaltung aktueller politischer Themen und Ereignisse inszenierte Piscator den Klassenkampf auf dem Theater. Die Einführung technischer Neuheiten (Projektionen, Film, das laufende Band) bereicherte das Repertoire epischer
Mittel in der szenischen Realisierung. Auf die Einfühlung, die emotionale
Identifikation der Zuschauer mit Figuren und Ereignissen auf der Bühne,
mochte Piscators Theater nicht verzichten. Die Kunst wurde zum Medium des Dokumentarischen verkürzt, dem der eigentliche Lehrwert der
dramatischen Veranstaltung vorbehalten blieb. Brechts Mißtrauen gegenüber der falschen Unmittelbarkeit der Realität, die epischer Verfahrensweisen bedurfte, um zum Sprechen gebracht zu werden, blieb Piscator zeitlebens fremd. Brecht, der für kurze Zeit in Piscators dramatischem Kollektiv mitarbeitete, hat bei aller Hochachtung vor dessen Beitrag zur ‚Elektrifizierung' des Theaters, schonungslos die Schwächen dieses Konzepts herausgearbeitet. Er spricht Piscators Unternehmen jede
revolutionäre Qualität ab. (15, 175) Eine Revolutionierung der technischen Mittel lasse den Primat des Apparats unangetastet. Ohne neue
dramatische Produktion blieben inszenatorische Neuerungen tendenziell
selbstzweckhaft. Statt zu einer Politisierung des Theaters trage Piscator
zu einer Theatralisierung der Politik bei. Ein so verstandenes politisches
Theater erweitere lediglich die bürgerliche Kulinarik um die Dimension
des Politischen; der Klassenkampf findet statt: auf dem Theater. Letztlich sei ein solches Konzept nur „die letzte Form des bürgerlich-naturali-
stischen Theaters" (ebd.; vgl. auch 15, 133–139, 290–295).

Entscheidend aber ist Brechts Einwand, „die Requirierung des Theaters für Zwecke des Klassenkampfes" gefährde „die wirkliche Revolutionierung des Theaters" (ebd.). Hier meldet sich erneut mit aller Schärfe
der Anspruch der künstlerischen Produktion im Rahmen einer politischen Theorie des epischen Theaters. Wie aber sollte eine dramatische
Produktion beschaffen sein, die die vorhandenen Kulturinstitute nicht
nur beliefern, sondern verändern wollte? Ein heimlicher Widerspruch
zwischen der kompromißlos vorgetragenen Institutionenkritik und der
Fortsetzung der ästhetischen Produktion ist nicht zu übersehen. „Kunst
ist Ware – ohne Produktionsmittel (Apparate) nicht herzustellen! Eine
Oper kann man nur für die Oper machen." (17, 1006) Eine Aufhebung
dieses Widerspruchs versuchen die politisch-ästhetischen Experimente

am Ende der Weimarer Republik auf zweierlei Weise. Auf die Erfassung der neuen Stoffe, auf die Erarbeitung eines neuen Dramas, das die komplizierten Beziehungen der modernen Wirklichkeit zur Form vereinfacht, folgt eine neue Zwecksetzung der Kunst. „Erst der neue Zweck macht die neue Kunst. Der neue Zweck heißt: Pädagogik." (15, 198) Der pädagogische Zweck der Kunst ist berechnet auf *neue Institutionen,* die eine veränderte Gesellschaftsordnung zur Voraussetzung haben. (Vgl. AB IV, 3. Lehrstücke) Unter der programmatischen Überschrift „Für Neuerungen – gegen Erneuerung!" forderte Brecht am Ende der Anmerkungen zu *Mahagonny,* „aus dem Genußmittel den Lehrgegenstand zu entwickeln und gewisse Institute aus Vergnügungsstätten in Publikationsorgane umzubauen." (17, 1016)

Die Radikalität der Institutionenkritik und der auf sie antwortenden dramatischen Experimente mit Lehrstückcharakter wird nicht verständlich ohne die Berücksichtigung der mit der Weltwirtschaftskrise entstandenen ,vorrevolutionären' Situation in Deutschland. Die gerade im Kontext der Lehrstücktheorie entwickelten Vorstellungen neuer Institutionen sind Ausdruck einer utopischen Intention, die sich als historisch begründbare Negation der Negation der bürgerlichen Kulturinstitute erweist. Die dramatische Produktion dieser Jahre bezog ebenso wie die Institutionenkritik ihre revolutionierende Kraft aus dem bewußten Vorgriff auf eine gesellschaftliche Umwälzung, die unmittelbar bevorzustehen schien. Die Veränderung ist nicht allein erklärtes Ziel, sondern zugleich bedingende Voraussetzung des Brechtschen Theaters. (Vgl. dazu AB I, bes. A. 1.2., B. 2. und 3.)

2. ‚Aufstieg und Fall der Stadt Mahagonny'

2.1. Grundlageninformationen

Forschungsliteratur
39 Adorno, Theodor W.: Rezension zu *Aufstieg und Fall der Stadt Mahagonny.* In: Der Scheinwerfer, III, Essen, 13. April 1930. In: Wyss (L$^+$470), S. 110–116. [A. deutet *Mahagonny* als „eine Darstellung der kapitalistischen Welt, in der wir leben, entworfen aus der Vogelperspektive einer klassenlosen Gesellschaft." Bis heute nicht eingeholte Würdigung, die früh auf die Bedeutung epischer und verfremdender Mittel in Text und Musik der Oper hinweist.]
– Schumacher (L$^+$436).
– Mennemeier (L$^+$409).
– Milfull (L$^+$412).
– Seliger (L$^+$442).
40 Weill, Kurt: Ausgewählte Schriften. Hrsg. v. David Drew. Frankfurt/M. 1975. [Enthält reiches Material, das die musikalische Entwicklung Weills,

seine Auffassung über die moderne Oper und den gestischen Charakter der Musik dokumentiert. Drei Beiträge beziehen sich auf *Mahagonny* und die Zusammenarbeit mit Brecht.]

41 Sehm, Gunter G.: Christus und Paul Ackermann. Brechts *Aufstieg und Fall der Stadt Mahagonny*. In: Brecht-Jahrbuch 1976, S. 83–100. [S. glaubt durch den Nachweis zahlreicher Bibelzitate und -anspielungen zeigen zu können, *Mahagonny* „sei [...] in seinen Grundstrukturen nichts anderes als eine Parodie der Bibel."]

  – Voigts (L⁺ 454).

42 Wagner, Gottfried: Weill und Brecht. Das musikalische Zeittheater. München 1977. [Detaillierte musikalische Formanalyse der sechs Bühnenwerke, die Weill und Brecht gemeinsam verfaßten. Der pedantisch genauen Deskription musikalischer Techniken fehlt ein vergleichbar intensiver Versuch einer Semantisierung, die Text und Musik in Beziehung zueinander setzt. Überlegungen zum Gestus und zur musikalischen Verfremdung bleiben im Ansatz stecken.]

  – Müller (L 420). [Grundlegende Untersuchung des Utopischen bei Brecht, die nachweisen kann, daß für den Stückeschreiber ein Utopie-Begriff verbindlich ist, der als „utopische Intention" im Hinblick „auf die künftige Gestaltung des gesellschaftlichen Zusammenlebens" zugleich als Gesellschaftskritik praktisch wird. Vor diesem Hintergrund erscheint *Mahagonny* als utopisch intendierte Kritik kapitalistischer Utopie.]

  – Knopf (L⁺ 294).

  – Voigts (L⁺ 455).

43 Voßkamp, Wilhelm: Zwischen Utopie und Apokalypse. Die Diskussion utopischer Glücksphantasien in Brechts *Aufstieg und Fall der Stadt Mahagonny*. In: Drama und Theater im 20. Jahrhundert. Festschrift für Walter Hinck, hrsg. v. H.D. Irmscher und W. Keller, Göttingen 1983, S. 157–176. [Nachweis in satirischer Verfremdung auftretender Motive und Formen der utopischen Tradition: Raumutopie, Utopie des Vergnügens und des Carpe diem, „subjektutopische" (?) Motive der Liebe und Freundschaft, Apokalypse als Inversion der Utopie. Mit der Feststellung, die Oper sei „ein Experimentierfeld utopischer Glücksphantasien", fällt V. hinter den mit Adorno früh erreichten Stand der Diskussion zurück.]

  – Weisstein in: Hinderer (L⁺ 322), S. 266–299.

2.2. Die schrittweise Entfaltung des ‚Mahagonny‘-Komplexes

Der *Mahagonny*-Komplex bildet eine der zentralen Klammern, die Brechts Frühwerk mit der ästhetischen Produktion der späten zwanziger und frühen dreißiger Jahre verbinden. 1921 ist der Name bei Brecht erstmals nachgewiesen. Die vierte Lektion der *Hauspostille* enthält eine Reihe sogenannter ‚Mahagonnygesänge‘. ‚Mahagonny‘ erscheint hier als eine imaginäre Stätte des Vergnügens, des diesseitigen Genusses, den ganz auszukosten die Menschen nach dem Verlust jeder transzendenten oder metaphysischen Versicherung aufgerufen sind (vgl. AB II). Schon früh tritt die Ambivalenz des Begriffes hervor, wenn Brecht 1923 eine Beziehung zwischen ‚Mahagonny' und dem von Spießbürgern und Nazis beherrschten München herstellt. (B 96) Schon 1924 findet sich in Brechts Tagebuch der Hinweis auf eine „Mahagonny-Oper". (Tb, 202) Doch kam es 1927 – auf Initiative von Kurt Weill – in Fortsetzung des Dreigroschen-Projekts – zunächst zu einer Vertonung der ‚Mahagonnygesänge' für ein *Songspiel*, das im gleichen Jahr unter der Regie Brechts bei den Festspielen der Neuen Musik in Baden-Baden uraufgeführt wurde. Das amerikanische Milieu, die szenische Gestaltung (Boxring) und die im Epilog erkennbare Problematisierung des gegenweltlichen Vergnügens verweisen auf einen neuen Reflexionsstand des Autors, der die vielfältigen zumeist Fragment gebliebenen Amerika-Projekte dieser Jahre bestimmt. (*Dan Drew, Sintflut/Untergang der Paradiesstadt Miami, Joe Fleischhacker* etc.; vgl. auch AB III) „Als heroische Landschaft habe ich die Stadt, als Gesichtspunkt die Relativität, als Situation den Einzug der Menschheit in die großen Städte zu Beginn des dritten Jahrtausends, als Inhalt die Appetite (zu groß oder zu klein), als Training des Publikums die sozialen Riesenkämpfe." (TB, 208; vgl. *Lesebuch für Städtebewohner*, AB II) Die 1928/29 zusammen mit Kurt Weill erarbeitete Oper *Aufstieg und Fall der Stadt Mahagonny* zeigt eine weitere Verschärfung der ‚Mahagonny'-Problematik zu einer fundamentalen Kritik des Kapitalismus, den die amerikanische ‚Paradiesstadt' verkörpert. Der Warencharakter des Genusses wird bloßgelegt, die vermeintliche Gegenwelt als Spiegelbild einer kapitalistischen Gesellschaft entlarvt, für die das Geld, der Tauschwert, das Maß aller Dinge ist.

2.3. Die ‚mächtige Parodie eines Staatsvertrages' oder: die Gründung der Paradiesstadt Mahagonny

In einer öden Gegend, vor sich die Wüste, hinter sich die Konstabler, gründen die Witwe Begbick, Dreieinigkeitsmoses und Willy der Prokurist die Stadt Mahagonny. Der Erkenntnis folgend – „Ihr bekommt leichter das Gold von Männern als von Flüssen!" (2, 502) – entwerfen sie das Bild einer Stadt, in der die Wunschträume der rauhen kapitalistischen Wirklichkeit wahr werden. ‚Sieben Tage ohne Arbeit', Whisky und Mädchen, Rauchen und Kämpfe, vor allem aber Ruhe und Eintracht: Mahagonny steht für eine totale Freizeitutopie; es verspricht die Befreiung des Menschen im Genuß, eine Form der Selbstverwirklichung, die zum ideologischen Grundarsenal des kapitalistischen Systems zu rechnen ist. Allerdings: das irdische Paradies bleibt auf seinen vermeintlichen Widerpart, auf die großen Städte unmittelbar bezogen. Nicht nur schafft die Wertschöpfung in der anarchischen Warenproduktion des Kapitalismus die materiellen Voraussetzungen für das Funktionieren der Netzestadt.

Zugleich bringen die durch entfremdete Arbeit und Ausbeutung charak-
terisierten Produktionsverhältnisse jenes pervertierte Glücksbedürfnis
der Menschen hervor, das dem freizeitindustriellen Unternehmen seinen
Erfolg allererst ermöglicht. Genuß, Vergnügen und Spaß nehmen Warencharakter an; Freundschaft und Liebe, Formen menschlicher Glückser-
füllung, stehen unter dem vom Tauschprinzip geforderten Gesetz der
Verdinglichung. Mahagonny lebt vom Verkauf von Freiheit. Unter dem
Schein der Befreiung reproduzieren sich die bekannten ökonomischen
Zwänge jedoch in unerhörter Schärfe. Die anarchische Warenproduktion spiegelt sich in der geordneten Anarchie der Konsumtion. Doch
erweist sich letztlich Freiheit, die käuflich ist, als tödlich.

Das Wunschbild, das Brecht mit *Mahagonny* in die traditionelle Form
der Raum-Utopie gekleidet hat – der Gründungsakt, in der Tat die
„mächtige Parodie eines Staatsvertrages" (Adorno), zitiert beinahe zynisch einen Topos des Staatsromans –, ist in Wahrheit ein Mittel radikaler Entzauberung. Die vorgängige Identität von Wunschbild und Abbild
des Kapitalismus ist das Ergebnis einer komplexen ästhetischen Struktur.
Mahagonny reproduziert nicht ohne Hilfe einer Reihe mythologischer
Folien (von der Wildwest-Romantik bis zu einer biblischen Verweisungsebene) den Nimbus kapitalistischer Blütenträume allein zu dem Zweck,
ihn gründlich zu zerstören. Das sorgsam konstruierte Modell von Aufstieg und Fall der Paradiesstadt stellt in parabelhafter Reduktion grundlegende gesellschaftliche Zusammenhänge aus. Hauptfigur in diesem
„Gleichnis vom heutigen Leben" (Weill) ist die Stadt selbst. Entscheidend aber ist die Perspektive, in der die ‚Sittenbilder' der Gegenwart
dargeboten werden. Durch sie erst wird die kapitalistische Utopie zum
Medium einer fundamentalen Kritik der sie erzeugenden gesellschaftlichen Wirklichkeit.

2.4. „Aber etwas fehlt": eine Krise, ein Holzfäller und die Gesetze der menschlichen Glückseligkeit

Ein ‚Versuch' ist die epische Oper *Mahagonny* auch insofern, als sie eine
neuartige Verbindung zwischen kollektiven Prozessen und individueller
Figurenhandlung herstellt. Der Holzfäller Paul Ackermann betritt die
Stadt, als mangelnde Nachfrage, fallende Preise und ein Rückgang des
Umsatzes unübersehbar eine Krise des Unternehmens ankündigen, das
seine Gründerjahre bereits hinter sich hat. Die Krise stellt sich dar als
eine zunehmende Radikalisierung, die einer ihr immanenten destruktiven
Logik der Entwicklung folgt. Paul aber, ein ‚wahrhaft Suchender', geht
den Dingen auf den Grund und treibt so die verborgene Anarchie der
Konsumtion hervor. Die passive Genußwelt, in der Spießers Utopia sich
realisiert, noch dazu eingeschränkt durch zahlreiche Verbote, erregt bei

dem Holzfäller, der sieben Jahre Arbeit und Entbehrung hinter sich hat, Enttäuschung und Verdruß. Die mangelnde Produktivität des sanatoriumsartig geregelten Konsumparadieses veranlaßt Paul zu der Erkenntnis, daß zuviel Ruhe und Eintracht herrscht in Mahagonny, daß es zuviel gibt, woran man sich halten kann. (523) Dies ist bewußt gegen die Gründungsdeklaration der Stadt gesetzt, in der die Existenz Mahagonnys mit der fehlenden Eintracht in den großen Städten legitimiert wurde. Doch ist die Identität des scheinbar Gegensätzlichen gewährleistet in der universalen Willkürherrschaft des Tauschgesetzes, der Produktion und Konsumtion gleichermaßen unterworfen sind. Der kapitalistische Himmel umspannt auch Mahagonny, das irdische Paradies, dessen weiße Wolke eilig abtritt, bevor ein ‚menschlicher Taifun‘ sich anschickt, die letzten Fesseln abzustreifen und die anarchische Konsumtion zum Gesetz zu erheben. In der Nacht, in der Mahagonny von einem Hurrikan bedroht wird, entdeckt und verkündet Paul die „Gesetze der menschlichen Glückseligkeit". Zwar ist die erkennbare historische Dialektik der gesellschaftlichen Entwicklung nicht dem Naturzwang entrissen, doch stiftet Brecht mit dieser Gleichzeitigkeit eine bedeutsame Entsprechung von Naturkatastrophe und gesellschaftlichem Prozeß.

Der Mensch im Stande der Natur ist ein Barbar. „Schlimm ist der Hurrikan/Schlimmer ist der Taifun/Doch am schlimmsten ist der Mensch." (526) Die Gesellschaftlichkeit des Menschen ist seine wahre Natur. „Laßt uns bekämpfen die Natur", formuliert dialektisch der Ozeanflug, „bis wir selber natürlich geworden sind" (575). Eine Gesellschaft, die das ‚natürliche‘ Prinzip des Kampfes aller gegen alle zum Gesetz erhebt, ist inhuman. Die Inhumanität des neuen Grundgesetzes von Mahagonny erweist sich so gerade aus seiner ‚naturwüchsigen‘ Genese, die Natur und Mensch in eine abgründige Nähe stellt. Ein entmenschter Mensch verkündet das Programm des grenzenlosen Genusses; die beklagte Unproduktivität schlägt um in Destruktion. Tatsächlich bedeutet der Aufruf zur totalen Selbstbefreiung eine konsequente Umsetzung der totalen Freizeitutopie.

Die Proklamation des neuen Gesetzes – „Im Interesse der Ordnung/ Zum Besten des Staates/Für die Zukunft der Menschheit/Zu deinem eigenen Wohlbefinden" (528 f.) – erfolgt wiederum in der Form eines parodistischen Seitenhiebes auf die utopische Tradition. Allerdings ist die im Namen enthaltene Anspielung auf die aufklärerische Eudämonie nicht ohne dialektischen Hintersinn. Eine durchgehende Ambiguität kennzeichnet Pauls Appell. Ein zutiefst menschlicher Protest verbirgt sich unter einem inhumanen Antlitz. Der Choral „Laßt euch nicht verführen" enthält nicht nur eine scharfe Absage an jede Form transzendenter Vertröstung; er ist zugleich eine Befreiung zum Diesseits, ein kraftvoller Aufruf zur tätigen Nutzung des Lebens ohne „Fron und Ausgezehr".

Und noch in den neuen Geboten des „Du darfst es!“ bricht sich ein
unstillbares Glücksverlangen des Menschen Bahn. Der rücksichtslose
Egoismus des Selbstgenusses verweist zurück auf den Baalschen Vitali-
tätskult, der sich überhaupt in *Mahagonny* auf den Prüfstand eines gesellschaftskritischen Theaterlaboratoriums gestellt sieht. Seinen asozialen Charakter enthüllt das neue Gesetz völlig erst in der asozialen Gesellschaft des Kapitalismus, dessen anarchische Organisation es an die Oberfläche des gesellschaftlichen Verhaltens befördert. Seit je erweist die Utopie sich als Kehrseite entfremdeten Daseins. Das kapitalistische System
wird durch Pauls Entdeckung nicht angetastet; Mahagonnys Untergang
folgt einer ihm eigenen Entwicklungslogik, die der Fall des einfachen
Holzfällers ins Bewußtsein hebt. Vollständig wird das neue Gesetz des
„Du darfst es!“ erst mit dem entscheidenden Zusatz: ‚wenn du bezahlen
kannst‘. Die totale Freiheit schlägt um in totale Unfreiheit, gerät sie unter
die universale Herrschaft des Geldes.

Vier zum Teil grotesk überzeichnete Exempla einer Nummernkomödie
demonstrieren auf drastische Weise die fatale Gleichung von totalem
Selbstgenuß und Selbstzerstörung. Die tödlich endende Erfüllung des
neuen Grundgesetzes verhilft dem Unternehmen Mahagonny zu einer
letzten (Schein-)Blüte. Der Warencharakter von Spaß, Genuß und Vergnügen tritt besonders in der Verdinglichung menschlicher Beziehungen
wie Freundschaft und Liebe hervor. Geld beherrscht zunehmend das
Verhältnis zwischen Paul und seinen Freunden aus Alaska. Die Prostitution, im Brechtschen Werk Prototyp kapitalistischer Verdinglichung,
zeigt die ökonomisch erzwungene Selbstentfremdung des Menschen, die
aus dem Verkauf des Körpers, der Liebe, ja des eigenen Selbst resultiert.
Das brutal durchgreifende Gesetz der Barzahlung hebt den rauschhaft
erfahrenen Schein der Freiheit rasch auf. Der Ernüchterung sucht Paul
sich durch einen Ausstieg aus dem zur Hölle gewordenen Paradies zu
entziehen. Die Alaska-Fahrt auf dem Billardtisch hat den Charakter einer
Fluchtutopie. In den „schwarzen Wäldern“ von Alaska und im Abenteuer der Seefahrt – zentrale Bilder der frühen Lyrik – verdichten sich die
Projektionen des ‚wahrhaft Suchenden‘, der hier die am Ende gewonnene
Erkenntnis, den Widerspruch käuflicher Freiheit, im Traum vorwegnimmt. Der Traum hat keinen Tauschwert. Die Gerechtigkeit von Mahagonny nimmt ihren Lauf.

2.5. Paradies, Inferno und weltliche Passion: Der Tod Paul Ackermanns und der Untergang der Stadt Mahagonny

In einem als schwarze Satire auf die Korruptheit der Klassenjustiz gestalteten Prozeß wird Paul Ackermann von einem Gericht, das aus den
Hauptgeschädigten seiner ‚Verbrechen‘ besteht, zum Tode verurteilt:

„Wegen Mangel an Geld/Was das größte Verbrechen ist/Das auf dem Erdenrund vorkommt." (555) In den letzten Szenen *Mahagonnys* mehren sich die Anspielungen auf biblische Personen und Ereignisse, die in der Oper von Anfang an zu beobachten sind. (Sehm, L⁺41) Paul erscheint als Christusfigur, Prozeß und Hinrichtung weisen Spuren einer weltlichen Passion auf. Völlig verfehlt wäre es indessen, *Mahagonny* auf eine Bibelparodie, auf eine anthropologisch angelegte Demonstration menschlicher Unzulänglichkeit zu verkürzen. Die biblische Verweisungsebene steht neben anderen ‚mythologischen‘ Folien, die insgesamt einen Deutungshorizont stiften, der noch längst nicht ausgeschöpft ist. Der kollektive Traumbestand der Menschheit, die utopische Tradition, ist schon mehrfach berührt worden. Wie in der Musik der Oper werden hier tiefsitzende Identifikationsmuster einer bürgerlich-kapitalistischen Kultur beschworen. Die „Urbilder des Kapitalismus" (Adorno) stehen wie die biblischen Mythen als erratische Blöcke im ernsten Spiel von Mahagonny. Zwar dient ihre Evokation einer umso nachhaltigeren Zerstörung obsoleter Vorstellungskomplexe, doch bewahrt gerade der Bedeutungsüberschuß der ästhetisch eingefangenen Mythen die Oper davor, ein antikapitalistischer Abzählreim zu werden.

Im „Spiel von Gott in Mahagonny" wird die Entgötterung weiter vorangetrieben, der transzendente Weltbau endgültig auf seine ‚kleinste Größe‘ gebracht. Nicht nur gibt es keinen Himmel, auch ist keine andere Hölle verfügbar als die Welt, in der die Menschen immer schon leben. Pauls Anruf des Weltenrichters bleibt unerhört. Das jüngste Gericht hat schon stattgefunden. Das Urteil wird vollstreckt. Pauls Erkenntnis – „Jetzt erkenne ich: als ich diese Stadt betrat, um mir mit Geld Freude zu kaufen, war mein Untergang besiegelt. [...] Die Freude, die ich kaufte, war keine Freude, und die Freiheit für Geld war keine Freiheit." (560f.) – kommt zu spät. Wie auch sonst in den Stücken der ‚Versuchs‘-Phase wird in *Mahagonny* das Lernen formal und thematisch reflektiert. Der Lernprozeß des Holzfällers scheitert. Besiegelt ist aber auch der Untergang der Stadt Mahagonny. Zwar demonstrieren Unbelehrbare weiter für ihre bekannten ‚Ideale‘, den „Fortbestand des Goldenen Zeitalters". Doch künden zunehmende Verwirrung, Teuerung und die Feindschaft aller gegen alle das nahe Ende des kapitalistischen Traums und seiner infernalischen Wirklichkeit. Kein Zufall, daß der Theaterskandal bei der Leipziger Uraufführung sich an den Demonstrationszügen des Finales entzündete. Zu Grabe getragen wird hier nicht allein die Leiche Paul Ackermanns, sondern ebenso das kapitalistische System selbst, für das jede Hilfe zu spät kommt: „Können uns und euch und niemand helfen." (564)

2.6. Moderner Mythos oder marxistische Parabel? *Brechts ‚Mahagonny' als utopisch intendierte Kritik des Kapitalismus*

Nicht zuletzt der radikal pessimistisch klingende Schlußsatz der Oper hat Anlaß gegeben, *Mahagonny* als eine Art „Endspiel" zu lesen. „In its own terms, *Mahagonny* seems to reject any hope of a new society, it is a kind of anti-Utopia, a Utopia ad absurdum." (Milfull, L$^+$ 412) John Milfull hat Adornos These energisch zurückgewiesen, Brecht habe sein Stück aus der „Vogelperspektive der klassenlosen Gesellschaft" geschrieben, in ihm verschweige sich das Bild einer befreiten Sozietät. Er versteht *Mahagonny* als eine zutiefst pessimistische Abrechnung mit dem Frühwerk, dessen ästhetisch-gesellschaftliche Perspektive mit Paul Ackermann zu Grabe getragen werde.

Mahagonny ist ein Werk des Übergangs. Es überliefert zentrale Bestandteile der frühen Produktion, jedoch in einer Weise, die Bewertungen wie ‚positiv' vs. ‚negativ', ‚optimistisch' vs. ‚pessimistisch' fragwürdig erscheinen läßt. Auch eine abstrakte Entgegensetzung von modernem Mythos und marxistischer Parabel wird *Mahagonny* nicht gerecht. Der Übergangscharakter der Oper zeigt sich gerade in dem erkenntniskritischen Zusammenspiel von mythologischen Folien und parabelhafter Reduktion. Die Versatzstücke des Frühwerks tragen in erheblichem Maße zur ästhetischen Komplexität der Oper bei. (Es kann hier nicht verfolgt werden, inwieweit die „regelhaft verschobene Optik" des Stückes [Adorno] Erkenntnis- und Darbietungsweisen vorwegnimmt, die später als Verfremdung/Historisierung bezeichnet werden.) Zugleich aber werden die in den frühen zwanziger Jahren entwickelten Vorstellungen in einen Untersuchungsrahmen gestellt, der sie auf ihren gesellschaftlichen Wert hin überprüft. Dabei bleibt die Ambiguität des *Mahagonny* -Komplexes in erstaunlichem Ausmaß erhalten. Das in ihm sich artikulierende Glücksbedürfnis des Menschen weist weit über die kapitalistische Immanenz hinaus.

Mahagonny liefert eine fundamentale Kritik kapitalistischer Wirklichkeit und ihrer Utopie. Doch bleibt die Kritik selbst nicht ohne utopischen Bezug. Wie die ästhetische Konstruktion der kapitalistischen (Traum-) Welt ihre eigene Negation schon mitenthält, so ist auch die Perspektive ihrer Darbietung auf eine künftige Gestaltung gesellschaftlicher Beziehungen hin angelegt. Der empirische Rahmen zeigt die Oper am Anfang und besonders am Ende zur Wirklichkeit hin offen. Die utopische Intention erweist sich als historisch vermittelt. Sie antizipiert eine geschichtliche Entwicklung, die vorerst als Kritik allein realisiert werden kann. (Müller, L$^+$ 420) So viel aber ist trotz strikten Bilderverbots erkennbar: ihr eigentliches Gegenbild gewinnt die kapitalistische Gesellschaft nicht in der Befreiung *von*, sondern in der Befreiung *in* der Arbeit. Nicht die

Arbeit ist abzuschaffen, sondern ihre entfremdete Form, in die die kapitalistische Ökonomie sie zwingt. Die Utopie befreiter Arbeit, die Brecht der Freizeitutopie entgegensetzt, hat einen festen Platz im Konzept der „Großen Produktion" erhalten, das die Reflexionen des Stückeschreibers über die zukünftige Geschichte später entscheidend bestimmen wird.

3. Lehrstücke

3.1. Grundlageninformationen

Materialien

44 Steinweg, Reiner (Hrsg.): Brechts Modell der Lehrstücke. Zeugnisse, Diskussion, Erfahrungen. Frankfurt/M. 1978. [Enthält, chronologisch geordnet, Äußerungen Brechts, Eislers und verschiedener Mitarbeiter zu den Lehrstücken (1929–1970). Daneben theorie- und praxisbezogene Beiträge zur Lehrstück-Diskussion. Anhang mit ausführlichem Verzeichnis der „Zeugnisse". Sachregister zur Lehrstücktheorie.]
45 Steinweg, Reiner (Hrsg.): Auf Anregung Brechts. Lehrstücke mit Schülern, Arbeitern, Theaterleuten. Frankfurt/M. 1978. [Enthält neben Erfahrungsberichten von Lehrstückerprobungen weitere Beiträge zur Lehrstück-Diskussion. Besonderes Interesse verdient Heiner Müllers „Absage".]

Forschungsliteratur
 – Schumacher (L⁺ 436).
 – Mittenzwei (L⁺ 413).
 – Adorno (L 323).
 – Benjamin (L⁺ 324).
 – alternative (L 303 und L 305).
46 Steinweg, Reiner: Brechts Lehrstücktheorie. In: alternative 14/1971, S. 102–116. [Erste wirksam zugespitzte Formulierung der These: „Nicht das epische Schaustück, sondern das Lehrstück kommt als Modell für ein sozialistisches Theater in einer sozialistischen Gesellschaft in Frage."]
 – Lacis (L 399).
47 Steinweg, Reiner: Das Lehrstück. Brechts Theorie einer politisch-ästhetischen Erziehung. Stuttgart 1972. [Akribische Rekonstruktion und Analyse einer Lehrstücktheorie. Teil A stellt chronologisch z.T. unveröffentlichte Äußerungen Brechts und seiner Mitarbeiter zum Lehrstück zusammen. Der philologisch aufwendige Anhang enthält eine textgenetische Übersicht über die von Brecht veröffentlichten Lehrstücke und die Fragmente aus dem Nachlaß. Tabellarische und diskursive Rekonstruktion des *Fatzer*-Fragments. Konkordanzen. Namen-, Titel- und Sachregister.]
 – Mennemeier (L⁺ 409).
48 Berenberg-Gossler, Heinrich/Müller, Hans-Harald/Stosch, Joachim: Das Lehrstück – Rekonstruktion einer Theorie oder Fortsetzung eines Lernprozesses? Eine Auseinandersetzung mit Reiner Steinweg, Das Lehrstück. Brechts Theo-

rie einer politisch-ästhetischen Erziehung. Stuttgart 1972. In: Brechtdiskussion. Hrsg. v. Joachim Dyck et al., Kronberg 1974, S. 121–171. [Überaus differenzierte Kritik an Steinwegs ahistorisch verfahrender übersystematischer Re-Konstruktion einer Lehrstücktheorie und an seiner einseitigen Bevorzugung des Lehrstücks gegenüber dem Schaustück.]

49 Bock, Stephan: Chronik zu Brechts ,Garbe/Büsching'-Projekt und Käthe Rülickes Bio-Interview ,Hans Garbe erzählt' sowie zu anderen Bearbeitungen des Garbe-Stoffes von 1949 bis 1954. Brecht Jahrbuch 1977, S. 81–99. [Aufschlußreiche Darstellung einer Lehrstückarbeit Brechts nach der Rückkehr aus dem Exil.]
  – Voigts (L⁺ 454).

50 Luccesi, Joachim/Schneider, Ursula (Hrsg.): Lehrstück in der Praxis. Zwei Versuche mit Bertolt Brechts *Die Ausnahme und die Regel, Die Horatier und die Kuriatier*. Berlin 1979. [Protokolle und Erfahrungsberichte über zwei Lehrstückerprobungen in der DDR.]
  – Knopf (L⁺ 294).
  – Voigts (L⁺ 455).

51 Jaretzky, Reinhold: Die Diskussion um die Lehrstücktheorie Bertolt Brechts. In: Diskussion Deutsch 12/1981, S. 75–87. [Unergiebiges Referat willkürlich ausgewählter Beiträge zur Lehrstücktheorie. Die modellhafte Interpretation der *Maßnahme* bleibt hinter dem Stand der Forschung zurück.]

52 VonBawey, Petermichael: Rhetorik der Utopie. Eine Untersuchung zum ästhetischen Aufbau und argumentativen Zusammenhang der Lehrstücke Brechts. München 1981.

53 Nägele, Rainer: Brechts Theater der Grausamkeit. Lehrstücke und Stückwerke. In: Hinderer (L⁺ 322), S. 300–320. [N. sucht Nähen zwischen Brecht und Artaud: der mythische Irrationalismus und der politische Rationalismus seien als unversöhnlicher Widerspruch beiden Theaterkonzeptionen immanent. Die kursorische Deutung einzelner Lehrstücke vermag – trotz interessanter Anmerkungen zum Gestischen – nicht zu überzeugen.]

3.2. Auf der Suche nach der ,dialektischen Dramatik'

Der proklamierte Funktionswechsel des Theaters stieß auf unüberwindliche Schwierigkeiten. Die neue dramatische Produktion stellte umfassende Ansprüche an den Zuschauer. Das wissenschaftliche Interesse eines produktiven Publikums, das nicht als zufälliges Käuferkollektiv, sondern als schon ,theatralisierte' und ,organisierte' Masse Bestandteil der ästhetisch-politischen Kommunikation ist, war die problematische Voraussetzung für eine angemessene Aufnahme der neuen Stücke. Haupthindernis aber blieb der Primat der Apparate, die bürgerlichen Kulturinstitutionen standen selbst dem geplanten Funktionswandel im Wege. Die Aporien der Zuschaukunst und der Institutionenkritik wurden in der seit 1928/29 entwickelten politisch-ästhetischen Strategie des Lehrstücks reflektiert. In einer Kette von Versuchen experimentierte Brecht mit einem neuen Typus theatralischer Veranstaltung, der die bestehenden Institutionen einfach umging. Das Lehrstück war angelegt als „Kunst für Produzenten": eine kollektive Kunstübung, die nur für die an ihr Beteiligten lehrhaft ist. Zugleich aber war es auch ein neuer Versuch in der „dialektischen Dramatik", die sich die Aufgabe stellte, „die revolutionierende Wirkung zu zeigen, welche die Dialektik überall, wo sie eindringt, ausübt, ihre Rolle als beste Totengräberin bürgerlicher Ideen und Institutionen" (15, 212). Um eine neue dramatische Form, eine „dramatische Methode" ging es, die die materialistische Dialektik adäquat umzusetzen imstande war. Die thematischen Schwerpunkte der Lehrstücke, ihre charakteristische Gestaltung des Verhältnisses von Verhalten und Denken, Theorie und Praxis, überhaupt der Zusammenhang von pädagogisch-politischer Intention und ästhetischer Realisation bei dem als kollektivem Lernprozeß aufgefaßten Lehrstück werden unter diesem Gesichtspunkt zu behandeln sein. Selbstverständigenden Charakter besaß die Lehrstückproduktion nicht zuletzt für den Stückeschreiber selbst, der hier ein (nicht zufällig künstlerisches) Medium fand, die Erfahrungen bei der politisch-ästhetischen Aneignung des Marxismus zu objektivieren.

3.3. Das Kollektiv als dramatisches Subjekt. Überlegungen zu ‚Individuum und Masse'

„In den wachsenden Kollektiven erfolgt die Zertrümmerung der Person." (20, 61) Brecht hat den Funktionsverlust bürgerlicher Individualität in der industriellen Massengesellschaft früh erkannt. Schon der krasse Individualismus der Baalfigur war dialektisch auf den historischen Vorgang des Persönlichkeitsverlustes bezogen; die nüchtern-wohlwollende Beschreibung des neuen Menschentypus in *Mann ist Mann* zog schließlich die Konsequenzen aus der soziologisch fundierten Relativierung der Einzelperson (vgl. AB III). Wenn die großen Individuen ihre entscheidende Rolle verlieren, wenn Kollektive zum eigentlichen Subjekt des historischen Prozesses werden, dann konnte das nicht folgenlos bleiben für eine wirklichkeitsbezogene dramatische Gestaltung.

Die 1930 entstandenen Notizen über *Individuum und Masse* sind ein wichtiges Zeugnis für diesbezügliche Überlegungen, von zentraler Bedeutung zudem für Theorie und Praxis des Lehrstücks. (20, 60–63) Brecht kritisierte den bürgerlichen Massebegriff, der vom Individuum her konzipiert ist. „Der Mensch ist nicht vorstellbar ohne menschliche Gesellschaft." Die Gesellschaftlichkeit des Menschen, seine Zugehörigkeit zu mehreren Kollektiven muß zur Grundlage einer Neubestimmung des Masse- wie des Individuumbegriffs werden. Die Kollektivierung erscheint als ein grundsätzlich positiv zu bewertender Prozeß, in dem die menschliche Natur auf dem Weg zu sich selber ist. „Der Kollektivist sieht die Menschheit als einen Apparat, der erst teilweise organisiert ist." Höchst problematisch bleibt die Gestaltung des Übergangs des historisch überfällig gewordenen Individuums in ein Kollektiv. Schon die begriffliche Erfassung dieses Prozesses bereitet ungeheure Schwierigkeiten. Brecht war gezwungen, die präzisierende Unschärfe der Bildsprache in Anspruch zu nehmen: die Person „fällt in Teile, sie verliert ihren Atem. Sie geht über in anderes, sie ist namenlos, sie hat kein Antlitz mehr, sie flieht aus ihrer Ausdehnung in ihre kleinste Größe – aus ihrer Entbehrlichkeit in das Nichts –; aber in ihrer kleinsten Größe erkennt sie tiefatmend übergegangen ihre neue und eigentliche Unentbehrlichkeit im Ganzen." (20, 61) Die personale Identität geht nicht verloren; sie wird bewahrt gerade durch die Aufgabe jeden individuellen Anspruchs, durch die neue Unentbehrlichkeit im Kollektiv. „Wir werden einmal vom Massenhaften das Individuum suchen und somit aufbauen." Damit ist nicht nur ein zentraler Lernbereich des Lehrstücks angesprochen; zugleich werden hier die Voraussetzungen für eine neue Figurengestaltung erkennbar, die das Lehrstück zu erproben versucht.

3.4. Zur Lehrstücktheorie

Es ist das Verdienst Reiner Steinwegs, das lange Zeit von der Forschung vernachlässigte Lehrstück für kurze Zeit in den Mittelpunkt der Brechtdiskussion gerückt zu haben. (Steinweg, L$^+$ 47) Als eigenständiger Typus der Brechtschen Dramatik wird das Lehrstück konstituiert durch die „Basisregel", das Spielen ohne Zuschauer, und die „Realisationsregel", die besagt, daß „ästhetische maßstäbe für die gestaltung von personen, die für die schaustücke gelten, [...] beim lehrstück außer funktion gesetzt" sind (Steinweg, L$^+$ 44, Nr. 145) Steinwegs genretheoretische Bestimmungen berufen sich vor allem auf einen 1937 entstandenen Text Brechts *Zur Theorie des Lehrstücks*. „das lehrstück lehrt dadurch, daß es gespielt, nicht dadurch, daß es gesehen wird. [...] es liegt dem lehrstück die erwartung zugrunde, daß der spielende durch die durchführung bestimmter handlungsweisen, einnahme bestimmter haltungen, wiedergabe bestimmter reden usw. gesellschaftlich beeinflußt werden kann." (ebd.) Der kollektive Kunstakt Lehrstück kommt zustande durch die Kopie und Kritik von Haltungen, Verhaltens- und Redemustern. Gelehrt bzw. gelernt werden kritische Haltung und politisches Verhalten. Die Lehrstücke sind aktivierende Modelle eines Theorie-Praxis-Verhältnisses, die eine Methode gesellschaftlich eingreifenden Denkens und Handelns realisieren: die materialistische Dialektik ist ihr ästhetisches Organisationsprinzip.

Steinwegs vehementes Eintreten für eine Rehabilitation des Lehrstücks gipfelte in der – mittlerweile weitgehend zurückgenommenen – These,

das Lehrstück und seine Theorie enthielten Brechts „revolutionären Ansatz für ein Theater der Zukunft", nicht aber die Exilstücke des epischen
Theaters, die lediglich „Not- und Übergangslösungen" darstellten.
(L^+ 46, 116) In dieser später zur kalkulierten Provokation entschärften
Verzeichnung lag denn auch einer der Hauptangriffspunkte der Kritik,
die Steinwegs Untersuchungen hervorriefen (vgl. bes. Berenberg-Gossler,
L^+ 48). Seine unhistorische kontextfreie Re-Konstruktion einer ‚Theorie'
des Lehrstücks, ohne Bezug zur Lehrstückpraxis und ohne Berücksichtigung der übrigen theatertheoretischen Reflexionen Brechts zwischen
1929 und 1956, traf auf entschiedenen Widerspruch. Steinweg verabso-
lutierte *eine* der politisch-ästhetischen Strategien, die Brecht am Ende der
Weimarer Republik entwickelte. Eine methodisch anfechtbare Systemprojektion schuf in einem äußerst heterogenen ungleichzeitigen Textkor-
pus eine begriffliche Stimmigkeit, die historisch produktive Widersprüche eher verdeckte. Überhaupt unterschätzte Steinweg die Bedeutung der
historischen Genese des Lehrstücks, seinen unverkennbaren Zusammenhang mit Institutionenkritik und Zuschaukunst (Basisregel), mit den
Überlegungen zu Individuum und Kollektiv (Realisationsregel), mit der
breiter angelegten Aneignung der materialistischen Dialektik für die Dramatik und mit der neuen Zweckbestimmung der Institution Kunst (Pädagogik).

Die im wesentlichen 1930 entstandene Theorie der „Pädagogien" (vgl.
Steinweg, L^+ 44, Texte 29, 30, 33, 53) verweist ebenso wie die radikale
Institutionenkritik auf die utopische Intention, die Brechts ‚Versuchen'
insgesamt zugrundelag. Gerade die dezidiert utopische Intentionalität
der Lehrstückexperimente, die auf eine kommende sozialistische Gesellschaftsordnung hin entworfen sind, garantiert ihren politischen Realismus, bewahrt sie vor der Selbst-Täuschung der bürgerlichen (Reform-)
Pädagogik, in deren Kontext sie nur scheinbar sich einfügen. „In keiner
Zeit", so Brecht im *Dreigroschenprozeß*, „war Schillers Vorschlag, die
politische Erziehung zu einer Angelegenheit der Ästhetik zu machen, so
offenkundig aussichtslos wie heute." (18, 165). Die konkret utopische
Orientierung der Lehrstücktheorie hatte ihren historischen Ort. Steinwegs Fehler besteht – bei aller philologischer Distanz – aus einer allzu
großen Unmittelbarkeit seinem Gegenstand gegenüber. Die immer schon
auf eine kurzfristige Aktualisierung angelegte Entdeckung des Lehrstücks, die ihren Optimismus ganz wesentlich dem studentischen Aufbruch der sechziger und siebziger Jahre verdankt (die weitgehende zeitliche Koinzidenz von studentischer Rebellion und Lehrstückboom in der
Bundesrepublik ist keineswegs zufällig!), verlor mit der historischen Dimension den nötigen Abstand, die Funktion dieser politisch-ästhetischen
Strategie im Kontext der revolutionären Versuche am Ende der ersten
Republik zu bestimmen. Vermeintliche Nähe verführte zu einer unzuläs-

sigen Vereinseitigung von Brechts weitgefächertem Bemühen um eine
wirkungsvolle politische Theorie und Praxis des Theaters.
Doch führt nach Steinwegs produktiver Provokation kein Weg zurück
zum alten Stand der Diskussion. Im Gegenteil, gerade die Kritik an seinen Thesen differenzierte und präzisierte das Bild der Versuchsphase, der
die Lehrstücke zum großen Teil zuzurechnen sind. Das Lehrstück war
mehr als Übergang und Etappe; es ging in die strategischen Überlegungen
zur Entwicklung des episch-dialektischen Theaters ein, ohne in ihnen
aufzugehen: die Kunst für Produzenten blieb ein radikaler Entwurf ohne
Nachfolge. Das Lehrstück hat Brecht auch nach 1932/33 noch beschäftigt. Zahlreiche Notate im ‚Arbeitsjournal‘ und anderswo – die fragmentarische *Theorie des Lehrstücks* entstand 1937! – bezeugen ein fortgesetztes Interesse des Stückeschreibers an dieser dramatischen Form.
Noch in den letzten Lebensjahren Brechts, bei der Arbeit am Garbe/
Büsching-Projekt, spielt die kleine Form des Lehrstücks eine wichtige
Rolle. (Bock, L⁺ 49) Eine Geschichte des Lehrstücks, der Genese, Funktion und Reichweite seiner Theorie und Praxis, bleibt noch zu schreiben.

4. ‚Das Badener Lehrstück vom Einverständnis‘

4.1. Grundlageninformationen

Materialien
– Steinweg (L⁺ 44), Nr. 2–7, 39–42.

Forschungsliteratur
– Schumacher (L⁺ 436).
54 Steinweg, Reiner: Die Lehrstücke als Versuchsreihe. In: alternative 14/1971,
   S. 121–126. [Nachweis, daß die einzelnen Lehrstücke Elemente einer „Lehrstückreihe“ bilden, die dialektisch angelegt ist. „Jeder ‚Versuch‘ gilt für sich,
   aber ihm ist ein ‚Gegenstück‘ zugeordnet, eine Negation, die u.U. im dritten
   Stück ‚aufgehoben‘ wird.“]
55 Steinweg, Reiner: Das Badener Lehrstück vom Einverständnis. Mystik, Reli-
   gionsersatz oder Parodie? In: Text + Kritik. Sonderheft Bertolt Brecht II.
   München 1973, S. 109–130. [Detaillierte Auseinandersetzung mit der Funktion religiöser und mystischer Elemente im *Badener Lehrstück* und ihrer Be-
   wertung in der Forschung. Ihr „Gebrauchswert“ ergebe sich allein im Kontext
   einer „Philosophie strenger, materialistischer Diesseitigkeit.“]
– Mennemeier (L⁺ 409).
– Milfull (L⁺ 412).
– Voigts (L⁺ 454).
– Knopf (L⁺ 294).
– Müller (L⁺ 297).

4.2. Technischer Fortschritt und gesellschaftliche Entwicklung

Das *Badener Lehrstück vom Einverständnis* folgt in der Lehrstückreihe auf den *Flug der Lindberghs*, auf dessen Schluß, den ‚Bericht vom Fliegen', es gleich zu Beginn wörtlich Bezug nimmt (vgl. AB V). Was dort als Quintessenz, als Rühmung der technischen Pioniertat Lindberghs fungierte, wird im *Badener Lehrstück* als Eigenrühmung der vier Gestürzten zum problematischen Ausgangspunkt eines Lernprozesses, in dem der Zusammenhang von technischem Fortschritt und gesellschaftlicher Entwicklung einer kritischen Betrachtung unterzogen wird. War im *Lindberghflug* der Bericht noch dem „Unerreichbaren" gewidmet, so spricht das *Badener Lehrstück* vom „noch nicht Erreichten": der technische Fortschritt wird in den geschichtlichen Prozeß hineingenommen, der keine anderen Grenzen anerkennt als die Zeit. In einer ersten Untersuchung demonstriert der gelernte Chor die Folgen einer Verselbständigung der Entdeckungen, Erfindungen und wissenschaftlichen Forschungen, die von ihrem eigentlichen Zweck, das gesellschaftliche Leben der Menschen zu erleichtern und zu verbessern, sich längst losgelöst haben. Die Entfaltung der Produktivkräfte widerspricht dem Stand der Produktionsverhältnisse. Die Beherrschung der Natur hat (noch nicht!) zu einer Befreiung des Menschen zu sich selbst geführt: „Während ihr folgt, kroch/Ein euch Ähnliches am Boden/Nicht wie ein Mensch!" (2, 593)

4.3. Der widerspruchsvolle Zusammenhang von Hilfe und Gewalt

Die Menge widerruft ihre anfänglich spontan geäußerte Bereitschaft, den Gestürzten zu helfen. Zwei weitere Untersuchungen veranschaulichen die Lehre, daß der Mensch dem Menschen nicht hilft. Nachdem zwanzig Photographien gezeigt haben, wie „Menschen von Menschen abgeschlachtet werden", demonstriert die „Clownsnummer" den widerspruchsvollen Zusammenhang von Hilfe und Gewalt. Der destruktive Charakter menschlicher Hilfe wird auf drastische Weise vor Augen geführt. Zwei Clowns, Einser und Zweier, treten im Gewand der Hilfe an, einen wehleidigen Riesen, Herrn Schmitt, zu verstümmeln. Anbiedernde Schmeichelei schlägt um in zynische Unterwerfung des Opfers; aus dem vermeintlich hilfsbedürftigen Riesen wird am Ende ein lebensunfähiger Torso. Die gewaltsame Destruktion des Opfers verhilft den beiden Clowns zu einem neuen Machtbewußtsein. Der Lernprozeß zeigt: Der Anspruch auf Hilfe erzeugt Gewalt; Gewalt prägt immer schon den Zustand, der Hilfe nötig macht. Die „Clownsnummer" verdeutlicht zugleich eine Haltung falschen Einverständnisses. Herr Schmitt erreicht seine „kleinste Größe" im buchstäblichen Sinn: als Torso. Die hier demonstrierte Form der Selbstaufgabe geht nicht einher mit der Aufgabe jeden individuellen Anspruchs. Das Ergebnis ist eine um so gründlichere Verstümmelung des Menschen, der als kollektives Wesen seine gesellschaftliche Natur erst zur Entfaltung bringt. Um das richtige Einverständnis geht es im zweiten Teil des Lehrstücks. Der erste Lernprozeß wird abgeschlossen durch die „Hilfeverweigerung", einen Kommentar, der die gesellschaftlich-politischen Schlußfolgerungen aus den abstrakten Exempeln der Untersuchung zieht: „Also sollt ihr nicht Hilfe verlangen, sondern die Gewalt abschaffen./Hilfe und Gewalt geben ein Ganzes/Und das Ganze muß verändert werden." (599)

4.4. Vom Gebrauchswert des Sterbens: der Übergang ins sozialistische Kollektiv

Die Hilfeverweigerung exponiert den zweiten thematischen Komplex des Lehrstücks, das Einverständnis. Im Zentrum stehen vier Kommentartexte, die eine „Anweisung", eine „Haltung" vermitteln wollen: zu lernen ist das Sterben. Dabei geht es zunächst um den Zusammenhang von Festhalten und Entreißen. Einzuüben sind verschiedene Arten des Aufgebens, vom Besitz bis zur Armut selbst, die als Voraussetzung für das Sterben begriffen werden. Im weiteren bedient sich der Lehrvorgang zweier parabelhafter Exempelgeschichten, die wiederum eine besondere Haltung zeigen, sie ‚zitieren‘. Der Denkende (zum Zusammenhang mit der Keunerfigur vgl. Müller, L⁺ 297) überwindet einen Sturm, indem er durch verschiedene Handlungen sein Einverständnis mit dem Sturm bezeugt und seine kleinste Größe einnimmt. Mit Recht hat Jan Knopf auf die aktiven Konnotationen des ‚Überwindens‘ hingewiesen, das nicht nur ‚Aushalten‘ und ‚Überstehen‘ meint, sondern auch die Bedeutung des ‚Beherrschens‘ einschließt (vgl. Knopf, L⁺ 294).

Die in der Gleichnishandlung gewonnene Erkenntnis/Haltung bedarf einer zweifachen Rückübertragung, bevor ihre gesellschaftlich-praktische Bedeutung offenbar wird. Wie der Denkende den Sturm in der kleinsten Größe überwindet, so sollen die Gestürzten das Sterben überwinden durch das Aufgeben jeden individuellen Anspruchs. Einverstanden mit dem Sterben, bereit zur Aufgabe, ist das Sterben zu überwinden. Zugleich aber heißt dies: Wer die Veränderung der gesellschaftlichen Wirklichkeit begreift, wer ihre Folgen für die individuelle Identität erkennt, der erklärt sich einverstanden, er nimmt seine kleinste Größe ein, die eine Übergangsgröße ist für die Neubestimmung der personalen Identität im sozialistischen Kollektiv. Das Sterben hat im Lehrstück einen „Gebrauchswert". Es steht als Modell für den Lernprozeß, der den Übergang des Individuums ins Kollektiv beschreibt (vgl. 3. 3: Brecht verwendet dort den gleichen Bildbestand wie im *Badener Lehrstück*).

Brecht hat selbstkritisch bekannt, daß „dem Sterben im Vergleich zu seinem doch wohl nur geringen Gebrauchswert zuviel Gewicht beigemessen" wird. (2, 3*) Das mag erklären, warum die Forschung lange Zeit verständnislos Mönchsexerzitien, Gebote der christlichen Tugendlehre, den mystischen consensus registrierte, ohne die Modellfunktion dieser nicht zufällig zitierten Traditionsbestände zu beachten. Brecht hat die religiösen Muster zugleich säkularisiert und historisch konkretisiert. Schumachers Kritik an der angeblich abstrakten Kollektivierung geht ebenso fehl wie Steinwegs Versuch, die christlichen Bezüge zu entschärfen (vgl. Schumacher, L$^+$436; Steinweg, L$^+$55). Indem er den Tod als Selbstaufgabe der historisch überfälligen bürgerlichen Individualität zur Prämisse des Eintritts ins sozialistische Kollektiv erklärt, radikalisiert der Stückeschreiber den Gebrauchswert des Sterbens: die neue Transzendenz ist diesseitig.

Daß es sich keinesfalls um ein abstraktes Einverständnis handelt, zeigt der Schluß des Lehrstücks, der einen Appell zur revolutionären Veränderung der Welt formuliert. Nachdem das „Examen" die im Kommentar geforderte Haltung in Rede, die „Enteignung" sie in Handlung umgesetzt hat, nach der „Austreibung" des Fliegers, der, auf seinem individuellen Anspruch beharrend, sein Einverständnis mit dem Sterben verweigert, wird hier abschließend die gesellschaftlich-politische Bedeutung dieser Haltung vorgeführt. Einverständnis ist erforderlich für eine permanente revolutionäre Veränderung der Welt, der Menschheit, der Wahrheit. Das sozialistische Kollektiv, der gelernte Chor, erteilt den Monteuren den Auftrag, mitzuhelfen bei der großen Veränderung: „Ausbeutung und Unkenntnis" abzuschaffen, die Gesellschaft der Klassen.

Die Textanalyse kann selbstverständigendes Spiel nicht ersetzen; die pädagogische Intention ist auf eine ästhetische Realisation angewiesen. Einverständnis erfordert und lehrt das Stück nicht nur mit den im Text vermittelten Haltungen, Handlungen und Reden. Die produktive Kopie und Kritik der Muster im Spiel vervollständigt erst die kollektive Kunstübung für Produzenten.

5. ‚Die Maßnahme'

5.1. Grundlageninformationen

Materialien
Die Maßnahme. Kritische Ausgabe (L 236). [Enthält den „poetischen Text" (repräsentiert in Fassungen: Juli 1930, 1930 ‚Versuche', 1931 ‚Versuche', 1935/ 36 Moskauer Ausgabe, 1937/38 Gesammelte Werke), einen kritischen Apparat zum „poetischen Text" mit Zeilensynopsis, Deszendenzschema und Textgeschichte, Zeugenbeschreibung, Entwürfen. Beigefügt sind eine Beschreibung der Musik von Manfred Garbs, Äußerungen der Autoren zur *Maßnahme* in

chronologischer Folge. Zwei Lenin-Auszüge sollen den theoretischen Kontext repräsentieren. Umfangreiche Sammlung von Zeugnissen zur Rezeption. Nachwort des Herausgebers, an Spielgruppen und Philologen gerichtet.]
– Steinweg (L⁺ 44), Nr. 67–74, 103–110 et pass.

Forschungsliteratur
– Schumacher (L⁺ 436).
56 Grimm, Reinhold: Ideologische Tragödie und Tragödie der Ideologie. Versuch über ein Lehrstück von Brecht. In: ZfdPh 78/1959, S. 394–424. [Vgl. 5.4.]
– Mittenzwei (L⁺ 413).
57 Steinweg, Reiner: Brechts *Die Maßnahme* – Übungstext, nicht Tragödie. In: alternative 14/1971, S. 133–146. [Engagierte Widerlegung der „Tragödien"-These im Rahmen einer Modellanalyse der *Maßnahme*, die den Bestimmungen der Lehrstücktheorie Rechnung trägt.]
58 Kaiser, Joachim: Brechts *Maßnahme* – und die linke Angst. In: NR 84/1973, S. 96–125. [Ausschweifende Anmerkungen zum Spielverbot für die *Maßnahme*, an dem die Brecht-Erben bis heute festhalten. K. rettet das Stück „als Drama obersten Ranges" und macht die „linke Angst" verantwortlich für seine Vorenthaltung.]
– Mennemeier (L⁺ 409).
59 Lazarowicz, Klaus: Die rote Messe. Liturgische Elemente in Brechts *Maßnahme*. In: Lit. wiss. Jb. 16/1975 (1977), S. 205–220.
60 Rey, William H.: Brechts *Maßnahme* – ein Stein des Anstoßes. In: Sprachkunst 8/1977, S. 202–222. [Brecht habe mit der *Maßnahme* eine Antwort auf die Krise des Individuums gegeben. „Das Individuum, das in Gefahr steht, entweder anarchistischer Auflösung oder faschistischer Barbarei zu verfallen, kann sich nur als Glied der kommunistischen Kampfgemeinschaft behaupten."]
61 Horn, Peter: Die Wirklichkeit ist konkret. Bertolt Brechts *Maßnahme* und die Frage der Parteidisziplin. In: Brecht-Jahrbuch 1978, S. 39–65. [Historische Konkretisierung der *Maßnahme*, die den Wirklichkeitscharakter der Lehrstücke tendenziell vernachlässigt. Brecht habe die Fragen nach dem Zeitpunkt der Revolution, nach innerparteilicher Demokratie und Parteidisziplin und nach dem Verhältnis von spontaner Menschlichkeit und organisierter Revolution diskutieren wollen.]
– Knopf (L⁺ 294).

5.2. ‚Konkretisierung‘: Lehrstück im Klassenkampf

Vier kommunistische Agitatoren haben sich nach Beendigung der revolutionären Arbeit in China vor einem Parteigericht zu verantworten, weil sie einen jungen Genossen auf der Reise getötet haben. Die Notwendigkeit dieser „Maßnahme" zu beweisen, spielen sie entscheidende Situationen, die das falsche politische Verhalten des Genossen demonstrieren, nach. Der Zweck des Lehrstücks ist, politisch unrichtiges Verhalten zu zeigen und dadurch richtiges Verhalten zu lehren. Mit der *Maßnahme* näherte Brecht sich der proletarisch-revolutionären Bewegung: dem Klassenkampf, der Partei, der illegalen Arbeit für die Revolution. Doch bleibt auch sie fester Bestandteil der Lehrstückreihe, vielfältig thematisch verflochten besonders mit dem *Badener Lehrstück* und dem *Jasager*. Die „Konkretisierung" (Brecht) der *Maßnahme* ist mißverständlich. Die epische Struktur (Gericht und Bericht, Spiel im Spiel) wird in Anspruch genommen, um die bekannten Themen wie Einverständnis, Individuum und Kollektiv, Hilfe und Gewalt, Theorie und Praxis, in neuer Weise zu exponieren. Entscheidend bleiben die ausgestellten Verhaltensmuster. Ihre Konkretisierung im Rahmen einer extrem zugespitzten politischen Situation dient der Einübung in die revolutionäre Praxis des Klassenkampfes.

5.3. Das ‚asoziale Muster' in der Figur des jungen Genossen

Über den hohen Lehrwert „asozialer Muster" hat Brecht sich wiederholt geäußert (vgl. etwa Steinweg, L$^+$ 44, Nr. 53). In der *Maßnahme* ist der eigentlich „pädagogische Part" der Rolle des jungen Genossen vorbehalten. In der zweiten Szene des Lehrstücks erklärt dieser sein „Einverständnis" mit der Art der revolutionären Arbeit, mit der „Auslöschung" der Individualität, die als Bedingung der Illegalität eingeführt ist. Der Durchgang durch die kleinste Größe ist hier als Vorbereitung auf die neue Identität im revolutionären Kollektiv gestaltet. Das Einverständnis ist, wie schon im *Badener Lehrstück*, auf die „Revolutionierung der Welt", den „Vormarsch der proletarischen Massen aller Länder" gerichtet. Dieses Einverständnis, das zu Beginn der im Spiel vergegenwärtigten Stationen jeweils erneuert wird, kündigt der Genosse auf. Mit der revolutionären Disziplin geht auch die neu gewonnene kollektive Identität verloren, als er mit dem Zerreißen der Maske sein Einverständnis offen bricht. Die Maßnahme ist keinesfalls die Bestrafung eines Abtrünnigen; sie liegt in der Konsequenz des Einverständnisses als Bedingung der Möglichkeit erfolgreicher illegaler Tätigkeit. „Einzig mit dem/Unbeugbaren Willen, die Welt zu verändern, begründeten wir/Die Maßnahme." (2, 661) Mit dem Ja zu seiner Tötung, die gleichnishaft die extremste Folge des Einverständnisses wie seines Bruchs durch falsches politisches Verhalten verdeutlichen soll, stellt der junge Genosse ausdrücklich sein ursprünglich gegebenes Einverständnis mit der revolutionären Veränderung der Welt wieder her.

Der Ausbruch aus dem revolutionären Kollektiv ist nur die letzte Stufe wiederholten Fehlverhaltens, durch das der junge Genosse die Bewegung ernsthaft gefährdet. Die einführende Selbstcharakteristik läßt ihn als Träger von Verhaltens- und Sprachmustern idealistischer Provenienz erscheinen. „Mein Herz schlägt für die Revolution [...] Der Mensch muß

dem Menschen helfen. Ich bin für die Freiheit. Ich glaube an die Menschheit." (634) Sein revolutionäres Engagement ist überwiegend emotional
begründet; Spontaneität, unmittelbare Betroffenheit setzen seine Handlungen in Gang. Er vermag auch später sein Gefühl nicht durch den
Verstand zu kontrollieren, revolutionäre Ungeduld wird damit zum
Hemmschuh der Revolution. Bürgerlich-individualistisch eingefärbte
Tugenden wie Mitleid, Gerechtigkeit, Ehrgefühl sowie immer wieder aus
spontanem Mitleiden geborene Ungeduld lassen ihn in den revolutionären Aufgaben versagen. Seine Einsicht in die eigenen Fehler kommt jedesmal zu spät.

Richtiges Verhalten wird keineswegs, wie oft angenommen, durch die
vier Agitatoren oder gar die Partei (Kontrollchor) präsentiert. Richtiges
Verhalten ergibt sich aus der produktiven Kopie und Kritik des asozialen
Musters im Spiel. Nicht ohne Grund ist vorgesehen, daß jeder Spieler
einmal die Rolle des jungen Genossen zu übernehmen hat. Die Partei ist
selbst Subjekt/Objekt eines Lernprozesses; sie billigt die Maßnahme,
doch anerkennt auch sie: „Nicht ihr spracht ihm sein Urteil, sondern/Die
Wirklichkeit." (661) Die *Maßnahme* birgt den Entwurf zu einer neuen
Verhaltenslehre. Nicht der hergebrachte Dualismus von gut und böse
beherrscht die neue Ethik des Klassenkampfes, sondern die dialektische
Bewertung von richtigem und falschem Verhalten in einer gegebenen
politischen Situation. Die neue Ethik ist dem Klassenkampf abgewonnen,
doch ist sie zugleich auf dessen revolutionäre Überwindung gerichtet. Im
Me-ti, dem ,Buch der Wendungen', hat Brecht ein neues politisch-litera-
risches Medium entwickelt, die soziale Verhaltenslehre auszubauen.

5.4. Zwei verbreitete Fehldeutungen der ,Maßnahme'

Zwei einflußreiche Fehldeutungen haben die literaturwissenschaftliche
Rezeption der *Maßnahme* in Ost und West nachhaltig bestimmt. Schon
1931 hatte Alfred Kurella das Stück als einen „Versuch mit nicht ganz
tauglichen Mitteln" gebrandmarkt, mit Argumenten, an denen die DDR-
Forschung bis heute weitgehend festgehalten hat (vgl. Steinweg, L 236,
378–393). Kurella verstellte sich den Blick auf das eigentliche Anliegen
der *Maßnahme*, indem er den Tod des jungen Genossen als das zentrale
Thema des Stückes begriff, das er als idealistisch-abstrakte Gestaltung
eines „radikalen Kleinbürgers" verwarf, den „die Erfahrung aus dem
Lager der Bourgeoisie zum Proletariat treibt". Kurella zeigt keinerlei
Verständnis für den Realitätscharakter des Lehrstücks, das nicht den
Anspruch erhebt, revolutionäre Ereignisse, ob in China, Rußland oder
Sachsen/Thüringen 1923, auf naturalistische Weise nachzustellen. Seine
Realität bezieht das Lehrstück nicht aus der ästhetischen Widerspiege-
lung realer Vorkommnisse; seine Realität gewinnt es erst im „Prozeß der

politischen Selbstaufklärung" (Mennemeier), in dem klassenbewußte
Proletarier Verhaltensweisen der revolutionären Praxis einer produktiven Kritik unterziehen.

Der dafür notwendige situative Kontext wird aus
Realitätspartikeln hergestellt, die zwar nicht zufällig Bezug zur politischen Situation der Zeit haben; deren ‚realistische' Erfassung ist jedoch
keineswegs beabsichtigt.

Wahrhaft ein ‚Versuch mit nicht ganz tauglichen Mitteln' ist die Deutung der *Maßnahme* als „ideologische Tragödie" oder „Tragödie der
Ideologie", an der Reinhold Grimm seit 1959 unbeirrt festhält. (Grimm,
L 56, vgl. auch Steinweg, L⁺ 57) Von Tragik kann bei der *Maßnahme*
schon deswegen nicht die Rede sein, weil für alle Beteiligten grundsätzlich eine identische Wertordnung vorauszusetzen ist: die Divergenzen
liegen im Bereich der Taktik. Eine substantielle Kollision sich ausschlie-
ßender absoluter Werte ist nicht auszumachen. Selbst die Opposition von
Gefühl und Verstand ist nicht absolut; der revolutionäre Verstand hebt
die Unmittelbarkeit der Gefühle auf in eine höhere Ebene der Reflexion.
Der Konflikt entfaltet sich auch keineswegs mit Notwendigkeit. Unre-
flektierter Radikalismus und scheinrevolutionäre Ungeduld führen den
jungen Genossen zu Verhaltensweisen, die der illegalen Arbeit schweren
Schaden zufügen. Kurzsichtigkeit und blinder Aktionismus werden kaum
als moralisch höheres wertbezogenes Handeln gelten können. Im übrigen
verbietet der auch und gerade in der Figurengestaltung erkennbare Lehrstückcharakter der *Maßnahme* die von Grimm vorgetragene Deutung.
Nicht nur ist der junge Genosse kein tragischer Protagonist, sondern ein
figuraler Träger bestimmter Verhaltensmuster; auch fehlt ihm ein eigent-
licher Antagonist, spricht doch am Ende, wie gezeigt, nicht die Partei,
sondern die Wirklichkeit selbst das Urteil. Das Lehrstück zeigt falsches
Einverständnis, um richtiges politisches Verhalten zu lehren. Die neue
Ethik schließlich, die Verhaltenslehre aus dem Klassenkampf, läßt für
Tragik keinen Raum.

6. ‚Die Mutter'

6.1. Grundlageninformationen

Materialien

– Hecht (L 238). [Enthält Dokumente zur Aufführung in Berlin 1932, Brechts
  Anmerkungen zur *Mutter* 1932 und 1936, Zeugnisse des Autors zur Aufführung der Theatre Union in New York 1935. Daneben Materialien zur Inszenierung des Berliner Ensembles 1951 und zu Modellinszenierungen nach
  1951. Anhang mit Daten zur *Mutter*, einer Zeittafel zu den Ereignissen im
  Stück, Besetzungsverzeichnissen und einer Aufführungsliste.]
– Canaris (L 239). [Dokumentiert die Inszenierung von Peter Stein 1970, die

eine Aktualisierung der *Mutter* in Hinblick auf die bundesdeutschen Verhältnisse versuchte.]

Forschungsliteratur
- Schumacher (L[+] 436).
- Wirth (L[+] 467).
- Mittenzwei (L[+] 413).
- Kuhnert (L 398).
- Rülicke-Weiler (L[+] 428).
- Müller (L[+] 419). [Untersucht die *Mutter* als „klassisches Beispiel für die ‚Aufhebung‘ des Individuums in den Typ als Erscheinungsweise des Allgemeinen“. Brechts Vorgehen wird von der symbolischen Darstellungsweise in Gorkis Roman abgegrenzt.]
- Lerg-Kill (L 400).
- Schlaffer (L 430).
- Knopf (L[+] 294).

6.2. Die dramatische Gestaltung kollektiver historischer Vorgänge

Mit der *Mutter* setzte Brecht die Reihe der Versuche zum epischen Theater fort. Zwar ist sie „im Stil der Lehrstücke geschrieben“; doch als „ein Stück antimetaphysischer, materialistischer, nichtaristotelischer Dramatik“ trägt sie zur Weiterentwicklung des episch-dialektischen Theaters bei. (17, 1036) Für die *Mutter* gelten weder die Basis-, noch die Realisationsregel der Lehrstücke. Das Spiel der Weigel bei der Uraufführung im Januar 1932 führte die epische Darstellungsweise auf einen neuen Höhepunkt. Wie die kurz zuvor beendete *Heilige Johanna der Schlachthöfe* ist die *Mutter* ein Versuch in der Dramatik großer Gegenstände, in der Gestaltung der neuen Beziehungen im Sinne der materialistischen Dialektik. „Konkretisierung“ meint hier – bei aller thematischen Nähe zur *Maßnahme* – etwas gänzlich anderes als bei den Lehrstücken. In der *Mutter* wird das historisch bezeugte Modell der russischen Revolution mit der prototypisch gestalteten Biographie einer proletarischen Mutter verknüpft, in einem dramatischen Lernprozeß, der politische Bewußtseinsbildung und revolutionäre Praxis zugleich zu vermitteln sucht.

Ein Vergleich mit der Gorkischen Romanvorlage (russ. 1906) vermag Brechts Intentionen bei der dramatischen Bearbeitung zu verdeutlichen. Gorki gestaltete nach wahren Begebenheiten (den revolutionären Vorgängen in der Arbeitervorstadt von Nischni Novgorod 1901/1902) das individuelle Schicksal der Frau und Mutter Pelagea Wlassowa. Anhand der politischen Bewußtseinsentwicklung der Mutter und ihres Sohnes Pawel versucht Gorki, die revolutionäre Entwicklung in der russischen Arbeiterschaft vor 1905 zu demonstrieren. Der Roman, der später zum klassischen Muster der Doktrin des Sozialistischen Realismus erklärt wurde (vgl. AB VII, 4.), endet mit einem heroisch-optimistischen Ausblick auf die proletarische Revolution. Seine eigentliche Bedeutung erhält der besondere Fall der Wlassowa durch eine symbolische Erzählweise, die die Entwicklung der Mutter in Beziehung setzt zu historischen Prozessen und Ereignissen auf einer Ebene höherer Allgemeinheit.

Brecht versucht mit der *Mutter*, die über die Massenhaftigkeit vermittelte historische Qualität alltäglicher Vorgänge in eine dramatische Form zu bringen. (Müller, L⁺ 419) Der massenhafte Vorgang der Revolution gewinnt bei ihm eine individuelle Gestalt, weil die individuelle Entwicklung paradigmatisch wesentliche Stationen des kollektiven revolutionären Prozesses repräsentiert. Hier ist ein zentrales Darstellungsproblem des episch-dialektischen Theaters berührt, das ja die dialogisch-figural bestimmte traditionelle Dramenform explizit aufgekündigt hatte. Eine angemessene Darstellung des historischen Prozesses, der Revolutionierung der gesellschaftlichen Beziehungen unter den Menschen, ist möglich nur durch einen Funktionswechsel der dramatischen Figur. Als Prototyp einer Revolutionierung ist die Mutter nicht allein Gegenstand der dramatischen Gestaltung, sondern zunächst und vor allem ein Medium der Darstellung der nun Primat erlangenden kollektiven historischen Vorgänge selbst. Die Typisierung transzendiert die herkömmlichen dramatischen Figurenkonzepte auf doppelte Weise. In ihr wird die Massenhaftigkeit alltäglicher Vorgänge in einem Maße präsent, das das Figurenhandeln als kollektives erscheinen lassen kann; damit wird zugleich die historische Dignität zum Ausdruck gebracht, die dem revolutionären Kollektiv als neuem Subjekt der Geschichte zukommt.

Wenn damit die Figurengestaltung ins Kalkül einer „politischen Psychologie" (Brecht) gestellt wird, die ihr eigentliches Interesse in den Vorgängen selbst findet, so hat dies gewisse Vereinfachungen in der Figurencharakteristik zur Folge. Die Mutter ist ganz wesentlich durch zwei rudimentäre Eigenschaften bestimmt: ihre Mütterlichkeit und ihre umwerfende, hinter Naivität sich verbergende proletarische Schläue. Noch mehr gilt diese Vereinfachung für andere Figuren wie etwa Smilgin, den Lehrer oder die Revolutionäre, die – hier wird die Erfahrung der Lehrstücke sichtbar! – bestimmte sozial prägnante Verhaltensmodelle der Zeit demonstrieren.

Die Kritik an der Blässe der Figurenzeichnung, an der leeren Abstraktheit des Brechtschen Dramenpersonals verkennt den Realismus des episch-dialektischen Theaters, zu dem ein adäquater Zugang über die Figurendeutung allein nicht zu gewinnen ist (zum Realismus vgl. AB VII, 4.; aufschlußreich ist auch die Auseinandersetzung Brechts mit dem New Yorker Arbeitertheater 1935: L⁺ 238). Es bleibt noch nachzutragen, daß die neue Figurenkonzeption nicht allein Mittel der ästhetischen Durchdringung und Darstellung der gesellschaftlichen Wirklichkeit ist; sie ist zugleich Bestandteil der dargestellten Realität, mit dem die in den Lehrstücken vorangetriebene Neubestimmung von Individuum und Masse einen konkreten Ausdruck erhält. Die Gesellschaftlichkeit des Menschen, seine kollektive Natur, wird in Brechts "soziologischem Experiment über die Revolutionierung der Mutter" (Benjamin) zur Anschauung gebracht. Die gemeinsam betriebene „Dritte Sache" führt zu einer grundlegenden Neugestaltung der Mutterrolle, die nicht mehr primär biologisch-familiär, sondern sozial und politisch begründet ist.

6.3. Der Lernprozeß der Mutter

Der Lernprozeß der Mutter, vorgeführt an einer Reihe typischer Situationen von hohem Lehrwert, zeigt die Entwicklung der Pelagea Wlassowa, „Mutter eines Arbeiters und Witwe eines Arbeiters", zu einer klassenbewußten Kämpferin für die Revolution. Die Stationen ihres Weges präsentieren verschiedene gesellschaftliche Verhaltensmodelle und Lernschritte, die gleichnishaft ein Bild der revolutionären Entwicklung ergeben. Die *Mutter* ist trotz lehrhafter Elemente ein Schaustück. Die Zuschauer lernen von und mit der Protagonistin; die dialektische Fabelführung, die Projektionen, die Unterbrechung durch Lieder und Chöre, die epische Darstellungsweise verlangen jedoch eine produktive Rezeption des Stücks, das mit der Erweiterung des politischen Bewußtseins zugleich eine Anleitung zu revolutionärem Handeln geben will. Die ersten Szenen zeigen die Mutter in ihrer angestammten Rolle. Mit der zunehmenden materiellen Not hat sie sich abgefunden. Mißtrauisch und ängstlich beargwöhnt sie das politische Engagement ihres Sohnes Pawel, das Treffen der Revolutionäre in ihrem Haus. Ihr mütterliches Schutzgefühl führt sie allmählich auf die Seite der revolutionären Arbeiter. Die sinnliche Erfahrung brutaler staatlicher Gewalt und Willkür und eine erste Lektion in der politischen Ökonomie begründen ihre aktive Teilnahme am Kampf der Streikenden. Lernend lehrt die Mutter Theorie und Praxis des Klassenkampfes. In der Mai-Demonstration gelangt die Wlassowa zur Erkenntnis ihrer Klassenlage. Mit dem „Lob des Kommunismus" (2, 852) gewinnt ihr Lernprozeß eine neue Qualität. Teilnehmend am Kampf der Klassen, lehrt die Mutter exemplarisch Einsichten und Verhaltensweisen einer neuen eingreifenden Mütterlichkeit.

Sie agitiert in der Wohnung des Lehrers und in der Gutsküche, sie druckt und verteilt Flugblätter, sie nimmt teil an blutigen Straßendemonstrationen, sie entlarvt falsche religiöse Vorstellungen, mutig und listig hetzt sie gegen den imperialistischen Krieg.

Die neue Mutterrolle sprengt den engen Rahmen familiärer Bindungen. Das Verhältnis zu Pawel gewinnt eine ungekannte Nähe, so weit

Mutter und Sohn auch im Kampf entfernt sein mögen. Die „dritte Sache" stiftet neue Beziehungen gesellschaftlichen Charakters. Das Private und Persönliche wird aufgehoben in den Dienst für die gemeinsame Sache, die Revolution. Hier erst wird die Radikalität des „Einverständnisses", der kollektiven Neubestimmung der Individualität, ganz erkennbar: „Ihre individuellen Interessen und Bedürfnisse sind die allgemeinen der Arbeiterklasse, die nur noch vom Kollektiv, durch den Sturz der alten Gesellschaft, realisiert werden können." (Rülicke-Weiler, L⁺ 428, 132) Das Ende des Stücks zeigt die Mutter 1917, in der Reihe streikender Arbeiter und meuternder Matrosen, beim Kampf „um die Macht im Staate". Das „Lob der Dialektik" zieht die Summe eines Lernprozesses und formuliert damit zugleich einen Appell, der das historisch bezeugte Modell der Revolution zur Gegenwart hin öffnet: „Wer verloren ist, kämpfe!/Wer seine Lage erkannt hat, wie soll der aufzuhalten sein?/Denn die Besiegten von heute sind die Sieger von morgen/Und aus niemals wird: heute noch." (2, 895)

6.4. Die ‚philosophische Ebene' des Stücks

Ein weiteres Mittel, die kollektive und historische Qualität der dramatisch gezeigten Vorgänge zu verdeutlichen, sind die Lieder und Chöre in der *Mutter,* die zusammengenommen eine Art „philosophische Ebene" (Wirth) über der Handlungsebene des Stücks bilden. Figural oder thematisch Bestandteil der Dramenhandlung, sind sie zugleich ein zentrales Medium ihrer Deutung, ihrer politisch-philosophischen Reflexion. In ihnen meldet ein Kollektivbewußtsein sich zu Wort, das das individuelle Figurenhandeln auf der Bühne als gesellschaftlichen Vorgang kenntlich macht, das die konkreten Erfahrungen der Handlungsebene zu abstrakteren Lehren höherer Allgemeinheit verdichtet, zu Lehren allerdings, die unmittelbar in revolutionäre Praxis umgesetzt sein wollen.

Die Chöre transzendieren den individuellen Lernprozeß, sie stellen ihn in einen umfassenderen Horizont gesellschaftlicher Verallgemeinerung. Der Zuschauer lernt nicht allein von der Mutter, er lernt zugleich auch mit ihr und durch sie. Das „Lied vom Ausweg" (830) knüpft ebenso wie der erste Song „Bürste den Rock" (826) an die resignative Haltung der Mutter an, objektiviert jedoch deren individuellen Erfahrungsgehalt, indem es sie in den Zusammenhang der Klassenerfahrung stellt. Die scheinbare Ausweglosigkeit ist so betrachtet Ausdruck einer törichten Blindheit. Die Mutter ist noch nicht zum Bewußtsein ihrer Klassenlage gelangt. Gezeigt wird nun die kollektive Macht des einigen Proletariats; demonstriert wird die Notwendigkeit einer revolutionären Umwälzung des Staates. Die Chöre objektivieren den allgemeinen Lehrgehalt des individuellen Lernprozesses, treiben aber zugleich die Handlung voran.

Sie sollen dem Zuschauer „die richtige Haltung vormachen, ihn einladen, sich Meinungen zu bilden, seine Erfahrung zu Hilfe zu rufen, Kontrolle zu üben. Solche Chöre richten einen *Appell an den Praktiker im Zuschauer,* rufen ihn zur Emanzipation gegenüber der dargestellten Welt und auch der Darstellung selber auf." (2, 901)

Arbeitsbereich V

Brechts medientheoretische Überlegungen (‚Radiotheorie' und ‚Dreigroschenprozeß')

0. Vorbemerkung: Wirkungsorientiertes Literaturverständnis und Interesse für die neuen Medien

Wie wenige Schriftsteller seiner Generation hat Brecht seine literarische Arbeit im Zusammenhang mit den veränderten Bedingungen gesehen, die durch die Entwicklung der neuen Medien Rundfunk und Film entstanden. Das erklärt sich vor allem durch seine ständige Reflexion der Funktionen und Wirkungszusammenhänge literarischer Tätigkeit, wie sie sich etwa in seinen Überlegungen zum Gebrauchswert der Lyrik, zum Materialwert der dramatischen Tradition, zur Orientierung auf das Sportpublikum usw., später auch zur ‚Pädagogik' des Lehrstücks, schon in den 20er Jahren niederschlägt (vgl. besonders AB IV). Er war sich der Massenwirkung des Films und auch des Rundfunks bewußt und dachte über die Möglichkeit nach, in diesen Bereichen tätig zu werden. In den frühen Tagebüchern ist immer wieder von Filmprojekten die Rede, die allerdings nur in wenigen Fällen bis zum Entwurf gediehen. Hingegen ist seit 1925 eine Reihe von Rundfunkarbeiten zu verzeichnen (s. Liste bei Groth/Voigts, L⁺ 69, S. 33 ff.). Auffällig ist freilich, daß Brecht seine Filmpläne den Arbeiten für das Theater nachordnete (und sie primär als Verdienstmöglichkeit erwog) und daß er bei seinen Rundfunkarbeiten vorwiegend eigene Stücke bearbeitete und Shakespeare-Dramen einrichtete. Das mag einmal damit zusammenhängen, daß die neuen Medien den Autor noch nicht herauszufordern vermochten, so daß das Theater für Brecht die wichtigere Artikulationsmöglichkeit blieb. Zum anderen aber – und das ist der wichtigere Gesichtspunkt – wurde dem Stückeschreiber schon bei seinen ersten konsequent auf die Besonderheiten der Medien ausgerichteten Projekten, dem Radiolehrstück *Flug der Lindberghs* und dem Filmentwurf *Die Beule,* deutlich, daß die Produktionsmöglichkeiten vergesellschaftet waren. Waren schon die ‚Apparate' des Theaters fest in der Hand des Bürgertums, so galt das erst recht für den sehr viel stärker subventionierten Funk und für den kommerzialisierten Film. Daraus ergab sich die Konsequenz, daß die Möglichkeiten der neuen Medien zwar reflektiert und die durch sie veränderten Produk-

tions- und Rezeptionsbedingungen der Literatur bedacht werden mußten, daß aber eine Benutzung ausgeschlossen war. Denn wenn schon „der
Schrei nach einem neuen Theater der Schrei nach einer neuen Gesellschaftsordnung" ist (15, 172), dann gilt das erst recht für die von vornherein sehr viel stärker vergesellschafteten Medien. Brecht hat deshalb
die Verweigerung des vorgefundenen Rundfunks in der *Radiotheorie*
antizipiert, die Grenzen des kommerzialisierten Films im ‚soziologischen
Experiment‘ des *Dreigroschenprozesses* beschrieben. Beide Schriften gehören bis heute zu den wichtigsten medientheoretischen Arbeiten und
sind noch immer aktuell. Im *Dreigroschenprozeß* sind Einsichten vorweggenommen, die Adorno/Horkheimer im Kapitel über die ‚Kulturindustrie‘ in der *Dialektik der Aufklärung* formuliert haben und die Brecht
bei seinen Arbeiten für den amerikanischen Film in den 40er Jahren
bestätigt fand. Mit Benjamin arbeitete er schon zusammen, so daß dessen
später formulierte Erkenntnisse *(Das Kunstwerk im Zeitalter seiner technischen Reproduzierbarkeit)* Verwendung finden konnten. Aber auch
grundlegende Thesen von Habermas *(Strukturwandel der Öffentlichkeit)*
klingen schon an.

1. ‚Radiotheorie‘: Die Utopie eines Aufstandes der Hörer

1.1. Grundlageninformationen

62 Benjamin, Walter: Theater und Rundfunk. Zur gegenseitigen Kontrolle ihrer
   Erziehungsarbeit. In: WB, Gesammelte Schriften II. 2 (Werkausgabe Bd. 5).
   Frankfurt/M. 1977, S. 773–776. [B. geht von der tatsächlichen ‚pädagogischen Gemeinschaftsarbeit‘ von Theater und Rundfunk aus und verweist auf
   die Bedeutung des Brechtschen epischen Theaters (hier besonders der Lehrstücke) für das Publikum des technischen Zeitalters.]
63 Hay, Gerhard: Bertolt Brecht und Ernst Hardts gemeinsame Rundfunkarbeit.
   In: Jb. d. dt. Schiller-Ges. 12/1968, S. 112–131. [Würdigung des Rundfunk-
   konzepts des Kölner Intendanten Ernst Hardt, insbesondere hinsichtlich seiner auf die Bildung der Arbeiterschaft bezogenen Intentionen. Darstellung der
   Zusammenarbeit Hardts mit Brecht, vor allem beim *Flug der Lindberghs*.]
64 Knilli, Friedrich: Deutsche Lautsprecher. Versuche zu einer Semiotik des Ra-
   dios. Stuttgart 1970.
65 Enzensberger, Hans Magnus: Baukasten zu einer Theorie der Medien. In:
   Kursbuch 20/1970, S. 159–186. [Bei seinem Versuch der Grundlegung einer
   marxistischen Medientheorie beruft sich E. auch auf Brechts *Radiotheorie*,
   mißversteht aber den ästhetischen Kontext des Vorschlags einer Aufhebung
   der Einwegkommunikation.]
66 Schachtsieck-Freitag, Norbert: Bertolt Brecht's Beitrag zur Geschichte‘ des
   deutschen Hörspiels. In: Brecht heute 2/1972, S. 174–186. [Überblick über
   Brechts Arbeiten für den Rundfunk und seine Radiotheorie.]
67 Schachtsieck-Freitag, Norbert: Bertolt Brechts Radiolehrstück *Der Ozean-*

flug. In: Text und Kritik. 2. Sonderband Bertolt Brecht. München 1973, S. 131–137. [Nahezu identisch mit L⁺ 66].

— Mennemeier (L⁺ 409). [Knappe Hinweise zur Radiotheorie und Rundfunkarbeit Brechts.]

68 Hörburger, Christian: Das Hörspiel in der Weimarer Republik. Versuch einer kritischen Analyse. Stuttgart 1975.

69 Groth, Peter/Voigts, Manfred: Die Entwicklung der Brechtschen Radiotheorie 1927–1932. Dargestellt unter Benutzung zweier unbekannter Aufsätze Brechts. In: Brecht-Jahrbuch 1976, S. 9–42. [Darstellung zweier Phasen der Brechtschen Radiotheorie: von der Demokratisierung des Rundfunks im Zeichen der Neuen Sachlichkeit zur Revolutionstheorie. Mit einer chronologischen Übersicht: Brecht im Rundfunk der Weimarer Republik und dem Abdruck zweier vergessener Aufsätze Brechts ,Junges Drama und Rundfunk' und ,Die Geschichte des Packers GALY GAY'.]

— Voigts (L⁺ 454). [Enthält einen Exkurs zur Radiotheorie als ,logisches Zwischenstück zwischen Neuer Sachlichkeit und Lehrstück' (S. 126 ff.)]

Negt, Oskar/Kluge, Alexander: Öffentlichkeit und Erfahrung. Zur Organisationsanalyse von bürgerlicher und proletarischer Öffentlichkeit. Frankfurt/M. 1982.

1.2. Bedingungen der Arbeit für das Radio

Der Rundfunk hatte als reines Kommunikationsmedium begonnen: 1904 als Militärfunk, 1920 als Wirtschaftsfunk. Seine Geschichte als Massenmedium begann am 29. Oktober 1923 mit der Berliner ,Funkstunde'. 1924 wurden acht regionale öffentlich-rechtliche Rundfunkanstalten gegründet, 1926/27 kamen noch zwei überregionale Sender hinzu. Als Brecht seine Rundfunkarbeit begann, versorgten zehn Sender drei Millionen Apparate; die Anstalten verfügten bereits über einen Jahresetat von dreißig Millionen Mark. Der Rundfunk gehörte zu den kulturellen Institutionen der Weimarer Republik. Schon sehr früh hatten auch Überlegungen zu seinen ästhetischen Möglichkeiten eingesetzt, an denen führende Literaten und Kulturkritiker beteiligt waren. Es wurde eine Kunst für die Demokratie gesucht.

Einer der führenden Vertreter dieser Bestrebungen war der Intendant des Kölner Rundfunks Ernst Hardt, mit dem Brecht eng und kontinuierlich zusammenarbeitete und der u. a. auch *Mann ist Mann* für den Rundfunk inszenierte (vgl. Hay, L⁺ 63). Er sah seine Aufgabe als eine erzieherische, als Vermittlung von Kultur und Bildung an alle Schichten des Volkes, insbesondere auch an die Arbeiterschaft (das Ruhrgebiet gehörte zum Sendebereich des Kölner Rundfunks).

Brecht stimmte nicht in die allgemeine Rundfunkeuphorie ein. Sein erster Aufsatz unter dem Titel ,Radio — eine vorsintflutliche Erfindung?' (18, 119 ff.) geht von dem gesellschaftspolitischen Kontext des neuen

Mediums aus: für ihn handelt es sich um eine bourgeoise, also ‚modische', nicht eine ‚moderne' Erfindung. Denn die neue Technik ist nicht aus einem Bedürfnis entstanden, sondern war schon vorhanden, bevor man über ihre Verwendbarkeit nachzudenken begann. Dem Bemühen um eine ästhetische Nutzung hält Brecht entgegen, daß der Hinweis auf unbegrenzte Möglichkeiten faktisch der Rechtfertigung schlechter Resultate diene, denn notwendigerweise sei das Radio genauso fragwürdig wie die Gesellschaftsordnung, als deren technische Erfindung es in Erscheinung getreten sei. Historisch gesehen zeige sich, „wie hier eine Kaste dadurch, daß sie es ermöglichte, das, was sie zu sagen hatte, dem ganzen Erdball zu sagen, es zugleich dem Erdball ermöglichte, zu sehen, daß sie nichts zu sagen hatte" (18, 121). Trotzdem hat er sich mit der Programmkonzeption ernsthaft beschäftigt. Auf eine Rundfrage ‚Wie können Rundfunkprogramme künstlerischer und aktueller werden?' antwortete er am 27. Dezember 1927 im ‚Berliner Börsen-Kurier' mit ‚Vorschlägen für den Intendanten des Rundfunks' (18, 121 ff.), die sich an den Berliner Intendanten Carl Hagemann richteten. Brecht geht dabei auf den doppelten Programmauftrag der Information und der ästhetischen Kommunikation ein. Im informativen Bereich sieht er die Möglichkeit des Mediums in der Herstellung von Öffentlichkeit. Er hält es für einen Fehler, daß *für* den Rundfunk produziert wird, daß also in Bericht und Kommentar ein ‚künstlicher Stoff' geschaffen wird, statt „die *aktuellen* Ereignisse [selbst] produktiv zu machen" (18, 121). Der Rundfunk sollte „mit den Apparaten an die wirklichen Ereignisse näher herankommen", also wichtige Reichstagssitzungen und große Prozesse übertragen, Interviews und Vorträge mit Diskussionen senden, die in der Öffentlichkeit Agierenden, nicht Rundfunkjournalisten sprechen lassen. Mit diesen Vorschlägen bewegt Brecht sich ganz auf der Ebene des liberalen Demokratieverständnisses.

Zur Produktion für das Radio formuliert er im wesentlichen Bedingungen. Er geht davon aus, daß die Besonderheiten des Mediums nur von Werken genutzt werden können, die „ausschließlich für das Radio gemacht" sind (18, 122), also von Hörspielen und akustischen Romanen im Sinne der Versuche Döblins und Bronnens. Rundfunkarbeit mit künstlerischem Anspruch darf nicht Gelegenheitsarbeit von Autoren sein, die auch für andere Medien arbeiten, sie muß im Rahmen von Experimenten gesichert werden, die eine Erprobung der medialen Möglichkeiten gewährleisten. Das führt zu der Einsicht, daß solche Kunst gesellschaftlich legitimiert und gefördert werden muß, womit sich die Frage nach den Interessen der Gesellschaft stellt. Von diesem zentralen Punkt aus entwickelt Brecht dann seine Radiotheorie im engeren Sinne, die noch heute bei medientheoretischen Überlegungen (etwa bei Enzensberger) eine wichtige Rolle spielt, allerdings in der Regel insofern falsch verstanden wird, als die ästhetischen Prämissen der wechselseitigen Kommunikation unbeachtet bleiben.

1.3. Rundfunkkunst

Das Problem einer Rundfunkkunst ist für Brecht Teil der weiteren Frage nach dem Funktionszusammenhang der Kunst in der Phase der Gesellschaftsentwicklung, die aus dem Geltungsbereich des Individuellen herausgetreten ist. Die Kunst kann nicht mehr für den Rundfunk und noch viel weniger der Rundfunk für die Kunst verwertet werden, sondern „Kunst und Radio sind pädagogischen Absichten zur Verfügung zu stellen" (18, 124). Es geht also um eine ästhetische Sozialisation, die sich an den historischen Notwendigkeiten auszurichten hat, und das heißt am dialektischen Materialismus, der in der Phase der Lehrstücke zur Grundlage des Brechtschen Denkens wird (vgl. AB IV). Es gibt deshalb nicht verschiedene ‚pädagogische‘ Zielsetzungen, die in Konkurrenz treten können, sondern nur eine, die im Interesse einer vernünftigen Organisation der Gesellschaft möglich ist: die kollektivistische. Eine Definition der Kunst als pädagogische Institution beinhaltet demgemäß ihre Teilhabe an den Bestrebungen zur (revolutionären) Veränderung der bestehenden Gesellschaftsordnung. In diesem Sinne erweisen sich die eigentlich ästhetischen Möglichkeiten des Rundfunks und ihre tatsächliche Inanspruchnahme durch die bürgerlich-kapitalistische Ordnung als unvereinbar. Die Radiotheorie ist also zumindest vorläufig ein utopisches Programm. Das meint Brecht, wenn er schreibt: „Die Möglichkeit der Durchführung einer solchen direkten pädagogischen Verwertung der Kunst scheint heute nicht gegeben, weil der Staat kein Interesse daran hat, seine Jugend zum Kollektivismus zu erziehen." (18, 124) Nur eine solche kollektivistische Erziehung entspricht aber den ästhetischen Möglichkeiten des Massenmediums Rundfunk.

1.4. ‚Der Flug der Lindberghs‘ – ein ‚Radiolehrstück für Knaben und Mädchen‘

Trotz der Einsicht, daß seine Radiotheorie bei den bestehenden Gesellschaftsverhältnissen nur utopischen Charakter haben konnte, hat Brecht einen Versuch zur Realisierung seiner Vorstellung im Sinne eines Exempels unternommen. Das geschah in Zusammenarbeit mit Ernst Hardt im Rahmen der vom Rundfunk veranstalteten Festspiele der deutschen Kammermusik in Baden-Baden (einer Fortsetzung der Donaueschinger Tage der neuen Musik). Brecht benutzte das aus den Bestrebungen der mit der Jugendbewegung eng verbundenen Reformpädagogik entstandene Forum, um seine Lehrstück-Reihe zu eröffnen (s. AB IV). *Der Flug der*

Lindberghs (mit der Musik von Paul Hindemith und Kurt Weill) ist ein ‚Radiolehrstück für Knaben und Mädchen‘, folgt also der Absicht, den Rundfunk als Instrument der Pädagogik zu ‚verwerten‘ und benutzt ein Kunstwerk als Lerngegenstand. Mit dem Text und der zugehörigen *Radiotheorie* eröffnet Brecht zugleich die wichtige Publikationsform der ‚Versuche‘ (das erste Heft enthält außerdem Keuner-Geschichten und Teile des *Fatzer* – Fragments), und hier erklärt er, daß seine Arbeiten „nicht mehr so sehr individuelle Erlebnisse sein (Werkcharakter haben) sollen, sondern mehr auf die Benutzung (Umgestaltung) bestimmter Institute und Institutionen gerichtet sind (Experimentcharakter haben)" (V 1, 6). Wenn man sich erinnert, daß Brecht vom Rundfunk Gelegenheit zu Experimenten verlangt hat, so wird nun deutlich, was mit dieser Forderung gemeint ist: Es geht um die Umgestaltung der Institutionen durch ihre planvolle Benutzung, also um einen revolutionierenden praktischen Kunstgebrauch. Der *Flug der Lindberghs* ist in diesem Sinne, wie es weiter heißt, „nicht die Beschreibung eines Atlantikflugs, sondern ein pädagogisches Unternehmen, ist zugleich eine bisher nicht erprobte Verwendungsart des Rundfunks, bei weitem nicht die wichtigste, aber einer aus einer Reihe von Versuchen, welche Dichtung für Übungszwecke verwenden." (V 1, 6). Wichtig ist hier, daß pädagogische Absicht und didaktische Praxis (‚Übung‘) ausdrücklich in Beziehung zu Kunst gesetzt werden: der Lehrgegenstand versteht sich als ‚Dichtung‘.

Die erste Überquerung des Atlantiks mit einem Flugzeug durch Charles Lindbergh war im Bewußtsein der Zeitgenossen eine der großen Pionierleistungen der modernen Technik. Brecht deutet sie als kollektive Arbeit der Menschheit, die sich mit Hilfe ihrer Erfindungen zur Herrschaft über die Natur erhebt. Das Lehrstück gestaltet den Vorgang als einen Dialog zwischen dem Radio (das die Rollen Amerikas, der Stadt New York, Europas, eines Schiffes, einiger Fischer, der Naturgewalten übernimmt und Geräusche liefert) und der Kollektiv-Figur der Lindberghs (Flieger). Die Flieger-Rolle ist der eigentliche Lerngegenstand, der vom Gemeinwesen (Staat) den lernenden Knaben und Mädchen zugewiesen wird. In ihrem Nachvollzug wird eine Verhaltensweise eingeübt, die das Selbstbewußtsein der modernen Menschheit und ihre durch die Technik vermittelten Fähigkeiten und Möglichkeiten artikuliert und sich aneignet. Die Lindberghs haben sich dabei gegen die öffentliche Meinung, die Naturgewalten, ihre physischen Grenzen und ihr überkommenes Bewußtsein zu behaupten. Den gehaltlichen Kern der Übung bildet ein mit ‚Ideologie‘ überschriebener Kommentar-Text (2, 575 ff.). Ähnlich wie später das *Leben des Galilei* geht die Überlegung davon aus, daß eine ‚neue Zeit‘ angebrochen ist, in der die Fähigkeit zur Naturbeherrschung eine neue Produktivität zum Wohle der Menschheit ermöglicht. Dieser Vorgang wird als ein fortlaufender Prozeß verstanden, in dem jede neue Phase das bisher schon Erreichte aufhebt und dann als Etappe im Kampf gegen ‚das Primitive' erkennbar macht. Nicht von ungefähr wird die technische Revolutionierung im Zusammenhang mit dem Revolutionskonzept der dialektischen Ökonomie gesehen. Das Bewußtsein verändert sich, indem es den Hinweis auf unabänderliche Naturgegebenheiten als gesellschaftlichen Zwang, als willkürliche Begrenzung der Produktivität versteht: In diesem Sinne ist Fliegen praktischer Atheismus, Selbstbehauptung der Menschheit gegen interessenbedingte Einschränkungen ihrer Fähigkeiten. Klassengegensätze, Ausbeutung und Unkenntnis sind historisch begründet und deshalb geschichtlich aufhebbar. So ist der Bericht über den Lindbergh-Flug Anleitung zu gesellschaftlichem Handeln, wie es die Schlußpassage des Stücks formuliert hat (2, 584 f.).

1.5. Das Übungs-Modell: Disziplinierung als Grundlage der Freiheit

Die Bedeutung des Textes ergibt sich aus den Hinweisen zur Aufführung, die in einer Reihe von Briefen und Berichten Brechts enthalten sind, insbesondere aber in den zusammen mit Peter Suhrkamp verfaßten ‚Erläuterungen' zum Arrangement der Baden-Badener Uraufführung. Erst in Verbindung mit seiner praktischen Verwertung wird der Text zum ästhetischen Gebilde (‚Dichtung'): Er „hat keinen Wert, wenn man sich nicht daran schult. Er besitzt keinen Kunstwert, der eine Aufführung rechtfertigt, die diese Schulung nicht bezweckt." (18, 124)

In der konzertanten Aufführung wurde eine solche aktive Rezeption exemplarisch demonstriert. Auf der einen Seite des Podiums saßen das Rundfunkorchester, der Chor und die Sänger, die den Radiopart lieferten (gekennzeichnet als ‚Radio'), auf der anderen Seite saß der Hörer mit seiner Partitur und realisierte seine Rolle. Dieses Arrangement ist auf den einzelnen Hörer in seinem Zimmer und auf seinen Radioapparat übertragbar. Der Kunstgegenstand wird erst in der Aufführung hergestellt, indem der Hörer durch aktive Rezeption (Singen seiner Rolle) vervollständigt, was das Radio ihm vorgibt. Das bedeutet, daß er sich mit der Haltung und vor allem der ‚Ideologie' des Lindbergh-Parts identifiziert, sie sich im aktiven Vollzug des Lehrstücks zu eigen macht und dadurch sein Bewußtsein verändert. Das hat aber nur einen Sinn, wenn gleichzeitig unendlich viele andere Hörer das gleiche tun, wenn also durch Vermittlung des Massenmediums Rundfunk eine kollektive Bewußtseinsbildung mit revolutionären, gesellschaftsverändernden Implikationen erfolgt. Ausdrücklich hat Brecht deshalb vor konzertanten Aufführungen gewarnt, in denen ein Sänger den Lindbergh-Part vorträgt und der einzelne Hörer sich in ihn einfühlt, sich also aus der Masse der Zuhörer isoliert. Dem kann allenfalls durch die Besetzung mit einem Chor begegnet werden, also durch „gemeinsames Ich-Singen" (18, 127). Das Hörer-Ich ist kollektives Ich. Hinzu kommt, daß der Lehrgegenstand Kunstcharakter hat, so daß seine Realisierung Konzentration und Anstrengung erfordert und keine Beliebigkeit zuläßt. Der Hörer ist zwar aktiv, aber in seiner Aktivität festgelegt. Ausdrücklich heißt es: „Diese Übung dient der Disziplinierung, welche die Grundlage der Freiheit ist."(18, 126) Es handelt sich dabei nicht um die individuelle Freiheit des bürgerlichen Selbstverständnisses, sondern um jene Freiheit, die das Kollektiv in der wachsenden Naturbeherrschung und in der Erhöhung der produktiven Möglichkeiten für die Gesellschaft als ganze erzeugt, also im Sinne der Ideologie um die Bedingung für die Abschaffung der „Unordnung/Welche kommt von der Unwissenheit und Gott gleicht" und für die „Bekämpfung des Primitiven" (2, 577), das die Mehrheit dem Herrschaftsanspruch einer Minderheit unterwirft. Das bedingt ein bestimmtes Verhältnis von einzelnem und Staat, dessen Grundsatz während der Baden-Badener Aufführung als theoretische Voraussetzung der Übung auf den Hintergrund projiziert wurde: „Der Staat soll reich sein, der Mensch soll arm sein, der Staat soll verpflichtet sein, vieles zu können, dem Menschen soll es erlaubt sein, weniges zu können." (18, 125) Im Sinne dieses Axioms hat der Staat die Voraussetzung für die Übung zu schaffen: durch das Radio die Geräusche, die Musik und die korrespondierenden Stimmen zu übermitteln, vor allem aber dem Hörer frei Haus die Partitur zu liefern, die ihn in den Stand setzt, seine Rolle zu übernehmen.

1.6. Die ,Radiotheorie' als Utopie

Angesichts des utopischen Charakters dieser Annahmen ist die Baden-Badener Aufführung nur ein Modell, eine Antizipation, denn die Bedingung der Radiotheorie ist ein Staat, der kollektivistisch organisiert ist und die Disziplinierung als Grundlage einer Freiheit im beschriebenen Sinn benötigt. Umgekehrt erweist sich aber der *Flug der Lindberghs* als „so weit ,revolutionär', daß der gegenwärtige Staat kein Interesse hat, diese Übungen zu veranstalten" (18, 127). Die Provokation einer notwendigen Verweigerung ist ein Verfahren, das Brecht später als ,soziologisches Experiment' beschrieben hat.

Die gleiche Haltung nimmt er auch gegenüber dem Rundfunk ein: „Dem gegenwärtigen Rundfunk soll der [*Flug der Lindberghs*] nicht zum Gebrauch dienen, sondern *er soll ihn verändern.* Die zunehmende Konzentration der mechanischen Mittel sowie die zunehmende Spezialisierung in der Ausbildung – Vorgänge, die zu beschleunigen sind – erfordern eine Art *Aufstand* des Hörers, seine Aktivisierung und seine Wiedereinsetzung als Produzent." (18, 125 f.) Das ist die medientheoretisch bedeutsamste und für die folgende Diskussion wichtigste Passage der *Radiotheorie,* die allerdings vielfach mißverstanden wurde.

Für Brecht ist, wie sich gezeigt hat, der Verzicht auf individualistische
Vereinzelung Vorbedingung des gesellschaftlichen Fortschritts. Das gilt
auch für die Massenmedien. Die ‚Aktivisierung des Hörers‘, seine ‚Wiedereinsetzung als Produzent‘ meint deshalb nicht, wie man das vielfach
unterstellt hat, totale Kommunikation von einzelnen, die jederzeit aus
der Empfänger- in die Senderrolle überwechseln können, sondern bleibt
hier bezogen auf die Realisation einer ästhetischen Vorgabe, der Partitur.
Der Hörer ist Produzent, indem er den ihm vorgeschriebenen Part realisiert. Das ist im Hinblick auf den ästhetischen Charakter des Textes (der
ausdrücklich als ‚Dichtung‘ bezeichnet wird) ein künstlerischer und kein
primär kommunikativer Vorgang. Produktion ist aneignende Reproduktion, ist Disziplinierung durch die Ansprüche des Werks. Aktiv ist der
Hörer, indem er seine Rolle übernimmt, nicht indem er sich selbst oder
seine Interessen und Meinungen unmittelbar und beliebig in die Kommunikation einbringt. Er ist – festgelegt auf die überlegte Struktur des
Kunstwerks – dann nicht Produzent im Sinne selbständigen Schaffens,
sondern Beteiligter an der Aufführung des Werks, das pädagogisches
Instrument einer kollektiven Bewußtseinsveränderung ist und das den
einzelnen als Übenden in dem Maße ins Kollektiv einbringt, wie es ihn
festlegt. In diesem Sinne ist die *Radiotheorie* utopische Revolutionstheorie.

1.7. Möglichkeiten einer wechselseitigen Kommunikation von Rundfunk und Hörer

1932 hat Brecht seine Überlegungen noch einmal in einer Rede über den
‚Rundfunk als Kommunikationsapparat‘ zusammengefaßt (18, 127 ff.).
Seine Kritik gilt der herrschenden Praxis, derzufolge der Rundfunk ein
reiner Distributionsapparat ohne eigenständige Programmkonzeption
ist, ein ‚akustisches Warenhaus‘. Seine Überführung aus einem Distribu-
tions- in einen Kommunikationsapparat wird auf zwei Ebenen diskutiert,
die zur Vermeidung von Mißverständnissen sorgfältig zu trennen sind: es
handelt sich um das öffentliche Leben und die Kultur.

Im politisch-gesellschaftlichen Bereich hält Brecht die Aufhebung der
Einwegkommunikation für entscheidend, wobei er das technische Problem gar nicht diskutiert: er hält es für lösbar, wenn man es lösen will.
Dann aber gilt, daß „der Rundfunk der denkbar großartigste Kommunikationsapparat des öffentlichen Lebens [wäre] [...], wenn er es verstün-
de, nicht nur auszusenden, sondern auch zu empfangen, also den Zuhörer nicht nur hören, sondern auch sprechen zu machen und ihn nicht zu
isolieren, sondern ihn in Beziehung zu setzen“ (18, 129). Eine derartige
Veränderung, die Öffentlichkeit in der Massengesellschaft erst im weite-
sten Sinne herstellen würde, läge, so suggeriert Brecht, im Interesse einer

wirklich demokratischen Staatsform, steht aber im Widerspruch zur herrschenden Praxis. Daraus folgt: „Sollten Sie dies für utopisch halten, so bitte ich Sie, darüber nachzudenken, warum es utopisch ist." (18, 130) Die Antwort müßte wohl lauten: Weil das Selbstverständnis der Demokratie in der Weimarer Republik – und nicht nur hier – ideologischen Charakter hat. Damit erfüllt die Radiotheorie die Aufgabe einer ideologiekritischen Demonstration.

Für den zweiten Bereich des Rundfunkprogramms, den kulturellen, gilt die Wechselseitigkeit von Rezeption und Produktion in einem anderen Sinn: sie bezieht sich auf den Funktionszusammenhang. Brecht wendet sich gegen die Folgenlosigkeit der kulturellen Gebilde, gegen folgenlose Literatur, Bildung und Ideologie, gegen einen Kulturbegriff, „nach dem die Bildung der Kultur bereits abgeschlossen ist und Kultur keiner fortgesetzten schöpferischen Bemühung bedarf" (18, 130). Es stellt sich hier die Frage, „in wessen Interesse diese Institutionen folgenlos bleiben sollen" (18, 130f.). Dem rein dekorativen, kulinarischen Kulturbegriff sei mit dem Anspruch zu begegnen, in die Wirklichkeit einzugreifen – mit dem Ziel ihrer Veränderung. Kunst in diesem Sinne muß lehrhaft und handlungsanleitend sein. Das bedeutet nicht, daß der Rundfunkhörer selbst zum Kunstproduzenten im Sinne einer Zuweisung ästhetischer Kompetenz werden soll. Vielmehr geht es um eine veränderte Rezeption, die als Praxis beginnt (der Hörer wird an der Aufführung beteiligt), die als solche über den ästhetischen Bereich hinausführt und in die Wirklichkeit eingreift. Ein Beispiel ist die kollektive Bewußtseinsbildung, die durch den *Flug der Lindberghs* vermittelt wird und als Ergebnis eines Lernprozesses eine neue Art sozialen Verhaltens möglich macht. Die epische Dramatik, die zu diesem Zeitpunkt in Gestalt der Lehrstücke vorliegt, wäre ein geeigneter Gegenstand für den Rundfunk, weil dieser die Übung ermöglicht und dadurch den Hörer zum Produzenten machen könnte. Aber Brecht hält sein Angebot für ,utopisch': „Um verkäuflich zu sein, muß die Kunst heute erst käuflich sein. Und ich wollte Ihnen lieber nichts verkaufen, sondern nur den prinzipiellen Vorschlag formulieren, aus dem Rundfunk einen Kommunikationsapparat öffentlichen Lebens zu machen." (18, 133) Sinn solcher Vorschläge ist es, durch ihre Nichtrealisierung das tatsächliche Funktionieren der bestehenden Institutionen erkennbar zu machen (,soziologisches Experiment').

2. ‚Der Dreigroschenprozeß': Medientheorie im ‚soziologischen Experiment'

2.1. Grundlageninformationen

- Lethen (L⁺ 17). [Analysiert die ideologiekritische Strategie Brechts und seine Auseinandersetzung mit den Illusionen der Intellektuellen. Verweist auf Parallelen zu Gramsci.]
- Dyck, Joachim: Ideologische Korrektur der Wirklichkeit. Brechts Filmästhetik am Beispiel seiner Erzählung *Die Bestie*. In: L⁺ 312.
- 71 Gersch, Wolfgang: Film bei Brecht. Bertolt Brechts praktische und theoretische Auseinandersetzung mit dem Film. Berlin 1975/München 1976. [Systematische und materialreiche Darstellung von Brechts Arbeiten für den Film und seiner Bedeutung für die Filmgeschichte. Vernachlässigt spezifisch medienästhetische Fragestellungen.]
- Fischetti (L 76).
- Claas (L⁺ 341).
- Voigts (L⁺ 454). [Sieht im *Dreigroschenprozeß* eine Grundlagenschrift für das epische Theater.]
- 72 Wöhrle, Dieter: Bertolt Brechts *Dreigroschenprozeß*. Selbstverständigung durch Ideologiezertrümmerung. In: Sprachkunst 11/1980, S. 40–62. [Analysiert den *Dreigroschenprozeß* als eine Form der Kritik bestehender Kultur. Weist auf den Zusammenhang zum *Tui*-Komplex hin. Bestimmt das ‚soziologische Experiment' als Lernprozeß im Kontext der ‚Ideologiezertrümmerung' und stellt Brechts filmtheoretische Vorstellungen in diesen Kontext.]
- Kocks (L⁺ 80). [Verweist auf die Begründung der ‚induktiven Methode' und ihre Bedeutung für die Romanästhetik *(Dreigroschenroman).*]
- Knopf (L⁺ 295).

2.2. Der Prozeß als Versuchsanordnung

Schon in der *Radiotheorie* hatte Brecht beharrlich Vorschläge formuliert, von deren Unrealisierbarkeit er überzeugt war. Es kam ihm darauf an, durch eine provozierend utopische Programmatik das Funktionieren der Institutionen der spätbürgerlichen Gesellschaft offenzulegen und deutlich zu machen, welche Interessen einen Gebrauch der Medien im Sinne ihrer spezifischen Möglichkeiten verhinderten. Dabei ging er davon aus, daß sich die Gesellschaft durch einen nicht-funktionsgerechten Mediengebrauch in Widersprüche verwickeln müsse, die zu einer Diskrepanz von ideologischem Selbstverständnis und praktischer Notwendigkeit führten. Solche Widersprüche glaubte Brecht im ‚soziologischen Experiment' provozieren zu können. Das wichtigste Beispiel hierfür ist der Bericht über den *Dreigroschenprozeß*. Diese von der Forschung bislang zu wenig beachtete Schrift, ein Meisterwerk angewandter Dialektik, ist zugleich ein grundlegender Beitrag zur Medientheorie, hier speziell zur Filmtheorie.

Zum Verständnis ist zunächst knapp auf die Vorgeschichte zu verweisen. Nach der erfolgreichen Zusammenarbeit beim Baden-Badener Musikfest 1927 (Songspiel *Mahagonny*) bemühte sich der Komponist Kurt Weill um ein neues gemeinsames Projekt mit Brecht. Auf Anregung seiner Mitarbeiterin Elisabeth Hauptmann entschloß sich der Stückeschreiber zu einer Bearbeitung der *Beggar's Opera* von John Gay, weil sich dafür eine Aufführungschance bei der Eröffnung von Ernst Aufrichts Theater am Schiffbauerdamm bot. Planung und Konzeption zielten auf ein Gelegenheitswerk: keiner der Beteiligten ahnte, daß hier der größte Theatererfolg der Weimarer Republik vorbereitet wurde. Die unerwartete Wirkung veranlaßte Brecht nachträglich, über konzeptionelle Schwächen nachzudenken, die er in einem brillanten Kommentar (*Anmerkungen zur Dreigroschenoper*, 17, 991 ff.) notdürftig zu korrigieren versuchte. Nur zu gern stimmte er deshalb dem Plan einer Verfilmung zu, mit dem die Filmgesellschaft Nero den kommerziellen Erfolg auszuschlachten gedachte. Der Plan war, abgesehen von seiner ökonomischen Seite, in zweifacher Hinsicht reizvoll: erstens sah Brecht im Film das zeitgemäße ästhetische Medium, mit dem die Kunst, vor allem im politisch-pädagogischen Sinne, ihre größtmögliche Wirkung erreichen konnte, und zweitens erkannte er die Möglichkeit, mit einer wesentlich veränderten Konzeption die Schwächen des Stücks zu beseitigen. Beides war natürlich nicht im Sinne der Filmgesellschaft, die vielmehr an den erprobten Erfolg der Theaterfassung möglichst unmittelbar anschließen wollte. Brecht scheiterte mit seinen Plänen, den sozialkritischen Gehalt zu verschärfen, die er nachträglich im Filmexposé *Die Beule* festhielt (,Versuche' 3, 229 ff.). Er gewann aber durch Ungenauigkeiten bei der Formulierung des Vertrags die Möglichkeit, einen Prozeß gegen die Filmgesellschaft anzustrengen. Er wußte, daß er diesen Prozeß nicht gewinnen konnte, wollte aber erklärtermaßen herausfinden, ,was hier Recht sei'. Der Prozeß bot angesichts der grundsätzlichen Fragen, die er aufwarf (Urheberrecht), und angesichts der großen Publizität des Falles die Chance, das Funktionieren der Justiz vorzuführen. Dabei hängt die rechtliche Frage eng mit medienspezifischen Problemen zusammen.

Brecht führt für seinen Bericht den Begriff des ,soziologischen Experiments' ein. Er geht davon aus, daß die bürgerliche Gesellschaft ihre Identität in ihrer Ideologie formuliert und durch diese Ideologie für ihren Zusammenhalt und Bestand sorgt. Ein wichtiger Bestandteil der Ideologie ist die Kultur, ein anderer das Recht. Im *Dreigroschenprozeß* werden nun rechtliche Fragen im Hinblick auf kulturelle Erscheinungen akut. Es geht darum, ob ein Recht (hier das Mitspracherecht bei der Erstellung des Drehbuchs), das mit den Rechtsnormen (der Ideologie) überein-

stimmt und vertraglich eindeutig fixiert ist, auch durchzusetzen ist, zumal dann – und das bleibt zunächst unausgesprochen –, wenn das
Rechtsgut sich weder mit den ökonomischen noch mit den ideologischen
Interessen der Gesellschaft in Übereinstimmung befindet. Es stellt sich
also die Frage, ob Recht Recht bleiben kann, wenn es der bestehenden
Ordnung schadet. Unter den so gegebenen Prämissen wird die Verhand-
lung zu einem Modellfall, der den Widerstreit von Rechtsnorm und gesellschaftlichem Interesse in eine aussagekräftige Versuchsanordnung
überführt: in das soziologische Experiment.

Über den Ausgang des Experiments macht Brecht sich keine Illusionen.
Nach seinem Vorverständnis muß sich die ökonomisch begründete Praxis gegen die Ideologie (Gerechtigkeit ohne Ansehen von Person und
Interesse) behaupten. Der Fall ist deshalb interessant, weil er den Übergang der Kultur aus der Phase der Manufaktur (Bucherzeugung) in die
Phase der Industrie (Filmherstellung) betrifft. Die rechtlichen Normen
des Urheberschutzes stammen noch aus dem vorindustriellen Zeitalter
der Kultur. Ihre Unangemessenheit für die Probleme der Filmherstellung
macht zugleich deutlich, wie sehr sich die Bedingungen der Kultur verändert haben und in welchem Maße der herkömmliche Kunstbegriff zur
bloßen Ideologie geworden ist. Hält man jedoch an ihm fest, dann wird
der Rechtstitel verbindlich. Dann aber müßte die Rechtsprechung die
tatsächlichen ideologischen und ökonomischen Interessen ignorieren. In
dem Maße, wie sie das nicht tut, erweist sich auch das geltende Recht als
Ideologie.

Das Motto des *Dreigroschenprozesses* lautet: ‚Die Widersprüche sind
die Hoffnungen!' (18, 139) Gemeint sind die Widersprüche von Theorie
und Praxis, von Ideologie und ökonomischer Realität, durch deren Offenlegung das soziologische Experiment die Grundlagen einer Gesellschaft erschüttert, deren Funktionieren darauf beruht, daß sie verborgen
bleiben. Das soziologische Experiment ist also ein Vorgang der Bewußtseinsbildung, ein Denkprozeß, der seinem Wesen nach revolutionär ist:

> Die kapitalistische Produktionsweise zertrümmert die bürgerliche Ideologie.
> [...] Der Kapitalismus ist in der Praxis konsequent, weil er muß. Ist er aber
> konsequent in der Praxis, dann ist er inkonsequent in der Ideologie. [...] Die
> Wirklichkeit kommt dann an den Punkt, wo das einzige Hindernis für den Fort-
> schritt des Kapitalismus der Kapitalismus ist. (18, 204)

Es gehört aber zu Brechts Revolutions- und Dialektikverständnis, daß
es nicht genügt, von dem notwendigen Widerspruch des Kapitalismus
auszugehen, auf den antagonistischen Charakter seiner Widersprüche zu
vertrauen, sondern daß man aktiv an der Verschärfung dieser Widersprüche arbeiten muß: „Man muß [den Kapitalismus] dauernd versagen
lassen. Er kann nicht sterben, sondern er muß getötet werden." (18, 184)

In diesem Sinne gibt das soziologische Experiment Gelegenheit zu einer praktischen Demonstration: Die Gesellschaft wird gezwungen, ihre Ideologie zu desavouieren. Der Prozeß soll „unter Mitwirkung sonst schwer zu engagierender Kräfte" (18, 151) ein ‚plastisches Bild' der Wirklichkeit liefern: „Der Rechtsfall wird unwichtig, der Fall Recht wird akut" (18, 155). Brechts Argumentation macht deutlich, daß er die im soziologischen Experiment gleichsam inszenierte Wirklichkeit als eine Art Theater, als ein Lehrstück versteht, das durch den Kommentar als solches erkennbar wird: es bildet gewissermaßen den Übergang zur verfremdenden Darstellung des epischen Theaters. Diese Sichtweise ist insofern von mehr als anekdotischer Bedeutung, als es bei der Auseinandersetzung auch um ästhetische Fragen geht. Brecht benutzt die Gelegenheit, seinen Kunstbegriff, speziell sein Verständnis der Medien, in der Auseinandersetzung mit dem bürgerlichen Kunstbegriff und seinen ideologischen Implikationen zu entwickeln.

2.3. Die Dialektik der falschen Prämissen

Auch hier ist die Argumentation dialektisch. Es geht dem Stückeschreiber nicht darum, recht zu behalten, weil die ideologische Norm, auf die er sich beziehen muß, um den Streit in den gegebenen Gesellschaftsverhältnissen führen zu können, von ihm nicht geteilt wird. Im Sinne seines revolutionären Standpunkts muß er vielmehr daran interessiert sein, seinen Prozeß sowohl im juristischen als auch im ästhetischen Sinne zu verlieren. Rechtlich muß er sich auf die Grundsätze des Privateigentums beziehen, ästhetisch auf das idealistisch-individualistische Kunstverständnis.

Schon in der Einleitung wird, ohne daß das in seiner Tragweite sofort erkennbar ist, programmatisch festgehalten, daß „die ganze Schriftstellerei [...], von einzelnen betrieben, immer fragwürdiger [wird]" (18, 140 f.). Auf diese Norm muß Brecht sich aber berufen, wenn er im Rechtsstreit sein Urheberrecht, seine individuellen Autorenrechte einklagt. Und es tritt konsequent der Fall ein, daß das Feuilleton der bürgerlichen Zeitungen in der ersten Phase des Prozesses seinen Standpunkt teilt. Die mitgeteilten Zeitungsausschnitte belegen, daß das Recht auf geistiges Eigentum als Grundrecht bejaht wird. Demgegenüber betont Brecht, wider die Spielregeln, daß er sein Eigentum an der *Dreigroschenoper* nur aus juristischen Gründen verteidige – das Werk sei Eigentum der Zuschauer, denen er es übermittelt habe (18, 146). Zustimmung fand auch der Hinweis, daß die künstlerischen Ansprüche bei der Verfilmung nicht zur Disposition stünden. Das deckte sich mit dem Bemühen, den Film aus seiner künstlerischen Anspruchslosigkeit zu befreien. Nur versprach sich Brecht nichts von der Übernahme der in seinen Augen antiquierten literarischen Produktionstechniken, insbesondere von der individuellen ästhetischen Gestaltung, auf der der scheinbare Konsens beruhte.

2.4. Kunst und Film

Seine ästhetischen und medientheoretischen Ansichten entwickelt er im 3. Abschnitt unter der Überschrift ‚Kritik der Vorstellungen‘. Kritisiert werden geläufige Vorstellungen über das Verhältnis von Kunst und Film, wie sie in den juristischen Begründungen und in den feuilletonistischen Kommentaren zum *Dreigroschenprozeß* formuliert wurden. Der Ausgangspunkt dieser thesenhaft zugespitzten Vorstellungen lautet: „Die Kunst braucht den Film nicht" (18, 156). Er ist falsch, denn er läuft darauf hinaus, daß die Literatur darauf verzichten könnte, sich am fortgeschrittensten Stand der ästhetischen Produktivkräfte zu orientieren. Indem der künstlerischen Produktion die Apparate entzogen werden, wird sowohl eine ästhetische Weiterentwicklung des Films als auch ein Fortschritt der Literatur in der Auseinandersetzung mit einer möglichen Filmkunst verhindert. Brecht hat im Hinblick auf die *Dreigroschenoper* bewußt den Medienwechsel versucht: Der Film sollte nicht nur die konzeptionellen Schwächen des Theaterstücks korrigieren, sondern zugleich dem Stoff neue Möglichkeiten abgewinnen. Er war nicht als Anpassung der jeweils neuen Form an die erste Darstellung gemeint, sondern als formspezifische Erweiterung der Möglichkeiten des Stoffes – ein bis heute aktuelles Problem der Literaturverfilmung. Von hier aus erklärt sich auch die harte Kritik an Pabsts ‚werkgetreuer‘ Verfilmung der *Dreigroschenoper*. Schlechter Film ist mangelhafte Benutzung der Apparate, Kommunikationsgebärde ohne Gegenstand. Brecht ist überzeugt, daß es notwendig sei, durch immer dichtere Medien zu sprechen (18, 156), die ästhetischen Darstellungsmöglichkeiten den Sehgewohnheiten der Zeit anzupassen: „Der Filmesehende liest Erzählungen anders. Aber auch der Erzählungen schreibt, ist seinerseits ein Filmesehender. Die Technifizierung der literarischen Produktion ist nicht mehr rückgängig zu machen." (18, 156) Eine im Sinne der *Radiotheorie* operationale (pädagogische) Kunst muß die Haltung des Instrumentebenutzens als ästhetischen Fortschritt begrüßen.

Der Film hatte für Brecht den Vorzug, auf Außenschau angewiesen zu sein, eine Beobachterperspektive einnehmen zu müssen und dadurch mit den ‚Inkubusgewohnheiten‘ der bürgerlichen Literatur, speziell mit der Introspektion und der psychologischen Motivation des Romans und der zugeordneten Rezeptionsform der Einfühlung, zu brechen. Die Verfahrensweise des Films ist induktiv: er gibt „verwendbare Aufschlüsse über menschliche Handlungen im Detail" (18, 157). Das führt zur Ablösung der letzten Reste einer religiös begründeten Kunstpraxis durch eine Kunst des wissenschaftlichen Zeitalters. Insofern wäre es verhängnisvoll, eine strikte Trennung von Literatur und Filmschaffen zuzulassen: „Die Vergesellschaftung dieser Produktionsmittel ist für die Kunst eine Lebensfrage. Dem Kopfarbeiter sagen: es stehe ihm frei, auf die neuen Arbeitsmittel zu verzichten, heißt ihm eine Freiheit außerhalb des Produktionsprozesses anweisen" (18, 158).

Mit der Wahl der ökonomischen Terminologie bezieht Brecht auch formal die Gegenposition zu jenem Kunstverständnis, in dessen Namen er den Prozeß erst führen und die Unterstützung der liberalen Presse gewinnen konnte. Er bestätigt damit die Gesichtspunkte des Gerichts, deren Geltung seine juristische Niederlage notwendig machen, wendet sie aber zugleich auf den Kunstbegriff selbst an. Als Kopfarbeiter kann der Künstler nicht auf die neuen Produktivkräfte verzichten, weil auch im Bereich der Kunst nichtindustrielle Produktion im technischen Zeitalter nicht konkurrenzfähig ist. So wenig es dem Proletarier freisteht, die Lohnarbeit zu verweigern, weil er nur vom Verkauf seiner Arbeitskraft leben kann, so wenig kann der Künstler auf die Arbeit für die neuen Medien verzichten, auch wenn er sich damit zunächst in eine totale Abhängigkeit von den Besitzern der Apparate begibt:

> Gleichberechtigt stehen sich also die Bewaffneten und die Unbewaffneten, die Mörder und die Opfer gegenüber, beiden ist es erlaubt zu kämpfen. Die Abwanderung der Produktionsmittel vom Produzierenden bedeutet die Proletarisierung des Produzierenden, wie der Handarbeiter hat hier der Kopfarbeiter im Produktionsprozeß nur mehr seine nackte Arbeitskraft einzusetzen [...]: der grauenvolle circulus vitiosus der Ausbeutung hat auch hier eingesetzt! (18, 158 f.)

2.5. Film als Kunst

Wenn also die Kunst nicht auf den Film verzichten kann, so folgt daraus umgekehrt nicht ohne weiteres, daß der Film seinerseits die Kunst braucht. Wird nämlich der herkömmliche Kunstbegriff zugrundegelegt, so folgt daraus eine ›Veredelung‹ des Films in seiner gegenwärtigen gesellschaftlichen Funktion: als Genußmittel. Die eigentlich ästhetischen Möglichkeiten des Films sind zwar medienspezifisch, können aber ihrerseits die Darstellungsmittel der Literatur verändern. Werden jedoch umgekehrt die (veralteten) Verfahrensweisen der Literatur auf den Film übertragen, so werden die Apparate von dieser ›Kunst‹ vergewaltigt. Weniger noch als im anspruchslosen Film sind sie in der Lage, Wirklichkeit zu erfassen, worin Brecht in einseitiger Zuspitzung die spezifische Leistung des Films sieht.

Aber gerade hier potenziert sich die Schwierigkeit, vor der auch die Literatur im wissenschaftlichen Zeitalter steht. Die Wirklichkeit ist nämlich nicht mehr unmittelbar gegeben, sie ist durch Fotografie – die Technik der Apparate – nicht mehr zu erfassen. Sie muß gestellt und arrangiert werden, wie Brecht das mit der Verfremdungstechnik des epischen Theaters und mit seinen Parabeln versucht:

Die Lage wird dadurch so kompliziert, daß weniger denn je eine einfache ‚Wiedergabe der Realität‘ etwas über die Realität aussagt. Eine Photographie der Kruppwerke oder der AEG ergibt beinahe nichts über diese Institute. Die eigentliche Realität ist in die Funktionale gerutscht. Die Verdinglichung der menschlichen Beziehungen, also etwa die Fabrik, gibt die letzteren nicht mehr heraus. Es ist also tatsächlich ‚etwas aufzubauen‘, etwas ‚Künstliches‘, ‚Gestelltes‘. Es ist also ebenso tatsächlich Kunst nötig. Aber der alte Begriff der Kunst, vom Erlebnis her, fällt eben aus. Denn auch wer von der Realität nur das von ihr Erlebbare gibt, gibt sie selbst nicht wieder. Sie ist längst nicht mehr im Totalen erlebbar. (18, 161 f.)

Diese provokative Abgrenzung macht deutlich, daß der Kunstbegriff zunächst einmal im Horizont der durch die neuen Medien bewußt gemachten Darstellungsmöglichkeiten und Themen revidiert werden muß, bevor ästhetische Maßstäbe für den Film formuliert werden können. Dabei fällt auf, daß sich die Prinzipien des epischen Theaters und eine potentielle Filmästhetik weitgehend decken: Das epische Theater ist gewissermaßen eine Antizipation der künstlerischen Möglichkeiten des Films, wie denn Brecht ja von der These ausgegangen war, daß die Literatur zumindest vorübergehend filmischer sein kann als der Film selbst (vgl. *Glossen zu Stevenson* 18, 24 ff.).

2.6. Der Publikumsgeschmack als gesellschaftliches Phänomen

Kritisch setzt Brecht sich mit den Bemühungen um eine Verbesserung des Publikumsgeschmacks auseinander: er hält sie für den Ausdruck einer Kunstmetaphysik. Die Funktion des Films ist dadurch bestimmt, daß er als Genußmittel dem Bereich der Freizeit und der Erholung zugeordnet ist, der der Reproduktion der Arbeitskraft dient. Der Filmesehende hat unter diesen Umständen ein wirkliches Bedürfnis nach einer bestimmten Art von Vergnügungen, deren ästhetischer Wert gegenüber ihrem Gebrauchswert sekundär ist: „Die Geschmacklosigkeit der Massen wurzelt tiefer in der Wirklichkeit als der Geschmack der Intellektuellen. Unter bestimmten gesellschaftlichen Bedingungen bedeutet die Verfeinerung eines Genußmittels seine Schwächung." (18, 165 f.) Die einzig realistische Konsequenz kann nur lauten: „Man kann den Publikumsgeschmack des Publikums nicht durch bessere Filme, sondern nur durch eine Änderung seiner Verhältnisse ändern." (18, 166) Die Medientheorie ist also konsequent Revolutionstheorie, wenn sie die gesellschaftliche Funktion der Medien als Grundlage ihrer ästhetischen Möglichkeiten reflektiert.

In diesem Zusammenhang ist auch der Warencharakter der Massenkunst für Brecht nicht schlechthin negativ. Er bewirkt nämlich eine Veränderung des Kunstbegriffs, indem er die Tendenz zu Esoterik und Zweckfreiheit aufhebt. Daß der Warencharakter im Kapitalismus im Zeichen von ,Ausbeutung und Korruption' steht, ist weniger wichtig als die Veränderung des Kunstprinzips. Im Gegensatz zur Meinung der Kritik und des Feuilletons unterstreicht Brecht, daß „diese Art in den Verkehr zu kommen, für ein Kunstwerk (durchaus) günstig" sein kann (18, 167). Unfreiwillig bestätigt demgegenüber die Justiz die produktiven Tendenzen der Kunstentwicklung, wie sie die neuen Medien bewirken, indem sie den Kapitaleinsatz der Filmgesellschaft honoriert. Das erscheint Brecht konsequent, weil es pure Fiktion ist, anzunehmen, daß „Kunstwerke anderer Gattungen" (also die herkömmliche, eigentliche, einem kleinen Publikum von Kennern und Gebildeten zugängliche Kunst) „keine Ware sind" (18, 167). Eine solche Unterstellung will aus ideologischen Gründen nicht wahrhaben, daß die Warenzirkulation ,alle Dinge dieser Welt' ohne Ausnahme betrifft, „der Prozeß der Kommunikation schlechthin" ist (18, 168). Insofern ist auch das Geschmackskriterium keine Aussage über das Produkt, sondern undurchschauter Ausdruck einer Interessenverschiedenheit: Das geringe Niveau der Produkte mit massenhafter Verbreitung, also insbesondere des Films, ist eine Folge der Lebensbedingungen des Publikums. Nicht der Warencharakter ist also zu kritisieren, sondern die Voraussetzungen der Bedürfnisstruktur.

2.7. Kollektive Herstellung und Kunstbegriff

Als prinzipiell fortschrittlich wertet Brecht die Tatsache, daß der Film nur von einem Kollektiv hergestellt werden kann. Wenn das faktisch dazu führt, daß ihm der Kunstanspruch verweigert wird, so verweist das nur darauf, daß der zugrundegelegte Kunstbegriff antiquiert und unzeitgemäß ist: Kunst wird immer noch als die individuelle und letztlich irrationale Hervorbringung der Künstlerpersönlichkeit verstanden. Demgegenüber ist die kollektive Arbeit nach Brechts Ansicht positiv einzuschätzen, weil sie Rationalität und argumentative Auseinandersetzung bedingt und dadurch dem Werk intersubjektive Vernünftigkeit vermittelt. Für den vorgefundenen Film gilt das allerdings noch nicht, weil das Kollektiv zur Produktion von Abendunterhaltung gebildet wird und insofern ästhetisch anspruchslos ist. Abermals ist also ein Widerspruch zwischen historischer Möglichkeit und medienspezifischem Anspruch einerseits und schlechter Wirklichkeit andererseits zu konstatieren, der aber nur scheinbar die These bestätigt, daß Kunst nur individuell hervorzubringen ist: „Es ist das Wesen des Kapitalismus und nichts allgemein Gültiges, daß alles ,Einmalige', ,Besondere' nur von einzelnen hergestellt werden kann und Kollektive nur genormte Dutzendware hervorbringen." (18, 172) Demgegenüber begrüßt Brecht „den unaufhaltsamen und daher zu billigenden Verfall des individualistischen Kunstwerks" (18, 181). Es löst sich in Teilprozesse auf, die zunächst auf der erst jetzt konsequent durchgeführten Trennung von Produktion und Distribution beruhen, zum anderen aber auf einem notwendigerweise arbeitsteiligen Verfahren: der Filmregisseur ist auf den Kameramann, den Drehbuchautor, den Cutter usw. angewiesen. Außerdem muß das Kunstwerk in Warenform auf dem Markt erscheinen, um überhaupt in den Verkehr zu kommen. Alle diese Veränderungen des Charakters von Kunst werden von Brecht ausdrücklich gutgeheißen, weil sie zeitgemäß sind und den Bedürfnissen der Zeitgenossen entsprechen, die ihrerseits durch die Verhältnisse und die Lebensformen bedingt sind. Nur wenn die Kunst sich darauf einstellt, kann sie noch etwas bewirken. Eine von einem solchen Wirkungsanspruch absehende Kunst ist für Brecht aber reine Ideologie, idealistische Metaphysik.

Die Überlegungen, die die Kunst als eine Form des menschlichen Verkehrs in ihrer Abhängigkeit von den Verkehrsformen der Gesellschaft verstehen, sind in einem ‚Schema der Abbauproduktion‘ (18, 202 f.) zusammengefaßt. Sie berühren sich mit den Vorstellungen Walter Benjamins, die dieser später in seinem Aufsatz über *Das Kunstwerk im Zeitalter seiner technischen Reproduzierbarkeit* formuliert hat. Da Brecht in der Phase des *Dreigroschenprozesses* bereits mit Benjamin zusammenarbeitete, ist eine wechselseitige Beeinflussung anzunehmen.

2.8. Das Ende der Kunstmetaphysik und seine ästhetischen Konsequenzen

Eine Reihe weiterer, vor allem ideologiekritischer Argumente kann hier übergangen werden. Festzuhalten bleibt, daß Brecht die Möglichkeit nutzt, den herkömmlichen Kunstbegriff zu denunzieren und seine ideologischen Implikationen darzulegen. „Die Vorstellung von einem unverletzlichen Phänomen Kunst, das direkt aus dem Menschlichen gespeist wird, [...] aller Umwelt sich gleichsam nur als Medium bedienend" (18, 199), wird als überholt beschrieben – der Film widerlegt sie durch seine zeitgemäßen ästhetischen Voraussetzungen und tatsächlichen Entstehungsbedingungen. Zudem ist die ‚reine Kunst‘ keineswegs unschuldig, denn sie orientiert sich an dem sogenannten ‚Menschlichen‘ und argumentiert mit schicksalhaften Zwängen. Schicksal aber, „ein ehemalig großer, ist längst ein spießiger Begriff geworden, wo die Selbstabfindung mit den Verhältnissen die gewisse begehrte ‚Verklärung‘ und ‚Verinnerlichung‘ erzeugt" (18, 169 f.). Die Kunstmetaphysik hat also im Gegensatz zu ihrem Selbstverständnis eine wichtige gesellschaftliche Funktion.

Aber auch diese nützliche Ideologie kann nicht aufrechterhalten werden, wenn sie in Konflikt mit den Produktionsbedingungen der neuen Medien gerät. Der Film kann das für den irrationalen Schicksalsbegriff – wie Brecht meint – notwendige Prinzip der Introspektion nicht bewahren: er muß sich der Außenschau bedienen und das Interesse deshalb auf die das Verhalten determinierenden Umstände richten. Er kann außerdem nur kollektiv hergestellt werden und hebt damit die Bedingungen individueller Kunstproduktion auf, und er bringt schließlich auch den Warencharakter der kulturellen Gebilde unweigerlich zur Erscheinung; damit erweist er sich als von Interessen abhängig und auf Interessen ausgerichtet. Es entsteht also ein Widerspruch zwischen dem bürgerlichen Kunstbegriff und den wirtschaftlichen Interessen der Kulturindustrie. Dieser Widerspruch muß im Konfliktfall zugunsten der materiellen Interessen gelöst werden.

2.9. Der vorhersehbare Ausgang des Experiments und seine Ergebnisse

Im konkreten Falle standen Brechts öffentlich anerkannte künstlerische Interessen gegen einen Kapitaleinsatz von 800000 Mark auf seiten der Nero-Filmgesellschaft. Das Gericht mußte unter den gegebenen gesellschaftlichen Bedingungen zugunsten der Filmgesellschaft entscheiden, also die Rechtsnorm als Ideologie verletzen. Dies zu demonstrieren, war Absicht und Sinn des soziologischen Experiments: Brecht hatte „die Realität provoziert" (18, 200), um zu zeigen, daß nicht die Normen und Vorstellungen, sondern die praktischen Bedürfnisse die Verkehrsformen der Gesellschaft bestimmen. Aber er hatte insofern mit falschen Karten gespielt, als er seinerseits die Normen nicht teilte, auf die er sich berufen mußte, um den Prozeß überhaupt führen zu können. Auf diese Weise hatte er aber die Justiz gezwungen, nicht nur ihre rechtlichen Grundsätze in Frage zu stellen, sondern zugleich einen Kunstbegriff zu widerlegen, der sich schon mit der Praxis der Kunstproduktion im Kapitalismus nicht mehr deckte. Das Gericht verfiel auf den Ausweg, zwischen Kunst und Kulturindustrie zu unterscheiden, also den Film außerhalb der Normen des Kunstbegriffs zu stellen. Und in der Tat reagierten die Rechtsvertreter wie das Feuilleton mit dem zugleich ohnmächtigen und zynischen Verweis, daß ein Künstler sich nicht zu wundern brauche und nicht beklagen dürfe, wenn die Filmindustrie sein Werk verhunze: Das sei das gute Recht einer Institution, die nicht an ästhetischen Normen, sondern am materiellen Nutzen und Erfolg interessiert sei. Brecht spitzt das abermals zu der schon in der Radiotheorie verwendeten Formel zu, daß die Kunst erst käuflich sein müsse, um verkäuflich zu sein.

Hier liegt aber ein Widerspruch, denn der Film ist sehr wohl Kunst, nur in einem anderen als dem affirmativen Sinne des bürgerlichen Kunstverständnisses. Es gehört zu der Ironie der dialektischen Verfahrensweise, daß das Gericht – aufgerufen zur Verteidigung des bürgerlichen Kunstanspruchs – die Grundsätze dieser neuen, die herkömmliche Ästhetik aufhebenden Kunstproduktion schon weitgehend formulieren mußte. Auch hier behauptet sich die Praxis gegen die Ideologie, weil sie an der Produktion ausgerichtet ist. In diesem Sinne erklärt Brecht den vom Gericht beschriebenen Vorgang der „Umschmelzung geistiger Werte in Waren (Kunstwerke, Verträge, Prozesse sind Waren)" als einen „fortschrittlichen Prozeß", dem man zustimmen könne, wenn „der Fortschritt als Fortschreiten gedacht wird, nicht als Fortgeschrittenheit" (18, 201), d.h. wenn man die Entwicklung über die im Kapitalismus erreichte Stufe hinaus fortsetzt und weiterführt. Bisher hat sich nur die moderne Herstellungsweise des Films gegen den alten Kunstbegriff behauptet: Es kommt jetzt darauf an, die hier angelegten gesellschaftsverändernden und praktischen Möglichkeiten planvoll zu nutzen, und zwar nicht nur für den Film, sondern auch für die Literatur. Brecht verfuhr so bei der Konzeption seines weitgehend ,filmischen' *Dreigroschenromans* (s. AB VI) und bei der Entwicklung des epischen Theaters (s. AB VII). Im Dienste der fortschrittlichen Produktion waren damit die Gerichte zu Geburtshelfern einer neuen Ästhetik und Medientheorie geworden, weil sie nicht in den Grenzen der Ideologie befangen bleiben konnten.

Im gleichen Sinne hat Brecht später den Zensor des Films *Kuhle Wampe* als einen sachverständigen Zuschauer der epischen Dramaturgie gelobt (18, 214ff.), weil er die revolutionären Tendenzen des Films genau durchschaut hatte, wenn auch in der Absicht, ihn als gefährlich und umstürzlerisch zu verbieten. Sein Urteil war aber sachgerechter und kompetenter als das von Brechts revolutionären Weggenossen. Ebenso muß aber auch das Urteil im *Dreigroschenprozeß* erst im Rahmen des soziologischen Experiments auf seinen ästhetischen Gehalt hin interpretiert werden: Es ist ein „Dokument des entschlossensten Materialismus" (18, 192), freilich mit einer im Sinne Brechts reaktionären Tendenz. Seine Deutung kehrt diese Tendenz um, muß sich aber damit begnügen, die Widersprüche aufzuzeigen. Sie bleiben nach wie vor ungelöst. Aber gerade darin liegt ihre revolutionäre Sprengkraft: sie drängen auf Veränderungen.

Arbeitsbereich VI

Ein Beispiel aus dem epischen Werk: ‚Der Dreigroschenroman'

0. *Vorbemerkung: Formen und Bedeutung der Brechtschen Prosa*

Die erzählende Prosa Brechts steht im Schatten des dramatischen und des lyrischen Werkes. Das ist berechtigt und verständlich, wenn man von ihrem relativen Gewicht und der mutmaßlichen Selbsteinschätzung des Autors ausgeht: Die Prosa entsteht beiläufig oder aus den Zwängen der Exilsituation, sie steht in engem Zusammenhang mit unverwirklichten Filmprojekten, sie ist weitgehend fragmentarisch und blieb zu einem großen Teil zu Lebzeiten unveröffentlicht.

– Das große Projekt des *Tui-Romans* gelangte nicht einmal in das Stadium einer Konzeption, der Boxer-Roman *Das Renomee, das Buch Gasgarott,* die *Flucht Karls des Kühnen nach der Schlacht von Murten, Die Rothaut* blieben Projekte.
– Der bedeutende Versuch eines historischen Romans aus einer neuen Perspektive *Die Geschäfte des Herrn Julius Cäsar* wurde als Fragment veröffentlicht.
– Für die *Flüchtlingsgespräche* und die *Kalendergeschichten* erwog Brecht eine Publikation als ‚zwei halbe Bücher' (BBA 2011, 175 f., vgl. auch das Schema BBA 164/4–8, dazu Müller, L⁺ 297, S. 288 f.).
– Das *Buch der Wendungen Me-ti* wurde in einer unfertigen, weitgehend zufälligen Gestalt aus dem Nachlaß veröffentlicht.
– Die in Zeitungen und Zeitschriften veröffentlichten *Geschichten* wurden erst nach Brechts Tod systematisch gesammelt und mit weiteren unveröffentlichten Geschichten zugänglich gemacht.
– Nur mit dem *Dreigroschenroman,* dem größeren Teil der *Geschichten vom Herrn Keuner* und dem sehr überlegten Zyklus der *Kalendergeschichten* hat Brecht selbst den Zugang zur literarischen Öffentlichkeit gesucht.

Das rechtfertigt allerdings keineswegs eine nur beiläufige Rezeption, denn Brechts Prosa ist höchst innovatorisch und ist insofern einer der wichtigen Beiträge zur deutschen Erzählkunst des 20. Jahrhunderts, der noch nicht annäherungsweise in das Bewußtsein von Leserschaft und Kritik gelangt ist.

Wie für die Lyrik ist auch hier der ‚Gebrauchswert‘ des Literarischen bestimmend (vgl. AB II). Deshalb muß das Spektrum der zu berücksichtigenden Texte erweitert werden: zur erzählenden Prosa gehören auch die Fabelerzählungen der Stücke (exemplarisch etwa: *Die Geschichte vom kaukasischen Kreidekreis. Für den Betrachter der Kulisiewicz'schen Zeichnungen erzählt.* In: Hecht, L⁺ 253), die *Texte für Filme* und eine Reihe von Prosasatiren wie insbesondere die *Horst-Wessel-Legende* (20, 209 ff.). Da zum Erzählwerk auch Reflexionsprosa zu rechnen ist (besonders *Me-ti*), ist die Grenze zu den theoretischen Schriften fließend – insbesondere dann, wenn satirische Techniken verwendet werden.

Mit seinen *Geschichten* aus den zwanziger Jahren ist Brecht ein Wegbereiter der Kurzgeschichte in dem ihr angemessenen Gebrauchskontext der Zeitungs- und Zeitschriftenpublikation.

Mit den Keuner-Geschichten und dem *Me-ti* hat er eine neue, gattungsmäßig schwer einzuordnende Form der Reflexionsprosa mit zyklusbildenden Eigenschaften geschaffen.

In den *Flüchtlingsgesprächen* und in *Mies und Meck* hat er die dialogische Erzählform Diderots erneuert und satirisch zugespitzt.

Die Geschäfte des Herrn Julius Cäsar sind ein historischer Roman, der die Einsichten der politischen Ökonomie zur Ausbildung einer neuen Perspektive für den Leser des ‚wissenschaftlichen Zeitalters‘ verwendet.

Die Vorüberlegungen und Entwürfe zum *Tui-Roman* sind ein instruktives und gattungsgeschichtlich bedeutsames Beispiel für die Schwierigkeiten einer Fabelerfindung im Kontext eines zeitgemäßen Verständnisses von (epischer) Totalität.

Und mit den *Kalendergeschichten* hat Brecht schließlich eine alte Tradition volkstümlicher Literatur aktualisiert.

Gemeinsam ist allen genannten Werken eine intensive Orientierung an der Wirklichkeit, für die es zwei Grundhaltungen gibt: eine gewissermaßen naive Weisheit oder ein satirischer Zugriff. Damit wendet sich Brecht gegen die introspektiv psychologisierende Erzählhaltung der bürgerlichen Literatur, vor allem des Romans, die er für unzeitgemäß hält, weil sie sich auf ein überholtes Verständnis von Individualität bezieht (s. AB III und IV). Seine Kritik hat er in einer lakonischen Anmerkung *Über den aristotelischen Roman* (18, 17 f.) formuliert. Er polemisiert hier gegen das für den traditionellen Roman kennzeichnende Schlußverfahren der aristotelischen Logik, den Syllogismus, der nach den Formgesetzen der individualisierenden Darstellung vom Allgemeinen zum Besonderen führen muß. Aus dem Satz (1) ‚Die Justiz ist ungerecht‘ wird damit zunächst (2) ‚Ein Richter ist ungerecht‘ und schließlich (3) ‚Ein Richter tut etwas Ungerechtes‘ als Gegenstand der Darstellung. Dagegen wendet Brecht ein, daß ein solches Vorgehen tautologisch ist: Es wird gesetzt, was demonstriert werden soll – es wird aus Axiomen ‚bewiesen‘. Ein solches Verfahren ist überflüssig und zudem den komplizierten Zusammenhängen der modernen Wirklichkeit unangemessen, weil es gesellschaftliche Zusammenhänge zu individuellen Handlungen verkürzen muß. Demgegenüber verlangt Brecht eine auf induktiver Außenschau (filmischer Optik) und kriminalistischer Beobachtung begründete Darstellung der Wirklichkeit, die Aufschlüsse über deren Funktionszusammenhänge zuläßt. Das führt zur Aufhebung des traditionellen Romans:

> Der bürgerliche Roman gestaltet heute noch jeweils ‚eine Welt'. Er tut dies rein idealistisch aus einer Weltanschauung heraus, der mehr oder weniger privaten, jedenfalls aber individuellen Anschauung seines ‚Schöpfers'. Innerhalb dieser Welt stimmen dann alle Einzelheiten natürlich genau, die, aus dem Zusammenhang gerissen, den ‚Details' der Realität gegenüber keinen Augenblick waschecht wirken könnten. Man erfährt über die wirkliche Welt nur so viel, als man über den Autor erfährt, den Schöpfer der unwirklichen, um nicht sagen zu müssen, man erfahre nur etwas über den Autor und nichts über die Welt. (18, 157)

Die erzähltheoretischen Grundsätze, die Brecht im Rahmen der Filmtheorie seines *Dreigroschenprozesses* (s. AB V) gleichsam beiläufig entwickelt hat, finden ihre Anwendung besonders im *Dreigroschenroman*, der hier als Beispiel für die erzählende Prosa stehen soll.

1. Grundlageninformationen

1.1. Zur Prosa allgemein

- Best (L 325).
- Boie-Grotz (L$^+$ 330).
- Brandt (L 332).
- Hermsdorf (L 371).
- Müller (L$^+$ 297).
- Jeske (L$^+$ 387).
- Knopf (L$^+$ 295).

1.2. Zum ‚Dreigroschenroman'

Materialien
- Jeske (L 266). [Umfassende Materialiensammlung zu Brechts Romanen und Romanfragmenten. Zum *Dreigroschenroman:* Zeittafel zu Entstehung und Wirkung, Selbstzeugnisse und Zeugnisse (Steffin, Korsch, Benjamin), Übersicht über die Fassungen und Auswahl von Archivmaterial, Hinweise zu Quellen, Vorlagen, Anregungen, frühe Kritiken und Bibliographie.]

Forschungsliteratur
- Benjamin, Walter: Brechts *Dreigroschenroman*. In: Benjamin (L 324), S. 84–94. [Unterstreicht die Veränderungen gegenüber der *Dreigroschenoper* und kennzeichnet die zentralen Darstellungstechniken.]

73 Riege, Helga: Studien zur Satire in Brechts *Dreigroschenroman*. Diss. (ms) Jena 1956.

74 Wirth, Andrzej: Stufen des kritischen Realismus. Dargestellt an Brechts *Dreigroschenroman*. In: Neue deutsche Literatur 5/1957, H. 8, S. 121–131. [Versteht die Verfahrensweise des *Dreigroschenromans* als Weiterführung des kritischen Realismus zur integralen Satire.]

75 Schlenstedt, Dieter: Satirisches Modell im *Dreigroschenroman*. In: Weimarer Beiträge. Brecht-Sonderheft 1968, S. 74–100. [Weist die Verbindung einer konventionellen Fabel mit den Darstellungsmöglichkeiten der Montagetechnik als satirische Verfahrensweise nach.]

76 Fischetti, Renate: Bertolt Brecht: Die Gestaltung des Dreigroschenstoffes in Stück, Roman und Film. Diss. (ms) University of Maryland 1971.

77 Schäfer, Walter E.: Pieter Brueghel der Ältere und Bertolt Brecht. Notizen zum *Dreigroschenroman*. In: Arcadia 7/1972, S. 260–271. [Verweist auf Anregungen Brueghels für die Ausbildung der satirischen Verfremdungstechniken Brechts.]

– Buono, Franco: Eine ‚Inquiry' Brechts: Der *Dreigroschenroman*. In: Buono (L 338), S. 7–60. [Analysiert die Recherchetechnik des Kriminalromans als des nicht-aristotelischen Romans: der Leser wird, wie der Soldat Fewkoombey, angehalten, das Gesetz des Mehrwerts zu entdecken.]

78 Schlenstedt, Dieter: Das Demonstrandum des *Dreigroschenromans*. In: Argument-Sonderband 11. Brechts Tui-Kritik. Karlsruhe 1976, S. 150–174. [Untersucht den Gewaltcharakter der bürgerlichen Geschäfte, die Verfahrensweise der Ideologiekritik und den philosophisch-ökonomischen Charakter des literarischen Modells.]

79 Goebel, Rolf J.: Brechts *Dreigroschenroman* und die Tradition des Kriminalromans. In: Brecht-Jahrbuch 1979, S. 67–81. [Vergleich der Brechtschen Technik des Kriminalromans mit Arthur Conan Doyle und Dashiell Hammett.]

80 Kocks, Klaus: Brechts literarische Evolution. Untersuchungen zum ästhetisch-ideologischen Bruch in den Dreigroschen-Bearbeitungen. München 1981. [Schildert am Beispiel des Dreigroschenstoffes Brechts kontinuierliche Überwindung der bürgerlichen Kunsttraditionen. Der Hauptakzent liegt auf der Analyse der konsequent antiaristotelischen Textstruktur des *Dreigroschenromans* und seiner Montagetechnik.](K⁺ S. 172).

– Knopf (L⁺ 295).

2. Textanalyse

2.1. Der ‚historische' Übergang von der Straßenräuberei zum Bankgeschäft

Der *Dreigroschenroman* ist Brechts erste große Arbeit im Exil, das die fruchtbarste Phase für die Prosa war, die unter den ungünstigsten Schaffensbedingungen am leichtesten zu verwirklichen war und am ehesten ein Publikum finden konnte. Dabei spielten speziell für den *Dreigroschenro-*

man auch finanzielle Erwägungen eine Rolle: „Ich brauchte damals in Dänemark Geld, und habe vorher ein genaues Projekt gemacht, was muß ich schreiben, um möglichst viel Geld zu bekommen. Natürlich habe ich auch einige Scherze mit dem Stoff gemacht. Der Roman brachte mir dann tatsächlich viel Geld." (BBA 1340/77, zit. Hermsdorff, L 371, 31) Das bedeutet freilich nicht, daß es sich um ein Gelegenheits- oder Verlegenheitswerk handelt. Vielmehr setzt Brecht die konzeptionellen Überlegungen fort, die ihn schon bei dem Projekt für den Dreigroschenfilm ‚Die Beule' bestimmt hatten und folgt den sowohl ideologiekritischen als auch romantheoretischen Einsichten, die er im ‚soziologischen Experiment' des *Dreigroschenprozesses* gewonnen hat (s. AB V). Er verwirklicht jetzt, was ihm für den Dreigroschenfilm vorgeschwebt hatte: eine scharfe Satire auf die ökonomischen Praktiken des Kapitalismus.

Das geschieht allerdings nicht, wie es nahegelegen hätte, in der Form einer romanhaften Bearbeitung des Filmszenariums. Vielmehr wird dessen Gehalt in eine neue Fabel übertragen. Der *Dreigroschenroman* ist also aus der *Dreigroschenoper* hervorgegangen, er wird aber durch seine Handlungsführung ein neues Werk. Er ist in seiner Figurenkonstellation und in wichtigen Momenten der Fabel mit dem Grundmuster verwandt, entwickelt sich aus diesem aber in Gestalt von Metamorphosen. Der Macheath des *Dreigroschenromans* ist gewissermaßen ein Enkel Macky Messers. Der hatte kurz vor seiner durch den reitenden Boten des Königs in letzter Minute verhinderten Hinrichtung seinem Tod eine zeichenhafte Bedeutung gegeben:

> Meine Damen und Herren. Sie sehen den untergehenden Vertreter eines untergehenden Standes. Wir kleinen bürgerlichen Handwerker, die wir mit dem biederen Brecheisen an den Nickelkassen der kleinen Ladenbesitzer arbeiten, werden von den Großunternehmern verschlungen, hinter denen die Banken stehen. Was ist ein Dietrich gegen eine Aktie? Was ist ein Einbruch in eine Bank gegen die Gründung einer Bank? Was ist die Ermordung eines Mannes gegen die Anstellung eines Mannes? (2, 482)

In der *Beule* vollzieht sich dann der Übergang der ‚bärtigen Räuber' in die ‚kultivierten Beherrscher des modernen Geldmarkts' (TF 339), der Aufstieg des Straßenräubers zum Bankdirektor durch die Übernahme der ‚altehrwürdigen National Deposit Bank' auf ganz legalem Wege. Im *Dreigroschenroman* wird der Schwanengesang Macky Messers vollends zum Erzählprogramm (vgl. 13, 998 ff.). Macheath hat hier das ‚biedere Brecheisen' und auch das Messer beiseitegelegt und sich einer risikoloseren und ertragreicheren Karriere zugewendet. Er bricht nicht mehr selbst ein, sondern läßt eine Bande für sich arbeiten, deren Produktionsmittel – die Einbruchswerkzeuge – er zur Verfügung stellt und die er nach festen Tarifen bezahlt. Als Arbeitgeber nimmt er den Mehrwert der

Lohnarbeit für sich in Anspruch. Hauptsächlich organisiert er aber den Absatz der gestohlenen Waren, für die er eine Ladenkette, die ‚B-Läden' (‚Billigkeits'- oder ‚Betrugs'-Läden), gegründet hat. Dabei verfolgt er den Grundsatz, daß der Gewinn nicht so sehr durch Übervorteilung des Käufers als vielmehr durch die Ausbeutung der Arbeitskraft des Verkäufers entsteht. Der kleine, zudem untalentierte Einbrecher hat sich so in einen umsichtigen Geschäftsmann verwandelt, der zwar weiterhin Menschen bestiehlt und zum Tode befördert, jedoch auf immer legalere Weise und mit immer größerem Profit. Der Straßenraub ist im *Dreigroschenroman* zu einer biographischen Reminiszenz geworden, von der Macheath sich fortlaufend befreit, die er aber in der Übergangszeit noch als Aura pflegt.

Die Stufen des Stoffes sind also im *Dreigroschenroman* als Vorgeschichte enthalten, wie denn jede Phase der Bearbeitung idealtypisch eine historisch spätere, ökonomisch fortgeschrittenere Zeit bezeichnet. Der Roman spielt in London, der „Hauptstadt der (geschäftlichen) Welt" (13, 732) zur Zeit des Burenkriegs, den Lenin als den ersten imperialistischen Krieg bezeichnet hat. Die Fabel bezieht sich somit auf den Übergang des Kapitalismus zum Imperialismus, orientiert sich an einem historischen Modell der politischen Ökonomie. An der Karriere des Verbrechers werden die Phasen der wirtschaftlichen Entwicklung von der einfachen Reproduktion (der ‚biedere' handwerkliche Einbruch) über die verschiedenen Formen der ursprünglichen Akkumulation (Organisation einer Bande mit arbeitsteiliger Spezialisierung und Bildung einer Ladenkette) bis zur Monopolwirtschaft (ABC-Ladenkette, Einstieg in das Bankgeschäft und Verflechtung mit den Interessen einer imperialistischen Politik im Transportschiffe-Geschäft) in einem verkürzten geschichtlichen Abriß dargestellt (Nachweise im einzelnen bei Boie-Grotz, L$^+$ 330, 188 ff.).

Sobald Macheath damit begonnen hat, den Einbruch unternehmerisch zu organisieren, zeigt das Geschäft die Tendenz, sich auszuweiten, und so kommt der ehemalige Straßenräuber in Kontakt mit den Banken, die seinen Kapitalbedarf befriedigen, die Entwicklung des zwielichtigen Hehlergeschäfts zum Großunternehmen ermöglichen und die Metamorphose des Räubers zu einem führenden Geschäftsmann der Londoner City im Rahmen erbitterter Konkurrenzkämpfe unterstützen. Am Ende gründet Macheath zwar keine Bank, aber er übernimmt die Direktion der National Deposit Bank, so daß das heimliche Programm des *Dreigroschenoper*-Finales verwirklicht ist: der Übergang des simplen Straßenräubers einer ‚heroischen' Zeit zur zeitgemäßen Form der Räuberei, wie sie im Geschäftsleben der kapitalistischen Gesellschaft vorliegt.

Es kam Brecht darauf an, die verborgene Identität von Geschäft und Verbrechen in der bürgerlichen Welt als eine geschichtlich vermittelte sichtbar zu machen. Das ist das satirische Programm des *Dreigroschenromans*, das als ‚Demonstrandum' in folgender These formuliert wird:

„Die kleinen verbrecher sind ebenso bürgerlich wie die kleinen bürger. die grossen bürger sind ebenso verbrecherisch wie die kleinen verbrecher. auch die hilfe, die den ausgebeuteten geleistet wird ist ausbeutung und zwar ausbeutung der kleinen direkt und erpressung der grossen indirekt." (BBA 295/11, zit. Claas, L⁺ 341, 262) Oder noch pointierter: „Die Vorliebe des Bürgertums für Räuber erklärt sich aus dem Irrtum: ein Räuber sei kein Bürger. Dieser Irrtum hat als Vater einen anderen Irrtum: ein Bürger sei kein Räuber." (17, 994)

Auch die Familie Peachum erscheint im *Dreigroschenroman* wieder: Macheath heiratet jetzt Polly, weil er durch sie an das Geld des Bettlerkönigs herankommen will, das ihm die Erweiterung seiner Geschäfte ermöglichen könnte. Aber Peachum hat andere Pläne. Auch er muß sich neu orientieren, denn sein Bettlerkonzern läßt sich nicht weiter rationalisieren, erlaubt also keine gewinnbringenden Investitionen. So muß er sein Geld anders anlegen. Er entscheidet sich für das betrügerische Unternehmen des Maklers Coax, das der englischen Regierung seeuntaugliche Schiffe für den Transport der Soldaten in den Burenkrieg verschafft und dafür Riesenprofite einstreicht. Den Tod der beförderten Soldaten nehmen die ‚Patrioten' bewußt in Kauf: auch das Morden wächst in eine neue Dimension.

Das ist eine neue Handlung, die auch das Bettlerunternehmen Peachums (wie die Straßenräuberei Macheath') weitgehend zur Vorgeschichte des Romangeschehens macht. Brecht hat sie nicht erfunden, sondern aus Gustavus Myers *Geschichte der großen amerikanischen Vermögen,* die er zu den ‚besten Büchern des Jahres 1928' (18, 52) rechnete, übernommen. Myers schildert ein bis in die Details sehr ähnliches Unternehmen Cornelius Vanderbilts, des „bedeutendsten kaufmännischen Piraten und kommerziellen Gauners seiner Zeit" (Myers), während des amerikanischen Sezessionskrieges. Peachum kann sich der erpresserischen Manipulationen seines Geschäftspartners Coax nur erwehren, indem er zu dem probaten Mittel eines ‚gewöhnlichen' Mordes schreitet.

Wie in der *Dreigroschenoper* sind Peachum und Macheath erbitterte Gegner, weil ihre geschäftlichen Interessen sich widerstreiten. Schließlich muß Peachum aber doch das kaufmännische Genie seines Schwiegersohns anerkennen und ihn aus Eigennutz aus dem Gefängnis befreien – um den Preis eines kleinen Justizmordes. Peachum selbst wird zum reitenden Boten eines Systems, von dem sie beide profitieren und das sie zur Kooperation zwingt: das ist die bösartige Variation des Opernfinales.

Diese knappen Hinweise zum Umriß der Fabel, die im einzelnen äußerst vielschichtig ist und kompliziert geführt wird, um die Totalität der ökonomischen Funktionszusammenhänge in einer kennzeichnenden Phase der Gesellschaft modellhaft sichtbar zu machen, sollen lediglich auf die grundlegenden Unterschiede zur *Dreigroschenoper* aufmerksam machen und die veränderte Tendenz skizzieren. Erst von hier aus wird nämlich die spezifische Erzählweise des Romans verständlich.

2.2. Die Orientierung an unliterarischen Traditionen

Für die erzählerische Inspiration nennt Brecht zwei Traditionen. Die erste ist der Kriminalroman, den er mit bilderstürmerischer Radikalität seit dem Ende der zwanziger Jahre als den einzigen ernstzunehmenden Romantypus preist und als ein „künstlerisch höherstehendes Erzeugnis" (18, 32) versteht. Mit der Orientierung an einer unliterarischen Tradition wird die eingespielte Kommunikation im literarischen Medium kritisiert, die nach einem „ungeschriebenen contrat litéraire" zwischen Produzenten und Konsumenten allein über die Kenntnis formaler Verfahrensweisen funktioniert, die Inhalte einfach setzen kann und damit zur Beliebigkeit aufhebt (*Glossen über Kriminalromane* 18, 31 ff.). Das richtet sich gegen den herkömmlichen bürgerlichen Roman (am deutlichsten gegen Thomas Mann) mit seiner introspektiven Psychologie und seinem Formanspruch: „Ihre ganze Schreibweise, in der ,ein Satz den andern ergibt`, wird dadurch nicht besser, daß sich schöne Sätze ergeben. Ich bin ein Gegner der assoziierenden Schreibweise, und ich sage ihren baldigen völligen Bankerott voraus." (18, 50) Demgegenüber hat der Kriminalroman ein ,gesundes Schema`, eine für den Leser durchsichtige Verfahrensweise, die zur Gegenständlichkeit hinführt. Er beansprucht die logischen Fähigkeiten des Lesers und sein Denkvermögen, indem er ihn in den Stand setzt, „die Lösung selber in Angriff zu nehmen" (19, 451):

Es ist erstaunlich, wie sehr das Grundschema des guten Kriminalromans an die Arbeitsweise unserer Physiker erinnert. Zuerst werden gewisse Fakten notiert. [...] Dann werden Arbeitshypothesen aufgestellt, welche die Fakten decken können. Durch den Hinzutritt neuer Fakten oder die Entwertung bereits notierter Fakten entsteht der Zwang, eine neue Arbeitshypothese zu suchen. Am Ende kommt der Test der Arbeitshypothese: das Experiment. [...] Entscheidend ist, daß nicht die Handlungen aus den Charakteren, sondern die Charaktere aus den Handlungen entwickelt werden. Man sieht die Leute agieren, in Bruchstücken. Ihre Motive sind im dunkeln und müssen logisch erschlossen werden. Als ausschlaggebend für Ihre Handlungen werden ihre Interessen angenommen, und zwar beinahe ausschließlich ihre materiellen Interessen. Nach ihnen wird gesucht. Man sieht die Annäherung an den wissenschaftlichen Standpunkt und den enormen Abstand zum introspektiv psychologischen Roman. (19, 451 f.)

Der Kriminalroman ist eine Denkaufgabe und insofern ein zeitgemäßes Vergnügen für die Menschen des ,wissenschaftlichen Zeitalters`: Brecht verwendet den gleichen Terminus, mit dem er auch das epische Theater rechtfertigt. Die Schwäche des Kriminalromans liegt allerdings darin, daß er ebenso verfährt wie die bürgerliche Geschichtsschreibung: „Die Geschichte wird *nach* den Katastrophen geschrieben" (19, 457). Das fasziniert die Intellektuellen, muß aber nach Brechts Ansicht aufgehoben werden: Er verwendet nur das Schema des Kriminalromans, versucht es jedoch immanent zu negieren; unter dieser Voraussetzung wird die populäre Form im *Dreigroschenroman* ästhetisch aufgewertet.

Das zweite Darstellungsmuster, auf das Brecht sich beruft, ist der Film. In ihm sieht er das eigentlich zeitgemäße Medium, das aber nicht ausgenutzt werden kann, solange die teuren Apparate im Besitz einer Gesellschaft sind, die ihre sachgemäße Benutzung verhindern muß (s. AB V). Weil das so ist, muß wenigstens der Roman versuchen, sich filmspezifische Darstellungsweisen anzueignen und so den höchsten Standard der ästhetischen Vermittlung zu erreichen, der ein technischer ist.

Die Technifizierung der literarischen Produktion ist nicht mehr rückgängig zu machen. Die Verwendung von Instrumenten bringt auch den Romanschreiber, der sie selbst nicht verwendet, dazu, das, was die Instrumente können, ebenfalls können zu wollen, das, was sie zeigen (oder zeigen könnten), zu jener Realität zu rechnen, die seinen Stoff ausmacht, vor allem aber seiner eigenen Haltung beim Schreiben den Charakter des Instrumentebenützens zu verleihen. (18, 156 f.)

Das bedeutet insbesondere eine Orientierung an der wirklichen statt einer fingierten Welt, weil nur hier der Gebrauch von Instrumenten ästhetische Wirkungen erzielen kann. Vor allem ergibt sich durch die filmische Perspektive in Brechts Verständnis eine konsequente Sicht von außen. An die Stelle individualpsychologischer Motivierung treten Beobachtungen der Figur in verschiedenen Situationen, die induktive Rückschlüsse über gegebene (objektive) Zusammenhänge erlauben und erzwingen. Das Bewußtsein, mit Apparaten zu arbeiten, verhindert irrationale Begründungen. Dabei ist es aber nach Brecht weder im Film noch in einem Roman mit filmischer Optik möglich, sich auf ein reportagehaftes Abphotographieren zu beschränken; denn die Wirklichkeit enthält die wissenswerten Aufschlüsse nicht mehr an der Oberfläche, sondern die Oberfläche ist nur der äußere Widerschein verdinglichter Prozesse, deren Funktionieren nur erkennbar wird, wenn die Darbietung künstlerisch ist. Sie muß so arrangieren, daß die funktionalen Zusammenhänge erschließbar werden, allerdings objektiviert in Realitätsmomenten, die sich einer Beobachtung durch Instrumente – speziell dem ‚objektiven' Blick der Kamera – eröffnen (vgl. AB VII).

Der Zusammenhang mit der Technik des Kriminalromans, wie Brecht sie verstand, ist offensichtlich. Wie der Detektiv sammelt bzw. liefert die Kamera Beobachtungen objektiver Art, die Rückschlüsse auf zugrundeliegende Strukturen der Wirklichkeit zulassen und zu ihrer Offenlegung einladen. Die ästhetische Form des Arrangements entspricht dabei dem

Verfremdungseffekt des epischen Theaters: dem Leser vertraute Details werden in das fremde Licht eines gleichsam detektivischen Prozesses gerückt; hinter den gewohnten Vorgängen werden andere Vorgänge sichtbar, die die eigentlich interessanten, weil determinierenden sind.

2.3. Der aufgehobene Kriminalroman: Rechtsordnung und Verbrechen

Der *Dreigroschenroman* ist von diesen Voraussetzungen in doppelter Weise bestimmt: Er vermittelt einerseits Einsichten in die Gesetzmäßigkeiten der kapitalistischen Wirtschaftsordnung in der Phase der Kartellbildung, ist also eine nach wissenschaftlichen Erkenntnissen organisierte Versuchsanordnung zur politischen Ökonomie, und er schildert andererseits verbrecherische Manipulationen seiner Protagonisten, hat also eine Kriminalhandlung. In dem Maße, wie beide Gegenstandsbereiche vermittelt sind, ist er auch der Sache nach ein Kriminalroman. Allerdings ist – wie bereits Walter Benjamin festgestellt hat (L$^+$ 324) – die eigentliche Spielregel des Kriminalromans aufgehoben, daß nämlich bürgerliche Rechtsordnung und Verbrechen Gegensätze sind. Daraus ergab sich im herkömmlichen Kriminalroman die Aufgabe des Detektivs, die Legitimation und Intention seiner Nachforschungen: Wiederherstellung der Rechtsordnung durch die Ermittlung, Überführung und Ausschaltung des Verbrechers. Demgegenüber handelt es sich beim *Dreigroschenroman* gleichsam um einen umgekehrten Kriminalroman: Er deckt das verbrecherische Prinzip der Verkehrsform der kapitalistischen Gesellschaft, dem Geschäft, auf. Diese Ermittlung, das detektivische Prinzip des Romans, dient folgerichtig nicht der Wiederherstellung der Rechtsordnung, die ja gar nicht gestört ist, sondern der Darstellung ihres Funktionierens. Der Verbrecher Macheath erkennt richtig: „Um unsereinen unbelästigt zu lassen, braucht es keine Rechtsbeugung, die Rechtsanwendung genügt dazu vollkommen!" (13, 1009) Voraussetzung dafür ist allerdings, daß die zuerst noch kriminellen Geschäfte Zug um Zug in die Legalität verlegt werden, wodurch sie nicht nur ungefährlicher, sondern zugleich auch einträglicher werden. Diesen ‚historischen' Übergang, der im Finale der *Dreigroschenoper* perspektivisch entworfen ist, schildert der Roman. Der Polizeichef Brown weist seinen Freund, den Räuber, auf den rechten Weg: „Warum unrechte Wege gehen? [...] Das soll man nicht. Ein Kaufmann bricht nicht ein. Ein Kaufmann kauft und verkauft. Damit erreicht er das gleiche. [...] Arbeite mit den Banken, wie alle andern Geschäftsleute!" (13, 886) Macheath macht einen Lernprozeß durch: Seine Herkunft läßt ihn zwischen dem Verbrecher und dem Geschäftsmann einen qualitativen Unterschied annehmen, der aber mit der Einsicht schwindet, daß die ganz großen Verbrecher nur in der Legalität möglich sind, so daß in seiner Selbstbewußtwerdung der Rechtszustand zur Ideologie verfremdet wird. Er kann die Kriminalität als sein wirkliches Wesen integrieren, indem er sie als verdinglichte potenziert: Es handelt sich nicht um einen qualitativen Sprung, sondern um einen historischen Prozeß. Nur scheinbar wird der Räuber ,ehrlicher‘, tatsächlich wird das räuberische Wesen der Geschäfte offensichtlicher, je mehr sie sich ausweiten und je inhumaner die Gesellschaft wird. Als Bankdirektor realisiert Macheath die historische Veränderung:

> Sie warten nur darauf, Verträge machen zu können. [...] Dabei ekelt mich, den einstigen Straßenräuber, dieses Gefeilsche wirklich an! Da sitze ich dann und schlage mich um Prozente herum. Warum nehme ich nicht einfach mein Messer und renne es ihnen in den Leib, wenn sie mir nicht das ablassen wollen, was ich haben will? [...] Freilich ist mit der einfachen, schlichten und natürlichen Straßenräuberei heute nichts mehr zu machen. Sie verhält sich zu der Kaufmannspraxis wie die Segelschiffahrt zur Dampfschiffahrt. Ja, aber die alten Zeiten waren menschlicher. (13, 1129)

Das Verbrechen in seiner rohen Urform bleibt lediglich als ultima ratio des Geschäftslebens: hier in der Ermordung des Geschäftspartners Coax durch seine Konkurrenten, als er den Bogen der Erpressung überspannt. Diese eigentliche Gegenständlichkeit des Kriminalromans wird jedoch fortlaufend reduziert. Brecht verwendet lediglich die Bewußtseinsperspektive ehemaliger Berufsverbrecher, um die Geschäftspraktiken ,ehrbarer‘ Kaufleute zu verfremden. Macheath wird zu seinem Erstaunen immer wieder mit gewohnten Verhaltensweisen konfrontiert, von denen er sich bei seinem Aufstieg in die Legalität meinte lossagen zu müssen, und auch die ethischen Prinzipien des Geschäftslebens, wie sie in der Begründung der kommerziellen Ehrlichkeit durch die Rothschild-Anekdote (13, 870 ff.) bezeichnet werden, erweisen sich als profitorientiert:

> Tatsächlich besteht ja auch ein Unterschied zwischen der Art und Weise, wie Rothschild eine Bank an sich bringt und einem ordinären Bankeinbruch. Das weiß man doch! Ich aber weiß: jene, die ihre Verbrechen im großen ausführen, sind so ziemlich die einzigen, die auch kleine begehen können, ohne gefaßt zu werden, sie machen ausgiebigen Gebrauch davon. (13, 950)

2.4. Das detektivische Prinzip

Da die Rechtsordnung durch den Räuber nicht verletzt, sondern durch seinen Aufstieg in die Legalität im Gegenteil bestätigt wird, kann der *Dreigroschenroman* auf den Detektiv verzichten. Das gilt allerdings nur für die Figur des Detektivs und die mit ihr verbundene unmittelbare Erzählfunktion. Das detektivische Verfahren selbst ist im *Dreigroschenroman* weiterhin verwirklicht, ja sogar intensiviert. Nur dient es weniger der Aufdeckung von Verbrechen als der Analyse einer Gesellschaftsstruktur, die insgesamt als verbrecherisch verstanden wird und deshalb nur von außen kritisiert werden kann. Der eigentliche Detektiv ist der Leser, dem die im Erzählverlauf systematisch ermittelten Fakten als Indizien überantwortet werden, wie Brecht es am Kriminalroman rühmt: „Der Leser wird nicht getäuscht, alles Material wird ihm unterbreitet, bevor der Detektiv das Rätsel löst. Er wird instand gesetzt, die Lösung selber in Angriff zu nehmen." (19, 451) Das bedeutet aber zugleich, daß der implizite Erzähler faktisch als Detektiv vorgeht, indem er die für den Erkenntnisvorgang notwendigen Details in Gestalt quasi-kriminalistischer Beobachtungen mitteilt. Dabei wird das für Kriminalroman und Film gleichermaßen verbindliche Prinzip der Außenschau angewendet. Nur scheinbar handelt es sich um ein objektives, personales Erzählen, denn es wird nicht eine eigenständige, autonome Wirklichkeit der Fiktion aufgebaut, sondern die Beobachtungen dienen dazu, als Indizien zur Einsicht in ökonomische und gesellschaftliche Zusammenhänge der außerästhetischen Wirklichkeit hinzuführen, für die die Romanwirklichkeit als Modell, als Medium eines wissenschaftlichen Experiments dient. Man muß sich also den impliziten Erzähler als Arrangeur einer Versuchsanordnung und als Protokollant der in ihr wirksamen Abläufe vorstellen.

Das Gesetz, das auf diese Weise zur reinen Darstellung gelangt, ist die Entstehung und die Nutzung des Mehrwerts. Es zu erkennen, ist Sache des Lesers, ist seine Aufgabe als Detektiv. Allerdings hat Brecht sich nicht damit begnügt, den kombinatorischen Fähigkeiten seines Publikums und seinem Erkenntniswillen zu vertrauen. Er hat zwei zusätzliche Ebenen der Ermittlung eingeführt: eine systemkonforme und eine systemsprengende.

Den systemkonformen Ansatz bringen die Protagonisten ein – er entsteht aus dem Übergang des organisierten, geschäftsmäßig betriebenen Verbrechens in die Legalität der verbrecherisch organisierten Geschäfte. Sowohl Macheath als auch Peachum stoßen bei der Expansion ihrer zunächst noch weitgehend kriminellen Unternehmen an eine Grenze, jenseits derer sie nur noch legal zu größeren Profiten kommen können. Das zwingt sie dazu, in die Geheimnisse des Geschäftslebens einzudringen. Beide sind zunächst überfordert. Macheath kennt die Praktiken der Banken nicht und muß erst lernen, daß sie sich von seinen Hehlergeschäften nur quantitativ, nicht qualitativ unterscheiden. Und Peachum ist den Machenschaften des Maklers Coax zunächst ausgeliefert, bis er sie durchschaut und selbst beherrscht. Der Erkenntnisvorgang, der zur Praxis befähigt, wird als ein detektivischer dargestellt: Die Protagonisten stellen, von ihren Interessen geleitet, Ermittlungen an, deren Ergebnis die praktikable Einsicht in die Zusammenhänge des Wirtschaftslebens ist. Am Ende befinden sie sich in vollkommener Übereinstimmung mit der gesellschaftlichen Ordnung, nicht jedoch als Sachwalter einer wieder intakten Rechtsordnung wie der klassische Detektiv, sondern als die geschicktesten Nutznießer einer Wirtschaftsordnung, die die Ausbeutung legalisiert hat.

Eine kritische, nicht systemkonforme Erkenntnis der ökonomischen Gesetzmäßigkeiten steht demgegenüber vor der Schwierigkeit, daß die vermittelte Einsicht zur Aufhebung der dargestellten Welt drängt, also nur in Gestalt einer revolutionären Bewußtseinsbildung möglich und sinnvoll sein konnte. Da Brecht aber das Funktionieren eines Systems zeigen wollte, das das Verbrechen zu integrieren vermag, weil es selbst verbrecherisch ist, mußte im Interesse der satirischen Geschlossenheit eine wirklich systemsprengende Perspektive romanimmanent fehlen. Wenn Brecht darauf nicht vollständig verzichten wollte, benötigte er ein episches Medium, dessen Erkenntnis nicht zum Handeln werden kann.

Dieses Medium ist der Soldat Fewkoombey, das Opfer der Geschehnisse. Er ist das Opfer der gesellschaftlichen Vorgänge, denn er hat im Burenkrieg ein Bein verloren; er ist ein Opfer seiner fehlenden ökonomischen Kenntnisse, denn er hat seine Kriegsentschädigung in den Kauf einer unrentablen Kneipe angelegt und folgerichtig verloren; er wird das Opfer Peachums, der ihn am Betteln hindert und in seinem Betrieb ausnutzt, ihn schließlich zur Ermordung des Maklers Coax nötigen kann; und er wird schließlich stellvertretend für Macheath gehängt, da die Justiz ein Opfer braucht, um den Schein der Gerechtigkeit zu wahren. Er ahnt zwar, daß ein Spiel mit ihm getrieben wird, aber um es zu durchschauen, fehlen ihm eben jene Kenntnisse, die der Roman vermittelt. So nützt es ihm nichts, daß er sich um Wissen und Bildung bemüht, denn das Wissen, das er braucht, ist aus Büchern nicht zu lernen, schon gar nicht aus seinem einzigen Lehrbuch, einem Halbband der Britischen Enzyklopädie: das Prinzip der Enzyklopädie ist ja die Aufspaltung des Erkennens in isoliertes Teilwissen, das den Zugang zum Ganzen erschwert. Fewkoombey ist ein unberatener Detektiv auf der Suche nach einer praktikablen Formel, die ihm das Überleben ermöglicht. Er scheitert bei seinen Ermittlungen, die er mit unzulänglichen Mitteln, festgebannt an einen falschen Standort (Peachums Hundezwinger) und besessen von einer vernichtenden Bereitschaft zur Anpassung durchführt – und dennoch wird aus seiner Sicht das ökonomische Grund-Gesetz der Gesellschaft schließlich formuliert. Wie ist das möglich?

2.5. Die Fewkoombey-Handlung als Erkenntnismedium

Erzählstrukturell wird die Fewkoombey-Handlung vom eigentlichen Roman, der Karriere des Räubers Macheath, isoliert. In der Macheath- und in der Peachum-Handlung ist Fewkoombey ein unwichtiger Statist, ahnungslos im Strudel der Vorgänge, die er nicht begreift und hilflos zu

Dienstleistungen verpflichtet, die bis zu dem Auftrag reichen, den Makler Coax zu ermorden. Dagegen ist er im Prolog und im Epilog die Hauptfigur. Im Prolog wird er vorausdeutend als das Opfer eingeführt, das nur noch ein halbes Jahr zu leben hat. Im Epilog ist dieses halbe Jahr abgelaufen, und Fewkoombey sieht sich mit einer Mordanklage konfrontiert, die ihm unverständlich ist. Denn das Opfer der Anklage, die B-Ladenbesitzerin Mary Swayers, ist gar nicht umgebracht worden, sondern hat Selbstmord begangen. Sie ist das Opfer ihres ehemaligen Geliebten Macheath, der sie in eine wirtschaftlich aussichtslose Lage gebracht hat. Es wäre – wie Polly anmerkt – ‚großherziger' gewesen, „sie mit einer Fleischerkeule totzuschlagen" statt sie in einem ‚Billigkeits-Laden' „verenden" zu lassen (13, 954). Letztlich hat Peachum sie auf dem Gewissen, denn seine Bettler haben entdeckt, daß ihre Waren aus Einbrüchen der Macheath-Bande stammen und haben sie denunziert (13, 923). Und auch die Mordanklage ist eine Machenschaft Peachums, der Macheath ein Verbrechen anlastet, um ihn aus dem Geschäft zu drängen, sich dann aber von der Unentbehrlichkeit seines Schwiegersohns überzeugt und nun ein stellvertretendes Opfer braucht, um ihn zu entlasten. Dafür bietet sich sein Angestellter Fewkoombey an. Und so wird die Romanhandlung durch seine Lebenszeit begrenzt, das Kriminalschema durch die Vorgeschichte, die Tat und die Aufklärung des Verbrechens an der Kleingewerbetreibenden Mary Swayers erfüllt, eines Mordes, der im buchstäblichen Sinne keiner ist, sich aber zur Vertuschung der wirklichen, „den Gerichten greifbaren" Verbrechen (13, 848) eignet. Zur Einsicht in die tatsächlichen Zusammenhänge fehlt Fewkoombey bis zum Schluß das nötige Wissen, aber die tödliche Bedrohung macht ihn in seinem Unterbewußtsein hellsichtig, so daß er seine gesellschaftliche Situation in einer Traumvision begreift: Er träumt vom Jüngsten Gericht, das aber nicht am „Ende aller Zeiten" liegen kann:

> Keinesfalls konnten die Völker so lange damit warten. Keine Rede konnte davon sein, daß dieses Gericht am Ende allen Lebens stehen konnte, da es doch eigentlich erst seinen Beginn einleitete. Bevor dieses Gericht stattgefunden hat, kann von wirklichem Leben natürlich nicht gesprochen werden. (13, 1152)

Dieses Gericht ist die Abrechnung der Massen mit ihren Peinigern, ist die Befreiung durch die Revolution, im Sinne der marxistischen Geschichtsphilosophie der Übergang aus der Vorgeschichte in die Geschichte. Er folgt aus der Einsicht in die ökonomische Struktur einer Gesellschaftsordnung, deren Opfer die Armen sind, repräsentiert durch den Soldaten Fewkoombey, dessen Opferung gerade vorbereitet wird. In einer materialistischen Exegese des biblischen Gleichnisses vom Pfund, mit dem der Bischof in der Romanhandlung den Tod der Soldaten auf den verrotteten Schiffen Peachums gerechtfertigt hat, entdeckt der Träumer

Fewkoombey das Gesetz des Mehrwerts, die Grundlage des ökonomischen Systems, dessen Nutznießer Macheath, Peachum und ihresgleichen, dessen Opfer die Armen sind:

> Der Mensch [ist] des Menschen Pfund! Wer keinen hat, ihn auszubeuten, beutet sich selbst aus! Es ist heraus! Ihr habt es verheimlicht! Da ist die Häuserwand – wo ist der Maurer? Ist er etwa ausgezahlt? [...] Man muß ein Zirkular schikken: es werden ersucht sich zu melden, die nicht voll ausbezahlt wurden! Die Geschichtsbücher und Biographien genügen nicht! Wo sind die Lohnlisten? (13, 1165)

Bei diesem Gericht ist Christus nicht, wie beim Jüngsten Gericht der Bibel, der Weltenrichter: als Erfinder des Gleichnisses vom Pfund ist er der Angeklagte und mit ihm alle, die im bezeichneten Sinne mit dem Pfund gewuchert haben. Sie alle werden zum Tode verurteilt, auch diejenigen, die das Gleichnis ohne Widerspruch angehört haben, darunter der Richter Fewkoombey selbst. Hingerichtet wird aber nur er, wenn auch mit einer anderen Begründung, „in Anwesenheit und unter dem Beifall einer großen Menge von Kleingewerbetreibenden, Nähmädchen, invaliden Soldaten und Bettlern" (13, 1165). In seinem Tagesbewußtsein ist er wieder ahnungslos.

Auf dem Umweg über die Traumvision wird also der objektive Gehalt des ästhetischen Experiments artikulierbar und zugleich in seiner immanenten Folgenlosigkeit plausibel. Eine solche Konstruktion ist notwendig, weil nach Brechts Verständnis Wissen, wie es der Roman vermittelt, nicht folgenlos bleiben kann, sondern zur Praxis werden muß. Raum der Praxis aber nicht die Romanwelt, sondern die außerästhetische Wirklichkeit. Hier muß der Leser als der eigentliche Detektiv tätig werden, womit aber die Gesetzmäßigkeit des Kriminalromans aufgehoben ist: es geht nicht um die *Wieder*herstellung der *Rechts*ordnung, sondern um die Herstellung einer *gerechten* Ordnung. Der Roman erfüllt seine analytische Aufgabe in der Hinführung zu gesellschaftlicher Praxis.

2.6. Die kursiv-gedruckten Stellen als satirische Gestensammlung

So einleuchtend und notwendig der Traum ist, aus dem Prinzip der Außenschau und Beobachtung, den expliziten poetologischen Grundlagen des Romans, läßt er sich nicht erzählen: er bleibt im Unter- und Vorbewußtsein Fewkoombeys, gelangt auch im Roman nicht zu artikulierter Reflexion. Hier ist also deutlich und eindeutig ein Erzähler am Werk. Und dieser Erzähler läßt sich nicht allein auf die Funktion einer rein objektiven Berichterstattung festlegen, wie sie allerdings vorherrschend ist. Aber die Außenperspektive ist für Brecht kein Dogma. Nicht nur in der Traumvision zeigen sich Momente der Introspektion, die Brecht ja als Erzählform abgelehnt hat. Aber es handelt sich hier nicht um psychologische Introspektion, sondern gewissermaßen um soziologische: der Soldat hat den Traum, der seiner gesellschaftlichen Lage objektiv entspricht.

Derartige Gedanken und Bewußtseinsvorgänge der Figuren artikuliert der Erzähler durchgängig, aber er bedient sich dabei nicht der Allwissenheit des herkömmlichen Romanciers, der über die Gegenständlichkeit frei verfügt und folglich auch das Innenleben seiner Personen kennt. Vielmehr erklärt sich sein Wissen aus der Objektivität der geschilderten Situationen. Die Romanfiguren denken und reflektieren ihrer jeweiligen Lage gemäß, die Wiedergabe ihrer Innerlichkeit ist Teil der geschilderten Gesamtkonstellation und gehört damit zum Erzählprinzip der Beobachtung, allerdings nur insoweit, wie diese Aussagen die Vorgänge interpretieren und nicht die Subjektivität der Figuren exponieren und zur Darstellung bringen. In diesem Primat der Situation vor der Person liegt das auch theoretisch fundierte Unterscheidungskriterium zum traditionellen Erzählen: wie im epischen Theater dienen die Figuren der Auslegung der Handlung.

Symptomatisch für diese Erzählweise ist die Mitteilung einer Reflexion des Soldaten Fewkoombey, die dieser gar nicht angestellt hat. Anläßlich von Pollys Abtreibungsversuch stellt Fewkoombey im Bericht des Erzählers satirisch pointierte Überlegungen darüber an, daß es humaner wäre, dem eigenen Kind das Leben in einer so unwirtlichen Welt zu ersparen, daß aber ein solcher Egoismus zum Aussterben der Menschheit führen würde und deshalb nicht zulässig sei. Im Anschluß an diese Reflexion heißt es: „So ungefähr hätte der Soldat wohl gedacht, wenn er gedacht hätte. Aber er dachte nicht: er war zur Disziplin erzogen." (13, 805) Ebenso heißt es von Peachum: „Wäre er gebildet gewesen, hätte er ausrufen können: ,Was ist Ödipus gegen mich?' [...]" (13, 831 f.)

Solche Reflexionen haben eine eigentümliche Dynamik. Unmittelbar vor seinem Tode erfährt der Makler Coax, daß die Armen verblendet genug sind, ihre eigene undurchschaute Ausbeutung durch einen Streik und eine Demonstration zu erzwingen, während er selbst zu der objektiv richtigen Erkenntnis gelangt: „Eigentlich ist es auch unbegreiflich [...], daß man uns nicht einfach niederschlägt, wo man uns trifft. Schließlich sind wir gar nicht so viele." (13, 1064) – Er wird niedergeschlagen, aber nicht von den Opfern, sondern im Auftrag seiner Geschäftspartner und Konkurrenten, nicht von den vielen, sondern von den wenigen.

Die Beispiele zeigen, daß kein allwissender Erzähler weiß, was seine Figuren denken, sondern daß ein aufmerksamer Beobachter formuliert, was sie denken könnten oder sollten. Das ist möglich, weil ihre Gedanken eine adäquate Auslegung der geschilderten Situationen sind. Sie sind stets objektiv, nie subjektiv, immer Kommentar des Geschehens, nie Wiedergabe von Innerlichkeit als solcher. Objektivität bedeutet freilich nicht nüchterne Reportage: die Gedanken und Träume sind satirisch verfremdet, und satirisch ist der *Dreigroschenroman* insgesamt (vgl. Schlenstedt, [L⁺ 75]). Die Satire wird aber in berichtender Form vermittelt. Der Erzählerkommentar wird dabei, wie die Beispiele belegen, in die Reflexionen der Figuren hineingenommen. Das wird dadurch verdeutlicht, daß derartige Passagen im Druck kursiv wiedergegeben sind. Durch dieses eigenartige Druckbild entstehen Bedeutungsgeschichten, die dem Roman insgesamt den Charakter der Montage verleihen. In den kursiven Passagen, die Äußerungen und Reflexionen der Figuren wiedergeben, wird der personale Horizont überschritten. Hier entsteht eine Gestensammlung, in der Figurenrede und Erzählerkommentar identisch sind, allerdings verfremdet durch die satirische Darstellungsweise. Die heimlichen Voraussetzungen der Argumentation, auch diejenigen, die durch die verinnerlichte Ideologie zum festen Habitus geworden sind, werden deutlich. Die Personen sagen also das, was die Situation erfordert, ohne Rücksicht auf schützende Sprachregelungen, oder sie benutzen ideologische Formeln, deren Verbindlichkeit sie durch ihr Handeln widerlegen. Die kennzeichnendsten Äußerungen dieser Art werden durch den Kursivdruck noch zusätzlich hervorgehoben.

2.7. *Der aktuelle Bezug: Faschismuskritik*

Das im Roman entwickelte Modell des Kapitalismus als einer auf dem organisierten Verbrechen begründeten Wirtschaftsordnung, die die Räuber bruchlos als Wirtschaftsführer integrieren kann, hat in seiner satirischen Zuspitzung einen sehr aktuellen Bezug. Brecht wies in seinen Reden und Schriften seit dem Beginn seines Exils immer wieder darauf hin, daß die Barbarei und die Greuel des Faschismus nur zu verstehen seien und nur bekämpft werden könnten, wenn man erkennt, daß der Faschismus eine historische Phase des Kapitalismus unter verschärften Bedingungen des Klassenkampfes ist, die das latent verbrecherische Wesen dieser Wirtschaftsordnung offen zur Erscheinung bringen:

> Der Faschismus ist eine historische Phase, in die der Kapitalismus eingetreten ist, insofern etwas Neues und zugleich Altes. Der Kapitalismus existiert in den faschistischen Ländern nur noch als Faschismus, und der *Faschismus kann nur bekämpft werden als Kapitalismus, als nacktester, frechster, erdrückendster und betrügerischster Kapitalismus.* (18, 226. Hervorhebung von Brecht)

Selbst in seinem Exilland Dänemark registriert Brecht bei der Vernichtung von Nahrungsmitteln barbarische Wirtschaftspraktiken: „Wir haben heute in den meisten Ländern der Erde gesellschaftliche Zustände, in denen die Verbrechen aller Art hoch prämiiert werden und die Tugenden

viel kosten.“ (18, 244) Die satirische Technik ermöglichte dem Stückeschreiber, den Aufstieg Hitlers zur Macht im *Aufhaltsamen Aufstieg des
Arturo Ui* als die Karriere eines Gangsters zu verfremden und das gesellschaftliche Verbrechertum kritisch auszustellen (s. AB VIII). In die gleiche Richtung zielt auch der *Dreigroschenroman*. Die Geschäftsleute erkennen in Macheath ihresgleichen: „Für einen Räuber war er ziemlich
gut bürgerlich, aber für einen Bürger war er ziemlich räuberisch.“ (13,
922) Sie reagieren positiv auf seine bürgerliche Fassade: Sparsamkeit,
Fleiß, intakte Ehe. Seinen Handlungsspielraum gewinnt er aber bei den
Kleinbürgern (Ladenbesitzern), die ihn verehren, weil er „ganz seiner
Idee [lebt]“, nicht raucht, nicht trinkt, sogar als Vegetarier gilt (13,
1121). Das sind Züge, die die nationalsozialistische Propaganda von
Hitler zeichnete, und mit diesem teilt er auch das sorgfältig gepflegte
Führer-Charisma: Er postuliert eine „Schicksalsverbundenheit von Führer und Geführten“ (13, 928) und erreicht damit, daß die Ladenbesitzer
bei der Erörterung ihrer verzweifelten Lage „wirtschaftliche Dinge aus
dem Spiel [. . .] lassen, da sie mit der Sache nichts zu tun hätten und nur
die hohen, sittlichen Standpunkte der Anwesenden schädigten“ (13,
1007). Durch weitere Hitler-Parallelen (niedrige Herkunft, Tätigkeit als
Polizeispitzel, Verrat an der Bande zugunsten der neuen Geschäftspartner usw.) und die Benutzung von Hitlerreden (s. Boie-Grotz, L$^+$ 330,
193 und Schlenstedt, L$^+$ 75) wird der *Dreigroschenroman auch* zu einer
Satire auf den Nationalsozialismus, jedoch nicht im Sinne vordergründi-
ger Anspielungen, sondern im Horizont der umfassenden Kapitalismus-
analyse und -kritik.

Arbeitsbereich VII

Gesellschaft und Kunst im „wissenschaftlichen Zeitalter".
Brechts Theorie eines episch-dialektischen Theaters
*(Marxistische und philosophische Studien, Der Messingkauf,
Kleines Organon für das Theater, Über den Realismus)*

X

0. Vorbemerkung

Brechts ästhetische Theorie erfährt ihre systematische Grundlegung in
einem außerästhetischen Rahmen, im Zusammenhang einer Gesell-
schafts- und Geschichtstheorie auf marxistischer Grundlage. Die Theorie
des episch-dialektischen Theaters ist daher nicht in erster Linie eine
Theorie des politischen Theaters, sondern eine politische Theorie des
Theaters. Im Lernprozeß des Stückeschreibers, der von der objektiven
Wiedergabe von Vorgängen der gesellschaftlichen Wirklichkeit bis zu
deren kritischer Durchdringung mit Hilfe der materialistischen Dialektik
führte, war der Marxismus seit 1926 ein bestimmendes Moment der
Entwicklung. Er fundierte nicht allein das Welt- und Selbstverständnis
des Autors; zugleich ermöglichte die materialistische Dialektik von Basis
und Überbau eine neuartige Bestimmung der Funktion, die Kunst im
gesellschaftlichen Prozeß auszuüben vermag. Es lag nicht in Brechts
Absicht, einen originalen Beitrag zur Weiterentwicklung der marxistischen Theorie zu liefern. Die selbstverständigenden Charakter tragenden
Notate der marxistischen und philosophischen Studien (20, 45–178),
zahlreiche Eintragungen im ‚Arbeitsjournal' und die einschlägige Korrespondenz vermitteln den Eindruck, als habe Brecht sich in Fragen der
marxistischen Theorie auf ‚Lehrer' gestützt, die ihm als – allerdings be-
zweifelbare – Autoritäten galten. Außer auf Hermann Duncker und Fritz
Sternberg wäre in diesem Zusammenhang besonders auf Karl Korsch zu
verweisen, über den auch Gedanken des frühen Georg Lukács *(Geschichte und Klassenbewußtsein)* Brecht erreichten.

Der Status von Brechts ästhetischer Theorie ist einer der Vermittlung.
Brecht hat mit Hilfe der materialistischen Dialektik den Ort der Kunst in
der historisch-gesellschaftlichen Totalität ermittelt. Der intendierte Tota-
litätsbezug macht eine autonome Theoriebildung im Bereich des Ästhetischen überflüssig. Weder ist die Theorie des episch-dialektischen Theaters vollständig entwickelt, noch der systematische Zusammenhang ihrer

zentralen Bestandteile ganz entfaltet. Nicht zufällig ist die vorherrschende Überlieferungsform der Theorie die ‚Anmerkung‘, die sie auf weiten Strecken als Kommentar zur ästhetischen Praxis erscheinen läßt. „nun sind die anmerkungen zwar nur technische hinweise für die aufführung, [...] andrerseits aber auch bruchstücke einer ästhetik des theaters, die nicht geschrieben ist." (AJ 442) Definitionen und Funktionsbestimmungen des episch-dialektischen Theaters sind daher jeweils sowohl mit Rücksicht auf ihre gesellschaftstheoretische Fundierung (Aneignung und ästhetische Vermittlung marxistischer Theorie) als auch in Hinblick auf ihre theaterpraktische Bedeutung zu untersuchen.

Der zugleich politische und ästhetische Charakter dieser ‚Dramaturgie der Veränderung‘ warf terminologische Schwierigkeiten auf, die für eine angemessene Verbreitung und Rezeption der neuen Theaterkonzeption prekäre Folgen zeitigten. Die jahrzehntelang geübte Praxis, den Dichter und den Politiker Brecht zu trennen, das Ästhetische auf Kosten des Politischen zu retten, fand hier ihre ersten Ansatzpunkte. Die Probleme sind Brecht nicht verborgen geblieben. In einem 1956 geführten Gespräch gestand er ein, daß es ihm nicht gelungen sei, „klarzumachen, daß das Epische meines Theaters eine Kategorie des Gesellschaftlichen und nicht des Ästhetisch-Formalen ist" (Witt, L 468, 339). In den späteren Theaterschriften zog Brecht es vor, von einem „dialektischen Theater" zu sprechen (16, 869, 923). Den geschilderten begrifflich-sprachlichen Schwierigkeiten wird hier dadurch Rechnung getragen, daß konsequent von einem ‚episch-dialektischen Theater‘ gesprochen und gehandelt wird.

Ihre wohl bedeutendste Formulierung hat diese politische Theorie des Theaters in den fragmentarischen Dialogen des *Messingkauf* (1939/40) und im *Kleinen Organon für das Theater* (1948) gefunden. Brechts Beitrag zur ästhetischen Theorie im 20. Jahrhundert wäre aber nicht hinreichend bestimmt ohne eine Berücksichtigung seiner Realismus-Konzeption, die über die Theatertheorie hinaus von größter Wichtigkeit ist. Sie wird am Ende dieses Arbeitsbereiches im Zusammenhang der ‚Expressionismus-Debatte‘ in der Zeitschrift *Das Wort* (1937/38) behandelt.

1. Brechts Aneignung des Marxismus

1.1. Grundlageninformationen

Forschungsliteratur

81 Rasch, Wolfdietrich: Bertolt Brechts marxistischer Lehrer. Zum ungedruckten Briefwechsel zwischen Bertolt Brecht und Karl Korsch. In: Merkur 17/ 1963, S. 988–1003. Erw. Fassung in: WR, Zur deutschen Literatur seit der Jahrhundertwende. Gesammelte Aufsätze. Stuttgart 1967, S. 243–273,

315–317.[Erste grundlegende Studie über das Verhältnis von Korsch und
Brecht, die durch Werkanalysen und die Auswertung der Korrespondenz einen entscheidenden Einfluß des marxistischen Theoretikers und „Lehrers"
auf den Stückeschreiber nachweisen kann.]

− Sternberg (L⁺ 281).

− alternative (L 302 und L 307). [Heft 41 enthält Dokumente aus dem unveröffentlichten Nachlaß Korschs, Heft 105 behandelt die Brecht/Korsch-Diskus-
sion.]

− Müller (L⁺ 419).

82 Lukács, Georg: Geschichte und Klassenbewußtsein. Studien über marxistische Dialektik. Darmstadt/Neuwied 1968. [Neben Korschs *Marxismus und
Philosophie* zentrales Dokument eines an Hegel geschulten Marxverständnis-
ses. Grundlegende und wirkungskräftige Überlegungen zum Klassenbewußtsein, zur Verdinglichung und zur Organisationsfrage (Partei).]

83 Fleischer, Helmut: Marxismus und Geschichte. Frankfurt/M. 1969. [Knappe
informative Darstellung der verschiedenen Ansätze zu einer marxistischen
Theorie der Geschichte, die bei einer genaueren Ortsbestimmung des Brechtschen Geschichtsverständnisses hilfreich ist.]

84 Münz-Koenen, Ingeborg: Brecht im Spiegel westdeutscher Publikationen. In:
Weimarer Beiträge 15/1969, S. 123–147. [Kritische Auseinandersetzung mit
den westdeutschen Vertretern der sog. „Korsch-Legende", die einen entscheidenden Einfluß des linksabweichlerischen Theoretikers auf Brecht behaupten.]

− Brüggemann (L⁺ 335).

85 Buckmiller, Michael: Marxismus als Realität. Zur Rekonstruktion der theoretischen und politischen Entwicklung Karl Korschs. Jahrbuch Arbeiterbewegung, Bd. 1, hrsg. v. Claudio Pozzoli. Frankfurt/M. 1973, S. 15–85.

− Dahmer (L 342).

86 Bormanns, Peter: Brecht und der Stalinismus. In: Brecht-Jahrbuch 1974,
S. 53–76. [Differenzierte Darstellung von Brechts Verhältnis zur Sowjetunion
unter Stalin unter besonderer Berücksichtigung des *Me-ti* und des ‚Arbeits-
journals'. Problematischer Umgang mit Texten aus dem „Buch der Wendungen", dessen parabolischer Einkleidung B. wenig Rechnung trägt.]

− Knopf (L⁺ 293).

87 Gerlach, Erich (Hrsg.): Karl Korsch. Marxismus und Philosophie. Frankfurt/
M./Köln 1975. [Korschs zuerst 1923 erschienenes Hauptwerk wird vom Her-
ausgeber eingeleitet durch eine sachverständige Darstellung der „Entwicklung
des Marxismus von der revolutionären Philosophie zur wissenschaftlichen
Theorie".]

88 Lenin, Wladimir Iljitsch: Materialismus und Empiriokritizismus. Peking
1976. [Die zuerst 1909 publizierte Schrift enthält folgenreiche Formulierungen zur Begründung der ‚Widerspiegelungs'- oder ‚Abbildtheorie', die entscheidend für die kulturpolitische Doktrin des ‚sozialistischen Realismus'
wurde.]

89 Müller, Klaus-Detlef: Brechts *Me-ti* und die Auseinandersetzung mit dem
Lehrer Karl Korsch. In: Brecht-Jahrbuch 1977, S. 9–29. [Gründliche Analyse
des Verhältnisses von Brecht und Korsch anhand von Texten aus dem *Me-ti*,

die dem erklärten Anspruch des „Buchs der Wendungen" gerecht zu werden
sucht, eine literarische Unterweisung im dialektischen Denken zu demonstrieren.]

1.2. Brechts marxistische ‚Lehrer‘: Sternberg und Korsch

Im Winter 1926/27 lernte Brecht in Berlin den marxistischen Soziologen
Fritz Sternberg kennen, mit dem er von 1927 bis zum Ende der Weimarer
Republik regelmäßig Kontakt pflegte. Brechts Erwartungen an die Soziologie übermittelt Sternberg in seinen Erinnerungen: Für ihn (Brecht) sei
die „Erfassung der Wirklichkeit eine Lebens- und Schaffensnotwendig-
keit" (Sternberg, L+ 281, 16). Die gesellschaftswissenschaftliche Fundierung wird zur Voraussetzung einer angemessenen, d.h. zeitgemäßen ästhetischen Gestaltung der Realität in der dramatischen Produktion. In
der Auseinandersetzung mit Sternberg gewann Brechts ästhetische Reflexion eine ausgeprägt gesellschaftliche und historische Dimension. Gesellschaftsgeschichte und Kunst(-Geschichte) stehen in einem unaufhebba-
ren Zusammenhang. Sternberg hatte dies mit einem historischen Abriß
über die Rolle des Individuums und die Form des Dramas paradigmatisch gezeigt (vgl. AB IV). Die historisch-soziale Relativierung der Kunst
und ihrer Formen ermöglichte erst die Liquidierung der bürgerlichen
Ästhetik, und sie legitimierte zugleich den Anspruch des epischen Theaters als des einzig zeitgemäßen im ‚wissenschaftlichen Zeitalter‘. Eine
intensive Marx- und Lenin-Lektüre begleitete die persönlich vermittelte
Einführung des Stückeschreibers in die materialistische Theorie. Die
Marxistischen Studien und die *Notizen zur Philosophie* dokumentieren
Brechts Bemühen um eine gesellschaftstheoretische Grundlegung seiner
ästhetischen Produktion (20, 45–178).

Brechts gewichtigster marxistischer ‚Lehrer‘ aber wurde Karl Korsch.
Brecht besuchte Vorlesungen, die der 1926 als Linksabweichler aus der
KPD ausgeschlossene marxistische Theoretiker an der Neuköllner Marxistischen Arbeiterschule (MASCH) hielt. Mit Bernhard von Brentano,
Paul Partos, Slatan Dudow, Alfred Döblin und anderen nahm der Stükkeschreiber aktiv an Arbeitsgemeinschaften teil, die sich im Anschluß an
die Vortragsreihe bildeten. Korsch, der seine politische Entwicklung als
Neukantianer und Fabianer begonnen hatte, fand erst nach der geschei-
terten deutschen Revolution von 1919, enttäuscht über das Versagen der
in scheinrevolutionärem Attentismus erstarrten Sozialdemokratie, zu einem intensiven Studium des Marxismus. (Gerlach, L+ 87) Wie Georg
Lukács in *Geschichte und Klassenbewußtsein* ging es Korsch in seinem
ebenfalls 1923 erschienenen und programmatisch *Marxismus und Philosophie* überschriebenen Hauptwerk um eine Wiederherstellung des akti-
vistisch-revolutionären Gehalts des Marxismus als einer Theorie der so-

zialen Revolution. Die angestrebte Klärung des Verhältnisses von Basis und Überbau, Praxis und Theorie, Marxismus und Philosophie orientierte sich an den gerade erst wiederentdeckten Frühschriften Marx', die die Bedeutung der idealistischen Dialektik Hegels für das Marx'sche Revolutionskonzept vor Augen führten. Die Wiedergewinnung des revolutionären Gehalts einer materialistischen Dialektik gehörte zu den wichtigsten Anliegen Korschs wie auch Lukács'. Für seine 1923 in politisch-praktischer Absicht vorgenommene Bestandsaufnahme der marxistischen Theorie wählte Korsch die Form einer historisch-dialektischen Selbstvergewisserung: er wandte „das materialistisch-dialektische Prinzip Marxens auf die gesamte Geschichte des Marxismus an" (Korsch, L$^+$ 87, 97).

Die höchst aufschlußreiche historische Rekonstruktion der marxistischen Theorie und Praxis durch Korsch kann hier nicht im einzelnen nachgezeichnet werden. In Hinblick auf Brecht, der unmittelbar auf die künstlerisch-politische Praxis bezogene konkrete Erwartungen an die marxistische Theorie richtete, soll die Behandlung im wesentlichen auf drei Schwerpunkte beschränkt bleiben: 1. die Reformulierung der materialistischen Dialektik; 2. das hiermit in engstem Zusammenhang stehende Konzept der ‚geistigen Aktion', das Brecht die Möglichkeit gab, die literarische Produktion als revolutionäres Element einer gesellschaftsverändernden Praxis zu begreifen; 3. die Kritik der Leninschen Widerspiegelungstheorie, die entscheidende Bedeutung für Brechts Konzeption eines kritischen Realismus erlangen sollte.

1. Die marxistische Theorie in ihrer ersten Erscheinungsform ist eine „mit philosophischem Denken durch und durch gesättigte Theorie der als lebendige Totalität gesehenen und begriffenen gesellschaftlichen Entwicklung, genauer: der als lebendige Totalität begriffenen und bestätigten sozialen Revolution" (Korsch, L$^+$ 87, 98). Kernstück der Marxschen Revolutionstheorie ist die an Hegel geschulte Methode der materialistischen Dialektik. Hegel begreift die Weltgeschichte als Verwirklichung der der Welt immanenten Vernunft, als Zusichkommen des absoluten Geistes. Der universale Entwicklungsprozeß besteht aus einer Abfolge dialektischer, sich höhertreibender Widersprüche, die auf der Entgegensetzung von Idee und Erscheinungsformen beruhen. Grundlegend ist der Widerspruch von Begriff und Wirklichkeit, wobei die Wahrheit in diesem Denkmodell nicht im positiv Gegebenen steckt, sondern in dem sich entfaltenden Begriff, der alle Bestimmungen des Seins schon in sich enthält. Das Sein, so lautet die (linkshegelianische) Schlußfolgerung dieses philosophischen Systems, ist noch nicht auf seinen Begriff gebracht, es ist noch nicht wahres Sein. Die Identität des Wirklichen und Vernünftigen ist allererst herzustellen. Marx ersetzt die dialektische Selbstbewegung von Idee/Begriff durch die wirkliche geschichtliche Bewegung, die als

Aufeinanderfolge epochentypischer Grundwidersprüche zwischen dem Stand der Produktivkräfte und der Entwicklung der gesellschaftlichen Produktionsverhältnisse vorgestellt ist. Ihre revolutionäre Kraft entfaltet die materialistisch gewendete Dialektik erst im Proletariat. Verhindert bei der Bourgeoisie eine interessenbedingte Klassenschranke die Erkenntnis der konstitutiven Widersprüche der gesellschaftlichen Wirklichkeit, so ist die dialektische Wirklichkeitserkenntnis für das Proletariat identisch mit dem Beginn seiner praktischen Selbstverwirklichung in der Revolution. Für Korsch befinden sich die revolutionäre Praxis und ihr theoretischer Ausdruck in den politisch-ökonomischen Aktionen der proletarischen Klasse in Übereinstimmung.

Das Postulat einer dialektischen Einheit von Theorie und Praxis in der revolutionären Aktion verweist auf die zentrale Rolle, die Korsch der Philosophie vorbehält. Eine solche Deutung stützt sich auf Marx' *Thesen über Feuerbach*, in denen Korsch die Notwendigkeit einer revolutionären Theorie wie einer philosophischen Praxis formuliert sieht. „Die Philosophen haben die Welt nur verschieden *interpretiert; es kommt darauf an, sie zu verändern.*"

Das Verändern erfolgt in der menschlichen Praxis, aber aus dem „Begreifen dieser Praxis" heraus. Mit dem Rekurs auf den jungen Marx ist eine radikale Wiederherstellung der Dialektik von Sein und Bewußtsein, Praxis und Theorie, Basis und Überbau verbunden. Einem undialektischen, d.h. auch den subjektiven Faktor leugnenden Primat der äußeren Wirklichkeit, ob als Naturdialektik (Engels) oder als nomologisch gefaßter naturhistorischer Prozeß (Kautsky) kaschiert, erteilt Korsch eine scharfe Absage. Die Dialektik gewinnt ihre revolutionierende Kraft erst zurück, wenn sie nicht allein als erkenntnistheoretisches Instrument, als gesellschaftswissenschaftliche Methode, sondern vor allem als tatsächliches Eingreifen in den historischen Prozeß verstanden und benutzt wird. Das Bewußtsein von Widersprüchen verändert das gesellschaftliche Sein, da das Bewußtsein ein konstitutives Element der historisch-prozessual begriffenen gesellschaftlichen Totalität selbst darstellt.

2. Mit der gesellschaftlichen Wirklichkeit geistiger Gebilde aus Philosophie, Religion und Kunst ist zugleich die Notwendigkeit ihrer Kritik gegeben: „Sie alle müssen durch die, die Totalität der gesellschaftlichen Wirklichkeit umfassende, revolutionäre Gesellschaftskritik des materialistischen wissenschaftlichen Sozialismus theoretisch kritisiert und praktisch umgewälzt werden, so gut wie die ökonomische, juristische und politische Struktur der Gesellschaft, und zugleich mit dieser." (Korsch, L⁺ 87, 135) Neben der politischen und ökonomischen Aktion entwirft Korsch das Programm einer „geistigen Aktion", einer revolutionären wissenschaftlichen Kritik, die als Ideologiekritik notwendiger Bestandteil einer gesellschaftlich umwälzenden Praxis ist. Wenn Bewußtseinsverän-

derung dergestalt eine unmittelbar praktische Qualität erhält, so wird die fundierende Kraft deutlich, die Korschs „geistige Aktion" für eine sich als revolutionär verstehende literarische Praxis besitzen mußte. Brechts Konzept einer kritisch eingreifenden, bewußtseins- und gesellschaftsverändernden Literatur ist ohne Korschs Auffassung der materialistischen Dialektik nicht vorstellbar.

3. Auf schärfste Kritik stieß bei Korsch die Abbild- oder Widerspiegelungstheorie, die bei Lenin schon 1908 in *Materialismus und Empiriokritizismus* angelegt war. Die Vorstellung, daß das gesellschaftliche Bewußtsein das gesellschaftliche Sein lediglich ,widerspiegelt', daß das Bewußtsein nur eine mehr oder minder genaue Kopie des Seins darstellt, bedeutete einen Rückfall in das voridealistische Stadium eines Dualismus von Sein und Bewußtsein, Geist und Materie. Die über Lenin hinausgehende Fixierung der Widerspiegelungstheorie zu einer allgemeinen materialistischen Erkenntnistheorie, die Einsetzung einer quasi ontologischen Naturdialektik und einer gesetzhaft verfaßten Geschichtstheorie markieren die Degeneration des Marxismus zu einer objektivistischen Weltanschauungslehre mit Legitimationsfunktion für das sowjetische Modell eines sozialistischen Staats. Das wird in Hinblick auf die im Widerspiegelungspostulat verankerte literaturpolitische Doktrin des sozialistischen Realismus festzuhalten sein, der Brecht zeitlebens kritisch gegenüberstand (AB VII, 4.). Wo die Dialektik einseitig in die Materie verlegt wird, da ist die auf dem dialektischen Wechselspiel von Sein und Bewußtsein gegründete Einheit von Theorie und Praxis aufgehoben. Literatur als Objektivationsform gesellschaftlichen Bewußtseins ist aber nicht auf die abbildhafte Reproduktion von Wirklichkeit zu reduzieren. Die literarische Tätigkeit als Teil der ,geistigen Aktion' ist selbst praktisches und kritisches Bildungselement der gesellschaftlichen Realität. „Die Erkenntnis, die das Theater vermittelt, tritt ihrem Gegenstand nicht gegenüber, sondern verändert ihn, da Erkenntnis und Erkanntes erst zusammen ein Moment der Wirklichkeit ausmachen. Die Welt als veränderlich zeigen, bedeutet insofern bereits, sie zu verändern." (Müller, L⁺ 98, 63) Wenn dergestalt die Realität durch ihre ästhetische Abbildung (d.h. kritische Erkenntnis und Darstellung) schon verändert wird, so ist damit die mechanistisch-deterministisch angelegte Widerspiegelungsmetapher ad absurdum geführt. Der kritische Realismus Brechts beruft sich auf die von Korsch vermittelte revolutionäre Einschätzung der Überbauarbeit: „Die Art, auf die Überbau entsteht, ist: Antizipation." (20, 77)

Brecht blieb Korsch auch im dänischen und amerikanischen Exil freundschaftlich verbunden. So kritisch er dem von ihm selbst zum marxistischen ,Lehrer' ernannten Korsch in Fragen der revolutionären Politik, besonders in bezug auf dessen Einschätzung Lenins und seine ablehnende Haltung zur Sowjetunion unter Stalin gegenübertrat: als Theoreti-

ker einer revolutionären materialistischen Dialektik galt er ihm uneinge-
schränkt als Vorbild und als zuweilen schmerzlich vermißter Ratgeber
für die Theorie und Praxis eines episch-dialektischen Theaters. Die ‚Dramaturgie der Veränderung‘ hat die weitgehend über Korsch vermittelte
marxistische Theorie zur bedingenden Voraussetzung. (Zu dem in der
Forschung kontrovers behandelten Verhältnis Korsch-Brecht vgl. den
kurzen Text *Über meinen Lehrer*, 20, 65 f., das *Me-ti*, 12, 417–585,
sowie Brüggemann, L⁺ 335; Knopf, L⁺ 293; Müller, L⁺ 89; Münz-Koenen, L⁺ 84.)

1.3. ‚Eingreifendes Denken‘: Brechts Verständnis der materialistischen Dialektik

Brecht übernimmt von Korsch das Modell eines kritischen Marxismus:
„Drängen auf die Krise hin, Herauswicklung der Widersprüche, die
Kunst des praktischen Negierens, also einer Kritik, die, der Entwick-
lungsgesetze eingedenk, im Hinblick auf eine bestimmte mögliche Lösung kritisiert." (20, 71). Die bestimmte Negation erweist sich als
Grundhaltung einer marxistischen Gesellschaftstheorie, die die bestehende Gesellschaft als veränderliche begreift, und die eine angemessene Beschreibung ihres solchermaßen historisierten Gegenstandes nur im Rahmen einer Theorie seiner Veränderung zu geben vermag. Geschichte stellt
sich dar als Feld menschlicher Praxis, als ein − bei aller sozial-histori-
schen Kausalität − in bestimmter Weise offener Prozeß, der den menschlichen Eingriff, die Aktivität des subjektiven Faktors nicht allein möglich,
sondern notwendig macht. Mit Korsch streitet Brecht gegen die „Ver-
schlammung und Metaphysizierung" eines „landläufigen Marxismus",
der, zu einer objektivistischen Weltanschauung und Legitimationsidee
erstarrt, seinen eminent kritisch-revolutionären Gehalt preisgibt (B 442).
Die Dialektik von Theorie und Praxis erscheint bei Brecht zumeist als
dialektische Einheit von Denken und Verhalten. Das Denken gilt dem
Stückeschreiber als ‚gesellschaftliches Verhalten‘, die Philosophie folgerichtig als Verhaltenslehre, als ‚Lehre vom richtigen Verhalten‘ (20, 168,
127). Der aktivistisch-revolutionäre Charakter dieses Identitätspostulats
von Denken und Verhalten tritt hervor in den Formulierungen zum ‚eingreifenden Denken‘. „Das eingreifende Denken. Die Dialektik als jene
Einteilung, Anordnung, Betrachtungsweise der Welt, die durch Aufzei-
gung ihrer umwälzenden Widersprüche das Eingreifen ermöglicht."
(170 f.) Eingreifendes Denken ist dialektisches Denken, das als solches
unmittelbar praktische Qualität hat. Die philosophische Haltung, die
diesem Denken entspricht, wird in der „Lehre vom interessierten Widerspruch" demonstriert. „Die Anwendung wirklicher Dialektik wird in
dieser unserer Gesellschaftsordnung sofort und unmittelbar zu direkt

revolutionären Aktionen und Organisationen führen müssen [...]."
(146) Deutlich genug gibt die materialistische Dialektik hier als Bestandteil einer Revolutionstheorie sich zu erkennen. „Das Bürgertum ist ein
schlechter, ein gehemmter Referent der Dialektik. Der bessere Referent,
durch seine Lage, ist das Proletariat." (151) In seinen Händen wird das
dialektische, das eingreifende Wissen zur Waffe im Klassenkampf. Die
Bewußtseinsbildung fungiert als wichtiges Moment der politischen Praxis. Die Erkenntnis der gesellschaftlichen Wirklichkeit läßt weder die
Erkennenden noch die anerkannte Wirklichkeit unverändert. Zugespitzt
heißt dies: „Man kann die Dinge erkennen, indem man sie ändert." (172)

Die Gleichsetzung von Erkennen und Verändern sowie der eindeutige
Primat, der der Dialektik von Basis und Überbau vor der äußeren Wirklichkeit (Natur und Geschichte) eingeräumt wird, hat Korsch wie auch
Brecht den Vorwurf eingehandelt, eine tendenziell idealistische Dialek-
tik-Version zu propagieren (vgl. etwa Knopf, L⁺ 293, 149–164). Fragt
sich, ob das Konzept der „Realdialektik" (Knopf) nicht seinerseits eben
jener fatalen Trennung von Erkenntnistheorie einerseits und immanenter
Entwicklungslogik von Natur- und Geschichtsprozeß andererseits auf-
sitzt, gegen den die beiden ‚Linksabweichler' antraten. Jedenfalls übersieht eine solche Kritik die historische Fundierung, die die materialistische Dialektik bei Brecht besitzt. „es ist hohe zeit", schreibt dieser im
schwedischen Exil, „daß die dialektik aus der wirklichkeit abgeleitet
wird, anstatt daß man sie aus der geistesgeschichte ableitet [...]." (AJ 86)
Ohne Zweifel sind die Widersprüche der gesellschaftlichen Wirklichkeit
objektiv gegeben. Nur ist die Erkenntnis eben dieser Widersprüche, die
dialektische Realitätserkenntnis, in der Lage, die antagonistischen Gegensätze zu verschärfen, höher zu treiben und so einen Beitrag zu ihrer
revolutionären Auflösung zu leisten. Auch für Brecht ist Bewußtsein be-
wußtes Sein; nur fungiert das proletarische Klassenbewußtsein, die materialistische Dialektik, zugleich als aktivierendes Moment einer gesellschaftsverändernden Praxis. Das eingreifende Denken, d.h. die Dialektik, gilt ihm als eine revolutionierende Technik, der als gesellschaftlicher
Produktivkraft ein fester Platz auf beiden Seiten eines Basis-Überbau-
Modells zukommt.

„Das Theater", so Brecht in Anlehnung an die 11. Feuerbachthese
Marx', „wurde eine Angelegenheit für Philosophen, allerdings solcher
Philosophen, die die Welt nicht nur zu erklären, sondern auch zu ändern
wünschten." (15, 266; vgl. auch 246) In diesem präzisen Sinne erweist
das episch-dialektische Theater sich als eine ‚Dramaturgie der Veränderung'. Es ist Teil der ‚geistigen Aktion', einer revolutionären wissenschaftlichen (philosophischen) Kritik herrschender Vorstellungen über
das gesellschaftliche Zusammenleben der Menschen: es ist Ideologiekritik. Allerdings wird der aufklärerische Anspruch auf dialektische Weise

eingebracht. Durch die besondere Art der Darstellung gesellschaftlicher Wirklichkeit (Verfremdung/Historisierung) lehrt das episch-dialektische Theater eingreifendes Denken. Die materialistische Dialektik von Basis und Überbau, Theorie und Praxis fundiert so eine revolutionäre literarische Praxis. Das dialektische Drama versteht sich als Drama des gesellschaftlichen Eingriffs.

1.4. Die geschichtsphilosophische Konstruktion des ‚wissenschaftlichen Zeitalters‘ als Bezugsrahmen für Brechts episch-dialektisches Theater

> Kein schwierigerer Vormarsch
> als der zurück zur Vernunft!

In den Paragraphen 15 bis 20 des *Kleinen Organon für das Theater* gibt Brecht eine nähere Bestimmung des historischen Rahmens, in den er das episch-dialektische Theater gestellt sieht (16, 668–671; vgl. Müller L⁺ 98, 84 f.). Naturwissenschaftliche Entdeckungen am Beginn der Neuzeit bereiteten den Boden für eine ungeheure Entfaltung der gesellschaftlichen Produktion. Die Folgen der Erschließung neuer Ressourcen, bahnbrechende Technologien der Energieerzeugung und die maschinelle Durchdringung von Produktion und Kommunikation ließen erstmals die Menschheit der Möglichkeit näherrücken, „den Stern, auf dem sie hauste, bewohnbar zu machen". Doch verhinderten die gesellschaftlichen Produktionsverhältnisse, Ausbeutung und die Herrschaft der Klassen, daß das mit der naturwissenschaftlichen Revolution geschaffene Potential einer umfassenden Humanisierung aller Lebensbereiche zugeführt werden konnte. „Die Kenntnis der Natur der Dinge", heißt es an anderer Stelle, „so sehr und so ingeniös vertieft und erweitert, ist ohne die Kenntnis der Natur des Menschen, der menschlichen Gesellschaft in ihrer Gesamtheit, nicht imstande, die Beherrschung der Natur zu einer Quelle des Glücks für die Menschheit zu machen." (15, 295) Der „neue Blick" und die „neuen Denkmethoden" des wissenschaftlichen Zeitalters richteten sich zunächst nicht auf die menschliche Gesellschaft selbst. Im Gegenteil. Der Fortschritt wurde zum „Vorsprung weniger". Die kapitalistische Organisation der Produktion trieb die Entzweiung der Menschen voran; Ausbeutung verschärfte das Elend der vielen. Der Krieg der Moderne enthüllte den verborgenen destruktiven Charakter der kapitalistischen Produktion. „Mütter aller Nationen, ihre Kinder an sich gedrückt", durchforschen „entgeistert den Himmel nach den tödlichen Erfindungen der Wissenschaft." Ohnmächtig stehen die Menschen ihren eigenen Unternehmungen gegenüber, die sie als unberechenbare Naturkatastrophen erfahren.

Allerdings ist seit dem 19. Jahrhundert mit der marxistischen Theorie

die Möglichkeit gegeben, die gesellschaftlichen Verhältnisse der Menschen dem kritischen Blick der Wissenschaft auszusetzen. Hatte die
Bourgeoisie die Gesellschaftswissenschaft und ihre Ergebnisse zu fürchten, so weiß das Proletariat sich als historisches Subjekt, dessen Selbstverwirklichung mit der Schaffung einer humanen und freien Gesellschaft
der „Kinder des wissenschaftlichen Zeitalters" identisch ist. Die „große
Produktion" ist immer schon bestimmendes „Lebenselement" der Arbeiterklasse.

Brechts utopische Konstruktion eines „wissenschaftlichen Zeitalters"
gleicht einer „Geschichtsphilosophie in pragmatischer Absicht" (Habermas). Die Geschichte wird in die Zukunft hinein fortgeschrieben. Die
Möglichkeit einer wahrhaft menschlichen Entwicklung der gesellschaftlichen Verhältnisse harrt, als historischer Anspruch begründet, noch ihrer
Verwirklichung in der Zukunft. Der Rückgriff auf die radikale Aufklärung ist zugleich ein Vorgriff auf bisher uneingelöste Wechsel des historischen Prozesses. Die „theoretische Neugierde" (Blumenberg), der methodische Zweifel, Experiment und Induktion, allesamt charakteristische
Kennzeichen von Brechts philosophisch-ästhetischer Reflexion, dokumentieren den Rückgriff auf die aufklärerische Tradition, die hier allerdings in den Horizont einer umfassenden marxistischen Gesellschaftsund Geschichtstheorie gestellt ist. Die Aufklärung ist bei Brecht dialektisch geworden. Die Kritik gilt als Form einer gesellschaftlichen Praxis,
die eine revolutionäre Veränderung der herrschenden Verhältnisse zum
Ziel hat. Das ‚Theater des wissenschaftlichen Zeitalters‘ ist daher zugleich ein dialektisches Theater, das den ‚neuen Blick‘ und die ‚neuen
Denkmethoden‘ in alle Bereiche des gesellschaftlichen Lebens trägt. Aus
dem historisch-sozialen Prozeß selbst abgeleitet, ist das episch-dialektische Theater die einzig zeitgemäße Form des Theaters. Mit epochaler
Verspätung holt das ‚Theater des wissenschaftlichen Zeitalters‘ die gesellschaftswissenschaftliche Revolutionierung Marx' im Bereich der Kultur ein. Wie die Wissenschaft ist auch die Kunst damit beschäftigt, das
Leben der Menschen zu erleichtern. Beide schöpfen dabei aus der zentralen Bestimmung des menschlichen Wesens, dessen ungehinderte Entfaltung das Gebot der historischen Stunde ist: „aus der neuen Produktivität".

2. ‚Der Messingkauf‘. Brechts Theorie des episch-dialektischen Theaters

2.1. Grundlageninformationen

Forschungsliteratur
90 Schaefer, Heinz: Der Hegelianismus der Bert Brecht'schen Verfremdungstechnik in Abhängigkeit von ihren marxistischen Grundlagen. Diss. Stutt

gart 1957. [Umfassende Darstellung Hegelscher und Marxscher Grundlagen der Brechtschen Verfremdungstechnik. Verfremdung wird als ein Bewußtseinsprozeß verstanden (als „Verfremdung" der „Entfremdung"), der nach Marx allein als historischer angemessen begriffen werden kann. Die philosophische Rekonstruktion bleibt allerdings eine werkbezogene Konkretisierung schuldig.]

  – Grimm (L⁺ 356).
  – Hinck (L⁺ 376).
  – Kesting (L 389).
  – Mayer (L⁺ 408).

91 Grimm, Reinhold: Verfremdung. Beiträge zu Ursprung und Wesen eines Begriffs. In: Revue de Litterature Comparée 35/1961, S. 207–236.

92 Hultberg, Helge: Die ästhetischen Anschauungen Bertolt Brechts. Kopenhagen 1962. [Überaus problematische Studie, die festzustellen glaubt, „was Brecht zu verschiedenen Zeiten mit den ästhetischen Begriffen gemeint hat". Die „semantische" (?) Methode, die vom systematischen Charakter der Brechtschen Ästhetik bewußt abstrahiert und ihrer marxistischen Grundlegung weitgehend verständnislos gegenübersteht, läßt die Arbeit zu teilweise abstrusen Urteilen gelangen, die weniger ihren Gegenstand als die unreflektierte Vorurteilslage ihres Verfassers bezeichnen. Hultberg deutet Brecht als konsequenten Naturalisten, der „keinen eigentlichen Beitrag zur Ästhetik geleistet hat."]

93 Grimm, Reinhold: Das Huhn des Francis Bacon. In: RG, Strukturen. Essays zur deutschen Literatur. Göttingen 1963, S. 198–225. [Untersuchung des ästhetischen Grundprinzips des epischen Theaters, der Verfremdung. Grimm zeigt ihre Konkretisierung in der dramatischen Struktur, in der Inszenierung und in der epischen Spielweise und verweist auf ihre Begründung in den modernen Naturwissenschaften (Bacon), in der Hegelschen Dialektik und bei Marx.]

  – Benjamin (L⁺ 324).
  – Rülicke-Weiler (L⁺ 428).

94 Grimm, Reinhold: Naturalismus und episches Drama. In: RG (Hrsg.). Episches Theater. Köln/Berlin 1966, S. 13–49.

  – Jendreiek (L⁺ 383).

95 Pracht, Erwin: Bertolt Brecht über die soziale Funktion der Kunst. In: Weimarer Beiträge 15/1969, S. 46–73.

96 Wagner, Peter: Das Verhältnis von ‚Fabel' und ‚Grundgestus' in Bertolt Brechts Theorie des epischen Theaters. In: ZfdPh 89/1970, S. 601–615. [Sorgfältige Zusammenstellung der einschlägigen Textstellen, besonders aus dem Kleinen Organon. Der analytische Wert ist gering, da Verf. auf eine umfassendere theoretische Bestimmung der beiden wichtigen Bestandteile des episch-dialektischen Theaters verzichtet.]

97 Sokel, Walter H.: Figur, Handlung, Perspektive. Die Dramentheorie Bertolt Brechts. In: R. Grimm (Hrsg.), Deutsche Dramentheorien. Frankfurt/M. 1971, Bd. 2, S. 548–577. [Erhellt die Bedeutung der Perspektive (Brechts episches Theater entspricht der Erzählhaltung des auktorialen Romans) für die dramatische Struktur, kann aber dem Anspruch des Titels in keiner

Weise gerecht werden. Die allgemein gehaltenen ,dramentheoretischen' Be-
merkungen gehen an wesentlichen Bestimmungen des episch-dialektischen
Theaters vorbei und sind wenig instruktiv für eine Analyse der Stücke.]
– Hecht (L 365).

98 Müller, Klaus-Detlef: Der Philosoph auf dem Theater. Ideologiekritik und
,Linksabweichung' in Bertolt Brechts *Messingkauf*. In: Text + Kritik. Sonderband Bertolt Brecht I. München 1972, S. 45–71. Auch in: Th. Buck
(Hrsg.), Interpretationen zu Bertolt Brecht. Stuttgart 1979, ²1983,
S. 84–112. [Grundlegende Untersuchung der wohl wichtigsten theatertheoretischen Schrift, die das dialogische Verfahren, die Figurenkonstellation
und die globale Argumentationsstruktur einbezieht. Die Theorie des episch-
dialektischen Theaters wird als eine primär philosophische Erneuerung des
Theaters verstanden. Detaillierte Darstellung von Korrespondenzen zwischen Brechts Dialektikverständnis und den an Hegel geschulten marxistischen Theorien Korschs und Lukács'.]
– Brüggemann (L⁺ 335).
– Wekwerth (L 463).

99 Flashar, Hellmut: Aristoteles und Brecht. In: Poetica 6/1974, S. 17–37.
– Claas (L⁺ 341).

100 Fiebach, Joachim: Brechts *Straßenszene*. Versuch über die Reichweite eines
Theatermodells. In: Weimarer Beiträge 24/1978, 2, S. 123–147. [Theaterhi-
storische Studie, die die *Straßenszene* in Verbindung mit anderen Formen
des „natürlichen Theaters" bringt. In dem Modell des epischen Theaters
sieht Verf. einen „wichtigen Ansatz zu einer allgemeinen dialektisch-materialistischen Theorie des Theaters".]

101 Daphinoff, Dimiter: Verfremdung. In: Reallexikon Bd. 4. Berlin/New York
1982, S. 613–626.

2.2. Zur Entwicklung des episch-dialektischen Theaters in den dreißiger Jahren

Die nationalsozialistische Machtergreifung beendete abrupt die politisch-ästhetischen Versuche des Stückeschreibers. Flucht und Exil trenn-
ten Brecht von seinem wichtigsten Produktionsmittel, der Bühne. Die
Stückeproduktion geriet ins Stocken. Mit *Die Rundköpfe und die Spitzköpfe* konnte Brecht die Entwicklung des Parabelstücks im episch-dialektischen Theater vorantreiben (vgl. AB VIII); *Die Horatier und die Kuriatier* knüpfte an die Lehrstückversuche an, mit dem Ballett *Die sieben
Todsünden der Kleinbürger* setzte Brecht die Zusammenarbeit mit Kurt
Weill fort. Doch erzwang der antifaschistische Kampf nicht allein neue
Themen, sondern auch die Verwendung von literarischen Formen, die
dem schon erreichten Standard des episch-dialektischen Theaters nicht
entsprachen. Die Szenenfolge *Furcht und Elend des Dritten Reiches* und
das durchaus ,aristotelische' Drama *Die Gewehre der Frau Carrar* wurden von Brecht in diesem Sinne relativiert.

Auf Dauer gesehen waren die Auswirkungen der Exilsituation für den Stückeschreiber jedoch eher ambivalent. Einerseits fehlte jede Möglichkeit einer praktischen Erprobung der neuen Produktion: „es ist unmöglich, ohne die bühne ein stück fertigzumachen. the proof of the pudding [...]." (AJ 122) Andererseits heißt es, bei der Wiederaufnahme der Arbeit am *Guten Menschen von Sezuan,* im März 1939: „ich kann aber dabei die epische technik entwickeln und so endlich wieder auf den standard kommen. für die schublade braucht man keine konzessionen." (Ebd., 34; vgl. auch AB VIII) In der Tat entfaltete Brecht nach anfänglichen Hemmnissen und Verzögerungen im Exil eine ungeheure Produktivität. Die großen Stücke, die als die konsequenteste Verwirklichung des episch-dialektischen Theaters gelten können, wurden in rascher Folge etwa zwischen 1939 und 1944 geschrieben. Zu kurz greift daher eine Argumentation, die in den großen theoretischen Entwürfen der dreißiger und vierziger Jahre lediglich die Kompensation für eine fehlende künstlerische Praxis zu erkennen glaubt.

Allerdings veränderte die faschistische Machtübernahme in Deutschland die historischen Rahmenbedingungen einer politischen Theorie des Theaters in erheblichem Maße. Die erhoffte revolutionäre Lösung der politisch-ökonomischen Krise der Republik war ausgeblieben, die organisierte Arbeiterbewegung, die weitgehend kampflos sich der braunen Diktatur ergeben hatte, restlos zerschlagen. Die politisch-ästhetischen Experimente des Stückeschreibers, die sich als Bestandteil eines vermeintlich revolutionären gesellschaftlichen Prozesses begriffen, konnten nicht einfach fortgeführt werden, selbst wenn man einmal absieht von den bedrückenden Arbeitsbedingungen des Exils. Die erzwungene Distanz hatte nicht nur eine tiefe Ernüchterung der politischen Einschätzung zur Folge; sie erhöhte zugleich das Reflexionsniveau einer Theatertheorie, die auch weiterhin auf eine revolutionäre Umwälzung der Gesellschaft bezogen blieb. In den für die Entwicklung des episch-dialektischen Theaters ungemein fruchtbaren dreißiger und frühen vierziger Jahren gewann die Theorie jenen langen Atem, der sie in den Stand setzte, die politisch-ästhetische Diskussion über ein Theater der Veränderung auch in der zweiten Hälfte des 20. Jahrhunderts nachhaltig zu beeinflussen. Erkennbar richtet sich der Blick in den ersten Jahren des Exils zurück. Der Stückeschreiber versuchte eine Bestandsaufnahme, die zugleich als eine Art historischer Selbstvergewisserung angelegt war. Die eigenen Bemühungen um ein neues Theater werden in den theatergeschichtlichen Kontext der Weimarer Republik gestellt. Dabei blieb das episch-dialektische Theater der bestimmende Reflexionshorizont für die rückblickende Einschätzung eigener wie fremder Unternehmungen. Nur scheinbar ließ das ‚historisierende' Verfahren die alten Gegensätze in den Hintergrund treten. Unter dem Stichwort „Wortdiplomatie" unterbreitet Brecht 1937

Slatan Dudow Vorschläge für eine Argumentationsstrategie in Schriften, die das epische Theater propagieren. Die Polemik, bis 1933 die Grundhaltung des Theatertheoretikers Brecht, wird ausdrücklich verworfen. Er empfiehlt jetzt die behutsam und vorsichtig vorgehende Methode der modernen Naturwissenschaften, die einem Gegner „nicht anders, als sie sich selber während eines Forschungsaktes widersprechen." (B 332) Damit ist jedoch keine Rücknahme des kritischen Anspruchs verbunden. Vielmehr legitimiert sich das neue, von Brecht tatsächlich verwendete Verfahren der Kritik gerade durch seine unerhörte Wirksamkeit: „Bacon polemisierte niemals, wie er mit Stolz hervorhebt, und dabei griff keiner so heftig und erfolgreich wie er die Scholastik an!" (Ebd.) In immer weiter ausgreifenden literarhistorischen Exkursen verschaffte sich das episch-dialektische Theater jene Legitimation, die sich in der geschichtsphilosophischen Konstruktion des ,wissenschaftlichen Zeitalters' angekündigt hatte. Seine Theorie versteht sich als Kritik im Sinne der ,geistigen Aktion': als eine revolutionäre wissenschaftliche Kritik, die als Ideologiekritik notwendiger Bestandteil einer gesellschaftlich umwälzenden Praxis ist. Das neue, das ,anti-aristotelische' Theater gewinnt seine Konturen in der Auseinandersetzung mit dem alten. Nicht nur wächst die historische Fundierung eines episch-dialektischen Theaters in diesen Jahren; zugleich werden die sämtlich schon vor 1933 vorhandenen zentralen Bestandteile dieser Theaterkonzeption weiterentwickelt und begrifflich präzisiert: der Gestus, Historisierung und Verfremdung, die Parabel. Brecht war sich über Gewicht und Anspruch dieser umfassenden Grundlegung des episch-dialektischen Theaters durchaus im klaren. Gegenüber Eric Bentley, seinem englischen Übersetzer, verwahrte er sich 1946 gegen den Vorwurf, bei der neuen Dramatik handle es sich nur „um Vorläufiges, Provisorisches, Unverbindliches, kurz, um Experimente". Dabei gehe es doch letztlich darum, „das Experimentelle als eine definitive Funktion des Theaters zu etablieren." (B 532) Die beiden Schriften, in denen die theatertheoretische Reflexion des Stückeschreibers ihren Höhepunkt erreicht, lassen den − nur scheinbar paradoxen − definitiven Anspruch einer ,Dramaturgie der Veränderung' deutlich erkennen: Anhand des *Messingkauf* und des *Kleinen Organon für das Theater* sollen im folgenden Grundzüge des episch-dialektischen Theaters dargestellt werden. Auf die bedeutende Schrift *Über experimentelles Theater* kann hier nur nachdrücklich verwiesen werden (15, 285–305).

2.3. Die Funktion der literarischen Vermittlung im ,Messingkauf'

„viel theorie in dialogform DER MESSINGKAUF", notiert Brecht im Februar 1939 in seinem Arbeitsjournal (AJ 37). In vier Nächten diskutieren im wesentlichen ein Philosoph, ein Dramaturg und ein Schauspieler

(hinzu kommen eine Schauspielerin und ein Bühnenarbeiter) auf der
Bühne über das alte und das neue Theater, das ‚Theater des wissenschaftlichen Zeitalters'. Der in platonische Formen gekleidete Dialog setzt einen nicht zufällig philosophischen Rahmen, in den auch andere, überwiegend lehrhafte Formen der Vermittlung eingebunden sind: Essays
und Traktate, Reden, Lehrgedichte und Übungsstücke stecken den Horizont einer praktischen Philosophie des Theaters ab, der hier zu einer
philosophisch-theatralischen Praxis verholfen wird. Ein Fragment stellt
der *Messingkauf* im doppelten Sinne dar. Nicht nur ist der in der Haupt-
sache 1939/40 entstandene theatertheoretische Dialog als Ganzes un-
vollendet geblieben; auch seine einzelnen Bestandteile, die von Werner
Hecht auf der Grundlage recht unterschiedlicher Pläne und Entwürfe in
die – wohl endgültige – Form einer Leseausgabe gebracht wurden, sind
vielfach Bruchstücke, deren jeweiliger Bearbeitungsgrad nur schwer zu
beurteilen sein dürfte (Hecht, L 365). Neben der gesellschaftstheoretischen und geschichtsphilosophischen Fundierung, der Brecht hier, im
Rahmen einer politischen Theorie des Theaters, eine angemessene ästhetische Vermittlung zu geben suchte, ist wohl in der literarischen Struktur
des *Messingkauf* selbst ein wichtiges einheitsstiftendes Moment enthalten, das es, unabhängig von der editorischen Notlösung einer Leseausgabe, erlaubt, die Bruchstücke des Fragments als Teile eines Ganzen zu
verstehen.

Der Ort der Gespräche und die dialogische Situation im weiteren sind
auf zweifache Weise bestimmt. Der *Messingkauf* begrüßt den Philosophen auf dem Theater. Die Bühne des alten Theaters fungiert als nächt-
liches Forum einer Diskussion, in der hypothetisch die Grundlagen einer
neuen Theaterkonzeption entwickelt werden. Kulissen werden gescho-
ben, Staub aufgewirbelt. Die Umbruchsituation, der Blick ‚hinter die
Kulissen' bestimmt den experimentellen Geist der Gespräche, die durch
praktische Übungen, theatralische Exerzitien, aufgelockert werden. Die
neue Theorie, das ist die These, wird in der ästhetischen Form ihrer
Vermittlung, dem komplex gestalteten philosophischen Dialog, zugleich
praktisch. Der Modus der Vermittlung ist der Theorie selbst inhärent.

Eine zweite Bestimmung erfährt die dialogische Situation durch den
historisch-geschichtsphilosophischen Bezugsrahmen, in den die Gespräche explizit gestellt sind. Aus der utopischen Konstruktion des ‚wissenschaftlichen Zeitalters', das in zahlreichen Anspielungen und Zitaten und
nicht zuletzt in der auf Galileis *Dialog über die beiden hauptsächlichen
Weltsysteme* bezogenen Form des Dialogs präsent ist, bezieht die Argumentation des Philosophen einen beträchtlichen Teil ihrer Legitimation.
Historisch angebrochen, aber in wichtigen Bereichen der Gesellschaft
noch uneingelöst, begründet das wissenschaftliche Zeitalter die Radikalität seiner Forderung nach einem gesellschaftswissenschaftlich ausgerich-

teten ‚Thaeter‘. Doch auch die ‚finstere Zeit‘, die durch Faschismus und
Weltkrieg gezeichnete historische Gegenwart, ragt, in der ‚Rede des Philosophen über die Zeit‘ etwa, in den Diskurs über das Theater hinein. Ein
‚zeitgemäßes‘ Theater kann sich den Anforderungen einer konkreten geschichtlichen Gegenwart nicht verschließen: seine je besondere Form gewinnt das Theater des wissenschaftlichen Zeitalters gerade aus den Bedingungen der Zeit.

Der Rückgriff auf den platonischen Dialog in seiner frühneuzeitlichen
Ausformung (Galilei) dokumentiert die Kontinuität philosophischen
Denkens im Zeitalter der Wissenschaft. Das dialogische Verfahren steht
programmatisch für den wissenschaftlichen Anspruch des neuen Theaters: Wie Galilei oder Bacon die Naturwissenschaften aus ihrer theologi-
schen Umklammerung befreiten, sie gegen den herrschaftlich sanktionierten Widerstand der formalen Logik und der aristotelischen Substan-
zenlehre zu empirisch-rational vorgehenden Disziplinen erklärten, so
geht es Brecht, dem Theoretiker des ‚anti-aristotelischen‘ Theaters, um
eine Säkularisierung der kultischen Institution Theater, um seine Neubegründung als ästhetisches Medium einer marxistisch verstandenen ratio-
nal-empirischen Gesellschaftswissenschaft.

Dialog, Experiment und Exerzitium sind dabei keineswegs beliebige
Formen der Darstellung und Belehrung. Das sokratische Verfahren, die
Dialektik von Frage und Antwort, die Prozessualität der Wahrheit, die
sich im Ringen um die Erkenntnis der Wirklichkeit allererst legitimieren
kann, die listigen Einwürfe des Philosophen, sein hintergründiges Beim-
Wort-Nehmen einer überholten Theaterauffassung: sie bringen zugleich
auf unvergleichliche Weise Brechts Vorstellung von der Philosophie zum
Ausdruck.

Philosophie ist Verhaltenslehre. Sie beschreibt und kritisiert menschli-
ches Verhalten mit der Absicht, es zu verändern. Das apologetische Geschäft, anachronistisch gewordene metaphysische Denkgebäude vor dem
Einsturz zu bewahren, bewirkt nicht nur geistige Verkrampfungen. Der
Griff nach dem Wadenmuskel, der den Schauspieler unversehens aus
seiner philosophischen Pose reißt, läßt dagegen eine neue philosophische
Haltung sinnfällig werden, die in der Lehre vom interessierten Widerspruch ihre Begründung findet (20, 127). Der *Messingkauf* veranschaulicht den inneren Zusammenhang von Dialog und Dialektik. Der philosophische Dialog wird zum Medium dialektischer Erkenntnis. Es ist die
angemessene Form einer philosophischen Praxis, die die dialektische Einheit von Denken und Verhalten, von Theorie und gesellschaftlicher Praxis zur bedingenden Voraussetzung hat.

Die historisch-dialektische Anlage des *Messingkauf,* die die dialogische
Situation und das dialogische Verfahren charakterisieren, tritt auch in
seiner Figurenkonstellation sichtbar hervor. Die Figurenkonzeption ist

funktional bestimmt, in ihr spiegeln sich die thematischen Grundopposi-
tionen des Dialogs. Der Philosoph, Vertreter eines neuen, wissenschaftlichen Theaters, findet seinen Bezugspunkt in einem außerästhetischen
Bereich, in der veränderlichen und zu verändernden gesellschaftlichen
Wirklichkeit. Der Schauspieler ist Repräsentant des alten Theaters; die
Schauspielkunst gilt ihm als artistische Disziplin, die Autonomie des Ästhetischen steht für ihn außer Frage. Der Dramaturg, ausgezeichneter
Kenner der Theatergeschichte, nimmt eine vermittelnde Position ein. Die
historische Spannung von altem und neuem Theater wird derart schon in
der Exposition des Dialogs erkennbar. Bestimmend für die Figurenrolle
wirkt aber auch die dialektisch gefaßte Opposition von Theorie und
Praxis. Der Philosoph, als Agent einer wissenschaftlichen Theaterkonzeption, knüpft seine Argumentation an die als gesellschaftliche Praxis
verstandene Wirklichkeit. Sein Antipode, der Schauspieler, durch seine
Arbeit entschiedener Vertreter der künstlerischen Praxis, rekurriert immer wieder auf überkommene Versatzstücke der ästhetischen Diskussion.

Aus der Exposition des *Messingkauf* ergibt sich der dialektische Argumentationsverlauf des Dialogs, dem eine ‚Handlungs'-struktur nicht
ganz abzusprechen ist. Die ‚Exposition' entfaltet die als unüberbrückbar
geltenden Gegensätze von Kunst (Schauspieler) und Wissenschaft (Philosoph). Eine Art Spielregel – die Verabredung, sich versuchsweise auf das
„Thaeter" des Philosophen einzulassen (16, 508) – ermöglicht die weitere ‚Entwicklung' der Argumentation, die in der vierten Nacht schließlich
eine ‚Auflösung' erfährt. Abgesehen von der formalen Abfolge dramenty-
pischer Bauelemente ist im *Messingkauf* aber auch eine Argumentationsstruktur feststellbar, für die der Dialog nicht allein eine nützliche Darstel-
lungsform, sondern ein wichtiges Medium der Erkenntnis ist. Der Philosoph entwickelt seine Vorstellung von einem Theater des wissenschaftlichen Zeitalters. Zugleich aber fungiert diese Vorstellung als wirksame
Folie einer radikalen Ideologiekritik des alten Theaters. Der Dialog realisiert Kritik, eingreifendes Denken im Sinne der ‚geistigen Aktion'
Korschs.

Für den Argumentationsverlauf ergibt sich daraus eine gewissermaßen
dialektische Grundstruktur. Die Position des alten Theaters wird im
„Thaeter" des Philosophen negiert, doch erst die mit der vierten Nacht
gegebene Wende, der Umschlag, der durch eine Negation dieser Negation zustande kommt, repräsentiert das Theater des wissenschaftlichen
Zeitalters vollständig, das in einer höheren Ordnung beide Theaterformen ‚aufhebt'. Was am Anfang unversöhnlich einander gegenübersteht,
Kunst und Wissenschaft, erweist sich letztlich als Bestandteil einer historischen Dialektik. Der Gang der Argumentation kann so als Entfaltung
der dialektischen Einheit der ursprünglichen Gegensätze verstanden wer-

den. „dort [in dieser vierten Nacht] geht der plan des philosophen, die
kunst für lehrzwecke zu verwerten, auf in dem plan der künstler, ihr
wissen, ihre erfahrung und ihre fragen gesellschaftlicher art in der kunst
zu plazieren." (AJ 245) Auf die Problematik einer solchen Synthese wird
noch zurückzukommen sein.

Die Untersuchung der literarischen Vermittlung des theatertheoretischen Dialogs erlaubte es, einheitsstiftende Momente dieses Textes herauszuarbeiten. Erst aus der Rekonstruktion der Einheit des Textes erwächst die Möglichkeit, seine Teile als Teile eines bestimmenden und
eines bestimmten Ganzen zu verstehen. Im Horizont einer philosophisch-
ästhetischen Handlungsstruktur gewinnt der Messingkauf den Charakter
eines Fragments, das ein Ganzes ausmacht. Theorie und Praxis sind dabei auf überzeugende Weise vermittelt. Kritik wird als Praxis realisiert.
Eine praktische Philosophie des Theaters, die ihren aufklärerischen Anspruch im Zeichen der Dialektik formuliert, verfügt in dem dialektisch
strukturierten Dialog des Messingkauf über eine höchst angemessene
Form philosophischer Praxis.

2.4. Aufklärung auf dem Theater. Die Säkularisierung einer kultischen Institution

Schon 1938 entstand die Straßenszene, die Brecht später als „Grundmodell einer Szene des epischen Theaters" dem Messingkauf einfügte. (16,
546–58) Anhand einer alltäglichen Situation – ein Augenzeuge demonstriert einer Menschenansammlung den Hergang eines Verkehrsunfalls
so, daß diese sich ein Urteil bilden kann – entwickelt Brecht die elementaren Bestandteile und die Grundfunktionen des episch-dialektischen
Theaters. Die Hauptthese lautet nämlich, daß das epische Theater
„grundsätzlich keine anderen Elemente als diese Demonstration an der
Straßenecke zu enthalten braucht, um großes Theater sein zu können,
daß es andrerseits kein episches Theater mehr genannt werden könnte,
wenn eines der Hauptelemente der Demonstration an der Straßenecke
fehlte." (547) Der hohe technische und künstlerische Standard der wissenschaftlichen Dramatik kommt lediglich durch eine Anreicherung und
Erweiterung dieses Grundmodells ,natürlichen Theaters' zustande. Kunst
ist für das epische Theater keine konstitutive Größe, sie legitimiert sich
allein durch ihren außerästhetisch bestimmten Gebrauchswert.

Bei näherem Hinsehen allerdings erweist sich die ,Alltäglichkeit' der
Straßenszene, eine der gelungensten Demonstrationen des episch-dialek-
tischen Theaters, mehr als fragwürdig. Gemessen an alltagsweltlicher
Erfahrung erscheint die Schilderung des Verkehrsunfalls, das Verhalten
der an ihm beteiligten wie der beobachtenden Personen als idealisierte
Konstruktion. „In der Rekonstruktion der Straßenszene wird die

Wunschvorstellung einer aufklärerischen Gerichtsverhandlung erkennbar, in der sich zufällig Versammelte als praktisch-räsonierendes Publikum zusammenfinden." (Lindner, L⁺ 125, 19) Wozu also die sichtlich bemühte Anknüpfung des komplexen episch-dialektischen Theaters an eine ‚einfache‘, ‚natürliche‘, ‚alltägliche‘ Situation an der Straßenecke? Zunächst sollte der Begriff „Grundmodell" ernst genommen und die *Straßenszene* als Versuch gewertet werden, Strukturen und Funktionen des episch-dialektischen Theaters anhand eines scheinbar alltäglichen Vorgangs zu demonstrieren. Keinesfalls darf die *Straßenszene* ‚naturalistisch‘ interpretiert werden; ihre Elemente und deren Zusammenhang ergeben sich nur scheinbar aus dem geschilderten alltäglichen Vorfall. Vielmehr erfährt die modellhaft-parabolisch zugespitzte ‚Szene‘ ihre wesentlichen Bestimmungen aus dem Konzept des episch-dialektischen Theaters selbst: das Original dieses Modells ist das neue Theater! Daher verbietet sich eine Deutung, die der Argumentationsstrategie des Textes allzu buchstäblich folgt und das episch-dialektische Theater tatsächlich als ein angereichertes Straßentheater, als Fortschreibung alltagsweltlicher lebenspraktischer Vorgänge versteht (vgl. Fiebach, L⁺ 100).

Einen Schlüssel zum Verständnis der *Straßenszene* bietet eine Eintragung ins ‚Arbeitsjournal‘ aus dem Jahre 1940: „die straßenszene bedeutet einen großen schritt entgegen der profanisierung, entkultisierung, säkularisierung der theaterkunst." (AJ 204) Und in Hinblick auf das Theater des wissenschaftlichen Zeitalters heißt es im vierten Nachtrag zum *Messingkauf*: „Im ganzen handelt es sich um eine Säkularisierung der alten kultischen Institution." (16, 657) Die „kultische Institution" mag auf theaterhistorische Ursprünge deuten, gewiß aber zielt sie auf die Funktion des bürgerlichen Theaters im 19. und 20. Jahrhundert. Diese ist Resultat eines umfassenden epochalen Wandels, dem die aufklärerische Institution Kunst am Ende des 18. Jahrhunderts unterworfen war (vgl. AB I, 3.).

In der publizistischen Öffentlichkeit der Aufklärung fungierte die Kunst als Medium einer diskursiven Selbstverständigung über zentrale Werte, Normen und Verhaltensweisen der bürgerlichen Lebenspraxis und zugleich als ein Instrument deren lehrhaft-vergnüglicher Vermittlung. Kunst legitimierte sich über ihre gesellschaftliche Wirkung, die aufklärerische Poetik war vorwiegend eine Wirkungsästhetik. Im Übergang zur bürgerlich-autonomen Institutionalisierung der Kunst kam keimhaft schon jenes grundlegende Dilemma der künstlerischen Moderne zum Vorschein, das ihre Geschichte seither bestimmt hat: Der ästhetische Fortschritt, den eine auf Autonomie pochende Produktionsästhetik ermöglichte, ging einher mit einer gesellschaftlichen Rückentwicklung der Kunst. Eine Steigerung der ästhetischen Erkenntnismöglichkeiten von Wirklichkeit mußte mit dem Verlust des lebenspraktischen Bezuges der künstlerischen Produktion bezahlt werden. Brechts wirkungsästhetisch orientierte Theatertheorie knüpft an die aufklärerische Institutionalisierung von Kunst an; sie sucht die fatale Trennung von Kunst und Lebenspraxis aufzuheben, ohne allerdings den produktionsästhetisch erreichten Standard aufgeben zu wollen.

Der prekären Alternative, entweder die Kunst der Wirkung oder die Wirkung der Kunst zu opfern, ist auch Brecht nicht gänzlich entgangen. Die mit der *Straßenszene* erkennbare Verankerung der Kunst in Lebenspraxis bleibt ein programmatischer Anspruch, der erst über die Aufdeckung seiner utopischen Implikationen verständlich wird. Anders ausgedrückt: Dem ‚Theater des wissenschaftlichen Zeitalters' fehlen die gesellschaftlichen Voraussetzungen, die seine Rezeption ‚natürlich' und ‚selbstverständlich', ja ‚alltäglich' werden ließen. Die Gesellschaftsordnung, in der Kunst lebenspraktisch verankert wäre, ist allererst herbeizuführen. Dabei hat gerade das neue Theater der Verfremdung die Aufgabe, automatisierte Folien der Alltagserfahrung von Wirklichkeit zu durchbrechen, die politische und gesellschaftliche Verkrüppelung der Menschen abzubauen.

Die tatsächlich vorhandene Kluft zwischen Kunst und Alltag mag erklären, warum die *Straßenszene* einerseits den ästhetischen Mehrwert der theatralischen Erkenntnis und Vermittlung gesellschaftlicher Wirklichkeit ‚herunterspielt' (wo etwa bleiben die „Vorgänge hinter den Vorgängen", die „soziale Kausalität", wo die Historisierung, das komplexe Wechselspiel von Handlung und Kommentar, die im reich entwickelten episch-dialektischen Theater zur Verfügung stehen?), andererseits auf eine problematische Idealisierung des Alltagsverhaltens nicht verzichten kann. Die *Straßenszene* beantwortet die Frage nach dem „Kunstwert" des episch-dialektischen Theaters nur vorläufig. Mit der Aufhebung der Autonomie der Kunst, mit der Definition ihres Gebrauchswertes sind wichtige Rahmenbedingungen geschaffen, die allerdings eine inhaltliche Neubestimmung der Kunst nicht ersetzen können. Diese wird erst, nicht ohne Widersprüche, in der vierten Nacht des *Messingkauf* und im *Kleinen Organon für das Theater* versucht. Kein Zweifel kann jedoch daran bestehen, daß der aufklärerische Akt der Säkularisierung der kultischen Institution Kunst, vorgeführt vom Philosophen auf dem Theater, gleichbedeutend ist mit einer Neubegründung der Kunst im wissenschaftlichen Zeitalter.

Die *Straßenszene* übernimmt in diesem Zusammenhang im wesentlichen vier Funktionen: 1. Mit ihr liegt ein Modell vor, in dem wichtige Elemente und Funktionen des episch-dialektischen Theaters demonstriert werden können. 2. Die provokative Bindung des neuen Theaters an alltagsweltliche Vorgänge trägt zur Säkularisierung der alten kultischen Institution Theater bei. 3. Sie formuliert programmatisch und implizit utopisch den Anspruch des neuen Theaters, die fatale Trennung von Kunst und Lebenspraxis zu überwinden. 4. Sie hat eine eminent praktische Funktion als Übungsstück für die neue Spielweise des episch-dialektischen Theaters.

2.5. Wissenschaft und Kunst. Das Theater des Philosophen

Auf die Frage, was ihn am Theatermachen überhaupt interessiere, antwortet der Philosoph: „An eurem Theatermachen interessiert mich, daß ihr mit eurem Apparat und eurer Kunst Vorgänge nachahmt, welche unter den Menschen stattfinden [...]. Da mich die Art und Weise des Zusammenlebens der Menschen interessiert, interessieren mich auch eure Nachahmungen desselben." (16, 502) Das Interesse des Philosophen am Theater ist in der gesellschaftlichen Wirklichkeit selbst begründet. Das Theater gilt ihm als Mittel, reale Vorgänge zu bestimmten Zwecken ästhetisch ‚nachzuahmen'. Ein derart heteronomes Kunstverständnis veranschaulicht auch das zentrale Bild des theatertheoretischen Dialogs, der Messingkauf: wie der Messingkäufer, der einer Musikkapelle eine Trompete abkaufen möchte, weil ihn das Messing interessiert, aus dem sie gemacht ist, so erscheint auch der Philosoph auf dem Theater, weil ihn dessen ‚Materialwert' interessiert. Materialwert meint hier die radikale Umfunktionierung der einstmals kultischen Institution Theater nach Maßgabe des gesellschaftlich Notwendigen. Seine Mittel und Techniken, seine ‚Kunst' sind nur insofern von Belang, als sie getreue Abbildungen der „Vorgänge unter den Menschen" zu liefern imstande sind, Abbildungen allerdings, die „eine Stellungnahme des Zuschauers ermöglichen" (500). Der Materialwert des Theaters ergibt sich aus seiner Fähigkeit zu adäquater Erkenntnis und Darstellung der gesellschaftlichen Realität. Vor der Abbildung rangiert das Abgebildete, vor der Kunst die – mit ihrer Hilfe erkannte! – Wirklichkeit.

Eine solche soziale Instrumentalisierung des Theaters ist dem traditionellen Kunstverständnis diametral entgegengesetzt. Der Schauspieler erinnert ebenso beredt wie aggressiv an die alte Bestimmung der Theaterkunst als einer artistischen Disziplin, die aus sich heraus eine Wirklichkeit eigener Art zu schaffen vermag. Die „Kunst des Glaubenmachens", die die realen Vorfälle nur als Sprungbrett benutzt, sieht ihren Zweck in der Erregung von Leidenschaften und Gefühl. Die theatralische Nachahmung will den Zuschauer seinen Alltag, die wirklichen Vorfälle des Lebens vergessen lassen. Die Autorität der aristotelischen Tragödiendefinition wird bemüht, um deutlich zu machen, daß Theater schlechterdings nicht von diesem Zweck getrennt werden kann. Die „wissenschaftlichen Zwecke" dagegen, die der Philosoph mit dem „Thaeter" verfolgt, haben „allerdings mit Kunst nichts zu tun" (508).

Das „Thaeter", dem der Verhaltenslehrer listig tiefstapelnd die Rolle zuweist, „die beste Art, sich zu benehmen, herauszufinden", negiert die Kunst lediglich in ihrer vorgefundenen Gestalt. Die historisch überholte Antinomie von Kunst und Wissenschaft wird vorläufig suspendiert; der Dialog schreitet fort mit der Entwicklung des „Thaeters", eines Denkmodells, in dem der Philosoph Prämissen, Funktion und Formen eines Theaters für das wissenschaftliche Zeitalter umreißt.

Das „besondere Interesse" des Philosophen am Theater verweist erneut auf die politisch-gesellschaftswissenschaftliche Fundierung des episch-dialektischen Theaters. Wie die Wissenschaften auf allen Gebieten Experimente veranstalten, plastische Darstellungen und Modelle anfertigen, um die Problemlösung voranzutreiben, so könnte auch das Theater, die „Kunst der Nachahmung von Menschen", für derartige Demonstrationen verwendet werden (529 f.). Nicht auf eine bloße Widerspiegelung der Realität sind die theatralischen Abbildungen allerdings angelegt, sondern auf die kritische Durchdringung der gesetzmäßigen Zusammenhänge der gesellschaftlichen Wirklichkeit. Die Kenntnis der sozialen Kausalität soll die Unwissenheit beseitigen, die dumpfe Abhängigkeit der Menschen beenden, die gesellschaftliche Vorgänge, Inflation, Arbeitslosigkeit und Krieg, wie Naturereignisse, Erdbeben oder Überschwemmungen, schicksalhaft hinnehmen. Die naturwissenschaftliche Revolution hat nicht einmal in den Gesellschaftswissenschaften, geschweige denn im Theater, eine Entsprechung gefunden. Den Fatalismus angesichts noch unerkannter Zusammenhänge des gesellschaftlichen Lebens zu bekämpfen, kann das Theater einen Beitrag leisten, wenn es deutlich zu machen versteht: „Das Schicksal des Menschen ist der Mensch geworden." (526)

Als eine „Wissenschaft über das gesellschaftliche Zusammenleben der Menschen", eine „große Lehre über Ursache und Wirkung auf diesem Gebiet", gilt dem Philosophen der Marxismus. Ausdrücklich verworfen wird eine marxistische „Weltanschauung"; vielmehr bestimmt der Philosoph den Marxismus als ein methodisch geregeltes Verfahren der Erkenntnis sozialer Realität mit dem Ziel ihrer Veränderung. „Sie [die marxistische Lehre] lehrt eingreifendes Denken gegenüber der Wirklichkeit, soweit sie dem gesellschaftlichen Eingriff unterliegt. Die Lehre kritisiert die menschliche Praxis und läßt sich von ihr kritisieren." (531) Die dialektische Einheit von Theorie und Praxis, von Kritik und Veränderung verrät bis in die Wortwahl hinein eine Nähe zu Marx' *Thesen über Feuerbach*, die Brecht hier ganz im Sinne des kritischen Marxismus Karl Korschs interpretiert. Als Instrument einer so verstandenen kritischen Gesellschaftswissenschaft wird das episch-dialektische Theater zugleich zum Medium der gesellschaftlichen Veränderung selbst. Von hier aus erklärt sich die wichtige Rolle des Zuschauers für eine ,Dramaturgie der Veränderung‘, von hier aus wird verständlich, warum der Verkehr zwischen Bühne und Zuschauerraum die zentrale Achse der Brechtschen Theatertheorie bildet: Brechts ästhetische Theorie wird formuliert im Rahmen einer Wirkungsästhetik, die ihrerseits Bestandteil einer politischen Theorie der Kunst ist.

Die ‚neuen Tugenden‘, die der Philosoph auf dem Theater zugleich entwirft und verkörpert, die theoretische Neugierde, die leidenschaftliche Kritik und der lustvolle Zweifel, skizzieren das Bild eines neuen, gewissermaßen ‚philosophischen‘ Zuschauers, den das episch-dialektische Theater zur Voraussetzung hat.

Der neue Zweck des Theaters ergibt sich aus dem „besonderen Interesse", das der Philosoph ihm entgegenbringt. Das Theater wird zum Medium revolutionärer Bewußtseinsbildung; die ästhetisch vermittelte Erkenntnis sozialer Realität bewirkt einen Eingriff in den historischen Prozeß, der auf diese Weise gleichermaßen erkannt und verändert wird. Brechts Theater versteht sich als wirksamer Bestandteil einer revolutionären gesellschaftlichen Praxis. Das bedeutet, daß die Elemente des neuen Theaters, die Versatzstücke der neuen Theatertheorie, Mittel zu diesem Zweck sind: allein funktional, im Kontext der politischen Theorie des Theaters, sind sie angemessen zu bestimmen, nicht als bloß formaltechnische Erneuerung des überkommenen bürgerlichen Theaters. Der Anspruch des episch-dialektischen Theaters ist umfassend. Es verschafft sich eine epochale Legitimation, die es als Theaterkonzeption konkurrenzlos werden läßt: Als Theater des wissenschaftlichen Zeitalters bleibt es ohne Alternative. Die den Dialog bestimmende Opposition von Kunst und Wissenschaft besitzt, ihrem historischen Ursprung gemäß, einen vorläufigen Charakter. Am Ende zeigt sich, daß der philosophische Anspruch und der wissenschaftliche Zweck die Kunst allererst in die Lage versetzen, die ihr innewohnenden Möglichkeiten in ganzem Umfang zu entfalten. Das ‚Thaeter‘ des Philosophen negiert nicht die Kunst, sondern ihre historisch vorgefundene Gestalt. Das ‚Theater des wissenschaftlichen Zeitalters‘ nimmt gleichsam die künftige geschichtliche Gestalt eines Theaters vorweg, in dem Kunst und Wissenschaft problemlos konvergieren: Wird es doch „zweifellos eine Kunst sein, die Welt so darzustellen, daß sie beherrschbar wird" (15, 261).

2.6. *Einfühlung vs. Historisierung/Verfremdung. Der Gestus*

Im traditionellen Theater bestimmt die Einfühlung das Verhältnis von Bühne und Zuschauerraum. Die kathartische Zweckbestimmung des aristotelischen Theaters, die Reinigung von Affekten durch die Erzeugung von Furcht und Mitleid, hat zur Folge, daß die mimetische Leistung der Kunst lediglich zur Steigerung der Einfühlung des Zuschauers in Figuren und Handlung eingesetzt wird. Das Theatererlebnis ist emotional beherrscht. Passivität und Kritiklosigkeit gegenüber den dargestellten Vor-

gängen charakterisieren den Zuschauer des alten Theaters, das die Herstellung einer eigenen, illusionistischen Bühnenwirklichkeit als seine
oberste Aufgabe begreift. Der Primat ungestörter Illusion verhindert aber
jede realistische Form der Darstellung. Das gilt noch für den Naturalismus, dessen detailgetreue Wirklichkeitsarrangements dort halt machen,
„wo die Illusion, man habe es zu tun mit der Realität, Gefahr lief, verletzt
zu werden“ (16, 515).

Das Einfühlungsprinzip des aristotelischen Theaters steht einer angemessenen Erkenntnis und Darstellung gesellschaftlicher Wirklichkeit im
Medium des Dramas im Wege. Die neue Zweckbestimmung des Theaters
hat eine Neukonzeption der Zuschauerrolle zur bedingenden Voraussetzung. Wo die ästhetische Abbildung wirklicher Vorgänge zur Aufgabe
der Kunst erklärt wird, da ist die kritische Haltung des Zuschauers zu
diesen Vorgängen eine kunstgemäße Haltung. Das distanzierte, rational
untersuchende Verhalten der Zuschauer im episch-dialektischen Theater
ist keineswegs mit einer Ausschaltung ihrer Gefühle verbunden: ‚Kinder
des wissenschaftlichen Zeitalters‘, praktizieren sie „echtes Denken [...],
nämlich interessebedingtes, von Gefühlen eingeleitetes, begleitetes Denken, ein Denken in allen Stadien der Bewußtheit, Klarheit, Effektivität.“
(581f.)

Wenn die Realität auf dem Theater nicht allein wiedererkannt, wenn
sie zugleich durchschaubar gemacht, wenn die Gesetze, die den Ablauf
des gesellschaftlichen Lebens beherrschen, sichtbar werden sollen, dann
ist dies möglich nur bei einem radikalen Verzicht auf das Prinzip der
Einfühlung. Die Einfühlungsdramatik wird abgelöst durch das episch-
dialektische Theater, als dessen fundierende Prinzipien die ‚Historisierung‘ bzw. die ‚Verfremdung‘ gelten können.

Geschichte, von Brecht als ein Feld menschlicher Praxis verstanden,
als ein bei aller sozial-historischer Gesetzmäßigkeit in bestimmter Weise
offener Prozeß, der auf den Eingriff des ‚subjektiven Faktors‘ nicht verzichten kann, Geschichte ist eine inhaltlich wie formal fundierende Kategorie der politischen Theorie des episch-dialektischen Theaters (vgl.
Müller, L$^+$ 419). Die intendierte Abbildung gesellschaftlicher Vorgänge
kann nur dann die Oberfläche der Realität durchstoßen, kann nur dann
vordringen zum Wesen der gesellschaftlichen Erscheinungen, wenn sie
die Gegenwart in den Zusammenhang des historischen Prozesses stellt.
„Bei der Historisierung wird ein bestimmtes Gesellschaftssystem vom
Standpunkt eines anderen Gesellschaftssystems aus betrachtet. Die Entwicklung der Gesellschaft ergibt die Gesichtspunkte.“ (653) Das historisierende Verfahren erlaubt es, Vorgänge und Figuren als historisch ver-
gänglich darzustellen. Mit dem Besonderen, Einmaligen, mit dem epochal Gebundenen eines bestimmten Vorgangs, mit dem Abstand, der
ihn von der Gegenwart des Zuschauers trennt, wird zugleich seine Ver-

änderlichkeit zur Schau gestellt, die Überholbarkeit des Überholten, die als Voraussetzung jedweden Eingriffs in den historischen Prozeß zu gelten hat.

Im episch-dialektischen Theater gewinnt historisches Denken ästhetische Form. Arbeitet das bürgerliche Theater das Zeitlose, das Ewig-Menschliche seiner Gegenstände heraus, betrachtet es den Menschen als unveränderlich, das Milieu hingegen als zwar variable aber letztlich belanglose Größe, so stellt das neue Theater die alten Verhältnisse auf den Kopf: „Die Auffassung des Menschen als einer Variablen des Milieus, des Milieus als einer Variablen des Menschen, das heißt die Auflösung des Milieus in Beziehungen zwischen Menschen, entspringt einem neuen Denken, dem historischen Denken." (628)

Mitnichten geht es im episch-dialektischen Theater darum, historische Zeitbilder zu geben; historischer Relativismus ist Brechts materialistischer Dialektik fremd. Überhaupt scheint die Geschichte ihre Bedeutung weniger als Gegenstand denn als Medium gesellschaftlicher Erkenntnis zu erlangen. Die Historizität der ästhetisch dargestellten Realität ist primär bezogen auf eine Veränderung der Gegenwart. Ziel ist nicht etwa ein bloßes ‚Verstehen‘ der Geschichte, sondern deren revolutionäre Aufhebung in einer politischen, ökonomischen und geistigen Aktion, die eine radikale Umwälzung der Gesellschaft herbeizuführen vermag. Gegenstand des neuen Theaters sind die wirklichen Vorgänge unter den Menschen. Sie werden gezeigt als Bestandteil eines historischen Prozesses, dessen Grundgesetz die Veränderung ist. Die Historisierung nimmt der sozialen Faktizität den falschen Schein von Unmittelbarkeit. Sie deckt die ‚Vorgänge hinter den Vorgängen‘ auf, die ‚soziale Kausalität‘, und legt so unmißverständlich den Kern der gesellschaftlichen Vorgänge und Verhaltensweisen frei: ihre Geschichtlichkeit, verstanden als Veränderlichkeit. „Nicht länger flüchtet der Zuschauer aus der Jetztzeit in die Historie; die Jetztzeit wird zur Historie." (610)

Die Gegenwart des Zuschauers wird in den Horizont einer Geschichtsphilosophie gestellt, die sie als werdende Zukunft, die Zukunft aber als künftige Geschichte begreifbar werden läßt. Die Historisierung der Gegenwart hat deren bestimmte Negation im Medium der Geschichte, hat eine kritische Antizipation der Zukunft zur Voraussetzung. Die Darstellung der herrschenden Verhältnisse bezieht ihre Perspektive aus einer künftigen Gesellschaftsordnung, deren konkrete Gestalt in Form von Kritik vorweggenommen wird. Mit der Historisierung ist nicht nur die Geschichte zu einem zentralen Medium theatralischer Erkenntnis und Darbietung gesellschaftlicher Realität geworden; zugleich ist durch sie das Theater selbst in den historischen Prozeß einbezogen, dessen revolutionäre Veränderung sein erklärtes Ziel ist. Ihr Adressat ist das politische Bewußtsein des neuen Zuschauers, des „große[n] Änderer[s], der in die

Naturprozesse und die gesellschaftlichen Prozesse einzugreifen vermag"
(15, 302).

Die Historisierung kann als umfassende inhaltliche Bestimmung der
Verfremdungstechnik gelten, zugleich aber auch als deren wichtigste formale Ausprägung. Mit der Verfremdung gewinnt das Theater des wissenschaftlichen Zeitalters ein wirksames Instrument, die auf der Bühne dargestellten Vorgänge als Teile eines bestimmten Gesetzmäßigkeiten unter-
worfenen gesellschaftlichen Prozesses zu zeigen. Erkenntnis- und Darstellungsfunktion gehen bei der Verfremdung ineinander über. „Die Darstellung setzte die Stoffe und Vorgänge einem Entfremdungsprozeß aus.
Es war die Entfremdung, welche nötig ist, damit verstanden werden
kann. [...] Das ,Natürliche' mußte das Moment des Auffälligen bekommen. Nur so konnten die Gesetze von Ursache und Wirkung zutage
treten." (15, 265)

Der Begriff ,Entfremdung', den Brecht zunächst verwendet, verrät eine
nicht nur terminologische Nähe zur dialektischen Philosophie Hegels.
Die Negation des ,Bekannten' wird auch dort als Voraussetzung seiner
theoretischen Erkenntnis begriffen. Die erkenntniskritische Dimension
der Verfremdung tritt deutlicher noch in den Notizen zu *Dialektik und
Verfremdung* hervor: „Verfremdung als ein Verstehen (verstehen – nicht
verstehen – verstehen), Negation der Negation." (360) Die Negation der
Negation aber, mit der der Vorgang der Verfremdung erst hinreichend
beschrieben ist, läßt zugleich die besondere Qualität der materialistischen Wendung erkennen, die die Hegelsche Dialektik bei Brecht erfahren hat. Die Negation der Negation ist ein Akt praktischer Erkenntnis.
Die Verfremdung setzt eingreifendes Denken in Gang, ein Denken, das
als gesellschaftliches Verhalten unmittelbar praktische Qualität besitzt.
„Praktizierbarkeit des Wissens (Einheit von Theorie und Praxis)", heißt
es folgerichtig in der neunten These zu *Dialektik und Verfremdung*
(361).

Die praktikable Erkenntnis gesellschaftlicher Wirklichkeit unterscheidet die Brechtsche Verfremdung von anderen, wie der Philosoph im *Messingkauf* anmerkt, „primitiven" Formen der Verfremdung in der modernen Kunst. Die Surrealisten beispielsweise blieben bei der Negation des
Bekannten stehen und unterliefen auf diese Weise die gesellschaftliche
Funktion von Kunst. Für sie ende die Kunst, „was die Wirkung betrifft,
in einem Amüsement durch den besagten Schock" (16, 612). Für die
dialektische Dramatik dagegen bleibt festzuhalten: „Die Selbstverständ-
lichkeit, das heißt die besondere Gestalt, welche die Erfahrung im Bewußtsein angenommen hat, wird wieder aufgelöst, wenn sie durch den
V-Effekt negiert und dann in eine neue Verständlichkeit verwandelt
wird." (653)

Die Verfremdung als grundlegendes Verfahren des episch-dialektischen Theaters bestimmt gleichermaßen die Stückproduktion wie die Bühnenrealisierung. Stückaufbau, Fabel- und Figurenkonzeption, das gesamte Repertoire stückimmanenter Episierungstechniken (Kommentar- und Erzählerfiguren, Projektionen, Chöre, Songs, Titel etc.), die sprachliche Gestaltung: sie alle reflektieren auf je eigene Weise das Prinzip der Verfremdung. Die Aufhebung der final gerichteten Figurenhandlung des alten Dramas zugunsten einer Fabel, deren relativ autonome Teile gleichwohl in Form dialektischer Widersprüche die soziale Kausalität gesellschaftlicher Vorgänge zum Vorschein bringen, wäre ohne Erkenntnis- und Darstellungsfunktion der Verfremdung nicht zu bewerkstelligen. „Es ist der Zweck des V-Effekts, den allen Vorgängen unterliegenden gesellschaftlichen Gestus zu verfremden. Mit sozialem Gestus ist der mimische und gestische Ausdruck der gesellschaftlichen Beziehungen gemeint, in denen die Menschen einer bestimmten Epoche zueinander stehen." (15, 346)

Der gesellschaftliche Gestus, das Ensemble epochal und sozial typischer Verhaltensweisen, Haltungen und Sprechweisen, arbeitet den allgemeinen gesellschaftlichen Charakter der auf der Bühne gezeigten besonderen Vorgänge und Figuren heraus. Das gestische Material liegt nicht allein der Stückproduktion voraus; es auszustellen ist zugleich die vorrangige Aufgabe der episch-dialektischen Spielweise. „Die Voraussetzung für die Hervorbringung des V-Effektes ist, daß der Schauspieler das, was er zu zeigen hat, mit dem deutlichen Gestus des Zeigens versieht." (341) Beim Rollenaufbau sucht der Schauspieler die Einfühlung in die von ihm dargestellte Figur so weit wie möglich zu vermeiden. Schauspieler und Rolle bleiben getrennt, die kritisch-engagierte Distanz gegenüber der Rolle setzt den Spieler instand, die Figur bzw. das in ihr vereinte gestische Material dem Zuschauer zu ‚demonstrieren'. Sein Spiel wirkt als ein zitierendes Referat von Figuren und Vorgängen, die dem kritischen Urteil des Publikums ausgesetzt werden.

Verfremdendes Spiel, Bühne, Vorhang (die halbhohe ‚Brecht-Gardine'), Beleuchtung und Musik des episch-dialektischen Theaters zerstören die theatralische Illusion von Wirklichkeit, die die ‚Kunst des Glaubenmachens' sich zum Ziel gesetzt hatte. Die Bühne wird zu einem öffentlichen Forum, gleichsam zu einer Art Theater-Laboratorium, in dem gesellschaftliche Verhaltensweisen einer kritischen, ‚wissenschaftlichen' Prüfung unterzogen werden. Mit dem Niederreißen der ‚vierten Wand' wird die Realität des Theaters sichtbar gemacht und so die Voraussetzung für eine realistische ‚Abbildung von Vorgängen unter den Menschen' geschaffen. Die ‚Trennung der Elemente', die Selbständigkeit von Musik, Wort und Bild, verhindert das Zustandekommen eines ‚Gesamtkunstwerks', in das auch der Zuschauer, als passiver Bestandteil, eingeschmolzen wird (17, 1010f).

Mit der Verfremdung gewinnt das episch-dialektische Theater ein adäquates Medium für die dialektische Erkenntnis und Darstellung gesellschaftlicher Prozesse auf der Bühne. „klar, daß das theater der verfremdung ein theater der dialektik ist", notiert Brecht lakonisch im ‚Arbeitsjournal' (AJ 216). Zentraler Bezugspunkt der Brechtschen Theatertheorie bleibt der Zuschauer. Die neue Kunst will „dem fühlenden und denkenden Menschen die Welt, die Menschenwelt, für seine Praxis ausliefern." (15, 297) Die Negation des Bekannten, des Natürlichen, des Selbstverständlichen beschreibt nur den ersten Teil des Verfremdungsverfahrens; die Negation der Negation, die Verwandlung des Bekannten ins Erkannte, setzt die aktive Beteiligung des Zuschauers voraus, in dessen Bewußtsein allein der Erkenntnisvorgang zum Abschluß gelangen kann.

Mit der Bewußtseinsveränderung beim Zuschauer ist aber zugleich ein Eingriff in den gesellschaftlichen Prozeß selbst verbunden, da Sein und Bewußtsein, Theorie und Praxis eine untrennbare Einheit bilden. Insofern sorgt die Verfremdung dafür, daß das Theater, Teil des gesellschaftlichen Überbaus, gleichwohl als wirkendes Element einer gesellschaftlichen Praxis gelten kann. In diesem Sinne ist Brechts Diktum zu verstehen: „Der V-Effekt ist eine soziale Maßnahme." (16, 655) Der politisch-ästhetische Doppelcharakter der Verfremdungstechnik, die sowohl als Instrument gesellschaftlicher Erkenntnis wie als Medium deren theatralischer Vermittlung fungiert, verliert seine scheinbare Widersprüchlichkeit, betrachtet man ihn im Zusammenhang der politischen Theorie des episch-dialektischen Theaters. Mag sein, daß die in der jüngsten Theatergeschichte unübersehbare Tendenz zur Ästhetisierung der Verfremdungstechnik durch eine vereinseitigende Rezeption mitverursacht worden ist, die deren ästhetisch-formale Dimension absolut setzte. Auf die problematische Prämisse des Verfremdungstheaters, das die „staunende, erfinderische und kritische Haltung des Zuschauers", seine wissenschaftliche Haltung weniger bewirken kann, als vielmehr zur bedingenden Voraussetzung seines Funktionierens hat, wird in anderem Zusammenhang noch einzugehen sein (vgl. 3.5).

2.7. Mimesis: Modell und Parabel als Vermittlungsformen des episch-dialektischen Theaters

> Bacon sagt: Die Natur verrät sich mehr,
> wenn sie von der Kunst gedrängt wird, als
> wenn sie sich frei überlassen bleibt.
> (16, 515)

Der Philosoph schlägt vor, das Theater, die Kunst der Nachahmung, für die „Abbildung von Vorgängen unter den Menschen" zu benutzen.

‚Abbildung' ist in diesem Zusammenhang ein problematischer Begriff, da die Nachahmung im Sinne der Widerspiegelung explizit ausgeschlossen wird. Die harsche Kritik am Naturalismus, an einer wie immer gearteten mechanischen Wiedergabe von Realität, die die moderne Welt oberflächlich reproduziert und so in ihrer Undurchschaubarkeit beläßt, zeigt, daß im „Thaeter" des Philosophen ein neues Verständnis von Kunst und Wirklichkeit postuliert wird, das bislang gültige Vorstellungen von Mimesis modifiziert. Der wissenschaftliche Anspruch verändert den Realitätscharakter der neuen Dramatik in erheblichem Maße. Im *Messingkauf* werden mit dem „K-Typus" (Karussell-Typus) und dem „P-Typus" (Planetariumstypus) zwei epochentypische Modelle von Dramatik entworfen, die den Funktionswechsel des Theaters im Zeitalter der Wissenschaft veranschaulichen können (539–545).

Der Vergleich mit einem Karussell trifft die „Einfühlungs-, Fiktions- und Erlebnisdramatik" des alten Theaters, dessen Zuschauer wie die Besucher eines Karussells, vorbeifahrend an gemalten Prospekten, die Illusion realer Teilnahme an wirklichen Vorgängen haben. Der fiktivaktive Einbezug ins Bühnengeschehen wird jedoch teuer bezahlt. Der Preis ist der Verzicht auf realistische Darstellung, die allein die Voraussetzungen für einen aktiven Eingriff in gesellschaftliche Prozesse schaffen könnte. Die Scheinaktivität des Zuschauers bleibt auf die theatralische Ersatzwirklichkeit beschränkt. Die Bühne, noch zugehörig zu einer „kultischen Institution" Theater, liefert statt die Welt dem Menschen, den Menschen der Welt aus. Das neue Theater ist dagegen einem Ort planetarischer Demonstrationen vergleichbar. Der distanziert beobachtende Zuschauer betrachtet von einem festen Standort aus den kritisch-realistisch nachgebildeten Lauf der Gestirne. Zwar konnte auch das alte Theater sich Erkenntnisse der Wissenschaften zunutze machen; doch setzten Einfühlung und Illusion unüberschreitbare Grenzen: auch bei ‚genau' abgemalten Blumen helfen Vergrößerungsgläser kaum weiter. Das planetarische Theater hingegen, das die Einfühlung und die theatralische Illusion von Wirklichkeit abschafft, vermochte sich in seiner Funktion den Wissenschaften anzugleichen.

Doch stößt auch die nichtaristotelische Dramatik an Grenzen, die sich gerade aus ihrem wissenschaftlichen Anspruch ergeben (15, 282f.). Die materialistische Gesellschaftswissenschaft beschäftigt sich primär mit dem Verhalten großer Menschenmassen; die Gesetze, die sie aufstellt, gelten für Klassen, nicht für das Verhalten der einzelnen, auf die auch die neue Dramatik noch angewiesen bleibt. Zwar will sie die Prozessualität der Wirklichkeit, die historisch begründete Dialektik gesellschaftlicher Vorgänge sichtbar machen. Doch sieht auch sie sich gezwungen, das Allgemeine, Gesetzmäßige im Besonderen zu zeigen, besser noch: das Besondere als Allgemeines darzustellen, da doch das Besondere als

Abweichung im Allgemeinen mit enthalten ist. „So müssen wir doch diesen mittleren summarischen Charakter unserer Aussagen stark betonen, indem wir den Einzelfall, mit dem wir es in der Dramatik zu tun haben, als solchen bezeichnen, seine Abweichungen vom ‚Gesetzmäßigen' immer wieder angeben." (16, 541)

Das episch-dialektische Theater ist selbst Teil des gesellschaftlichen Prozesses, auf dessen kritische Darstellung es sich verpflichtet hat. Da kein Ort außerhalb der gesellschaftlichen Totalität vorstellbar ist, keine eigenwirkliche Autonomie der Kunst, scheint die traditionelle mimetische Konstruktion von Kunst *und* Wirklichkeit von vornherein unzureichend, um das Konzept von Kunst *in* der Wirklichkeit zu beschreiben. Die kritisch-realistische Gestaltung gesellschaftlicher Vorgänge im Theater bedeutet eine Steigerung der ihr vorausliegenden alltagsweltlich erfahrenen Wirklichkeit, deren Oberfläche durchstoßen und deren gesetzmäßiger Ablauf durchschaubar gemacht wird. Kein Zufall, daß der Philosoph zur Veranschaulichung dieser theatralischen Form der Wirklichkeitserkenntnis auf den wissenschaftlichen Modellbegriff rekurriert. „Man könnte Vorfälle aus dem gesellschaftlichen Zusammenleben der Menschen, welche der Erklärung bedürftig sind, nachahmen, so daß man diesen plastischen Vorführungen gegenüber zu gewissen praktisch verwertbaren Kenntnissen kommen könnte." (529 f.)

Der konstruktive, modellbildende Charakter des episch-dialektischen Theaters tritt deutlicher noch hervor im Vortrag *Über experimentelles Theater*, in dem Brecht fordert, „mit künstlerischen Mitteln ein Weltbild zu entwerfen, Modelle des Zusammenlebens der Menschen, die es dem Zuschauer ermöglichen konnten, seine soziale Umwelt zu verstehen und sie verstandesmäßig und gefühlsmäßig zu beherrschen" (15, 294 f.). Nicht länger mehr ist die moderne Welt im zwischenmenschlichen Dialog des traditionellen Dramas adäquat darzustellen. Die mimetische Funktion der Kunst realisiert sich im Modell, das durch Fabel, Gestus, Konfiguration und Verfremdung eine Reduktion des komplexen gesellschaftlichen Prozesses ermöglicht, zugleich aber die tatsächlichen historischen Bewegungsgesetze zum Vorschein bringt. Die mit Hilfe der Kunst hergestellten praktikablen Weltmodelle sind bildhafte Abstraktionen von Wirklichkeit, die den kritisch-reflektierten Erkenntnisvorgang beim Zuschauer beschleunigen helfen.

Ein Sonderfall des Modells und zugleich dessen inhaltliche Präzisierung ist die Parabel, die Vermittlungsform des episch-dialektischen Theaters par excellence. (Zur Parabel, die im *Messingkauf* nicht systematisch behandelt wird, vgl. ausführlicher AB VIII, 2.) Mit der dramatischen Parabel, die in der Abstraktion konkret zu bleiben vermag, gelingt die Aufhebung des Besonderen und des Allgemeinen zu einer höheren Einheit. Der Bezug zur außerästhetischen Wirklichkeit ist Ausgangs- und

Zielpunkt der parabolischen Gestaltung, die die funktionale Einbindung des ästhetischen Mediums klar erkennen läßt. Doch werfen Parabel und Modell als wichtigste Vermittlungsformen des episch-dialektischen Theaters zugleich die Frage nach der besonderen ästhetischen Leistung, nach der originären Bestimmung der Kunst in der Wirklichkeit auf. Zwar nähert sich die Kunst der Wissenschaft an, doch erfüllt sie ihre neue Zweckbestimmung: als Kunst. „Spielend", gesteht der Dramaturg seinem philosophischen Gegenüber am Ende ein, „spielend, wie du es willst, und zu dem Zweck, den du willst, machen wir doch Kunst" (16, 638).

3. ‚Kleines Organon für das Theater'

3.1. Grundlageninformationen

Forschungsliteratur
102 Luthardt, Theodor: Vergleichende Studien zu Bertolt Brechts *Kleinem Organon für das Theater*. Versuch einer Interpretation, als Beitrag zur zeitgenössischen Theatersituation gedacht. Diss. Jena 1955. [Durchaus kritische Studie, die Brecht vorwirft, er wende die materialistische Dialektik nicht voll an und übersehe die Theaterleistungen der Sowjetunion. Relativierung des epischen Theaters als einer der beiden theaterhistorischen Grundlinien, der „Kunst des Erlebens" (Stanislawski) und der „Kunst der Wiedergabe" (Brecht). Maßstab der Kritik ist die Doktrin des sozialistischen Realismus, der Brecht nicht genügt.]
103 Wekwerth, Manfred: Auffinden einer ästhetischen Kategorie. In: SuF. 2. Sonderheft Bertolt Brecht. Berlin 1957, S. 260–268. [Erinnerungen an letzte Gespräche mit Brecht, die den Kunstbegriff des episch-dialektischen Theaters erhellen. „Das Naive ist eine ästhetische Kategorie, die konkreteste."]
104 Grimm, Reinhold: Vom *Novum Organon* zum *Kleinen Organon*. Gedanken zur Verfremdung. In: Das Ärgernis Brecht. Basel/Stuttgart 1961, S. 45–70.
 – Hultberg (L⁺ 92).
 – Mayer (L⁺ 408).
 – Müller (L⁺ 98).

3.2. Der programmatische Anspruch des ‚Kleinen Organons'

Schon 1940 riet Brecht Arnold Ljungdal, eine geplante Schrift über die neue Theatertheorie in Form jener „kurzen glossarischen Kapitelchen" abzufassen, die Bacon in seinem *Novum Organon Scientiarium* verwendet hatte. „Das würde nicht unbedingt nötig machen, daß die Arbeit abgeschlossen wird (was in den jetzigen Zeiten ja kaum in unserer Hand liegt)." (B 416f.) Schon diese knappe Formcharakteristik stellt jene Deutungen in Frage, die in dem 1948 in der Schweiz entstandenen *Kleinen*

Organon für das Theater einen streng systematisch durchgeführten Katechismus, eine dogmatische Unterweisung in der neuen Theaterlehre erkennen wollten. Allerdings enthalten Form und Titel einen – auch anderweitig bezeugten – programmatischen Anspruch, hier für die Theaterkunst das zu leisten, was Bacon und Galilei für die von der aristotelischen Logik, vom „Organon“ sich emanzipierenden Naturwissenschaften, was Marx für die Gesellschaftswissenschaften geleistet hatte.

Das *Kleine Organon* ist zugleich mehr und weniger als eine „kurze zusammenfassung des MESSINGKAUFS“, wie das ‚Arbeitsjournal‘ notiert (AJ 835). Einen Hinweis gibt die ausdrücklich eingeführte Perspektive, unter der die bisherigen Bemühungen um ein Theater des wissenschaftlichen Zeitalters betrachtet werden: Das *Kleine Organon* untersucht, „wie eine Ästhetik aussähe, bezogen von einer bestimmten Art, Theater zu spielen, die seit einigen Jahrzehnten praktisch entwickelt wird“ (16, 661). Brecht versucht hier eine Ästhetik des episch-dialektischen Theaters zu skizzieren, ohne daß dadurch im mindesten die vermittelnde Funktion des Theaters im Rahmen einer politischen Theorie der Kunst in Frage gestellt würde. Eine solche Ästhetik lag durchaus in der Konsequenz der Argumentation des *Messingkauf.* Sie wird in der hier zu behandelnden ‚vierten Nacht‘ explizit thematisiert. Schließlich ist das *Kleine Organon* als eine bilanzierende Standortreflexion des Stückeschreibers angelegt, der, nach langen Jahren des Exils, unmittelbar vor der Wiederaufnahme der praktischen Theaterarbeit stand. Die Behandlung des *Kleinen Organons* konzentriert sich, um Wiederholungen zu vermeiden, auf die Frage einer politischen Ästhetik, die Fabelkonstruktion und schließlich auf die problematischen Prämissen eines ‚Theaters des wissenschaftlichen Zeitalters‘.

3.3. *Heimkehr zur Ästhetik? Die Bestimmung der Kunst in der vierten Nacht des ‚Messingkauf‘ und im ‚Kleinen Organon‘*

Die Vorrede zum *Kleinen Organon* gipfelt in dem augenzwinkernd dargebrachten Bekenntnis des Stückeschreibers: „Widerrufen wir also, wohl zum allgemeinen Bedauern, unsere Absicht, aus dem Reich des Wohlgefälligen zu emigrieren, und bekunden wir, zu noch allgemeinerem Bedauern, nunmehr die Absicht, uns in diesem Reich niederzulassen.“ (16, 662) Nicht zuletzt dieser ‚Widerruf‘ hat Anlaß zu der Vermutung gegeben, Brecht habe in dieser Schrift frühere theatertheoretische Positionen zur Provokation entschärfen wollen und sei hier in den Schoß der traditionellen Ästhetik zurückgekehrt (vgl. Hultberg, L⁺ 92, 168 f.) Eine solche Argumentation übersieht nicht nur die ausdrücklich vermerkte Absicht, im *Kleinen Organon* eine Ästhetik für das Theater des wissenschaftlichen Zeitalters zu skizzieren, dessen Fundierung in einer politischen Theorie nicht zur Debatte steht; zugleich entgeht ihr die Dialektik des theaterhistorischen Exkurses, den Brecht der Vorrede zur Erklärung einfügt. Die Emigration aus dem ‚Reich des Wohlgefälligen‘, das ‚Thaeter‘, war ein historisch notwendiger Schritt, da der beklagenswerte Zustand des alten Theaters der neuen Dramatik keinerlei Bewegungsfreiheit ließ. „Dennoch war, was als Theater eines wissenschaftlichen Zeitalters praktiziert wurde, nicht Wissenschaft, sondern Theater", und es lag nahe, „diese Spezies Theater auf seine Stellung in der Ästhetik hin zu prüfen" (16, 662).

Der angedeuteten historischen Entwicklung entspricht keineswegs zufällig die dialektische Handlungsstruktur des *Messingkauf*. Dort wird das alte Theater in seiner historisch vorgefundenen Gestalt durch das wissenschaftlich bestimmte ‚Thaeter‘ des Philosophen negiert, doch zeigt die ‚dialektische Wende‘ der vierten Nacht zur allgemeinen Verblüffung, daß Kunst und Wissenschaft im ‚Theater des wissenschaftlichen Zeitalters‘ konvergieren, ja daß die Kunst erst in diesem Rahmen ihre eigentliche Gestalt (wieder-)findet. „Es ist eigentlich nicht mehr merkwürdig, daß die Kunst, einem neuen Geschäft zugeführt, nämlich der Zerstörung der Vorurteile der Menschen über das gesellschaftliche Zusammenleben der Menschen, zunächst beinahe ruiniert wurde. [...] Erst als sie sich selber aufgab, gewann sie sich selber wieder." (646 f.) Die Wiederherstellung der Kunst wird ermöglicht durch die Negation der Negation ihrer historisch vorgefundenen Gestalt. In diesem präzisen Sinn läßt sich von einer ‚Heimkehr zur Ästhetik‘ sprechen, einer Heimkehr allerdings, die schon in der ‚Emigration‘ angelegt war und die erst als Endstufe eines dialektischen Entwicklungsprozesses angemessen verstanden werden kann.

Als Bestandteil einer derartigen ‚Synthese‘ sind auch die vorsichtigen Versuche des Philosophen im *Messingkauf* zu werten, zu einer Bestimmung der Kunst zu gelangen. Sie betreffen weniger die gegenwärtige als die künftige Gestalt der Kunst: die Kunst des wissenschaftlichen Zeitalters. Kunst und Wissenschaft, Gefühl und Kritik, Ahnung und Wissen sind nicht länger mehr unvereinbare Gegensätze. Das Denken erscheint als gesellschaftliches Verhalten, an dem der Körper, an dem alle Sinne teilhaben. Gerade die „Spannung zwischen Ahnen und Wissen", zwischen Traum und Plan ist es, „welche die Kunst ausmacht" (641). Leichtigkeit, natürliche Heiterkeit und Spiel sind bestimmende Merkmale des Theaters, ohne die es aufhörte, Kunst zu sein. Die ‚neuen Zwecke‘ des ‚Thaeters‘, die ‚Dringlichkeit unserer Lage‘ finden hier eine unüberschreitbare Grenze, wollen sie nicht das Mittel zerstören, dessen sie sich bedienen.

‚Kunst‘ erscheint in den vorsichtigen Formulierungen des Philosophen als „die Geschicklichkeit, Nachbildungen vom Zusammenleben der

Menschen zu verfertigen, welche ein gewisses Fühlen, Denken und Handeln der Menschen erzeugen können, das der Anblick oder die Erfahrung der abgebildeten Wirklichkeit nicht in gleicher Stärke und Art erzeugen." (644) Kunst bereichert die Erlebnis-, Erkenntnis-, die Ausdrucksmöglichkeiten des Menschen, sie ist gesteigerte Wirklichkeit. Als ein „eigenes und ursprüngliches Vermögen der Menschheit" ist sie weder „verhüllte Moral", noch „verschönertes Wissen", sondern „eine selbständige, die verschiedenen Disziplinen widerspruchsvoll repräsentierende Disziplin" (645). Der eigenständige ästhetische Modus tritt auch in der Bestimmung der Schauspielkunst als einer „elementaren" menschlich-gesellschaftlichen Kraft hervor, „die ihren Zweck in sich hat. [...] Sie beruht auf einem unmittelbaren gesellschaftlichen Vermögen, einer Lust der Menschen in Gesellschaft, sie ist wie die Sprache selber, sie ist eine Sprache für sich." (648)

Die Bestimmung der Kunst als eines menschlich-gesellschaftlichen Grundvermögens bedeutet keineswegs eine anthropologische Relativierung der politischen Theorie des episch-dialektischen Theaters. Vielmehr wird die Entfaltung der Kunst gebunden an die historische Verwirklichung der menschlichen Natur, die eine gesellschaftliche ist. Erst in der befreiten Gesellschaft, in der ,Großen Produktion' kann die künstlerische Produktivität des Menschen sich frei entfalten. Denn nicht nur produziert sich der Künstler im Werk; im Künstler produziert sich der Mensch, so daß „es Kunst ist, wenn der Mensch sich produziert" (645). Neben Ansätzen zu einer Produktionsästhetik finden sich in den „vorsichtigen Äußerungen" des Philosophen keimhaft Bestimmungen, die auf einen eigenständigen ästhetischen Modus der Wirklichkeitsaneignung deuten. Im ,Arbeitsjournal' heißt es im August 1940: „die kunst *ist* ein autonomer bezirk, wenn auch unter keinen umständen ein autarker." (AJ 157) Kunst hört auf Kunst zu sein, wenn ihre gesellschaftliche Instrumentalisierung bestimmte Grenzen überschreitet. Kunst und Wissenschaft konvergieren nur so lange, wie sie als getrennte gesellschaftliche Grundvermögen ihrer besonderen Bestimmung gerecht werden. Andererseits ist Kunst inhärenter Bestandteil der Wirklichkeit, bestimmtes und zugleich bestimmendes Element der gesellschaftlichen Totalität. Das Konzept einer relativen ästhetischen Autonomie kennzeichnet auch die Argumentation des *Kleinen Organons*. Die Frage des Lehrhaften wird dort zu einer ästhetischen Frage erklärt. Unterhaltung und Belehrung, die beiden aufklärerischen Grundfunktionen der Kunst, werden von der neuen Dramatik – nicht ohne dialektische List! – wiederhergestellt, indem sie das eingreifende Denken als Lust, die Dialektik als Genuß, der Lernen aber als das „Vergnügen unserer Zeit" proklamiert. „die praktikablen abbildungen der realität entsprechen lediglich dem schönheitsgefühl unserer epoche. die ,träume' der dichter sind lediglich an einen neuen, der praxis anders als früher verbundenen zuschauer adressiert, und sie selber sind menschen dieser epoche." (AJ 245)

3.4. Fabel und Parabel. Die Beschreibbarkeit der Welt

Höchst aufschlußreich ist die schriftliche Antwort, die Brecht auf eine von Friedrich Dürrenmatt aufgeworfene Frage des 5. Darmstädter Gesprächs 1955 gab. Auf die Frage „Kann die heutige Welt durch Theater wiedergegeben werden?" antwortete Brecht: „Die heutige Welt ist den heutigen Menschen nur beschreibbar, wenn sie als eine veränderbare Welt beschrieben wird." (16, 929) Die Beschreibbarkeit der Welt – für den Stückeschreiber gleichbedeutend mit ihrer Beherrschbarkeit – ist die bedingende Voraussetzung des episch-dialektischen Theaters. Die Antwort legt den gesellschaftlichen Kern der Frage frei, die nur auf der Grundlage bestimmter gesellschaftstheoretischer bzw. geschichtsphilosophischer Prämissen angemessen beantwortet werden kann. „Vom Standort eines Spielballs aus sind die Bewegungsgesetze kaum konzipierbar." (930) Beschreibbar ist die Welt für den, der einverstanden ist mit ihrer Veränderung. Das episch-dialektische Theater versteht sich als Instrument einer marxistischen Gesellschaftswissenschaft. Historisierung und Verfremdung, die beiden wichtigsten Verfahren dieser ‚Dramaturgie der Veränderung' realisieren die materialistische Dialektik auf dem Theater. Modell und Parabel, die Vermittlungsformen der neuen Dramatik, sind denkbar nur als ästhetische Umsetzung interessengeleiteter Wirklichkeitserkenntnis. Da die figurenbezogen-dialogische Welterfassung der traditionellen Dramatik die komplexe Struktur der Wirklichkeit, ihre als soziale Kausalität verstandenen Bewegungsgesetze nicht mehr angemessen zu repräsentieren vermag, wird die Fabel wieder zum „Herzstück" des episch-dialektischen Theaters (vgl. *Kleines Organon*, Abschn. 64–70). Über die Fabel erst gelangt der Schauspieler zur Figur. Als „abgegrenztes Gesamtgeschehnis", als „Gesamtkomposition aller gestischen Vorgänge" steht sie im Zentrum der theatralischen Veranstaltung. „Die Auslegung der Fabel und ihre Vermittlung durch geeignete Verfremdungen ist das Hauptgeschäft des Theaters." (696) Die Grundgestus der einzelnen Vorgänge auf der Bühne auffällig verknüpfend, repräsentiert die diskontinuierlich montierte und hart gefügte Fabel den gesellschaftlichen Grundnexus des Stücks, die soziale Kausalität des Gesamtvorgangs: die historischen Bewegungsgesetze der Wirklichkeit.

Wie kaum ein anderer Bestandteil episch-dialektischen Theaters ist die Fabel, ob modellhaft oder parabolisch vermittelt, angewiesen auf die Erkennbarkeit und Darstellbarkeit der gesellschaftlichen Wirklichkeit, die zu verändern das erklärte Ziel der neuen Dramatik ist. „Die Kunst, die Welt so zu zeigen, daß sie beherrschbar wird", stirbt aus (15, 260).

Sie findet keine Nachfolge, weil die Bedingung ihrer Möglichkeit, die Beschreibbarkeit der Welt, zunehmend problematisch geworden ist.

3.5. Theater für die ‚Kinder des wissenschaftlichen Zeitalters‘. Die problematischen Prämissen der Brechtschen Theatertheorie

Es ist wohl kaum Zufall, daß Max Frischs boshaft-griffiger Formel von der ‚durchschlagenden Wirkungslosigkeit eines Klassikers‘ eine derart durchschlagende Wirkung beschieden war. Gemessen an den hohen politisch-ästhetischen Ansprüchen haben Theorie und Praxis des episch-dialektischen Theaters die erhoffte Wirkung nur in einem sehr geringen Ausmaß erlangt. Nun ist die gescheiterte Rezeption, literarhistorisch gesehen, der Regelfall. Doch nimmt die Kluft zwischen Anspruch und Wirklichkeit sich im Fall Brecht besonders prekär aus, da hier eine wirkungsästhetisch bestimmte Theaterkonzeption vorliegt, die noch dazu in einer politischen Theorie der Gesellschaft verankert ist. Der Verkehr zwischen Bühne und Zuschauerraum ist die zentrale Achse des episch-dialektischen Theaters; eine ‚Zuschaukunst‘ war immer schon das problematische Korrelat der neuen Dramatik. Genau an dieser Stelle aber, so scheint es, gelingt die Vermittlung von Gesellschaftstheorie und Ästhetik nur auf der Grundlage fragwürdiger und letztlich prekärer Prämissen, die als solche nicht genügend reflektiert werden (vgl. Müller, L$^+$ 98, 109 ff.).

Brecht versteht das Theater als Teil der ‚geistigen Aktion‘ im Sinne Korschs, als Instrument revolutionärer Ideologiekritik. Die von der dialektischen Dramatik bewirkte Bewußtseinsveränderung besitzt eine unmittelbar praktische Qualität. Das Bewußtsein von Widersprüchen verändert das gesellschaftliche Sein, da das Bewußtsein konstitutiver Bestandteil einer historisch-prozessual begriffenen gesellschaftlichen Totalität ist. Das Theater, Teil des Überbaus, fungiert gleichwohl als wirkungsvolles Medium einer gesellschaftlich eingreifenden Praxis. Problematisch erscheint nicht allein die allzu unvermittelte Identifikation von Denken und Handeln, von Erkennen und Verändern, sondern vor allem die abstrakte Bestimmung, die die Kategorie des Bewußtseins resp. des Klassenbewußtseins in dieser Argumentation erfährt. Brecht fällt hier hinter das Reflexionsniveau von Lukács’ *Geschichte und Klassenbewußtsein* zurück, wo mit Begriffen wie ‚objektive Möglichkeit‘, ‚zurechenbares Klassenbewußtsein‘ und ‚empirisches Bewußtsein‘ immerhin Differenzierungen angeboten wurden, die die Diskrepanz von möglichem, zurechenbarem und tatsächlichem Bewußtsein der historischen Subjekte beschreiben und erklären helfen. Das Spektrum verdinglichten, ‚falschen‘ Klassenbewußtseins, das, nach Lukács, vom ‚rohen Empirismus‘ bis zum ‚abstrakten Utopismus‘ reicht, tritt in Brechts Konzeption eines neuen Zuschauers gar nicht in den Blick. Proletarisches Klassenbewußtsein bleibt für ihn eine abstrakte Kategorie, die mit der gesellschaftlichen Realität, mit den sozio-politischen Lebensbedingungen der proletarischen Klasse nicht vermittelt werden kann. Überspitzt könnte man, eine Formulierung des Stückeschreibers aufgreifend, behaupten, daß bislang Marx ‚der einzige Zuschauer' für Brechts Theater geblieben ist.

So wie die Gleichsetzung von ästhetisch intendierter Bewußtseinsveränderung und tatsächlichem gesellschaftlichen Eingriff die soziale Prädisposition des traditionellen Zuschauers unterschätzt, so überschätzt die politische Theorie des episch-dialektischen Theaters die gesellschaftsverändernde Potenz der Institution Kunst in der bürgerlich-kapitalistischen Gesellschaft. Grenzen aufklärerischer Ideologiekritik, die theoretisch überwunden schienen, machen sich in der praktischen Theaterarbeit nur allzu rasch wieder bemerkbar. Brechts Theater stellt höchste Ansprüche an das politische Bewußtsein und die literarische Bildung des Zuschauers. Die Verfremdung als dialektisches Erkenntnis- und Darstellungsprinzip der neuen Dramatik erfordert eine aktive Teilnahme des Zuschauerbewußtseins. Die Negation der Negation, die Verwandlung des Bekannten ins Erkannte, setzt die genaue Kenntnis des Negierten zwingend voraus. Der Zuschauer muß nicht nur politisch willens, sondern auch aufgrund seiner ästhetischen Erfahrung in der Lage sein, die intendierte Bewußtseinsveränderung zu vollziehen: Voraussetzungen, die bei einem bürgerlichen oder proletarischen Theaterpublikum mit nahezu tödlicher Ausschließlichkeit gegeben sein könnten.

Das episch-dialektische Theater ist ein Theater für die ‚Kinder des wissenschaftlichen Zeitalters'. Der neue Zuschauer, seine philosophischen Tugenden, die theoretische Neugierde, die leidenschaftliche Kritik, der lustvolle Zweifel: sie sind Projektionen einer Theatertheorie, die eine neue Theaterpraxis immer schon voraussetzt. Hieraus ergibt sich eine letztlich fatale Ungleichzeitigkeit, die die gescheiterte Rezeption Brechts nicht unwesentlich mitverursacht haben dürfte. Das ‚Theater des wissenschaftlichen Zeitalters' ist ein Vorgriff auf die künftige Gestalt des Theaters in einer befreiten Gesellschaft, in der die Produktivität, Grundbestimmung der gesellschaftlichen Natur des Menschen, frei sich entfalten kann: als Kunst. Andererseits ist Hans Mayer zuzustimmen, der Brechts Theater zu einem nicht geringen Teil dem Konzept der ‚negativen Dialektik' verpflichtet sieht (Mayer, L$^+$ 408). Stoffe, Gegenstände und Verfahrensweisen des episch-dialektischen Theaters sind negativ bezogen auf die bürgerlich-kapitalistische Gegenwart. Die Kritik als bestimmte Negation der historisch vorgefundenen gesellschaftlichen Gestalt ist der Grundgestus der Brechtschen ‚Schaubühne', die sich als ‚wissenschaftliche Anstalt' versteht. Ein utopischer Gegenentwurf, ein konkret ausgeführtes Bild der neuen Gesellschaft fehlt: die utopische Intention realisiert sich als Kritik. Zugespitzt lautet das zeitliche Paradoxon: Erst mit der neuen Gesellschaft, mit dem neuen Zuschauer, ist die Bedingung der Möglichkeit gegeben, das episch-dialektische Theater vollständig zu verwirklichen; zugleich aber fehlt mit der revolutionären Überwindung der bürgerlich-kapitalistischen Gesellschaft der eigentliche Vorwurf des Brechtschen Theaters. „Wenn Sozialismus das Ende bisheriger Klassenkämpfe bedeutet, muß dann nicht eine dialektisch konzipierte Kunst, die darauf hinarbeitete, Klassenpositionen sichtbar zu machen, als bloße Erinnerung mit einigem Emotionswert, doch geringem Erkenntnisgehalt betrachtet werden?" (Mayer, L$^+$ 408, 242)

Der unbequeme Sitz zwischen den Epochen ist der Preis für eine Theaterkonzeption, die weder den politischen Anspruch der Kunst, noch die Kunst dem politischen Anspruch zu opfern bereit ist. Die Kritik macht es sich zu leicht, vergißt sie hinzuzufügen, daß die Aporien der Brechtschen Theatertheorie nur jenes grundlegende Dilemma moderner Kunst zum Ausdruck bringen, die ästhetische Qualität und gesellschaftliche Funktion kaum mehr vermitteln kann. Die Trennung von Kunst und Lebenspraxis ist auch hier nur dem Anspruch nach aufgehoben. Doch lassen Theorie und Praxis des episch-dialektischen Theaters jene Trennung als aufhebbar erscheinen, indem sie indirekt die Bedingungen für die Möglichkeit einer wirklichen ,Lebenskunst' angeben. Die Radikalität des gesellschaftspolitischen Anspruchs und seine kompromißlose ästhetische Einlösung vermögen Wirksamkeit dann zu erlangen, wenn die politischen Verhältnisse einen Eingriff der Kunst in den gesellschaftlichen Prozeß erlauben.

Brecht hat den vorläufig letzten umfassenden Versuch einer politischen Theorie der Kunst unternommen. Das ,Theater des wissenschaftlichen Zeitalters' ist allerdings nicht nur ohne vergleichbare Alternative, es ist ohne wirkliche Nachfolge geblieben. Brechts Theatertheorie gehört zu den wichtigsten Beiträgen der politisch-ästhetischen Reflexion moderner Kunst, die mit Schillers Überlegungen zur ,ästhetischen Erziehung' ihren ersten Höhepunkt fand. Theorie und Praxis des episch-dialektischen Theaters haben den bekannten Aporien ihre historisch längst fällige zeitgemäße Form verliehen. Die Grenze des Entwurfs ist die Grenze der bürgerlichen Institution Kunst selbst, die im ästhetischen Raum allein nicht aufzuheben ist. Auf unvergleichliche Weise hat Brecht den Spielraum der Kunst im politisch abgesteckten Rahmen ausgemessen. Noch immer lohnt es, an Theorie und Praxis der dialektisch gewordenen Aufklärung auf dem Theater anzuknüpfen; die Prämissen des Theaters für die ,Kinder des wissenschaftlichen Zeitalters' sind problematisch geworden: seine ,Vorschläge' sind bedenkenswert geblieben.

4. ‚Über den Realismus'

4.1. Grundlageninformationen

Forschungsliteratur

105 Völker, Klaus: Brecht und Lukács. Analyse einer Meinungsverschiedenheit. In: Kursbuch 7/1966, S. 80–101. Auch in: alternative 12/1969, Nr. 67/68, S. 134–147. [Frühe kritisch-polemische Auseinandersetzung mit der Brecht-Lukács-Debatte über den Realismus, die nachdrücklich für den Stückeschreiber Partei ergreift. Völker, der die erst 1966 veröffentlichten Beiträge Brechts einbeziehen kann, wirft Lukács vor, „seine platte, vom Idealismus geprägte, schematische Kunsttheorie" übersehe in toto die Leistungen der modernen Kunst.]

106 Mittenzwei, Werner: Die Brecht-Lukács-Debatte. In: SuF 19/1967, S. 235–269. Auch in: Das Argument 10/1968, Nr. 46, S. 12–43. [Gründlicher, im Urteil behutsamer Vergleich der beiden unterschiedlichen politisch-ästhetischen Konzeptionen Brechts und Lukács'. M. arbeitet besonders die Divergenzen im Wirklichkeitsbegriff und in der Auffassung der Abbildtheorie heraus, die zu gegensätzlichen künstlerischen Verfahren führen: Verfremdung vs. Typisierung. Darstellung der kulturpolitischen Kontexte der Realismusdebatte.]

107 Žmegač, Viktor: ‚Es geht um den Realismus'. Kunst und Wirklichkeit bei Brecht und Lukács. In: VZ, Kunst und Wirklichkeit. Zur Literaturtheorie bei Brecht, Lukács und Broch. Bad Homburg 1969, S. 9–41. [Vergleichende Rekonstruktion der wesentlichen Züge einer materialistischen Realismustheorie bei Brecht und Lukács, die zugleich den Ertrag der Kontroverse über den Realismus für die literaturwissenschaftliche Begriffsbildung zu bestimmen versucht.]

108 Gallas, Helga: Marxistische Literaturtheorie. Kontroversen im Bund proletarisch-revolutionärer Schriftsteller. Neuwied/Berlin 1971. [Informationsreiche Darstellung der organisatorischen und ideologischen Entwicklung des BPRS. In den zunehmend von Lukács beherrschten Diskussionen der *Linkskurve* sieht G. die Fronten der späteren Realismusdebatte vorweggenommen. Die stark aktualisierende Kritik an Lukács, dessen Argumentation ganz der klassischen bürgerlichen Ästhetik verhaftet sei, wird dem Gegenstand nur teilweise gerecht.]

109 Lukács, Georg: Essays über den Realismus (= Probleme des Realismus I). In: GL, Werke, Bd. 4. Neuwied/Berlin 1971. [Enthält die meisten der einschlägigen Beiträge Lukács', die in den Debatten um Expressionismus und Realismus in der Weimarer Republik und im Exil eine Rolle gespielt haben.]

110 Berghahn, Klaus L.: „Volkstümlichkeit und Realismus". Nochmals zur Brecht-Lukács-Debatte. In: Basis 4/1973, S. 7–37. [Vergleichende Analyse der Positionen Lukács' und Brechts zu Realismus und Volkstümlichkeit. Die ausführlichen Textparaphrasen gelangen trotz leichter Korrekturen an Mittenzweis Darstellung von Brechts Verhältnis zur Volksfront nicht über den Stand der Diskussion hinaus.]

111 Die Expressionismus-Debatte. Materialien zu einer marxistischen Realismuskonzeption. Hrsg. v. Hans-Jürgen Schmitt. Frankfurt/M. 1973. [Ab-
druck der wichtigsten Beiträge zur Debatte, einschließlich der ‚Schubladen-
produktionen‘ Brechts. Leider fehlt Lukács’ *Größe und Verfall des Expressionismus* von 1934. Instruktive Einleitung des Herausgebers. Das Literaturverzeichnis bezieht den weiteren Kontext der Debatte ein.]
112 Schmitt, Hans-Jürgen/Schramm, Gunter (Hrsg.): Sozialistische Realismus-
konzeptionen. Dokumente zum I. Allunionskongreß der Sowjetschriftsteller. Frankfurt/M. 1974.
113 Mittenzwei, Werner (Hrsg.): Dialog und Kontroversen mit Georg Lukács.
Leipzig 1975. [Umfangreiche Sammlung von Aufsätzen, die sich mit der
Entwicklung der literaturtheoretischen Position, mit der Realismuskonzeption und mit der Wirkung Lukács’ auf sozialistische Künstler (Seghers, Becher, Wangenheim, Wolf, Eisler) befassen. Chronik zu Lukács’ Leben.]
114 Trommler, Frank: Der sozialistische Realismus im historischen Kontext. In:
Grimm, Reinhold/Hermand, Jost (Hrsg.), Realismustheorien. Stuttgart
1975, S. 68–86. [Aufschlußreiche Darstellung der Genese der kulturpolitischen Doktrin des ‚soz. Real.‘, die unkritische Brecht-Apologeten behutsam
korrigiert und die Lukács’sche Position einer differenzierten historischen
Kritik unterzieht.]
115 Mittenzwei, Werner: Der Realismus-Streit um Brecht. Grundriß der Brecht-
Rezeption in der DDR 1945–1975. Berlin 1978. [Instruktive historische
Darstellung aus DDR-marxistischer Sicht, die die wesentlichen Stationen
der Wirkungsgeschichte Brechts in der DDR einbezieht: die Kontroversen
um die *Mutter Courage* 1949, die ‚Formalismus-Debatte‘ der fünfziger Jahre, die Brechtforschung zwischen 1955 und 1970, die ‚Klassikdebatte‘ 1973
und die ‚ästhetische Entmachtung Brechts durch seine Schüler‘ 1965 bis
1976. Dabei stehen Brechts Verhältnis zum ‚soz. Real.‘ und die wechselvolle
Auslegung dieser Doktrin im Zentrum.]
116 Adorno, Theodor W.: Erpreßte Versöhnung. Zu Georg Lukács’: *Wider den
mißverstandenen Realismus*. In: TWA, Noten zur Literatur, Frankfurt/M.
1981, S. 251–280. [Schonungslose Abrechnung mit dem ungarischen Literaturtheoretiker, der sich seit den zwanziger Jahren abgemüht habe, „seine
offenbar unverwüstliche Denkkraft dem trostlosen Niveau der sowjetischen
Denkerei gleichzuschalten, die mittlerweile die Philosophie, welche sie im
Munde führte, zum bloßen Mittel für Zwecke der Herrschaft degradiert
hatte.“]
117 Müller, Klaus-Detlef (Hrsg.): Bürgerlicher Realismus. Grundlagen und Interpretationen. Königstein 1981. [Die Einleitung des Herausgebers rückt die
realismustheoretischen Konzeptionen Brechts und Lukács’ systematisch und
historisch in den Kontext einer literarischen und literaturwissenschaftlichen
Theorie des Realismus.]

4.2. Die Exposition der ,Realismus'-Problematik bei Brecht

> Als ob man von Kunst etwas verstehen
> könnte, ohne von der Wirklichkeit etwas
> zu verstehen (18, 161)

Der ,Realismus' oder gar eine ,Realismustheorie' werden in Brechts politisch-ästhetischer Reflexion zunächst nicht eigens thematisiert. Seine theoretischen und praktischen ,Versuche' sind von vornherein auf eine möglichst präzise und wirksame Erfassung der gesellschaftlichen Wirklichkeit im ästhetischen Medium gerichtet. Von Anfang an begründen die besondere Qualität der modernen Wirklichkeit und ihre im Zeichen zunehmender Verdinglichung menschlicher Beziehungen problematisch gewordene alltagsweltliche Erfahrung literarische Formentscheidungen. Der Bruch mit der literarischen Konvention, die produktive Rezeption alter und die Entwicklung neuer Formen, folgt nicht innerästhetischen Gesichtspunkten; er steht im Dienst einer adäquaten, d.h. kritischen Erkenntnis und Darstellung sozialer Realität.

Theorie und Praxis des episch-dialektischen Theaters ziehen die Konsequenzen aus der veränderten Gestalt moderner Wirklichkeit. Die zentralen Bestandteile der wissenschaftlich fundierten Dramatik, Historisierung und Verfremdung, Modell und Parabel, epische Vermittlung, Gestus, Fabel und Figurengestaltung, reflektieren auf je eigene Weise den Anachronismus der figurenbezogen-dialogischen Weltaneignung im traditionellen Drama, dessen kathartische Zwecksetzung auf Erlebnis und Einfühlung, auf die theatralische Illusion von Wirklichkeit angewiesen war.

Wenn die sinnliche Evidenz von Wirklichkeit nicht länger gegeben ist, wenn die Realität, „in die Funktionale gerutscht" (18, 161), unmittelbarem Zugriff sich entzieht, dann ist ein politisch-ästhetisches Instrumentarium zu schaffen, das die Oberfläche gesellschaftlicher Erscheinungen durchstößt und vordringt zu den ,Vorgängen hinter den Vorgängen', zur ,sozialen Kausalität', d.h. zur historisch-sozialen Gesetzmäßigkeit gesellschaftlicher Strukturen und Prozesse: Die Realität ist erkennbar und darstellbar nur, wenn sie verändert wird. „Daß die Realität auf dem Theater wiedererkannt wird, ist nur eine der Aufgaben des echten Realismus. Sie muß aber auch noch durchschaut werden. Es müssen die Gesetze sichtbar werden, welche den Ablauf der Prozesse des Lebens beherrschen." (16, 520)

Der politisch-ästhetische Lernprozeß des Stückeschreibers läßt sich geradezu als ein fortgesetztes Bemühen um eine adäquate ästhetische Aneignung gesellschaftlicher Wirklichkeit begreifen. Die außerästhetische Zwecksetzung der künstlerischen Produktion erfuhr seit 1926 eine konsequente Grundlegung in einer marxistischen Gesellschafts- und Geschichtstheorie. Kunst fungierte hier als ein bestimmtes und bestimmendes Element der gesellschaftlichen Totalität, als Instrument einer revolutionär eingreifenden Praxis. So wie die ästhetische Theorie die Vermittlung der materialistischen Dialektik im Rahmen einer neuen Kunstkonzeption anstrebte, so legitimierte sich die literarische Form allein aus ihrer gesellschaftlichen Funktionalität. ‚Echter Realismus‘: das bedeutet auch den Primat des Abgebildeten vor der Abbildung, den Vorrang der Wirklichkeit vor der Kunst. Als ‚realistisch‘ erweist sich nicht etwa die bloß passive Widerspiegelung einer undurchschauten gesellschaftlichen Erscheinungswelt, sondern eine konstruktive, modellbildende ästhetische Produktion, die praktikable Erkenntnisse über die Wirklichkeit ermöglicht.

Der Wirklichkeitsbezug wird dabei nicht über eine oberflächlich reproduzierende Darstellungsweise hergestellt; im Gegenteil: der ästhetische Modus entfernt sich von der vorgefundenen Erscheinungswelt, um desto nachhaltiger Strukturen und Prozesse, die historisch begründeten Widersprüche der gesellschaftlichen Realität sichtbar machen zu können. Verfremdung und Historisierung, Modell und Parabel sind, so verstanden, realistische Techniken par excellence. Die realistische Darstellungsweise selbst ist also nicht unmittelbar an die Wirklichkeit gebunden; sie bezieht ihren realistischen Gehalt aus dem intendierten Bezug auf die Realität. Sie ist ein Instrument ästhetischer Erkenntnis und Darstellung gesellschaftlicher Vorgänge. Ihre literarische Legitimation ergibt sich allein aus ihrer sozialen Funktionalität: ‚Realistisch‘ ist eine Schreibweise dann, wenn sie gesellschaftlich eingreifende Erkenntnisse bewirkt, wenn sie dem Menschen die Welt ausliefert zu tätiger Beherrschung, die Welt, die sich unmittelbarer Verfügbarkeit mehr und mehr entzieht.

Die politische Theorie des episch-dialektischen Theaters birgt implizit die Voraussetzungen einer umfassenden Theorie des literarischen Realismus. Die Schriften, die im Kontext der sog. ‚Expressionismusdebatte‘ 1937/38 (*Über den Realismus*, 19, 285–382) entstanden, lassen sich als konsequente Entfaltung dieser Ansätze verstehen. Erst der Zwang einer ihm aufgenötigten Diskussion veranlaßte Brecht, den Realismus-Komplex eigenständig zu behandeln. Unter dem Leitwort ‚realistische Schreibweise‘ schärfen sich allmählich die Umrisse einer materialistischen Realismuskonzeption, deren Bedeutung und Reichweite bis heute weder in der literarischen Praxis noch in der Literaturwissenschaft in gebührender Weise zur Kenntnis genommen worden ist.

4.3. *Produktion für die Schublade: Brechts Verhalten in der ‚Expressionismusdebatte'* 1937/38

Um so mehr mußte es Brecht befremden, daß er sich schon 1931/32, in den in der *Linkskurve* ausgetragenen Diskussionen des Bundes Proletarisch-Revolutionärer Schriftsteller (BPRS), und erst recht in der ‚Expressionismusdebatte' in der Moskauer Exilzeitschrift *Das Wort* 1937/38 als Vertreter einer literarischen Richtung angefeindet sah, der das Prädikat ‚realistisch' vorenthalten wurde. Sowohl in den Auseinandersetzungen um die Romane von Willi Bredel und Ernst Ottwalt, um ‚Reportage und Gestaltung', um ‚Tendenz und Parteilichkeit', als auch bei der Abrechnung mit dem Expressionismus, der pauschal als abstrakt-ohnmächtige antikapitalistische Revolte einer bourgeoisen Dekadenz verworfen oder gar als Vorläufer der nationalsozialistischen Sammelideologie denunziert wurde, spielte Georg Lukács eine führende Rolle. 1931 nach Berlin gekommen, gewann der ungarische Philosoph überaus rasch einen bestimmenden Einfluß auf die Kontroversen im BPRS. Seine damalige Position nahm wichtige Züge der kulturpolitischen Doktrin des ‚sozialistischen Realismus' vorweg, der 1934, auf dem 1. Allunionskongreß der Sowjetschriftsteller in Moskau, zur verbindlichen Maxime sozialistischer Literaturproduktion erklärt werden sollte. Seine klassische Definition erhielt der ‚sozialistische Realismus' in der Rede des ZK-Mitgliedes Andrej Ždanov: „Dabei muß die wahrheitsgetreue und historisch konkrete künstlerische Darstellung [der Wirklichkeit in ihrer revolutionären Entwicklung] mit der Aufgabe verbunden werden, die werktätigen Menschen im Geiste des Sozialismus ideologisch umzuformen und zu erziehen. Das ist die Methode, die wir in der schönen Literatur und in der Literaturkritik als die Methode des sozialistischen Realismus bezeichnen." (Schmitt/ Schramm L 112, 47) Auf den Zusammenhang dieser Realismuskonzeption mit einem erkenntnistheoretisch verkürzten und weltanschaulich verengten Dialektikverständnis, wie es in Lenins Entwurf einer ‚Widerspiegelungstheorie' in *Materialismus und Empiriokritizismus* angelegt war, wird noch einzugehen sein.

Brecht hat die literarisch-politische Auseinandersetzung von seinem dänischen Exil aus mit Besorgnis und Argwohn verfolgt. Ob zu Recht oder Unrecht, er witterte hinter der kulturpolitischen Kontroverse machtlüsterne Intrigen der ‚moskauer clique', zu der er neben Lukács und Alfred Kurella auch Andor Gabor und Julius Hay zählte. Als Mitherausgeber der Zeitschrift *Das Wort* sah Brecht sich außerstande, das redaktionelle Konzept, die Aufnahme oder Ablehnung von Beiträgen entscheidend zu beeinflussen. Schon vor Beginn der ‚Expressionismusdebatte', im März 1937, fühlte er sich, etwa in der Diskussion um Julius Hays Stück *Haben*, die auch seine eigene Produktion polemisch berührte,

isoliert und an die Seite gedrängt (B 312 ff.). Die eigentliche Debatte
wurde ausgelöst durch einen Artikel von Alfred Kurella (*Nun ist dies
Erbe zuende* ...), in dem dieser den Weg des ,Expressionisten' Gottfried
Benn in den Faschismus als ,gesetzmäßig' deklarierte. Schon drei Jahre
zuvor allerdings hatte Lukács in *Größe und Verfall des Expressionismus*
eine grundsätzliche Einschätzung der expressionistischen Bewegung vorgenommen, die den weiteren Verlauf der Debatte folgenschwer bestimmen sollte. Schon bald nämlich verlagerten sich die Schwerpunkte der
Auseinandersetzung, an der sich herausragende Vertreter der linksintel-
lektuellen und sozialistisch-kommunistischen Emigration beteiligten: neben Lukács und Kurella u. a. Ernst Bloch, Hanns Eisler, Heinrich Voge-
ler, Gustav Wangenheim und Klaus Mann. Der Expressionismus stand
immer deutlicher stellvertretend für die moderne Literatur, für avantgardistische Formen und Techniken der Kunst insgesamt. Der Gegensatz
von Formalismus und Realismus, von Volkstümlichkeit und Dekadenz,
die Frage nach dem Verhältnis der proletarisch-sozialistischen Literatur
zum bürgerlichen ,Erbe' bestimmten den Gang der Debatte, die sich zu
einer umfassenden Kontroverse um Theorie und Praxis sozialistisch-rea-
listischer Kunst entwickelte.

Wer sich an dieser kulturpolitischen Auseinandersetzung nicht beteilig-
te, obgleich er als der eigentliche Antipode der ,moskauer clique' um
Lukács gelten muß, war: Bertolt Brecht. Die Gründe für diese öffentliche
Abstinenz sind vielfältig. Die Tatsache, daß ein bzw. zwei Beiträge
Brechts von der Moskauer Redaktion des *Worts* unterdrückt wurden, ist
dabei eher von geringerer Bedeutung. Der Stückeschreiber, ein aufmerksamer und überaus sensibler Beobachter der Debatte, hielt diese für äußerst schädlich, wobei zwei Argumente besonders ins Gewicht fielen.
Das eine betraf die politischen Zeitumstände.

Es muß nur verhindert werden, daß jetzt in der Emigration ein öffentlicher
literarischer Formenstreit entsteht, der unbedingt größte Schärfe annehmen würde, [...] und daß literarische Versuche, die Wahrheit über den Feind in getarnter
Form durchzuschmuggeln, diesem denunziert und dadurch sabotiert werden. (B
315)

Die aggressive Tonlage der Kontroverse, in der mit gegenseitigen An-
feindungen und persönlichen Denunziationen nicht gespart wurde, gab
Brechts Befürchtung nur allzu recht: Die verbreitete Unsicherheit und
Nervosität der Emigration im Umfeld der Moskauer Prozesse wurde
nachhaltig spürbar. Zum anderen spielte sicher das Vorurteil eine Rolle,
das der Literaturproduzent Brecht lebenslang gegenüber abstrakt-theore-
tischen Erörterungen literarisch-praktischer Probleme hegte. Der Zugang
,des Herrn Professors' aus Moskau, der in die Rolle eines Präzeptors der
proletarisch-revolutionären Literatur geschlüpft war, zu Fragen des ,For-

malismus' und ,Realismus' blieb Brecht fremd. Nichts vermag den Abstand zwischen dem Stückeschreiber und dem Literaturtheoretiker besser zu veranschaulichen als Brechts gerade 1937 betriebenes Projekt der Gründung einer „Diderot-Gesellschaft", einer „Gesellschaft für induktives Theater", in der nur „produzierende", nicht aber „repräsentierende Leute" vereinigt sein sollten (15, 305–309; B 317).

Brecht enthielt sich öffentlicher Stellungnahmen, doch schwieg er nicht gänzlich. Das ,Arbeitsjournal', die Korrespondenz und Aufzeichnungen Walter Benjamins zeigen, wie sehr ihn die Themen der Debatte beschäftigten, wie tief er sich durch die Angriffe der ,murxisten' getroffen fühlte. „die realismusdebatte blockiert die produktion, wenn sie so weitergeht." (AJ 26) Sie wurde Brecht zum Anlaß für eine Reihe von kleineren Produktionen für die Schublade, die im ganzen zuerst 1966 veröffentlicht worden sind. Dieser heimliche Dialog erst zeigt das ganze Ausmaß und das Gewicht der Exildebatte über den Realismus. Brechts Beitrag zu einer materialistischen Realismuskonzeption steht bei der folgenden Darstellung im Vordergrund, weniger aber die Expressionismusdebatte selbst, die sinnvoll nur im historischen Kontext (Volksfrontpolitik, sowjetische Innen- und Außenpolitik, Auseinandersetzungen in der Emigration) behandelt werden kann.

4.4. Wider den ,Formalismus der Kritik': Brecht und Lukács

Nach Lukács „entsteht für den bedeutenden Realisten eine ungeheure, eine doppelte künstlerische wie weltanschauliche Arbeit: nämlich erstens das gedankliche Aufdecken und künstlerisch-gestalterische Zeigen dieser Zusammenhänge [der gesellschaftlichen Wirklichkeit]; zweitens aber und unzertrennbar davon, das künstlerische Zudecken der abstrahiert erarbeiteten Zusammenhänge – das Aufheben des Abstrahierens." (Expressionismusdebatte, L⁺ 111, 205) Kunst gibt ein Bild der Wirklichkeit, in dem der Gegensatz von Erscheinung und Wesen aufgehoben ist in einer neuen, gestalteten Oberfläche des Lebens, die, „obwohl sie in jedem Moment das Leben klar durchscheinen läßt (was in der Unmittelbarkeit des Lebens selbst nicht der Fall ist) doch als Unmittelbarkeit, als Oberfläche des Lebens erscheint" (ebd.). Kunst gestaltet die verborgene Totalität, sie vermittelt Einsichten in den gesetzmäßigen Zusammenhang alles Wirklichen, indem sie das Typische in Gestalt individueller Handlung auftreten läßt. Realistische Kunst, das heißt Kunst in ihrer vollendetsten Gestalt, eröffnet die Möglichkeit einer ästhetischen Rezeption, in der die verborgene Totalität des Lebens, der dialektische Zusammenhang von Wesen und Erscheinung spontan und unmittelbar erfahren werden kann; realistisch ist die Kunst, die das Wesen der Erscheinungen in der gestalteten Oberfläche des Lebens wirklich scheinen läßt. Daraus folgt die Notwendigkeit der künstlerischen ‚Gestaltung‘ der Wirklichkeit ebenso wie die Ablehnung ästhetischer Verfahren, die Chaos und Zerrissenheit der modernen Realität unvermittelt sichtbar werden lassen. Joyce, Döblin, Dos Passos, Abstraktion und Montage, der innere Monolog, die assoziative Schreibweise und andere Techniken der künstlerischen Avantgarde fallen unter das Verdikt des Formalismus und der ideologischen Dekadenz. Die Romane Balzacs und Tolstojs, Gorkis und Thomas Manns dagegen, die Werke der großen Realisten des 19. und 20. Jahrhunderts, werden als Vollendung wahrhaft realistischer Kunst begriffen und als Vorbild für die neue Literatur eines sozialistischen Realismus empfohlen.

Brechts Kritik an Lukács erstreckt sich im wesentlichen auf drei Bereiche:

1. Wie Ernst Bloch kritisiert Brecht Lukács’ objektivistisch-geschlossenen Realitätsbegriff, in dem klassisch-systemhafte Züge nicht zu übersehen sind (Expressionismusdebatte, L$^+$ 111, 186). Lukács’ Bestimmung realistischer Kunst hat die Existenz einer geschlossen-zusammenhängenden Wirklichkeit, hat eine tendenziell idealistisch gefaßte Kategorie einer „ununterbrochenen Totalität“ (Bloch) zur bedingenden Voraussetzung. Die gesellschaftliche Wirklichkeit des Spätkapitalismus entzieht jedoch Erfahrungs- und Darstellungsweisen von Wirklichkeit, wie sie in der bürgerlich-realistischen Literatur des 19. Jahrhunderts gegeben sind, den Boden. Die Realität ist, so Brecht, „in die Funktionale gerutscht“ (18, 161). Der ‚entmenschte Roman‘ der Moderne ist der Roman einer entmenschten Wirklichkeit. Ein radikaler Wirklichkeitsbezug hat den Stückeschreiber früh zu literarisch-formalen Konsequenzen aus einer veränderten Wirklichkeitsstruktur geführt. Überlegungen zu *Individuum und Masse*, die Reflexion des historisch begründeten Untergangs des Individuums und des Aufstiegs der großen Kollektive zu den bestimmenden Kräften des gesellschaftlichen Prozesses, hatten die Aufgabe der traditionellen Dramenform zur Folge, die auf eine anachronistisch gewordene Form von Individualität bezogen war (vgl. AB IV). Es gibt keinen Rückweg. „Der Mensch wird nicht wieder Mensch, indem er aus der Masse herausgeht, sondern indem er hineingeht in die Masse. Die Masse wirft ihre Entmenschtheit ab, damit wird der Mensch wieder Mensch (nicht einer wie früher).“ (19, 298) Wie Bloch unterscheidet Brecht den expressionistischen Versuch, ein überfälliges Weltbild zu ‚zerfällen‘, von dem Zustand des ‚Verfalls‘. Er sieht Lukács’ apodiktische Verurteilung avantgardistischer Techniken wie der Montage und die damit einhergehende Aufwertung der künstlerischen ‚Gestaltung‘ in gefährlicher Nähe „von Blut und Boden und einer anrüchigen Metaphysik des Organischen. Mit einem rein ästhetischen Vokabular versucht man den Ästhetizismus zu bekämpfen, nur auf Formen bedacht, dem Formalismus auf den Leib zu rücken.“ (314 f.)

Eine neue Wirklichkeit, neue Tatsachen, Stoffe und Gegenständlichkeiten haben alte Weltbilder und alte literarische Formen zerbrechen lassen. Die Kunst hat nicht die Aufgabe, Vergangenes wiederherzustellen. Bitterironisch kommentiert der Stückeschreiber die fruchtlose Bemühung des ungarischen Literaturtheoretikers um eine Restituierung der bürgerlich-realistischen Erzählform. Er zitiert Lewis Carrolls Kinderreim: „all the kings horses and all the kings men couldn't humpty dumpty put together again." (AJ 27)

2. Eine Divergenz zwischen Brecht und Lukács ergibt sich aus der unterschiedlichen Bestimmung der Funktion, die Kunst im gesellschaftlichen Prozeß auszuüben vermag. Die von Lukács vorgesehene Auflösung der Gegensätze von Erscheinung und Wesen, Einzelfall und Gesetz, die „im unmittelbaren Eindruck des Kunstwerks zur spontanen Einheit zusammenfallen", hielt der Stückeschreiber für problematisch; er stellte bei seinem Kontrahenten einen eigentümlichen „Hang zum Idyllischen" fest (19, 317). Die „erpreßte Versöhnung" (Adorno) ignoriert den Zusammenhang zwischen dem Zerfallen der Welt und der Methode ihrer Beschreibung. Die ästhetische Ver-Einigung von Erscheinung und Wesen tilgt die Widersprüche, die der dialektischen Einheit beider zwingend zugrundeliegen. Für Brecht ist der Widerspruch das treibende Element dialektischer Erkenntnis gesellschaftlicher Wirklichkeit: aufzuheben nur in praktisch gewordener Erkenntnis, in der revolutionär eingreifenden Praxis.

Lukács' Konzept eines literarischen Realismus stützt sich auf die von Brecht stets abgelehnte Leninsche Abbild- oder Widerspiegelungstheorie, nach der das Bewußtsein, und das heißt auch seine literarische Objektivation, nur eine mehr oder minder genaue Kopie des gesellschaftlichen Seins darstellt. Literatur widerspiegelt passiv die Tendenz der Wirklichkeit. Nicht nur verkürzt, wie Adorno gezeigt hat, die Abbildtheorie den Erkenntnisakt um seine subjektiv-praktische Dimension, um die dialektische Beziehung von Bewußtsein und zu erkennendem Objekt: „Dialektik ist in den Sachen, aber wäre nicht ohne das Bewußtsein, das sie reflektiert; so wenig, wie sie in es sich verflüchtigen läßt. In einer schlechthin Einen unterschiedslosen, totalen Materie wäre keine Dialektik." (Adorno, Negative Dialektik, 205) Zusammen mit dem tendenziell idealistischen Begriff eines künstlerischen Abbilds von Wirklichkeit, das sich zwischen die Realität und ihre ästhetische Darstellung schiebt, trägt Lukács' abbildtheoretisch fundierte Realismuskonzeption zu einer politisch fragwürdigen Harmonisierung gesellschaftlicher Widersprüche im Medium der Literatur bei.

Brecht dagegen betont den Primat des Abgebildeten. Die Abbildung ist nicht auf eine ästhetische Aufhebung real bestehender Widersprüche aus. Auf der Grundlage eines kritischen Marxismus entsteht der kritische

Realismus der neuen Kunst, die sich nicht als Spiegel, sondern als elementarer Bestandteil der gesellschaftlichen Wirklichkeit selbst versteht. Deren Erkenntnis und Veränderung ist ihr Hauptziel. Realistische Literatur ermöglicht die Veränderung der menschlichen Praxis durch ihr Begreifen; Bewußtseinsveränderung und Ideologiekritik sind die Mittel, die ihr einen Eingriff in den historischen Prozeß erlauben. Das episch-dialektische Theater, aber auch Brechts Prosa und Lyrik beanspruchen, die Widersprüche der gesellschaftlichen Realität herauszuarbeiten. Sie verfremden Versatzstücke oberflächlich-undurchschauter Wirklichkeit in der Absicht, die soziale Kausalität, den gesetzmäßigen Zusammenhang des historisch-sozialen Prozesses hervortreten zu lassen. Realistische Kunst verweigert jede Form ästhetischer Verklärung; sie stellt bestehende Widersprüche aus, um deren tatsächliche Aufhebung in der revolutionären Aktion in Gang zu setzen. Nicht das kathartische Erlebnis einer spontan-unmittelbaren Einheit von Erscheinung und Wesen im ‚Rezeptiven', nicht Einfühlung und ‚Gestaltung', sondern Verfremdung und Montage, die formal vielgestaltige kritisch-distanzierte Zurschaustellung gesellschaftlicher Widersprüche qualifizieren die Kunst als Medium des politisch-gesellschaftlichen Eingriffs.

3. Brecht kritisiert das beckmesserische Verwerfen angeblich ‚dekadent-formalistischer' literarischer Techniken ebenso wie die kunstrichterliche Geschmacksdiktatur, die in Lukács' Vorbild-Oktrois sichtbar wird. Er lehnt die Trennung von Form und Inhalt ab. Die Forderung, in alten Formen neue gesellschaftliche Inhalte zu behandeln, erscheint ihm selbst als ‚formalistisch'. Über realistische Formen ist nicht die Ästhetik zu befragen, sondern die Wirklichkeit: Literarische Formen sind eine gesellschaftliche Angelegenheit. Vehement verwahrt sich der Stückeschreiber gegen die päpstliche Attitüte der ‚moskauer clique', deren ästhetische und politische Urteile Unfehlbarkeit für sich beanspruchen. Auch Lukács' autoritative Rückversicherung bei den ‚Klassikern' des Marxismus, wenn es um Fragen der literarischen Technik geht, wird von Brecht in Frage gestellt: „Sie haben nicht die Technik des Romanschreibens gelehrt." (19, 308) Noch einmal wird hier die besondere Qualität von Brechts politischer Theorie der Kunst erkennbar, die der Kunst und der Ästhetik den Status der Vermittlung einräumt, gerade dadurch aber die Möglichkeit eröffnet, den politischen Anspruch, d. h. die gesellschaftliche Wirkung, auf ästhetische Weise einzulösen. Selbst der Expressionismus und die modernistische Avantgarde in Literatur, Musik und bildender Kunst sind auf diese Weise als realistisch zu bewerten, wenn auch ihre Darstellungstechniken ‚formal' betrachtet kaum als realistisch gelten können. Ihre ästhetischen Versuche sind auf die sozial wirksame Erkenntnis einer Wirklichkeit bezogen, die sich unmittelbarer Erfahrung, oberflächlich realistischer ‚Gestaltung' mehr und mehr entzieht. Brechts

Fazit aus der Kontroverse mit Georg Lukács: „Wir sind doch imstande, einen viel weitherzigeren, produktiveren, intelligenteren Begriff des *Realismus* aufzustellen." (321)

4.5. *Umrisse einer materialistischen Realismuskonzeption: Die ‚realistische Schreibweise'*

Zwei Kernbegriffe der ‚Expressionismusdebatte' aufgreifend, gibt Brecht eine grundlegende Bestimmung von ‚Volkstümlichkeit' und ‚Realismus':

> *Volkstümlich* heißt: den breiten Massen verständlich, ihre Ausdrucksform aufnehmend und bereichernd / ihren Standpunkt einnehmend, befestigend und korrigierend / den fortschrittlichsten Teil des Volkes so vertretend, daß er die Führung übernehmen kann, also auch den andern Teilen des Volkes verständlich / anknüpfend an die Traditionen, sie weiterführend / dem zur Führung strebenden Teil des Volkes Errungenschaften des jetzt führenden Teils übermittelnd. [...]
> *Realistisch* heißt: den gesellschaftlichen Kausalkomplex aufdeckend / die herrschenden Gesichtspunkte als die Gesichtspunkte der Herrschenden entlarvend / vom Standpunkt der Klasse aus schreibend, welche für die dringendsten Schwierigkeiten, in denen die menschliche Gesellschaft steckt, die breitesten Lösungen bereit hält / das Moment der Entwicklung betonend / konkret und das Abstrahieren ermöglichend. (19, 325 f.)

Brechts Überlegungen zum Realismus gehen über eine bloß pragmatische, auf die aktuelle Auseinandersetzung bezogene Begriffsbestimmung weit hinaus. Mit dem Konzept der ‚realistischen Schreibweise' schafft der Stückeschreiber die Grundlage für eine umfassende materialistische Realismustheorie, die bislang weder in der literarischen Praxis, noch in der Literaturwissenschaft eine angemessene Aufnahme gefunden hat (19, 340–373). Realismus ist bei Brecht weder ein Stil-, noch ein Epochenbegriff, sondern die Kennzeichnung einer Methode und einer Haltung des Künstlers gegenüber der Wirklichkeit. Die Freiheit der realistischen Darstellungsweise – sie schließt Groteske und Satire ebenso wie Komik und Verfremdung ein, Swift und Rabelais ebenso wie Dos Passos und Franz Marc – wird gerade im Namen einer außerästhetischen Instanz vertreten: im Namen der Wirklichkeit und ihrer adäquaten, d. h. kritischen und wirksamen Erkenntnis und Darstellung im Medium der Kunst. Realistische Qualität erwächst künstlerischen Techniken erst aus dem historisch spezifischen Beziehungsgeflecht von Literatur und gesellschaftlicher Wirklichkeit. Ein solches Realismuskonzept trägt Literarizität und Historizität literarischer Texte gleichermaßen Rechnung. „Für die Praxis der realistischen Schriftsteller ist es wichtig, daß die literarische Theorie den Realismus in bezug auf seine verschiedenen gesellschaftlichen Funktionen, das heißt in seiner Entwicklung begreift." (362) Die historische Spezifizität ästhetischer Darstellung von Wirklichkeit hat die Relativität

‚realistischer' Merkmale zur Folge. Das „realistische Detail", das „sinnenfreudige Moment", der „unbearbeitete Rohstoff" sind wichtige, aber kaum untrügliche, d.h. zeitlos gültige Kennzeichen realistischer Literatur (369 ff.).

Realismus ist vielgestaltig. Entscheidend ist, ob die gesellschaftliche Realität in einem konkreten Text sozial wirksam erkannt und dargestellt worden ist. Die realistische Intention, der von der Wirklichkeit beeinflußte künstlerische Versuch, auf die Wirklichkeit Einfluß zu nehmen, tritt an die Stelle des immer schon zu eng und zu weit gefaßten Formkanons realistischer Literatur. Auf diese Weise kann noch Shelleys symbolisch-allegorische Schreibweise in The Masque of Anarchy als realistisch gelten. In Anlehnung an ein Leninwort formuliert Brecht: „Die Wahrheit kann auf viele Arten verschwiegen und auf viele Arten gesagt werden. Wir leiten unsere Ästhetik, wie unsere Sittlichkeit, von den Bedürfnissen unseres Kampfes ab." (349)

Bezeichnend für die neue Realismuskonzeption ist der von Brecht verwendete Begriff der literarischen ‚Technik', der quer zu der alten Form-Inhalt-Dichotomie steht. Brecht begreift die literarische Technik als eine gesellschaftliche Produktivkraft, deren historische Entwicklung in Analogie zur Entwicklung anderer Produktivkräfte zu sehen ist. „Es ist ohne weiteres zu erwarten, daß Dampfmaschine, Mikroskop, Dynamo und so weiter, Öltrust, Rockefeller-Institut, Paramountfilm und so weiter in der literarischen Technik Entsprechungen haben, die sowenig wie alle diese neuen Erscheinungen selber einfach mit dem kapitalistischen System zu beerdigen sind." (360) Alte wie neue Techniken sind unter dem Gesichtspunkt ihrer Brauchbarkeit für die Erfüllung gegenwärtiger politisch-ästhetischer Funktionen zu untersuchen.

Die Arbeiten der Joyce und Döblin weisen, und das in großer Weise, den welthistorischen Widerspruch auf, in den die Produktionskräfte mit den Produktionsverhältnissen geraten sind. In diesen Arbeiten sind in gewissem Umfang auch Produktivkräfte repräsentiert. Gerade die sozialistischen Schriftsteller können in diesen Dokumenten der Ausweglosigkeit wertvolle hochentwickelte technische Elemente kennenlernen: Sie sehen den Ausweg. (361)

Realismus erscheint bei Brecht als ein komplexer historisch differenzierter Funktionszusammenhang von Kunst und gesellschaftlicher Wirklichkeit, an dem die wichtigsten Faktoren der ästhetischen Kommunikation beteiligt sind: der Autor und der Leser, ihre Klassenzugehörigkeit, ihre Stellung zur Kunst, ihre aktuellen Ziele; das ‚Material', der behandelte Stoff, die Gegenständlichkeit; die Schreibweise, verstanden als künstlerische Technik (372). Die literarhistorischen Exkurse in den Notizen über realistische Schreibweise verweisen implizit auf eine historisch-dialektische Theorie literarischer Entwicklung. Realistische Darstellung gerät im historischen Kontinuum immer wieder in Gegensatz zum tradierten literarischen Formrepertoire. Eine veränderte gesellschaftliche Wirklichkeit erzwingt die Modifikation alter bzw. die Entwicklung neuer künstlerischer Techniken, die eine kritische und wirksame Erkenntnis und Darstellung der neuen Realität ermöglichen. Der bürgerliche Realismus ist nur eine, wenngleich wichtige Phase in der Geschichte realistischer Schreibweisen. Die Kunst des wissenschaftlichen Zeitalters verlangt neue künstlerische Techniken, die die politisch eingreifende Vermittlung gesellschaftlicher Realität in ihrer historisch-kausalen Entwicklung sicherstellen. „Der schreibende Realist", schließt Brecht, „begreift und handhabt die Kunst als menschliche Praxis, mit spezifischen Eigenarten, eigener Geschichte, aber doch Praxis unter anderer und verknüpft mit anderer Praxis." (372 f.)

Arbeitsbereich VIII

Die großen Dramen des Exils. Parabelstück und episches Theater

0. Vorbemerkung: Die doppelte Begründung der Parabelform – Medium der Erkenntnis und ästhetische Möglichkeiten

Mit der *Mutter* und der *Heiligen Johanna der Schlachthöfe* hatte Brecht bereits den Formtypus des episch-dialektischen Theaters ausgebildet, bevor er die nichtaristotelische Dramatik systematisch begründete (vgl. AB VII). Über die Lehrstückdramaturgie hinausgehend, die vor allem in der *Mutter* schon im dialektischen Sinne aufgehoben ist, trat das ‚zeitgenössische Theater' mit seinem ‚Schrei nach einer neuen Gesellschaftsordnung' in das Stadium der Erprobung. Beide Stücke schildern Lern- und Erkenntnisprozesse ihrer Protagonistinnen im Kontext von (russischer) Revolution und (Welt-)Wirtschaftskrise und geben Einsichten, die in unterschiedlichem Ausmaß praktisch werden, als Handlungsanweisung an das Publikum weiter.

In der Folge sah sich Brecht vor der Notwendigkeit, noch näher an die zeitgenössische Aktualität heranzugehen. Der Gewalt- und Verblendungszusammenhang (Ideologie) des Faschismus forderte als ein unvernünftiges Krisenbewältigungsmodell die Aufklärung über gesellschaftliche Zusammenhänge und die Vermittlung praktischen Wissens zu ihrer ‚Handhabung' heraus, aber er unterbrach zugleich die Möglichkeiten einer praktischen Erprobung des epischen Theaters, indem er Brecht ins Exil zwang. An die Stelle der Theaterpraxis mußte deshalb die intensive theoretische Reflexion treten, in der Brecht die verhinderte Anwendung gewissermaßen konstruierte und postulierte (s. AB VII). Sie ist verbunden mit einer systematischen Weiterentwicklung der Form, die sich zu einem bestimmten Typus verdichtet.

Höchst aufschlußreich für die Entwicklung des epischen Theaters sind die Phasen der Konzeption von *Die Rundköpfe und die Spitzköpfe*: Sie zeigen, daß einerseits die gesellschaftliche Realität zu einer immer genaueren Erfassung drängte, andererseits aber im Sinne der ‚planetarischen' Dramaturgie die Einsichten ins Modell eingehen mußten. Am Beginn der antifaschistischen Dramatik steht deshalb die folgenreiche endgültige Ausbildung der dramatischen Parabel. Ihre Weiterentwicklung und teilweise Zurücknahme in den direkt zeitbezogenen Stücken ist zunächst zu verfolgen.

In dem Maße wie Brecht dann im Exil mit der „unnatürlichen nichtverwertung" seiner Stücke (AJ 592) konfrontiert war und „für die schublade" (AJ 45) arbeiten mußte, wurde auch die für das eingreifende Theater sachgemäße Aktualität zum Problem. Schon früh hatte der Stückeschreiber erkannt, daß die „Bauart langdauernder Werke" zwar notwendig ist, weil das als richtig Erkannte nicht immer sofort zur Praxis werden kann, daß sie aber „nicht immer zu begrüßen" ist, weil unzeitige Einsichten lähmen und weil die zum Handeln Aufgeforderten mit der Vertagung des Notwendigen „alt" werden (8, 387 ff.). Aus der zunehmenden Dauer des Exils ergab sich aber der Zwang, nicht für den Tag zu schreiben, verbunden mit der Hoffnung, daß die Erfahrungen in einer historisierenden Rezeption wenigstens rückwirkend verstanden werden können:

> werken eine lange dauer verleihen zu wollen, zunächst nur eine ‚natürliche' bestrebung, wird ernsthafter, wenn ein schreiber grund zu der pessimistischen annahme zu haben glaubt, seine ideen (dh die von ihm vertretenen ideen) könnten eine sehr lange zeit brauchen, um sich durchzusetzen. die maßnahmen, die man übrigens in dieser richtung hin trifft, müssen die aktuelle wirkung eines werks keineswegs beeinträchtigen. [...] die begriffliche autarkie der werke enthält ein moment der kritik: der schreiber analysiert die vergänglichkeit der begriffe und wahrnehmungen seiner eigenen zeit. (AJ 276)

Zu den wichtigsten Mitteln, das als richtig Erkannte für eine spätere Rezeption dauerhaft zu bewahren, gehört wiederum die dramatische Parabel, die seit den späten dreißiger Jahren endgültig zum bestimmenden Formtypus des epischen Theaters wird. Sie ist aus dem aktuellen Bedürfnis entstanden, Erkenntnisse durch modellhafte Veranschaulichung praktikabel zu machen, erweist sich aber zugleich als fähig, die Prinzipien des epischen Theaters in eine große und dauerhafte ästhetische Gestaltung zu überführen. Das ist am Beispiel der großen Stücke des Exils exemplarisch zu zeigen.

Die Darstellung verfährt nicht chronologisch, sondern verfolgt zunächst die Ausbildung des Parabeltypus in den antifaschistischen Stücken, beschreibt dann das wirkungsorientierte Experimentieren mit Formen, die die Tradition des aristotelischen Theaters aufnehmen, und kehrt zur konsequenten Ausbildung des Formtypus zurück, in dem der Zeitbezug mittelbar wird, der Wirkungsanspruch des epischen Theaters aber bestimmend bleibt.

1. Grundlageninformationen

1.1. Zu den Dramen insgesamt oder im Überblick

- Klotz (L⁺ 391).
- Schöne (L 431).
- Grimm (L⁺ 356).
- Hinck (L⁺ 376).
- Willett (L 466).
- Dort (L⁺ 344).
- Mittenzwei (L⁺ 413).
- Rischbieter (L⁺ 425).
- Rülicke-Weiler (L⁺ 428).
- Jendreiek (L⁺ 383).
- Mennemeier (L⁺ 409).
- Fradkin (L 352).
- Heeg (L 367).
- Wyss (L⁺ 470).
- Knopf (L⁺ 294).
- Völker (L⁺ 298).
- Hinderer (L⁺ 322).

1.2. Zur Parabel allgemein

118 Goldhahn, Johannes: Das Parabelstück Bertolt Brechts als Beitrag zum Kampf gegen den deutschen Faschismus, dargestellt an den Stücken *Die Rundköpfe und die Spitzköpfe* und *Der aufhaltsame Aufstieg des Arturo Ui.* Rudolstadt 1961. [G. versteht das Parabelstück als den Formtypus eines engagierten, zeitbezogenen, dialektisch-materialistischen Theaters, mit dem Brecht sich von dem Irrtum des Lehrstücks („totes Skelett einer abstrakten Wahrheit") befreite. Einer Analyse der Erkenntnisfunktion der Parabel und ihres verfremdenden Realismus folgen gründliche Interpretationen der beiden antifaschistischen Parabeln. Verdienstvoll angesichts der Formalismusdiskussion ist der Hinweis auf die Einheit von ideologischer Absicht und künstlerischer Gestaltung.]

119 Kaufmann, Hans: Bertolt Brecht. Geschichtsdrama und Parabelstück. Berlin 1962. [Ausgehend von einer marxistischen Analyse der *Tage der Commune* trifft K. eine wertende Unterscheidung zwischen Geschichtsdrama und Parabelstück. Er weist die Komödienstruktur der Parabel nach, in der die Masse weitgehend als Objekt der Geschichte gezeigt sei. Aufwertung der Geschichtsdramen als Rückkehr zur Tragödie und zu historischer Konkretheit. Kritik an Brechts Bearbeitungstechnik. In den *Tagen der Commune* Aufhebung der Verfremdungstechnik als Beginn einer unvollendeten neuen Form sozialistischer Dramatik.]

- Müller (L⁺ 419).

120 Müller, Klaus-Detlef: Das Ei des Kolumbus? Parabel und Modell als Dramenformen bei Brecht – Dürrenmatt – Frisch – Walser. In: W. Keller

(Hrsg.): Beiträge zur Poetik des Dramas. Darmstadt 1968, S. 432–461.
Auch in: Buck (L⁺ 317), S. 200–221. [Im Kontext eines Handbuchs zur
Dramenpoetik systematische Darstellung der Voraussetzungen, formalen
Verfahrensweisen und Darstellungsmöglichkeiten der Parabelform sowie ih-
rer Infragestellung durch die Nachkriegs-Dramatik.]

A. Zeitbezogene Genese

2. Der Weg zur Parabel: ‚Die Rundköpfe und die Spitzköpfe'

2.1. Grundlageninformationen

Materialien
— Bahr (L 240). [Rekonstruktion der Bühnenfassung für die Kopenhagener
  Uraufführung von 1936 mit ungedruckten Varianten, Notizen und Entwür-
  fen. Aufführungsverzeichnis und Literaturhinweise.]

Forschungsliteratur
— Kussmaul (L 208).
121 Lindner, Burkhardt: Avantgardistische Ideologiezertrümmerung. Theorie
  und Praxis des Brechtschen Theaters am Beispiel der Faschismusparabeln.
  In: Bogdal/Lindner/Plumpe (Hrsg.): Arbeitsfeld Materialistische Literaturtheorie. Wiesbaden 1975, S. 229–266. [L. stellt Brecht in den Zusammenhang der historischen Avantgardebewegung, betont aber sein Festhalten an
  der Institution Kunst. Abgrenzung gegen Lukács' überholten Totalitätsbe-
  griff und Hinweis auf Verfremdung, gestisches Spiel und Montage im Zusammenhang des Historisierungsverfahrens. Die Faschismusdeutung halte
  der historischen Forschung stand, jedoch benutze die Parabel Reduzierun-
  gen und wirke durch ihre artifizielle Struktur.]
122 Münch, Alois: Bertolt Brechts Faschismustheorie und ihre theatralische
  Konkretisierung in den *Rundköpfen und Spitzköpfen*. Frankfurt/Bern 1982.
  [Referierende und paraphrasierende Darstellung. Neue Einsichten nur zur
  Darstellung von kleinbürgerlichem Verhalten und Pächteraufstand.]
123 Gerz, Raimund: Bertolt Brecht und der Faschismus. In den Parabelstücken
  Die Rundköpfe und die Spitzköpfe, Der aufhaltsame Aufstieg des Arturo Ui
  und *Turandot oder der Kongreß der Weißwäscher*. Rekonstruktion einer
  Versuchsreihe. Bonn 1983. [Systematisierung der formalen Prinzipien der
  Parabel nach Althusser. Gründliche und ergebnisreiche Rekonstruktion der
  Textgeschichte der drei Parabelstücke und Interpretation als je anders ak-
  zentuierende Reduktionsmodelle im Rahmen einer Versuchsreihe.]

2.2. Bearbeitung, Schauspiel, Greuelmärchen: Von der Shakespeare-Be-arbeitung zur Faschismusdeutung

Die lange und komplizierte Entstehungsgeschichte des Stückes *Die
Rundköpfe und die Spitzköpfe,* die hier nur sehr knapp angedeutet wer-

den kann (vgl. Gerz, L⁺ 123), ist einerseits symptomatisch dafür, daß das
epische Theater auf eine immer genauere Erfassung seines Gegenstandes
drängen muß, um seinem praktischen Anspruch gerecht zu werden, zeigt
aber andererseits zugleich, daß dieser Anspruch in der Ausbildung einer
spezifischen Form eingelöst wird. Der zunehmenden Differenziertheit der
gesellschaftlichen Wahrnehmung korrespondiert ein Prozeß formaler
Abstraktion.

Die Geschichte des Stücks beginnt mit dem Auftrag, Shakespeares *Maß
für Maß* neu zu bearbeiten (1931). Brecht hatte in seiner soziologischen
Phase am Ende der zwanziger Jahre sein Verhältnis zu den ‚Klassikern‘
präzise definiert. Sein Interesse galt ausschließlich dem ‚Materialwert‘
ihrer Werke, der rücksichtslos den zeitgemäßen Bedürfnissen anzupassen
sei. Einen Bearbeitungsauftrag mußte er also als Aufforderung zur Aktualisierung verstehen. Und dabei ergab sich, daß *Maß für Maß* für den
Stückeschreiber tatsächlich einen hohen Materialwert besaß:

> *Maß für Maß* gilt für viele als das philosophischste aller Shakespearischen
> Werke, es ist zweifellos sein fortschrittlichstes. Es verlangt von den Hochgestell-
> ten, daß sie nicht nach anderem Maße messen, als sie selbst gemessen sein wollen.
> Und es zeigt, daß sie nicht von ihren Untertanen eine moralische Haltung verlan-
> gen dürfen, die sie selber nicht einnehmen. (Bahr, L⁺ 240, 200)

Shakespeare ist für Brecht „der große Dichter des Humanismus“: Zu
seiner Zeit war die Forderung gleicher moralischer Maßstäbe und gleichen Rechts für alle Menschen emanzipatorisch. Bei einer aktualisierenden Betrachtung zeigte sich aber, daß der am Ende des Feudalzeitalters
fortschrittliche Grundsatz der Rechtsgleichheit durch die Entwicklung
der bürgerlichen Gesellschaft eine andere Qualität erhalten hatte, denn
die formale Gleichheit vor dem Gesetz ignoriert die reale Ungleichheit
des Besitzes, so daß der scheinbar gleiche Maßstab in Wahrheit doch zu
zweierlei Maß führt. Es kam Brecht deshalb darauf an, in seiner Bearbeitung den Widerspruch von Rechtsgleichheit und Klassenunterschieden
sichtbar zu machen. Daher mußte er das Problem des Stückes von der
ideologischen auf die ökonomische Ebene verschieben. Von Anfang an
wird deshalb die bei Shakespeare vorgefundene Krise des Staates anders
motiviert: sie ist keine moralische, sondern eine wirtschaftliche, wobei
Brecht auf die aktuellen Erfahrungen der Weltwirtschaftskrise zurück-
greift. Die von Shakespeare übernommene Deutung des Zusammen-
bruchs als Ergebnis eines Verfalls der Moral und der Kampf gegen Ver-
schwendung und Unmoral mit seiner scheinbaren Strenge gegen die
Hochgestellten war für Brecht nur ein ideologisches Ablenkungsmanö-
ver. In der Tat wird dann auch die Strenge des Gesetzes im Komödienab-
lauf letztlich durch eine herrscherliche Willkürhandlung gebeugt, bevor
sie sich auswirken kann.

Die Aktualisierung bleibt zunächst in dem Maße vage und ungefähr, wie Brecht sich an den Verlauf der Shakespeare-Fabel hält und Aktualität nur als Moment der Bearbeitung versteht. Das Verhältnis von Ideologie und Ökonomie, das einer zeitgemäßen Adaptation des alten Stückes diente, erwies sich dann aber als eine höchst aktuelle gesellschaftliche Praxis, die den Erfolg der faschistischen Bewegung im Gefolge der wirtschaftlichen Krise bestimmte. Die Aktualisierung korrespondierte also direkt mit der gesellschaftlichen Aktualität, die nun aber die Möglichkeiten der vorgefundenen Fabel sprengte.

In einer neuen Arbeitsstufe, die zum ,Schauspiel' *Die Spitzköpfe und die Rundköpfe oder Reich und reich gesellt sich gern* führte, wird der Plan einer „Erneuerung von *Maß für Maß* fallen gelassen" (V 8, 250): die Konzeption orientiert sich jetzt, den Grundsätzen des epischen Theaters gemäß, an den Gegebenheiten der gesellschaftlichen Erfahrung. Shakespeares Moralist Angelo wird als Angelas zur Gestalt eines Demagogen mit Zügen Hitlers. Die ökonomische Krise, die als Überproduktionskrise den Staat in seinem Bestand bedroht („Der Überfluß erzeugte Not. [...] In seinem Grundgefüg wankte der Staat." V 8, 253), soll durch die Erhebung einer Salzsteuer bewältigt werden, aber dieser Plan ist nicht durchsetzbar, weil sich die Pächter im Zeichen der Sichel (einem der Staatssymbole des Sowjet-Staates) erhoben haben. Angelas wird als Krisenmanager bestellt, weil er den Zusammenbruch des Staates zu einem ,seelischen' mystifiziert und mit dieser Deutung beim ,Durchschnitt' (Mittelstand) Gehör findet. Er lenkt damit von den Besitzverhältnissen als dem wahren Grund des Übels ab. Das demagogische Medium der ideologischen Verschleierung ist die Rassentheorie, die Einteilung des Volkes in eine rundköpfige Urbevölkerung (Tschuchen) und spitzköpfige Zuwanderer (Tschichen), deren fremder Geist „an allem Unglück dieses Landes die Schuld trägt" (V 8, 256). Das Aberwitzige dieser Konstruktion bedarf auch für den Vizekönig der Erläuterung: „Er setzt an Stell des Kampfs von Arm und Reich / Den Kampf der Tschuchen gegen die Tschichen." (Ebd.) Bei der Durchsetzung von ,Gerechtigkeit' (das Shakespeare-Motiv) auch gegen die ,Übergriffe' reicher Tschichen entsteht der Schein sozialpolitischen Handelns, das den Klassenkampf paralysiert. Im Auftrag der großen Pachtherrn agiert Angelas als Stellvertreter des Vizekönigs, bis die Staatskrise überwunden und die Erhebung der Salzsteuer möglich ist. In den Notizen zum Stück glossiert Brecht die „Salzsteuergerechtigkeit" als eine „Schullehrergerechtigkeit'", d. h. als ideologische Anmaßung:

kann man auf einer bestimmten basis die forderung nach gerechtigkeit erfüllen wenn diese forderung das symptom dafür ist daß die basis nicht in ordnung ist? (Bahr, L$^+$ 240, 202)

Das Stück war als eine Warnung vor dem Hitlerfaschismus abgeschlossen, als die Nationalsozialisten die Macht ergriffen. Es wurde von der Wirklichkeit nicht nur eingeholt, sondern überholt, so daß Brecht sich zu einer erneuten Verschärfung genötigt sah: aus dem ‚Schauspiel‘ wird nun das ‚Greuelmärchen‘. Die Krisenstrategie der Pachtherrn zielt jetzt nicht mehr auf die Wiederherstellung der Stabilität, sondern auf den Eroberungskrieg zur Erschließung neuer Märkte, der aber die Beendigung des Bürgerkriegs (Sichelaufstand) zur Voraussetzung hat. Aus dem idealistischen Scharlatan Angelas, dem es mit seiner Rassentheorie ernst ist, wird nun der skrupellose Demagoge Iberin, der sich als Werkzeug der Machterhaltung gebrauchen läßt.

Die eigentliche Akzentsetzung erfolgt aber durch die Verstärkung des belehrenden Gestus, des direkten Appells an das Publikum in einem neu hinzukommenden Vorspiel. Das Stück wird jetzt ausdrücklich als Parabel eingeführt. Sein Verfasser, der Stückeschreiber (Brechts Selbstverständnis in der dritten Person), ist ein unfreiwillig „weitgereister Mann“ (Exilierter), der mit seinem Stück die Rassenideologie widerlegen und die durch sie verdeckte Realität des Klassenkampfes sichtbar machen will:

> Ich seh einen Unterschied.
> Aber der Unterschied, den ich seh
> Der ist größer als der zwischen den Schädeln nur
> Und der hinterläßt eine viel tiefere Spur
> Und der entscheidet über Wohl und Weh.
> Und ich will ihn euch auch nennen gleich:
> Es ist der Unterschied zwischen arm und reich.
> Und ich denke, wir werden so verbleiben
> Ich werde euch ein Gleichnis schreiben
> In dem beweis ich es jedermann
> Es kommt nur auf diesen Unterschied an. (3, 910)

In der Parabelkonstruktion, in der „die Welt gezeigt“ wird (3, 913), ist also das täuschende Moment der Rassenideologie vorab in die gesellschaftlich-ökonomische Wirklichkeit aufgehoben. Mit der Überführung der aktualisierenden Bearbeitung in die wirklichkeitserhellende Parabel erfüllt sich der Anspruch des epischen Theaters, durch Erkenntnis wirklichkeitsveränderndes Handeln zu ermöglichen, hier also in den „furchtbaren Streitigkeiten“ (3, 909) den richtigen Standpunkt zu beziehen. In dem Maße, wie das bestimmend wird, rückt das Stück an die Wirklichkeit heran und gibt es zugleich die Vorlage preis.

2.3. Die Stellvertreter-Gerechtigkeit: Ideologie und Ökonomie

Iberins Politik schafft die erwünschte Verwirrung. Daß er den reichen Pachtherrn de Guzman verhaften und anklagen läßt (allerdings wegen des für niemanden nachvollziehbaren Vorwurfs der Rassenschande), wird von den Kleinbürgern als Zeichen für die Ernsthaftigkeit seines Programms (Gerechtigkeit) verstanden und veranlaßt sie, ihre einander ausschließenden wirtschaftlichen Erwartungen auf ihn zu richten. Das gibt seiner Bewegung Rückhalt. Wichtiger aber ist, daß Iberin die Aufstandsbewegung der Sichel paralysiert.

Das wird in der Callas-Handlung vorgeführt. Iberin benutzt die Prostituierte Nanna Callas, um seine neue Gerechtigkeit zu demonstrieren. Die Anklage gegen de Guzman besteht zu Recht, weil der Pachtherr die Pächterstochter in der Tat in die Selbstentfremdung (3, 957) der Prostitution gezwungen hat, aber es handelt sich um einen ökonomischen, nicht um einen rassischen Mißbrauch. Für Callas ist der konstruierte ideologische Sachverhalt nicht nachvollziehbar, um so weniger, als die zur Märtyrerin stilisierte Dirne durch das Urteil ihre erwünschte Verdienstmöglichkeit verliert und zum zusätzlichen Kostgänger der Armen wird. Der Pächter Callas unterstellt, indem er das Urteil als vernünftig deutet, eine Verurteilung wegen Pachtwuchers und greift zur Selbsthilfe, indem er sich die Kutschpferde seines Herrn als Produktionsmittel aneignet. Das entfernt ihn zugleich von der Sichel, die sich spaltet, weil ein Teil der aufständischen Bauern, wie Callas, in Iberin den Sachwalter ihrer Interessen sieht. Brecht setzte grundsätzlich voraus, daß „der Aufstand für die Massen eher das Unnatürliche als das Natürliche [ist]. [...] So schlimm die Lage auch sein mag, aus der nur der Aufstand sie befreien kann, ist der Gedanke an ihn ebenso anstrengend wie für die Wissenschaftler eine neue Anschauung über das Universum" (16, 870, vgl. 20, 119 f.). Wenn Callas' Selbstjustiz für die Pachtherrn auch zunächst nicht ungefährlich ist, erfüllt die Rassenideologie doch noch in den Mißverständnissen, die sie provoziert, die ihr zugedachte Funktion einer Ablenkung: sie bricht den Aufstand.

Ihre Wirksamkeit wird in den beiden Gerichtsszenen verdeutlicht, die im Zentrum der Handlung stehen, wie denn Gerichtsszenen (Urteilsfindungen) für das epische Theater von grundlegender Bedeutung sind. Sie sind hier von der Rassenideologie als Vordergrundshandlung bestimmt, während sich im Hintergrund der Kampf gegen die aufständischen Pächter abspielt, über den in Projektionen und Zeitungsmeldungen ständig berichtet wird und von dem auch Iberins Rechtsfindung abhängt. Solange die Sichel auf dem Vormarsch ist, kann sich der Rassendemagoge austoben und sein klassenspalterisches Handwerk betreiben. Die erfolgreiche Gegenoffensive reduziert dann kontinuierlich seinen Handlungsspielraum, insofern seine Aktionen sich auch gegen die Reichen richten. Die Stellvertreter-Metapher bestimmt also auch die Bühnenvorgänge: Das eigentliche Geschehen spielt sich im Hintergrund ab (Bürgerkrieg), der Kampf gegen die Spitzköpfe dient stellvertretend zur Ablenkung.

Das gilt auch für die Rechtsfindung selbst. Im ersten Verfahren gegen de Guzman erhebt das Volk Anklage wegen Pachtwuchers. Nach altem Brauch setzt aber der Richter die Armen auf die Anklagebank, den Reichen auf den Stuhl des Klägers und verurteilt Nanna, weil sie de Guzman belästigt habe. Der Prozeßgegenstand ist richtig, Anklage und Urteil entsprechen aber der Praxis der Klassenjustiz. Das Eingreifen Iberins verändert den Prozeßgegenstand (Rassenschande), führt aber zur Anklage gegen de Guzman und zu dessen Verurteilung. Jetzt sind Anklage und Urteil richtig, aber gegenstandslos, denn Callas und Nanna fühlen sich nicht geschändet, sondern ausgebeutet. Aus der Sinnlosigkeit des ideologischen Scheins entsteht jedoch der Schein des Rechts, weil der Reiche verurteilt wird. Das Urteil hat Folgen, insofern Callas mit der Aneignung der Kutschpferde zu einer privaten Umverteilung des Besitzes schreitet, auf eigene Faust für sich die Ziele der Sichel verwirklicht und dadurch die Aufstandsbewegung schwächt. Er wird zum Kleinbürger, der sich weigert, „alles und jedes nur vom niedrigsten wirtschaftlichen Standpunkt aus [zu] behandeln“ (3, 976). Damit provoziert er die zweite Gerichtsverhandlung, die – im Zeichen der Niederlage der Sichel – zur Wiederherstellung der Eigentumsverhältnisse geführt wird. Iberin stellt klar: „Nicht gegen Eigentum erging mein Urteil / Nur gegen seinen Mißbrauch.“ (3, 992) Callas erkennt daraufhin, daß der Grundsatz der Rechtsgleichheit („Recht ist Recht.“) „Pachtherrenrecht“ bedeutet (3, 994), aber die Einsicht bleibt folgenlos, weil „der Pächteraufstand / Mit Gottes Hilfe blutig niedergeschlagen [ist]“ (3, 995). Iberin spricht ihm zwar ‚nur‘ die Pferde ab, aber das ist durchaus kein mildes Urteil:

> Callas: Hast du gehört, der Hund hat mich zum Tod verurteilt.
> Nanna: Das habe ich nicht gehört. Die Gäule hat er dir abgesprochen.
> Callas: Das ist das gleiche. (3, 996)

Iberins Rechtsprechung führt also zu zwei Todesurteilen: gegen de Guzman aus rassischen, gegen Callas aus ökonomischen Gründen. Die Wiederherstellung der Ordnung entzieht dann zwar der Rassenideologie und dem Stellvertreter Iberin den Boden, aber seine beiden Urteile bleiben zunächst in Kraft. Im Rückgriff auf die Shakespeare-Fabel gewinnt Brecht damit zwei äußerst sinnfällige Handlungsmomente für die Parabel, die das Stellvertreter-Motiv verdichten:

– Um ihren Bruder de Guzman vor der Hinrichtung zu bewahren, soll die keusche Isabella sich dem ‚tierischen‘ Gefängniskommandanten hingeben. Sie kauft sich Nanna als Stellvertreterin, die sich für ihren ‚Schänder‘ erneut erniedrigt:

> Arm geht für reich und für die Nonn die Hur. (3, 1019)

— Gleichzeitig wird Callas mit der Aussicht auf Pachterlaß gezwungen, an de Guzmans Stelle zum Galgen zu gehen, weil der das Risiko einer nicht rechtzeitigen Begnadigung nicht eingehen will:

Arm stirbt für reich und für den Herrn der Knecht. (3, 1027)

Das ist zugleich die explizite Widerlegung des Stellvertreters Iberin: die armen Tschuchen erleiden, was den reichen Tschichen zugedacht war. Iberin hat ausgedient und wird abgedankt, die Sichelleute werden exekutiert, der Vizekönig kann ungehindert an die Vorbereitung des Krieges gehen, in dem Callas als Soldat gebraucht wird. Das Stück endet freilich mit dem Hinweis, daß die Sichel zwar im Augenblick besiegt, nicht aber erledigt ist.

2.4. Begrenzte geschichtliche Einsicht und Konsequenzen für die Parabel

Die Entstehung des Stückes zeigt, daß Brecht den Weg von der Bearbeitung zur Parabel ging, um den gesellschaftlichen Realitäten gerecht zu werden und den gesellschaftsverändernden Ansprüchen des epischen Theaters zu genügen. Im Nachhinein zeigen sich jedoch Fehler und Mängel, die vielfach kritisiert wurden und die sich für die Rezeption des technisch brillanten Stückes als fatal erwiesen: Es gab im Gefolge der Weltwirtschaftskrise keine revolutionäre Bewegung; Hitler war mehr als eine Marionette des Kapitals; die faschistische Bewegung hatte eine Eigendynamik, die das Stück nicht annähernd erkennbar macht; und der Antisemitismus ist, als Stellvertreterideologie verstanden, vollends verharmlost. Das sind folgenschwere, aber erklärliche Fehleinschätzungen, denn Brecht hat sich hier der zeitgenössischen kommunistischen Faschismusdeutung angeschlossen, wie sie in der Komintern-Theorie verbreitet wurde. Das ist zunächst einmal konsequent, weil das Theater des wissenschaftlichen Zeitalters sich nicht als autonom versteht, sondern sich auf Ergebnisse der Gesellschaftswissenschaften beziehen und auf sie auch verlassen muß, erst auf der Grundlage der Wissenschaften seinen ästhetischen Spielraum gewinnt. Der Vorwurf gegen Brecht wäre dann zunächst dahingehend zu präzisieren, daß er nicht den Faschismus falsch eingeschätzt, sondern sich auf die falsche Theorie verlassen hat. Bei einem operationalen Kunstbegriff, wie Brecht ihn voraussetzt, bedeutet das freilich nicht nur eine historische Relativierung des Werkes in dem Sinne, daß die falschen Annahmen als Bedingungen der Struktur zu verstehen sind, sondern der ästhetische Anspruch bleibt selbst auf der Strecke, weil er mit dem politischen, hier der Aufklärung über die historische Bedeutung des Faschismus, vermittelt ist. Das gilt um so mehr, als Brecht seine Deutung des Rassismus noch 1955 verteidigte: „Der Ausgang des Krieges und die darauffolgende Periode habe bewiesen, daß das ‚arische‘ Finanzkapital in Deutschland, das Hitler getragen habe, während und nach dem Kriege mit dem ‚jüdisch versippten‘ der USA auf Kosten der Ausgebeuteten in beiden Ländern gemeinsame Sache gemacht habe.“ (Schumacher, L⁺ 437, 336) Der Fehler liegt aber nicht, wie Schumacher meint, in der mangelnden historischen Konkretheit der Parabel, sondern in einer vorgängigen politischen Fehleinschätzung. Sie schließt nicht aus, daß das epische Theater in einer systematischen Annäherung an die aktuellen Probleme der Zeitgeschichte gerade in *Die Rundköpfe und die Spitzköpfe* die ihm gemäße Form einer sozialen Dramaturgie findet.

3. Parabel als Medium historischer Aufklärung: ‚Der aufhaltsame Aufstieg des Arturo Ui‘

3.1. Grundlageninformationen

Materialien
– Gerz (L 251). [Enthält Druckfassung mit den eingeklebten Fotos des Manuskripts sowie Texte und Materialien aus dem Archiv. Ferner Texte Brechts zum Faschismus, zeitgenössische Materialien und Dokumente zur Rezeption.]

Forschungsliteratur
– Adorno (L 323). [Der *Ui* ist für A. das wichtigste Paradigma einer Kritik an falschen Simplifizierungen des Politischen, die sich aus einem kurzschlüssigen Engagement ergibt.]
– Seliger (L⁺ 442).
– Giese (L⁺ 354).
– Lindner (L⁺ 121).
124 Schneider, Peter: Literatur als Widerstand. Am Beispiel von Bert Brechts *Arturo Ui*. In: PS, Atempause. Versuch, meine Gedanken über Literatur und Kunst zu ordnen. Reinbek 1977.
125 Lindner, Burkhardt: Bertolt Brecht: *Der aufhaltsame Aufstieg des Arturo Ui*. München 1982. [Einführung in den Kontext der Exilsituation, Stückanalyse im Zusammenhang mit der Zeitgeschichte, Bestimmung von Funktion und Struktur der Parabelform, Inszenierungsvorschläge.]
– Gerz (L⁺ 123).
– von Bormann in: Hinderer (L⁺ 322).

3.2. Verfremdung als Anleitung zu historischer Urteilsbildung

1941 kommt Brecht im *Aufhaltsamen Aufstieg des Arturo Ui* auf die Parabelform als Medium für die Deutung des Faschismus zurück. Benjamin berichtet schon 1934 von einer geplanten Prosa-Satire auf Hitler „im Stile der Historiographen der Renaissance“ (L⁺ 324, 125) und zugleich von Brechts Skrupeln gegenüber dem artistischen Moment ironischer und satirischer Darstellung:

> Diese heroischen Bemühungen Brechts, die Kunst dem Verstande gegenüber zu legitimieren, haben ihn immer wieder auf die Parabel verwiesen, in der sich die artistische Meisterschaft dadurch bewährt, daß die Elemente der Kunst am Ende sich in ihr wegheben. (Ebd. S. 126)

Die 1938 entstandene fragmentarische *Geschichte des Giacomo Ui* folgt dem frühen Plan. Die satirische Pointe liegt darin, daß hier ein Historiker von dem rasch verschollenen Ruhm eines Mannes berichtet, der vom Polizeispitzel zum Herrscher Paduas aufstieg, an den das Volk sich aber schon kurz nach dem Ende seiner Herrschaft nicht erinnern will, weil es die ‚große Zeit' als eine „Zeit besonderer Mühseligkeiten" erlitten hat. Die Erzählung thematisiert also auf dem Höhepunkt der Hitlerdiktatur (1000jähriges Reich!) schon deren unrühmliches Ende, orientiert sich dabei aber vor allem auf das Geschichtsbewußtsein des Volkes. Das ist auch der leitende Gesichtspunkt für die dramatische Parabel, die nicht als Schlüsselstück zu verstehen ist, sondern als Anleitung zu einem historischen Urteil, das in der Aufhebung einer Verblendung veränderte Verhaltensweisen provozieren will.

Gegenüber der Prosasatire bedeutet das Parabelstück eine erhebliche Verschärfung: seit dem Beginn des Krieges ist der Hitlerfaschismus in eine neue Dimension gewachsen. Diese Dimension deutet Brecht als eine kriminelle. Er nimmt damit die These des *Dreigroschenromans* (vgl. AB VI) wieder auf, wonach die (kapitalistischen) Geschäfte eine legalisierte Form der Kriminalität sind. Den unmittelbaren Anstoß gibt aber die bevorstehende Flucht nach Amerika:

> an das amerikanische theater denkend, kam mir jene idee wieder in den kopf, die ich einmal in new york hatte, nämlich ein gangsterstück zu schreiben, das gewisse vorgänge, die wir alle kennen, in die erinnerung ruft. [...] natürlich muß es in großem stil geschrieben werden. (AJ 249)

Die Verfremdung in das Gangstermilieu impliziert den Verzicht auf die Rassenideologie, die in der *Geschichte des Giacomo Ui* als „einzige Lehre des Ui" (11, 260) noch eine ähnlich zentrale Bedeutung hat wie in *Die Rundköpfe und die Spitzköpfe*. Statt dessen stellt die Parabel Analogien zwischen der Geschichte des Dritten Reiches und der der großen amerikanischen Gangstersyndikate her und benutzt insbesondere umfangreiches Material über Al Capone für Details der Handlung. Eine in verschiedenen Varianten vorliegende Zeittafel (4, 1836 f.) schlüsselt die ohnehin sehr deutlichen Entsprechungen der Handlung zur Geschichte des Faschismus von der Weltwirtschaftskrise bis zum Anschluß Österreichs Szene für Szene auf, aber zugleich ist Brecht in erstaunlich vielen Einzelheiten der Geschichte Al Capones und der amerikanischen Verbre-

chersyndikate gefolgt (vgl. Seliger, L⁺ 442). Beide Ebenen ließen sich fast
bruchlos integrieren, was freilich einer Entschlüsselung – abgesehen vom
Grundsatz der Verfahrensweise – keinen spezifischen Erkenntniswert beläßt. Brecht wollte kein Anspielungsstück schreiben:

> im UI kam es darauf an, einerseits immerfort die historischen vorgänge durch-
> scheinen zu lassen, andrerseits die ,verhüllung' (die eine enthüllung ist) mit eigen-
> leben auszustatten, dh, sie muß – theoretisch genommen – auch ohne ihre anzüg-
> lichkeit wirken. unter anderem wäre eine zu enge verknüpfung der beiden hand-
> lungen (*gangster*- und *nazihandlung*), also eine form, bei der die gangsterhand-
> lung nur eine symbolisierung der andern handlung wäre, schon dadurch unerträg-
> lich, weil man dann unaufhörlich nach der ,bedeutung' dieses oder jenes zuges
> suchen würde, bei jeder figur nach dem urbild forschen würde. das war besonders
> schwer. (AJ 251)

Es kam Brecht auf etwas anderes an. Mit den Mitteln der Satire, die
sich „gerade für ernste Dinge interessiert", wollte er „die großen politischen Verbrecher [...] der Lächerlichkeit preisgeben" (17, 1176f.). Das
zielt auf ein unaufgeklärtes Geschichtsbewußtsein, wie es schon in der
Prosasatire angesprochen war:

> Die Geschichtsauffassung der Kleinbürger (und der Proleten, solang sie keine
> andere haben) ist größtenteils romantisch. [...] Die Blutflecken stehen diesen
> Eroberern gut zu Gesicht, wie Schönheitsflecken. [...] Dieser Respekt vor den
> Tötern muß zerstört werden. [...] Der Lump im kleinen darf nicht, wenn ihm die
> Herrschenden gestatten, ein Lump im großen zu werden, eine Sonderstellung
> nicht nur in der Lumperei, sondern auch in unserer Geschichtsbetrachtung be-
> kommen. (17, 1178)

3.3. Der ,große Stil'

Der bewußtseinsverändernde Anspruch bestimmt die parabelhafte Gestaltung; die ,bekannten Vorgänge' erscheinen in einem neuen Licht. Der
Eintritt Uis in die Politik erfolgt nach einer Formel, die Brecht in späteren
Jahren für den Faschismus mit Vorliebe gebrauchte: als politisches Zuhältertum (vgl. *Die Horst-Wessel-Legende*, 20, 209ff.). Er wird nicht
gerufen, sondern er drängt sich auf, er bietet seine Dienste an, um –
einmal im Geschäft – seinen Anteil permanent einzufordern. Er versucht,
sich unentbehrlich zu machen, wo er im Grunde schon überlebt ist, ein
„schnell sinkender Stern von zweiter Größe" (4, 1743). Dabei lebt er
zunächst von der Rolle des Beschützers vor sich selbst, zeigt den Knüp-
pel, um sich dafür zahlen zu lassen, daß er ihn nicht gebraucht. Daher ist
er in besonderer Weise auf Selbstdarstellung und Selbstinszenierung angewiesen. Das wird in der 6. Szene, der Schlüsselszene des Stücks, vorgeführt, wobei Brecht sich darauf beruft, daß Hitler „dem Verlauten nach
Unterricht in Deklamation und edlem Auftreten von dem Provinzschau-

spieler Basil [erhält]" (4, 1836). Ui hält sich an einen versoffenen Shakes-pearedarsteller, einen „Klassikanischen", der zwar für das Theater schon ‚passé' ist, aber den „großen Stil" beherrscht (4, 1768). Als seine Kumpa-ne ihm versichern, daß die Theatralik des Gehens, Stehens und Sitzens ‚unnatürlich' ist, weist Ui sie zurecht: „Was heißt unnatürlich? Kein Mensch ist heut natürlich. Wenn ich gehe, wünsche ich, daß es bemerkt wird, daß ich gehe." (4, 1769). Er hat, wie der Schauspieler bemerkt, eine ‚Naturanlage' zum Schmierenkomödianten, und so übernimmt er bereit-willig eine Haltung, die in einer obszönen Geste sein Zuhältertum denun-ziert: er „legt die Hände beim Gehen vor dem Geschlechtsteil zusam-men" (4, 1769). Die ‚Theatralik des Faschismus', in der Brecht ein erfolg-reiches Moment der Massensuggestion sah (vgl. 16, 558 ff.), wird hier als heruntergekommenes aristotelisches Theater eingeführt. Die Selbstinsze-nierung wendet sich an die ‚kleinen Leute':

> Nur kommt's nicht darauf an, was der Professor denkt
> Der oder jener Überschlaue, sondern
> Wie sich der kleine Mann halt seinen Herrn
> Vorstellt. Basta. (4, 1770)

Zum ‚großen Stil' gehört auch das Deklamieren: Ui lernt es am Beispiel der Antoniusrede aus Shakespeares *Julius Caesar,* dem Muster einer demagogischen Volksrede, die er sich aneignet, ohne den eigenen ‚Ton' aufzugeben. Dementsprechend ist auch die in der folgenden Szene sich anschließende Rede vor den Karfiolherren gleichsam eine bruchlose Fort-setzung der Antoniusrede, ein Muster angewandter Demagogie. Und be-zeichnenderweise bleiben auch die einfachen Leute im Blick, die, „ver-hetzt von schlechten Elementen" (4, 1776) zu einer Gefahr zu werden drohen. Sie sind zwar nicht als Bühnenfiguren, wohl aber als politischer Faktor und als verführter Adressat der Selbstinszenierung stets präsent. Bezogen auf sie wird der Gangster zum Politiker:

> Der Arbeitsmann ist aus der heutigen Welt
> Ob man ihn billigt oder nicht, nicht mehr
> Hinwegzudenken. Schon als Kunde nicht.
> [...] Der einzelne Arbeitsmann
> Hat meine volle Sympathie. Nur wenn er
> Sich dann zusammenrottet und sich anmaßt
> Da dreinzureden, wo er nichts versteht
> Nämlich, wie man Profit herausschlägt und so weiter
> Sag ich: Halt, Bruder, so ist's nicht gemeint.
> Du bist ein Arbeitsmann, das heißt, du arbeitst.
> Wenn du mir streikst und nicht mehr arbeitst, dann
> Bist du kein Arbeitsmann mehr, sondern ein
> Gefährliches Subjekt, und ich greif zu. (4, 1776 f.)

Implizit ist die Schauspieler-Szene durch die Begründung des ‚großen Stils‘ so etwas wie das poetologische Programm des Stücks. Denn hier wird immanent die Darstellung der Geschäfts- und Gangsterpraktiken in der Form der Historiendramatik begründet. Das Stück ist von Anfang an in diesem Stil (Blankvers) geschrieben, der durch die Vorführung seiner Genese nun denunziert wird. Charakteristischerweise ist die Szene die einzige, die zunächst in Prosa beginnt und erst in der ausdrücklichen Orientierung auf die kleinen Leute durch Imitation den Vers gewinnt, ihn also aus seiner Funktion hervorgehen läßt. Brecht hat von einer „doppelverfremdung“ gesprochen: „gangstermilieu und großer stil“ (AJ 250), wobei nicht nur der Stil der Historiendramatik nachgeahmt, sondern auch klassische Szenen parodiert werden: die „szene in martha schwertleins garten“, die „werbungsszene aus dem dritten richard“, die Geistererscheinungen aus *Macbeth,* die Antoniusrede. Die Verssprache versetzt den Anspruch auf historische Größe in das dem Publikum ‚vertraute Milieu‘ des Historiendramas und macht damit „das Heldentum der Figuren meßbar“ (17, 1176). Die Doppelverfremdung gilt dem Anspruch der Figuren auf historische Größe und zugleich dem kleinbürgerlichen Respekt vor den großen Tötern.

Dramaturgisch ist es zudem höchst bedeutsam, daß die entscheidenden Vorgänge zwischen den Szenen liegen, das Publikum also nur widerspruchsvolle Ergebnisse sieht, deren Begründung es rekonstruieren muß. Es kommt Brecht nicht auf die Praktiken der Gangster an, sondern auf ihre Selbstdarstellung.

Die Parabel ist ausgesprochen schwierig, weil sie nicht so sehr auf die Vorgänge selbst zielt, sondern auf ihre bewußtseinsmäßige Wahrnehmung, auf ein falsches Geschichtsbewußtsein.

B. Zeitbedingte Rücknahme

4. Realistische Dramaturgie und Parabelfunktion: ‚Die Gesichte der Simone Machard‘ und ‚Schweyk im zweiten Weltkrieg‘

4.0. Vorbemerkung

In den *Gesichten der Simone Machard* und in *Schweyk im zweiten Weltkrieg* benutzt Brecht für die Faschismuskritik eine weitgehend realistische Dramaturgie, die aber durch die direkte oder mittelbare Verwendung literarischer Figuren (Schwejk, Jeanne d'Arc) in einer Weise verfremdet wird, die der Parabelfunktion entspricht.

4.1. Grundlageninformationen

Materialien

- Knust (L 252). [Enthält Wiedergabe des Originalmanuskripts von *Schweyk im zweiten Weltkrieg* mit sorgfältigem kritischem Apparat, ferner als Erstdruck die unter Brechts Mitarbeit entstandene *Schwejk*-Fassung für das Piscator-Theater (1928) und einen Bericht über deren Vorlage (Brod/Reimann). Ausführliche Materialien zu beiden Texten und zu Piscators und Brechts Plänen zu einem *Schwejk*-Film. Aufführungsverzeichnis und Bibliographie.]

Forschungsliteratur

- Mayer (L 406). [Untersucht den aus der Hašek-Übersetzung (Grete Reiner) gewonnenen Tonfall von Brechts Texten in der ‚Sklavensprache‘ und die in ihnen verhandelte Dialektik von Heldentum und Einverständnis. Sieht Schweyk als an seinem Einverständnis mit der Gewalt gescheitert.]
126 Petr, Pavel: Hašeks *Schweyk* in Deutschland. Berlin 1963. [Sorgfältige und gründliche Untersuchung der deutschen *Schwejk*-Rezeption, insbesondere bei Piscator und Brecht.]
127 Knust, Herbert: Brecht's braver *Schweyk*. In: Publications of the Modern Language Association of America 88/1973, S. 219–232.
128 Müller, Klaus-Detlef: ‚Das Große bleibt groß nicht . . .‘ Die Korrektur der politischen Theorie durch die literarische Tradition in Bertolt Brechts *Schweyk im zweiten Weltkrieg*. In: Wirkendes Wort 23/1973, S. 26–44. [Weist nach, daß Brecht im Vertrauen auf die ‚Überlebenskraft‘ des Volkes im Widerspruch zu seinen politischen Schriften und Äußerungen eine nichtrevolutionäre Überwindung des Faschismus voraussieht und aus der Tradition der volkstümlichen Figur begründet.]
129 Albers, Jürgen: *Die Gesichte der Simone Machard*. Eine zarte Träumerei nach Motiven von Marx, Lenin, Schiller. In: Brecht-Jahrbuch 1978, S. 66–86. [Grundlegende Interpretation des von der Forschung zu Unrecht vernachlässigten Stücks. Wichtige Einsichten zur verfremdenden Funktion der Träume und zur Geschichtsbehandlung.]

4.2. Die Ahnungen eines naiven Bewußtseins

Die Gesichte der Simone Machard entstand in Zusammenarbeit mit Lion Feuchtwanger, der auf einen naturalistischen und psychologisierenden Stil drängte und Brecht dadurch zu einer genauen pragmatischen Motivierung der V-Effekte anhielt. Das Stück behandelt eine Thematik, auf die Brecht in den *Tagen der Commune* noch einmal grundsätzlich zurückkam: im Krieg behaupten sich die gemeinsamen Interessen der Besitzenden auf beiden Seiten zu Lasten der Besitzlosen, die scheinbare nationale Einigkeit kann den Antagonismus der Klassen nur kurzzeitig verdecken. Vor der Niederlage beschwört die französische Bourgeoisie den Patriotismus, um sich anschließend mit den Eroberern gegen die kämpfenden *(Tage der Commune)*, ihre eigenen Interessen zumindest ahnenden Volksmassen *(Gesichte der Simone Machard)* zu verbünden. Der Untertitel des ‚Greuelmärchens' *Die Rundköpfe und die Spitzköpfe* gilt für Bürgerkrieg und Eroberungskrieg in gleicher Weise: ‚reich und reich gesellt sich gern'. In *Die Gesichte der Simone Machard* wird die Johanna-Legende (das ‚Buch') von den Besitzenden planvoll als nützliche Ideologie eingeführt. Sie wird freilich nur noch im Zeichen von Einfalt angenommen: Die Simone-Gestalt war zunächst als eine schwerfällige, geistig zurückgebliebene, gehemmte Person konzipiert (AJ 553), bevor sie als ein naives, vorzeitig zu schwerer Arbeit gezwungenes Kind Gestalt gewann. Das unverbildete Bewußtsein gewinnt im Nachvollzug der Legende Einsichten, die den unzeitgemäßen Patriotismus aufheben. Dabei verfremden die Traumszenen das naturalistisch dargestellte Geschehen der ‚Realszenen' in zweifacher Weise: Die Träume sind einerseits „stimmen des volkes" (AJ 131), die subversive Handlungen gegen den äußeren Feind im Sinne der verbrannten Erde vorstellen (5, 1880), dadurch aber die Gewalt des in seinem Besitz bedrohten inneren Feinds provozieren; andererseits nehmen in den Träumen „die gestalten der patriotischen legende" für Simone/Johanna „die züge ihrer obern an, und sie erfährt, wie, warum und wielang die obern ihren krieg führen" (AJ 537). Die Konstellation beinhaltet also einen doppelten Aufklärungs- und Erkenntnisprozeß, dessen Opfer Simone und die in ihrer Haltung unentschlossenen Figuren des Volkes werden, der aber für das Publikum die bewußtseinsbildende Funktion des epischen Theaters realisiert.

4.3. Leidensfähigkeit und Überlebenskraft des Volkes

Schweyk im zweiten Weltkrieg verwendet die ebenfalls literarische Figur des braven Soldaten Schwejk im realistisch gezeichneten Kontext einer Widerstandshandlung (‚Rettung des Fressers Baloun'). In seiner ‚umwerfenden Weisheit' steht Schweyk für die Überlebenskraft des Volkes: „seine unzerstörbarkeit macht ihn zum unerschöpflichen objekt des mißbrauchs und zugleich zum nährboden der befreiung" (AJ 569).

Das Stück stellt die aus Brechts Lyrik geläufige Frage nach den ‚Spesen' für die Welteroberungspläne. Es verwendet zwei Handlungsebenen. Dominant ist die dem Interessenstandpunkt des Volkes entsprechende Szenerie des ‚Kelches': „der kleine Mann scheißt sich was auf eine große Zeit, er will ein bissel ins Wirtshaus gehn und Gulasch auf die Nacht." (5, 1927) Die Beschaffung einer Mahlzeit für den in seiner nationalen und damit sozialen Identität gefährdeten Fresser Baloun bestimmt denn auch die Vorgänge – im Widerspruch zu Hitlers Kriegszielen („was Unbegreifliches, was sich ein Schenie so ausdenkt, wenns nix zu tun hat." Ebd.). Die ‚Großen' des Dritten Reiches erscheinen auf einer zweiten

Ebene in den ‚höheren Regionen' überlebensgroß oder -klein, wobei ihre panoptikumhafte Darstellung und der hohe Stil sie ironisch in die romantische Geschichtsauffassung der Kleinbürger zurückbinden: insofern ist der Standpunkt des Volkes im Stück durchgängig gewahrt. Für Hitler stellt sich die zur Durchführung seiner Pläne entscheidende Frage, wie der kleine Mann zu ihm steht. Sie wird doppelt beantwortet: zuerst affirmativ von den marionettenhaften Satrapen, schließlich negativ in den realistischen (realitätsgerechten) Volksszenen. Dabei kommt es zu einer Annäherung der Sphären, denn Hitler kann sich auf die Versicherungen seines Gefolges immer weniger verlassen und muß endlich selbst nach dem kleinen Mann fahnden, während andererseits Schweyks Überlebenskunst ihn nicht davor bewahrt, den ‚Kelch' verlassen und in den Krieg ziehen zu müssen. Im Nachspiel treffen somit der Führer und der brave Soldat im Schneesturm bei Stalingrad in einer ‚historischen Begegnung' zusammen, wobei die gemeinsame Ebene für Hitler den unaufhaltsamen Abstieg aus den höheren Regionen bezeichnet, Schweyk aber in die überlegene Lage versetzt, entscheiden zu können, ob er auf ihn schießen oder (weiter) scheißen soll (5, 1993). Die parabelhafte Zuspitzung dieser Schlüsselszene setzt voraus, daß Hitler am Wendepunkt seiner Macht (Stalingrad) dem kleinen Mann in einer repräsentativen Gestalt begegnet, und dafür bot sich die volkstümlich gewordene Figur des Schwejk an. Das Stück setzt nicht mehr auf eine politische Strategie zur Überwindung des Faschismus, sondern gründet seine Hoffnung auf den unlösbaren Widerspruch zwischen den Interessen des Volkes und seinem Mißbrauch durch die Macht.

5. ‚Furcht und Elend des Dritten Reiches' — eine realistische Gestensammlung

Einen besonderen Typus dramatischer Aufklärung über den Faschismus stellt die Szenenfolge *Furcht und Elend des Dritten Reiches* dar (Arbeitstitel u.a. *Deutsche Herrschau*; 99%). Brecht hat hier auf der Grundlage von Zeitungsmeldungen und Augenzeugenberichten eine Folge von ‚Zehnminutenstücken' (B 330) vorgelegt, die einem Publikum außerhalb Deutschlands ein Bild von den Zuständen unter der Diktatur und später auch Einsichten über „die seelische Verfassung der Armee des totalitären Staates" und „ein Bild von der Brüchigkeit dieser Kriegsmaschine" (B 376) vermitteln sollte. Mögen bei dieser Zweckbestimmung auch aufführungstaktische Gesichtspunkte eine Rolle spielen, so liegt doch der Versuch vor, durch eine ‚Montage' von Einzelszenen einen alle Schichten erfassenden Querschnitt durch den Funktionszusammenhang eines Terrorregimes zu geben. Das geschieht in realistisch verdichteten Momentaufnahmen. Mit Unbehagen konstatiert Brecht jedoch, daß Lukács ihn angesichts dieser formalen Entscheidung als einen „in den schoß der heilsarmee eingegangenen sünder" begrüßt (AJ 22); er weist darauf hin, daß es sich um eine „gestentafel" handelt („die gestik unter der diktatur"). Er beruft sich auf den „Stil [...] in den Goyaschen Radierungen über den Bürgerkrieg" (B 360). Die ‚interieurs‘ und „beinahe naturalistischen elemente" (AJ 22) sind unter diesem Blickwinkel keine Preisgabe des epischen Theaters, sondern eine Weiterentwicklung seiner Mittel, wie denn auch der Aufführungsvorschlag (3, 1187 ff., B 448 ff.) einen nichtnaturalistischen Rahmen vorsieht. Er verstärkt den Zeitgestus und den Demonstrationscharakter der Szenen, der einem Mißverständnis als Einfühlungsdramatik widerspricht.

6. Ein Versuch mit den Möglichkeiten der Einfühlungsdramatik: ‚Die Gewehre der Frau Carrar‘

6.1. Grundlageninformationen

Materialien
— Bohnen (L 241). [Enthält neben dem Stücktext auch die Vorlage: Synges *Reiter ans Meer*, ferner Textentwürfe, Zusätze und Kommentare Brechts, Materialien zur historischen Situation, die Modellmappe Ruth Berlaus von 1952, verschiedene Aufsätze, Aufführungs- und Literaturverzeichnis.]

Forschungsliteratur
130 Bohnen, Klaus: Produktionsprozeß bei Brecht. Zur Entstehung von *Die Gewehre der Frau Carrar*. In: Text und Kontext 7/1979, S. 163–178. Auch in: Bohnen (L 241). [Dokumentiert Brechts Information über die spanischen Ereignisse aus der dänischen Zeitung ‚Politiken‘, analysiert das Strukturmodell der Vorlage (Synge) und weist die ideologische Typisierung nach. Überblick über die Textgeschichte.]

6.2. Ein Lernprozeß in einer Entscheidungssituation

Das Stück über den spanischen Bürgerkrieg *Die Gewehre der Frau Carrar* hat Brecht ausdrücklich als „aristotelische (Einfühlungs-)Dramatik" ausgewiesen (17, 1100). Zwar hat er es in Verbindung mit *Leben des Galilei* als „allzu opportunistisch" verurteilt (AJ 41), aber die Mehrzahl der Äußerungen läuft doch auf eine Rechtfertigung dieses Dramentypus für den speziellen Zweck hinaus. Das ist kein Kunstgriff oder Kompromiß, denn die Opposition gegen das aristotelische Theater (s. AB IV) gilt nicht der Einfühlung als solcher, sondern ihrer gesellschaftlichen Funktion: dem Sichabfinden mit undurchschauten Zwängen, deren Erleiden nachvollzogen wird, ohne daß die Möglichkeit eines Eingreifens erkennbar ist. Demgegenüber hat Brecht betont, daß „die Anwendung aristotelischer Wirkungen durchaus anzuraten" ist, wenn sie sich auf eine besondere Konstellation beziehen: „Ist eine bestimmte gesellschaftliche Situation sehr reif, so kann durch Werke obiger Art eine praktische Aktion ausgelöst werden." (15, 249)

In diesem Sinne stellt das Stück eine Entscheidungssituation von zugleich individueller und überindividueller Bedeutsamkeit dar. Es geht um das Problem der Neutralität in einem Kampf, der von den Franco-Faschisten als Blutbad unter dem spanischen Volk geführt wird. Die Neutralität der demokratischen Staaten („Nichteinmischung" [3, 1213]) erweist sich faktisch als eine Unterstützung der Faschisten. Und der Versuch der Carrar, ihre Söhne am Kampf zu hindern und den Aufständischen jede Unterstützung zu verweigern, stellt die Frage nach der Möglichkeit und den Konsequenzen von Neutralität analog auf der Figurenebene. Die Motive für das Verhalten der Carrar (Trauer über den Tod des Mannes, Furcht um das Leben der Söhne, Hoffnung auf eine Überlebenschance) sind auf dem Wege der Einfühlung nachvollziehbar, um so mehr, als sie mit einer deutlichen Mißbilligung der faschistischen Gewalt verbunden sind. Aber diese Einfühlung wird zugleich verhindert, indem die Parteinahme in einer konkreten, äußerst zugespitzten Situation argumentativ gefordert wird. Auf der argumentativen Ebene aber ist die Carrar ständig in der Defensive, wird sie durch die politische Praxis der Franco-Faschisten widerlegt und ist sie gezwungen, Haltungen einzunehmen, die ihren Meinungen widersprechen. Diese Widersprüchlichkeit zeigt, daß ihre der Einfühlung zugänglichen Emotionen in der Praxis unvernünftig sind. Das trotzige Festhalten am Widersinnigen, die scheinbar realitätsblinde Verhärtung provoziert die Mißbilligung des Publikums, das durch den Widerstreit von emotionaler Zustimmung und rationalem Widerspruch zur Figur in die Lage versetzt wird, die Entscheidung mitzuvollziehen. Der Tod des Sohnes widerlegt Hoffnung und Illusionen und bestätigt die Argumente, denen sich die Carrar zuvor verweigert hatte: Ihre Entscheidung für den Kampf ist dann der Einfühlung wieder zugänglich, und zwar in Übereinstimmung mit den Argumenten der bisherigen Gegenspieler. Ein lange verweigerter Erkenntnisprozeß wird in seinem Ergebnis unmittelbar praktisch und impliziert zugleich eine Einsicht in die gesellschaftliche Bedeutung von Neutralität im Bürgerkrieg, den Brecht stets als Klassenkampf verstand.

Es handelt sich also nicht um reine Einfühlungsdramatik, denn trotz der formalen Geschlossenheit (die Einheiten des Raumes, der Zeit und der Handlung sind in geradezu idealtypischer Weise verwirklicht) ist das Stück zur außerästhetischen Realität (spanischer Bürgerkrieg und Kampf gegen den Faschismus) hin offen und führt in sie zurück. Die Carrar kann sich das Mitgefühl des Zuschauers (Verständnis, das kein Einverständnis ist) nur bewahren, indem sie sich schließlich den durch den Handlungsverlauf bestätigten Argumenten nicht mehr verweigert, die Lage erkennt und ihrer Erkenntnis entsprechend handelt. Brecht hat in diesem Zusammenhang die epische Spielweise der Weigel hervorgehoben (17, 1100 ff. und 16, 890 f.) und hat außerdem den Versuch unternommen, das Stück durch Prolog und Epilog (Bohnen, L$^+$ 241, 89 ff.) zu einer historischen Parabel zu episieren.

7. „Leben des Galilei' – ein „Gegenbeispiel zu den Parabeln"?

7.1. Grundlageninformationen

Materialien
– Aufbau einer Rolle (L 242). [Enthält den Text der Berliner Fassung (1954), Brechts *Aufbau einer Rolle/Laughtons Galilei* (mit zahlreichen Fotos) und Hanns Eislers *Aufbau einer Rolle/Buschs Galilei* (mit zahlreichen Fotos). Modellbuch des Berliner Ensembles.]
– Hecht (L 243). [Enthält neben *Aufbau einer Rolle/Laughtons Galilei* zahlreiche Anmerkungen, Notate und Bemerkungen zu einzelnen Szenen von Brecht, Aufsätze von Rülicke und Schumacher, Zeittafel, Bibliographie und Aufführungsverzeichnis.]
– Hecht (L 244). [Neubearbeitung des Materialienbandes von 1963 (L 243), ergänzt durch die Gegenüberstellung der vorletzten Szene aus der dänischen (1938/39) und der Berliner Fassung (1954), durch weitere Äußerungen Brechts, eine Dokumentation zu Aufführungen von 1947 bis 1978, Aufsätze, aktualisierte Bibliographie und Aufführungsverzeichnis.]

Forschungsliteratur
131 Rülicke, Käthe: *Leben des Galilei*. Bemerkungen zur Schlußszene. In: Sinn und Form. 2. Sonderheft Bertolt Brecht (L 301). Berlin 1957, S. 269–321. Auch in: Hecht (L 243), S. 93–155. [Eingehende Analyse der 13. Szene (Selbstverurteilung Galileis). Vergleich der dänischen und der Berliner Fassung, genaue Schilderung von Brechts Probenarbeit 1955/56.]
132 Schumacher, Ernst: Brechts *Galilei*. Form und Einfühlung. In: Sinn und Form 12/1960, S. 510–530. Gekürzt auch in: Hecht (L 243), S. 155–172 und Hecht (L$^+$ 244), S. 189–203. [Vorabdruck aus L$^+$ 133.]
133 Schumacher, Ernst: Drama und Geschichte. Bertolt Brechts *Leben des Galilei* und andere Stücke. Berlin 1965, ^{2}1968. [Überaus gründliche, viel neues Material verarbeitende und zitierende Analyse der drei Fassungen des *Galilei*-Dramas. Geht auf die historischen Zusammenhänge des Stoffes und der Stückentstehung ein, interpretiert differenziert und entwickelt zugleich die Theorie eines marxistischen Geschichtsdramas unter Einschluß auch produktionsästhetischer Gesichtspunkte.]
134 Szczesny, Gerhard: Das *Leben des Galilei* und der Fall Bertolt Brecht. Berlin 1965. [Gegenüberstellung dreier Szenen aus der dänischen und der Berliner Fassung. Der Titelessay referiert zunächst das Leben des historischen Galilei, wird dann aber zu einem äußerst gehässigen Pamphlet gegen Brecht, der

das ‚Wesen' der Kunst und des Dramas verfehlt habe und ein „Dramatiker zweiten Ranges" sei. Die Bindung an den Marxismus wird vulgärpsychologisch als ‚Zwangsneurose' verstanden, die Darstellung Galileis borniert als Selbstentlarvung gelesen.]

135 Mayer, Hans: Brecht und Dürrenmatt oder Die Zurücknahme. In: HM, Anmerkungen zu Brecht (L 407), Frankfurt/M. 1965, S. 56–83. [Vergleicht *Leben des Galilei* mit Dürrenmatts *Physikern*.]
  − Engberg (L⁺ 348).
  − Charbon (L 339).
136 Buck, Theo: Dialektisches Drama, dialektisches Theater. Anmerkungen zu Brechts *Leben des Galilei*. In: Etudes Germaniques 33/1978, S. 414–427. Auch in: Buck (L 317), S. 127–139. [Interpretiert das Drama als historisches Lehrstück, dessen Gehalt nicht vom historischen Stoff, sondern von den Bedingungen der aktuellen Rezeption bestimmt wird.]
137 Mayer, Hans: Galilei, Brecht und die Folgen. In: Festschrift für E. W. Herd. Dunedin 1980, S. 167–179.
138 Müller, Klaus-Detlef: Bertolt Brechts *Leben des Galilei*. In: Hinck, W. (Hrsg.): Geschichte als Schauspiel. Deutsche Geschichtsdramen. Interpretationen. Frankfurt/M. 1981, S. 240–253. [Begründet die ‚opportunistische Form' aus dem Typus des Geschichtsdramas und der doppelten Aktualität der Denk- und der Verhaltensweise Galileis, die zu Schwierigkeiten bei der Historisierung führte.]
  − Sautermeister in: Hinderer (L⁺ 322).

7.2. Die ‚opportunistische Form'

Als Brecht 1939 begann, seine theatertheoretischen Überlegungen in seiner größten und umfassendsten Theaterschrift, dem *Messingkauf,* zusammenzufassen, ließ er sich zur Form des philosophischen Dialogs von Galileis *Dialogen über die beiden hauptsächlichen Weltsysteme* „anstiften" (AJ 37). (Vgl. AB VII.) Das war kein Zufall, denn er sah in Galilei neben Francis Bacon (von dem er später den Titel des *Kleinen Organons für das Theater* entlehnte) den wichtigsten Wegbereiter des ‚wissenschaftlichen Zeitalters', für das er selbst mit säkularer Verspätung die geeignete und angemessene Theaterform entwickelte. Merkwürdigerweise ist aber ausgerechnet in dem Stück über den italienischen Physiker, das in unmittelbarer Nähe zum *Messingkauf* entstand, die kopernikanische Wende der Dramatik vom ‚Karussell-Typ' (Einfühlungsdramatik) zum ‚Planetariumstyp' (lehrhaftes, episches Theater) nicht vollzogen:

LEBEN DES GALILEI ist technisch ein großer rückschritt, wie FRAU CARRARS GEWEHRE allzu opportunistisch. man müßte das stück vollständig neu schreiben, wenn man diese ‚brise, die von neuen küsten kommt', diese rosige morgenröte der wissenschaft haben will. alles mehr direkt, ohne die interieurs, die ‚atmosphäre', die einfühlung. und alles auf planetarische demonstrationen gestellt. (AJ 41)

Brecht hat das Stück nicht neu geschrieben, obwohl er sich für die zweite Fassung von 1945/46 zu einer entscheidenden Veränderung seines Gehalts veranlaßt sah und also Gelegenheit gehabt hätte, den unverändert wirksamen Bedenken gegen das ,Formale' (AJ 747) nachzugeben. Statt dessen hält er rückblickend die Besonderheit des Werkes im Kontext der Exildramatik fest:

so ist der GALILEI in meiner produktion immerhin interessant als gegenbeispiel zu den parabeln. dort werden ideen verkörpert, hier eine materie gewisser ideen entbunden. (AJ 747)

Zum Verfahren ist dann weiter ausgeführt:

das stück [wurde] ohne jede absicht, etwas zu beweisen, geschrieben, der überlieferten geschichte folgend. (Ebd.)

Soweit es sich um die historischen Fakten und Abläufe handelt, ist das sicher richtig: Die Forschung (s. Schumacher L⁺ 133, Knopf, L⁺ 294) hat eine höchst bemerkenswerte Übereinstimmung mit den historischen Quellen nachweisen können, so daß Brecht den Stücktypus zu Recht als ,Biographie' bestimmen konnte (AJ 274). Andererseits ist das geschichtliche Verfahren des Stückeschreibers grundsätzlich nicht antiquarisch: die Beschäftigung mit historischen Stoffen hat stets aktuelle Anlässe, und von hier aus bestimmt sich, welche ,Idee' entbunden wird.

7.3. Naturwissenschaftliche und soziale Erkenntnis

Als Wegbereiter des neuen wissenschaftlichen Denkens ist Galilei im Stück zunächst eine positive Gestalt: Er vertritt mit der Haltung des Zweifelns, des Experimentierens, der kritischen Infragestellung aller überkommenen Wahrheiten, des Glaubens an die menschliche Vernunft und des lustvollen Lehrens den Optimismus einer neuen Zeit, die im Zeichen der Naturbeherrschung zu einem Zeitalter werden könnte, „in dem zu leben eine Lust ist" (3, 1236). Von Anfang an weiß er, daß das Prinzip des Zweifels auch den Glauben und damit die Kirche als weltliche Obrigkeit betrifft (3, 1233 f.), aber der Zweifler glaubt an die „sanfte Gewalt der Vernunft über die Menschen" (3, 1256), an die Verführungskraft von Beweisen. Der skeptische Wissenschaftler ist in bezug auf die gesellschaftliche Ordnung zunächst „leichtgläubig wie ein Kind", das nicht wahrhaben will, daß „die Mächtigen [k]einen frei herumlaufen lassen [könnten], der die Wahrheit weiß, und sei es eine über die entferntesten Gestirne" (3, 1260). Aber er ist zugleich von Anfang an unfrei, denn die Republik Venedig gewährt ihm zwar die Freiheit der Forschung, verweigert ihm aber zugleich die dafür nötige freie Zeit. Daher muß er sich in den Machtbereich der Inquisition begeben und lernt hier, daß die

Wahrheit nicht autonom und die Wissenschaft in ihrer Entfaltung durch die Interessen der Mächtigen eingeschränkt ist: Am Widerstand der Kirche erkennt Galilei den sozialen Zusammenhang seiner Einsichten. Einerseits ändert die Wahl des Naturwissenschaftlers Barberini („ein Wissenschaftler auf dem Heiligen Stuhl!" [3, 1305]) nichts an dem Forschungsverbot des Heiligen Offiziums, andererseits kann aber auch der kleine Mönch an der seelsorgerischen Rechtfertigung des Unglücks und Elends der Campagnabauern (3, 1293 ff.) nicht mehr festhalten, als Galilei den Zusammenhang zwischen Unwissenheit und Ausbeutung sichtbar macht. Die Exposition der Figur ist erst vollständig, als der Forscher den naiven Glauben an die Selbsttätigkeit der Vernunft aufgibt: „Es setzt sich nur so viel Wahrheit durch als wir durchsetzen; der Sieg der Vernunft kann nur der Sieg der Vernünftigen sein." (3, 1297)

Der wissenschaftliche Standpunkt und der soziale Lernprozeß Galileis formulieren Positionen und Einsichten, die in Brechts Begründung eines Theaters des wissenschaftlichen Zeitalters ihre Entsprechungen haben. Verfremdung und Historisierung sind schon in der Figurenperspektive aufgehoben, so daß sich die Form des aristotelischen Theaters anbietet. Auf dem Wege der Einfühlung läßt sich die Erkenntnisform Galileis zusammen mit ihren verbindlichen Inhalten vermitteln.

7.4. Schwierigkeiten der Perspektive: die Selbst-Verfremdung

Das ist aber nur eine, freilich die für die formale Gestaltung bestimmende Dimension des Stoffes. Zugleich ist aber das Problem von wissenschaftlicher Leistung und sozialer Verantwortung unter einer totalitären Herrschaft im höchsten Maße aktuell: Seit dem Beginn des Exils beschäftigte Brecht sich mit der Rolle der Intellektuellen, die er als ‚Vermieter des Intellekts' (Tuis) kritisierte. Er wußte, daß die Erfolge des Faschismus ganz entscheidend von der Tüchtigkeit und der Indienstnahme der Wissenschaftler abhing. Dafür steht Galileis Widerruf als Paradigma. Die Forschung hat lange angenommen, Brecht habe im Sinne der Galilei-Legende die Unterwerfung als eine List verstanden, durch die der Gelehrte sich die Möglichkeit verschafft habe, seine Forschungen fortzusetzen und ihren Ergebnissen Geltung zu verschaffen, indem er sie aus dem Machtbereich der Inquisition herausschmuggelte, und der Autor habe dadurch den Wissenschaftlern im Dritten Reich einen Fingerzeig geben wollen, wie sie ihrer sozialen Verantwortung genügen könnten. Die erste Fassung scheint einen solchen Schluß nahezulegen, und Brecht hat ihn gelegentlich bestätigt: „Sein Widerruf hatte ihm die Möglichkeit verschafft, ein entscheidendes Werk zu schaffen. Er war weise gewesen." (17, 1133) Aber schon 1944, vor der Entstehung der zweiten amerikanischen Fassung, hat er einer solchen Lesart widersprochen:

[ich] prüfte die moral noch einmal nach, die mich immer leise beunruhigt hat; gerade weil ich hier der geschichte zu folgen versuchte und keine moralischen interessen hatte, ergibt sich eine moral, und ich bin nicht glücklich damit. (AJ 646)

Die ‚opportunistische‘ Form ließ das Stück als „ehrenrettung des opportunismus“ (AJ 815) erscheinen, was zu Brechts Unbehagen die Zustimmung der zeitgenössischen Physiker fand:

[ich] höre mit unwillen, ich hätte es für richtig gehalten, daß er öffentlich widerrufen hat, um insgeheim seine arbeit fortsetzen zu können. das ist zu flach und zu billig. g[alilei] zerstörte schließlich nicht nur sich als person, sondern auch den wertvollsten teil seiner wissenschaftlichen arbeit. [...] g[alilei] gab den eigentlichen fortschritt preis, als er widerrief, er ließ das volk im stich, die astronomie wurde wieder ein fach, domäne der gelehrten, unpolitisch, isoliert. (AJ 646)

Das ist bereits die Version, die in der Neufassung der Schlußszene bestimmend wird, und es trifft deshalb nicht zu, daß – wie Brecht in der Vorrede zur amerikanischen Fassung schrieb – erst der Beginn des „atomarischen Zeitalters“ im Zeichen von Hiroshima eine neue Sichtweise der geschichtlichen Vorgänge provoziert hat („Von heute auf morgen las sich die Biographie des Begründers der neuen Physik anders.“ [17, 1106])

In der 8. Szene der ersten Fassung rechtfertigt Galilei seine Unterwerfung unter den Machtspruch der Inquisition, die die kopernikanische Lehre auf den Index gesetzt hat, mit der Keuner-Geschichte *Maßnahmen gegen die Gewalt* (12, 376): Er versteht sein Schweigen als eine Widerstandshandlung, als eine Strategie, um die ‚Gewaltherrschaft‘ zu überleben. Aber er stößt schon hier auf Widerspruch. Sein Lieblingsschüler Andrea erklärt: „Mir gefällt die Geschichte nicht, Herr Galilei.“ (Szczesny, L+ 134, 107) In der Schlußszene (Hecht, L+ 244, 9 ff.) sind die Positionen vertauscht: Andrea weint vor Erschütterung, als er erfährt, daß Galilei als Gefangener der Inquisition die Arbeit an den ‚Discorsi‘ fortgesetzt und abgeschlossen hat. Aber der Gelehrte erklärt ihm, daß es in der Wissenschaft keine Werke gibt, die nur ein einzelner schreiben kann, und daß er allein aus einer „zu großen Furcht vor dem Tode“ widerrufen habe (Hecht 14 f.). Da er damit ‚das Denken selber in Verruf gebracht‘ hat, hat er sich selbst ‚zerstört‘: „Die Wissenschaft [kann] einen Menschen wie mich nicht in ihren Reihen dulden.“ (Hecht 17) Das bestätigt Brechts Ausführungen zur ‚falschen Moral‘ des Stückes, nimmt schon die ‚mörderische Analyse‘ der Schlußfassung vorweg und ist also durchaus kein Plädoyer für ein listiges Arrangement mit der Gewalt. Daß dieser Eindruck entstehen konnte, hängt wiederum mit der Form zusammen. Denn da Galilei als Person schon das wissenschaftliche Zeitalter repräsentiert, gibt es keinen Standpunkt innerhalb des Stückes, von dem aus

die Verfremdung vorgenommen werden könnte. Die Historisierung des
eigenen Falles muß also ihm selbst übertragen werden, was bei der Identität von Figur und Denkweise folgerichtig ist. Brecht war sich dessen
bewußt:

> die einzigen schwierigkeiten bereitete die letzte szene. ähnlich wie in der JO-
> HANNA brauchte ich am schluß einen kunstgriff, um auf jeden Fall dem zuschauer
> den nötigen abstand zu sichern. selbst der unbedenklich sich einfühlende muß
> zumindest jetzt, auf dem weg der einfühlung selber in den galilei, den v-effekt
> verspüren. bei streng epischer darstellung kommt eine einfühlung erlaubter art
> zustande. (AJ 35)

Als Historiker seiner selbst wird Galilei aber zum Apologeten seiner
selbst, da die Selbstverurteilung mit der Weitergabe der ‚Discorsi‘ zusam-
menfällt. Die ‚Einfühlung erlaubter Art‘ kommt dadurch zustande, daß
die weiterhin verbindliche Denkweise des wissenschaftlichen Zeitalters
schon die der Figur ist, die das Zeitalter hier anfänglich repräsentiert, so
daß die Selbstzerstörung nur intellektuell und bei gleichzeitiger Identifikation nachzuvollziehen ist. Damit wird aber die Selbstauslegung der
Geschichte zweideutig und mißverständlich. Das hängt vor allem mit
dem ‚Kunstgriff‘ zusammen, Galilei zugleich als historische und historisierende (d. h. aktuelle) Figur erscheinen zu lassen.

7.5. Die aus der Materie entbundene Idee: Zweideutigkeiten

Der Atombombenabwurf ändert nicht die Substanz, wohl aber die Qualität der Selbstverurteilung. Es bleibt bei dem ‚Kunstgriff‘, daß der Protagonist für den Zuschauer den Abstand herstellt, die Vorgänge verfremdet
und historisiert, indem er sich selbst das Urteil spricht. Der Akzent wird
vom Verrat an der Wissenschaft (Selbstzerstörung als Person) auf das
Verbrechen an der Menschheit verlegt. Die falsche ‚Moral‘ wird jetzt von
Andrea als ‚neue Ethik‘ ausformuliert, die die nachgalileische Physik
bestimmt: Um seinen ‚Beitrag‘ zur Forschung um jeden Preis zu erbringen, hat der Forscher sich aus den Machtkämpfen herauszuhalten. Galilei hingegen erkennt die „Erbsünde“ der modernen Naturwissenschaften
(17, 1109): Indem sie sich zur Spezialdisziplin verkürzen lassen, verhindern sie einerseits, daß ihr Erkenntnisprinzip (der Zweifel) sich auch auf
die gesellschaftlichen Verhältnisse richtet (3, 1339), und liefern sie andererseits ihr Wissen den Mächtigen aus. Schon 1939 hat Brecht dazu
ausgeführt:

> Die Kenntnis der Natur der Dinge, so sehr und so ingeniös vertieft und erwei-
> tert, ist ohne die Kenntnis der Natur des Menschen, der menschlichen Gesell-
> schaft in ihrer Gesamtheit, nicht imstande, die Beherrschung der Natur zu einer
> Quelle des Glücks für die Menschheit zu machen. Weit eher wird sie zu einer

Quelle des Unglücks. So kommt es, daß die großen Erfindungen und Entdeckungen nur eine immer schrecklichere Bedrohung der Menschheit geworden sind, so daß heute beinahe jede neue Erfindung nur mit einem Triumphschrei empfangen wird, der in einen Angstschrei übergeht. (15, 295)

Dieser Gedanke wird in Galileis ‚mörderischer Analyse' von 1945 beinahe wörtlich wiederaufgenommen: in der Warnung, daß angesichts der Kluft zwischen der Wissenschaft und der Menschheit der „Jubelschrei über irgendeine neue Errungenschaft von einem universalen Entsetzensschrei beantwortet werden könnte" (3, 1341). Der naturwissenschaftliche Wegbereiter des wissenschaftlichen Zeitalters spricht also im Stück die Einsicht des Stückeschreibers ebendieses Zeitalters aus – das ist konsequent und legitimiert zugleich die aristotelische Dramaturgie. Wenn Galilei dann aber als Alternative zu seinem Widerruf ein Gelöbnis der Naturwissenschaftler, ihr Wissen einzig zum Wohle der Menschen anzuwenden, analog zum hippokratischen Eid der Ärzte, für denkbar hält, so ist das naiv: Brecht mußte 1945 wissen, daß der hippokratische Eid die Tätigkeit der KZ-Ärzte nicht beeinträchtigt hatte. Die ‚opportunistische' Form führt also weder dazu, daß die aus der Geschichte entbundene ‚Idee' in sich völlig stimmig ist, noch zu einer unzweideutigen Wirkung, auch wenn *Leben des Galilei* dank seiner Aktualität und Programmatik zu einem der bedeutendsten Stücke Brechts wurde.

C. Zeitüberdauernde Modellbildung

8. *Parabelform und eingreifendes Denken*

Der Eigenwert, den Brecht den geschichtlichen Zusammenhängen des Galilei-Stoffes wiederholt und ausdrücklich zugesteht, bedeutet schon eine gewisse Relativierung des aktuellen Anspruchs, den das auf eingreifendes Denken ausgerichtete epische Theater zum Programm erhoben hat und in den direkt antifaschistischen Stücken auch einlöst. Mit der Dauer des Exils und der erzwungenen Vertagung der Wirkung ergab sich die Notwendigkeit, die Möglichkeiten des epischen Theaters für Werke mit ‚langdauernder Bauart' zu erproben.

Die großen Werke der zweiten Exilphase leisten das im Rahmen der Parabelform. Deren Eigenart leitet sich aus ihrer Zeitgemäßheit ab: in *Mann ist Mann* hatte Brecht das veraltete Persönlichkeitsverständnis verabschiedet, in den *Rundköpfen und den Spitzköpfen* hatte sich der Parabelcharakter in dem Maße durchgesetzt, wie Brecht sich von den zeitgenössischen Erfahrungen bestimmen ließ. Beide Stücke verwenden den Parabelgestus in Reinform: Brecht führt sich explizit als Parabelerzähler ein, der ein in der außerästhetischen Wirklichkeit sich stellendes

Problem als ein Wissender (beweisend) in einer ästhetisch organisierten vereinfachenden Versuchsanordnung vorführt und es löst, indem er die bestimmenden gesellschaftlichen Gesetzmäßigkeiten erkennbar macht und dadurch ein auf die Praxis orientiertes Wissen vermittelt. Die Erkenntnis ergibt sich aus der vom Zuschauer geforderten Rückübertragung der in der Analogie gewonnenen Einsicht in die Wirklichkeit, von der aus die Parabelkonstellation auf explizite Weise gestaltet wurde und mit der sie durch verschiedene Formen des Kommentars kontinuierlich vermittelt ist. Die Parabelanordnung ist eine Verfremdung realer Vorgänge zu einem gesellschaftlichen (wissenschaftlichen) Experiment, die Darbietungsweise ist episch (vermittelt durch einen Erzähler), die vom Zuschauer geforderte Erkenntnis ist eine Handlungsanweisung, weist also aus dem ästhetischen Medium auf die Realität zurück. Wenn Brecht davon spricht, daß in der Parabel „ideen verkörpert" werden (AJ 747), so sind Wirklichkeitsgehalt und Wirkungsanspruch dieser Ideen immer schon vorausgesetzt. Das gilt auch für die großen Parabeln, in denen das Ästhetische (‚Artistische') gegenüber dem unmittelbar Praktischen ein relatives Eigengewicht erhält.

9. Die tödlichen Illusionen der Kleinbürger: ‚Mutter Courage und ihre Kinder'

9.1. Grundlageninformationen

Materialien
- Couragemodell 1949 (L 245). [Modellbuch des Berliner Ensembles.]
- Hecht (L 246). [Der Prototyp der Suhrkamp-Materialienbände. Enthält eine gekürzte Fassung des Modellbuchs, Notate zur Verwendung von Modellen, Anmerkungen zur Aufführung, Aufsätze und Aufführungsliste.]
139 Olsson, Jan Esper: Bertolt Brecht. *Mutter Courage und ihre Kinder*. Historisch-kritische Ausgabe. Lund/Frankfurt/M. 1981. [Versuch einer historisch-kritischen Ausgabe als genetischer Überblick über die Textgeschichte. Vollständiger Paralleldruck von vier Fassungen und kritischer Apparat. Die Editionsprobleme sind nur vorläufig gelöst. Wichtige Einleitung.]
- Müller (L 247). [Vollständige Neubearbeitung des Materialienbandes von Hecht (L+ 246). Enthält Runebergs *Lotta Svärd*, Materialien aus der Erstfassung, eine umfassende Sammlung von Selbstzeugnissen und Notaten Brechts, den vollständigen Text des *Couragemodells*, Kritiken der Züricher Uraufführung und der Berliner Erstaufführung, Materialien zur Benutzung von Modellen und zum Courage-Film, Aufsätze, Literaturverzeichnis.]

Forschungsliteratur
140 Mayer, Hans: Anmerkung zu einer Szene aus *Mutter Courage*. In: Theaterarbeit (L+ 300), S. 249–53. Auch in: HM, Deutsche Literatur und Weltliteratur. Berlin 1967, S. 635–641 und in: Müller (L+ 247), S. 285–291. [Deu-

tet den Salomon-Song als szenischen Kommentar für den Zuschauer und kennzeichnet den Rezeptionsvorgang als zentralen Bestandteil der Brechtschen Ästhetik.]
- Wirth (L⁺ 467). (Auszug auch in: Hecht (L⁺ 246), S. 156–161.)
141 Luthardt, Theodor: Der Song als Schlüssel zur dramatischen Grundkonzeption in Bertolt Brechts *Mutter Courage und ihre Kinder*. In: Wiss. Zschr. d. F. Schiller-Universität Jena. Gesellschafts- und sprachwiss. Reihe 7/ 1957–58, S. 119–122.
142 Mennemeier, Franz Norbert: Brecht. *Mutter Courage und ihre Kinder*. In: v. Wiese, B. (Hrsg.): Das deutsche Drama vom Barock bis zur Gegenwart. Bd. 2 Düsseldorf 1962, S. 383–400. Auch in: Buck (L⁺ 317), S. 145–160 und (gekürzt) in: Hecht (L⁺ 246), S. 143–149. [Frühe Interpretation, nicht frei von Fehldeutungen.]
- Engberg (L⁺ 348).
- Hinck in: Hinderer (L⁺ 322).

9.2. Die Dialektik der Interessen

Mutter Courage und ihre Kinder entstand in den ersten Wochen des 2. Weltkriegs, den Brecht als die unvermeidliche Konsequenz der faschistischen Herrschaft seit 1933 vorausgesagt hatte. Folgerichtig, aber keineswegs unvermeidlich erschien Brecht hingegen das Einverständnis mit dem Krieg. In seiner von der Forschung als ebenso selbständig wie hellsichtig beurteilten Faschismustheorie (s. Mennemeier, L 410; Gerz, L⁺ 123) leitet er sie aus dem Verständnis des Dritten Reiches als „Herrschaft der Kleinbürger" (20, 270) her. Die Kleinbürger identifizieren ihre Interessen mit denen des Kapitals, das den Krieg benötigt: „Gewisse Schichten bekommen Ausschüttungen von der Ausbeute oder hoffen auf solche. Die andern haben den Unterschied zwischen dem Besitz von Produktionsmitteln und ihrem Besitz nicht begriffen." (20, 250) Das führt zu einer Bejahung des Krieges: „Völker, die innerlich so aufgebaut sind wie die unsern, nämlich kapitalistisch, brauchen tatsächlich Kriege, um existieren zu können." (20, 271) Aus dieser Logik des Verkehrten darf aber nicht die Illusion folgen, daß der kleine Mann vom Krieg auch profitieren könne. Das gilt ebenso für die kleinen Völker. Mit Sorge beobachtete Brecht, daß seine skandinavischen Exilländer sich mit dem Nazideutschland auf der Basis von Geschäften zu arrangieren versuchten: In den Einaktern *Dansen* und *Was kostet das Eisen?* hat Brecht diese Politik scharf kritisiert. (Vgl. ‚Die Courage lernt nichts' in: Müller, L⁺ 247, 246 ff.)

Mutter Courage und ihre Kinder wählt die Form einer ‚Chronik aus dem Dreißigjährigen Krieg', um die Illusionen der kleinen Leute zu zerstören. Der Gegenstandsbereich besitzt für die skandinavischen Länder den gleichen historischen Stellenwert wie für Deutschland, und er erlaubt zugleich eine Entlarvung der Ideologie der kriegführenden Staaten. Niemand läßt sich darüber täuschen, daß hier durchaus kein Glaubenskrieg geführt wird, daß die Religion – wie jede Ideologie – nur Vorwand und Verschleierung der wirklichen Interessen ist: „Die Courage [...] erkennt zusammen mit ihren Freunden und Gästen und nahezu jedermann das rein merkantile Wesen des Kriegs: das ist gerade, was sie anzieht." (4, 1443) Der realistische Standpunkt des Werkes liegt jenseits der zweiten Illusion des Pragmatismus, der sich aus der ersten ideologiekritischen Aufgeklärtheit ergibt:

> die COURAGE [...] bezieht für das volk den realistischen standpunkt gegenüber den ideologien: Kriege sind für die völker katastrophen, nichts sonst, keine erhebungen und keine geschäfte. (AJ 272)

Der gesellschaftliche Widerspruch bestimmt die Figur: Als Händlerin bejaht die Courage im Krieg die Grundlage ihrer kleinen Geschäfte, als Mutter sieht sie durch ihn das Leben ihrer Kinder bedroht: Mutter und Courage sind unvereinbare, letztlich vernichtende Gegensätze. Die Stärke der Courage, ihre Vitalität und Schlauheit, täuscht sie über ihre tatsächlichen Möglichkeiten. Sie führt ihre Familie in den Krieg – in der Zuversicht, sie zugleich aus den Kämpfen heraushalten zu können, sie versteht den Händlerstandpunkt als eine neutrale und überlegene Position, die vom Widerstreit der Interessen profitiert.

Dabei ergibt sich eine fatale Dialektik der Interessen, denn wenn der Geschäftsgeist sich aus dem Bestreben legitimiert, die Kinder heil durch den Krieg zu bringen, so führt die Tüchtigkeit der Händlerin doch praktisch dazu, daß sie ihre mütterlichen Interessen vernachlässigt: Eilif kommt ihr abhanden, als sie durch ein Geschäft abgelenkt ist; Schweizerkas findet den Tod, weil sie zu lange handelt; Kattrin wird verunstaltet und um ihre Lebenschancen gebracht, weil sie einen Auftrag der Händlerin ausführt, und sie stirbt, als die Courage in der belagerten Stadt ihren ‚Schnitt' zu machen versucht. Umgekehrt beeinträchtigen die mütterlichen Antriebe den geschäftlichen Unternehmungsgeist nur unwesentlich: Die Zweck-Mittel-Relation kehrt sich in der Handlungspragmatik um, weil die kurzfristigen Verhaltenszwänge planvolles Handeln nicht zulassen. Paradoxerweise siegt die Mütterlichkeit nur ein einziges Mal, als sich der Courage durch das Angebot des Kochs die Möglichkeit bietet, die Lebensform der Händlerin aufzugeben: aus Liebe zu Kattrin muß sie sich *für* den Krieg und *für* den Handel entscheiden. Aber auch die Konsequenz und Tüchtigkeit, mit denen die Courage sich der partiellen Rationalität ihrer geschäftlichen Interessen unterstellt, verhindert nicht ihren wirtschaftlichen Abstieg. Nicht nur die Mutter, auch die Händlerin wird ein Opfer des Krieges, weil sie nicht erkennt, „daß man eine große Schere haben muß, um am Krieg seinen Schnitt zu machen" (4, 1443).

Die Eigenart der Parabel ist in diesem Falle darin begründet, daß
Brecht, abweichend von seiner bisherigen Praxis, seiner Protagonistin
keinen Lernprozeß zugesteht. Das kleinbürgerliche Bewußtsein der
Händlerin bleibt von ihren Erfahrungen unbelehrt. Nur ein einziges Mal,
am Ende der 6. Szene, läßt sie sich dazu hinreißen, den für ihre Kinder
vernichtenden Krieg zu verfluchen (4, 1408), aber schon der nächste Satz
des Stückes lautet: „Ich laß mir den Krieg von euch nicht madig machen.“ (4, 1409) Die eigentliche Erkenntnis ist formspezifisch dem Publikum überlassen, das nicht mit den Figuren, sondern an deren Beispiel
lernt. Das bedingt eine sehr sorgfältige Verwendung der Verfremdungstechnik.

9.3. Formen der Verfremdung

Eines der wichtigsten Mittel zur Kommentierung des Geschehens sind die
Songs, die den Stand des Figurenbewußtseins überschreiten und deutlich
machen, daß der Schauspieler in zweifacher Gestalt auf der Bühne steht:
Als Agierender realisiert er die Fabel, im Song nimmt er zu den Vorgängen kritisch Stellung. Besondere Bedeutung hat hier der aus der *Dreigroschenoper* verändert übernommene Salomon-Song (4, 1425 ff.). Er verdeutlicht, daß in der dargestellten Wirklichkeit die Tugenden der Weisheit, Kühnheit, Redlichkeit, Barmherzigkeit und die Gottesfurcht als Inbegriff aller Tugenden tödlich sind. Das ist durch die Handlung bereits
bestätigt. In der ersten Szene hatte die Courage ihre Kinder vor ihren
„schrecklichen Eigenschaften“ gewarnt (4, 1357 f.): Eilif, der kühn, aber
nicht klug, Schweizerkas, der redlich, aber einfältig, Kattrin, die zu gut-
herzig ist – sie selbst ist schlau, aber kurzsichtig. Und tatsächlich sind es
Verhaltensweisen, die aus diesen Eigenschaften resultieren, an denen einer nach dem anderen zugrundegeht. Von Tugenden kann allerdings nur
insofern die Rede sein, als gesellschaftliche Interessen angesprochen sind.
Bezeichnenderweise wird der Tugendbegriff im Song im Zusammenhang
mit Gottesfurcht eingeführt – die Religion ist aber schon auf der einge-
schränkten Bewußtseinsebene der Figuren als Ideologie durchschaut. Allein bei Kattrin liegt ein als ethisch zu bewertendes Verhalten vor. Sie ist
ein Opfer des Krieges: durch eine barbarische Kriegshandlung stumm,
als Folge einer entstellenden Verwundung um alle Lebenschancen gebracht, durch Sensibilität extrem verletzbar. Sie praktiziert jene Mütterlichkeit, die die Courage bei ihrer Geschäftstüchtigkeit immer wieder
verrät, und so ist auch ihr Opfer für die Stadt Halle, in dem sie ihre Angst
überwindet, eine wirklich tugendhafte Handlung, gegen den Krieg gerichtet, während die Eigenschaften der anderen dem Krieg nützen.
Der Salomon-Song ist also ein Gesamtkommentar zu dem Stück, der
zugleich die Struktur der Fabel spiegelt. Das gilt für ihre parabelhafte

Anlage als gesellschaftliches Experiment, das dem Zuschauer Einsichten vermittelt:

> die MUTTER COURAGE durchstudierend, sehe ich mit einiger zufriedenheit, wie der krieg als riesiges feld erscheint, nicht unähnlich den feldern der neuen physik, in denen die körper merkwürdige abweichungen erfahren. alle berechnungsarten des individuums, gezogen aus erfahrungen des friedens, versagen; es geht nicht mit kühnheit, es geht nicht mit vorsicht, nicht mit ehrlichkeit, nicht mit betrug, nicht mit brutalität noch mit mitleid, alles bringt untergang. aber es bleiben die kräfte, welche auch den frieden zu einem krieg machten, die unnennbaren. (AJ 221)

Zu den epischen Mitteln gehört auch die Anlage als Chronik, die offene Form der Szenenreihe mit vorangestellten zusammenfassenden Angaben zum Inhalt der Szenen und die ideologiekritische Kommentierung der ‚großen‘ Geschichte (hier des Glaubenskriegs) aus der Sicht der kleinen Leute. Das bestimmende Moment der Fabelkonzeption ist die Unfähigkeit der Courage, aus ihrem Unglück zu lernen. Die Zerstörung der lebenstüchtigen, schlauen, aber angepaßten Händlerin, die keine Mutter sein kann, erwies sich in der Nachkriegsrezeption als über den unmittelbaren Anlaß hinaus aktuell. Die Parabelform bewies ihre Haltbarkeit, denn: „Kriege drohen immerfort" (Müller, L⁺ 247, 247).

10. Verfremdung der Entfremdung: ‚Der gute Mensch von Sezuan‘

10.1. Grundlageninformationen

Materialien
- Hecht (L 248). [Enthält Arbeitsmaterialien Brechts (Pläne, Fassungen einzelner Szenen, Fabelerzählungen, Arbeitsnotizen), ferner Aufsätze, Literatur- und Aufführungsverzeichnis.]
- Knopf (L 249). [Überarbeitung des Materialienbandes von Hecht (L 248), mit neuen Arbeitsmaterialien, einer Sammlung von Quellen und Bezügen, Dokumenten und Berichten von Aufführungen, Analysen, einem Aufführungsverzeichnis und einer kommentierten Bibliographie.]

Forschungsliteratur
143 Grimm, Reinhold: Bertolt Brecht. *Der gute Mensch von Sezuan.* In: Buck (L⁺ 317), S. 161–167. Zuerst in Henß/Moser (Hrsg.): Germanistik in Forschung und Lehre. Berlin 1965, S. 184–191. [Interpretiert das Stück als Gegenentwurf zur Bibel und als tragische Weltdeutung.]
- Sokel (L 444).
- Thole (L 451).
- Giese (L⁺ 354). [Deutet das Stück als Komödie im Sinne des Gesellschaftlich-Komischen.]

144 Koller, Gerold: Der mitspielende Zuschauer. Theorie und Praxis im Schaffen Brechts. Zürich/München 1979. [Eingehende, allerdings unnötig breite Textanalyse des Stücks in Verbindung mit einer Zuschauerbefragung zu Wekwerths Züricher Inszenierung (1976). Nachweis, daß die Parabel die Lösung des dramatischen Konflikts dem Zuschauer zuspielt: die ästhetischen Mittel dienen seiner Aktivierung. Die Ergebnisse werden ohne genauere Nachweise für das gesamte Brechtsche Theater verallgemeinert.]

145 Karnick, Manfred: Rollenspiel und Welttheater. Untersuchungen an Dramen Calderóns, Schillers, Strindbergs, Becketts und Brechts. München 1980. [In seiner groß angelegten Untersuchung zur Paradigmatik des Welttheaters (‚metadramatisches Rollenspiel') glaubt K. den Nachweis führen zu können, daß Brecht das Sezuan-Stück als Gegenentwurf zu Calderóns Welttheater-Spiel konzipiert habe.]

– Ueding in: Hinderer (L⁺ 322).

10.2. Schwierigkeiten mit der Parabel

Im Guten Menschen von Sezuan läßt Brecht sich zum ersten Mal nicht von einer im engeren Sinne aktuellen Fragestellung bestimmen: Hier geht es ihm, wie die Aufzeichnungen im ‚Arbeitsjournal' belegen, um die systematische Weiterentwicklung seiner Dramenform, d. h. um die konsequente Realisierung der Parabel. Er will „die epische technik entwickeln und so endlich wieder auf den standard kommen" (AJ 45). Die Überlegungen kreisen fast ausschließlich um Fragen der Form, wobei sich Brecht darüber im klaren ist, daß die Rezeptionserwartungen utopisch sind, eine andere Form der Gesellschaft voraussetzen: das „fünfstundenstück" verlangt den „dreistundentag" (AJ 54, vgl. AJ 233). Aber selbst bei derart kompromißlosen Annahmen gestaltet sich die Arbeit schwierig und wird der erzwungene Verzicht auf die bühnenmäßige Erprobung besonders schmerzlich. Nach der vorläufigen Fertigstellung notiert Brecht: „es machte mir mehr mühe als je ein anderes stück vorher." (AJ 120) Das hängt mit der Parabelform zusammen, die im Guten Menschen von Sezuan ihre konsequenteste Verwirklichung findet, jedoch gerade wegen ihrer großen ästhetischen Perfektion die Gefahr der Unverbindlichkeit und zugleich der Simplifikation in sich birgt:

> grübelei über den GUTEN MENSCHEN. wie kann die parabel luxus bekommen? wie kann der eindruck der milchmädchenrechnung vermieden werden? dem ausgerechneten entspricht das niedliche. [...] das handicap ist: zuviel handlung. kein platz für abschweifung und umweg. so ist alles zu sehr rationalisiert. dramatischer taylorismus. nebenbei muß die gefahr der chinoiserie bekämpft werden. (AJ 52)

Die von Brecht reflektierten Probleme, die die späteren Einwände der Kritik gegen die Parabelform vorwegnehmen, ergeben sich nicht auf der Ebene der Fabel, sondern bei der gleichnishaften Vermittlung. Die Konzeption läßt sich bis etwa 1927 zurückverfolgen. Unter dem Titel *Die Ware Liebe* war die Geschichte einer jungen Prostituierten geplant, die „durch ein günstiges Geschick" zu Geld kommt und einen Zigarrenladen eröffnet, den sie als Mann verkleidet betreibt, bis ihre Schwangerschaft dieses Rollenspiel beendet. Die Dirne ist für Brecht der Prototyp der kapitalistischen Entfremdung, da sie nicht nur ihre Arbeit (wie der Proletarier), sondern ihren Körper und ihre Liebesfähigkeit (Selbstverwirklichung und Glücksanspruch) zur Ware verdinglichen muß. Hier muß die Prostituierte bei ihrem Rollenwechsel erfahren, „daß sie nicht zugleich Ware und Verkäufer sein kann" (Hecht, L 35, 17). Die Fabelführung zeigt, daß in der bestehenden Gesellschaft der Ausbeutung nur entgeht, wer selbst ausbeutet, und daß die Flucht aus der Prostitution auf einer anderen Ebene wieder in die Prostitution zurückführt.

Diesen Grundriß der Fabel hat Brecht in der Parabel bewahrt.

10.3. Die Rolle der Götter

Neu sind die chinesische Einkleidung, die das Modellhafte der Vorgänge sinnfällig macht, und die Einführung der Götter. Sie verdichten das Geschehen zu einem Experiment mit der Welt. Brecht greift auf die alttestamentliche Erzählung vom Untergang der Städte Sodom und Gomorrha zurück (1. Mose 18, 19), die er in der Umkehrung verwendet: Es geht nicht darum, das Strafgericht Gottes gegen die sündigen Städte um einiger Gerechten willen zu verhindern, die Götter sind vielmehr Fürsprecher des Bestehenden, sie suchen nach einer Legitimation für die Welt: „die Welt kann bleiben, wie sie ist, wenn genügend gute Menschen gefunden werden, die ein menschenwürdiges Dasein leben können." (4, 1492) Die sittlichen Gebote, die den Göttern als ihr Lebensgrund zugeschrieben werden (ihre Transzendenz ist das Nichts [4, 1606]), erweisen sich zugleich als Rechtfertigungsideologie für die schlechte Wirklichkeit und als Instrument, die für deren Funktionieren notwendigen Opfer (mit schwindendem Erfolg) einzufordern. Dabei zeigt sich aber, daß das Gutsein (Hilfsbereitschaft, Freundlichkeit) ein spontanes Bedürfnis des Menschen ist, das Bösesein ein erlittener Zwang, weil die Guten nicht lebensfähig sind: der Wasserverkäufer Wang wird zum Krüppel geschlagen, der alte Teppichhändler und seine Frau werden von Shen Te ruiniert, als sie ihrem Geliebten Sun zur Selbstverwirklichung als Flieger verhelfen will, sie selbst muß für ihr ungeborenes Kind zum Tiger werden und empfindet das als Nötigung:

> Den Mitmenschen zu treten
> Ist es nicht anstrengend? Die Stirnader
> Schwillt ihnen an, vor Mühe, gierig zu sein.
> Natürlich ausgestreckt

Gibt eine Hand und empfängt mit gleicher Leichtigkeit. Nur
Gierig zupackend muß sie sich anstrengen. Ach
Welche Verführung, zu schenken! Wie angenehm
Ist es doch, freundlich zu sein. Ein gutes Wort
Entschlüpft wie ein wohliger Seufzer. (4, 1570)

Die Gebote der Götter sind also nichts als die spontanen Bedürfnisse
der menschlichen Natur, die von der Gesellschaft pervertiert werden,
indem sie dem einzelnen nicht nützen, sondern schaden. Daß als Gebot
formuliert werden muß, was selbstverständlich ist, objektiviert einen Widerspruch in der Welt: sie läßt eine humane Selbstverwirklichung nicht
zu. Sie kann aber nicht darauf verzichten, wenigstens den Anspruch
darauf zu bewahren, um nicht als unmenschlich bewußt zu werden. Die
Formulierung von Geboten ist also schon ein Indiz für die Pervertierung
der Welt zu einer Stätte der Unmenschlichkeit, in der Humanität nur als
Postulat gedacht werden kann. Dieser Widerspruch ist der Seinsgrund
der Götter: Sie verleihen durch ihre Gebote und durch den Anspruch auf
deren Erfüllung der Welt den Schein von Humanität und eine ideologische Legitimation. Sie verkörpern die Ideologie, daß die bürgerliche Gesellschaft eine humane Gesellschaft sei. Weil sie aber mit dieser Welt
selbst in Frage gestellt sind, reduzieren sie fortlaufend ihren Anspruch.
Während Abraham mit Gott handelt, um die für die Verschonung von
Sodom und Gomorrha erforderliche Anzahl der Gerechten zu reduzieren, gestehen sich die Götter selbst eine Verringerung des Anspruchs zu,
der den Bestand der Welt garantiert: Sie halten sich an Shen Te, und sie
betrügen sich zusätzlich, indem sie ihr durch ein Geldgeschenk den
Schein einer neuen Lebensmöglichkeit jenseits der Prostitution eröffnen.

10.4. Die Personenspaltung

Mit diesem Geldgeschenk tritt das Experiment mit der Welt in ein neues
Stadium. Shen Te tritt aus der totalen Selbstentfremdung der Prostitution
heraus und macht mit der Eröffnung des Tabakladens Anstalten zur
Selbstverwirklichung, in der Hoffnung, „jetzt viel Gutes tun zu können"
(4, 1499). Die Götter haben zwar mit dem Geldgeschenk ihre Grenzen
überschritten („In das Wirtschaftliche können wir uns nicht mischen."
[4, 1498]), aber die Voraussetzungen menschlicher Autonomie liegen
unter den gegebenen Umständen im Ökonomischen. Für Shen Te, die als
Dirne außerhalb der Gesellschaft gelebt hat, bedeutet die Eröffnung des
Ladens den Eintritt in die Gesellschaft und impliziert die Bereitschaft zur
Hilfe zugleich die Gefahr des Ruins, da sie von dem Elend der Vielzuvie-
len sofort überschwemmt wird. Wie Galy Gay in *Mann ist Mann* ist sie
zunächst ein Mensch, der „nicht nein sagen [kann]" (4, 1494), und wie
dieser muß sie bei ihrer gesellschaftlichen Integration das Neinsagen ler-

nen. Damit führt ihr Weg aber unter den veränderten Umständen in die Selbstentfremdung zurück. Und auch die Prostitution kehrt in der gesellschaftlich sanktionierten Form der Einheirat wieder: sie muß sich an den widerlichen Barbier verkaufen, um dem vollständigen Ruin zu entgehen. Die Selbstentfremdung wird in dem eindringlichen Bild der Personenspaltung versinnbildlicht. Nur in der Gestalt des rücksichtslosen Vetters Shui Ta kann Shen Te überleben, aber dessen Verhalten negiert ihr Wesen, ihre Hilfsbereitschaft und ihre Güte: sie ist in der Maske nicht mehr sie selbst. Weil sie unter diesem Zwang zur Selbstbehauptung leidet, findet sie immer wieder in ihre wahre Gestalt zurück, läßt sie es nicht zur völligen Verwandlung kommen. Aber die Verhältnisse fordern, daß sie immer länger der Vetter sein muß und immer weniger sie selbst sein kann, bis schließlich das Interesse des ungeborenen Kindes die Existenz des guten Menschen von Sezuan vernichtet, den ‚Engel der Vorstädte' in die ‚Geißel der Vorstädte' verwandelt. In dem prozeßhaften Verlust der personalen Identität, die in der Doppelheit der natürlichen und der vergesellschafteten Person sichtbar wird, erfaßt Brecht sinnfällig die Widersprüchlichkeit der bürgerlichen Welt. Die Personenspaltung ist eine parabelhafte Verfremdung der Entfremdung, in der das Experiment mit der Welt kritisch wird. Shen Te muß nicht nur ihre Freundlichkeit aufgeben, sondern auch auf ihre Liebe verzichten, weil auch der Flieger Sun durch die Selbstentfremdung entstellt ist. In der Figurenspaltung gelingt es aber, die unentstellte Person als Opfer und als Anspruch wenigstens sichtbar bleiben zu lassen.

10.5. Der ‚offene' Schluß

Das Experiment mit der Welt endet negativ: Die Suche der Götter nach Menschen, die ihre Gebote halten und doch menschenwürdig leben können, ist gescheitert. Die Konsequenz wäre die Einsicht, daß die Welt unbewohnbar ist (4, 1596) und daß sie geändert werden muß (4, 1605), aber diese Konsequenz, die ihre Existenz aufhöbe, negieren die Götter. Die Umkehrung des biblischen Musters schließt ein, daß nicht mehr die Menschen an die Götter, sondern die Götter an die Menschen glauben: „Wir setzen unsere ganze Hoffnung auf sie. [...] Wir glauben fest, daß unser guter Mensch sich zurechtfinden wird auf der dunklen Erde." (4, 1565) Daß Shen Te sich nicht vollständig in Shui Ta verwandelt hat, sondern neben die Maske des bösen Vetters treten kann, wird ihnen zum Alibi, bevor sie als ein umgekehrter deus ex machina – eingreifende Hilfe verweigernd – auf einer rosa Wolke entschwinden. Gegen ihren Willen wird aber die Gerichtsszene zu einer Art Weltgericht, denn Shen Te erkennt, wenn auch zunächst folgenlos: „Etwas muß falsch sein an eurer Welt." (4, 1603)

Zur konsequenten Verwirklichung der Parabel gehört der offene Schluß, der das ungelöste Problem im Epilog an das Publikum weitergibt und dabei deutlich macht, daß die ‚goldene Legende‘, die Verklärung des Martyriums, nicht gemeint ist, da das Stück ja in seiner Gestaltung der Götter die Transzendenzen aufgehoben hat. Die Parabel ist als Form notwendigerweise offen. Sie macht die Wirklichkeit nur transparent, ermöglicht das Erkennen ihrer Gesetzmäßigkeiten (hier des gesellschaftlich bedingten Selbstentfremdungszwanges). Die Lösung muß in der Wirklichkeit selbst entdeckt und realisiert werden, sie ist also vom Zuschauer zu finden, ist aber natürlich nicht beliebig, sondern in dem dialektischen Theorie-Praxis-Verhältnis der gesellschaftlichen Erkenntnis angelegt, so daß sich aus dem ästhetisch vermittelten Wissen eine Handlungsanweisung ergibt. Insofern impliziert der offene Schluß eine folgerichtige Lösung. Erst durch die explizite Wendung an das Publikum gewinnt die Parabel also ihre formale Geschlossenheit.

11. Vorgeschichte und Utopie in der Parabel: ‚Herr Puntila und sein Knecht Matti‘

11.1. Grundlageninformationen

Materialien
- Herr Puntila und sein Knecht Matti (L 250). [Enthält 64 Szenenfotos von Ruth Berlau aus der Aufführung des Berliner Ensembles (1949) sowie Anmerkungen zur Musik, Notizen über die Züricher Erstaufführung (1948).]
146 Wuolijoki, Hella: A Finnish Baccus. In: Brecht-Jahrbuch 1978, S. 96–106. [Übersetzung der Kurzgeschichte, die die Vorlage für Brechts und Wuolijokis Arbeit war.]

Forschungsliteratur
147 Mayer, Hans: Herrschaft und Knechtschaft. Hegels Deutung, ihre literarischen Ursprünge und Folgen. In: Jahrbuch der dt. Schiller-Gesellschaft 15/ 1971, S. 251–279. [Verfolgt das Thema Herrschaft und Knechtschaft von seinen Anfängen bei Th. Müntzer und Leibniz zu seiner Explikation bei Diderot und Hegel und weiter zur Literatur des 20. Jahrhunderts mit Schwerpunkten bei Hofmannsthal, Brecht, Walser, Lange und Beckett. Sehr material- und perspektivenreich.]
148 Hermand, Jost: Herr Puntila und sein Knecht Matti. Brechts Volksstück. In: Brecht heute 1/1971, S. 117–136. [Wendet sich gegen die übliche Verharmlosung des Stücks, weist den gesellschaftskritischen Anspruch der Volksstück-Dramaturgie nach. Sucht – wenig überzeugende – Parallelen zu Zuckmayers Der fröhliche Weinberg und klärt Brechts Intentionen in einer Beschreibung seiner Aufführungspraktiken.]
148a Martini, Fritz: Soziale Thematik und Formwandlungen des Dramas. In: Grimm, Reinhold (Hrsg.), Episches Theater, Köln ²1972, S. 246–278. [Ana-

lyse des dialektischen Realismus im Volksstück. Hinweis auf den statischen Charakter der Komödienkonstellation.]

149 Neureuter, Hans Peter: *Herr Puntila und sein Knecht Matti.* Bericht zur Entstehungsgeschichte. In: Mitteilungen aus der Deutschen Bibliothek Helsinki 9/1975, S. 7–42. [Grundlegende Klärung der Textgeschichte.]

150 Deschner, Margarete N.: Hella Wuolijokis *Puntila*-Geschichte. Ein Vor-Brechtsches Dokument. In: Brecht-Jahrbuch 1978, S. 87–95. [Kommentar zu Hella Wuolijokis Kurzgeschichte (L+ 146).]

151 Bohnen, Klaus: Naivität bei Brecht? Aus Anlaß der Kopenhagener Erstaufführung von *Herr Puntila und sein Knecht Matti.* In: Brecht-Jahrbuch 1980, S. 189–200. [Bestimmung der Naivität als einer Stufe der Reflexionsform des Volksstücks.]

152 Neureuter, Hans Peter: Vom Konversationsstück zum Volksstück. Aus der Entstehungsgeschichte des *Puntila.* In: B. Gajek/E. Wedel (Hrsg.): Gebrauchsliteratur. Interferenz. Kontrastivität. Beiträge zur polnischen und deutschen Literatur- und Sprachwissenschaft. Frankfurt/M./Bern 1982.

11.2. Episches Theater und Komödie

Mit dem Problem der Selbstentfremdung und der „Tödlichkeit bürgerlicher Ethik in bürgerlichen Verhältnissen" (B 529) thematisiert der *Gute Mensch von Sezuan* einen sehr allgemeinen und grundsätzlichen Widerspruch der Gesellschaft. Das gilt auch für das Volksstück *Herr Puntila und sein Knecht Matti,* das schon im Titel die in der idealistischen und materialistischen Philosophie (bei Hegel und Marx) systematisch reflektierte Herr-Knecht-Dialektik aufgreift (vgl. Mayer, L+ 147; Knopf, L+ 294). Brecht wurde von der klassischen Gestaltung dieser Thematik bei Diderot inspiriert (s. AJ 181). Das Stück entstand auf der Grundlage eines Entwurfs seiner finnischen Gastgeberin Hella Wuolijoki, dessen Veränderungen in höchstem Maße aufschlußreich sind (s. Neureuter, L+ 149). Brecht fand eine Konversationskomödie in „konventioneller dramatischer technik" vor (AJ 164), die er gegen den anfänglichen Widerstand der Autorin (AJ 177), jedoch von ihrem Erzähltalent inspiriert, episch bearbeitete. Erst in der Episierung wird der „gegensatz ‚herr' und ‚knecht'" bestimmend und wird der fehlende Realismus der „naturalistischen schablone und der landläufigen familienblattpsychologie" (AJ 177) überwunden. Das Stück wird dadurch zur Parabel, und Brecht macht die Erfahrung, daß deren Formtelos („allgemeine belehrung") sich sehr wohl mit dem der Komödie („erheiterung") vereinbaren läßt und daß auch die Lebensfülle des Volksstücks die Einsicht in die gesetzmäßigen Zusammenhänge der Wirklichkeit nicht ausschließt (AJ 180). Bei der Aufführung von 1949 zeigt sich zudem, daß die Komödie den in der DDR zunächst sehr verbreiteten Widerstand gegen die epische Spielweise überlistet, weil „verfremdungen aus dem zeughaus der komödie" akzeptiert werden (AJ 912). Zugleich stellt sich aber die entscheidende Frage: „wann wird es das echte, radikale epische theater geben?" *Herr Puntila und sein Knecht Matti* bezeichnet ebenso wie *Der gute Mensch von Sezuan* dessen ‚Standard‘.

Das Stück benutzt die Möglichkeiten der überlieferten Komödie, um das ‚Gesellschaftlich-Komische‘ im Sinne der Marxschen Geschichtsphilosophie (s. Giese, L⁺ 354) zu erzielen:

> Die Geschichte ist gründlich und macht viele Phasen durch, wenn sie eine alte Gestalt zu Grabe trägt. Die letzte Phase einer weltgeschichtlichen Gestalt ist ihre *Komödie*. [...] Warum dieser Gang der Geschichte? Damit die Menschheit *heiter* von ihrer Vergangenheit scheide. (Marx, *Einleitung zur Kritik der Hegelschen Rechtsphilosophie*. MEW 1, 382)

Auf diesen Denkansatz bezieht sich der Prolog programmatisch:

> Nur ist nicht überm Berg, wer noch nicht lacht
> Drum haben wir ein komisches Spiel gemacht. (4, 1611)

In der Perspektive des Gesellschaftlich-Komischen erscheint das Dargestellte als etwas bereits historisch Überwundenes, die Heiterkeit entsteht aus dem retrospektiven Blick auf das Abgelebte und im Bewußtsein eines überlegenen gesellschaftlichen Standpunkts: Die Distanz, die die Vorgänge komisch erscheinen läßt, ist historisch vermittelt. Die Kritik steht im Zeichen der Utopie. In diesem Sinne ist Puntila als Gutsbesitzer, d. h. nach seinem sozialen Status, ein „vorzeitliches Tier" (4, 1611), kann aber im Suff, also beim zeitweiligen Verlust seiner sozialen Disziplinierung, „fast ein Mensch" (4, 1708) werden. Beide Zustände liegen aber gewissermaßen noch vor der Schwelle des Menschseins, erscheinen also für das Bewußtsein der Menschheit, das im Zuschauer seinen Ort hat, als vorgeschichtlich und überlebt. Auf die Sozialstrukturen des Feudalzeitalters, die Brecht in Hella Wuolijokis Vorlage vorfand, ist das nur indirekt zu beziehen. Ähnlich wie in *Die Rundköpfe und die Spitzköpfe* hat die agrarische Gesellschaft zwar den Vorzug, daß in ihr die gesellschaftlichen Verhältnisse noch anschaulich sind und in Vorgängen zwischen Personen dargestellt werden können, aber die parabelhafte Anlage des Stücks zielt zugleich grundsätzlich auf das Verhältnis von Herr und Knecht, auf das durch die Eigentumsverhältnisse begründete Abhängigkeitsverhältnis.

11.3. Ausstellung der Widersprüche in der Figurenspaltung

Brecht benutzt abermals zur Verdeutlichung der Widersprüche das Motiv der Figurenspaltung, dieses Mal jedoch bezogen auf die herrschende Klasse. Die Verhaltensweisen des Besitzenden sind das Ergebnis einer sozialen Disziplinierung, deren Zweckrationalität der besoffene Puntila in Frage stellt (Szene 1). Paradoxerweise (in komischer Enthüllung der Logik des Verkehrten) erscheint die Nüchternheit als Zustand einer tierischen Hemmungslosigkeit: „Ein zurechnungsfähiger Mensch ist ein Mensch, dem man alles zutrauen kann." (4, 1616) Nur wenn er in der Trunkenheit außer sich ist, nimmt Puntila die sozial unter ihm Stehenden als Menschen wahr, erkennt aber auch zugleich seine eigenen Standesgenossen als Charaktermasken. Seine Anfälle von Menschlichkeit dürfen freilich nicht darüber hinwegtäuschen, daß er auch im Alkoholrausch niemals vergißt, daß er Herr ist: Er stellt Ansprüche, befiehlt, verfügt über seinen Besitz, läßt andere für sich arbeiten, macht sich gemein, weiß aber noch in der äußersten Jovialität, daß er sich als Ungleicher gleichstellt: „Vor Gott sind alle gleich, steht es geschrieben, also warum nicht vor dem Herrn Puntila?" (4, 1670) Die Phasen der Nüchternheit gewährleisten, daß die Anfälle von Menschlichkeit folgenlos bleiben. Die beiden Zustände sind auf eigenartige Weise verknüpft: Im Suff weiß Puntila von seiner Nüchternheit und hält über sie Gericht, im nüchternen Zustand verliert er seine Vitalität und zugleich die Erinnerung an seine Ausschweifungen. Die beiden Seiten seiner Identität hängen also aufs engste zusammen und sind zugleich im sozialen Bereich unvermittelt.

11.4. Vermittlung der Widersprüche im Spiel

Diese Vermittlung nun leistet der Knecht, allerdings in der Form der Negation. Dafür bedient sich Brecht, wie Knopf nachgewiesen hat (L+ 294), der Komödienpraxis des Spiels im Spiel, die er, Ansätze von Hella Wuolijokis Entwurf systematisch ausbauend, als Form epischer Darstellung entwickelt. Grundsätzlich sind die sozial Niedrigstehenden, deren Menschlichkeit auch der betrunkene Puntila erkennt, zum Rollenspiel fähig, während die Oberen nur ihr gesellschaftliches Sein reproduzieren können: das Spiel ist ein Zeichen von Menschlichkeit. „Man kann die Herren nicht berechnen, sie sind bald so, bald so und dann wieder so. [...] Sie schauen aus wie unsereiner, und das täuscht." (4, 1673 f.) Die Bräute des Herrn Puntila können hingegen ihre Rollen spielen (Szene 7) und in den ‚finnischen Erzählungen' (Szene 8) das Verhalten der Herren reflektieren; die Bediensteten können bei den Tischgesprächen (Szene 9) auf die fingierte Gleichstellung eingehen, während die Herren sich nur im Bewußtsein ihrer sozialen Identität mit der jeweiligen Situation identifizieren können und nicht über Humor verfügen: „Ein Mensch ohne Humor ist überhaupt kein Mensch." (4, 1679) Eva ist weder in der Badehüttenszene (Szene 5) noch in der Verlobungsszene (Szene 9) in der Lage, die von der Situation geforderte Rolle zu übernehmen.

Matti fungiert in all diesen Konstellationen als überlegener Spielleiter. Sein gesellschaftliches Bewußtsein befähigt ihn, die Vorgänge zu beherrschen und zu arrangieren. In genau der gleichen Weise läßt er sich auf die Vertraulichkeiten des betrunkenen Puntila ein, versteht sie von der Situation, nicht von der Person her und behandelt sie als ein Spiel, das er (anders als Puntila) mit seinen gesellschaftlichen Voraussetzungen vermitteln kann. Sein Verhalten ist ein gespieltes Einverständnis, das Brecht auf einem „tonfall" (AJ 165) begründet sieht, auf dem „schwejk-ton" (AJ 169), den er schon in der *Courage* benutzt habe (AJ 172). So ist denn die Dienstbarkeit des Knechtes so doppelbödig wie das zweifache Verhalten des Herrn, aber es ist nicht widersprüchlich, sondern durch das gesellschaftliche Bewußtsein kontrolliert. Damit verändert Brecht zugleich das Muster der Herr-Knecht-Dialektik. Puntila und Matti sind nicht der unproduktiv Genießende und der Produzierende, vielmehr produziert der Herr Widersprüche, die der Knecht subversiv und genußvoll ausstellt. Die Überlegenheit Mattis beruht nicht auf der gesellschaftlichen Qualität der Arbeit (als Chauffeur ist er ohnehin Dienstleistender), sondern auf der geschichtsphilosophischen Perspektive des Wissenden. Die Veränderung ist in dem utopischen Moment des Gesellschaftlich-Komischen vorausgesetzt und wird im Epilog thematisch. Allerdings sah Brecht das Zwiespältige eines solchen Optimismus. Er schrieb das Stück während der Schlacht um England:

> der puntila geht mich fast nichts an, der krieg alles; über den puntila kann ich fast alles schreiben, über den krieg nichts. ich meine nicht nur ‚darf‘, ich meine auch wirklich ‚kann‘. es ist interessant, wie weit die literatur, als praxis, wegverlegt ist von den zentren der alles entscheidenden geschehnisse. (AJ 171)

Die Problematik der langdauernden Bauart der Parabel war dem Stükkeschreiber also sehr wohl bewußt.

12. Utopische Intention der Parabel und Utopie des Publikums im ‚Kaukasischen Kreidekreis‘

12.1. Grundlageninformationen

Materialien
- Hecht (L 253). [Enthält Notate zur Fabel und zum Stück, die erste Fassung des Vorspiels und das Nachspiel der 1. Fassung, Zeichnungen von Kulisiewicz, Bühnen- und Maskenskizzen von Appen sowie eine ausführliche Dokumentation der Aufführung des Berliner Ensembles 1954.]
- Nance-Weber (L 254). [Zahlreiche, aufwendig edierte Texte aus dem Nachlaß. Die Interpretation versucht eine Deutung des Stücks als bewußt verschleiert dargebotene Geschichte der Oktoberrevolution und der Sowjetunion. Die assoziative Beweisführung gilt inzwischen als unhaltbar.]

Forschungsliteratur
153 Geißler, Rolf: Versuch über Brechts *Kaukasischen Kreidekreis*. Klassische Elemente in seinem Drama. In: Buck (L⁺ 317), S. 192–199. (Zuerst in:

Wirkendes Wort 2/1959, S. 93–99.) [Interpretation im Vergleich mit Goethe und Schiller. Instruktiv für die Vereinnahmungsstrategien des Gymnasiums der 50er Jahre.]
154 Badura, Peter: Die Gerechtigkeit des Azdak. In: Text und Kritik. Sonderband Bertolt Brecht I (L 310), S. 100–106. [Bestimmt die Möglichkeiten der Gerechtigkeit in einer ungerechten Zeit und Gesellschaft.]
155 Malcolm, Read: Brecht, Klabund and the Chalk Circle. In: Modern Languages 53/1972, S. 28–32.
156 Berg-Pan, Renata: Mixing Old and New Wisdom. The ‚Chinese' Sources of Brecht's *Kaukasischer Kreidekreis* and other Works. In: German Quarterly 48/1975, S. 204–228.
– Müller (L 420). [Deutet das Stück – bezogen auf das Verhältnis von Vorspiel und Kreidekreishandlung – als Utopie in der Vorgeschichte.]
– Buck in: Hinderer (L+ 322).

12.2. Historisierung durch das Vorspiel

Das Publikum des wissenschaftlichen Zeitalters, das im Gesellschaftlich-Komischen des *Puntila* schon angesprochen ist, erscheint im Vorspiel zum *Kaukasischen Kreidekreis* (der 1. Szene der Druckfassung) auf der Bühne: Brecht machte die adäquate Aufführung stückimmanent zum Teil der Struktur, und er tat gut daran, denn die Rezeption des epischen Theaters in der UdSSR und in der DDR entsprach später keineswegs seinen Erwartungen.

Das Vorspiel (‚Der Streit um das Tal') ist bei Literaturwissenschaft und Kritik auf Verständnislosigkeit gestoßen und wurde in vielen Aufführungen einfach gestrichen. Das ist ein grundlegendes Mißverständnis. Brecht hat in einem Brief an Peter Suhrkamp betont, daß „die Fragestellung des parabelhaften Stücks aus Notwendigkeiten der Wirklichkeit hergeleitet werden [muß]" und daß das Vorspiel deshalb als „ein historischer und erklärender Hintergrund" notwendig sei (B 719f.). An anderer Stelle heißt es sogar:

Der *Kaukasische Kreidekreis* ist keine Parabel. Das Vorspiel könnte darüber einen Irrtum erzeugen, da äußerlich tatsächlich die ganze Fabel zur Klärung des Streitfalls wegen des Besitzes des Tals erzählt wird. Genauer besehen aber enthüllt sich die Fabel als eine wirkliche Erzählung, die in sich selbst nichts beweist, lediglich eine bestimmte Art von Weisheit zeigt, eine Haltung, die für den aktuellen Streitfall beispielhaft sein kann, und dann ist das Vorspiel als ein Hintergrund erkennbar, der der Praktikabilität dieser Weisheit sowie auch ihrer Entstehung einen historischen Platz anweist. (17, 1205)

Wichtiger als die wohl eher verdeutlichend gemeinte Einschränkung des Parabelanspruchs (an anderer Stelle hat Brecht nicht nur von „parabelhaftem Stück", sondern ausdrücklich von „Parabel" gesprochen: B 544) ist die Betonung des historischen Zusammenhangs von Kreidekreis-Handlung und Vorspiel. Sie begründet die Verlagerung des Schauplatzes aus China in den Kaukasus: in eine sozialistische Gesellschaft (5, 2007).

12.3. Die Grusche-Handlung: Destruktive Produktivität

Die Vorgänge werden in zwei zunächst getrennten Handlungen nacheinander erzählt. Die Grusche-Handlung und die Azdak-Handlung werden dabei gegen die Gesetze der dramatischen Zeit nacheinander präsentiert, obwohl sie sich über einen Zeitraum von mehreren Jahren gleichzeitig abgespielt haben. Die Verknüpfung erfolgt thematisch, nicht chronologisch, womit Brecht eine genuin epische Verfahrensweise verwendet. Die historische Zeit ist eine „blutige Zeit" (5, 2008), aus der aber das Richteramt des Dorfschreibers und Wilddiebs Azdak als „eine kurze Goldene Zeit beinah der Gerechtigkeit" (5, 2105) im Gedächtnis des Volkes bewahrt wird. Der utopische Topos des goldenen Zeitalters bezieht sich hier negativ auf die Rechtsverhältnisse, die Brecht als Spiegelung der gesellschaftlichen Verhältnisse und der Produktionsverhältnisse versteht, worauf sich das Vorspiel mit seinen ganz anderen Rechtsverhältnissen thematisch bezieht. In der Fabel wird der „Wechsel der Zeiten" vergeblich zur „Hoffnung des Volkes" (5, 2015, vgl. die gleiche Thematik in *Schweyk im zweiten Weltkrieg*): Die Palastrevolution führt die Gesellschaft zwar in Verwirrung und Chaos, bedeutet aber keinen Umsturz. In einer solchen Zeit bringt die Magd Grusche sich ins Unglück, als sie der „schrecklichen Verführung zur Güte" nachgibt und sich des hilflosen Kindes des erschlagenen Gouverneurs annimmt: „Wenn das Haus eines Großen zusammenbricht / Werden viele Kleine erschlagen." (5, 2015) Ihr Verhalten bestätigt zwar, daß „in den blutigsten Zeiten freundliche Menschen [leben]" (5, 2038), aber sie kann die gute Tat nur vollbringen, indem „ihre Produktivität in der Richtung ihrer eigenen Destruktion [wirkt]" (17, 1208 f.). Brecht hat während der Arbeit erkannt, daß die Grusche nicht einfach gütig und von naiver (einfältiger) Weisheit sein darf, sondern schwerfällig, eigensinnig, gezeichnet von der „zurückgebliebenheit ihrer klasse" (AJ 662): Sie läßt sich anschmieren und ist die Dumme, indem sie in der Fürsorge für das Kind gegen ihr eigenes Interesse handelt, zugleich aber lernt sie in der übernommenen Pflicht, bis sie ihrer Aufgabe schließlich auch sozial gewachsen ist, wie ihre Haltung im Prozeß zeigt. Zunächst aber gefährdet sie mit dem Kind sich selbst, sieht sich in einer Ehe gefangen, die sie von dem geliebten Mann trennt, und muß schließlich fürchten, auch noch das Kind zu verlieren, für das sie alle Opfer auf sich genommen hat, denn es wird nach der Wiederherstellung der Ordnung für die Behauptung von Besitzansprüchen der Gouverneursfrau wieder gebraucht. In der gegebenen Rechtsordnung (Eigentum ist erblich) ist der Fall klar – die Entscheidung, daß er überhaupt noch einmal zu einem Rechtsfall werden kann, ist allein in der Person des Richters begründet.

12.4. Die Azdak-Handlung: Widerspruchsvolle Antizipation einer ‚Goldenen Zeit'

Auch die Gestalt Azdaks hat in der Konzeption Wandlungen erfahren. Ursprünglich wollte Brecht die „selbstsüchtigen, amoralischen, parasitären züge" des „niedrigsten, verkommensten aller richter" nicht rechtfertigen, sein Verhalten aber aus der Enttäuschung darüber begründen, „daß mit dem sturz der alten herrn nicht eine neue zeit kommt, sondern eine zeit neuer herrn" (AJ 650). Schließlich wird er aber „ein völlig lauterer Mann, ein enttäuschter Revolutionär, der einen verlumpten Menschen spielt, so wie beim Shakespeare die Weisen Narren spielen" (17, 1206). Seine Geschichte, die als Begründung seiner Rechtsprechung nachgetragen wird, ist eine Folge von Widersprüchen und Zufällen. Weil er unfreiwillig dem Großfürsten zur Flucht verholfen hat, klagt er sich selbst bei den Panzerreitern an und verlangt seine Verurteilung. Er mißversteht die Palastrevolution als Revolution, indem er sich an einen vierzig Jahre zurückliegenden Volksaufstand in Persien erinnert. Die Panzerreiter haben aber gerade die ‚persische Krankheit' in Grusinien bekämpft, sind also nicht Revolutionäre, sondern Konterrevolutionäre. Aus einer Laune, die nur in der aus den Fugen geratenen Zeit möglich ist, setzen sie ihn jedoch zum Richter ein, weil er den Großfürsten vollendet imitiert. Der enttäuschte Revolutionär, der sich einer antirevolutionären Handlung anklagt, wird also paradoxerweise von den Konterrevolutionären in sein Amt gebracht: „Immer war der Richter ein Lump, so soll jetzt ein Lump der Richter sein." (5, 2078) Azdak rechtfertigt dieses ironische Vertrauen: Er praktiziert nicht eine neue Gerechtigkeit, sondern ein Recht gegen das Gesetz – die einzige Möglichkeit, Recht zu sprechen, wenn das Gesetz selbst ungerecht ist. Er ist, wie Elisabeth Hauptmann treffend bemerkt hat (in: Hecht, L⁺ 253, 137), nicht der „korrekte Austeiler des Unrechts in der bürgerlichen Gesellschaft", sondern ein „unkorrekter Austeiler des Rechts". Mit ‚gezinktem Recht' bringt er „das Volk ans Ufer auf des Rechtes Wrack" (5, 2086). Aber die so volkstümliche wie willkürliche Rechtsprechung ist gebunden an die ‚Zeit der Unordnung'. Als deshalb der persische Kriegsgegner dem Großfürsten die Rückkehr zur Macht ermöglicht, damit in Grusinien nicht die ‚persische Krankheit' ausbricht, weiß Azdak daß seine Richtertage gezählt sind: „Die Zeit der Verwirrung und Unordnung ist vorüber, und die große Zeit ist nicht gekommen, die ich beschrieben fand in dem Lied vom Chaos." (5, 2087) In ebendieser chaotischen Zeit hat aber Grusche das Mutterrecht für das Kind erworben. Es gilt als ein Glück, daß Azdak über ihren Fall entscheiden soll, denn er ist auch für die Armen „überhaupt kein richtiger Richter", weshalb die kleinen Leute „manchmal gut bei ihm weg[kommen]" (5, 2090). Bevor er den Fall entscheiden kann, steht er ein zweites Mal mit einem Strick am Galgen, und es ist wiederum ein Widerspruch, der ihn rettet. Als Gegenleistung für die „Errettung eines dem Land hochwichtigen Lebens" (5, 2094) wird er erneut, jetzt vom Großfürsten selbst, zum Richter eingesetzt. So kann er das Kreidekreis-Urteil fällen, mit dem er die Gerechtigkeit einer neuen Ordnung vorwegnimmt. Deren Grundsatz ist in den Schlußworten des Sängers als ‚Meinung der Alten‘ zur Sentenz, zum Weisheitssatz zusammengefaßt:

> Daß da gehören soll, was da ist, denen, die für es gut sind, also
> Die Kinder den Mütterlichen, damit sie gedeihen
> Die Wagen den guten Fahrern, damit gut gefahren wird
> Und das Tal den Bewässerern, damit es Frucht bringt. (5, 2105)

In diesem Sinne hebt Azdak die falsche Frage des Rechtsstreits auf: nicht der Anspruch der ‚richtigen‘ Mutter auf das Kind ist entscheidend, sondern der Anspruch des Kindes auf die richtige Mutter. Darin äußert sich schon die „Sittlichkeit, die aus der Produktion stammt" und die für Brecht das Grundgesetz des wissenschaftlichen Zeitalters ist. So ermöglicht also eine unfreiwillig antirevolutionäre Handlung dem enttäuschten Revolutionär vorübergehend die Praxis einer noch unverwirklichten Ordnung. Das ist zwar eine märchenhafte Ausnahme (der Märchenton des Sängers ist unüberhörbar und wird durch die Zufälle der Handlung verstärkt), hat aber zur Folge, daß Grusches Produktivität *nicht* in Richtung ihrer eigenen Destruktion wirkt, daß sie am Ende nicht die Dumme ist. Das wird als Utopie bewußt (eine „kurze Goldene Zeit beinah der Gerechtigkeit"), findet aber seine Beglaubigung in der Legende vom guten Richter: in der kollektiven Identifikation des Volkes mit dieser vorausgreifenden Gerechtigkeit.

12.5. Die Bedeutung des Vorspiels

Hier wird nun aber das Vorspiel wichtig: Was im Kreidekreis-Urteil eine vernünftige, aber willkürliche und einmalige Rechtsbeugung ist, wird nachträglich beglaubigt, indem die Haltung, mit der Azdak entschieden hat, genau der Haltung entspricht, mit der die Menschen in einer befreiten Gesellschaft ihren Rechtsstreit um das Tal entscheiden. Im Nachhinein ist Azdaks Rechtsfindung also eine bestätigte Antizipation. Insofern ist der *Kreidekreis* ein Theaterstück, „das mit unserer Frage zu tun hat" (5, 2006). Vorspiel und Spiel historisieren einander wechselseitig. Anfangs hatte Brecht das Spiel noch als eine Entscheidungshilfe konzipiert (die Zustimmung zur produktiveren Nutzung des Tals wird erst in einem Nachspiel (Hecht, L⁺253, 54f.) unter dem Eindruck der weisen Entscheidung gegeben), aber diese im engeren Sinne parabelhafte Konzeption schien dem Stückeschreiber dann doch zu lehrhaft. Trotzdem bleibt das Stück eine Parabel: ein Beispiel dafür, wie eine befreite Gesellschaft im Wissen um ihre Geschichte ihre eigene Praxis bestätigt finden kann. Insofern entdeckt Brecht im *Kaukasischen Kreidekreis* die Möglichkeiten des epischen Theaters als eines Theaters der Zukunft, freilich indem er die richtige Rezeption schon stückimmanent fingiert: die Haltung der Zuschauer ist das am stärksten utopische Moment des Stücks.

13. Möglichkeiten und Probleme der Parabel

Die Parabel ist für Brecht also nicht nur, wie die antifaschistischen Stücke zeigen, ein besonders geeignetes ästhetisches Medium, um die Widersprüche der antagonistischen Gesellschaft sichtbar zu machen und durch Aufdeckung ihrer Gesetzmäßigkeiten eingreifendes Verhalten zu ermöglichen. Sie kann in der ,Bauart langdauernder Werke' auch sehr grundsätzliche Probleme der Klassengesellschaft sichtbar machen, und sie ist schließlich eine Form, die aus der Perspektive der gesellschaftlichen Utopie die überwundene Geschichte im Bewußtsein erhält und nachträglich kritisch deutet. Ihre Haltbarkeit ist freilich mit der Forderung verbunden, „den historischen Sinn — den wir auch den neuen Stücken gegenüber benötigen — zu einer wahren Sinnlichkeit aus[zu]bilden" (16, 702).

Arbeitsbereich IX

Lyrik des Exils und späte Lyrik

0. Vorbemerkung

Brechts Lyrik des Exils und die späte Lyrik mit dem Zyklus der *Bucko-wer Elegien*, der als sein lyrisches Vermächtnis gilt, sind zuletzt wie kaum ein anderer Bereich des Werks in den Sog ideologisch fixierter Kontroversen geraten. Brechts Lyrik insgesamt war lange Zeit ein vernachlässigter Sektor, auf den Erkenntnisse und Analysebegriffe, die an der dramatischen Dichtung und der Dramentheorie erarbeitet worden waren, unkritisch übertragen wurden. Sie kamen in der Regel auch nur dem isolierten Text zugute, der aus dem Zusammenhang von Zyklen oder Sammlungen gelöst als lyrisches ‚Bekenntnis' des Dichters ‚An die Nachgeborenen' gelten und in den Kanon der „Gedichte, die standhalten", eingehen konnte. Klischeevorstellungen, die der Gattung seit der Blütezeit der ‚Erlebnislyrik' zäh anhaften, setzten sich auch an das lyrische Werk Brechts an. Sie führten zu problematischen Beurteilungen der Poetizität der Texte und bildeten eine abgehobene Tradition von Urteilsstrukturen aus. „Nicht alle seine Gedichte haben dieses Standhaltende, [...] die Schwäche der anderen [...] ist freilich nicht das Nur-Ästhetische, aber das Nur-Ideologische, eine andere Art, nicht wirklich zu sein." (Max Frisch, L⁺ 380, 15) Dadurch wurde das Werk fragwürdigen Polarisierungen unterzogen, fremden Traditionen zugeordnet oder an ästhetischen Verfahren gemessen, die, wie z.B. die konstatierte ‚Verfremdung der Lyrik', sich als die Leistung vorurteilsbefangener Interpreten und nicht als Strukturmerkmal des Werks ausweisen.

Seit dem Beginn der 70er Jahre erfaßte der Paradigmenwechsel in der Literaturwissenschaft auch das lyrische Werk Brechts und führte zu einer kritischen Aufarbeitung der Vorurteilsstrukturen. Dies geschieht im Übergang von einer werkimmanenten Textdeutung zu einer theorie-orientierten Betrachtungsweise, die den Aspekt der Historizität der Texte geltend macht und die bereits realisierten produktionsästhetischen Analyseverfahren durch rezeptionsästhetische Ansätze ergänzt. Diese Tendenz zeitigt im Gegenzug die Gefahr der Verselbständigung der Theoriediskussion. Der Ton der Auseinandersetzung über Lyrik und angemessene Interpretationsverfahren wird zunehmend schrill und unsachlich.

Doch mit der Spezialisierung der Fragestellung – z. B. der differenzierten Funktionsbestimmung der Bildlichkeit, der systematischen Einbeziehung von Kontextzusammenhängen in die Interpretation (Lyrik im Geschichtsprozeß, Lyrik und Gesellschaft, lyrische Zyklen im Kontext historisch-gesellschaftlicher Erfahrung) – zeichnet sich zugleich die Möglichkeit umfassender Deutungsversuche und vermittelnder Erkenntnisse ab (Bohnert, L^+ 329; Hinck, L^+ 159, Mennemeier, L^+ 411). Die Stellung des lyrischen Werks in der Tradition, aber auch gegen die Tradition moderner Lyrik wird komplexer und präziser diskutiert. Dadurch treten Zäsuren wie auch dem Werk immanente Konstanten und Entwicklungslinien in der diachronen Betrachtung eines Werkzusammenhangs schärfer hervor, auf die Brecht schon frühzeitig die Aufmerksamkeit der Interpreten gelenkt hatte, als er die Entwicklung seiner Lyrik von der *Hauspostille* zu den *Svendborger Gedichten* kommentierte, die exilbedingten Probleme der lyrischen Kommunikation mit den Lesern und die ‚Schwierigkeiten beim Schreiben der Wahrheit‘ thematisierte (vgl. AB II).

A. Lyrik des Exils: ‚Svendborger Gedichte‘ und ‚Steffinische Sammlung‘

1. Grundlageninformationen

Forschungsliteratur

157 Schlenstedt, Silvia: Die Chroniken in den *Svendborger Gedichten*. Eine Untersuchung zur Lyrik Brechts. Diss. Berlin 1959.
   – Benjamin (L^+ 324).
158 Lerg-Kill, Ulla: Dichterwort und Parteiparole. Propagandistische Gedichte und Lieder Bertolt Brechts. Bad Homburg/Berlin/Zürich 1968.
   – Müller (L^+ 419).
   – Birkenhauer (L^+ 326).
   – Marsch (L^+ 296).
   – Claas (L^+ 341).
159 Hinck, Walter: Von Heine zu Brecht. Lyrik im Geschichtsprozeß. Frankfurt a. M. 1978. [Zusammenstellung von sechs zum Teil bereits publizierten Aufsätzen zur Lyrik Heines, Geibels und Brechts. Die beiden Aufsätze: ‚Alle Macht den Lesern. Literaturtheoretische Reflexion in Brechts Lyrik‘ (1973), hier: S. 105–124 und: ‚Das lyrische Subjekt im geschichtlichen Prozeß oder Der umgewendete Hegel‘ (S. 125–137) gehören zu den anregendsten neueren Publikationen zur Lyrik Brechts.]
160 Rastegar, Nosratollah: Die Symbolik in der späteren Lyrik Brechts. Bern/Frankfurt a. M. 1978. [Theoretisch überfrachtete Symbolinterpretation, deren Vorannahmen fragwürdig sind und deren methodisches Vorgehen die ästhetische Struktur der Texte verfehlt.]

161 Schlenstedt, Silvia: Lyrik im Gesamtplan der Produktion. Ein Arbeitsprinzip Brechts und Probleme der Gedichte im Exil. In: Weimarer Beiträge 24/1978, S. 5–29.

162 Schwarz, Peter Paul: Lyrik und Zeitgeschichte. Brecht: Gedichte über das Exil und späte Lyrik. Heidelberg 1978. [Problematischer Versuch, durch ein wertendes Vorverständnis von Poetizität pragmatische Textsorten auszugrenzen und anderen produktions- und wirkungsästhetischen Kriterien zu unterstellen, als sie für ‚echte' Lyrik verbindlich sind.]

– Tauscher (L⁺ 449).
– Bohnert (L⁺ 329).
– Mennemeier (L⁺ 411).
– Knopf (L⁺ 295). [Enthält u. a. Hinweise zur Satire bei Brecht, Kurzkommentare zur späten Lyrik und einen Forschungsbericht (‚Hinweise zum Lyrik-Boom') über Publikationen zur Lyrik im Zeitraum 1974–1982.]
– Knopf (L⁺ 394).

2. Kommunikation vs. Erlebnis-Ausdruck

die HAUSPOSTILLE, meine erste lyrische publikation, trägt zweifellos den stempel der dekadenz der bürgerlichen klasse. [...] diesem werk gegenüber bedeuten die späteren SVENDBORGER GEDICHTE ebensogut einen abstieg wie einen aufstieg. vom bürgerlichen standpunkt aus ist eine erstaunliche verarmung eingetreten. ist nicht alles auch einseitiger, weniger „organisch", „kühler", „bewußter" (in dem verpönten sinn)? meine mitkämpfer werden das, hoffe ich, nicht einfach gelten lassen. sie werden die HAUSPOSTILLE dekadenter nennen als die SVENDBORGER GEDICHTE. aber mir scheint es wichtig, daß sie erkennen, was der aufstieg, sofern er zu konstatieren ist, gekostet hat. [...] abstieg und aufstieg sind nicht durch daten im kalender getrennt. diese linien gehen durch personen und werke durch. (AJ 28 f.)

Die Reflexion der dichterischen Tätigkeit nimmt gerade in der Zeit des Exils den Charakter der Rechtfertigung an. Die geschichtliche Entwicklung bestimmt die Inhalte und Formen der Dichtung, das Rollenverständnis des Autors und seiner Leser im Klassenkampf, die den bürgerlichen Standpunkt ästhetischer Betrachtung als Dekadenzphänomen durchschaut und aufgegeben haben. Brecht bezieht sich auf den im Formalismusstreit eingenommenen Standpunkt, sofern er den Primat des Inhalts vor der Form betont und die Legitimität formaler Neuerungen aus den Veränderungen der „sozialen Inhalte" ableitet: „Die sehr heilsame Kampagne gegen den Formalismus hat die *produktive* Weiterentwicklung der Formen in der Kunst ermöglicht, indem sie die Weiterentwicklung des sozialen Inhalts als eine absolut entscheidende Voraussetzung dafür nachwies." (19, 403) Weiterentwicklung der Inhalte und Formen bedeutet jedoch nicht Abbruch der Tradition schlechthin, sondern Traditionsaneignung und -erneuerung vom Standpunkt des Proletariats, im Bewußtsein, daß „kunst [...] ein autonomer bezirk, wenn auch unter keinen umständen ein ‚autarker‘ ist" (AJ 157). Aus dieser Erkenntnis leitet Brecht fundamentale Thesen ab, die sein dichterisches Selbstverständnis kennzeichnen. Die Erprobung neuer Formen rechtfertigt sich aus der Situation des Kampfes, die ästhetische Form nach Maßgabe ihrer Eignung für die gesellschaftliche Form der Auseinandersetzung. Damit wird der Bereich der Ästhetik insgesamt der Praxis unterstellt und ihre Funktion reformuliert: „das dichten muß als menschliche tätigkeit angesehen werden, als gesellschaftliche praxis, mit aller widersprüchlichkeit, veränderlichkeit, als geschichtsbedingt und geschichtemachend." (AJ 158)

Der Spielraum der Entwicklung neuer Ausdrucksqualitäten bemißt sich dabei nach den Möglichkeiten der *Kommunikation*, und nicht nach der gesteigerten Erlebnisfähigkeit individuell inspirierter und monologisch formulierter Erfahrung. ‚Lyrische Rezeption‘ wird somit zu einem Vorgang, der Produzent und Rezipient einander annähert und in ein Modell wechselseitiger Kommunikation einbezieht (vgl. Schlenstedt, L 161). Der Rezipient wird wirkungsästhetisch aktiviert und seinerseits produktiv. Mit der Erlebniskategorie wird die Erlebnislyrik hinfällig. Brecht ersetzt sie durch ein Modell kommunikativer, praxisorientierter, eingreifender Kunst. Die Praxis legitimiert mithin die dichterische Tätigkeit insgesamt, zugleich die Inhalte und Formen der lyrischen Kommunikation. Lyrik erscheint möglich, solange die Voraussetzungen zur Kommunikation bestehen und ein Ende des Exils absehbar erscheint. Mit der zunehmenden Isolierung des Dichters im Exil, der wachsenden Einschränkung der verläßlichen Informationen wird die Wechselseitigkeit der Kommunikation problematisch (vgl. Bohnert, L[+] 329). In dem Maße, wie der dialektische Zusammenhang, der die Tätigkeit des Dichters als „geschichtsbedingt und geschichtemachend" legitimiert, unter dem Zwang der Verhältnisse aufgebrochen wird, scheint ein Rückfall in monologisches Sprechen oder ein Verstummen unvermeidlich. Die Thematisierung der Exilsituation im Gedicht zeigt diese Entwicklung nachhaltig an. Brechts Lyrik, die sich der Praxis formal und inhaltlich unterordnet, scheint im Geschichtsprozeß die Wendung von der Satire zur Elegie zwangsläufig vorgezeichnet zu sein. Der Zwang zur Legitimation des lyrischen Sprechens tritt damit in ein neues Stadium.

Unter den erzwungenen Formen verzerrter Kommunikation im Exil spitzt sich mit dessen Dauer die Legitimationsproblematik auf die entscheidende Frage nach der Relevanz pragmatischer Dichtung zu. Nachdem diese Fragestellung zunächst den Gegenstand der politischen und wirkungsästhetischen Reflexion Brechts in theoretischen Abhandlungen und privaten Aufzeichnungen bildet, wird sie im Übergang von den *Svendborger Gedichten* – dort vor allem im Kapitel 6 – zu den Texten der *Steffinischen Sammlung* zu einem der zentralen Themen der Lyrik selbst. Die Erfahrung des langanhaltenden Exils führt zur Erweiterung und Ergänzung einzelner Kapitel in den Zyklen (besonders Kap. 3 ,Chroniken' der *Svendborger Gedichte*) und erzwingt mit der „Lyrik für die Dauer" eine Änderung des lyrischen Konzepts. Die Untersuchung von Christiane Bohnert (L⁺ 329) hat diesen Aspekt an den Gedicht-Zyklen des Exils überzeugend nachgewiesen, nachdem die Ausformung „lyrischer Rechenschaftsberichte und Verteidigungsreden" (Ueding in: Hinck, L⁺ 380, 70) zuvor schon als ein Leitmotiv der gesamten Lyrik Brechts erkannt wurde, die Thematisierung der persönlichen Erfahrungen im Exil durch einen lyrischen Sprecher (Schwarz, L⁺ 162) oder die Anwendung einer Technik der „leitsymbolischen Verschlüsselung" (Rastegar, L⁺ 160) in durchaus gegensätzlichen Zusammenhängen der Argumentation und Bewertung jeweils die Feststellung einer Kontinuität innerhalb des lyrischen Werks stützen konnten. Speziell die von Rastegar vertretene Auffassung scheint sich mit der kritischen Zustimmung avancierterer Forschungspositionen zu behaupten und ihre Integrationsfähigkeit in deren differenziertere Argumentation zu erweisen (Bohnert, L⁺ 329, 148; vgl. auch Knopf, L 205). Die von Ueding (analog zu Schwarz) beobachtete und auf die Buckower Elegie ,Böser Morgen' bezogene Problematik der Rechtfertigung bezeichnet zweifellos ein zentrales Motiv, das nicht nur für die Situation des parteilichen Intellektuellen im Exil exemplarische Bedeutung hat, dessen Funktion der Selbstverständigung und belehrenden Mitteilung jedoch ein Konzept ,politischer', nicht ,privater' Lyrik repräsentiert:

> Der da unter das dänische Strohdach geflüchtet ist, verfolgt von ferne den Kampf, den andere führen, und alle Verse, die er [...] ihnen schickt, reimen sich auf das Schuldbewußtsein dessen, der beobachten und nicht handeln kann, der Worte hat, aber keine Taten. (L⁺ 380, 70)

3. „Schwierigkeiten beim Schreiben der Wahrheit'

Das Legitimationsproblem bestimmt den argumentativen Gang der Abhandlung *Fünf Schwierigkeiten beim Schreiben der Wahrheit.* Wer darf die Wahrheit aussprechen, wer soll sie hören und danach handeln? Und unter welchen Bedingungen erreicht sie ihre Adressaten? Die Vorbemerkung nennt die fünf Hauptgesichtspunkte, moralische und intellektuelle Voraussetzungen, die zur Überwindung der Schwierigkeiten erforderlich sind: Mut, Klugheit, Kunst, Urteil und List. Diese gelten gleichermaßen für die Schriftsteller, die unter den Bedingungen des Faschismus leben, für die Schriftsteller im Exil und die, „die in den Ländern der bürgerlichen Freiheit schreiben" (18, 222). Die bürgerlichen Freiheiten sind Privilegien der bürgerlichen Klasse, die dem Proletariat vorenthalten

werden. Da der Faschismus in letzter Konsequenz nur die Folge der
Entfaltung der im Kapitalismus herrschenden Widersprüche ist, erwächst
die Legitimation zur Formulierung der Wahrheit nicht aus der lokalen
Standortgebundenheit, sondern gründet in der Parteilichkeit der Schreibenden, deren Lage sich nur graduell, aber nicht prinzipiell unterscheidet: Von ihnen wird vor allem Solidarität mit den Unterdrückten erwartet, *Mut,* die Wahrheit auszusprechen, sie *konkret* in deren Sprache zu
formulieren. Die Forderung nach klassenmäßiger Konkretisation der
Wahrheit meint zunächst die Absage an die Herrschaftsästhetik der
„großen und hohen Dinge" (223), deren ideologische Funktion darin
besteht, den Unterdrückten im Namen einer imaginären Volksgemeinschaft und im Interesse der Herrschenden Opfer abzuverlangen.

> Natürlich muß die Wahrheit im Kampf mit der Unwahrheit geschrieben wer-
> den, und sie darf nicht etwas Allgemeines, Hohes, Vieldeutiges sein. Von dieser
> allgemeinen, hohen, vieldeutigen Art ist ja gerade die Unwahrheit. (223)

Daraus resultiert zugleich die Abgrenzung gegenüber der vermeintlichen Solidargemeinschaft der vom Faschismus Verfolgten und Vertrieben-
nen, der moralisch Guten. Denn der Tatbestand der Verfolgung begründet keine Gleichheit der Interessenlage. Die Forderung nach *allgemeiner*
Freiheit und Gerechtigkeit – ideologische Postulate der jungen Klasse in
der bürgerlichen französischen Revolution – verfestigt im Spätkapitalismus den bürgerlichen Herrschaftsanspruch: Sie erstarrt zu einer theatralischen Geste der Unverbindlichkeit gegenüber den wirklichen Opfern
des Faschismus:

> Da treten viele auf, als seien Kanonen auf sie gerichtet, während nur Opernglä-
> ser auf sie gerichtet sind. [...] Sie haben nur das äußere Gehaben derer, die die
> Wahrheit sagen. Das Elend mit ihnen ist: Sie wissen die Wahrheit nicht. (18, 224)

Brecht dementiert einen unhistorischen, abstrakt-idealistischen Wahr-
heitsbegriff, in den sich bürgerliche Interessen einnisten. Diese sind, im
Zeitalter des entfalteten Kapitalismus, Herrschaftsinteressen.

3.1. Gesinnungsethik und Wahrheitsfindung

Angesichts des Falls in die faschistische Barbarei und eines Krieges von
globalen Ausmaßen, wird die Frage vordringlich, „welche Wahrheit zu
sagen sich lohnt". Der Mut und die Bereitschaft, die Wahrheit auszusprechen, können sich nur auf militante Wahrheiten beziehen, Gegenstände
und Sachverhalte, die den Sprecher exponieren und gefährden. Brecht
werden die ästhetischen Prinzipien suspekt, denen auch sein eigenes lyrisches Werk verpflichtet war (vgl. AB II). An nebensächliche Gegenstände
gewendet, täuscht das Prinzip der Gestaltung über die Relevanz der darin

ausgedrückten Wahrheit und rechtfertigt die Unverbindlichkeit. Die Ästhetik hat sich folglich mit der Wahrheit vor der Geschichte zu legitimieren. Sie wird zu einer Funktion gesellschaftlicher Pragmatik. Die Entscheidung über die Zulässigkeit der Wahrheitsdarstellung geht dieser
selbst voraus. Darum fordert Brecht außer der richtigen Gesinnung me-
thodisch-systematische Wahrheitsfindung auf der Basis einer „Kenntnis
der materialistischen Dialektik, der Ökonomie und der Geschichte"
(225). Die Beherrschung der Methode einer systematischen Wahrheitsfindung wird zur Voraussetzung eingreifenden Schreibens. Sie gestattet
in einer „Zeit der Verwicklungen und der großen Veränderungen" die
Reinigung des Bewußtseins der Autoren von „berühmten und in alter
Zeit oft schön geformten Vorurteilen" (225). Mit Hilfe prozeßhafter,
methodisch geleiteter Wahrheitssuche kann der Zufall, der allenfalls
Teilwahrheiten zu entdecken erlaubt, aus dem Prozeß der Wahrheitsfindung ausgeschlossen werden. Wo Totalität des Wissens möglich und
erforderlich ist, um zu handeln, verfehlt die Partialität der Wahrheitsdarstellung deren einzigen Zweck, „die Dinge dieser Welt handhabbar zu
machen" (226).

3.2. Faschismus – eine „logische Phase im Klassenkampf"

Die dritte Schwierigkeit folgt aus der Erläuterung des pragmatischen
Wahrheitsbegriffs. Dieser hebt sich von der Folie eines verkürzten oder
verfehlten Wahrheitsverständnisses ab. Brecht erläutert seine Folgenlosigkeit an der ahistorischen Annahme von der Naturwüchsigkeit und
Schicksalhaftigkeit des Faschismus. Ihr konfrontiert er eine Auffassung,
die den Faschismus als „historische Phase, in die der Kapitalismus eingetreten ist" (226), expliziert. Da die Wahrheit nach den zuvor gegebenen
Bestimmungen nicht nur konkret, sondern auch konsequent ist, folgt
daraus die Kampfansage an den Kapitalismus und an die Ideologie der
bürgerlichen Schriftsteller im Exil: „Der Faschismus kann nur bekämpft
werden als Kapitalismus, als nacktester, frechster, erdrückendster und
betrügerischster Kapitalismus" (226 f.). Allein die Kenntnis der Genese
des Faschismus bricht das quasi metaphysische Vorurteil von seiner
Schicksalhaftigkeit und schafft damit die wesentlich praktische Voraussetzung, ihn radikal, nämlich an seiner kapitalistischen Basis zu bekämpfen.

Moralische Disposition (‚Mut') und intellektuelle Kompetenz (‚Wissen und Parteilichkeit') schaffen die Bedingungen zur Handhabung der
Wahrheit. Der Schritt von der eingreifenden Praxis des Schreibens zur
wirklichkeitsverändernden Praxis durch Handhabung der Wahrheit
setzt ein Wechselverhältnis zwischen den Schreibenden und ihren Lesern voraus, das als dialektische Einheit von Produktion und Rezeption,

Informationsvorgaben und ihrer zielgerichteten Verarbeitung zu verstehen ist:

> Die Erkenntnis der Wahrheit ist ein den Schreibern und Lesern gemeinsamer Vorgang. Um Gutes zu sagen, muß man gut hören können und Gutes hören. Die Wahrheit muß mit Berechnung gesagt und mit Berechnung gehört werden. Und es ist für uns Schreibende wichtig, wem wir sie sagen und wer sie uns sagt. (18, 230)

Der Prozeßcharakter der Wahrheit tritt mit der Wechselseitigkeit der Informationsvergabe auf der Basis eines verläßlich eingespielten Einverständnisses hervor. Dieses ist objektiv in der ökonomischen Lage des Proletariats begründet (wobei „die Kampffront sich mit dem Fortgang der Proletarisierung kleinbürgerlicher und bäuerlicher Produzenten" erweitert [Claas, L+341, 78 f.]). Zur Qualität der Wahrheit wie zur Qualifikation dessen, der die Wahrheit zielgerichtet mitteilt, gehört notwendig die Fähigkeit hören zu können, und das heißt primär, von den zuverlässigen Informationsquellen der objektiv am schlimmsten Betroffenen nicht abgeschnitten zu sein.

3.3. Satire vs. „Mystik der Wörter"

Im Kernstück der Schrift entwickelt Brecht sprachliche Konzepte und literarische Strategien zur Verbreitung der Wahrheit. Er erörtert im historischen Rückblick exemplarische Formen des Kampfes gegen die Unterdrückung und Verschleierung der Wahrheit, die sich auch zur Bekämpfung des Faschismus eignen. Damit wird ein Argument literarischer Kontinuität in die vorwiegend von polit-ökonomischen Erwägungen bestimmten Reflexionen des antifaschistischen Kampfes einbezogen. Da die faschistischen Zwecklügen nicht nur durch brutale Unterdrückung der Wahrheit, sondern vor allem durch Werbung, einem raffinierten System propagandistischer, d. h. systematischer Wahrheitsfälschung, verbreitet werden, ist die Wiederherstellung der Wahrheit an sprachliches Differenzierungsvermögen, die Beherrschung sprachlicher Nuancen gebunden:

> Wer in unserer Zeit statt Volk Bevölkerung und statt Boden Landbesitz sagt, unterstützt schon viele Lügen nicht. Er nimmt den Wörtern ihre faule Mystik. (231)

Die Fähigkeit, auf die es dabei entscheidend ankommt, ist die Beherrschung listiger Strategien. Die richtige Wahl des jeweils angemessenen sprachlich-stilistischen Niveaus ist für die Wirksamkeit der Strategie unerläßlich: Die von Brecht zuvor als kompensatorisches Verfahren verdächtigte Praxis der künstlerischen Gestaltung wird hier unter den Bedingungen des funktionalen Wandels der Ästhetikkonzeption im Kontext strategischer Erwägungen ausdrücklich rehabilitiert und pragmatisch legitimiert. Zu den traditionell wirksamsten, weil formal schwer angreifbaren Strategien gehören die von Brecht ausführlich geschilderten und in den Zyklen des Exils bevorzugt praktizierten satirischen Formen der pseudologischen Rechtfertigung unerträglicher Unrechtszustände und der in durchsichtiger Intentionalität schlecht formulierten Kritik an wünschenswerten Verhältnissen: Unter Anwendung der List der Verstellung nimmt der Schreibende darin zum Schein den Standpunkt der Herrschenden ein. Der affirmative oder kritische Gestus wird jedoch so vertreten, daß er von den Beherrschten als Satire durchschaut, von den Unterdrückern aber nicht angefochten werden kann. Diese Strategie der Verstellung, die vor allem im Gestus emphatischer Zustimmung die Legitimationsstrategien der Unterdrücker unter den allen Adressaten kleinsten gemeinsamen Nenner der Intelligenz und Moral drückt – „jedermann konnte klüger sein [...] oder wenigstens humaner" –, wirkt als Denkanstoß und ist als „Propaganda für das Denken, auf welchem Gebiet sie immer erfolgt, [...] der Sache der Unterdrückten nützlich" (235). Das Denken gilt unter den Bedingungen der faschistischen Gewaltherrschaft als gefährlich, weil es die Legitimationsgrundlage des Regimes bloßstellt. Es wird daher von der herrschenden Propaganda als ‚niedrig' verpönt. Die ostentative Geistfeindlichkeit des Faschismus deckt auf, wo dieser vor allem verwundbar ist, und bietet der Satire in den Residuen der Reflexion, in denen das Denken ideologische Stützfunktion für das Regime leisten und darum sanktioniert werden kann, thematische Anknüpfungspunkte und Angriffsflächen für die Ideologiekritik. Die *„eingreifende Gestaltung des Denkens"* wird damit zum Dreh- und Angelpunkt satirischer Darstellung, der Aspekt der Verwertung des Denkens zum wirkungsästhetischen Prinzip schlechthin, dem vor allem die Lyrik unterstellt wird. Brecht hat gerade in der Erläuterung der satirischen Verwertung des Denkens die Themen und Formen präzise beschrieben, die er in bestimmten Kapiteln seiner Exil-Lyrik angewendet hat, und die Funktion der Denkanstöße unter Regimen der Ausbeutung erklärt:

> Unter solchen Regierungen gilt das Denken ganz allgemein als niedrig und kommt in Verruf. Es wird nirgends mehr gelehrt und, wo es auftritt, verfolgt. Dennoch gibt es immer Gebiete, wo man ungestraft auf die Erfolge des Denkens hinweisen kann; das sind diejenigen Gebiete, auf denen die Diktaturen das Denken benötigen. So kann man zum Beispiel die Erfolge des Denkens auf dem Gebiet der Kriegswissenschaft und Technik nachweisen. Auch das Strecken der Wollvorräte durch Organisationen und Erfindungen von Ersatzstoffen erfordert Denken. Die Verschlechterung der Nahrungsmittel, die Ausbildung der Jugendlichen für den Krieg, all das erfordert Denken: es kann beschrieben werden. Das Lob des Krieges, des unbedachten Zweckes dieses Denkens, kann listig vermieden werden; so kann das Denken, das aus der Frage kommt, wie man am besten einen Krieg führt, zu der Frage führen, ob dieser Krieg sinnvoll ist, und bei der Frage verwendet werden, wie man einen sinnlosen Krieg am besten vermeidet. (236)

4. Deutsche Satiren

4.1. Zum Problem der Abgrenzung pragmatischer Texte

Der Vielfalt der Probleme, die sich aus Aufbau und Funktion der lyrischen Zyklen des Exils ergeben, hatte sich die Forschung bis gegen Ende der 70er Jahre entweder nur sporadisch gestellt, oder sie hatte die Komplexität des Untersuchungsgegenstandes unterschätzt.

Hincks 1978 getroffene und seitdem häufig wiederholte Feststellung, „die Stunde der Lyrik Brechts ist (endgültig) gekommen", durfte daher in besonderem Maße für die Lyrik des Exils gelten (Hinck, L⁺ 380, 7). Zu den besonderen Schwierigkeiten einer verläßlichen Rekonstruktion der Entstehungs- und Wirkungsbedingungen der unter der historischen Sammelbezeichnung ‚Exillyrik' subsumierten Sammlungen und Zyklen kamen die Probleme der Erarbeitung und Anwendung angemessener Analysebegriffe. Traditionelle Vorverständnisse dessen, was vom Begriff ‚politischer Lyrik' gedeckt sein könnte, ließen sich von der in den Titeln der Sammlungen oder ihren Kapiteln angesprochenen pragmatischen Begrifflichkeit bei der Analyse oder bei dem Versuch der Abgrenzung von Werkteilen leiten, denen eine unterschiedliche Repräsentanz dessen, was als ‚lyrisch' gelten durfte, zugestanden wurde. Der Begriff der Poetizität fungierte dabei als Instrument der Wertung.

Unter Hinweis auf eine im ‚Arbeitsjournal' mitgeteilte Erwägung Brechts vom Dezember 1944, einen Auswahlband von „Gedichten im Exil" zu publizieren, konstatierte z. B. Schwarz einen gegenüber den politischen Wirkungsabsichten der späten 30er Jahre erweiterten Bedeutungsgehalt der lyrischen Texte, der die Thematisierung der Exilsituation zum Kriterium der Ausgrenzung aus den Sammlungen der *Svendborger Gedichte* und der *Steffinischen Sammlung* erhob und die Zusammengehörigkeit dieser „Gedichte über das Exil" betonte. Der Gesichtspunkt des „Eigengewichts dieser Thematik" mit einer nur ihr eigenen soziologischen, psychologischen und poetologischen Problematik (Schwarz, L⁺ 162, 12 pass.) geriet dabei jedoch zur Lockerungsübung, die diesen Texten einen ästhetischen Mehrwert zuerkennt und sie von der gleichzeitigen politischen Lyrik abhebt. Jenes „Mehr an Literatur" gewinnt über Elemente wie Präsenz eines lyrischen Ich, das von Schwarz mit dem empirischen Ich des Emigrantenalltags gleichgesetzt wird, und durch „Natur, Landschaft und alltägliche Umgebung des Dichters" (Schwarz, L⁺ 162, 100) ‚Realitätsnähe' – eine poetische Qualität, die über den politischen Kontext hinausweist. Dies entzieht die Gedichte jedoch dem pragmatischen Konzept politischer Lyrik, das, wie Rastegar ausführt, für alle lyrischen Texte Brechts, die seit der Hinwendung zum Marxismus

geschrieben wurden und politische Zeitgedichte sind, wirkungsintentio-
nal verbindlich ist (Rastegar, L⁺ 160a, 55 pass.). Schwarz' Behauptung,
daß die Texte, die das Exil thematisieren, „keine direkten politischen
Wirkungsabsichten haben" (Schwarz, L⁺ 162, 14), wertet gerade die
pragmatischen Textsorten indirekt ab und verfestigt dadurch das Vorurteil, das die politische Lyrik insgesamt trifft. Dagegen hat im Blick auf die
Deutschen Satiren zwar noch Mennemeier nachdrücklich Stellung bezogen und die Gedichte als „Kabinettstücke der satirischen Gattung" gewürdigt (Mennemeier, L⁺ 410, 122), die Texte jedoch einer „anderen
Wirkungsabsicht" unterstellt und sie damit ,graduell' wenn auch nicht
,essentiell' von einem „anderen Typus der Brecht-Gedichte" geschieden
(Mennemeier, L⁺ 410, 121). Damit nähert sich sein Standpunkt dem von
Schwarz entschieden an.

Der die Argumentation stützende Nachweis eines eigenständigen
,Formtypus' für die Gedichte über das Exil ermöglicht es Schwarz, den
Begriff der Kontinuität einseitig produktionsästhetisch zu fassen und auf
die Darstellung innerliterarischer Korrespondenzen zu beschränken, statt
wie Bohnert den dialektischen Zusammenhang von Geschichte und Ästhetik als funktionalen wirkungsästhetischen Zusammenhang zu expli-
zieren und ihn auf die Zyklen des Exils insgesamt zu beziehen, aber auch
darauf zu beschränken. Schwarz will dagegen wohl auch die späten Gedichte formalästhetisch diesem Formtypus zuordnen, obwohl er einräumt, daß sich mit dem Ende des Exils die geschichtlichen Kontexte
entscheidend verändern. Gerade die Betonung sowohl der Komplemen-
tarität der Gedichte über das Exil und der ,politischen' Lyrik, als auch
der geschichtlichen Zäsur, die das spätere lyrische Werk von dem des
Exils abhebt, fordert zu entschiedenem Widerspruch heraus, weil damit
eine Position bezogen wird, die hinter gesicherte Erkenntnisse zurück-
fällt. Schon zu Beginn der 70er Jahre wurde in der Forschung der Standpunkt der Einheitlichkeit des gesamten lyrischen Werks begründet
(Hinck, L⁺ 159) und später nach der Seite der Differenzierung der historischen Kontexte und der Wechselbeziehungen zwischen Produktion und
Rezeption (Bohnert, L⁺ 329; Schlenstedt, L⁺ 157) hin untermauert. Sie
zeigen, daß es nicht so sehr darauf ankommt, pragmatische Textsorten
ästhetisch zu rechtfertigen und dadurch gesellschaftsfähig zu machen,
sondern die unterschiedlichen Formen als zusammengehörige Teile eines
einheitlichen Wirkungsspektrums zu begreifen. In Hincks Versuch einer
Modellierung des Brechtschen Lyrikbegriffs ist primär Geschichte und
erst in zweiter Linie Ästhetik der bestimmende Faktor. Der Begriff des
Geschichtlichen läßt sich inhaltlich auf ,Zeitgeschichte' nicht reduzieren,
die das ästhetische Gebilde als bloßen Reflex auf geschichtliche Bewegungen und zum Gegenstand der Verweisung auf konkrete Ereignisse
verdinglicht. Ein dialektischer Begriff von Geschichte betont vielmehr

den Aspekt gesellschaftlicher Praxis am Gegenstand und ist an Brechts
Bestimmungen der Lyrik orientiert:

> Über den Gegenstand und die Intention des Gedichts entscheidet zunächst nicht
> die Ästhetik, sondern die geschichtliche Wirklichkeit. Daß politisch-satirische
> Gedichte für Brecht kein Grenzgebiet der Lyrik sind und schon gar nicht mit
> Gewalt erst eingemeindet werden müßten, ist begründet in einer Auffassung,
> wonach Kunst Äußerung und Funktion des gesamtgesellschaftlichen Lebens ist:
> zwar „ein autonomer Bezirk", aber „unter keinen Umständen ein autarker".
> (Hinck, L+ 159, 136)

Die Untersuchung der spezifisch ästhetischen Struktur pragmatischer
Textsorten, wie sie in den Kapiteln der *Kriegsfibel* und der *Deutschen
Satiren* vorliegen, könnte hier unmittelbar anschließen.

4.2. „Reimlose Lyrik mit unregelmäßigen Rhythmen"

Thematik und Form der *Deutschen Satiren*, des 5. Kapitels der *Svendborger Gedichte,* hat Brecht 1939 mit der Funktionsveränderung lyrischer Texte begründet, deren Wirkung sich wesentlich in der besonderen
Art ihrer Realisation im Medium Funk entfaltet und an die äußeren
Bedingungen einer diffusen Rezeption gebunden ist.

> Die *Deutschen Satiren* wurden für den deutschen Freiheitssender geschrieben.
> Es handelte sich darum, einzelne Sätze in ferne, künstlich zerstreute Hörerschaft
> zu werfen. Sie mußten auf die knappste Form gebracht sein, und Unterbrechun-
> gen (durch die Störsender) durften nicht allzuviel ausmachen. Der Reim schien
> mir nicht angebracht, da er dem Gedicht leicht etwas In-sich-Geschlossenes, am
> Ohr Vorübergehendes verleiht. Regelmäßige Rhythmen mit ihrem gleichmäßigen
> Fall haken sich ebenfalls nicht genügend ein und verlangen Umschreibungen, *viele
> aktuelle Ausdrücke gehen nicht hinein:* der Tonfall der direkten, momentanen
> Rede war nötig. Reimlose Lyrik mit unregelmäßigen Rhythmen schien mir geeig-
> net. (19, 403)

Während Brecht den Verzicht auf den Reim bei Gedichten, die als
Gebrauchstexte der „Sprechweise des Alltags" (403) angenähert sind,
mit einem Satz erledigt, insistiert er auf dem Begriff und der konstitutiven
Funktion des Rhythmus für die Textbedeutung. Durch eine Technik der
Synkopierung wird der unregelmäßige Rhythmus *gestisch,* der Sprach-
duktus der Texte paßt sich dem Gestus des Sprechers an (398) und wird,
wie die von Brecht genannten Beispiele – Arbeiterchöre bei Demonstrationen, Straßenhändler, Zeitungsausrufer – belegen, vor allem Formen
spontanen und emphatischen Sprechens in alltäglichen Situationen unterlegt. Spontaneität und Emphase dieser nachgemachten Alltagssprache
sind im Interesse der Hörer/Leser kalkuliert. Das gestische Sprechen fügt
sich als hochartifizielles Verfahren ins Konzept einer „totalen Wirkungs-

ästhetik" (Hinck, L$^+$ 159, 120 pass.). Es handhabt den rhythmisierten Satz als Wurf-Geschoß, das die Verblendungszusammenhänge faschistischer Propaganda durchschlägt und sich mit den Widerhaken der Synkopen im Bewußtsein der Rezipienten verfängt. Das Verfahren praktiziert den gezielten Denkanstoß, um durch die Wiedergabe der „eigenen emotionellen Formen" der Gedanken (404) zu überzeugen. Die Technik der Synkopierung vermeidet dadurch die Zerstreuung, die die Folge der Freisetzung von Assoziationen aus der ,Stimmung' der gebundenen Rede wäre und die von deren Gegenständen ablenken würden. Diese nachteilige Wirkung muß gerade dort verhindert werden, wo durch die Vereinzelung der Rezipienten die Möglichkeiten zur Kontrolle der Wahrnehmung durch wechselseitige Verständigung eingeschränkt sind und der isolierte Leser/Hörer von sich aus kaum in der Lage ist, die Ideologie der Propaganda zu durchschauen.

Steht so am Beginn der neuen Technik gestischen Sprechens, die aus der Beobachtung pragmatischer Sprechakte und ihrer Übertragung in die Formen dramatischer Rede entwickelt wurde, die Fähigkeit des Sprechers zur „Wahrnehmung gesellschaftlicher Dissonanzen" (399), so läßt sich dieses pragmatische Konzept wirkungsästhetisch nur über die berechnete Mitwirkung der Rezipienten entfalten. Deren Spontaneität werden freilich enge Grenzen gezogen. Brecht betont und erläutert am konkreten Beispiel die Schwierigkeiten, die das sinnstrukturierende Lesen unregelmäßiger Rhythmen bereitet. Er beschränkt daher vorerst die Anforderungen an das Publikum auf das Hören der Gebrauchstexte, die in Portionen verabreicht werden (vgl. AB II). Erst der geübte Hörer ist der potentielle Leser der Texte. Über die Praktikabilität des neuen Konzepts entscheidet in letzter Instanz nicht die ästhetische Theorie, sondern die Praxis der immunisierenden Wirkung: „Der Beweis der Güte des Puddings liegt eben im Essen" (402). Der Lernprozeß schärft auch beim Leser/Hörer das Vermögen, verdeckte gesellschaftliche Widersprüche in Vorgängen der Lebenspraxis wahrzunehmen. Darauf beruht die Wirkungsästhetik der Texte, die den Status des Rezipienten virtuell dem des Autors annähert und die Voraussetzung zur Kommunikation beider bildet.

Das von Brecht entwickelte Verfahren der gezielten Satire läßt sich am Einzeltext schlüssig belegen und von den Elementen der Texte her exemplarisch rekonstruieren. „Aktuelle Ausdrücke" sowohl der Polit-Propaganda der „lingua tertii imperii" (*LTI*, Klemperer u.a.) wie des technischen Standards, die sich gegen die Wiedergabe in regelmäßigen Rhythmen sperren, sind der Satire unverzichtbar. Sie fungieren primär als Denkanstoß, weil sie sich auf ein ,Vorwissen' des Rezipienten einstellen und daran die Technik der satirischen Umkehrung praktizieren können. Das Verfahren der Synkopierung erfaßt bereits das mehrsilbige Einzelwort und baut die Bedeutungsstruktur des Textes über die Konstellation der Worte im isolierten Satz (Vers) auf, der daraus schon seine Zielrichtung und damit konstitutive Bedeutung für die Mitteilung gewinnt. Aus der Kombination der Sätze entstehen größere syntaktische Abschnitte nach einem Verfahren der Montage, das auch in Texten realisiert wird, die einen fiktiven Erzählgestus unterlegen (‚Die Bücherverbrennung‘, ‚Traum von einer großen Miesmacherin‘). Eine Variante dieser Technik koppelt den Bericht propagandistischer Maßnahmen mit einem Erzählvorgang, unterzieht die Praxis darin einer Überprüfung und widerlegt den propagierten Sinn durch übertreibende Ausgestaltung der wahren Zwecke, die die Anordnungen auf den Gestus von Theatralik und Lüge – der vom Regime beabsichtigten Entmündigung durch „Märchenerzählen“ – reduzieren und ad absurdum führen (‚Notwendigkeit der Propaganda‘, ‚Der Dienstzug‘). Nur in der ihr angemessenen Form der Anwendung unregelmäßiger Rhythmen kommt aber die beabsichtigte Wirkung vollständig zur Entfaltung. Brecht demonstriert die „freie Art, den Vers zu behandeln“ (402) an den beiden letzten Strophen des Gedichts ‚Die Jugend und das Dritte Reich‘, indem er die Veränderungen der Ausdrucksqualität durch Rhythmisierung an den Möglichkeiten unterschiedlicher Unterteilung der Zeilen erläutert:

> Ja, wenn die Kinder Kinder blieben, dann
> Könnte man ihnen immer Märchen erzählen
> Da sie aber älter werden
> Kann man es nicht. (9, 707)

Die Dauer der Betonung bestimmter Worte und der Rhythmus würden sich auffällig ändern, wenn Vers 2 nach Brechts Vorschlag folgendermaßen abgeteilt würde:

> Könnte man ihnen immer
> Märchen erzählen (19, 401),

weil die Versfuge durch Pausen immer betont wird. In analoger Weise gliedert Brecht die beiden letzten Verse des Gedichts ‚Der Dienstzug‘.

4.3. ‚Totale Wirkungsästhetik‘. ‚Der Dienstzug‘

Die Satire ‚Der Dienstzug‘ (9, 696) verfolgt die Intention, eine Anordnung, die sich als Teil der offiziellen Sprachregelung darstellt, in ihren propagandistischen Absichten zu enthüllen. Die ‚Eindeutschung‘ fremdsprachlicher Ausdrücke ist Bestandteil der Gemeinschaftsideologie des Nationalsozialismus, die alles ‚Artfremde‘ zunächst sprachlich eliminiert und dadurch von den intern bestehenden Klassenunterschieden ablenkt. Das öffentliche Verkehrswesen mit der nicht aufgehobenen Einteilung in

Klassen bietet sich zur Demonstration der gesellschaftlichen ‚Dissonanzen‘ einer nur dem äußeren Schein nach überwundenen Klassengesellschaft förmlich an. Der Luxuszug, in dem die herrschende Clique exklusiv zum Parteitag anreist, vermag als integraler Bestandteil des Systems pars pro toto das Parasitäre des Regimes und seine Propaganda bloßzustellen, indem es das System nach seinen eigenen Normen beurteilt.

Der erste Teil des Gedichts referiert und kommentiert in fünf Versen den ‚Führererlaß‘, den für den Nürnberger Parteitag eigens gebauten ‚Salonzug‘ als Dienstzug zu bezeichnen, d. h. mittels Sprachregelung partikulare Parteiinteressen mit dem öffentlichen Interesse des ganzen Volkes zu identifizieren. Beim Wort genommen klafft zwischen dem Sachverhalt des Gefahren- und Bedientwerdens und der verhüllenden Bezeichnung die Diskrepanz von Wesen und Erscheinung auf, an der die Satire einhakt. Dies leistet der zweite Teil des Gedichts. Er nimmt den Begriff der Dienstleistung argumentativ auf und überprüft die Berechtigung der Anordnung durch Deskription sowohl des Gegenstandes, des ‚Meisterstücks der Wagenbaukunst‘, wie seiner Funktionen unter den konkurrierenden Bezeichnungen ‚Salonzug‘ (Luxus, Müßiggang) und ‚Dienstzug‘ (Arbeit, Dienstleistung). Dabei fungiert die Beschreibung der Einrichtung als Vehikel der Satire auf die ‚Zuggäste‘ und trifft mit ihnen das System, dessen Repräsentanten sie sind. Die Fahrgäste erscheinen als eine bloße Funktion der Einrichtung, die der Entfaltung luxuriöser Tätigkeiten und anrüchiger Bedürfnisse dient. Das Regime wird so durch seine Institutionen und seine Repräsentanten gleichermaßen als ein System der Ausbeutung, der Lüge und des Zuhältertums moralisch diskreditiert, durch Identifikation mit der Fäkalsphäre als Abschaum und Auswurf charakterisiert. Das hart arbeitende Volk (Bauern auf dem Feld), das den Luxus erwirtschaftet, ist der Gegenstand der Zynismen seiner Ausbeuter, deren Dienstleistung die Satire drastisch-pointierend beim Wort nennt und durch die Synkope als ‚Moral‘ der Geschichte auffällig kennzeichnet:

Sie scheißen
Auf Deutschland" (9, 697)

Die übertragene Bedeutung der Aussage bildet den Kommentar zu der im fiktiven Erzählgestus vorgetragenen Mitteilung und fungiert als Denkanstoß. Formal realisiert der Lakonismus durch den abrupten Wechsel der Sprachebene einen Bruch und trägt so dazu bei, das Fazit der verkehrten Welt und der nachgewiesenen gesellschaftlichen Diskrepanz in die Frage zu verwandeln, ob das Volk (Deutschland) sich gefallen lassen muß, was es sich eigentlich nicht leisten kann: den Luxus eines parasitären Regimes, das die Idee der ‚Volksgemeinschaft‘ faktisch widerlegt.

4.4. *Die sprachliche Realisierung der Satire*

Die Satire arbeitet durchwegs mit Kontrasten. Diese sind in den konkurrierenden Bezeichnungen Salonzug/Dienstzug angelegt und werden in deren szenischer Vergegenwärtigung auch sprachlich realisiert. Die Lesart „Salonzug" kombiniert, analog zu „Parteitag", ein zweisilbiges Fremdwort mit einem einsilbigen deutschen Begriff und führt die Untersuchung des Gegenstands durch Zuordnung weiterer mehrsilbiger Fremdworte konsequent auf den Punkt der Widerlegung: Der „Dienstzug" ist in Wahrheit ein Luxusgegenstand. Als Fremdkörper im Sprachsystem verweist er auf die entsprechende Stellung des Regimes im ‚Volksganzen' (‚Volksgemeinschaft'). Die Beschreibung seiner Einrichtung entzieht sich deutscher Terminologie: „Appartements" („eigene") – „Kabinette" („gekachelte") – „Expreßbäder" – „Beleuchtungssysteme" („raffinierte") – „Dinners" („im Appartement serviert") – „Klosetts" („mit Marmor ausgelegt") kennzeichnen die Exklusivität der Sphäre und den Habitus derer, die mit der Propagierung deutscher Sprache, deutschen ‚Wesens', deutscher ‚Sitte' und ‚Eigenart' alles ‚Artfremde' verteufeln. Das Ideal von der ‚Volks'- und Sprachgemeinschaft gleicher Volksgenossen erweist sich auch verbal als Ideologie, ‚faule Mystik'.

Die Mehrsilbigkeit der Fremdworte begünstigt die Anwendung satirischer Techniken, vor allem in der Form ironischer Pointierung, auf Grund der Variabilität der Silbenzahl und -länge und der daraus resultierenden Möglichkeiten der Intonation, Betonung und Verballhornung der Fremdsprache durch ‚Eindeutschung'. Dadurch läßt sich die Unregelmäßigkeit der Rhythmen variieren. Das dreimal wiederholte Nomen „Appartement" kann französisch oder englisch (vier- oder dreisilbig) gesprochen werden, entsprechend seiner jeweiligen Stellung im Kontext, wo es durch die Adjektive „eigen" und „einzeln" seine Grundbedeutung verstärkt, in Verbindung mit „Dinners", in der Entsprechung zu „eigene Klosetts" und durch den ausgeführten Vergleich mit den chambres séparées „gewisser Tanzpaläste" anrüchig und exklusiv zugleich erscheint, die Distanz verdeutlicht, die das Volk vom Regime trennt. Das Regime ist ein „Appartement", wo man die entscheidenden Dinge vergnüglich im Verborgenen treibt, sehen kann, ohne selbst gesehen und kontrolliert zu werden. Die Satire realisiert diese Vorstellung auf zwei Ebenen, im direkten Erzählvorgang und simultan dazu in seiner Versprachlichung durch die konsequente Verwendung von „Wörtern, die der Führer nicht hören kann" (9, 710). Die Integration epischer Formen ins Gedicht nähert speziell die Gattung der Satiren und der Chroniken einem Erzählgestus an, ohne daß jedoch das Pauschalurteil Pionteks plausibel erscheint:

Brechts umfangreiches lyrisches Œuvre ist durch und durch episch. Ja, man kann ohne Übertreibung sagen, er habe überhaupt nur Erzählgedichte geschrieben. Bis in seine politischen Lehr- und Propagandaverse hinein ist seine epische Gesinnung zu spüren.

5. „Inzwischenzeit"

im augenblick kann ich nur diese kleinen epigramme schreiben, achtzeiler und jetzt nur noch vierzeiler. [...] wie kann man sich vorstellen, daß dergleichen je wieder sinn bekommt? das ist keine rhetorische frage. ich müßte es mir vorstellen können. und es handelt sich nicht um hitlers augenblickliche siege, sondern ausschließlich um meine isolierung, was die produktion betrifft. wenn ich morgens die radionachrichten höre, dabei boswells LEBEN JOHNSONS lesend und in die birkenlandschaft mit nebel vom fluß hinausschielend, beginnt der unnatürliche tag nicht mit einem mißklang, sondern mit gar keinem klang. das ist die *inzwischenzeit*. (AJ 151 – 19. 8. 40)

5.1. Das Exil

Als „inzwischenzeit" gilt die Phase des Exils, in der Brecht die Rückkehr nach Deutschland nicht mehr erwartet und die Vertreibung als ein vorerst definitives Faktum akzeptieren muß: Der Zusammenbruch der Diktatur in Deutschland ist nicht eingetreten, an seiner Stelle jedoch der in den *Svendborger Gedichten* (‚Kriegsfibel‘, ‚Deutsche Satiren‘) dialektisch geführte Nachweis, daß der Faschismus unmittelbar in den Krieg führen werde. Mit dem siegreichen Vormarsch der deutschen Wehrmacht an allen Fronten erscheint das Exil verschärft als direkte Bedrohung der eigenen Existenz. Brechts Flucht nach Finnland vergrößert zwar die Distanz zu seinen Verfolgern, aber auch zu seinen ‚Mitkämpfern‘ und Informationsquellen. Der Rundfunk, der die „Siegesmeldungen des Abschaums" (9, 819) verbreitet, wird zum wichtigsten Nachrichtenorgan. Die Lyrik wendet sich Personen und Gegenständen der unmittelbaren Umgebung zu, gestaltet das Naheliegende durch eine „natur- und gegenstandsbezogene Aussageweise [und] die Individualisierung der Perspektive" (Bohnert, L⁺ 329, 141).

5.2. Sprachwaschung und Produktion für die Dauer

Mit den Gedichten der *Steffinischen Sammlung* – der Titel erinnert an Brechts im Exil verstorbene Mitarbeiterin, die die Sammlung zusammenstellte (Bohnert, L⁺ 329, 141, 162) – zieht Brecht die Konsequenz aus der zunehmenden Isolierung mit einer Produktion für die Dauer, die „die vergänglichkeit der begriffe und wahrnehmungen seiner [...] zeit" kritisch hervorhebt (AJ 276). Die zentralen Begriffe kehren sich während der sich verschärfenden Verfolgung um und definieren sich im Zustand einer wachsenden Entfremdung neu: Natur und Wissenschaft, Freundschaft und Dichtung erhalten in der Perspektive sich überstürzender Ereignisse eine ambivalente, widersprüchliche Bedeutung. Als lapidar und epigrammatisch behandelte Themen und Gegenstände pointierender Reflexion repräsentieren sie gleichwohl die festgehaltene Hoffnung wider besseres Wissen und fungieren als Anhaltspunkte, an denen das ‚Ich' sich selbst wahrnimmt. Gemessen an der Praxis, die die Ausbildung von Überlebensstrategien fordert, scheint der Nutzen der Wissenschaft gering. Das Gedicht ‚1940' (9, 817) erörtert lakonisch die neuen Verwendungsmöglichkeiten speziell der Naturwissenschaften. Unter dem Gesichtspunkt einer kurzfristigen Verwertung erscheinen sie überflüssig. In größerem Maßstab betrachtet erweist sich ihre Nützlichkeit in der Umkehrung ihrer ursprünglichen Zwecke. So bemißt sich der Nutzen der Technik nicht nach dem Grad ihrer Eignung zur Naturbeherrschung, sondern nach ihrem Zerstörungspotential zur Abwehr von Bedrohung. Analog zu Wissenschaft und Technik erscheint die Natur, speziell im Bereich der zwischenmenschlichen Beziehungen, pervertiert. Natur und Freundschaft sind als Bereiche gekennzeichnet, in denen die erwarteten Bedeutungszuweisungen durch die Zeitereignisse ins Gegenteil verkehrt worden sind. So fungieren die Natur als unberechenbarer Faktor im Kalkül strategischer Überlegungen, die Freundschaft als Produkt des Zufalls, Bildung als ein Instrument der Perversion: „Aus den Bücherhallen/ Treten die Schlächter" (9, 817). Mit der überraschend positiven Antwort auf die Frage nach der Relevanz von Bildung und Wissen, thematisiert das ‚Ich' zugleich seine Zweifel und beantwortet sich die Frage nach dem Sinn einer Zukunftsplanung im Gestus der Selbstüberredung:

> Ja, lerne Mathematik, sage ich
> Lerne Französisch, lerne Geschichte! (9, 818)

Die Präsenz des Ich und die Naturbildlichkeit sind die auffälligsten Kriterien der Texte. Die Wahrnehmung erfolgt „in der Stilisierung durch ein impersonales ‚Ich'", das die Beobachtungen zum Anlaß nimmt, um von sich selbst zu sprechen (Bohnert, L+ 117, 79, 134, 142 pass.). Der Gestus des Rollensprechens nimmt schon in den *Svendborger Gedichten* die eigene Situation exemplarisch für die der parteilichen Intellektuellen im Exil, die ihre Aufgabe nicht mehr angemessen erfüllen können (‚Über das Lehren ohne Schüler' [9, 556f.]), daher am Beginn der Vertreibung zwar noch zuversichtlich auf baldige Rückkehr hoffen (‚Über die Bezeichnung Emigranten' [9, 718]), aber unter der Erfahrung der Zeitereignisse allmählich von Resignation erfaßt werden (‚Gedanken über die Dauer des Exils' [9, 719]).

werken eine lange dauer verleihen zu wollen, zunächst nur eine ‚natürliche' bestrebung, wird ernsthafter, wenn ein schreiber grund zu der pessimistischen annahme zu haben glaubt, seine ideen [...] könnten eine sehr lange zeit brauchen, um sich durchzusetzen. (AJ 276)

Die lyrische Form, die Brecht zur Dokumentation dieser Erfahrung wählt, zeigt die Orientierung auf die Zukunft (Bohnert, L⁺ 329, 143; Rastegar, L⁺ 160, 128 pass.).

B. ‚Buckower Elegien' und letzte Gedichte

1. Grundlageninformationen

Forschungsliteratur

163 Adorno, Theodor W.: Rede über Lyrik und Gesellschaft. In: TWA, Noten zur Literatur. Frankfurt/M. 1958, S. 73–104.
  – Tiedemann (L⁺ 324).
  – Völker (L⁺ 284).
  – Schuhmann (L⁺ 434).
  – Marsch (L⁺ 296).
  – Völker (L⁺ 286).
164 Bödeker, Peter: Das Ende der Naturlyrik? Brechts Gedichte über das Verhältnis von Natur und Gesellschaft. In: N. Mecklenburg (Hrsg.): Naturlyrik und Gesellschaft. Stuttgart 1977, S. 163–178.
165 Bödeker, Peter: ‚Die Lösung'. In: Hinck (L⁺ 380), S. 129–133. [Zeigt die unangemessene Haltung zu dem Gedicht hüben und drüben: Der ideologischen Vereinnahmung entspricht das Verschweigen. Anmerkungen zur Funktion des Elegischen und zur Form des Epigramms.]
166 Hamburger, Michael: ‚Schwierige Zeiten'. In: Hinck (L⁺ 380), S. 147–153. [Musterbeispiel einer Fehlinterpretation, die den Denkanstoß des Textes mit der Forderung unterläuft, dem Gedicht seine Geheimnisse zu belassen.]
167 Thiele, Dieter: Brecht und der 17. Juni 1953. In: W. F. Haug u. a. (Hrsg.) (L⁺ 318), S. 84–100. [Erörtert, wie weit der wissenschaftliche Konsens über die im Gedicht ‚Die Lösung' formulierte Kritik reicht und zeigt unter Hinweis auf weitere Textbeispiele aus dem Zyklus der *Buckower Elegien*, daß Brecht „vor der immer noch aktuellen Gefahr des Faschismus" (93) warnt und diese Warnung mit einer Kritik an bürokratischen Tendenzen verbindet.]
  – Knopf (L⁺ 295).

2. Alterslyrik: Reflexion vs. Intuition

Das Ende des Exils stellte Brecht vor das Problem, seinen Standort neu zu bestimmen und die Möglichkeiten eingreifenden Schreibens unter den Bedingungen des ‚importierten Sozialismus' und der daraus resultierenden Schwierigkeiten des Wiederaufbaus in der DDR zu reflektieren. Die Tatsache, daß Brecht nach der Gründung des Berliner Ensembles sich

ʻzwar in Ostberlin niederließ, seinen Antrag auf Erteilung der Österreichischen Staatsbürgerschaft aber nicht zurückzog und die Rechte an seinen
Veröffentlichungen Peter Suhrkamp übertrug, hat seine westlichen Bio-
graphen frühzeitig zu Spekulationen ermuntert.

Der Legendenbildung in
der Biographie entsprach die Neigung, Brechts späte Lyrik zu paraphrasieren und im Gestus ihrer Metaphorik plakativ auszuschlachten: „Ich
bin nicht gern, wo ich herkomme, ich bin nicht gern, wo ich hinfahre."
(10, 1009)

Die behauptete Vieldeutigkeit der späten epigrammatischen Dichtung
begünstigt aufgrund der suggestiven Bildlichkeit der Texte die Tendenz
sowohl zur Überinterpretation wie zur Paraphrase. Vor allem die *Buckower Elegien* und die Lyrik des Kontexts erwiesen sich als symbolträchtig
genug, um kontroverse Deutungen zuzulassen. Ein ungeklärter, um-
gangssprachlich gebrauchter Symbolbegriff ließ den Status der Bildlichkeit unerörtert. Die Ebenen, deren Mühen Brecht lyrisch apostrophiert
hatte, wurden nach seinem Tod zum Terrain ideologischer Strategien,
Niederungen, in denen wissenschaftliche Scheingefechte, aber auch
ernstzunehmende Kontroversen um Begriffe, angemessene Interpretationsverfahren, vor allem der Bildlichkeit und ihrer Funktion, ausgetragen wurden. Hatte Brecht während des Exils über die Verfremdung der
Existenz und die negativen Folgen der Zeitumstände für die Lyrikpro-
duktion geklagt, so ließ sich nun der Titel seines späten Gedichts
‚Schwierige Zeiten' verallgemeinernd als Echo auf die schlechten Zeiten
für Lyrik im Exil verstehen und als Leitsymbol auf die Schwierigkeiten
mit den Behörden in der DDR beziehen. Dies entsprach dem allgemein
geübten Verfahren, hinter dem ‚Ideologen' Brecht den Dichter hervorzu-
ziehen. Diese Tendenz illustriert eine Phase der ideologischen Anpassung, die bereits den Reflex auf die beabsichtigte Entpolitisierung des
Autors durch die werkimmanente Interpretation der späten fünfziger
und der sechziger Jahre bezeichnet. Zu der Kampagne der Entideologisierung, mit dem Ziel einer Vereinnahmung des Dichters, die u. a. durch
Annäherung seines Begriffs politischer Lyrik an die Konzeption autonomer Kunst geführt wurde, trug sogar die Frankfurter Schule bei. Hatte
Adorno 1957 in der *Rede über Lyrik und Gesellschaft* Brecht noch vage
als den Lyriker apostrophiert, „dem sprachliche Integrität zuteil ward,
ohne daß er den Preis des Esoterischen hätte entrichten müssen" (Adorno, L⁺ 163, 90), so wurde in den Ausführungen Tiedemanns 1966 deutlich, um welchen Preis der Dispens von den ideologischen Jugendsünden,
mithin sprachliche Integrität und ästhetische Dignität zu erwerben
waren:

> Manches deutet darauf hin, daß für Brecht im Lauf der Jahre das Artistische
> immer stärker vors Politische sich schob; gar seine Distanz zur kommunistischen
> Tagespolitik zu belegen, bedarf es durchaus nicht der Benjaminschen Tagebuch-

aufzeichnungen, Fritz Sternberg berichtet ähnliches für die Zeit des Vorfaschismus, und aus dem letzten Lebensjahr des Dichters wird das Wort überliefert, nach wie vor seien die Deutschen Nazis, ob sie nun mit dem Parteibuch der CDU oder der SED herumliefen. (Tiedemann, L⁺ 324, 144).

2.1. Paradigmenwechsel

Brechts späteres lyrisches Werk wird von der sogenannten werkimmanenten Betrachtungsweise der 60er und noch der 70er Jahre unter dem Begriff der ,Alterslyrik' interpretiert, der die Analysen unter formalästhetischen Annahmen leitet oder als Archetyp die Tendenz zur Entideologisierung der Bedeutungsgehalte an den Texten von der Seite des ,Ewig-Menschlichen' stützt. Über den Begriff der ,Alterslyrik' ließ sich das Werk auf Traditionen beziehen und ,beleben', deren Wirkungsmächtigkeit sich in der abendländischen Lyrik gerade auch im Bereich der Dichtungsformen erwies und die in Brechts Lyrik des Exils mit dem Epigramm und der Elegie bereits traditionsstiftend in Erscheinung getreten waren (vgl. Witzmann, L⁺ 469; Kersten, L⁺ 169; Dittberner, L⁺ 168). Die konstatierte Neigung zur ,kleinen Form', die Tendenz zur Ausbildung eines ,Lapidarstils', speziell jedoch die Hinwendung zur Naturbildlichkeit (Schuhmann, L⁺ 434; Schwarz, L⁺ 162; Mennemeier, L⁺ 411), die entweder dem privaten Erfahrungsbereich des lyrischen Sprechers zugeschlagen oder in Form sinnbildlicher Verweisung auf ,ewige' Probleme des Menschen (Hildebrand) bezogen wurde, brachten die thematischen und die formalen Aspekte an den Texten mühelos zur Deckung. Das gelang vor allem dadurch, daß mit den Traditionen der Dichtung sich zugleich Formen der Deutung ausgebildet hatten, die Brecht zwar im Bereich seiner gleichzeitigen Theaterarbeit energisch und unübersehbar bekämpfte (vgl. AB X Bearbeitungen), die ihm im Bereich der Lyrik als einer Sphäre des ,Privaten' aber um so leichter untergeschoben werden konnten.

Die Annahme eines spezifischen ,Alterstils' konnte sich vermutlich auch deshalb bis gegen Ende der 70er Jahre behaupten, weil die Zeitstruktur der späten Gedichte sich durch auffällige Antithesen (,einst' – ,jetzt'; ,nicht mehr' – ,noch immer', ,noch nicht') und charakteristische Zeitanspielungen auf Person und Leben des lyrischen Sprechers beziehen ließen (,Tannen', ,Der Einarmige im Gehölz', ,Gewohnheiten noch immer', ,Heißer Tag', ,Schwierige Zeiten', ,Böser Morgen').

Ausschlaggebend für die fast ungebrochene Geltung des Begriffs der ,Alterslyrik' war vermutlich die Tatsache, daß mit dem sogenannten Paradigmenwechsel in der Literaturwissenschaft zwar der Aspekt der Historizität die Interpretation nun insgesamt maßgeblich bestimmte, die produktionsästhetische Dimension der Texte nach der Seite der Wir-

kungsästhetik ergänzt wurde und eine nur formalästhetische zeitentho-
bene Betrachtungsweise allmählich verdrängte. Dabei wurden die leitenden Vorannahmen aber unkritisch in den neuen Interpretationsansatz
einbezogen. Gestützt auf werk- und wirkungsintentionale Begriffe wie
‚Aussparung‘ und ‚Verfremdung‘ ließ sich diese Art der Textbetrachtung
mit der Annahme ‚Alterslyrik‘ scheinbar durchaus verbinden, dadurch
daß nur der Rezeptionsmodus der ‚Intuition‘ durch den der ‚Reflexion‘
ersetzt wurde. Vom Leser wurde nun die Leistung erwartet, die durch
bewußte Aussparung produzierten ‚Leerstellen‘ in den Texten aufzufül-
len, aber eben nicht mehr intuitiv, sondern produktiv: Der interpretieren-
de Leser sollte „die Einfühlung durch gedankliche Anstrengung ersetzen", wie Schuhmann am Beispiel des Gedichts ‚Schwierige Zeiten‘ aus-
führte (Schuhmann, L⁺ 434, 52). Durch die unreflektierte Vorgabe des
generalisierenden Begriffs ‚Alterslyrik‘ nahm aber jeder Versuch der Rekonstruktion der Bedeutung aus dem Denkanstoß des Textes fast
zwangsläufig die Wendung auf die individuelle und/oder generelle Altersproblematik und bewegte die Interpretation im Kreise, solange der Vermittlungscharakter des Rollensprechens nicht erkannt und die Verweisungsfunktion der temporalen Bestimmungen an den Texten nicht gedeutet wurde. Die Beobachtung, daß durch den gedanklichen Rekurs auf
die Subjektivität des alternden Dichters und seine Erfahrung von ‚Natur‘
„Brechts Spätlyrik der geschichtlichen Zeit enthoben" werde (Link,
L⁺ 170, 76, 118), schien plausibel. Sie gipfelte in der Forderung, auch die
Lyrik-Interpretation aus der Unschärfe subjektiver Erwägungen in den
Bereich ‚objektiver‘, d.h. intersubjektiv prüfbarer Verfahren zu überführen.

Das Verfahren zeigte jedoch, sobald es exemplarisch angewendet wurde, die typischen Unstimmigkeiten, die bereits Adorno vorweggenommen hatte, als er mit der Forderung nach Reflexion des Kunstwerks
zugleich auf die methodische Schranke hinwies, die der Analyse der gesellschaftlichen Gehalte ästhetischer Gebilde gesetzt ist (Adorno, L⁺ 163,
75 f.). Außer mit methodischen Einwänden (vgl. Knopf, L 394, 195) hatte die Forderung nach historischer und politischer Konkretisation der
Werke vor allem mit prinzipiellen Vorbehalten zu rechnen, die als anti-
politischer Affekt im Gestus der Zurücknahme die Autonomie speziell
lyrischer Texte betonten und deren historische, soziale oder gar politische Verweisungsfunktion in Abrede stellten. Mit der Forderung „das
Gedicht soll seine Geheimnisse bewahren" entfiel in Hamburgers Deutung des Gedichts ‚Schwierige Zeiten‘ auch der Vermittlungscharakter
des Subjektiven mit dem Objektiven, worin gerade die Besonderheit der
späten Lyrik Brechts gesehen wurde (Hamburger, L⁺ 380, 151).

2.2. ‚Schwierige Zeiten': Probleme des Rollensprechens und der Perspektivierung

Das Gedicht ‚Schwierige Zeiten' (10, 1029) setzt mit einer Situations- und Standortbestimmung des lyrischen Sprechers ein, die auch für Texte aus der Entstehungszeit der *Buckower Elegien* (‚Der Blumengarten'/‚Böser Morgen'/‚Heißer Tag') charakteristisch ist. Das Ich am Schreibpult vermittelt in einem Satz, der sich in fünf Verse gliedert, die dichte Abfolge der Stadien eines Wahrnehmungsprozesses. Vom Schreibpult aus, dem Standort des Sprechers, werden Vorgänge des Sehens, Erkennens und Erinnerns eines lyrischen Ich mitgeteilt, das mit dem empirischen Ich des Dichters identisch zu sein scheint („Kindheit in Augsburg"), aber als Rollen-Ich fungiert. Diese Wahrnehmungen verändern sich simultan zur Außenbeobachtung in solche der Introspektion: „Stehend [...] sehe ich", „Stehend [...] erinnere ich mich". Aus dem Sehenden wird durch Assoziation („Holder im Garten"/„Holder meiner Kindheit in Augsburg") das sich erinnernde Ich. Über die Assoziation wird die Reflexion der optisch-visuellen sinnlichen Wahrnehmung ausgelöst. Der durch die Suggestivität des erinnerten Bildes angeregte Wunsch, sich klare Sicht, d. h. das Vergnügen des Sehens (um den Preis einer Unterbrechung der Arbeit) zu verschaffen, erscheint als privater Vorgang, der politische Konnotationen nicht notwendig verlangt. Der Blick des Lesers richtet sich zunächst auf den Sprecher: Er folgt der Perspektive des Betrachters vom Stehpult durch das Fenster in den Garten auf den Holder, dann auf den erinnerten Holder der Kindheit in Augsburg. Mit dem zweiten Teil der in vier Verse konzentrierten Mitteilung ändert sich zwar nicht der Standort des Ich am Schreibpult – ein Standortwechsel wird nur erwogen –, aber das Subjekt der Wahrnehmung wird nun selbst zum Gegenstand autoreflexiver explizit mitgeteilter Erwägungen und dadurch zugleich zum Objekt der Aussage: „Mehrere Minuten erwäge ich ganz ernsthaft". Im Augenblick der Erinnerung kehrt sich die Perspektive vom Gegenstand der Betrachtung („Holder in Augsburg") um und richtet sich auf das Ich im Intérieur: Am Schreibpult stehend, das Holen der Brille vom Tisch und damit die Veränderung des Standorts im Raum erwägend. An die Stelle der fast simultanen Wahrnehmungsstadien tritt zeitliche Verzögerung durch Angabe der temporalen Bestimmung. Sie kennzeichnet die Dauer der Reflexion als einen Vorgang ernsthafter Überlegung denkbarer Alternativen und als bedeutungsvolle Entscheidung: Der Leser wird in die Kontemplation erforderlicher Bewegungen und Tätigkeiten einbezogen, er hat die mögliche Entscheidung, die vom Kontext isoliert banal erscheinen müßte, nicht etwa nur nachzuvollziehen, sondern sie in den Voraussetzungen und Zusammenhängen eines in selbständige Stadien zerlegbaren Vorgangs mitzubedenken und zu bewerten. Der abstrakten

Angabe der Dauer der Erwägungen korrespondiert so die Zeit der Vorstellung der einzelnen Bewegungsabläufe: Zum Tisch gehen – die Brille holen – die der klaren Wahrnehmung sich entziehenden Gegenstände (wieder-)sehen. Zeit wird als Bewegung in der Zeit, als Ablauf und Vergehen von Zeit erkennbar und bedeutungsvoll. Darin steckt ein Bezug zum Titel und ein erstes Moment der Bewertung. Spontan und unbedacht realisiert, müßte ein solcher Vorgang als Zeitvergeudung erscheinen. Die Entscheidung für die eine Alternative ist zugleich die gegen eine andere. Auch dies hat der Leser zu realisieren. Er hat die in Gang gesetzte, aber durch Aussparung unvollständige Reflexion zu ergänzen, sie als Denkanstoß zu begreifen und sie zu seiner eigenen zu machen. Dazu bietet sich ihm das Ich – als Rollen-Ich in der Entscheidung dargestellt – als Demonstrationsobjekt an. Die Elemente möglicher Alternativen, die das Ich erwägt, stecken in den Wahrnehmungsstadien der Verse 1–5, die bis zur Zäsur am Beginn der Reflexion führen: Erinnerung und Arbeit. Die Entfernung vom Schreibpult unterbräche beide, die bereits in Gang gekommene Erinnerung *und* die Arbeit durch Veränderung des Standorts, erneute Ablenkung des Blicks von innen nach außen und Zerstreuung der Konzentration. Wie soll entschieden werden? Kann entschieden werden? Auf die Situation der Erwägungen bezieht sich der Titel ,Schwierige Zeiten'. Er provoziert die allgemeine Frage nach der Beschaffenheit der Zeit im Horizont der besonderen individuellen Situation. Die Reflexion des Ich, die Kalkulation der ihm verbleibenden Zeit, das Abwägen der individuellen Lage: aus der Vermittlung beider, des Besonderen mit dem Allgemeinen, ergibt sich die exemplarische Bedeutung. Mit der Thematisierung der schwierigen Zeiten und dem gesetzten Denkanstoß, der Provokation der Frage nach ihrer Beschaffenheit, gibt das Gedicht zugleich die Antwort, was das für Zeiten sind, in denen die Erwägung eines Vergnügens fast eine Versuchung zur Pflichtverletzung darstellt, weil sie die Unterbrechung der Arbeit einschließt. Als mitgeteilte Reflexion in lyrischer Form ist das Gedicht Kompromiß und Belehrung, es behandelt seinen Gegenstand exemplarisch. Zum politischen Gedicht wird es nicht primär durch den Bezug auf den Titel – der ließe sich unter der Vorannahme ,Erlebnislyrik' auch biographisch und psychologisch deuten, als Thematisierung der individuellen Altersproblematik des Dichters Brecht. Sofern jedoch dieses Ich nicht als ein empirisches, sondern durch die Perspektivierung der Wahrnehmung als Rollen-Ich fungiert, sein Sprechen und Erwägen als ein Demonstrieren exemplarischer Haltungen aufgefaßt werden soll, wird der Verweisungscharakter der zu rekonstruierenden Semantik auf die ,Schwierigen Zeiten' deutlich. Der Text erschließt eine politische Bedeutungsebene durch die Art seiner Perspektivierung auf die Dichotomie von Arbeit und Vergnügen, der Verantwortung jeder Entscheidung und des Sich-Bewußt-Seins kleinster

Entscheidungen. Die immanente Reflexion über dieses Thema ermöglicht auch die Antwort auf die Frage, welche der erwogenen Alternativen realisiert wird: Denn als mitgeteilte Reflexion in verweisender Bedeutung kennzeichnet sie das Gedicht als Resultat von Arbeit und Genuß der Erkenntnis. (Die Niederschrift der differenzierten Erwägung impliziert die Antwort: Die Brille wird nicht geholt.) Das „Ich" bleibt am Schreibpult und legitimiert aus der objektiven Beschaffenheit der schwierigen Zeiten seine dichterische Existenz in Form von Kommunikation und Belehrung. Der Text macht damit auch eine Aussage zur Funktion der Dichtung in schwieriger Zeit. Er demonstriert zugleich einen exemplarischen Rezeptionsmodus, der eine Haltung der Esoterik, die dem Gedicht sein Geheimnis beließe (Hamburger, L^+ 380), konsequent verwirft zugunsten einer kommunikativen Erwartungshaltung, die dem Text seine gesellschaftliche Erfahrung abverlangt. Brechts Konzeption des Gebrauchswerts lyrischer Texte bestimmt die wirkungsästhetische Struktur auch noch der späten Lyrik.

3. ,Buckower Elegien'

3.1. Grundlageninformationen

Forschungsliteratur

168 Dittberner, Hugo: Die Philosophie der Landschaft in Brechts *Buckower Elegien*. In: H. L. Arnold (Hrsg.) (L 310), S. 54–65. [Reflektiert über die Geschichtlichkeit der Landschaft in den *Buckower Elegien*. Bestimmt die Philosophie der Landschaft in den Texten aus der „Dialektik von Produzent und Produkt und ihrer beider Geschichtlichkeit" (64).]

169 Kersten, Paul: Anmerkungen zu einigen Kurzgedichten. Bertolt Brechts Epigramme. In: H. L. Arnold (Hrsg.) (L 310), S. 66–73. [Untersucht Form und Funktion spruchartiger Kurzformen in Brechts Lyrik des Exils und in der späten Lyrik.]

170 Link, Jürgen: Die Struktur des literarischen Symbols. Theoretische Beiträge am Beispiel der späten Lyrik Brechts. München 1975. [Wichtiger Forschungsbeitrag zu den *Buckower Elegien*, dessen pointierte Kritik an methodischen und ideologischen Defiziten bei der Analyse des lyrischen Spätwerks auf Grund verfehlter Vorannahmen („Stimmungslyrik") zwar auf Links eigene Untersuchung zurückschlug (vgl. Knopf, L^+ 394), die Forschungsdiskussion aber vorantrieb. Links Hauptthese, „es handle sich bei den *Buckower Elegien* um politische Lyrik" mit gezielten kritischen Implikationen (94), kann vom gegenwärtigen Stand der Forschung nicht bestritten werden. Zweifel am methodischen Verfahren zur Ermittlung des politischen Gehalts der „verschlüsselten" Texte und dem Grad ihrer Konkretheit, lassen sich jedoch im kritischen Nachvollzug der Einzelanalysen erhärten.]

– Hinck (L^+ 159).

171 Segebrecht, Wulf: Bertolt Brecht, Der Blumengarten. In: Frankfurter Antho-
logie. 4. Bd. Hrsg. v. M. Reich-Ranicki. Frankfurt/M. 1979.
172 Thiele, Dieter: Bertolt Brechts Selbstverständnis, Tui-Kritik und politische
Ästhetik. Frankfurt/M. 1981.
173 Hartinger, Christel: Bertolt Brecht – Das Gedicht nach Krieg und Wiederkehr. Studien zum lyrischen Werk 1945–1956. Berlin 1982 (= Brecht-
Studien 8). [Umfangreiche und umständliche Darstellung des lyrischen Spätwerks, das die Lyrik der letzten Exiljahre untersucht und neben der *Aufbaulyrik*, den *Neuen Kinderliedern* und den *Liebesgedichten* vor allem den
Zyklus der *Buckower Elegien* ausführlich behandelt. Die Untersuchung
zeigt, abweichend von früheren DDR-Forschungsbeiträgen, keine Berüh-
rungsängste gegenüber politischen Texten wie ‚Die Lösung‘, ‚Böser Morgen‘, u.a., deren politische Brisanz jedoch durch Zurücknahme hinter die
vermeintliche Intention der „Selbstverständigung“ gebrochen wird. Bei po-
lemischen Abgrenzungen gegenüber der „bürgerlichen“ Forschung, zugleich
ein erster Versuch der Annäherung, der jedoch die kritische Auseinandersetzung mit deren entwickeltsten Positionen (Link u.a.) scheut.]
– Mennemeier (L⁺ 411).

3.2. *Selbsterfahrung und Legitimation des Dichtens*

> Der Dichter der *Buckower Elegien* spricht nicht im Zustand der Erschöpfung
> von Bäumen, er liest auch nicht Horaz, um den 17. Juni zu vergessen. Seine
> Trauer ist kein Elend, bei dem Gedichte abfallen. (Link, L 170, 111)

Die *Buckower Elegien* sind als abgeschlossene Sammlung erst 1964
erschienen. In ihrem Entstehungsjahr 1953 wurden nur 6 Gedichte in
Sinn und Form veröffentlicht; 1954 erschienen diese Texte auch in Heft
13 der ‚Versuche‘ als 23. Versuch bereits unter dem Titel *Buckower
Elegien;* 6 weitere Texte erschienen im zweiten Brecht gewidmeten Sonderheft von *Sinn und Form* im Jahr nach dessen Tod unter dem Titel *Aus
letzten Gedichten.* Anders als bei den übrigen Erstdrucken in diesem Heft
geben die Anmerkungen keine Aufschlüsse über Entstehungsbedingungen und geplante Publikationsform der Texte. Sie sind den Texten jedoch
immanent. Allerdings hat Brecht sich in den Briefen über den Modus der
Rezeption geäußert. Völker merkt an, daß Brecht einzelne Gedichte an
Freunde „zu innerem Gebrauch“ versandte (Völker, L⁺ 284, 148). Sein
modischer Hinweis auf die Funktion der Texte, in denen „Trauerarbeit“
geleistet werde (Völker, L⁺ 286, 412), trifft zwar deren reflexiven Charakter, konnotiert jedoch in unzulässiger Weise das traditionelle Verständnis elegischer Stimmung mit dem für Brechts späte Lyrik charakte-
ristischen Gestus der Belehrung, die „als [zwar] subjektive Erfahrung
erfragbar, nachvollziehbar und damit sozial nutzbar bleibt“ (Dittberner,
L⁺ 168, 55). Der politische Charakter der Gedichte wurde von Hinck
überzeugend unter dem Aspekt der Vermittlung bestimmt und auf einen

generellen Begriff politischer Lyrik gebracht, der die Kontinuität zwischen den Gedichten des Exils und dem sie damals tragenden Konzept einer „totalen Wirkungsästhetik" (Hinck, L⁺ 159, 120 pass.) hervorhebt und die Texte den geschichtlichen Voraussetzungen ihrer Entstehung so wenig entzieht wie den geschichtlichen Bedingungen ihrer Wirkung, die an die Historizität ihrer Semantik gebunden bleibt:

> Auch wo Politisch-Gesellschaftliches nicht unmittelbar thematisch wird, ist es anwesend in jener sozialen Dimension, durch jene wechselseitige Durchdringung von Privatem und Öffentlichem, die das lyrische Subjekt einbringt. [...] Die Probe aufs Exempel wären die *Buckower Elegien* Brechts, jene späten Gedichte, die nicht mehr der eigentlichen „Zeit des Aufruhrs" zugehören. Auf dem Hintergrund allmählich sich ordnender Lebensverhältnisse entstanden, lassen sie mit elegischer Natur- und Menschenbetrachtung auch Momente subjektiver Empfindung ein. Und doch bilden Verkrüppelungen aus der „Zeit der Unordnung", Gebrechen einer sich formenden sozialistischen Ordnung und eigenes soziales Versagen das thematische Gitterwerk der Texte. Auch wo Gedichte privat zu werden scheinen, spricht ein mit politischen und gesellschaftlichen Erfahrungen, mit „Geschichte" angereichertes lyrisches Subjekt. (Hinck, L⁺ 157, 136)

3.3. Das Motto: Gesellschaftliche Mobilität als Voraussetzung des Dichtens

Das Motto des Zyklus macht die Intention gesellschaftlicher Nutzanwendung deutlich, bindet sie jedoch appellativ an die Voraussetzung gesellschaftlicher Mobilität: „Ginge da ein Wind, könnte ich ein Segel stellen". Wind, als Symbol für Antriebskraft und Energie, meint die gesellschaftliche Natur von Bewegung, „stellen" spielt möglicherweise mit der doppelten Bedeutung von „zur Verfügung stellen" und „nach dem Wind stellen" zur Beschleunigung der Fahrt. Mengentheoretische Erwägungen (Link) sind zur Bestimmung des Symbolgehalts und seiner Funktion sowie des gesellschaftlichen Selbstverständnisses des lyrischen Sprechers hier nicht erforderlich. Auch die Rekonstruktion einer Systematik der „Leitsymbolik" (Rastegar) erscheint ungeeignet, um die semantischen Gehalte der Bildlichkeit zu differenzieren und daraus die organisierte und solidarische Arbeiterschaft als den Adressaten lehrhafter Dichtung zu ermitteln. Die Annahme, daß der lyrische Sprecher in den folgenden Versen des Mottos, die den Gestus des Appells durch hypothetische Einschränkung verstärken, sein künstlerisches Selbstverständnis aus der auf proletarische Massenorganisation gerichteten Theaterarbeit (Segel aus Stecken und Plane) ableite, scheint im Kontext eines lyrischen Zyklus wenig wahrscheinlich. Sie schränkt außerdem die Verbindlichkeit eines generalisierten Konzepts lehrhafter und dialektisch zu vermittelnder Dichtung als Form gesellschaftlicher Praxis unzulässig ein. Der appellative Charakter des Mottos bedeutet nicht Klage, sondern signalisiert Bereitschaft und Ungeduld. Er bestimmt die Funktion von Texten, die in der Zeit des Übergangs (Flaute) entstanden sind, aus der Möglichkeit der Provokation zur Dynamisierung gesellschaftlicher Energie. Lyrik, auch und gerade in der Form der Elegie, ist mithin nicht Resultat der „Windstille", sondern verweist kritisch darauf. Sie erfüllt keineswegs kompensatorische Funktionen durch den Ausfall weiterreichender Möglichkeiten dichterischer Praxis, indiziert folglich auch nicht die resignative Wendung ins Private (Schuhmann) oder den Rückzug in die Innerlichkeit: Sie unterstellt vielmehr emphatisch die Entfaltung politischer Wirkungsmöglichkeit von Texten und bindet die Produktivität dieser latenten Energie an ein entsprechendes Rezeptionsverhalten, das sie erzeugen möchte. Widerspiegelung gesellschaftlicher Mängel beabsichtigt deren Überwindung. Sie macht die Selbsterfahrung des lyrischen Sprechers zum Medium gesellschaftlicher Erfahrung und zur Bedingung der Vermittlung politischen Bewußtseins. Dies gilt in analoger Weise für Texte, in denen ein lyrisches Ich als autoreflexives oder kommentierendes Rollen-Ich fungiert (‚Böser Morgen‘, ‚Heißer Tag‘), wie für solche Texte, in denen die Präsenz des reflektierenden Subjekts nur aus der Art der Perspektivierung von Beobachtungen erschlossen werden kann. Ein Ansatz, der von der Annahme der Chiffrierung des semantischen Gehalts ausgeht und den Begriff des Politischen nicht als Kategorie der ästhetischen Vermittlung, also wirkungsästhetisch begreift, sondern inhaltlich konkret und pragmatisch faßt, läuft dabei Gefahr, die Texte um ihre ästhetische Dimension zu verkürzen, ihnen nur „ihr entschlüsseltes Gegenbild" (Szondi) zu konfrontieren.

Links Versuch einer Systematisierung ausschließlich von Elementen der Bildlichkeit, die die ästhetischen Funktionen anderer Strukturelemente nicht ins System zu integrieren vermag oder explizit darauf verzichtet, kann die kritischen Implikationen seiner Vorannahmen so lange nicht einholen, wie er sich den Systematisierungszwängen blind unterwirft. Knopf (L 394, 195 pass.) fand hier die angemessenen kritischen Worte.

3.4. ‚Der Blumengarten‘ – „Genuß und Erkenntnis"

Der Text bezeichnet Lage und Anlage des Gartens am See. Er betont das Zusammenwirken von Natur und planender Gestaltung, nennt „Mauer und Gesträuch", deren Schutz der Blumengarten genießt, als Voraussetzung kontinuierlichen Blühens und charakterisiert den konstanten Wechsel des Erscheinungsbildes als Resultat kultureller Leistung, die sich aus Planung und Ausführung zusammensetzt. Die Funktion dieses Gartens für das Rollen-Ich des Dichters berührt den Zusammenhang von Privileg und Verpflichtung, die sich aus der Nutzung ergibt. „Die Anlage [...]

bietet ihrem Benutzer die Möglichkeit, sich zurückzuziehen und Einsichten zu gewinnen über die Weisheit der Planung" (Segebrecht, L 171, 164). Die am Naturbild und seinen Funktionen zu gewinnenden, vom Beispiel zu abstrahierenden Erfahrungen haben exemplarischen Charakter. Sie thematisieren über die Analogie Blumengarten/Dichter (lyrischer Dichtung) das Verhältnis von Dichter und Gesellschaft, verweisen auf die gesellschaftliche Funktion des Dichtens und die Form ästhetischer Belehrung auf der Grundlage einer „Wechselseitigkeit", die „Genuß und Erkenntnis" – Genuß nicht *der* Erkenntnis? – gewährt (Segebrecht, L 171, 164).

Die Semantik des Textes verflacht, sofern die Wechselbeziehung nur inhaltlich über die Garten-Metapher aus der „Schutzfunktion" der Gesellschaft (Dittberner, Link) für die Dichtung, die dichterische Intention, „freundlich und produktiv in dieser Gesellschaft zu sein" (Dittberner, L⁺ 168, 61), bestimmt wird. Schlüsselwort des Textes ist der Begriff des „Angenehmen", auf den der lyrische Sprecher seine Leistungen für die Gesellschaft bringt. Seine Semantik scheint schwierig, läßt sich jedoch über die dialektische Vermittlung von Genuß und Erkenntnis erschließen, die die Gartenmetapher birgt: Als Genuß der Erkenntnis bezeichnet er wesentlich auch die Form der Rezeption, die der Dichter wünscht, aber nicht voraussetzt, sondern als Erwartungshaltung allererst produziert. Das „Angenehme" definiert sich also nicht nur durch sein Gegenteil, das Unangenehme, sondern hebt sich auch gegen das Genehme ab, das für eine Haltung unproduktiv erstarrter Erwartungen steht, die vom Dichter nur die Bestätigung bestimmter (restriktiver) ästhetischer Forderungen, Affirmation politischer Maßnahmen und Vorstellungen verlangen. Im Begriff des Angenehmen spricht Brecht eine Art der Erkenntnis an, die wechselseitig produktiv werden kann. Daß Erkenntnis und Genuß der Erkenntnis gerade auch in „schlechten Wettern" und schwierigen Zeiten in der Form der Kritik möglich und erwünscht sein muß, angenommen, d.h. produktiv verwertet und nicht bloß hingenommen werden kann, unterstellt das Gedicht.

Es definiert unter wünschbaren, d.h. idealen, aber tatsächlich zu erreichenden Bedingungen Möglichkeiten der Kommunikation, die für gute und schlechte Wetter gleichermaßen gelten.

3.5. ,Böser Morgen' – Lehrgedicht der Entfremdung

,Böser Morgen' thematisiert die Entfremdungszustände eines lyrischen Sprechers, der sich als Rollen-Ich erst im zweiten Teil des Achsengedichts zu erkennen gibt. Garten und Landschaft (von Buckow) werden von ihm in Bildern der entzauberten Natur, im Zustand der Häßlichkeit und der Ernüchterung wahrgenommen. Häßlichkeit erscheint als Resultat eines plötzlichen Verfalls in einer Folge anthropomorphisierender Naturbilder, Phänomene einer über Nacht schlagartig eingetretenen Veränderung. In emphatischen Interjektionen als Ausdruck der Desorientierung fragt das Ich nach der Ursache des plötzlichen Schönheitsverlustes, der Verwüstung des vertrauten Erscheinungsbildes. Die Frage „warum", lapidar auf einen Vers konzentriert, bildet die Achse des Gedichts. Sie bezieht das erschreckende Bild des Verfalls am „bösen Morgen" auf den Alptraum des Sprechers („Heut nacht"), der ihn am Morgen mit der häßlichen Landschaft als Spiegelbild seiner selbst und als Projektion seiner Schuldgefühle konfrontiert. Mit der Erscheinung des Traum-‚Ich' verändert sich die Perspektive des Gedichts: Sie richtet sich auf den Vorstellungsraum gestisch und monologisch vermittelter ‚szenischer Realität'. Das Bild der häßlichen Natur tritt in den Hintergrund. Das Traumbild schiebt sich vor das Naturbild. Veränderung, die zunächst als Naturphänomen erschien, weil sie sich „objektiv" und unvermittelt, d. h. ohne die deutende Vermittlung eines exponierten Sprechers darstellte, erscheint nunmehr als das Resultat subjektiver Wahrnehmung durch den Traum, der als Medium der Selbsterfahrung fungiert. Die Entstellung der Umwelt ist die Folge veränderter Selbsterfahrung. Ihr entspricht die Entstellung des Sprechers im Traumbild (Aussatz). Über ihn affiziert der Traum die Realität, die doch ‚an sich' unverändert schön ist: verändert hat sich mit dem Sprecher die Form seiner Wahrnehmung. Der Traum ist keineswegs irreal, sondern repräsentiert die historisch-gesellschaftliche Realität. Darin erscheint, pars pro toto, das Kollektiv des Proletariats in der Rolle des Anklägers, der Sprecher in der des isolierten Angeklagten.

Zwar ist die Entstellung der Opfer durch Gewalt („Finger [...] zerarbeitet und [...] gebrochen") der Häßlichkeit des Traum-Ich durch den Befall mit Aussatz gleichgesetzt. Die Entsprechung begründet jedoch keine Solidarität: Der Aussätzige erscheint im Gegenteil als der aus der Solidargemeinschaft der Opfer Ausgestoßene. Seine Krankheit (Häßlichkeit) ist Stigma seiner Schuld. Er ist der Verräter der Arbeiter. Er büßt mit dem Verlust der Fähigkeit des Genusses der schönen Natur und der darauf gegründeten Wechselseitigkeit von Genuß und Erkenntnis. Diese ist an die Tätigkeit gebunden, sich mitteilen zu können, nicht ‚monologisch', sondern kommunikativ, d. h. produktiv. Wo diese elementare Voraussetzung durch Ausschluß aus der Kommunikationsgemeinschaft entfällt, ist der ästhetischen Existenz des Dichters die soziale Grundlage entzogen: sie verliert ihre Legitimation. Der isolierte Standort der abgespaltenen Existenz begründet kein Recht auf Kommunikation. Das Gedicht will diesen Zustand revidieren, der den Privilegierten nach dem Verlust seiner Legitimation zum Außenseiter der Gesellschaft bestimmt und zum Parasiten stempelt. Der emphatische Ausruf „Unwissende" appelliert daher nicht nur ans Kollektiv, ihm Gehör zur Rechtfertigung zu

verschaffen, die Apostrophe behauptet das ursprüngliche Rollenverständnis und reklamiert die soziale Rolle des Sprechers, Wissen mitzutei-
len und Erkenntnis vermitteln zu können. Von dieser Funktion ist die
Vermittlung der Erfahrung fehlerhaften Verhaltens nicht ausgenommen.
Das Rollensprechen transzendiert hier die Fiktion des Traumbildes: Es
ist, als emphatisch gerichtete Apostrophe an den Leser, Rechtfertigung
und Selbstbehauptung zugleich. Der Anruf (,Schrei') verdeckt aber die
Tatsache, daß die geschichtliche Realität selbst in die Rolle des Lehren-
den eingetreten ist: Die Erfahrung der Arbeiter begründet Wissen, das
mit dem aus ästhetischer Erfahrung gewonnenen des Sprechers (Dichters) nicht mehr selbstverständlich zu vermitteln ist. Kriterium dieser
Erfahrung ist das Naturbild, das, dem Traumbild vorangestellt, dessen
zeitliche und kausale Folge ist: Die Landschaft, natürliche Lebenswelt
des Dichters, ist objektiv schön („ortsbekannt"). In den Konsens darüber
vermag das Ich jedoch nicht einzustimmen, weil es sich von ihm nicht
mehr getragen, sondern als ausgeschlossen empfindet. Häßlichkeit ist
somit nicht Kriterium der Landschaft, sondern des Ich, das im Zustand
der schuldhaft abgespaltenen Existenz sich selbst im häßlichen Bild der
Landschaft begegnet. Der Vorwurf der Unwissenheit, in dem Rechtferti-
gungsargumente enthalten sind, fällt auf den Sprecher zurück. Gleichwohl behauptet das Gedicht als Produkt von Erfahrung den Anspruch
auf Mitteilung. Ihre Form ist die der Elegie. Wenn überhaupt, so faßt
man hier Begriff und Funktion des Elegischen bei Brecht: Trauer als
objektiver Gestus, Gegenstand der Selbsterfahrung und Belehrung in der
Erkenntnis, daß begründete Standpunkte objektiv unvereinbar sein können und ästhetisch nicht (mehr) zu vermitteln sind, weil die Fehler in der
Ungleichzeitigkeit von Erfahrung objektiv vorgegeben, daher unvermeidlich sind und die Krise zwangsläufig wiederholbar erscheint. Diese Einsicht führt nicht zur Resignation, wohl aber in Zustände der Entfremdung, die nur durch eine dialektische Betrachtungsweise der geschichtlichen Ereignisse zu rationalisieren sind:

> der 17. juni hat die ganze existenz verfremdet. in aller ihrer richtungslosigkeit
> und jämmerlicher hilflosigkeit zeigen die demonstrationen der arbeiterschaft im-
> mer noch, daß hier die aufsteigende klasse ist. nicht die kleinbürger handeln,
> sondern die arbeiter. ihre losungen sind verworren und kraftlos, eingeschleust
> durch den klassenfeind, und es zeigt sich keinerlei kraft der organisation, es
> entstehen keine räte, es formt sich kein plan. und doch hatten wir hier die klasse
> vor uns, in ihrem depraviertesten zustand, aber die klasse. alles kam darauf an,
> diese erste begegnung voll auszuwerten. das war der kontakt. er kam nicht in der
> form der umarmung, sondern in der form des faustschlags, aber es war doch der
> kontakt. [...] als große ungelegenheit, kam die große gelegenheit, die arbeiter zu
> gewinnen. deshalb empfand ich den schrecklichen 17. juni als nicht einfach nega-
> tiv. (AJ 1009)

Über die Thematisierung des Arbeiteraufstandes am 17. Juni 1953 werden Querverbindungen zu anderen Texten des Zyklus oder zu Gedichten des Kontexts in der Form ironischer Stellungnahme und symbolisch verhüllter Anspielung deutlich (,Die Lösung', vgl. Bödeker, in: L⁺ 380; Thiele, in: L 318; ,Eisen', vgl. Rastegar, L⁺ 160; Weinrich, in: L⁺ 380; ,Die Kelle'). ,Eisen' gibt, analog zu ,Böser Morgen', im Traumbild – jedoch unkommentiert – eine Deutung der Vorgänge, die die Metapher des Sturms für den Aufstand verwendet (vgl. dagegen Rastegar, L⁺ 160, 259 und Weinrich, in: L⁺ 380, 138). Die Massenbewegung, die anders als im Motto erwartet, nicht in der Form des Windes produktiv, sondern in der des Sturms destruktiv in Erscheinung trat, provozierte die Reaktion des Faustschlags. Die im Prinzip sinnvolle, aber verzerrte Kommunikation der Massen mit der Regierung (vgl. B 695), gab den Anlaß, der Erfahrung der Konfrontation die Idee der Kooperation entgegenzusetzen, von deren Verwirklichung der Anbruch der ,Neuen Zeit' erwartet werden durfte.

3.6. ,Heißer Tag' – ,Rudern, Gespräche' – Kritik und Antizipation der neuen Zeit

,Heißer Tag', eines der „politisch unverfänglichsten Gedichte" des Zyklus (Marsch, L⁺ 296, 35), früh veröffentlicht und offensichtlich weder zu „innerem Gebrauch" noch zur „Privatlektüre" bestimmt (Briefe, S. 701, 711), führt im Gestus des Rollensprechens (Knopf, L 394, 103) das lyrische Ich als Beobachter ein. Die Art seiner auf Vermutungen gestützten Beobachtungen leitet den Leser durch ironische Kommentierung zu eigenen Reflexionen an. Die Beobachtung selbst vermittelt zwischen räumlicher und zeitlicher Distanz. Der Sprecher projiziert sie als detailliertes tableau auf gesellschaftliche Verhaltensweisen (Arbeit; [parasitäre] Muße) und stellt dadurch die zufällige und isolierte Wahrnehmung in den Kontext allgemeiner gesellschaftlicher Zusammenhänge.

Die Mitteilung erhält durch den verallgemeinernden Bezug auf den Wechsel der Zeiten den Charakter eines symptomatischen Details gesamtgesellschaftlicher Vorgänge. Die Verweisungsfunktion kommt indessen weniger durch die Symbolstruktur des Bildes selbst als durch die Art der Perspektivierung zustande: Das Bild ist gerahmt; der Rahmen situiert und definiert den Sprecher, der am „heißen Tag" seine Tätigkeit (Schreibmappe – Arbeit) ins Freie, aber an einen Ort der Muße (Pavillon) verlegt hat. Das aus diesem Blickwinkel wahrgenommene Bild zeigt/erzählt die verkehrte Welt und zeigt die Welt verkehrt. Das Paradox wirkt als Denkanstoß: Einer arbeitet für zwei, ein Kind, aus Leibeskräften rudernd, für zwei Erwachsene. Das Motiv stützt den Erzählgestus der sukzessiven Mitteilung; es ist ein bewegtes Motiv: Ein Kahn „kommt in

Sicht", aber gegenläufig zur Erwartung, da das Objekt der Wahrnehmung gleichsam seitenverkehrt und spiegelbildlich in Erscheinung tritt. Auf dieser Widersprüchlichkeit beruht formal die Verdeutlichung der Unnatürlichkeit und Unwirklichkeit des Vorgangs; sie ist ein Moment der Wirkungsabsicht: Denn der Blick des Beobachters erfaßt zuerst die Nonne „im Heck", dann den Priester „vor ihr", zuletzt das rudernde Kind. Die Wahrnehmung bildet eine Hierarchie ab, aber so, als ob sie die Ursache dafür sei, daß falsch, nämlich rückwärts, in die verkehrte Richtung gerudert werde. In der Umkehrung der Hierarchie liegt die Bedingung sinnvoller gesellschaftlicher Aktivität auf der Hand. Die Diskrepanz zwischen Erwartung und gelenkter Wahrnehmung wird durch die Unstimmigkeit der einzelnen Beobachtungen verstärkt: Die Bekleidung der Nonne widerspricht der Hitze des „heißen Tages", die des ältlichen Mannes der Geschlechterrolle: Die Vermutung, daß er ein Priester sein könne, resultiert nicht aus der Konfiguration der Personen, sondern aus der Art der Bekleidung („Schwimmanzug"), die zwar der Situation (Hitze, Kahnpartie) angemessen ist, aber Prüderie assoziieren läßt. Daß das Kind „aus vollen Kräften" rudert, ist angesichts der Hitze unsinnig: sein Rudern beschwört das Bild der Galeere herauf (Knopf, L 394, 107).

Der Vorgang insgesamt widerspricht den gesellschaftlichen Erwartungen, die sich mit der neuen Zeit gewandelt haben sollten. Die neue Zeit gibt jedoch prospektiv den Gesichtspunkt der Beurteilung (,point of view') vor. Zwischen den Formen des Bewußtseins und denen gesellschaftlicher Interaktionen klafft ein Widerspruch, der als Ungleichzeitigkeit paradox erscheinen muß. Daß die Zeiten sich formal effektiv gewandelt haben, macht der wiederholte Ausruf „wie in alten Zeiten" deutlich, der die neue von der alten Zeit abhebt. Der Ausruf selber ist engagiert, nicht resignativ: Das Gedicht ,erzählt' den Vorgang parteilich, d.h. vom antizipierten Standpunkt der neuen Zeit aus, und hebt in der Pointe den Zeitenabstand auf. Denn die ,alten Zeiten', von denen nur noch erzählt werden sollte und die in der Form der Komödie zu Grabe getragen werden (vgl. AB VIII, X), bestimmen noch die gesellschaftlichen Formen der neuen Zeit. Dies ist der Sinn der Reflexion, die den Rahmen um das Bild schließt. Der wiederholte Ausruf der Schlußverse weist als verfremdender Gestus auf diese Widersprüchlichkeit hin und hebt im Appell zur Veränderung den Widerspruch auf. Wie das zu leisten sei, macht das Paradox deutlich: Bevor die Aufgaben der neuen Zeit ins Auge gefaßt werden können und eine neue Gesellschaft entstehen kann (vgl. AB X), muß die Aufmerksamkeit den alten, parasitären Formen gesellschaftlicher Ausbeutung gelten, die in der Gegenwart noch virulent sind und beseitigt werden müssen. ,Alt' steht somit in doppeltem Gegensatz zu ,jung' (Kind/Zukunft) und zu ,neu' (Jetztzeit, Zeit der Beobachtung). Nur wenn beide Bedeutungen konvergieren, erscheint die Zukunftsper-

spektive gesichert und die Bezeichnung ‚neue Zeit' substantiell gerechtfertigt. Brecht antizipiert sie im Bild von ‚Rudern, Gespräche', das in der
chiastischen Verschränkung von ‚Rudern' und ‚Sprechen' die Gleichberechtigung von Arbeit und Kommunikation betont und das Konkurrenz-
denken der bürgerlichen Leistungsgesellschaft durch die Vorstellung der
Kooperation und wechselseitigen Durchdringung beider Grundformen
gesellschaftlicher Produktion in einer sozialistischen Gesellschaftsordnung ersetzt. Daß die Utopie der neuen Zeit, die das Gedicht entwickelt,
sich in Form einer gegenbildlichen Entsprechung nur auf der Folie der
Elegie ‚Heißer Tag' und der in ihr vermittelten gesellschaftlichen Erfahrung entfalten kann, macht seine nachgeordnete Stellung im Zyklus plausibel. Diese verdeutlicht ihrerseits, welche Bedingungen erfüllt sein müssen, damit mit der richtigen Richtung auch die richtigen Formen des
Ruderns gefunden und entwickelt werden können, d.h. an welche Voraussetzungen der Praxis die Entfaltung zukunftsweisender gesellschaftlicher Mobilität gebunden ist.

Wenn die Elegie nach traditionellem Verständnis als Klage über die
schlechte Gegenwart das Lob der ‚guten alten Zeit' impliziert, so treibt
sie hier, in der Form des Gegenentwurfs, die Gegensätze auch im Bereich
des ‚Neuen' durch Reflexion hervor: Der gesellschaftliche Ort der
schlechten ‚alten' Zeit ist die unvollkommene neue Zeit. Deren ‚Heckla-
stigkeit' gilt es aufzuheben. Die Einsicht erfolgt aber nicht im Ton der
Klage, sondern in dem der engagierten Kritik, die das Rollenverständnis
des Sprechers bestimmt und seine Arbeit legitimiert. Somit wird auch für
den Sprecher, der die alten Zeiten noch kennt und seine gesellschaftlichen Erfahrungen in Form von Kommunikation und Belehrung produktiv einbringen kann, der „heiße Tag" nicht zum natürlichen Tag der
Muße, sondern zum unnatürlichen, aber sinnvollen ‚heißen Tag' in der
übertragenen Bedeutung von gesellschaftlicher Auseinandersetzung: Das
Gedicht, Resultat der Beobachtung, ist wie alle anderen Gedichte des
Zyklus politische Lyrik und leistet die Rechtfertigung der dichterischen
Existenz in der neuen Gesellschaft. Der Gesichtspunkt der Legitimation
des Dichtens erscheint als ein wesentliches Moment dichterischer Kontinuität in Brechts lyrischem Werk.

Arbeitsbereich X

Die Bearbeitungen

1. „Theater im Geist des Fortschritts" – Zum Prinzip der Brechtschen Bearbeitungen

1.0. Vorbemerkung

Unter dem Titel ‚Einige Bemerkungen über mein Fach' hielt Brecht im Mai 1951 eine Rede vor dem gesamtdeutschen Kulturkongreß in Leipzig (16, 721 ff.), die in gekürzter Fassung die Dokumentation seiner *Theaterarbeit* 1952 einleitet. Er führt darin in Form einer kritischen Bestandsaufnahme die besonderen Schwierigkeiten aus, vor denen das Berliner Ensemble am Beginn seiner Arbeit stand. Sie ergaben sich aus dem Auftrag, ein ‚Theater im Geist des Fortschritts' auf den Trümmern aufzubauen, die der Nationalsozialismus hinterlassen hatte. Die Probleme zeigten die Diskrepanz zwischen der Ausgangssituation und den an sie geknüpften Erwartungen der Öffentlichkeit. Angesichts der verheerenden materiellen und kulturellen Schäden und der Notwendigkeit, das Theater verstärkt in den Wiederaufbau einzubeziehen, erschienen sie als schwer zu bewältigende Illusionen über die Möglichkeiten kultureller Kontinuität. Daß eine verständliche Disposition zum „Weitermachen", worin Brecht die allgemeine Erwartungshaltung erkennt und zusammenfaßt, eine gefährliche Verdrängung der Krise bedeutete, weil sie durch die Verweigerung der ideologischen Aufarbeitung der Vergangenheit die Chance eines Neubeginns verspielte, war den Verantwortlichen des Kulturbetriebs nicht zu vermitteln. Die Verdrängung des Umfangs der Zerstörung, die stattgefunden hatte (16, 721), stellte daher für Brecht primär ein Bewußtseinsphänomen dar, das vor allem diejenigen betraf, auf deren Kooperation es bei der Verwirklichung der Aufgaben wesentlich ankam: das Theaterpublikum, die Kritik und die Schauspieler. Sie alle, Opfer und Träger des Systems, das die planmäßige und langanhaltende Korrumpierung des Kulturbetriebs im ideologischen Verblendungszusammenhang des Faschismus latent geleistet hatte, zeigten sich außerstande, das ganze Ausmaß der Schäden überhaupt zu erfassen, worin der Stückeschreiber und Regisseur zu Recht die Voraussetzung einer Vermittlung neuer Erkenntnis sah. Für Brecht konnte es daher nicht darum gehen, einfach nur die alten Inhalte zu ersetzen und die „glänzende Technik" einer kompromittierten Spielweise auf neue Inhalte zu propfen:

[...] als wäre solch eine Technik übernehmbar, gleichgültig, auf was da ihr Glanz gefallen war. Als ob eine Technik, die der Verhüllung der gesellschaftlichen Kausalität dient, zu ihrer Aufdeckung verwendet werden könnte! (16, 721)

Nicht weniger problematisch erwies sich jedoch die Alternative, mit Hilfe einer neuen Technik der Schauspielkunst die Stücke des Repertoires neu zu inszenieren und so das Erbe „im Geiste des Fortschritts" anzutreten. Abgesehen davon, daß eine ganze „im Geist des Rückschritts" falsch ausgebildete Schauspielergeneration nicht zur Verfügung stand, ließ sich eine „Dramatik der Widersprüche und dialektischen Prozesse" (722) kurzfristig nicht entwickeln, da sich auch „der neue Mensch" nicht einfach dekretieren ließ, dessen Erziehung gerade durch das Theater einer zu antizipierenden neuen Zeit gefordert und geleistet werden mußte. Daß im Schoß der neuen Zeit ‚Gewohnheiten noch immer' der alten wucherten, wie die *Buckower Elegien* lehrten, und ein parasitäres Dasein fristeten, mußte gerade den Lehrgegenstand des dialektischen Theaters bilden, bevor dem neuen „Publikum der Produzierenden" (722) ein neuer Inhalt in neuer Form geboten werden konnte. Diese Stücke waren jedoch das Desiderat des Theaters.

So blieb in letzter Instanz die Übernahme der Hinterlassenschaft des bürgerlichen Theaters, auf dessen Repertoire jedoch nicht unvermittelt zurückgegangen werden konnte. Die Bedeutungen der Stücke waren nicht nur durch die Tradierungsformen des bürgerlichen Zeitalters, vor allem durch die Inszenierungspraxis des bürgerlichen Theaterbetriebs, verändert worden – die ideologischen Gehalte des klassischen Repertoires mußten mit den Formen der Tradierung selber zum Gegenstand einer kritischen Auseinandersetzung gemacht und durch Historisierung einer Funktionsveränderung unterzogen werden.

Es verboten sich folglich die Lösungen einer unkritischen Fortsetzung oder eines konsequenten Abbruchs der Tradition. Indem Brecht den unglücklichen Verlauf der deutschen Geschichte und die kulturelle Überlieferung selbst zum Gegenstand der Belehrung machte *(Der Hofmeister)* und die „heitere Verabschiedung der Vergangenheit" zum Programm erhob (vgl. AB VIII, 11 *Puntila*), wurde der Bereich der Bearbeitung zu einem zentralen Sektor der Theaterpraxis, in den auch die eigene dramatische Produktion kritisch einbezogen wurde *(Bei Durchsicht meiner ersten Stücke* 17, 945 f.). Tatsächlich konnte dieser Sektor wie kaum ein anderer der Theaterarbeit als Medium der Vermittlung widersprüchlicher Forderungen in einer gesellschaftlichen Situation fungieren, die, Bestandteil und Resultat der ‚Misere', Patentlösungen nicht zuließ. Brechts paradoxe Forderung, dem „verkommenen Theater" nicht durch leichte

Aufgaben, „sondern durch die allerschwersten", durch eine Roßkur, auf-
zuhelfen und eine umfassende Umfunktionierung des Vergnügungsappa-
rates zu leisten, zeigt angesichts der erkannten Unzulänglichkeit aller
überkommenen Mittel die Entschlossenheit zu weitgehenden Veränderungen des gesamten kulturellen Apparates. Sie belegt aber auch, daß
Brecht zunächst noch über keine Patentlösungen für das Theater der
neuen Zeit verfügte, sondern sich von eigenen, im Exil entwickelten
Konzepten leiten ließ, die nun erprobt werden mußten. An der Wechselbeziehung zwischen Theatertheorie und -praxis wird die große Bedeutung ersichtlich, die Brecht der Theaterarbeit bei der Entwicklung einer
neuen, zeitgemäßen Spielweise zuerkannte.

1.1. Grundlageninformationen

Materialien
- Theaterarbeit (L⁺ 300).
174 Theater in der Zeitenwende. Zur Geschichte des Dramas und des Schau-
spieltheaters in der Deutschen Demokratischen Republik 1945–1968. Bd. 1.
Berlin 1972.

Forschungsliteratur
175 Grimm, Reinhold: Bertolt Brecht und die Weltliteratur. Nürnberg 1961.
- Mayer (L 406, ⁺408).
176 Kaufmann, Hans: Geschichtsdrama und Parabelstück. Berlin 1962.
- Müller (L⁺ 419).
177 Mittenzwei, Werner: Brechts Verhältnis zur Tradition. Berlin 1972, ²1973.
[Die Konzeptionen von „Traditionsbewältigung" und „Erbeaneignung"
werden im historischen Überblick von der Materialwert-Theorie über
Brechts Verhältnis zur deutschen Klassik bis zu den großen Bearbeitungen
(*Antigone, Der Hofmeister, Coriolan*) dargestellt und aus der „Grundvor-
aussetzung" einer „Dialektik von Historizität und Aktualität" bestimmt.
Als leitende Gesichtspunkte erscheinen die marxistische Rekonstruktion der
historischen Position des jeweiligen Kunstwerks, seine (polemische) Befreiung von Interpretationsmustern der Wirkungsgeschichte, die Bestimmung
seiner ‚Schönheit' aus der Gesamtheit (d. h. Historizität) seiner ästhetischen
Momente. Betont die Unmöglichkeit, die Bearbeitungen auf ein einheitliches
Konzept zu reduzieren, bestimmt aber nach quantitativen Gesichtspunkten
drei Bearbeitungstypen. In dem Eiertanz um den für Brechts Traditionsverständnis maßgeblichen Begriff der Misere (vgl. Mayer, L⁺ 408; Müller,
L⁺ 419; Giese, L⁺ 354) verflüchtigt sich die Dialektik von Historizität und
Aktualität.]
178 Kaufmann, Hans: Zehn Anmerkungen über das Erbe, die Kunst und die
Kunst des Erbens. In: Weimarer Beiträge 19/1973, S. 34–53.
179 Mittenzwei, Werner: Bertolt Brecht und die Probleme der deutschen Klassik.
In: Sinn und Form 25/1973, S. 135–168.

180 Reuter, Hans-Heinrich: Die deutsche Klassik und das Problem Brecht. Zwanzig Sätze der Entgegnung auf Werner Mittenzwei. In: Sinn und Form 25/1973, S. 809–824.

181 Schulz, Gudrun: Klassikerbearbeitungen Bertolt Brechts. Aspekte zur „revolutionären Fortführung der Tradition". In: L 310.

182 Mittenzwei, Werner: Über den Sinn der Tradition im weltrevolutionären Prozeß. In: Brecht heute – Brecht today. Jahrbuch der Internationalen Brecht-Gesellschaft 3/1973/74, S. 1–18).
   – Giese (L⁺ 354).

183 Baum, Georgina: Der widerspruchsvolle Charakter und der historische und gesellschaftliche Inhalt des Komischen in der dramatischen Gestaltung. In: Reinhold Grimm/Klaus Berghahn (Hrsg.): Wesen und Formen des Komischen im Drama. Darmstadt 1975.

184 Subiotto, Arrigo: Bertolt Brecht's Adaptations for the Berliner Ensemble. London 1975.
   – Ludwig (L⁺ 402).

185 Schlenker, Wolfram: Das „Kulturelle Erbe" in der DDR. Gesellschaftliche Entwicklung und Kulturpolitik 1945–1963. Stuttgart 1977.

186 Haffner, Herbert: Dramenbearbeitungen. München 1980.

187 Hermand, Jost: „Das Theater ist nicht die Dienerin des Dichters", sondern der Gesellschaft. Zur Aktualität von Brechts Bearbeitungstechnik. In: Aktualisierung Brechts. Argument Sonderband 50/1980, S. 122–143.

188 Träger, Claus: Studien zur Erbetheorie und Erbeaneignung. Leipzig 1981.

189 Wittkowski, Wolfgang: Aktualität der Historizität: Bevormundung des Publikums in Brechts Bearbeitungen. In: W. Hinderer (Hrsg.): Brechts Dramen. Neue Interpretationen. Stuttgart 1984. [Polemisch gehaltene Gesamtdarstellung zu den Bearbeitungen, die den Zusammenhang von Theorie und Theaterpraxis betont, die frühen Bearbeitungen (*Leben Eduards des Zweiten, Dreigroschenoper*) einbezieht und Ausblicke auf die *Lehrstücke, Schulopern* und den *Schweyk* mit problematischen Wertungen verbindet. Grimm und Sokel verpflichtet, einseitig und oberflächlich. Nicht ohne Ressentiment gegen Brecht.]

1.2. Neuer Inhalt – neue Form

Brechts spätere Schriften zum Theater enthalten in nuce eine Theorie der Bearbeitungen aus der Einsicht in die Notwendigkeit der Aneignung und Fortsetzung der Tradition. Dabei fällt der Regiearbeit wesentlich die Aufgabe zu, den Zeitenabstand zwischen den Epochen deutlich hervorzuheben und dadurch den Sinn für die Historizität aller gesellschaftlichen Vorgänge an den Gegenständen der kulturellen Tradition zu entwickeln. Daraus resultieren: 1. die *Vorläufigkeit* der Bearbeitung, die das Original nicht ersetzen, sondern zeitgemäße Zugänge zu seinem Verständnis ermöglichen will; 2. der *Modellcharakter* der Bearbeitungen für die Inszenierung neuer Stücke und die Ausbildung von Rezeptionsweisen, die deren neuartigen Inhalten und Formen entsprechen.

Brecht geht davon aus, daß die Gegenstände der kulturellen Tradition ihre ursprüngliche Gestalt bewahren sollen, also nicht durch Gesichtspunkte späterer Epochen entstellt und „schlau ausgedeutet", d. h. willkürlich verändert werden dürfen (17, 1257). Intensives Studium der Werke, Rekonstruktion der Entstehungszeit und Kenntnis des Autors werden zu elementaren Voraussetzungen einer Bearbeitungstechnik, die dem Werk auf produktive Weise dadurch die Treue wahrt, daß sie die in ihm verborgenen und/oder durch falsche Tradierung verdeckten semantischen Gehalte hervorkehrt (vgl. Mayer, L⁺ 408, 14 ff.; Müller, L⁺ 419, 28 ff.; Giese, L⁺ 354, 112 ff.). Bei der Vermittlung neuer Inhalte und Formen erweist sich das überkommene, durch die bürgerliche Aufführungspraxis evozierte Rezeptionsverhalten als Haupthindernis für den Zugang zu neuen (sozialistischen) Gegenständen auf dem Theater, die zwar aus der Lebenspraxis einer Zeitenwende bereits geläufig sind und durch das Theater reflektiert werden können, dort aber befremdend wirken. Dies ist die Ausgangslage bei der Inszenierung von Strittmatters *Katzgraben,* die Brecht veranlaßt, die Diskussion des *Messingkaufs* fortzusetzen und die Zusammenhänge von neuen, den zeitgemäßen Themen angemessenen Theaterformen und den alten Gewohnheiten und Erwartungen des Publikums unter den Bedingungen des Epochenwandels zu erörtern.

„Die Einfühlung in den Proletarier" (19, 377) ist für Brecht nicht minder abwegig als die in den Bürger, weil sie die verfehlte Haltung der Identifikation mit dem Helden übernimmt. Dennoch ist eine durch Einfühlung determinierte Erwartungshaltung des Publikums vorauszusetzen. Dessen hartnäckige Sehgewohnheiten lassen sich nicht schlagartig umstellen, sondern nur schrittweise ersetzen. Hier kann die Bearbeitung weiterführen: Sie kann bei den vertrauten Gegenständen der kulturellen Tradition behutsam ansetzen, an denen die falschen Sichtweisen ausgebildet wurden, die trotz der sich verändernden Lebenspraxis durch das unveränderte Interesse des Publikums an „elementaren" Konfliktsituationen bühnenwirksam sind. Auf dem Umweg über die ‚alten' Stücke, die durch die Bearbeitung ‚neu' gesehen werden, lassen sich dann auch die ‚neuen' Gegenstände angemessen vermitteln. Technik der Bearbeitung bedeutet also vor allem Reinigung und Akzentuierung, aber auch Veränderung, die ihre Legitimation gleichermaßen aus der Beschaffenheit der Stücke selber und der Kenntnis des geschichtlichen Prozesses ableitet. Brecht entwickelt diese Vorstellungen in dem mit ‚Neuer Inhalt – Neue Form' überschriebenen Abschnitt der *Katzgraben-Notate* und vertieft sie in der Abhandlung über *Die Dialektik auf dem Theater* (16, 773 ff.; 16, 867 ff.).

1.3. Das „Ewig"-Menschliche – Zum Problem falscher Unmittelbarkeit

In unserer Wirklichkeit finden wir schwerer und schwerer Gegner für erbitterte Auseinandersetzungen auf der Bühne, deren Gegnerschaft vom Publikum als selbstverständlich, unmittelbar, tödlich empfunden wird. Gehen die Kämpfe um den Besitz, werden sie als natürlich und eben interessant empfunden. [...] Eine Menge für die alte Zeit und ihre Stücke typischen Aufregungen, Seelenschwingungen, Auseinandersetzungen, Späße und Erschütterungen fallen aus oder werden zu Nebenwirkungen, und Wirkungen, typisch für die neue Zeit, werden wichtiger (16, 833f.).

Die Darstellung der Kämpfe um Besitz und Macht, die Brecht an Shakespeares *Kaufmann von Venedig* und Molières *Geizigem* exemplifiziert, haben im Bewußtsein des Publikums der Wiedergabe neuer Konfliktsituationen (Auseinandersetzung um eine Straße in Strittmatters *Katzgraben*) die Konstellation typischer Antagonismen, unvergänglicher („ewiger") und zugleich unverbrauchter Interessenkollisionen voraus. Das Publikum empfindet sie als elementar und rezipiert sie spontan, zumal sie in der Komödie meist an die erwarteten Möglichkeiten situativer Komik gebunden sind und aus dem Reservoir bewährter Intrigen schöpfen. Die Typik der Situationen, Antagonismen und Emotionen auf dem Theater läßt in der literarischen Fiktion nicht primär die Widerspiegelung einer bestimmten gesellschaftlichen Realität, sondern *die* Wirklichkeit (schlechthin) erkennen. Das Typische erscheint so als das Natürliche, Schicksalhafte, „Ewig"-Menschliche (vgl. AB VII). Die Erfahrung, daß das Verständnis historischer Konfliktsituationen dem modernen Publikum noch immer unvermittelt möglich ist, ist ambivalent. Die ‚falsche' Unmittelbarkeit blockiert nicht nur das Verständnis für neue Sichtweisen, sie bietet auch die Chance, an den Fiktionen historisch vergangener Situationen neue Betrachtungsweisen lernen zu können, ohne sie mit denen der eigenen Zeit und Lebenspraxis zu verwechseln. Dadurch läßt sich eine falsche Sichtweise Schritt für Schritt rückgängig machen. Dem Bearbeiter historischer Werke erwächst die Aufgabe, durch Historisierung den Zeitenabstand zur Verdeutlichung des Unterschieds zwischen den Epochen, ihren Subjekten und deren Interessenkonflikten produktiv zu nutzen, d.h. die Entwicklung historischen Bewußtseins an den Werken der Vergangenheit zu ermöglichen, dabei Ausdrucksformen und Rezeptionsweisen zurückzugewinnen, die im Geschichtsprozeß verlorengegangen sind und zugleich neue Formen und Perspektiven zu entwickeln, die das Theater der alten Zeit noch nicht kannte. Das setzt voraus, daß die verfehlte Sichtweise des „Ewig"-Menschlichen, das Interesse des Publikums an Leidenschaften, d.h. konstanten Wesenseigentümlichkeiten, der Charaktere abgebaut und durch die Erneuerung und Wiederherstellung einer ursprünglichen Betrachtungsweise ersetzt wird. Diese Sichtweise ist primär an den Interaktionen der Charaktere im Drama interessiert, sofern sie typisch für ein bestimmtes, historisch zu konkretisierendes Klassenverhalten sind, und erkennt daran die gesellschaftliche Determiniertheit des Verhaltens. Brecht unterstellt folglich, die Charaktertypen im Drama seien in früheren Epochen als Sozialcharaktere und nicht als Variablen einer zu allen Zeiten mit sich identischen menschlichen Natur verstanden worden. Diese Auffassung gilt für beide Grundformen des Dramas, hat aber für die dem Bürgertum traditionell vorbehaltene Komödie dadurch besondere Bedeutung, daß deren Tradition in der bürgerlichen Rezeptionsgeschichte der Gattung eine Aufwertung durch Annäherung an die Tragödie erfährt, die zugleich ihre Enthistorisierung bedeutete. Die Verwandlung der komischen Charaktere, ihre ‚Vertiefung' zu tragischen und ‚halbtragischen' Charakterstudien erzeugt und konsolidiert die Auffassung des „Ewig"-Menschlichen (vgl. Baum, L 183). Die von Brecht sowohl für die Bearbeitung fremder Werke wie für die literarische Praxis der eigenen Epoche angestrebte Wiederherstellung und Weiterentwicklung dieser verschütteten Betrachtungsweise kommt als Darstellung und Wahrnehmung des „Gesellschaftlich-Komischen" vor allem der Komödie zugute (vgl. Giese, L⁺ 354), hat aber Konsequenzen für beide Formen des Dramas:

— Die Wiederherstellung von Komik und Komödie bedeutet die Freisetzung von Lachwirkungen als Mittel zur „sozialen Entschlackung" durch Betonung der dramatischen Handlung (Primat der Fabel).

— Die Wiederherstellung der Komödie als Gesellschaftskomödie nähert die Gattung der Satire an (*Hofmeister, Don Juan*).

— Die Modellierung der Konflikte und Antagonismen in ihrer historischen Besonderheit und gesellschaftlichen Relevanz bestimmt auch die Darstellung der Kollisionen in der Tragödie (*Antigone, Coriolan*).

Wenn gezeigt werden kann, daß „das Schicksal des Menschen der Mensch selber" ist, so läßt sich mit einer durch Kritik und Utopie definierten Komödie und einer nicht durch tragische Ausweglosigkeit bestimmten Tragödie die Überzeugung von der Unabänderlichkeit elementarer Konflikte erschüttern, die Einsicht in die Veränderbarkeit der Welt demonstrieren, auf die zeitgemäßen Konflikte übertragen und produktiv im Klassenkampf nutzen.

1.4. „Alte" und „neue" Leidenschaften – Zum Problem der Handlungsmotivation

Wo das ‚alte' Drama die Leidenschaften als primäre, nicht aus sozialen Verhältnissen abgeleitete Ursachen aller Handlungsstrategien (voraus-) setzt und dadurch das Menschliche als Allzumenschliches verewigt, werden ‚neue' Leidenschaften zum Ausdruck veränderter Formen der Aus-

einandersetzung in der Lebenswelt. Sie werden der Handlung als „Triebkräfte" unterlegt. Das heißt aber nicht, daß auf Leidenschaften prinzipiell verzichtet werden muß, oder daß die ‚alten' nur durch ‚neue' Leidenschaften ersetzt werden sollen. Brecht konstruiert keinen fundamentalen Gegensatz zwischen einem „Theater der Leidenschaften" und einem Theater sozialer Interaktion. Er betont in den *Katzgraben*-Notaten
ausdrücklich das Nebeneinander ‚alter' und ‚neuer' Leidenschaften auf
dem neuen Theater und kennzeichnet deren Zusammenhang als Fundie-
rungsproblem:

> Jeder vermag noch immer die *Eifersucht*, die *Machtgier*, den *Geiz* als Leiden-
> schaft zu erkennen. Aber die Leidenschaft, dem Ackerboden mehr Früchte zu
> entreißen, oder die Leidenschaft, die Menschen zu tätigen Kollektiven zusammen-
> zuschweißen [...] werden heute noch schwerer gespürt und geteilt. Diese neuen
> Leidenschaften bringen überdies ihre Träger in völlig andere Beziehung zu ihren
> Mitmenschen, wie es die alten taten. (16, 831 f.)

Die ‚neuen' Leidenschaften bringen nicht nur neue zeitspezifische Formen der Interaktion hervor, sondern verraten ihre Herkunft aus dem
„gesellschaftlichen Sein", sind also nicht mehr die Ursache der Bühnenhandlung. Die Fundierung der psychischen und intellektuellen Antriebe
in ökonomischen Voraussetzungen begründet eine radikal neue Vorgabe
für die literarische Produktion mit entscheidenden Konsequenzen für die
Rezeption: Als „eine neue Betrachtungsweise, die nicht berücksichtigt ist
in der alten Kunst, Stücke zu schreiben" (16, 835), verändert sie mit der
Ableitung der psychischen Motivationen aus sozialen Ursachen die Perspektive der Betrachtung. Dieser Vorgang der Reduktion wirkt der ver-
ständnishemmenden Fixierung des Interesses am „Ewig"-Menschlichen
entgegen. Nur weil es möglich ist, die Genese von Leidenschaften aus
sozialen Verhältnissen zu erklären, können sie auf dem Theater zugelas-
sen, legitimiert werden. Für die Dramenbearbeitung werden deshalb Verfremdungen entwickelt, die das Publikum daran hindern, von der Handlung nur auf die Charaktere zu schließen. Die Perspektive richtet sich nun
über die Charaktere auf deren geschichtsbildende Interessen. Damit wird
deren faktisches So-Sein nicht als gegeben hingenommen, sondern in
seiner Entstehung und Auswirkung hinterfragt. Das Publikumsinteresse
an der Genese von Charakteren und deren Klasseninteressen, die objektiver Natur sind, muß historisch gestützt und objektiviert werden, damit
das Typische einer Leidenschaft wie Geiz, Machtgier und Eifersucht als
eine Funktion des geschichtlichen Prozesses erkannt werden kann. Leidenschaften werden dadurch zu einem Phänomen der Zeitlichkeit, nicht
der Ewigkeit. Erst in der historischen Perspektivierung kann das vermeintlich Typische, das Identität stiftet und Identifikation durch Einfühlung ermöglicht, als das Atypische erkannt und den Begriffen ‚zeitge-

mäß'/‚unzeitgemäß' im Sinne eines spezifischen Klassenverhaltens zugeordnet werden. Das Verhalten der Charaktere im Drama, die Form ihrer
leidenschaftlichen Konfliktbewältigung wird dadurch historisch repräsentativ. Die Einstellung der Zuschauer zu ihrem Verhalten erfolgt jetzt
aus der urteilenden Distanz verhinderter Identifikation, die die Vereinzelung der abgespaltenen Existenz nicht als schicksalhaft/tragisch, sondern
als anachronistisch/komisch empfindet:

> Das Publikum Molières lachte über Harpagon, seinen Geizigen. Der Wucherer
> und Hamsterer war lächerlich geworden in einer Zeit, in der der große Kaufmann
> aufkam, Risiken eingehend und Kredite aufnehmend. Unser Publikum könnte
> über den Geiz des Harpagon besser lachen, wenn es diesen Geiz nicht als Eigen-
> schaft, Absonderlichkeit, „Allzumenschliches" dargestellt sähe, sondern als eine
> Art Standeskrankheit, als ein Verhalten, das eben erst lächerlich geworden ist,
> kurz als gesellschaftliches Laster. Wir müssen das Menschliche darstellen können,
> ohne es als Ewigmenschliches zu behandeln. (16, 834, vgl. auch AJ 1011)

Die durch Dämonisierung der Charaktere verbauten Lachwirkungen
der Komödie werden durch deren Fundierung im Gesellschaftlichen wiederhergestellt *(Don Juan)*, zugleich die Emotionen der Tragödie rational
hinterfragt und reduziert *(Coriolan)*. Die von Brecht postulierte „Schulung des historischen Sinns" beim Publikum bedeutet in erster Linie die
Ausbildung von Verständnis für die veränderten Formen der Auseinandersetzung, in denen und mit denen sich deren Träger, aber auch das
bewußt urteilende Publikum als produktiver Teil der Gesellschaft verändern. Die Technik der Historisierung der Vergangenheit verändert das
Drama zu einem Medium dialektisch „durchleuchteter Geschichte" (16,
888). In der Perspektive produktiver Rezeption wird es dadurch zu einem
Instrument der Veränderung der Gegenwart.

2. Der ‚Hofmeister' und seine Bearbeitung

2.0. Vorbemerkung

Unter allen Bearbeitungen beansprucht die des *Hofmeister* von Lenz eine
„Sonderstellung" (Giese, L⁺ 354, 160) wegen der Darstellung der deut-
schen Nationalgeschichte unter dem Gesichtspunkt der „Misere". Die
Aspekte der literarischen Tradition sind in diesem primär geschichtlichen
Interesse fundiert.

Der *Hofmeister,* bei dem Brecht Autor, Dramaturg und Regisseur in einer
Person ist, läßt sich stärker als andere Bearbeitungen als „originäres" Brecht-
Opus verstehen (ebd.).

Grimm klammerte Brechts *Hofmeister* unter Betonung der Notwendigkeit einer gesonderten und differenzierten Behandlung gerade dieser

Bearbeitung aus einer ersten Gesamtdarstellung über Brecht und die Weltliteratur aus (L 175), und auch Mittenzwei vertritt die Auffassung, daß sie einen eigenständigen Bearbeitungstypus repräsentiere (L 177).

Das spezifische Rezeptionsverhältnis einer produktiven Rezeption zwischen dem *Hofmeister*-Original und seiner Bearbeitung wiederholt sich als Wechselbeziehung im Bereich der Forschungsliteratur: Brechts Lenz-Adaption hat das Interesse an der historischen Erscheinung des Sturm- und Drang-Autors neu belebt und ihn für die deutsche Bühne zurückgewonnen, worauf Hans Mayer als erster hinwies (vgl. L⁺ 192, 802 f.). Auch wo die neuere Lenz-Forschung sich nicht auf den Aspekt der Wirkungsgeschichte konzentriert (vgl. u. a. I. Stephan/H.-G. Winter, L⁺ 201), sondern interpretierend verfährt, wird zumeist auf Brechts ,Umfunktionierung' des Originals hingewiesen und diese gewürdigt (vgl. u. a. Hinderer, L⁺ 196). Zählebige Entstellungen des historischen Autors und seines Werks, die sich Goethes abschätzigem Urteil verdanken und sich bis in die Anfänge der Goethe-Philologie zurückverfolgen lassen, wurden erst durch Brechts Interesse an den ideologischen und formalen Aspekten des Werks und seiner Rezeptionsmuster durch ihre Einbeziehung in die „Misere"-Deutung definitiv verabschiedet. Umgekehrt versucht auch die Lenz-Forschung, den Autor einer von Brecht initiierten „neuen Legendenbildung" (Giese, L⁺ 354, 161) zu entziehen. Das anhaltende Interesse an beiden Autoren verdrängt noch immer die wissenschaftliche Beschäftigung mit der *Antigone*, Brechts erster Bearbeitung nach Vertreibung und Exil, oder der des *Don Juan*, an deren Verfasserschaft durch Brecht neuerdings Zweifel geäußert wurden (vgl. Fuegi in: Knopf, L⁺ 294, 321). Auch die Tatsache, daß die Bearbeitung des *Coriolan* erst nach Brechts Tod übers Fragment hinauswuchs, festigt die „Sonderstellung" der *Hofmeister*-Bearbeitung und verstärkt ihre Gewichtung auch unter schuldidaktischen Aspekten (U. Müller, L 198; Haffner, L 197). Der Schwerpunktsetzung in der Forschungsliteratur und der Ausbildung kontroverser Deutungsansätze wird daher durch die detailliertere Analyse dieser exemplarischen Bearbeitung unter Verletzung der Chronologie entsprochen, da der Versuch einer Darstellung der „Theorie" der Bearbeitung am konkreten Beispiel der deutschen Literatur- und Sozialgeschichte hier bestimmte Informationsvorgaben voraussetzen kann.

2.1. Grundlageninformationen

Materialien
– Theaterarbeit (L⁺ 300)
190 Titel, Britta Haug, Hellmuth (Hrsg.): Jakob Michael Reinhold Lenz, Werke und Schriften Bd. I und II. Stuttgart 1966, 1967.

Forschungsliteratur
- Mayer (L$^+$ 408).

191 Lukács, Georg: Der Briefwechsel zwischen Schiller und Goethe. In: GL, Deutsche Literatur in zwei Jahrhunderten (= Werke Bd. 7). Neuwied und Berlin 1964, S. 89–124.

192 Mayer, Hans: Lenz oder die Alternative. Nachwort in: B. Titel/H. Haug (Hrsg.), J.M.R. Lenz Werke und Schriften Bd. II, S. 795–825. [Wirkungsgeschichtlicher Überblick, der den Autor im Kontext der europäischen Aufklärung diskutiert und zugleich von deren Zielsetzungen abhebt. Formulierte die von Lukács angeregte richtungweisende These, Lenz sei die mögliche, aber nicht realisierte Alternative zur „überschwenglichen Misere“ (Marx) des deutschen Idealismus und zur deutschen Klassik gewesen und begründete damit das anhaltende Interesse der Forschung am „Gesellschaftsreformer“ (803) Lenz.]
- Müller (L$^+$ 419).
- Giese (L$^+$ 354).

193 Lukács, Georg: Zur Frage der Satire (1932). In: GL, Essays über Realismus (= Werke Bd. 4). Neuwied und Berlin 1971, S. 83–107.

194 Kitching, Laurence P. A.: *Der Hofmeister: A critical analysis of Bertolt Brecht's adaptation of Lenz' drama.* München 1976. [Die Untersuchung entwickelt aus den Manuskripten die Genese der *Hofmeister*-Bearbeitung (I) (vgl. Zusammenfassung bei Knopf, L 294, 292), erörtert kritisch die Gattungsproblematik und läßt sich dabei von der umstrittenen These leiten, Lenz' Drama und Brechts Bearbeitung seien Tragikomödien, in denen die komische Komponente jeweils überwiege. Lenz' Bestimmung des Tragischen aus dem Schicksal der bürgerlichen Klasse und nicht primär aus dem der Charaktere gebe Brecht den Gesichtspunkt der Bearbeitung vor. Wie zwischen Haupt- und Nebensträngen der Handlung (II) differenziert Kitching auch zwischen Haupt- und Nebenfiguren (III, IV). Neigt auch in der Einzelanalyse zu Schematisierungen.]
- Ludwig (L$^+$ 402).

195 Hinck, Walter: Vom Ausgang der Komödie. Exemplarische Lustspielschlüsse in der europäischen Literatur. Opladen 1977.

196 Hinderer, Walter: Lenz. *Der Hofmeister.* In: W. Hinck (Hrsg.), Die deutsche Komödie. Vom Mittelalter bis zur Gegenwart. Düsseldorf 1977, S. 66–88. [Neuere Interpretation, die die Bearbeitung Brechts einbezieht, das Konzept des Lenz-Dramas und die Gattungsproblematik im Zusammenhang der anthropologischen und poetologischen Auffassungen des Autors diskutiert, den gesellschaftskritischen Gehalt der theoretischen und dramatischen Schriften überzeugend analysiert und in „Kontrapunktik und Äquivalenz“ die ästhetischen Strukturprinzipien der Komödie nachweist. Die Einebnung der „umfassenden Realitätsperspektiven“ des Originals durch die Bearbeitung funktioniert die Lenz-Komödie zum Lehrstück um.]

197 Haffner, Herbert: Lenz. *Der Hofmeister – Die Soldaten.* Mit Brechts *Hofmeister*-Bearbeitung und Materialien. München 1979 (Analysen zur deutschen Sprache und Literatur). [Versuch einer Modellbildung für den Unterricht in der Schule, der sich aus einem „Interpretationsteil“, einem „didakti-

schen Teil" und einem Materialienteil zusammensetzt. Die Analyse bleibt
vordergründig – vgl. 4.6 Epilog und 4.7 – und neigt zu unreflektierten
Wertungen.]

198 Müller, Udo: *Stundenblätter*. Lenz/Brecht: *Der Hofmeister*. Lenz/Kipp-
hardt: *Die Soldaten*. Stuttgart 1980. [Stichwortartige Zusammenfassung der
geläufigen Forschungspositionen auf engem Raum, deren Vorzug in der
übersichtlichen Gliederung der Aspekte liegt. Summarisch.]
– Knopf (L$^+$ 294).

199 Werner, Franz: Soziale Unfreiheit und ,bürgerliche Intelligenz' im 18. Jahrhundert. Der organisierende Gesichtspunkt in J.M.R. Lenzens Drama *Der
Hofmeister oder Vorteile der Privaterziehung*. Frankfurt/M. 1981.

200 Sørensen, Bengt Algot: Herrschaft und Zärtlichkeit. Der Patriarchalismus
und das Drama im 18. Jahrhundert. München 1984. [Behandelt im geschichtlichen Kontext (Lessing, Schiller, Iffland) die familiale Thematik in
den Dramen des Sturm und Drang. Aufschlußreiches Beispiel für die neuerli-
che Orientierung der Lenz-Forschung an der Darstellung von innerfamiliären Konflikten, die die Fixierung des Forschungsinteresses auf die Klassen-
antagonismen abzulösen beginnt.]

201 Stephan, Inge/Winter, Hans-Gerd: „Die Selbstentmannung des Intellektuellen" – Brecht und die zeitgenössische *Hofmeister*-Rezeption. In: I. Stephan/
H.-G. Winter, „Ein vorübergehendes Meteor?" J.M.R. Lenz und seine Rezeption in Deutschland. Stuttgart 1984, S. 178–210. [Untersucht im wirkungsgeschichtlichen Kontext Formen der produktiven Rezeption unter
dem Gesichtspunkt der „Parallelität von Erfahrungen und Interessen in unterschiedlichen Konstellationen". Baut auf gesicherten Erkenntnissen auf
(Mayer, Giese), setzt Schwerpunkte und bezeichnet Forschungsdesiderate
(195), wo verläßliche Analysen bereits vorliegen!]

2.2. Lenz oder die Alternative

Zentrale Gesichtspunkte der *Hofmeister*-Bearbeitung werden bereits vor
der Aufnahme der Theaterarbeit in Berlin im ,Arbeitsjournal' genannt.
Unter den „deutschen erzlastern", Konstanten, die in negativer Form
geschichtsbildend wurden, erscheint an erster Stelle die „knechtseligkeit"
(AJ 824). Sie ist Indiz und Inbegriff der „deutschen Misere" und konsolidiert seit der Formierung der bürgerlichen Gesellschaft im 18. Jahrhundert durch das Ausbleiben der Revolution eine historische Fehlentwicklung, die das Versagen des deutschen Bürgertums bis in die Gegenwart
belegt, seine spätere Degeneration zur Bourgeoisie und deren Abgleiten
in die Barbarei des Faschismus erklärt, in der die Ideale der Freiheit und
Humanität, die der selbstbewußten Klasse einst vorschwebten, im nationalistischen Größenwahn erstickt sind. In dieser Sicht haben „nicht nur
die laster, auch die gesamten tugenden der klasse [...] die naziform
bekommen" (AJ 805, 1.1. 48); es gibt daher an ihr nichts mehr zu
beschönigen und nichts mehr zu retten. Die Klassenanalyse fällt ex post

radikal und schonungslos aus: Brecht strengt den geschichtlichen Prozeß gegen die Klasse an. Er beurteilt deren ‚idealistische‘ Anfänge vom Ende der geschichtlichen Entwicklung aus und sucht den Keim der Zerstörung am Ursprung selbst auf. Daraus entsteht die für die *Hofmeister*-Bearbeitung maßgebliche Konzeption von dem unglücklichen Verlauf der deutschen Geschichte (Müller, L⁺ 419, 89).

Einen wesentlichen Ausgangspunkt dieser historischen Bestandsaufnahme bildet die Einstellung der deutschen Intellektuellen zur französischen Revolution, allen voran die der Weimarer „Karyatiden" Goethe und Schiller. Die intellektuelle Verarbeitung der Revolutionsereignisse ist die Begleiterscheinung zum Ausbleiben einer bürgerlichen Revolution in Deutschland und liefert der daraus resultierenden geschichtlichen Fehlentwicklung die ideologische Stütze. Sie leistet im Plädoyer für den reformerischen Klassenkompromiß die Anpassung des Bürgertums an die Miserabilität der Zustände, erzieht es zur „Knechtseligkeit" und bringt damit einen Prozeß der geistigen und politischen Entmündigung in Gang, der die Subalternität des deutschen Bürgertums auf die Dauer verbürgt.

Brecht kennt Lukács' Analyse des Briefwechsels zwischen Goethe und Schiller (AJ 804, 807). Ihn interessiert daran nur die Interpretation der historischen Konstellation, deren Wiederholung in der Gegenwart bevorsteht: „er [Lukács] analysiert, wie die deutschen klassiker die französische revolution verarbeiten. noch einmal keine eigene habend, werden nun *wir* die russische zu *verarbeiten* haben, denke ich schaudernd." (AJ 804) Das Defizit an eigener gesellschaftlicher Praxis (Fehlen der Revolution) beschwört erneut die Gefahr einer verfehlten theoretischen Aneignung fremder revolutionärer Erfahrung herauf (Müller, L⁺ 419). Ein Ende der „deutschen Misere" scheint darum nicht in Sicht (vgl. Giese, L⁺ 354, 211 ff.).

Lukács analysiert die Epoche der klassischen deutschen Literatur, die mit der Revolution in Frankreich einsetzt und deren Phasenverlauf widerspiegelt, aus ihren gesellschaftlichen Grundlagen und wertet sie als nachrevolutionäre Erscheinung, weil sie auf den Ausbruch der Revolution spontan und sensibel reagiert und von den Ereignissen in Frankreich formal und inhaltlich bestimmt wird. Der allgemeine ideologische Prozeß der Aufklärung, den die bürgerlichen Eliten Deutschlands mitvollziehen und der in Frankreich in revolutionäre Praxis umschlägt, bleibt in Deutschland in Ideologie stecken. Deren „Problemstellungen und Lösungen" ähneln den französischen ideologischen Konzepten der vorrevolutionären Periode darin, daß die bürgerlichen Intellektuellen noch keinen klassenmäßig bewußten und einheitlichen Standpunkt ausbilden, sondern als Repräsentanten der tonangebenden Gesellschaftsschicht ihre partikularen Interessen mehrheitlich mit den allgemeinen Menschheitsinteressen identifizieren:

Diese Richtung tendiert zu einer Verschmelzung der Spitzen von Bourgeoisie und Adel auf der Grundlage einer allmählichen, schrittweisen Verbürgerlichung des ökonomisch-politischen Lebens in Deutschland, d. h., sie erstrebt bestimmte soziale Resultate von 1789 ohne Revolution. (Lukács, L 191, 93)

Brecht findet dieses „evolutionäre Programm" in der personellen Konstellation, im Räsonnement über die gesellschaftlichen Konflikte und vor allem im Lösungsversuch des Schlußtableaus des Lenzschen *Hofmeister* vor. Das Drama gewinnt damit den Rang eines realistischen Dokuments der Misere in Deutschland und läßt sich auf der Folie des nachrevolutionären *Mariage de Figaro* (1784) als literarisches Manifest der Epochen begreifen (Giese, L⁺ 354, 163). Entscheidende Bedeutung bei der Prüfung der ideologischen und formalen Vorgaben des Originals gewinnt für den Bearbeiter die Frage nach dem Standpunkt des bürgerlichen Autors, der die Misere des historischen Kompromisses so treffend formulierte. Verhielt Lenz sich affirmativ oder kritisch, resignativ oder militant zu den gesellschaftlichen Ereignissen, deren Darstellung sich als Spiegelbild der zeitgenössischen gesellschaftlichen Wirklichkeit erkennen lassen? Schreibt er im „Geist des Trotzes und der Rebellion gegen die deutsche Gesellschaft, wie sie damals bestand" (Engels in: L⁺ 354, 164) eine schneidende Satire auf den schlechten Kompromiß, die sich der aggressiven Form der Komödie bedient, um das durchsichtige happy-ending des Stücks in einem utopischen Konzept aufzuheben, das als Märchen erkennbar, die Idee der Versöhnung an die unzulängliche Wirklichkeit verweist? Dann ließe sich diese Lösung als Scheinlösung verstehen, die an der Basis des gesellschaftlichen Lebens von der Wirklichkeit die sozialen Veränderungen reklamiert, die die Literatur im Bereich der Bewußtseinsformen nur antizipiert und als kritisches Korrektiv auf die unvollkommene Realität projiziert. Oder wählt er bewußt die Mischgattung der Tragikomödie, die als zeitgenössische Variante des bürgerlichen Trauerspiels in der Form des ohnmächtigen Protests und der trauernden Anklage, letztlich aber in der resignativen Haltung verbleibt und die Ohnmacht der Literatur den übermächtigen Verhältnissen gegenüber zum Ausdruck bringt? Dann kann er selbst nur als ein Bestandteil der Misere gelten, aus der er auf der Folie der vorgeschlagenen Lösung keinen anderen Ausweg zeigen konnte als den tragischen Untergang des bürgerlichen Individuums Läuffer. Er erscheint Brecht aber auch dann noch als eine Alternative zu den bürgerlichen Karyatiden der deutschen Klassik, deren humanitäres Evangelium der Menschheitsverbrüderung er zwar zitiert, aber zugleich skeptisch unterläuft. Die bessere Alternative zu dem Programm eines Arrangements mit den schlechten Verhältnissen stellte für Brecht der *Figaro* des Beaumarchais dar, der dem feudalen Herrn die richtigen Flötentöne beibringt, weil er ihn nach der bürgerlichen Pfeife tanzen läßt.

2.3. Figaro – rechtsrheinisch

In dem sozialkritischen Sonett, das etwa zehn Jahre vor der Bearbeitung
„über das bürgerliche Trauerspiel *Der Hofmeister* von Lenz" entstand
(9, 610), scheint Brecht mit der Parallelisierung und Abgrenzung der
deutschen und der französischen Ausgangssituation innerhalb einer revolutionären Phase des Umbruchs zwar generell die Notwendigkeit eines
revolutionären, für die deutschen Verhältnisse aber die Zwangsläufigkeit
eines unglücklichen Geschichtsverlaufs zu unterstellen:

> Hier habt ihr Figaro diesseits des Rheins!
> Der Adel geht beim Pöbel in die Lehre
> Der drüben Macht gewinnt und hüben Ehre:
> So wird's ein Lustspiel drüben und hier keins. (9, 610)

Das zweite Quartett erläutert die Kollision zwischen sozialer Stellung
(Abhängigkeit) und dem Anspruch auf Selbstverwirklichung als Bedingung der Revolution: Der sexuelle Appetit des „Armen" auf die reiche
Schülerin repräsentiert das Realitätsprinzip und könnte den revolutionären Impuls zu einer radikalen Veränderung der erstarrten gesellschaftlichen Hierarchie abgeben (Durchschlagen des Gordischen Knotens:
Machtgewinn). Demgegenüber bezeichnet die Literatur das Feld, auf
dem der bürgerliche Intellektuelle „Ehre" einlegen kann, sofern er seine
Triebbedürfnisse unterdrückt oder sublimiert und sich anpaßt (Macht-
verzicht). Einem Bedürfnis nach Selbstverwirklichung zwar spontan, jedoch als „Lakai" nachzugeben, bedeutet ‚wilden Protest‘ und Absturz ins
Dilemma, das den Grundwiderspruch der bürgerlichen Gesellschaft darstellt. Die Revolution bleibt stecken. Den Konflikt zwischen Versor-
gungsdenken („Brotkorb") und revolutionärer Energie (Sexualität, Prinzip der Selbstbestimmung), den das erste Terzett ausführt, löst der bürgerliche Intellektuelle durch Triebverzicht. Er schafft ihn durch Selbstverstümmelung eigenhändig aus der Welt (2. Terzett). Bürgerliches
Wohlverhalten schließt den schlechten Kompromiß mit seinem Antagonismus durch Unterwerfung seiner Interessen unter die Herrschaft des
Bestehenden. Der Bürger konsolidiert die Misere, statt sie zu überwinden: „er arrangiert sich mit der Wirklichkeit, indem er mit seiner Selbstentmannung seinen Widerspruch vernichtet" (Müller, L[+] 419, 91). Die
revolutionäre Gestalt, die das deutsche Bürgertum in einer geschichtlichen Phase annehmen konnte, die reif zur Revolution geworden war,
gewinnt keine feste Kontur: An die Stelle des Revolutionärs (Figaro) tritt
in Deutschland der Lakai (Läuffer). Brecht unterstellt, Lenz beklage das
„Trauerspiel" der geschichtlichen Fehlentwicklung im bürgerlichen Zeitalter („des Dichters Stimme bricht"), statt diese Fehlentwicklung ankla-
gend zu bekämpfen (Giese, L[+] 354, 162 ff.). Der Widerspruch des mo-

dernen Bearbeiters gegen diese Haltung ohnmächtiger Betroffenheit bezieht die Klage daher ins Bild der Misere ein: „Brecht kritisiert mit Lenz
und kritisiert Lenz" (Mayer, L⁺ 408, 73). Die Umfunktionierung seines
Trauerspiels zu einer Komödie mit klassenmäßig bestimmtem ‚point of
view' bezeichnet die Haltung zur Klassik insgesamt: statt „Einschüchte-
rung" Kritik am Kompromiß eines Reformkonzepts, das mangelndes
Selbstbewußtsein verrät.

Die Frage nach der Repräsentanz der Lenzschen Dramenfiguren für
das bürgerliche Selbstverständnis ihres Autors, das die Lenzforschung
auf die Anfänge seiner Wirkungsgeschichte zurückverweist (vgl. Ste-
phan/Winter, L⁺ 201), stellt sich im Horizont der Lenz-Rezeption bei
Brecht vor allem in der Perspektive der praktischen Konsequenzen seines
Traditionsbezugs. Das für Brechts Traditionsverständnis und Bearbeitungspraxis maßgebliche Konzept der „Traditionsaufhebung" durch
„Konservierung, Annihilierung und Umgestaltung" (Mayer, L⁺ 408, 16)
bedeutet vollständige Umfunktionierung des Textes, die durch die Inszenierung vollendet wird.

An der Beurteilung des Reformkonzepts, das Lenz im *Hofmeister* entwickelt, spalten sich die Meinungen auch über Brecht. Denn die Frage,
ob und in welchem Umfang Lenz der Kritik seines Bearbeiters bereits
vorgegriffen habe, d.h. wieviel kritisches Potential sein eigenes Stück
bereits enthalte, läßt sich unter der Annahme eines „größeren ästhetischen Reichtums des Textes" gegenüber der reformerisch eingeschränk-
ten Wirkungsabsicht des Autors auch dann positiv beantworten, wenn
diese sich mit der Mehrheit der Forschung auf die Auffassung von einer
‚Sprachrohrfunktion' bestimmter Figuren stützt (vgl. Giese, L⁺ 354,
181–184; abweichend dagegen Hinderer, L⁺ 196). Das Stück wäre dann
kein verkapptes ‚Trauerspiel', sondern eine durch Kritik und Utopie
maßgeblich bestimmte Komödie mit fortschrittlichen Zügen der Satire,
die vor allem im Schlußtableau entfaltet werden.

Brecht ging in der *Theaterarbeit* davon aus, daß die Figur des Geheimen Rates für den Autor spricht, und identifiziert das von ihr vertretene
Reformkonzept mit dessen Ideologie. Er distanziert sich darum von
beiden:

> Die Figur des Geheimen Rats, positiv bei Lenz, betrachtet die Bearbeitung
> kritisch. (L⁺ 300, 87)

Brecht hat also nicht gelten lassen, daß die Figur durch ihre eigene
Widersprüchlichkeit und/oder fremden Widerspruch relativiert werde
(Mayer, L⁺ 198; Hinderer, L⁺ 196; Giese, L⁺ 354; Knopf, L⁺ 294).
Neuere Lenz-Forschung bestätigt diese Sicht. Sie betont einerseits, daß
„an dem patriarchalischen Wert- und Herrschaftssystem [...] nicht ge-
rüttelt" werde (Sørensen, L⁺ 200, 158), zeigt sich aber auch noch der

geläufigen Auffassung verpflichtet, daß die Figur sich selbst widerlege (Stephan, L⁺ 201, 192). Beide Auffassungen treffen sich in dem Punkt, daß das Konzept aufgeklärter Vernunft, das den Ständeausgleich anstrebt, durch das Verhalten der jungen Generation im Stück (mit Ausnahme Läuffers) eingelöst werde, mithin das „utopische Desiderat“ des Dramas darstelle (Giese, L⁺ 354, 188). Die Frage, ob diese Utopie sich nur von der Folie der Satire kritisch abhebt, die das harmonische Schlußbild skeptisch unterläuft, oder ob sie in greifbare Nähe gerückt und ernsthaft propagiert werde, war für Brecht nicht strittig. Er tilgt in der Bearbeitung die Widersprüche und realisiert konsequent die Satire, indem er mit der Figur des Räsoneurs auch alle anderen ‚positiv‘ angelegten ‚Erziehergestalten‘ negativ zeichnet.

2.4. Hoffnung auf bessere Zeiten – Lenz' Konzept des Ständeausgleichs

Lenz' Geheimer Rat spricht und agiert vor allem als Vater. Die aufgeklärten Ideen der Figur sind in der Vaterrolle verankert, ständische Züge treten dahinter zurück. In der Schlüsselszene II, 1 wird das Thema des Versagens der väterlichen Autorität mit dem Problem der Erziehung und des (gesellschaftlichen) Fortschritts argumentativ verknüpft und auf den Gesichtspunkt individueller Autonomie bezogen.

Die Einschätzung Läuffers als eines „Toren“, der „alle sein Mißvergnügen sich selber zu danken“ habe (L 190, II, 24), bekräftigt die zuvor schon geäußerte schlechte Meinung über den Hofmeister (I, 2), billigt diesem jedoch virtuell die Entscheidungsfreiheit eines autonomen Subjekts zu: „Warum ist er ein Narr und bleibt da [im Hause des Majors]?“ (L 190, II, 31). Zugleich unterstreicht der Rat die Verantwortung des Vaters für das Glück des Kindes:

Wollen Sie ein Vater für Ihr Kind sein [...]? (L 190, II, 25)

Gegenüber seiner kosmopolitischen Philosophie, die das bürgerliche Autonomie-Postulat bekräftigt, bezeichnet die kompromißbereite Position des Pastors die Unterwerfung unter den gesellschaftlichen Status quo, die absolute Handlungsfreiheit nur dem Adel zugesteht: „das muß sich ja jeder Hofmeister gefallen lassen; man kann nicht immer seinen Willen haben“ (L 190, II, 25). Diese Einstellung hemmt den gesellschaftlichen Prozeß, der sich auf der Grundlage des Konkurrenzgedankens bürgerlicher Leistungseliten durchsetzen und energisch vorantreiben lassen könnte. Die Utopie einer Gelehrtenrepublik, auf die der Erziehungsoptimismus des Rats hinausläuft, gründet in der Einsicht in den gesellschaftlichen Fortschritt: „unsere Kinder sollen und müssen sich nicht werden, was wir waren: die Zeiten ändern sich, Sitten, Umstände, alles“ (L 190, II, 12). Im Gespräch mit dem Pastor wird mit der Propagierung des öffentlichen Schulwesens der Weg zu einer Verwirklichung dieser Utopie konkret bezeichnet:

> [...] das junge Herrchen [...] muß durchaus nicht aus der Sphäre seiner Schulkamraden herausgehoben und in der Meinung gestärkt werden, er sei eine bessere Kreatur als andere. [...] Die Not würde den Adel schon auf andere Gedanken bringen, und wir könnten uns bessere Zeiten versprechen. (L 190, II, 29)

Die Position des Pastors ist demgegenüber unzeitgemäß, „gesellschaftlich-komisch" (Giese, L⁺ 354). Seine Apologie des Bestehenden („Gütiger Gott! es ist in der Welt nicht anders" [L 190, II, 27]) ist im Egoismus verankert und wird moralisch widerlegt: Weil er als Vater versagt und verantwortungslos an seinem Sohn handelt, hat auch sein politischer Widerspruch kein Gewicht. Die Legitimation von Theorie und Praxis im Bereich der Öffentlichkeit erwächst aus dem moralischen Verhalten in der Privatsphäre. Die Petition des Pastors, die den Szenenschluß an den Ausgang des Gesprächs zurücklenkt, kennzeichnet die Starrheit und Unbelehrbarkeit des Charakters als *moralisches* Defizit. Im Vergleich zu ihr wird nach Lenz' dramaturgischem Prinzip der Kontrastierung in dieser Szene die Autorität der exemplarischen Vaterfigur erprobt und bestätigt. Mit den Worten: „Ihm zu Gefallen werd ich mein Kind nicht verwahrlosen" (L 190, II, 31) weist der Rat das Ansinnen des Pastors als unmoralisch zurück und beschränkt seine Hilfe auf eine materielle Zuwendung. Die Integrität privater Moral erweist sich somit als das bedeutungsstiftende Organisationsprinzip des Textes. Die Ideen des Geheimen Rats, Substrat der Moralphilosophie Rousseaus, vertreten den progressiv-bürgerlichen Standpunkt des Autors gerade durch die skeptische Beleuchtung des Ideals.

2.5. Lektion auf der Bühne. Exemplarische Szenenanalyse der Bearbeitung

Den politischen Gesichtspunkt des Epochenwandels, der bei Lenz im Gespräch zwischen dem Geheimen Rat und dem Pastor abgehandelt wird, hat Brecht schon im Prolog zum springenden Punkt der Bearbeitung gemacht, ihn jedoch um die utopische Perspektive verkürzt. Er hebt den idealistischen Anspruch in der geschichtlichen Wirklichkeit der bürgerlichen Epoche auf. Den Prolog der Bearbeitung spricht der Darsteller des Hofmeisters, der sich der kommenden Klasse als Erzieher zur Knechtseligkeit empfiehlt:

> Freilich, die Zeiten wandeln sich grad:
> Der Bürger wird jetzt mächtig im Staat [...]
> Er hätte in mir, wie das so heißt
> Allezeit einen dienenden Geist:

Der Adel hat mich gut trainiert
Zurechtgestutzt und exerziert
Daß ich nur lehre, was genehm
Da wird sich ändern nichts in dem. (6, 2333)

Der von Lenz entfaltete Gegensatz von privater (d. h. privilegierter) und öffentlicher (chancengleicher) Erziehung, die idealistische Forderung, daß private und öffentliche Moral zur Deckung gebracht werden müssen, um den gesellschaftlichen Wandel zu beschleunigen, erledigt sich im Wege der Dressur. Als Produkt von Dressur ist die subalterne Mentalität der Garant des Status quo: Alles bleibt beim Alten. Die Unterdrückung wurde niemals abgeschüttelt, die Selbstbefreiung der Klasse fand nicht statt. Die Anpassung der bürgerlichen Klasse ans Bestehende, die Fähigkeit sich zu arrangieren, ist der Lehrgegenstand der Bearbeitung. Sie führt mittels Historisierung einer neuen Klasse, dem „Publikum der Produzierenden" den Erziehungsprozeß an den Erziehern vor, bezieht ihn auf die Disparatheit der Klasseninteressen und leistet in dieser paradoxen Umkehrung den Gegenentwurf zum idealisierenden Konzept des Originals und seinem Appell zur Versöhnung (Klassenkompromiß). Der Gesichtspunkt sozialer Mobilität durch das Bündnis aufgeklärter Geister, für das der Geheime Rat idealistisch plädiert, ist zurückgenommen auf die nüchterne Position eines bloßen Interessenkalküls.

Es fungiert als Strategie im Klassenkampf, in dem sich die Ohnmacht des Bürgertums exemplarisch vorführen und gestisch wirkungsvoll unterstreichen läßt: Die Unterredung findet im „Ziergärtchen des Geheimen Rats von Berg" statt (6, 2355). „Der Geheime Rat [...] geht, nachdem er die Bitte des Pastors abgeschlagen, in die Kniebeuge, einen Buchsbaum zu beschneiden", steht in den Anmerkungen zum Stück (17, 1229). Der Gestus ist eine Vorausdeutung, die den Vorgang der Selbstkastration zur Parabel verfremdet und sie als das Ergebnis der Dressur des Bürgertums durch den Adel darstellt: Der individuelle Vorgang bei Lenz wird dadurch zu einem typischen Vorgang zwischen den Klassen mit gleichnishafter Bedeutung umfunktioniert.

Die achte Szene der Bearbeitung entspricht der ersten Szene des zweiten Akts bei Lenz. Der Vergleich von Original und Bearbeitung zeigt als auffälligste Veränderungen die Reduktion des Textes auf ein Viertel des ursprünglichen Umfangs, die Abwandlung der Figurenkonstellation und der Aspekte des Gesprächs. Der Appell des Geheimen Rats an das Verantwortungsgefühl des Vaters entfällt: Die bürgerliche Familie ist nicht mehr der Ort der Humanität und das Modell des Ausgleichs gesellschaftlicher Interessen. Die gesellschaftlichen Interessenkollisionen haben die Familie bereits erfaßt und die Utopie einer innerfamiliären Solidargemeinschaft erledigt (Horkheimer, Habermas). Vater und Sohn Läuffer verbindet in der Bearbeitung keine Gleichheit der Interessen, wie Kitching (L⁺ 194, 94) unterstellt, und dem Plädoyer des Geheimen Rats für die Freiheit und gegen das Hofmeisterwesen fehlt die bei Lenz maßgebliche Perspektive sozialer Mobilität. Die vertrackte Ausgangssituation hat Brecht in den ‚Anmerkungen' ausgeführt und syntaktisch unterstrichen:

> Gesucht: ein Ausweg. Der gebieterische Finger der Gesellschaft deutet auf das Bordell. Aber der unglückliche Brennende kann zu dem einzig erlaubten kühlenden Guß nur kommen, wenn der Patron ihm die Schöpfkelle reicht. Läuffer, verlassen, nur mit einem Versprechen bewaffnet, also unbewaffnet, muß einen Fürsprecher wählen, seinen Vater, der sich an einen Fürsprecher wenden muß, den Bruder des Patrons. (17, 1229)

Die Überlegenheit des Adels beruht bei Brecht auf seiner Fähigkeit zur Beharrung, dargestellt am Farngleichnis der ersten Szene der Bearbeitung, die mit der schlechten ideologischen Verfassung der Bürger rechnen kann. Sie bewährt sich in der Behauptung von Herrschaft durch materielle und intellektuelle Vorteile. Diese Fähigkeiten werden im Stück strategisch wirksam eingesetzt und ausgespielt. Der Aristokrat und der Bürger, der an sozialer Mobilität nicht interessiert ist, solange er sein materielles Auskommen findet, ergänzen einander auf der Basis einer Apologie des Bestehenden, wobei die einander ausschließenden Beurteilungen des Hofmeisterwesens diesen Grundkonsens nicht in Frage stellen. Die Kritik des Rats an der Privaterziehung erfolgt gerade nicht in Lenz' fortschrittlicher Perspektive, die den Nachweis erbringt, daß das rückschrittliche Erziehungswesen den gesellschaftlichen Wandel hemmt. Vielmehr taugt „das Geschmeiß den Teufel zu nichts" (6, 2356), weil es Geld kostet, die öffentliche Schule und die hausgemachten Prinzipien der Lebensweisheit dagegen kostenlos zu haben sind.

Brecht hat die bei Lenz angelegten Motive der Unmündigkeit und Subalternität des Hofmeisters durch dessen Präsenz auf der Szene außerordentlich verstärkt und die Figur zur Marionette gebrochen. Der Vorgang seiner Demütigung wird zum Exempel bürgerlicher Miserabilität. Läuffer ist zwar Gesprächsgegenstand, nicht jedoch autonomes Subjekt, das eigene Interessen geltend machen könnte. Sein subalternes Wesen bestätigt die zynische ‚Wahrheit' der Freiheitsphilosophie des Rats, die gleichnishaft am lebenden Objekt vorgeführt wird:

> Potz hundert, Herr Pastor, Sie haben ihn doch nicht zum Bedienten aufgezogen. Und was ist er jetzt anders als Bedienter. (6, 2356)

Brecht verwandelt den Text von Lenz durch Kontextveränderung in blanken Zynismus. Der die Worte begleitende Gestus deckt nämlich die gesellschaftlichen Ursachen der Domestizierung auf und praktiziert deren Formen gleichnishaft am Buchsbaum und an der Figur des Domestiken im Gespräch.

Während er die Süßigkeit und Notwendigkeit der Freiheit lobt, stutzt der Geheime Rat seine Buchsbäume. (17, 1244)

Die Parallelität der Vorgänge ist ursprünglich über das Bild des Lorbeers vermittelt. Die Erstfassung der ‚Versuche‘ von 1951 druckt anstelle von „Buchsbäume" noch „Lorbeerbüsche" (S. 75) und verweist so auf die Ehre des Bürgers, die das *Hofmeister*-Sonett ironisch anspricht. Der Gestus des Stutzens verfremdet die Aussage des Rats zur Ideologie und leistet die zynische Vorausdeutung auf den Vorgang der Kastration, die den Akt der Selbstaufgabe bürgerlicher Intellektueller zum Ruhmestitel erhebt, analog zum Widerruf der Figur des Pätus. Die Korrespondenz der beiden Vorgänge ist evident. Der „Verspießerung des einstigen Revolutionärs [...] ist die Selbstentmannung Läuffers zugeordnet: sie ist seine Verfremdung, die Erhöhung des Vorgangs in ein groteskes Symbol." (Müller, L⁺ 419)

Innerhalb der Szene kennzeichnet der Vorgang des Stutzens die Aussichtslosigkeit von Läuffers dreimaligem Versuch, seine unmittelbaren Interessen verlauten zu lassen, ohne deren springenden Punkt zu berühren. Wenn er die Bitte um das Pferd erst in dem Augenblick vorbringt, als sein Vater das Gespräch beendet hat und sich zum Gehen wendet, wird seine schiefe Position an der Wahl des Augenblicks und aus der Form des Vortrags ersichtlich. Das Sprechen in Ellipsen kennzeichnet als sprachlicher Gestus die soziale Situation des Sprechers:

Läuffer: Gnädiger Herr, könnten Sie nicht ...
Pastor: Laß es, Sohn, komm.
Läuffer: Das Pferd. Könnten Sie nicht doch auf den Herrn Bruder einwirken? Das Ärgste ist, daß ich gar nicht von Insterburg komme und in einem ganzen halben Jahr – gleich, Vater – meinen Fuß nicht aus Insterburg habe setzen ... Man hat mir ein Pferd versprochen, alle Vierteljahr einmal nach Königsberg zu reiten!
Geh. Rat: Was will Er denn in Königsberg?
Läuffer: Gnädiger Herr Rat, in die Bibliotheken.
Geh. Rat: Ich dacht, in die Bordelle. Ihn sticht wohl der Hafer? (6, 2357)

Die grobe Unterbrechung der Rede durch den väterlichen Befehl und die Überstürzung der Bitte verdeutlichen die gedrückte Stellung des Sprechers zwischen den Autoritäten, sein sprachlicher Gestus verrät seine Unmündigkeit. Die Replik des Rats „Ihn sticht wohl der Hafer?" deckt darum nicht nur die Notlüge auf und beleuchtet so die momentane Zwangslage des Sprechers. Die Anwendung des Sprichworts auf Läuffer, den „Gegenstand" des Gesprächs, konnotiert ‚Pferd‘ und ‚Lakai‘ und definiert in der übertragenen Bedeutung des Bildes die soziale Stellung des Domestiken: Das Sprichwort wird zum Wortspiel. Es pointiert die Situation und setzt den Zuschauer ins Bild über das Dilemma des Hof-

meisters, Reiter sein zu wollen, aber Lakai, d. h. ,Pferd‘, sein zu müssen.
Die Diskrepanz zwischen Anspruch und sozialem Status wird dadurch
als Illusion ersichtlich, die Relation zwischen den Ständen zurechtge-
rückt, insgesamt die Probe aufs Exempel des Gesprächsgegenstandes gegeben. Die Forschung hebt an dieser Szene vor allem die Darstellung der
Abhängigkeit Läuffers von ökonomischen Zwängen und Triebbedürfnis-
sen hervor. Sie konzentriert sich auf das von Giese, Kitching u. a. betonte
Interesse des Bearbeiters an der Titelfigur und an der Veränderung der
Rolle des Geheimen Rats, verkennt durch die Fixierung auf die Charaktere des Dramas jedoch zuweilen die grundlegende Bedeutung der gesellschaftlichen Vorgänge zwischen den Figuren, die die ,Misere‘ ausmachen. Die Figuren und die Formen ihrer Interaktion sind bei Brecht typi-
siert. Kitching betont an Läuffer zu Recht den Figurenstatus der Marionette (L⁺ 194, 95), übersieht über dem vermeintlichen Interesse des Bearbeiters an der Darstellung der Klasse und ihrer Erbärmlichkeit aber, daß
von einer Identität der Interessen als Ausdruck eines einheitlichen Klassenbewußtseins, sei es auch nur das Bewußtsein des Bürgertums von
seiner Ohnmacht, nicht die Rede sein kann. Die Interessenkollisionen
gehen durch die unterdrückte Klasse und zersplittern deren Kampfkraft.
Gerade diese Lehre will die Bearbeitung einem Publikum vermitteln, das
sich der Illusion hingeben könnte, bereits „überm Berg“ zu sein, d. h. die
,Misere‘ transzendiert zu haben.

Andererseits verfehlt eine Sichtweise, die unter Bezugnahme auf
Brechts Charakterisierung der Titelfigur diese generell zum Paradigma
der Figurenkonzeption erhebt und alle Figuren über *einen* Kamm schert,
die Differenzierungen, die Brecht zwischen den Figuren und Klassen vor-
nimmt:

> „Der Hofmeister selbst erntet unser Mitgefühl, da er sehr unterdrückt wird,
> und unsere Verachtung, da er sich so sehr unterdrücken läßt“ (17, 1221). Auf
> diesen Nenner reduziert Brecht *die Figuren* nahezu ganz. (Wittkowski, L⁺ 177,
> 356)

Daß Brecht in einer Darstellung der Misere, die die Form der Satire
realisiert, die Bewegungsabläufe an der „Mechanik gelenkter Puppen“
vorführt (ebd.), schließt ja keineswegs aus, daß er zwischen Herrschaft
und Knechtschaft genau unterscheidet und entsprechend differenzierte
Reaktionen des Publikums erwartet, die die Voraussetzung einer angemessenen Einschätzung der Misere aus den vorgeführten Interaktionen
bilden.

2.6. Die „Großmuth" der Jugend

Träger des utopischen Konzepts, das Lenz den Geheimen Rat entwickeln läßt, ist die junge Generation. Die Jugend *handelt* nach den idealistischen Grundsätzen, daß Freiheit und mitmenschliche Solidarität die Grundlagen einer durch Aufklärungspostulate an Humanität und Moral orientierten Gesellschaft sind. Personifikation dieser die Klasseninteressen transzendierenden Moral ist bei Lenz der edelmütige Fritz von Berg, der sich durch exemplarisches Verhalten bewährt und sich sogar im Gefängnis den „Adel seiner Seele" bewahrt. Zwar muß der Zufall rettend eingreifen (Lotterielos), um das harmonische Tableau der Schlußszenen zu ermöglichen, das die getrennten Mitglieder dreier Familien wieder zusammenführt, aber das Prinzip des rettenden Zufalls repräsentiert keinen Mechanismus der Willkür, mit dem Lenz die Katastrophe „höhnisch" abbiegt, sondern richtet sich nach Verdienst und Würdigkeit exemplarischer Helden. Das patriarchalische Modell bewährt sich gerade bei der Zusammenführung der Paare, bei der der Geheime Rat souverän Regie führt und auf der Bühne durch die Regieanweisungen die Modalitäten einer affektiven Identifikation mit den tugendhaften Helden im Detail festlegt. Die getrennten Liebenden formieren sich am Ende der Szene zur „zärtlichen Gruppe", die sich Zug um Zug um weitere verlorene, versprengte, wiederaufgefundene und bekehrte Familienangehörige zu *einer* Familie ergänzt. Nach der Choreographie des rührenden Lustspiels vollzieht sich ein „Reigen der Versöhnungen" (Hinck, L 195), in den sich die verstockten, hartherzigen Väter und das gefallene Mädchen nach *Reue* und *Buße* nach dem Beispiel der Gerechten einreihen. „Welche Gnade von Gott ist es, [...] daß sie mir noch verzeihen kann, die *großmütige* Heilige" (L 190, II, 101), sagt der alte Pätus beim Erscheinen seiner verstoßenen Mutter; „muß denn alles heute wetteifern, mich durch *Großmut* zu beschämen" (103). Der Major bezieht das Gleichnis der Bergpredigt, daß im Himmel mehr Freude über einen reuigen Sünder herrsche als über neunundneunzig Gerechte, auf sich und den Bruder, „der das Ding besser verstund" (103), und preist den Edelmut des jungen Berg.

Die zeitgenössischen Rezensionen sind im Horizont der Shakespeare-Rezeption auf den gleichen Ton gestimmt. Brecht, dem es um die Rekonstruktion der Epoche und die Stellung des Autors in ihr ging, um aus den Dokumenten den ‚point of view' zu bestimmen, nimmt eine Besprechung aus den *Frankfurter Gelehrten Anzeigen* in die Dokumentation der *Theaterarbeit* auf. Er gewinnt aus ihr die Anhaltspunkte zur Veränderung der Erwartungshaltung einer Epoche, deren Genieästhetik sich im Geiste Shakespeares auf die Darstellung von „Menschen und wahrem Gefühl", leidenschaftlich bewegte Charaktere und die affektive Übereinstimmung mit ihnen einläßt und die Dialektik von ‚Herz' und ‚Verstand' einseitig nach der Seite des Herzens verschiebt.

2.7. „Ist der Hofmeister ein ‚negatives Stück'?"

Die Satire verzichtet im allgemeinen [...] darauf, dem Typus, den sie verspottet, einen exemplarischen Typus entgegenzustellen; in dem Hohlspiegel, den sie aufstellt, um das zu Bekämpfende übertreibend herauszuarbeiten, würden positive Typen nicht der Verzerrung entgehen. Im *Hofmeister* ist das Positive der bittere Zorn auf einen menschenunwürdigen Zustand unberechtigter Privilegien und schiefer Denkweisen. (17, 1250f.)

Lenz' junge Generation verliert bei Brecht den Glanz exemplarischer Helden. Die sie bestimmenden Motive des Altruismus werden durch Satire verzerrt. Entsprechend der in den *Katzgraben-Notaten* vorgenommenen Bestimmung will die Bearbeitung weder Leidenschaften als Triebkräfte sozialen Handelns zeigen, noch Gefühle mobilisieren, sondern typische Verhaltensweisen demonstrieren, die den Klasseninteressen entsprechen. Die Figuren sind funktionalisiert und in ihrem affektiven Verhalten stark reduziert. Sie agieren wie hinter Glas und bewegen sich als Inhaber „unberechtigter Privilegien" und Träger „schiefer Denkweisen" in den mechanischen Abläufen von Marionetten.

Die Dokumentation der *Theaterarbeit* belegt die Entwicklung von V-Effekten und erklärt die Funktion der bei Kitching im Einzelnen vermerkten Änderungen gegenüber dem Original (vgl. L⁺ 300; summarisch: Knopf, L⁺ 294, 299f.). Gemeinsam ist ihnen, daß das Interesse der Zuschauer von den Figuren auf die Formen ihrer Interaktion gelenkt wird, wodurch jede spontane und affektive Reaktion unterbleibt. Dies gilt vor allem für die von Brecht geänderten Schlußszenen.

Wenn Brecht gleichwohl mit dem „Zorn auf einen menschenunwürdigen Zustand" einen Affekt als das Positive der Bearbeitung herausstellt, so wird damit keine Emotionalisierung der Zuschauer angestrebt, sondern das Wesen der Satire und ihre Wirkungsweise definiert: Die Satire ist geschrieben in „bitterem Zorn" und bezeichnet analog zum „heiligen Haß" in Lukács' Satire-Bestimmung (L 193) den klassenmäßig bestimmten ‚point of view' der Bearbeitung. Sie vermittelt ihn als Rezeptionshaltung ans Publikum, das im Epilog als „Schüler und Lehrer" einer neuen Zeit apostrophiert und über den dialektischen Zusammenhang der Ebenen von Produktion und Rezeption aufgeklärt wird:

Schüler und Lehrer einer neuen Zeit
Betrachtet seine Knechtseligkeit
Damit ihr euch davon befreit! (6, 2394)

Dem ‚Zorn' entspricht so der ‚Verdruß' als eine Haltung der Betroffenheit, die sich in reflexive Erkenntnis und soziale Energie umsetzt. Fazit des Stückes ist darum nicht die „Heiterkeit des Betrachters", wie Knopf Giese verkürzend zitiert (L⁺ 294, 300) – das Gelächter verbleibt als parasitärer Gestus der Aristokratie auf der Ebene der Fiktion. Die Schüler in einer Zeitenwende, die noch von der „Misere" geprägt ist, sind die potentiellen Lehrer einer neuen Zeit, die Gesamtheit das Publikum in den Phasen seiner Erkenntnisschritte, nicht die Teile eines Kollektivs. Das Ensemble der produktiven gesellschaftlichen Kräfte, die Kinder einer neuen Zeit, stehen nicht durch Identifikation auf einer Ebene mit den Figuren, wie bei Lenz; und sie stehen am Ende des Stücks nicht mehr dort, wo der Prolog sie ansprach. Als Schüler *in* einer neuen Epoche, die sich gerade wieder wandelt (Prolog), gehen sie bei der Vergangenheit in die Lehre, die als Misere der Bewußtseinsformen noch gegenwärtig ist, befreien sich durch Beobachtung und Selbstaufklärung von der Erblast der ihnen vermittelten ‚schiefen Denkweisen' und qualifizieren sich durch die Antizipation eines von Ideologie („Knechtseligkeit") befreiten Handelns als Lehrer, die die neue, befreite Zeit nunmehr bewußt mitgestalten können. Der „point of view" der Bearbeitung ist die Antizipation dieser neuen Zeit auf der Ebene der Reflexion. Der Epilog ist vom Stück, einem in sich geschlossenen Ganzen ‚durchleuchteter Vergangenheit', deutlich abgehoben und bezieht die Perspektive der Utopie. Sie macht deutlich, daß die kritische Aufarbeitung der Vergangenheit die Voraussetzung zur Gestaltung der Zukunft ist, daß die Vergangenheit, in den ideologischen Formen noch lebendig und gegenwärtig, nicht übersprungen werden kann.

Anders als im Prolog tritt der Sprecher des Epilogs in Distanz zu sich selbst. Er spricht von sich in der dritten Person, weist verfremdend auf das „Gleichnis überlebensgroß" und erklärt dadurch die Nicht-Identität der Bewußtseinsebenen von Prolog und Epilog zum Ziel der Belehrung. Die Bearbeitung hat als Produkt in einer Zeitenwende das ‚bürgerliche Trauerspiel' zwar hinter sich gelassen, aber die Komödie noch nicht realisiert: Der Komödie ist die Satire vorgeschaltet, die die Form der Gesellschaftskomödie anzunehmen beginnt.

3. Die Bearbeitung der ‚Antigone des Sophokles'

3.1. Grundlageninformationen

Materialien
– Brecht, Neher: Antigonemodell 1948 (L 255).
– *Die Antigone des Sophokles.* Materialien zur *Antigone* (L 256). [Der Band enthält den Text des Stückes, Materialien zum Stück, das Antigone-Modell von 1948 und Anmerkungen zum Stück und zur Bearbeitung. Ein Anhang erfaßt die Daten von Aufführungen zwischen 1948 und 1966 und weist

Rezensionen von Aufführungen nach. Die Hinweise Curjels aus dem Programmheft der Aufführung in Chur betonen die Aktualität des Geschehens in der Wendung vom persönlichen zur Darstellung des allgemeinen Schicksals in der Bearbeitung. Sein Aufsatz über die Probenarbeiten gibt ergänzende Hinweise zum Konzept Brecht/Nehers, zur Regie Brechts und zur Funktion von Kostüm, Beleuchtung und Akustik. Rillas Aufsatz zu „Bühnenstück und Bühnenmodell" deutet die Funktion der Verwendung von Modellen bei der Vermittlung von bewußtseinsverändernder Einsicht in den Produktionsprozeß des Stückes, der als „Klärungs- und Verdeutlichungsprozeß der dramatischen Fabel" bezeichnet wird. (144) Die Festlegung späterer Inszenierungen der Bearbeitung aufs Modell soll das „freie Improvisieren" verhindern.]

Forschungsliteratur
  - Witzmann (L⁺ 469).
202 Pohl, Rainer: Strukturelemente und Entwicklung von Pathosformen in der Dramensprache Bertolt Brechts. Bonn 1969.
203 Jens, Walter: Sophokles und Brecht. Dialog. In: W. J., Zur Antike. München 1978, S. 413–433.
204 Trilse, Christoph: Antike und Theater heute. Betrachtungen über Mythologie und Realismus, Tradition und Gegenwart, Funktion und Methode, Stücke und Inszenierungen. Berlin ²1979.

3.2. Der Rückgriff auf die Hölderlinsche Übersetzung

Nach den Jahren des Exils bietet das Angebot des Intendanten Hans Curjel Brecht erstmals die Gelegenheit, am Theater in Chur ein Stück zu inszenieren, seine Theatertheorie zu erproben und sich mit Helene Weigel auf größere Aufgaben vorzubereiten. Die Wahl fällt auf die *Antigone* des Sophokles. Der Stoff ist aktuell und reizt durch die Verwendung von Formelementen des epischen Theaters (Chöre, Masken, Botenbericht) zur Bearbeitung. Brecht legt ihr auf Anraten Nehers die Übersetzung von Hölderlin zugrunde, deren „schwäbische Tonfälle und gymnasiale Lateinkonstruktionen" (L⁺ 256, 110) ihn heimatlich berühren. Die Hermetik des sprachlichen Gestus durch Hölderlins Wortwahl und seine Behandlung von Syntax und Metrik kommen Überlegungen Brechts „über reimlose Lyrik mit unregelmäßigen Rhythmen" und eigenen Versuchen einer freieren Behandlung des Verses im Drama entgegen. „Teile von den Chören klingen wie Rätsel, die Lösungen verlangen" (L⁺ 256, 115). Hölderlins Übertragung unterstützt dadurch die Absicht des Bearbeiters, „den barbarischen Ort des alten Gedichtes an[zu]geben" (L⁺ 256, 111).

Brecht versucht, den Gestus Hölderlins zu wahren (vgl. dagegen Witzmann, L⁺ 469; Pohl L 202) und zugleich die Handlungsmotivationen konsequent im Politischen zu fundieren. Die Alten von Theben sind in seiner Bearbeitung die tatsächlichen Herrscher der Stadt. Als Chor wirken sie an der Handlung mit und kommentieren sie zugleich. Sie stützen in Kreon ihren „Strohmann" (Jens, L 203), loben den Krieg, dessen Härte durch die Aussicht auf den Sieg gerechtfertigt erscheint, und billigen sein Bestattungsverbot. Der anfängliche Konsens verkehrt sich in Widerspruch, als durch den Auftritt des Sehers erkennbar wird, daß der Raubkrieg gegen Argos nicht mehr zu gewinnen ist. Die Weigerung Kreons, das Heer rechtzeitig zurückzubeordern, besiegelt nach Hämons Tod den Untergang der Stadt, in den die Alten dem Herrscher folgen. Die objektiven Interessen, die der Chor bei Sophokles in seinen beiden Funktionen besitzt, werden in der Bearbeitung durch klassenmäßig bestimmte Interessen ersetzt. Die Perspektivierung erfaßt so auch die Aussagen der Chöre.

3.3. Tiresias

Die Figur des Sehers hat bei Brecht den Status eines „guten Beobachters" (256, 115). Seine Prognosen sind nicht Resultat göttlicher Inspiration, sondern intellektueller Schärfe und Kombinatorik, die sich auf Erfahrung stützt. Der Vorwurf der Bestechlichkeit, bei Sophokles gleichbedeutend mit dem Vorwurf des Verrats am göttlichen Auftrag, wird bei Brecht politisch gewendet. Kreon behauptet, Tiresias sei von der Opposition gekauft, wo dieser sich nur aus dem allgemeinen Untergang retten möchte. Im Zuge der Rechtfertigung entlarvt Tiresias Kreons Verschleierungstaktik als Folge der Einschränkung seines Handlungsspielraums.

Anstelle repressiver Gewalt könnten nur tiefgreifende Systemveränderungen die Katastrophe abwenden. Der Blick des Blinden in die Zukunft, der den Sehenden die Augen öffnet, resultiert aus der kritischen Bestandsaufnahme der gegenwärtigen Krise. Er bezieht die Kriterien der Prognose aus der Reflexion der sozialen Ursachen ihrer Entstehung. Die Geschichte ersetzt die Metaphysik:

> Die Änderungen, die mich zum Schreiben ganz neuer Partien zwangen, sind gemacht, um die griechische „Moira" (das Schicksalhafte) herauszuschneiden, das heißt, ich versuche da, zu der zugrunde liegenden Volkslegende vorzustoßen. (L⁺ 256, 109)

Die Verwandlung des Bruderkriegs in einen Raubkrieg mit dem Ziel der Herrschaftskonsolidierung, hat die Rationalisierung der Handlungen zur Folge. Der Krieg entsteht nicht aus dem schicksalhaften Labdakidenfluch, sondern aus der Mißwirtschaft. Der Terror als Mittel zur Hebung der Kampfmoral treibt die Widersprüche hervor. Die Desertion des ‚Landesverräters' Polyneikes ist die Folge seiner Einsicht in die privaten Interessen, aus denen der Krieg begonnen wurde. Kreons Herrschaft ist nicht durch göttliches oder irdisches Recht legitimiert, sondern stützt sich auf

Terror. Antigones Auflehnung gegen das Gebot des Herrschers ist folglich ein legitimer Akt des Widerstands gegen die Tyrannei. Die Tat verliert in der Bearbeitung die Relativierung, die aus dem Antagonismus konkurrierender Rechtsprinzipien erwächst. Ihre Fundierung auf dem Recht zum Widerstand führt darum nicht ins Dilemma tragischer Ausweglosigkeit. Antigones Anklage deckt die Funktionen des Terrors, der Ideologie der beschworenen Solidargemeinschaft und des Patriotismus auf und bewährt sich analog zu Tiresias Hellsichtigkeit als Fähigkeit, den „ideologischen Nebel" zu durchschauen. Dadurch erkennt sie, daß die Ressourcen verbraucht sind und die Katastrophe unabwendbar geworden ist. Angesichts der veränderten politischen Lage bricht die Interessengemeinschaft der Herrschenden auseinander: Die Alten kehren Kreon gegenüber die Herren heraus und drängen auf Beendigung des Krieges. Gestützt auf die Macht kann Kreon diese Forderung zunächst verweigern. Erst der Botenbericht zerschlägt seine Hoffnung auf die Stabilisierung seiner Herrschaft durch den Sieg seines Heeres über das Volk von Argos. Die ohne Motivation kämpfenden Thebaner sind geschlagen. Kreons Einlenken, seine Bereitschaft Antigone zu befreien, ist ein letztes *politisches* Kalkül, um die Stadt und die Herrschaft zu retten. Durch den Tod Hämons wird diese Strategie durchkreuzt.

Anders als im Original erwächst die Handlung bei Brecht aus den gesellschaftlichen Interessen der handelnden Charaktere und ist durchgehend politisch motiviert. Die Genese der Gewalt „aus der Unzulänglichkeit" (L^+ 256, 111) und die Konsequenz der Gewaltanwendung „bei dem Zerfall der Staatsspitze" (17, 1213) läßt den Untergang der Herrschenden nicht tragisch, sondern plausibel erscheinen. Die Verhinderung einer Identifikation mit der Hauptfigur scheint Brecht bereits durch den Zeitabstand gewährleistet (17, 1213). Trotz aktueller Parallelen setzt er auf das Differenzierungsvermögen des Publikums, das durch die verfremdende Form der Darstellung in einer Betrachtungsweise unterstützt wird, die von tragischen Momenten der Figur abstrahieren kann. Die Aufgabe des Interessenstandpunkts der Herrschenden rückt die Gestalt der Antigone zwar in die Perspektive der Menschlichkeit. Dennoch repräsentiert sie nicht die „Kämpfer des deutschen Widerstands" (17, 1212f.).

3.4. Zum Verhältnis von Prolog und Vorspiel

Die ‚Gelegenheitsarbeit' der *Antigone* gewinnt in den Phasen der Bearbeitung zunehmende Bedeutung und bewirkt eine Verlagerung des Interesses von den aktuellen Bezügen des Stoffs auf die davon abstrahierte Problematik der Legitimation und des Zerfalls von Herrschaft. Das moralische Interesse an der Tat, dem Aufstand der Menschlichkeit gegen die Unmenschlichkeit der Gewalt, wird durch die Rationalisierung der

Handlung von der Ebene der Moral auf die der Politik zurückgenommen. Die Bearbeitung verfolgt dabei die Absicht, die Perspektive des Zuschauers von der moralischen Motivation zu lösen und auf die politischen Konsequenzen der Tat zu konzentrieren. Dadurch gilt auch in dieser Bearbeitung das Interesse nicht primär den Charakteren, sondern den Formen ihrer Interaktion.

4. Die Bearbeitung von Molières ‚Don Juan' – Gesellschaftskomödie statt Charakterkomödie

4.1. Grundlageninformationen

Forschungsliteratur
 – Giese (L$^+$ 354).
205 Hösle, Johannes: Molières Komödie *Dom Juan*. Heidelberg 1978. (= Reihe Siegen Bd. 8). [Hösle gibt einen Überblick über den gegenwärtigen Stand der Molière-Forschung, behandelt Stoffgeschichte, Mythos und Gattungsproblematik und bietet eine aspektbezogene Gesamtinterpretation, in der auch Gesichtspunkte der Wirkungsgeschichte Berücksichtigung finden. In der Darstellung der Molière-Rezeption und der Bearbeitung Brechts folgt Hösle den Ausführungen Gieses.]
 – Knopf (L$^+$ 294).

4.2. Molière in der Perspektive einer ‚lecture sociologique'

Die Progressivität Molières bestimmt Brecht aus der Perspektive der Rezeption. Im Kontext seiner Behauptung, daß die Prägung des menschlichen Bewußtseins durch das gesellschaftliche Sein als eine neue Betrachtungsweise zu gelten habe, „die nicht berücksichtigt ist in der alten Kunst, Stücke zu schreiben" (16, 835), räumt er dem Publikum der alten Zeit gleichwohl die Fähigkeit ein, die Fundierung der Leidenschaften und Konflikte in den gesellschaftlichen Bedingungen bereits erkannt und das Gesellschaftlich-Komische ihrer anachronistischen Handlungsweisen scharfsinnig erfaßt zu haben.

> Er [Molière] verspottet den geiz zu einer zeit, wo das bürgertum das geld produktiv zu nutzen versteht, neuerdings. geiz ist ganz unpraktisch geworden, steht dem gelderwerb im wege, ist also lächerlich (und erntet auch noch das gelächter der feudalität, die großzügig ist und mit den arbeitsprodukten der unterdrückten klassen nicht geizt). (AJ 1011)

Die Deutung des Stücks als Gesellschaftskomödie ist nicht neu. Denn schon Franz Mehring hatte in einer Besprechung des *Geizigen* aus dem Jahre 1895 den Klassenstandpunkt des bürgerlichen Dichters im Absolutismus erörtert, der die Aristokratie verhöhnt, ihr parasitäres Wesen als Dekadenzphänomen durchschaut und es dem Gelächter des bürgerlichen

Publikums preisgibt. Aber Molière wird von Mehring dem Verständnis
der Epoche entsprechend zunächst als Schöpfer der Charakterkomödie
bezeichnet, die „einen Charakter wie ein psychologisches Problem [...]
in die Mitte des Ganzen" stelle, und erst in zweiter Linie als ein parteili-
cher Dichter gewürdigt, weil er sich trotz seiner Kritik an der herrschenden Klasse über die Klassenkämpfe seiner Zeit erhebt. In der Darstellung
des *ganzen* gesellschaftlichen Prozesses zeigt er auch die Bourgeoisie von
ihrer Kehrseite. Die Figur Harpagons, des *Geizigen*, erscheint als „Geiz-
hals und Wucherer in einem" mit den typischen Zügen eines zeitgemäßen
Kapitalismus. Erst die Gegenwart nehme auf der Basis eines „Kapitalismus auf großer Stufenleiter" die antiquierten und phantastischen Züge
der Gestalt wahr, aber auch ihr könne die Satire der Vergangenheit noch
ein lebendiges Verständnis der Geschichte und ihrer Klassenkämpfe vermitteln.

In den Anmerkungen zur Bearbeitung und Inszenierung des *Don Juan*
durch das Berliner Ensemble, die nach neueren Erkenntnissen bereits
1951 begann, knüpft Brecht an diese Betrachtungsweise unmittelbar an.
Die Demolierung Molières, eine stehende Redewendung schon der bürgerlichen Theaterkritik, greift Brecht auf und lastet sie der „bürgerlichen
deutschen Bühne" an, die die komischen Charaktere „tiefer auffaßte",
„vermenschlichte", „dämonisierte" (17, 1259). Die Bearbeitung muß
sich daher im Interesse des modernen Publikums unter dem doppelten
Blickpunkt einer kritischen Revision der Theatertradition (Inszenie-
rungsgeschichte) und der Textbedeutung auf das Original einstellen,
kann sich dabei jedoch an den Vorgaben orientieren, die bei jeder Bearbeitung zu beachten sind: Rekonstruktion der Epoche und ihrer gesellschaftlichen Antagonismen aus den Dokumenten, Stellung des Autors in
den Klassenkämpfen, Erwartungshaltung seiner Zeitgenossen.

Im Spektrum dieser Faktoren erfolgt dann die Bearbeitung. Sie unterstellt auf beiden Ebenen Irrtümer und Unzulänglichkeiten und erhebt
dabei die Textintention und die ursprüngliche Rezeption zum Maßstab
ihrer Beurteilung:

> Die alten Werke haben ihre eigenen Werte, ihre eigene Differenziertheit, ihre
> eigenen Skala von Schönheiten und Wahrheiten. Sie gilt es zu entdecken [...].
> Molières *Don Juan* ist für uns in der älteren Auffassung wertvoller als in der
> neueren [...]. Wir haben von der (Molière näheren) *Satire* mehr als von der
> halbtragischen Charakterstudie. Der Glanz des Parasiten interessiert uns weniger
> als das Parasitäre seines Glanzes. (17, 1260)

4.3. Molière: „Der Glanz des Parasiten"

Don Juan ist bei Molière der ‚grand seigneur méchant homme', eine
Gestalt des Übergangs, an der eine Standesethik und ein Standesverhal-

ten exemplarisch dargestellt werden und die in der Perspektive des modernen Staatsabsolutismus bereits anachronistische Züge neben modern angepaßten Verhaltensweisen zeigt. Die Figur ist bei Molière gebrochen. Sie erfüllt unterschiedliche Funktionen, die widersprüchlich erscheinen. Der stolze Freigeist, der religiöse und moralische Normen verletzt, wird im Verlauf der Handlung scheinbar ohne zwingenden Grund zum Heuchler, in dem der Autor seine Gegner in einer der mächtigen Adelscliquen am Hof Ludwigs XIV. anvisiert. Die Charakterkomödie erfüllt also auch Kriterien und Funktionen der Satire, geht in der satirischen Wirkungsintention jedoch nicht auf. Die Figur, als gemischter Charakter angelegt, wahrt die Aura des Helden durch die Faszinationskraft des Bösewichts. Als gemischter Charakter ist Don Juan spielbeherrschend und bestimmt im Sinne einer klassischen Charakterkomödie maßgeblich die Handlung (vgl. Giese, L$^+$ 354). Von dieser ursprünglichen Intention geht Brecht aus, unterzieht sie jedoch einer kritischen Revision, in die der Affekt gegen die wirkungsgeschichtliche Entstellung der satirischen Wirkungsabsicht einzufließen scheint. Im Sinne Molières widerspricht Brecht der mythischen und tragischen Überhöhung der Figur in der späteren Wirkungsgeschichte, gegen Molière läßt er an ihr keinerlei progressive Züge gelten:

> Don Juan ist kein Atheist im fortschrittlichen Sinn. Sein Unglaube ist nicht kämpferisch, indem er menschliche Aktionen fordert. Er ist einfach ein Mangel an Glauben. Da ist nicht eine andere Überzeugung, sondern keine Überzeugung. [...] Wir befinden uns nicht auf der Seite Molières. Dieser votiert für Don Juan. (17, 1258)

4.4. Brecht: „Das Parasitäre des Glanzes". Die Genese des Libertins aus dem Freigeist

Die Wiederherstellung der sozialkritischen Aussage des Stücks in Bessons Inszenierung zeigt die Genese des Libertins aus dem Freigeist als Degenerationsprozeß. Sie leistet mit der Wiederherstellung von Komik und Komödie die konsequente Realisierung der Satire, die bei Molière verborgen ist. Aus der Charakterkomödie Molières entsteht die Gesellschaftskomödie des Berliner Ensembles. Dadurch geht die Bearbeitung weit über die ursprüngliche Wirkungsabsicht hinaus und funktioniert auch hier den Text zu einem Gegenentwurf um. Dies geschieht vor allem durch die Veränderung der Figur: aus dem negativen Helden und gemischten Charakter wird der Anti-Held. Aus dem fortschrittlichen Atheisten, der gegen überkommene weltliche und kirchliche Autoritäten kämpft, wird der Nihilist, der überhaupt nicht kämpft.

Die Komik der Unzulänglichkeit trifft die Figur damit im Inbegriff ihrer Faszinationskraft, nämlich in ihrer erotischen Vitalität. Der Verfüh-

rer tritt in der Bearbeitung in der Gestalt einer „sexuellen Großmacht"
auf, die durch ihren Habitus (Kostüm), ihren gesellschaftlichen Status
(Standesprivilegien, Reichtum, Kredit), durch Fama und nicht durch ihre
Aura oder persönliche Initiative ihre Ziele verwirklicht.

Die Zerstörung der Progressivität, der Energie und der Aura der Figur
bricht das Interesse des Publikums am Helden und lenkt es auf die gesellschaftlichen Ressourcen, aus denen der parasitäre Typus gespeist wird.
Durch ihre Passivität büßt die Figur die Faszinationskraft ein, die sie bei
Molière auch in ihrer Hybris noch besitzt: aus dem autonomen Helden
entsteht die Marionette. Deren Habitus und Gestus ist austauschbar, wie
das von Brecht hinzugefügte Motiv des Kleidertauschs belegt: Wenn Don
Juan mit Sganarell die Rolle tauscht, so wird als Substrat ihres Handelns
das Parasitäre sichtbar, hinter dem die Unterschiede des Standes zurücktreten.

5. Das „Vergnügen am Helden": Die Bearbeitung von Shakespeares ‚Coriolan'

5.1. Grundlageninformationen

Materialien
- Theaterarbeit (L⁺ 300), S. 419–424.

Forschungsliteratur
- Witzmann (L⁺ 469).
206 Symington, Rodney T. K.: Brecht und Shakespeare. Bonn 1970.
207 Brunkhorst, Martin: Shakespeares *Coriolanus* in deutscher Bearbeitung. Berlin/New York 1973.
208 Kussmaul, Paul: Brecht und das englische Drama der Renaissance. Frank-furt/M. 1974.

5.2. Ausblick

In der Molière-Bearbeitung, die Fragment geblieben ist, hatte Brecht mit
der Konzeption eines feigen Don Juan die Aura des Helden gebrochen
und damit der bei Molière angelegten Satire eine andere Stoßrichtung
gegeben. Die Einführung des Motivs der um ihren Lohn geprellten Rude-
rer, die mit den neuen, kämpferischen Gebrauchsformen des Ruders zugleich die Bewußtseinsformen eines zum Kampf entschlossenen Kollektivs ausbilden, verfolgt die Absicht, die Aufmerksamkeit des Publikums
einer neuen Zeit von den überkommenen Konflikten abzulösen, die bei
Molière zwischen den Protagonisten der feudalen Klasse ausgetragen
werden.
Im *Coriolan* von Shakespeare stellt sich das Problem in analoger Wei-

se: Die von der bürgerlichen Bühnenrezeption einseitig betonte Faszinationskraft des Helden, das Interesse an seinem ‚Schicksal‘, können in der
Bearbeitung jedoch nicht einfach gebrochen werden, ohne die „Tragödie
des Stolzes" zu lädieren, denn „der *Coriolan* ist für das Vergnügen am
Helden geschrieben" (16, 877). Die Aufmerksamkeit der Bearbeiter gilt
daher den bei Shakespeare angelegten, latenten Motiven. Beim *Studium
des ersten Auftritts* insistieren sie darauf, „auch in den Genuß des Vergnügens an der Tragödie des Volks zu kommen, das einen Helden gegen
sich hat" (16, 877). Bei der Behandlung der Fabel zeigt sich das Kollektiv
der Bearbeiter daher stärker an Shakespeares Darstellung der Plebejer
und ihrer Interaktionsformen als an der auf den Helden zentrierten
Handlung interessiert. Es erscheint Brecht durchaus zulässig, zunächst
das soziale Feld zu entwickeln, in dem der „Held" situiert wird, statt das
Interesse von vornherein auf die heroische Gestalt zu fixieren. Die Legitimation zu dieser Akzentverlagerung zieht die Bearbeitung aus der Kritik
an der Einseitigkeit der bürgerlichen Bühnenrezeption, die die Fülle der
Schönheiten in Shakespeares Expositionsszene verkümmern läßt.

Hatte Brecht in den *Katzgraben-Notaten* für das Theater in der Zeiten-
wende die Möglichkeit eines Nebeneinanders von Konflikten und Lei-
denschaften der alten und der neuen Zeit betont, so bekräftigt er in den
Anmerkungen zu *Coriolan* von Shakespeare (17, 1252 ff.) und in der
Dialektik auf dem Theater (16, 869) nachdrücklich diese Auffassung:
Der „bloßen Einfühlung" in den Helden Marcius dürfen die weiteren
Tragikverständnisse nicht aufgeopfert werden, die der Text birgt und die
ein „reicheres Vergnügen" gestatten (17, 1252). Das Hervortreten der
Gegensätze – der tragische „Glaube des Helden an seine Unersetzlich-
keit" (17, 1253) und der Widerstand der Gesellschaft gegen diesen Glauben, der das Gemeinwesen gefährdet, wird zum ‚point of view‘ der Bearbeitung. Dabei kommt es darauf an, diese Gegensätze nicht einfach als
„gegeben", sondern als „zustande gekommen" zu zeigen (16, 871). Der
Einblick in die Genese und Entfaltung der Gegensätze, der rational nach-
vollziehbare Prozeß einer Ausbildung von Haupt- und Nebenwidersprü-
chen, deren Verhältnis sich im Verlauf der Handlung fortwährend verändert, begründet das Vergnügen des Publikums auf der Einsicht in das
Wesen der Dialektik und der Entsprechung historischer Naturwüchsigkeit und ästhetischer Gestaltung:

> Überall, wo es auf das Erkennen der Realität ankommt, müssen wir lernen, die
> Dialektik zu handhaben. Es ist nicht wichtig, geistreich zu sein. Es ist nicht einmal
> wichtig, originell zu sein. Der Verzicht darauf verlangt auf dem Gebiet der Künste
> allerdings einige Kühnheit. (16, 868)

In dieser Sentenz ist die Weite und Vielfalt von Brechts Bearbeitungspraxis insgesamt aufgehoben und ästhetisch legitimiert.

Arbeitsbereich XI

Vorüberlegungen zur Rezeption

1. *Hans Mayer: Brecht mit 80 Jahren*
(Aus einer Rede zur Eröffnung des Bertolt-Brecht-Colloquiums in Frankfurt am Main 1978)

BRECHT MIT ZWANZIG JAHREN: das ist ein junger Mensch im vierten Kriegsjahr, schlecht genährt und unruhig, vorerst bei der ärztlichen Untersuchung vom Militärdienst zurückgestellt, doch muß er fürchten, bei irgendeinem späten und letzten Aufgebot doch eingezogen und verheizt zu werden. In solcher Stimmung entstand, wie wir wissen, die ‚Legende vom toten Soldaten‘, den man wieder ausgräbt, obwohl er bereits gestorben war.

> Der Krieg war aber noch nicht gar
> Drum tat es dem Kaiser leid
> Daß sein Soldat gestorben war:
> Es schien ihm noch vor der Zeit.

Am 1. Oktober 1918 wird Brecht eingezogen, zuerst streng kaserniert, kommt dann als Sanitätssoldat in ein Augsburger Reservelazarett, wo Seuchen- und Geschlechtskranke behandelt werden. Dort trägt er seine Gedichte zur Klampfe vor. Auch die ‚Legende vom toten Soldaten‘, denn nun ist der Krieg „bald gar“, und nach ein paar Wochen ist er zu Ende, und der Kaiser ist in Holland.

Geschrieben hatte Brecht schon früh. Mit sechzehn Jahren einen Einakter mit dem ebenso schlichten wie monumentalen Titel *Die Bibel*. Der Titel ist natürlich tückisch und irreführend: Es handelt sich um ein historisches Stück, das, wie der sechzehnjährige Autor mitteilt, „in den Niederlanden spielt, in einer von den Katholiken belagerten protestantischen Stadt“. Übrigens ein guter Text: er steht in den Gesammelten Werken.

Brecht mit zwanzig Jahren: das bedeutet ein untrennbares Ineinander von Gedicht und Dramatik. Die spätere scharfe Trennung zwischen äußerster Objektivierung der Theaterarbeit und Reduzierung, doch mit Maßen, des Subjektiven auf den Bereich des Lyrischen, ist noch nicht vollzogen. Um die Zeit seines zwanzigsten Geburtstags schreibt Brecht ein Gedicht mit dem Titel ‚Vom François Villon‘. Es ist die Keimzelle zu dem Stück *Baal*. Ausgangspunkt ist ein im bürgerlichen Sinne ‚verkommener' Lyriker, der die Provokation gleichzeitig liebt, erleidet und als Gestaltungsmittel braucht.

Brecht hat später behauptet, im Grunde habe er damals in Augsburg und bei den vielen Besuchen in München, vor allem bei Frank Wedekind, der aber schon am 9. März 1918 in München stirbt, nichts von aller Kunst gekannt, als eben Frank Wedekind und Karl Valentin. Natürlich ist das nicht richtig. Denn bereits der *Baal* ist unter anderem ein Gegenentwurf zu einem expressionistischen Drama, zu dem Grabbe-Schauspiel *Der Einsame* von Hanns Johst. Die Stilisierung des jungen Brecht als Provinzler und Fanatiker der plebejischen Vergnügen stimmt also nicht so ganz. Trotzdem war etwas daran. Brecht mit zwanzig Jahren: das war bereits ein erster Entwurf zu einer plebejischen Gegenkultur. Der Neunzehnjährige schrieb an seinen Schulfreund, den späteren großen Bühnenbildner Caspar Neher: „Mit der Kunst ist nicht viel los. Ich bin für die Schließung der Theater – aus künstlerischen Gründen.“

BRECHT MIT DREISSIG JAHREN:
das ist bereits eine Hoffnung der damals jungen deutschen Literatur. Man versteht ihn als Gegenbild zu den offiziellen Repräsentanten einer Bürgerwelt in der Weimarer Republik: fünf Jahre vor dem Ende dieses politischen Gebildes. Gegenfigur zu Thomas Mann wie zu Stefan George. Den vier Jahre vorher erschienenen *Zauberberg* von Thomas Mann deutet und mißdeutet der damalige Brecht als bare bürgerliche Apologetik. Das habe einer geschrieben, so heißt es in einer Zusatzstrophe zu einem Song aus jener *Dreigroschenoper,* die damals (1928) entsteht, der selbst als Schriftsteller nach dem Motto produziere: „Nur wer im Wohlstand lebt, lebt angenehm.“

Bereits der vierundzwanzigjährige Brecht war in jenem Staat von Weimar anerkannt worden, fand leidenschaftliche Verehrer, nicht minder leidenschaftlich erbitterte Widersacher. Begonnen hatte die Laufbahn des Dramatikers einfach dadurch, daß der junge, struppige Brecht – als ,struppig' ist er immer wieder von den Zeitgenossen bezeichnet worden, wobei nicht allein die Haartracht gemeint war – im Büro der Münchener Kammerspiele beim Dramaturgen Dr. Lion Feuchtwanger erschien. Er bringt ein Theaterstück mit dem erschröcklichen Titel *Spartakus.* Feuchtwanger liest und nimmt das Stück sogleich an. Es wird erfolgreich aufgeführt, darf aber die ursprüngliche Überschrift nicht behalten, damit keiner in München, wo man die Räterepublik mit Kolbenschlägen und Standgerichten liquidiert hat, auf schlechte Gedanken kommt. Wir kennen das Stück heute unter dem Titel *Trommeln in der Nacht.* Brecht selbst hat es später nur ungern angeschaut. Bereits bei der Begegnung mit Feuchtwanger gab er vertraulich zu verstehen: ein früheres Theaterstück sei viel besser. Das war der *Baal.* Herbert Ihering gab bei der Verleihung des Kleistpreises an Brecht im Jahre 1922 die folgende Begründung: „Diese Sprache ist bildhaft ohne poetische Absicht, symbolisch ohne literarisierende Bedeutung. Brecht ist Dramatiker, weil seine Sprache zugleich körperlich und räumlich empfunden ist. Brecht gestaltet den Menschen in der Wirkung auf den anderen Menschen ..." Man kann es nicht besser sagen.

Im Jahre 1928 hat es für diesen Stückeschreiber ziemlich viel Aufführungen gegeben, meist aber waren das Achtungserfolge vor Freunden und jungen Verächtern der Offizialkultur. Am 5. Januar 1928 spielt man das Stück *Mann ist Mann* mit Heinrich George und Helene Weigel. Regie führt Erich Engel. Das Bühnenbild hat Caspar Neher entworfen. Sieht man von Heinrich George ab, so findet sich hier bereits die Mannschaft des „Berliner Ensembles", die zwanzig Jahre später, zur Weihnachtspremiere des Jahres 1948, im Deutschen Theater Berlin eine Modellaufführung der dramatischen Chronik von *Mutter Courage und ihren Kindern* darbieten sollte. Mit Helene Weigel in der Titelrolle, mit Brecht und Engel am Regiepult, mit der berühmten Courage-Bühne von Caspar Neher. Begonnen hatte 1928 die Zusammenarbeit mit dem Komponisten Kurt Weill, einem Schüler des in der Bayreuther Zucht herangewachsenen Komponisten Engelbert Humperdinck.

Brecht mit dreißig Jahren: das ist der Welterfolg der *Dreigroschenoper*. Die Uraufführung fand am 31. August im Theater am Schiffbauerdamm statt: Vor fünfzig Jahren begann der internationale Erfolg dieses Stückeschreibers: mit allen Mißverständnissen und Ärgernissen. Der späte Brecht hat geseufzt: „Ich werde in die Literaturgeschichte eingehen als der Mann, der den Satz geschrieben hat: ‚Erst kommt das Fressen, dann kommt die Moral'." Sein Theater am Schiffbauerdamm hat Brecht geliebt. Da gab es so viel Plüsch und Stuckverkleidungen. Es ist überliefert, daß er im amerikanischen Exil dezidiert erklärte: „Ich werde an dieses Theater zurückkehren und dort einen neuen Bühnenstil begründen." Das war mitten im Bombenkrieg. Auf den naheliegenden Hinweis, dies Theater könne zerstört werden, habe Brecht verärgert repliziert: „Das wird nicht zerstört werden!" Es ist nicht zerstört worden. Hier hat Brecht bis zu seinem Tod gearbeitet. Es beherbergt nun das ‚Berliner Ensemble' und liegt am Bertolt-Brecht-Platz.

BRECHT MIT VIERZIG JAHREN:
das ist Exil und das ‚Strohdach des Nordens' im dänischen Svendborg. Freilich muß man sich das Haus des Emigranten, das er billig mit den Einkünften aus dem *Dreigroschenroman* erwerben konnte, nicht als ärmliche Hütte gleich jener vorstellen, die Grusche im *Kaukasischen Kreidekreis* mit allzu vielen Verwandten des ungeliebten Mannes teilen muß. Es ist ein schönes klassizistisches Haus mit großem Garten, unmit-

telbar am Meer. Dort hat Brecht – vielleicht – seine glücklichste Zeit erlebt: mit der Familie und den beiden Frauen Margarete Steffin und Ruth Berlau. Dort hat er die großen theoretischen Gespräche geführt mit Walter Benjamin und Karl Korsch. Dort entstand das weit gediehene Konzept zu einem Roman *Die Geschäfte des Herrn Julius Cäsar*. Die wichtigsten Theaterarbeiten des Stückeschreibers aus der späteren Zeit wurden hier entworfen. Allein, es war auch ein Lehren ohne Schüler. Damals schrieb der vierzigjährige Brecht am 7. Mai 1938 die ‚Legende von der Entstehung des Buches Taoteking auf dem Weg des Laotse in die Emigration'. Es ist ein Erzählgedicht über die Wichtigkeit und Bedeutung eines Lehrers, der gehört und beachtet wird. Mehr noch: dem man die Lehre abverlangt.

BRECHT MIT FÜNFZIG JAHREN:
das ist ein Mann, der fortgemußt hatte aus vielen Wohnungen und Zufluchtsländern. Als Flüchtling verließ er das dänische Strohdach des Nordens, dann das schwedische Exilland, dann das finnische Transitland, wo die Geschichte vom Herrn Puntila und seinem Knecht Matti konzipiert wurde. Und wo in dem etwas verwahrlosten Bahnhofsrestaurant von Helsinki, das auch heute kaum gastlicher anmutet, die beiden Flüchtlinge aus Hitlerdeutschland zusammensitzen und in der Sklavensprache miteinander reden. Der Intellektuelle Dr. Ziffel und der antifaschistische Arbeiter Kalle. Sie führen *Flüchtlingsgespräche*. Dann reiste die kleine Flüchtlingsfamilie durch die Sowjetunion und landete in den Vereinigten Staaten von Amerika. Brecht hat in Los Angeles gelebt, im Vorort Santa Monica. In einem der elegischen Gedichte über Hollywood erinnert er daran, daß Shelley, der poetische Freund und Vetter aus dem frühen 19. Jahrhundert, behauptet habe: die Hölle befindet sich in London. Brecht korrigiert nachsichtig und meint: sie gehöre wohl eher nach Hollywood. Das Weitere ist bekannt. Die Vorladung vor das Tribunal des Senators Joseph McCarthy aus dem Staate Wisconsin, einen Ausschuß zur Bekämpfung von „unamerikanischem Verhalten". Unmittelbar nach dem Hearing, wo man ihn vorerst einmal wieder laufen läßt, besteigt Brecht ein Flugzeug nach Zürich. Mit allen Regeln der Vorsicht waren die Flugkarten für Brecht und Helene Weigel gebucht worden. Brecht hatte stets Freunde, und er war stets ein praktischer Schriftsteller.

Aber Brecht mit fünfzig Jahren: das ist immer noch Exil. Er lebt in Zürich mit nicht sehr gültigen und offiziell honorierten Ausweispapieren. Arbeitserlaubnis hat er eigentlich nicht, doch darf er trotzdem, drei Jahre nach Ende eines Zweiten Weltkrieges, an der Theaterarbeit sich beteiligen. Er inszeniert die Uraufführung des *Puntila* am Züricher Schauspielhaus, aber sein Name darf auf dem Zettel nur als Verfassername erscheinen. Vorbereitet wird, durchaus nicht in Zürich oder Basel oder Bern,

sondern in Chur in Graubünden, eine epische Modellaufführung der
Brechtschen Bearbeitung von Hölderlins *Antigone*. Das wird ein Erfolg
bei den anwesenden Brechtianern. Ein schweizerischer Journalist fragt
den Spielleiter, ob dies nun die künftige Art des Theaterspielens gewesen
sei. Brecht hat später stolz zitiert, was er damals antwortete: „Die ganze
künftige Art des Theaterspielens wohl nicht, aber ein paar hundert Jahre
wird sie schon maßgebend sein." Seinen fünfzigsten Geburtstag feiert Brecht in Zürich. In Deutschland
war er damals kaum mehr als ein Gerücht. Da die Brecht-Philologie
inzwischen, in den letzten dreißig Jahren also, fleißig gearbeitet hat, kann
man feststellen, daß eine einzige Zeitung in den drei westdeutschen Zo-
nen, denn die Bundesrepublik Deutschland gab es noch nicht, an den
fünfzigsten Geburtstag von Brecht erinnerte. Es war die *Frankfurter
Rundschau*.

Unter Mühseligkeiten, Paß-Schwierigkeiten und neuen Ärgernissen kamen die Brechts über Prag nach Ost-Berlin. Ein Visum für die amerikanische Zone hatten sie nicht erhalten. Am 22. Oktober ist Brecht wieder in
Berlin. Abends wird dort im Kulturbund unter dem Vorsitz von Johannes R. Becher und in Anwesenheit der sowjetischen Kulturoffiziere ein
Empfang für den gleichfalls nach Berlin zurückgekehrten Arnold Zweig
veranstaltet. Am nächsten Tag, also am 23. Oktober, findet eine feierli-
che Begrüßung im Kulturbund für Brecht und Helene Weigel statt. Herbert Ihering spricht, der Preisrichter vom Jahre 1922, und Wolfgang
Langhoff, der aus eigenem Erleben im Konzentrationslager das Buch *Die
Moorsoldaten* geschrieben hatte, jetzt Hausherr im Deutschen Theater
Max Reinhardts. Brecht selbst, der öffentliche Reden nicht ausstehen
kann, freut sich über die Feier und die Rückkehr, aber das Wort nimmt
er nicht. Auch hier ist das Weitere bekannt. Die Gründung des ‚Berliner
Ensembles‘, Start der Brechtschen eigentlichen Theaterarbeit.

DEN SECHZIGSTEN GEBURTSTAG
hat er nicht mehr erlebt. Er starb am 14. August 1956 in Ost-Berlin, mit
achtundfünfzig Jahren. Krank war er eigentlich seit der Jugend gewesen.
Schon zu Anfang der zwanziger Jahre entstand ein Gedicht mit dem Titel
‚Vom armen Bidi‘. Es gehörte zum Komplex der *Taschenpostille*, woraus
dann später die *Hauspostille* werden sollte. Das Gedicht vom armen Bidi
wurde dabei gestrichen. Es endet so:

> Unsereiner weiß: es ist keiner zu beneiden.
> Jeder hat sein Kreuz, wie er immer war.
> Ich selber habe ein Nierenleiden
> Ich darf nichts trinken seit Tag und Jahr.

Seinen letzten Geburtstag am 10. Februar 1956 hatte Brecht in Mailand verbracht und sich über die Premiere der *Dreigroschenoper* im Te-

atro Piccolo gefreut. Dann erkrankte er an einer Virusgrippe, die ihn schwächte. Er begann mit den Proben zur Modellinszenierung des *Galilei* am Schiffbauerdamm. Am 10. August erschien er zum letzten Mal auf einer Probe. Am 14. August starb er. Ein Herzinfarkt war offenbar zu spät erkannt und deshalb unzureichend behandelt worden.

Im Augenblick seines Todes war Brecht im Bewußtsein einer literarischen ‚Öffentlichkeit' durchaus nicht als Autor anerkannt, dessen Werk zur Weltliteratur gehört. Das konnte man – je nachdem verärgert oder belustigt – im Frühsommer 1954 beobachten, als Brecht mit einer Delegation aus der DDR beim Internationalen Kongreß des PEN-Clubs in Amsterdam erschien. Im Rijksmuseum gab die niederländische Regierung einen Empfang für die Schriftsteller aus aller Welt. Darunter waren die sehr Geehrten, die im Wortsinne ins Scheinwerferlicht gerieten und von den Honoratioren ins Gespräch gezogen wurden. Der Autor Brecht, Bertolt, gehörte nicht dazu. Ihm war es nur recht, daß man ihn mit törichten Fragen in Ruhe ließ. Ein Berichterstatter aus der Bundesrepublik schrieb damals, die Delegation aus der DDR sei literarisch nicht sehr bemerkenswert gewesen. Über solche Begriffe läßt sich streiten. Immerhin gehörten zu dieser Delegation doch Leute wie Arnold Zweig, Brecht, Erwin Strittmatter und Peter Huchel. Man soll keine Gegenrechnung aufmachen und erzählen, wer damals das literarische Leben der Bundesrepublik Deutschland repräsentiert hat.

Allmählich begannen, in dieser letzten Lebenszeit, die Übersetzungen der wichtigsten Stücke, gefolgt von Aufführungen in Paris, in Mailand, in der angelsächsischen Welt. Langsam wurde Brecht entdeckt. Den neuen zweiten Welterfolg nach der ersten großen Episode der *Dreigroschenoper* hat der Stückeschreiber nicht mehr erlebt. Er wußte aber genau, was sich ereignen würde.

Brecht mit sechzig Jahren: das waren weitgehend noch Nekrologe und posthume ‚Würdigungen'.

BRECHT MIT SIEBZIG JAHREN:

dieser Geburtstag geriet ins Jahr 1968. Inzwischen war die Theaterwirksamkeit der Stücke seit Beginn der sechziger Jahre allenthalben erprobt worden. Es hatte auch – ausgehend von der offiziellen Kulturpolitik der DDR, dann ausgedehnt weit hinein in die Bereiche sowjetischer Kulturpolitik – eine Art von Entsäkularisierung stattgefunden. Nun wurde Brecht plötzlich zum Vorbild, gleichsam theologisiert. In den Dissertationen wurde er offiziös vom bisherigen Status eines lediglich ‚kritischen Realisten' befördert zum Klassiker des ‚sozialistischen Realismus'. Brecht und Ulbricht: Es war kein Geheimnis, daß sie einander nicht mochten und einander mißtrauten. Die Gedenkrede, die Ulbricht als amtierender Ministerpräsident der DDR bei der Trauerfeier am 18. August im ‚Berli-

ner Ensemble' zu halten hatte, zeichnete sich nicht durch besondere Ge-
fühlstiefe aus. Das Gastspiel des Berliner Ensembles in Moskau war
kaum mehr gewesen als ein Achtungserfolg: mit irgendeiner Orthodoxie
der Stanislawskij-Nachfolge war diese Art von Theaterarbeit nicht zu
vereinbaren. Brecht hatte verstanden und machte sich nichts vor.
Nach dem Tode begann die Konsekration. Mit ihr jedoch begann sogleich auch eine politische Allergie in Prag und Budapest oder Warschau
gegen diesen neuen und offensichtlich oktroyierten sozialistischen Klassiker, den man nunmehr manipulierte, um junge und ungebärdige Künstler
in seinem Namen zähmen zu können. Auch das muß Brecht, nicht ohne
Bitterkeit, vorausgesehen haben in der Zeit seiner letzten Krankheit und
der mühsamen Versuche um die letzte große Komödie von Turandot und
dem Kongreß der Weißwäscher. Immer wieder entworfen, immer wieder
von offiziösen Besserwissern kritisiert: ganz wie die Oper *Das Verhör des
Lukullus* von Brecht und Paul Dessau in der Stalin-Ära zu Beginn der
fünfziger Jahre zum Ärgernis geworden war, weil es da Aussagen gab auf
der Opernbühne, die im Widerspruch standen zu richtungsweisenden
Direktiven irgendeiner Instanz.

Das Jahr 1968 muß wohl als Höhepunkt der kritischen Abwendung
von Brecht verstanden werden. Auf der einen Seite jener Widerstand
gegen den neuen Heiligen einer säkularisierten Orthodoxie. Daneben lief
weiter bei den folgerichtigen Kulturpolitikern, für die es nur Fortschritte
geben konnte oder Dekadenz, der nunmehr bloß halblaut geäußerte Ver-
dacht: eigentlich gehöre das epische Theater Brechts weit weniger zum
sozialistischen Realismus als zu einem dekadenten und spätbürgerlichen
Formalismus.

Da sich andererseits die Auseinandersetzungen des Jahres 1968, ganz
zu schweigen vom Einmarsch in Prag im August dieses Jahres, in Paris,
London, in Mailand, auch in der Bundesrepublik natürlich, selbst verstanden als scharfe Antithese sowohl zur bürgerlichen Restauration wie
zu den offiziellen kommunistischen Systemen und Dogmen, mußte der
neuernannte sozialistische Klassiker Brecht in eine solche Auseinandersetzung mit Notwendigkeit einbezogen werden. Man kennt die Pariser
Episoden vom Mai 1968, als Schriftsteller wie Sartre oder Aragon im
okkupierten Odéon-Theater zu den jungen Künstlern und Studenten
sprechen sollten. Es wurde jedesmal ein Mißerfolg. Ein Dialog fand nicht
statt. Es ist müßig, zu fragen, wie sich Brecht verhalten hätte in diesem
Frühjahr und Frühsommer von 1968. Es war sicher auch ein Unheil
hochpolitischer Art, daß Brecht gestorben ist wenige Wochen vor den
Oktober- und Novemberrevolten des Jahres 1956 in Polen und in Un-
garn.

BRECHT MIT ACHTZIG JAHREN:
das geht einher mit üppiger Produktion von Primärliteratur aller
Art. Das gesammelte Werk in erlesener oder auch in wohlfeiler Ausstattung. Arbeitsbücher und Tagebücher, Anthologien, Gespräche, Briefe.
Die Sekundärliteratur in allen Sprachen der Welt ist kaum mehr zu über-
blicken. Bibliographen brauchen um ihren Broterwerb nicht zu bangen.
In der Spielzeit 1977/78 standen wochenlang allein in Paris vier Werke
von Brecht an vier verschiedenen Theatern gleichzeitig auf dem Spiel-
plan. Die Statistik bestätigt die führende Rolle dieses Stückeschreibers im
Repertoire unseres Theaters.

Wäre es also wahr, was Max Frisch vor genau vierzehn Jahren hier in
Frankfurt zum ersten Mal aussprach, als er in einem Vortrag über *Der
Autor und das Theater* auf Brecht und seine Wirkungen zu sprechen
kam? Da hieß es: „Ich erinnere mich an nicht allzu ferne Zeiten, als
Literaturhistoriker, die jetzt über Brecht schreiben, eine Verblendung
darin sahen, wenn man diesen Agitator für einen Dichter hielt; heute ist
er das Genie, wir wissen es, und hat die durchschlagende Wirkungslosigkeit eines Klassikers."

Die hübsche Formel ist seitdem immer wieder repetiert worden. Aber
stimmt sie denn? Das auszumachen, wird Aufgabe unserer Debatten sein
in den nächsten beiden Tagen. Brecht mit achtzig Jahren: Bei einem
solchen Anlaß und Thema können nicht Fahnen emporgehoben oder
auch gesenkt werden mit der Inschrift „Denn er war unser". Ebensowe-
nig nützt das modische Gerede von einer Tendenzwende. Da hat man
sich einen Terminus von der Wirtschaftswissenschaft entlehnt, der auch
in seinem eigentlichsten Bereich die bloße Heuchelei bedeutet. Tendenzwende meint in jenem Zusammenhang, daß die Konjunktur ausbleibt
und die Krise ins Haus steht. Das Wort Krise wird nicht verwendet.
Sogar Rezession ist offensichtlich irritierend. Einfach Tendenzwende.
Angewandt auf die Literatur und damit auf die Auseinandersetzung heu-
tiger Schriftsteller und Wissenschaftler mit den Werken der Vergangenheit, demonstriert das Modewort den braven Zynismus. Dann wird alles,
was von einer ‚Tendenzwende' betroffen und demgemäß als nicht mehr
modisch abgetan wird, zur leicht verderblichen Ware in einer Wegwerf-
gesellschaft. Sieht es so aus bei uns mit diesem Bertolt Brecht, der 1898 in
Augsburg zur Welt kam und am 17. August 1956 auf dem Dorotheen-
städtischen Friedhof in Ost-Berlin zu Grabe getragen wurde? Wobei keine Reden gehalten werden durften. Auch das hatte der umsichtige Mann
festgelegt.

2. Brecht mit 80 Jahren (2): Aspekte eines aktuellen Rezeptionsklimas

2.1. Literaturhinweise

209 Karasek, Hellmuth: Bertolt Brecht. Der jüngste Fall eines Theaterklassikers. München 1978. [Wird im folgenden kritisch kommentiert.]
210 Schneider, Michael: Bertolt Brecht – Ein abgebrochener Riese. Zur ästhetischen Emanzipation von einem Klassiker. In: Literaturmagazin 10/1979, S. 25–66. [In deutlicher Abgrenzung gegen die modische Brecht-Müdigkeit versucht Sch. eine kritisch-materialistische Auseinandersetzung mit Brecht, vor allem mit den vulgärmaterialistischen Momenten seines Denkens. Verweist insbesondere auf die Vernachlässigung des subjektiven Faktors, auf die undialektische Negation des Individuums.]
211 Herrmann, Hans Peter: Der gefeierte Brecht – oder wie man eine Diskussion über den Marxismus vermeidet. Nachtrag zum Frankfurter Kolloquium ‚Brecht mit 80 Jahren‘. In: Berliner Hefte Nr. 10, Februar 1979, S. 110–113. [Differenzierte und perspektivenreiche Analyse im Kontext des politischen und kulturellen Klimas.]
212 Grimm, Reinhold: Brecht in Frankfurt anno 78. Ein Rückblick in historisch-polemischer Absicht. In: Brecht-Jahrbuch 1980, S. 217–253. [Ausführlicher und materialreicher Tagungsbericht. Temperamentvoll-polemisch, stark selbstbezogen.]
213 Knopf, Jan: Die Lust der Unwissenheit. Zu Hans Dieter Zimmermanns ‚Die Last der Lehre‘. In: Brecht-Jahrbuch 1980, S. 254–266. [Gründlicher Verriß fahrlässiger Thesen.]
– Knopf (L 394)

2.2. Rahmenbedingungen

Hans Mayers Ausführungen sind die (leicht gekürzte) Wiedergabe der Eröffnungsrede zum Frankfurter Brecht-Colloquium von 1978. Diese Veranstaltung hat, obwohl sie dem Ertrag nach recht dürftig war, ein großes publizistisches Interesse gefunden: Sie reiht sich ein in das Spektrum der eilfertigen Nekrologe, die das Rezeptionsklima in der Bundesrepublik seit dem Beginn der 80er Jahre kennzeichnen.

Es soll hier versucht werden, Mayers Skizze der sich von Jahrzehnt zu Jahrzehnt grundlegend verändernden Rezeptionsbedingungen des Brechtschen Werkes ein wenig fortzuschreiben. Dafür werden das Brecht-Colloquium und das Buch von Karasek (L+ 209) als Symptome gedeutet. Der in der Einleitung begründete Verzicht auf eine Darstellung der Brecht-Rezeption wird damit nicht widerrufen. Es sollen lediglich einige Voraussetzungen benannt werden, auf die sich dieses Arbeitsbuch einzustellen hatte.

Es gab zwei Gründe, das Colloquium in Frankfurt zu veranstalten: 1) Unter der Intendanz von Harry Buckwitz war das Frankfurter Theater nach 1949 die wichtigste Brecht-Bühne in der Bundesrepublik. Von hier gingen, standhaft auch in den Zeiten der Boykotte, die Impulse für eine Durchsetzung der großen Stücke des Exils aus; 2) Frankfurt ist der Sitz des Suhrkamp-Verlags, dem der Stückeschreiber weitsichtig die Vermarktung seines Werkes übertragen hatte – ein Akt ökonomischer Weisheit und zugleich der sicherste Garant für die Publikation auch solcher Texte, die eine politische Zensur lieber im Archiv unter Verschluß gehalten hätte. Aber die Vertreter des Verlags fehlten auf dem Colloquium. Der Grund: Die Erben hatten dem Frankfurter Theater, damals noch geleitet von dem bedeutenden Brecht-Schüler Peter Palitzsch, die Erlaubnis zur Uraufführung eines Einakters verweigert und damit Unmut provoziert.

Das ist symptomatisch, denn Brecht hat die traurige Ehre, der Dramatiker zu sein, bei dem die Regiekonzepte noch generell zensiert werden können. Das ist insofern grotesk, als er selbst bei seiner Regiepraxis keinerlei Vorgaben, nicht einmal hinsichtlich der Texte, geduldet hat. Der Brecht-Stil hingegen, den die Erben für richtig halten und für die Aufführungen diktieren, ist die unhistorische Festschreibung einer Regiepraxis aus den ersten Jahren des Berliner Ensembles. Das führt zu der sonderbaren Konsequenz, daß die hierzulande praktizierte Eingemeindung des gesellschaftskritischen Autors als eines wirkungslosen Klassikers – die institutionalisierte Trennung von Kunst und Lebenspraxis – durch die von den Erben verordnete Klassikpflege wirksamste Schützenhilfe erhält und zugleich dem Widerwillen des Regietheaters gegen Texte, die sich einer sehr freien Realisierung verweigern, ein willkommenes Alibi liefert. Damit wirken ganz unterschiedliche politische und ästhetische Intentionen in schönster Eintracht zusammen.

Das gilt auch auf einer anderen Ebene. Brecht war einer der geistigen Väter der Studentenbewegung in der Bundesrepublik. Deren Wortführer sind vielfach zuerst durch ihn zu einer Beschäftigung mit dem Marxismus und mit dem Anspruch einer gesellschaftsverändernden Praxis in Berührung gekommen. Nun hat die Studentenbewegung ja ihre Väter abgedankt: besonders deutlich ist das an der Frankfurter Schule, die hier ihr Ende fand. Im Falle von Brecht, der im Zeichen der Praxisforderung weniger in der Schußlinie stand, muß man kompliziertere Zusammenhänge voraussetzen. Die immer genauere Kenntnis des dialektischen Materialismus und der Theoriediskussionen der 20er und 30er Jahre hatte zunächst dazu geführt, daß seine Theater- und Kunsttheorie wirklich verstanden wurde und daß sein Standpunkt in der Kontroverse mit Lukács, der sogenannten Expressionismusdebatte, als der ästhetisch fundiertere deutlich wurde (vgl. AB VII). Aber es folgten zugleich jene sektiererisch geführten Theoriediskussionen, in denen die Standpunkte immer feiner nuanciert und dadurch zuletzt zerrieben wurden. Sie ermöglichten den Ansatz von Reiner Steinweg, der die Lehrstückkonzeption als die eigentliche Leistung des Stückeschreibers aufzuwerten versuchte (vgl. AB IV). So verdienstvoll das im Hinblick auf die alten Fehlurteile in Ost und West war, hatte der Versuch doch etwas Sektiererisches, denn er war mit einer Kritik des epischen Theaters verbunden. Sie ergibt sich aus einem praxisorientierten Literaturbegriff, der das epische Theater auf die problematischen Wirkungsbedingungen des Exils historisierte. Während die Lehrstücke jetzt aktualisierbar erschienen, hätten die Parabelstücke nach Steinweg nur auf eine historische Konstellation reagiert. Damit zeigen sich aber gerade im Bereich einer im Prinzip Brecht freundlichen Rezeption die ersten folgenreichen Erosionserscheinungen: Indem der Anspruch an seine Dramatik im Zeichen eines sehr eng verstandenen Praxisbegriffs übersteigert wird, werden deren Möglichkeiten verkürzt. Mit der Kritik der großen Stücke des Exils bestätigt die Lehrstückkult fatalerweise die Vorbehalte gegen den Stückeschreiber als Klassiker einer folgenlosen Bildungstradition und die dogmatische Enge der Erben. Dabei ist zu bedenken, daß die im Zeichen der Hochkonjunktur angetretene Studentenbewegung in der folgenden Phase der wirtschaftlichen Depression gescheitert ist. Da gesellschaftsverändernde Bestrebungen in Deutschland nie weniger gefragt waren als in Krisenzeiten, ist auch der Versuch einer Erneuerung des Brechtschen Lehrstücks mißlungen: das Ergebnis ist ein Umschlag der hochgemuten Emphase in unkontrollierte Kritik. Hans-Peter Herrmann hat treffend bemerkt (L+ 211), daß die Brecht-Identifikationen eine Enttäuschung erlebten und man nun mit dem Stückeschreiber als einem vermeintlich falschen Propheten abrechnete, statt nach den Gründen für Fehleinschätzungen zu suchen. Hans Mayer hatte das Brecht-Colloquium zu einem kritischen Forum machen wollen: es wurde zu einer Stätte des Unmuts.

2.3. Frankfurter Unmut

Die Literaturwissenschaft lieferte ein Nachgeplänkel zur Lehrstückdiskussion mit Steinweg, der sein Modell inzwischen zu therapeutischen Anwendungen privatisiert hatte, und ließ sich auf schon im Ansatz verfehlte hyperpositivistische Quellenforschungen mit einem grotesk-spekulativen Ergebnis ein („Brechts *Kreidekreis,* ein Revolutionsstück" [L+ 254]). Es zeigte sich, daß die Forschung Gefahr lief, sich auf Nebenschauplätzen zu vergaloppieren.

Die Theaterregisseure gingen dann zum Angriff über. Sie bekannten sich zu einer Brecht-Müdigkeit. Die ist erklärlich, wenn man bedenkt, daß das Regietheater sich in den letzten zwei Jahrzehnten in eine Richtung entwickelt hat, die dem Text seinen Anspruch auf Realisierung nimmt, ihn zum Ideenlieferanten des Theatermachers und seiner Konzeption verkürzt. Für eine solche Praxis sind die Brechtschen Stücke ungeeig-net. Sie verlangen von ihrer Struktur her eine textgetreue Realisierung. Kreativität kann sich nur am Text, nicht über den Text hinaus entfalten, und jede neue Inszenierung muß sich über die gut dokumentierten Mo-dellinszenierungen Brechts vermitteln. Die Regiearbeit ist also vergleichs-weise asketisch. Um Brecht zu ändern, müßte man ihn ändern können, und dafür scheinen vorerst noch die Voraussetzungen zu fehlen. Die Theatermacher haben jedenfalls unumwunden zugegeben, daß ihnen zu Brecht nichts einfällt und daß er sie deshalb langweilt, zumal da über jeder unkonventionellen Inszenierung das Damoklesschwert einer Zen-sur der Erben hängt.

Hinzu kommt ein Desinteresse an der Gegenständlichkeit: der gesell-schaftsverändernde Anspruch verbrauche sich angesichts seiner erwiese-nen Folgenlosigkeit. Das Interesse gilt viel mehr der radikalen Kritik der deutschen Geschichte in den offeneren Stücken Heiner Müllers und den etwa bei Botho Strauß angeblich verhandelten Ich-Schwierigkeiten.

Die Autoren schließlich – mit Ausnahme von Kroetz, der mit gutem Recht auf seinem ganz eigenen Weg bestand – zeigten sich irritiert von Brechts aufklärerischem Optimismus. Sie wollten den scheinbar uner-schütterlichen Glauben an die Möglichkeiten einer gesellschaftsverän-dernden Literatur nicht mehr teilen, kritisierten die zielgerichtete Schärfe der Konzeptionen und ihre Eindeutigkeit, akzeptierten die Metapher ei-ner übergroßen ‚Helle‘. Das ist ein wichtiger Bezugspunkt eines allgemei-nen Unbehagens an Brecht, von dem noch die Rede sein muß.

Zwei Einwände von unterschiedlichem Gewicht sind noch zu erwäh-nen. Daß Brecht ein Gegner der Frauenemanzipation war, läßt sich zwar aus seiner Biographie, kaum jedoch aus seinem Werk ableiten, das im Gegenteil den besonderen Anspruch der Frauen, vor allem der Mütter, auf eine Veränderung der Gesellschaft akzentuiert. Es ist aber charakteri-stisch, daß man seit der Brecht-Biographie von Klaus Völker (L$^+$ 286), die in dieser Weise argumentiert, das Privatleben des Stückeschreibers gegen sein Werk ausspielt und sich mehr für seine Frauengeschichten als seine Frauengestalten interessiert. Es wäre natürlich töricht, die Diskre-panz von literarischer Gestaltung und biographischem Verhalten zu leug-nen, aber es fragt sich doch, ob die Herstellung eines unmittelbaren Zusammenhangs von Literatur und Leben des Autors nicht auf einem antiquierten Dichtungsverständnis beruht.

Nicht zu bestreiten ist dagegen, daß Brecht keinen Sinn für das aktuelle Ökologie-Problem hatte. Dem geschärften Bewußtsein für die Umwelt-zerstörung im Gefolge der hochindustrialisierten Produktion muß es als naiv und blauäugig erscheinen, daß Brecht in einer totalen Entfaltung der Produktivität die Möglichkeit sah, das Glücksverlangen der Menschheit zu befriedigen (s. AB VII). In der Forderung: „Du sollst produzieren“ sah er den kategorischen Imperativ einer materialistischen Moral, in der Fesselung der Produktivität das Grundübel der kapitalistischen Gesellschaft. Nun bedeutet Produktivität bei Brecht natürlich nicht allein Warenproduktion, sondern zuerst Selbstverwirklichung des vergesellschafteten Menschen, aber das setzt die unbeschränkte Befriedigung aller materiellen Bedürfnisse und deren fortgesetzte Erweiterung voraus: Grenzen des Wachstums hat Brecht nicht gesehen. Es ist sicher richtig, daß das entwickelte Bewußtsein der Gegenwart für die Folgen solcher Produktivität die Texte verfremdet und die in ihnen vorgeschlagenen Lösungen fragwürdig macht. Aber es ist doch eine seltsame Forderung, von einem Autor der 30er und 40er Jahre ein Bewußtsein für Probleme zu verlangen, die erst in den 60er Jahren manifest geworden sind. Was daraus folgen kann, ist kritische Distanz, nicht polemische Infragestellung.

Dem Tenor der Veranstaltung entsprach schließlich die dreiste Absage an den überschätzten „naiven" „Vereinfacher" Brecht in Hans Dieter Zimmermanns naiv-kenntnislosem Schlußwort (vgl. dazu Knopf, L+ 213), auf das hier nicht einzugehen ist, weil ähnliche Thesen gleichzeitig auf einer fundierteren Basis von Hellmuth Karasek vorgetragen wurden: in seinem Buch *Bertolt Brecht. Der jüngste Fall eines Theaterklassikers* (L+ 209).

2.4. Das ‚alte Neue': Polemik als Nekrolog

Dieser mit den Trends der Kulturszene bestens vertraute Kritiker hatte das Fazit seiner Überlegungen im *Spiegel* vorabgedruckt, wodurch Stil und Argumentationsduktus des Ganzen geprägt wurden: Das Buch ist eine Abrechnung, ein Nekrolog, der aus der ironischen Stilisierung des Stückeschreibers zum Klassiker seine ‚Fall'-Höhe zu gewinnen sucht. Hatte schon Martin Walser zwischen „altem Eisen" und „altem Gold" unterscheiden wollen, so sieht Karasek nur noch Eisen, das er zu verschrotten gedenkt.

Zu diesem Zweck konstruiert er einen janusköpfigen Brecht: Da ist zunächst der jugendliche geniale Autor, der Bürgerschreck der zwanziger Jahre, kraftvoll und ungebärdig in seiner Dichtung wie in seinem Privatleben, respektlos gegen alle literarischen Traditionen und bis zum Zynismus hemmungslos in seinem Verbrauch von Menschen, vor allem Frauen. Das zweite Gesicht ist das des klassischen Autors, der sich zum Philosophen, zum Lehrer, zum chinesischen Weisen stilisierte. Das Leben dieses späteren Brecht, des Exilierten und des Leiters des Berliner Ensembles, scheine ganz objektiv, der Sache und dem Werk verpflichtet, frei von Subjektivität und Privatem, und das Werk erhalte zunehmend den Charakter einer klaren, widerspruchsfreien Orientierung an der gesellschaftlichen Aufgabe des Schriftstellers. Dieses zweite Gesicht ist für

Karasek eine Maske, die Stilisierung und Disziplinierung der genialischen Fähigkeiten im Dienste eines politischen Engagements, das alle Probleme verdrängt, weil es sie im Wissen und Planen für schon gelöst hält. Dieser Denkansatz ist nicht neu: In anderer Formulierung kehrt hier das alte Schema der Liquidierung des Dichters durch die Parteinahme für den Marxismus wieder, das die Fehleinschätzungen der fünfziger und sechziger Jahre bestimmt hatte und das wider Erwarten immer noch nicht erledigt zu sein scheint. Das gilt auch für die Wertungen im Detail. Denn natürlich ist die Maske für Karasek falsch und widersprüchlich, vor allem in ästhetischer Hinsicht fragwürdig. Die erzwungene Askese kann nur vorübergehend den Schein des Klassischen erzeugen. Der Kritiker sieht die Grundlage des epischen Theaters in Brechts „schweißtreibender Bemühung um Distanz" (12), hinter der die verleugnete Nähe zu ermitteln sei.

Es ist kennzeichnend, daß bei dieser rigorosen Bestandsaufnahme nur das Jugendwerk *Baal* bestehen kann: „Das Thema, will man es abstrakt von der Figur lösen, ist das unstillbare Glücksverlangen der Menschen, von dem (soviel läßt sich leicht behaupten) alle Stücke Brechts handeln." (15) Brecht habe nun aber, so Karasek, den vergeblichen Versuch unternommen, das Anarchische zu sozialisieren und habe es dadurch saft- und kraftlos gemacht. Der Grundwiderspruch, der sich in allen späteren Werken beobachten lasse, sei die Opposition von unterdrückter Subjektivität und scheinbarer Objektivität: „Brecht hat seinen Baal immer mehr angepaßt und zurechtgestutzt, bis aus der anarchischen Figur fast ein harmlos dicker Weihnachtsmann geworden war." (19) Es bedarf wohl gewaltiger Anstrengungen des Vorurteils, um in Azdak, Puntila, Schweyk, die Karasek erwähnt, solche ‚Weihnachtsmänner' zu sehen, aber es ist interessant, daß die produktive Rezeption auf die „eingehüllten Reste Baals", auf den monumentalen Individualismus, beschränkt wird, eine These, die Karasek u. a. mit Benjamin Henrichs, einem ähnlich einflußreichen Theaterkritiker, teilt: „Der Bürger Brecht und der Antibürger haben den sozialistischen Stückeschreiber überlebt." (20)

Die Kritik richtet sich dann (in souveräner Unkenntnis der gesamten einschlägigen Literatur!) gezielt gegen die konsequente Verwirklichung des epischen Theaters in der dramatischen Parabel. Und damit ist ein wichtiger Punkt der aktuellen Brecht-Müdigkeit bezeichnet. Der Parabeltypus geht in der Tat weitgehend in der Vermittlung lehrhafter Gehalte auf. Karasek konstatiert, daß Brecht, ähnlich wie das Barocktheater, den Menschen auf der Bühne vom Subjekt zum Objekt der Vorgänge mache. Das wird zwar als realitätsgerecht zugestanden, beruhe aber zugleich fatalerweise auf einem Deutungszwang. Das ist sicher richtig, denn die Parabel ist eine Form, die in ihrer Lehrhaftigkeit ein Wissen des Autors voraussetzt und an den Zuschauer weitergibt. Eine solche Fixierung scheint aber der von Brecht behaupteten Offenheit und Diskutierbarkeit der Bühnenvorgänge zu widersprechen. Wenn etwa am Ende des *Guten Menschen von Sezuan* Ratlosigkeit gespielt und der Zuschauer aufgefordert wird, eine Lösung zu finden, so ist der Stückeschreiber durchaus nicht ratlos und im Grunde nur eine einzige Lösung möglich. Die Lehrhaftigkeit der Parabel kommt also ohne Eindeutigkeit und auch Einseitigkeit nicht zustande: Lehre setzt Wissen voraus, und das führt zu einer prinzipiell geschlossenen Darbietung auch in der offenen Form. Brecht hat das im übrigen durchaus gesehen und hat die sinnvollen Einwände schon vorweggenommen (s. AB VIII). Es wird nun aber unterstellt, daß der Lehrgehalt nur durch Vereinfachung zustandekomme, wobei Vereinfachung nicht als Abstraktion und modellhafte Systematisierung verstanden wird, sondern als Simplifizierung, Verharmlosung, schematische Verkürzung – ein Vorwurf, bei dem sich Karasek in der großen Gesellschaft der denunzierenden Forschung der fünfziger und sechziger Jahre befindet (z. B. Haas, Esslin, Otto Mann, Szczesny, Ekman). Einfachheit gilt als selbstzerstörerisch, als Unterwerfung unter die Disziplin der Lehre, als Verfehlen der Wirklichkeit – Schlüsse von banaler Selbstevidenz, die sich als Axiome behaupten. Das gilt auch für die Unterstellung, daß Brecht „die Wirklichkeit so lange zur Parabel [arrangiert], bis sie paßt", bis sie das zeigt, was sie zeigen soll, und daß er sie um der Eindeutigkeit der Form willen verfälscht, trickreich arrangiert, eilfertig verkürzt (142 f.). Wo Brecht von Dialektik spricht, ermittelt Karasek wieder einmal „das Hokus-Pokus-Wort aller Marxisten" (21): Schon 1961 hatte Helge Hultberg verkündet (L⁺ 92, 176), wenn Brecht das „Zauberwort" Dialektik gebrauche, sei das ein todsicheres Indiz dafür, daß er aufgehört habe zu denken!

Kunsteinwände (!), meint Karasek, wären freilich unerheblich, wenn die operationale Kunst tatsächlich ihr gesellschaftliches Ziel erreichen und sich damit aufheben könnte, aber eben das sei eine „fromme Illusion", die Brecht im Vorspiel zum *Kaukasischen Kreidekreis* auch noch selbst dramatisiert habe: Tatsächlich wird gerade hier aber gezeigt, daß die Parabel auch in der befreiten Gesellschaft nicht ihr Daseinsrecht verliert, sondern im Gegenteil neue Funktionen gewinnt (s. AB VIII). Es ist kennzeichnend, daß die Thesen nicht aus Textkenntnis, sondern aus Vorurteilen über die Texte gewonnen werden.

Der Kritiker hält es mit dem Bettler in Brechts *Baal*, der bemerkt: „Nichts versteht man. Aber manches fühlt man. Geschichten, die man versteht, sind nur schlecht erzählt." (1, 48) Das gilt als Verdikt des genialen Schriftstellers gegen den seine Subjektivität verdrängenden Verfasser des epischen Theaters: die ‚klaren Fabeln' und die ‚einfachen Parabeln' wären also einfach schlecht erzählt. Doch nicht nur das – die Parabel gilt als Indiz dafür, daß Brecht gar nicht erzählen kann:

Brecht, auch dies ist eine Folge seiner Selbstbeschränkung auf die Parabel, ist ein Dramatiker, der Szenen besser zu bauen versteht als Stücke und Fabeln. Da er seine Stücke und Fabeln immer einer großen einfachen Lehre unterordnet, wirken die Szenen in ihrer Reihung als schiere Wiederholung, die einem eine Lektion nahebringen, die man auch so schon längst verstanden hat. (145)

Träfe das zu, so wäre es ein vernichtendes Urteil über den Stücke-schreiber, denn er hat in seinen theoretischen Schriften immer wieder unterstrichen, daß die Fabel die Seele des Dramas sei. Karasek erneuert den uralten Vorwurf, daß Brecht Fabeln nicht selbst erschaffe, sondern die dramatische Tradition plündere. Wo er ausnahmsweise selbst erfin-de (*Baal, Im Dickicht der Städte, Mann ist Mann:* bezeichnenderweise sind nur die frühen Stücke genannt!) fehle die Fabel – es gebe nur ein Chaos locker gereihter Szenen. Bekanntlich war der Plagiatsvorwurf ei-ner der frühesten Einwände gegen Brecht: Er feiert hier – ungeachtet der Ergebnisse der Forschung – eine fröhliche Auferstehung. Das hört sich so an:

Brecht kann im Grunde auf der Bühne alles, nur keine Geschichte erzählen, die sich nicht in zwei Sätzen erschöpfend nacherzählen ließe und die deshalb episch angereichert und aufgebauscht wird – maliziös könnte man behaupten, daß Brecht das epische Theater schon aus diesem Grund hätte erfinden müssen, um diese seine „Schwäche" zu überspielen und zu tarnen. Das lag sicher auch daran, daß ihn die Wirklichkeit als direkter Stoff ganz offenbar nicht zu interessieren schien. (146)

Maliziös ist das sicher, ebenso wie die Unterstellung, die „Vorliebe für das Gangster-Genre, für die Welt der Nutten und Zuhälter, für Nacht-club-Verworfenheit oder Unterwelt-Verhältnisse" (148) sei nichts als die Faszination eines Provinzspießers, der seine unterdrückten und verbote-nen Gelüste auslebt. Hier wird die feuilletonistische Vulgärpsychologie als Orientierungsrahmen besonders deutlich: Sie bestimmt die Annahme eines (literarischen) Verdrängungsmusters und schließlich die genüßliche Ausbreitung der zwischenmenschlichen Beziehungen Brechts. Die Abhandlung erweist sich damit als *Spiegel*-Story, auch in der Form der Recherche und der denunziatorischen Deutungsstrategie.

Es genügt jedoch nicht, auf philologische Unzulänglichkeiten und jour-nalistische Strategien hinzuweisen: Die Kritik läßt sich durch besseres Wissen nicht überholen, denn sie ist symptomatisch für aktuelle Tenden-zen der Brecht-Rezeption. Die Parallelen zum Frankfurter Brecht-Collo-quium ergeben sich nicht von ungefähr. Folgt man Hans Mayers Gedan-kenspiel, so ist ‚Brecht mit achtzig Jahren' offenbar die Stunde der Ne-krologe. Es spricht aber alles dafür, daß die eilfertigen Trauerredner nur ihre eigenen Popanze verabschieden.

Es ist freilich eine ganz eigene Dialektik, wenn man den Trend umzudrehen versucht, indem man die ‚Auseinandersetzung' mit Brecht in die Gestalt von Totengesprächen kleidet (Knopf, L 394): Damit ehrt sich der Interpret auf Kosten des Autors, und das ist wohl nicht nur eine Geschmacksfrage.

Synoptische Tabelle

Die Synoptische Tabelle soll in Gestalt eines vorläufigen informierenden Überblicks dazu anregen, das Brechtsche Leben und Werk im Kontext entscheidender Daten der politischen, literarischen, künstlerischen, geistes- und sozialgeschichtlichen, technischen und zivilisatorischen Ereignisse und Tendenzen seiner Zeit zu sehen. Die Auswahl kann angesichts der Fülle und Dichte des für diesen Zeitraum zu berücksichtigenden Datenmaterials nicht den Anspruch erheben, auf verbindliche Weise repräsentativ zu sein; sie will aber den Blick auf zeitgenössische Erscheinungen unterschiedlichster Art lenken und damit, auch über die in den einzelnen Arbeitsbereichen entwickelten Zusammenhänge hinaus, eine geschichtliche Einordnung des Werkes ermöglichen.

Aufgenommen wurden Daten aus den folgenden Bereichen:
1. Brechts Leben und Werk
2. Literatur
3. Musik, bildende Kunst, Architektur
4. Theatergeschichte, Film, Verlagswesen, Zeitschriftengründungen, Geistes- und Ideengeschichte
5. Politik, Sozialgeschichte
6. Wirtschaft, Technik, Natur- und Gesellschaftswissenschaften, moderne Zivilisation.

Weitere genaue Angaben finden sich in den für die Tabelle zugrundegelegten Nachschlagewerken: Völker, Brecht-Chronik (L⁺ 284); Frenzel, Daten deutscher Dichtung; Stein, Kulturfahrplan; Ploetz, Auszug aus der Geschichte.

1898

1. 10. Februar: Eugen Berthold Brecht in Augsburg geboren. Sohn des kaufmännischen Angestellten (später Prokuristen der Haindlschen Papierfabrik) Berthold Friedrich Brecht (1869–1939) und seiner Frau Sofie geb. Brezing (1871–1920).
2. Hauptmann: *Fuhrmann Henschel;* Strindberg: *Nach Damaskus;* Zola: *J'accuse.*
3. Gründung der Berliner Sezession.

4. Stanislavskij gründet das ‚Moskauer Künstlertheater'.
5. Otto v. Bismarck gestorben.
6. Marie und Pierre Curie entdecken das Radium.

1899

2. George: *Teppich des Lebens.*
4. Karl Kraus: Gründung der *Fackel.*

1900

1. Geburt des Bruders Walter.
2. Tod Oscar Wildes; Tod Nietzsches. Anna Seghers, Kurt Weill geb. Schnitzler: *Der Reigen.*
4. Freud: *Die Traumdeutung;* Méliès: *Jeanne d'Arc.*
5. Niederwerfung des ‚Boxer'-Aufstandes durch die europ. Großmächte. Wilhelm Liebknecht (Führer der Sozialdemokraten) gestorben.
6. Weltausstellung in Paris. Max Planck begründet die Quantentheorie. G. Simmel: *Philosophie des Geldes.*

1901

2. Th. Mann: *Buddenbrooks;* Strindberg: *Totentanz;* Hofmannsthal: *Brief d. Lord Chandos.*
3. Beginn der Blauen Periode Picassos; Mahler: 4. Symphonie; Tod Verdis.
4. Gründung des ‚Überbrettl'; Gründung der ‚11 Scharfrichter'. Husserl: *Logische Untersuchungen;* Freud: *Psychopathologie des Alltagslebens.*
5. Königin Victoria von England gestorben. Friedensnobelpreis an Henri Dunant; Physiknobelpreis an Röntgen; Gründung des Internationalen Gewerkschaftsbundes in Amsterdam; Gründung des ‚Wandervogels'.
6. Max Weber: *Die Protestantische Ethik und der Geist des Kapitalismus.*

1902

2. Strindberg: *Ein Traumspiel;* Tod Zolas.
3. Debussy: *Pelléas und Mélisande.*
4. Gründung des Insel-Verlages.
5. Lenin: *Was tun?*
6. Erste Teilstrecke der Berliner U-Bahn eröffnet.

1903

2. Hauptmann: *Rose Bernd;* Th. Mann: *Tonio Kröger;* H. Mann: *Die Göttinnen;* Peter Huchel geb.
3. Munch: *Auf der Brücke.*

4. Weininger: *Geschlecht und Charakter.*
5. Henry Ford gründet die Ford-Automobil-Gesellschaft.
6. W. Sombart: *Die deutsche Volkswirtschaft im 19. Jahrhundert;* Erste Tour de France.

1904

1. [bis 1908] Volksschule bei den Barfüßern in Augsburg.
2. Tod Tschechows.
3. Puccini: *Madame Butterfly.*
5. Aufstände der Herero und der Hottentotten in Deutsch-Südwestafrika.
6. Erster Kurven-Motorflug der Gebrüder Wright.

1905

2. H. Mann: *Professor Unrat* (1930 verfilmt: *Der blaue Engel*). Sartre geb.
3. Gründung der express. Künstlervereinigung ,Brücke' in Dresden (Heckel, Kirchner).
4. Gründung der *Schaubühne* durch Siegfried Jacobsohn (ab 1918): *Die Weltbühne.* Übernahme des Insel-Verlages durch Anton Kippenberg; Übernahme des Deutschen Theaters in Berlin durch Max Reinhardt; Dilthey: *Das Erlebnis und die Dichtung.*
5. Erste russische Revolution: Streiks, Revolten und Meutereien in ganz Rußland, u.a. auf dem Panzerkreuzer ,Potemkin' und in der Garnison von Kronstadt. Der ,Schlieffenplan' der deutschen Heeresleitung.
6. A. Einstein: Relativitätstheorie; Mach: *Erkenntnis und Irrtum.*

1906

2. Sinclair: *Der Sumpf;* Tod Ibsens; Samuel Beckett geb.
3. Picasso: *Les Demoiselles d'Avignon* (Hinwendung zum Kubismus).
4. Gründung der ,Freien Schulgemeinde' Wickersdorf durch Gustav Wyneken; Freispruch Alfred Dreyfus'.
5. Zerstörung San Franziskos durch Erdbeben; Massenstreikdebatte in der SPD. Nach Streit um die deutsche Kolonialpolitik Auflösung des Reichstags; Eröffnung des Simplon-Tunnels.

1907

2. R. Walser: *Der Gehülfe;* Gorki: *Die Mutter.*
3. Henry Rousseau: *Frau mit Schlange.*
4. Henry van de Velde: *Vom modernen Stil.*
5. Rasputin gewinnt Zugang und Einfluß am russischen Zarenhof.
6. F. Tönnies: *Das Wesen der Soziologie.* Offsetdruck gelangt nach Deutschland.

1908

1. Eintritt in das Augsburger Königlich Bayrische Realgymnasium.
2. Lasker-Schüler: *Die Wupper* (uraufgeführt 1919).
3. Käthe Kollwitz: *Bauernkrieg* (7 Radierungen); Bartók: 1. Streichquartett.
4. Eröffnung des ‚Münchner Künstlertheaters‘.
5. Deutsches Flottengesetz, *Daily-Telegraph*-Affäre.
6. G. Simmel: *Soziologie. Untersuchungen über die Formen der Vergesellschaftung.*

1909

2. H. Mann: *Die kleine Stadt.*
3. Schönberg: *Drei Klavierstücke.*
4. H. Breuer: *Der Zupfgeigenhansl.*
6. Peary am Nordpol; Erstes Berliner Sechstagerennen.

1910

2. Rilke: *Die Aufzeichnungen des Malte Laurids Brigge;* Tod Tolstojs, Raabes.
3. Strawinsky: *Der Feuervogel.*
4. Herwarth Walden gründet den *Sturm.*
5. Weltausstellung in Brüssel; erster Dieselmotor.
6. Hilferding: *Das Finanzkapital.*

1911

2. Hauptmann: *Die Ratten;* Heym: *Der ewige Tag;* Hoddis: *Weltende;* Sternheim: *Die Hose;* Hofmannsthal: *Jedermann; Der Rosenkavalier;* Max Frisch geb.
3. Klee: *Selbstbildnis;* Kandinsky: *Komposition;* Gründung des ‚Blauen Reiters‘ (Kandinsky, Macke, Klee, Marc).
4. Pfemfert gibt die *Aktion* heraus.
5. ‚Panthersprung‘: Entsendung eines deutschen Kanonenbootes nach Agadir (2. Marokkokrise). Revolution in China unter Sun Yat-Sen.
6. G. Landauer: *Aufruf zum Sozialismus.*

1912

2. Benn: *Morgue;* Proust: *Auf der Suche nach der verlorenen Zeit;* Shaw: *Pygmalion;* Tod Strindbergs; Ionesco, Strittmatter geb.
3. Duchamp: *Akt, eine Treppe herabsteigend;* Schönberg: *5 Orchesterstücke;* Chagall: *Der Viehhändler, Kalvarienberg;* Matisse: *Der Tanz.*

4. Kandinsky: *Über das Geistige in der Kunst;* Eröffnung der Städtischen Oper in Berlin-Charlottenburg. Alfred Adler: *Über den nervösen Charakter;* C. G. Jung: *Wandlungen und Symbole der Libido;* Freud: *Totem und Tabu;* R. Steiner gründet die Anthroposoph. Gesellschaft.
5. Bei der Reichstagswahl wird die SPD erstmals stärkste Partei. Deutschland verfügt über ein Kolonialreich von 3 Millionen qkm mit 12 Millionen Einwohnern. Die ‚Titanic‘ sinkt nach dem Zusammenstoß mit einem Eisberg.
6. F. W. Taylor: *The Principles of Scientific Management.*

1913

1. Beiträge für die Schülerzeitschrift *Die Ernte.*
2. Trakl: *Gedichte;* Stadler: *Der Aufbruch;* Kafka: *Das Urteil;* Camus geb.
3. Strawinsky: *Le Sacre du Printemps.*
4. *Die weißen Blätter* (Leipzig/Zürich); Student von Prag‘ (Rye) mit Wegener u. Krauss: Beginn des künstl. dt. Films. Husserl: *Ideen zu einer reinen Phänomenologie;* Jaspers: *Allgemeine Psychopathologie;* Jugendfest auf dem Hohen Meißner: Zusammenschluß der Wandervogelbewegung; DLRG.
5. August Bebel (führ. Sozialdemokrat) gestorben.
6. N. Bohr: planetenähnliches Atommodell.

1914

1. Das erste Drama *Die Bibel* wird in der *Ernte* veröffentlicht. Ab August patriotische Gedichte, Erzählungen, Rezensionen und Aufsätze in der literarischen Beilage der *Augsburger Neuesten Nachrichten* (‚Der Erzähler‘).
2. Kaiser: *Die Bürger von Calais;* Mühsam: *Wüste, Krater, Wolken;* Stadler: *Der Aufbruch;* Sternheim: *1913;* Stadler und Trakl gefallen; Stramm (1915).
3. Chagall: *Der grüne Jude;* Chagall-Ausstellung bei Herwarth Walden; Duchamp: Ausstellung von ready mades (Anti-Kunst-Bewegung); Marc: *Turm der Blauen Pferde.*
4. Eröffnung der Volksbühne, Berlin; Gründung der Universität Frankfurt; Wiederherstellung der Marienburg.
5. Beginn des 1. Weltkrieges. Der Reichstag stimmt geschlossen (mit der SPD) den Kriegskrediten zu. Jean Jaurès (frz. Sozialist und Pazifist) fällt Mordanschlag zum Opfer. M. Gandhi kehrt zurück nach Indien.
6. Eröffnung des Panama-Kanals.

1915

4. Heinrich Wölfflin: *Kunstgeschichtliche Grundbegriffe.*
5. Teile des linken Flügels der SPD-Reichstagsfraktion verweigern die Kriegskredite. Vom Bewegungs- zum Stellungskrieg im Westen. Beginn des U-Boot-Krieges (ab 1917 uneingeschränkter U-Boot-Krieg).
6. A. Einstein entwickelt Allgemeine Relativitätstheorie.

1916

2. Döblin: *Die drei Sprünge des Wang-lun;* Kafka: *Die Verwandlung;* Kaiser: *Von Morgens bis Mitternachts;* Gründung des ‚Cabaret Voltaire' in Zürich: Beginn des Dadaismus.
3. Franz Marc gefallen.
5. Hohe Verluste bei der Kriegführung im Westen. Einsatz des hochgiftigen Gelbkreuz-Gases. Kriegshilfsdienstgesetz.
6. Lenin: *Der Imperialismus als höchstes Stadium des Kapitalismus.*

1917

1. Notabitur und Kriegsdiensthelfer. Immatrikulation an der Philosophischen Fakultät der Universität München.
2. Johst: *Der Einsame.*
3. Grosz: *Das Gesicht der herrschenden Klasse.*
4. Gründung der Salzburger Musikfestspiele durch Reinhardt, Hofmannsthal, Strauss.
5. Kohlrübenwinter 1916/17: große Teile der deutschen Bevölkerung hungern. Zahlreiche Streiks. Kriegseintritt der USA. Gründung der USPD. Februar- und Oktober-Revolution in Rußland.
6. Einsatz der Rundfunk-Technologie im dt. Heer.

1918

1. Medizinstudium in München. Erstfassung des *Baal.* Militärdienst (Sanitätssoldat in einem Augsburger Reservelazarett). Als Lazarettrat Mitglied des Augsburger Arbeiter- und Soldatenrats. *Legende vom toten Soldaten.*
2. H. Mann: *Der Untertan;* Th. Mann: *Betrachtungen eines Unpolitischen;* Tod Wedekinds.
5. Deutsch-Russischer Friedensvertrag von Brest-Litowsk. Streiks der deutschen Munitionsarbeiter. November-Revolution in Deutschland nach Meuterei der deutschen Hochseeflotte. Waffenstillstand von Compiègne. Ausrufung der Republik in Berlin durch Ph. Scheidemann. Bildung von Arbeiter- und Soldatenräten. Regierung des Rats der Volksbeauftragten unter Fr. Ebert (SPD). Gründung der KPD.

1919

1. Verbindungen zur Münchner Räterepublik. *Spartakus.* Fortsetzung des Studiums. Teilnahme an Seminaren des Theaterwissenschaftlers Kutscher. Arbeit am *Baal.* 30. Juli Geburt von Brechts und Paula Bahnholzers Sohn Frank (gefallen 1943). *Die Hochzeit und andere Einakter.*
2. Karl Kraus: *Die letzten Tage der Menschheit.*
4. Aleksandr Tairow: *Das entfesselte Theater;* Gründung des ‚Staatlichen Bauhauses' in Weimar durch Gropius.

5. G. Noske wirft im Auftrag des Rats der Volksbeauftragten den Spartakusaufstand nieder. Rosa Luxemburg und Karl Liebknecht werden durch rechtsradikale Offiziere ermordet. Münchner Räterepublik. Nationalversammlung in Weimar verabschiedet neue Verfassung. Fr. Ebert Reichspräsident. Friedensvertrag von Versailles. Gründung der Kommunistischen Internationale (Komintern).
6. Pareto: *Traktat über allgemeine Soziologie.*

1920

1. Erster Aufenthalt in Berlin. Theater- und Literaturkritiken für den Augsburger *Volkswillen.* Tod der Mutter (1. Mai). *Trommeln in der Nacht, Galgei* und Druckfassung des *Baal:* Der Verlag weigert sich, das im Umbruch vorliegende Stück auszudrucken.
2. Arnolt Bronnen: *Vatermord;* Georg Kaiser: *Gas* (Teil 1 und 2, seit 1918).
3. Kahnweiler: *Der Weg zum Kubismus;* Anfänge der ‚Neuen Sachlichkeit' in der Malerei.
4. Meyerhold eröffnet eigenes Theater in Moskau.
5. Kapp-Putsch. Erste Wahlen zum Reichstag in der Republik: Weimarer Koalition (SPD; DDP; Zentrum) verliert parlamentarische Mehrheit.
6. W. Sombart: *Der Moderne Kapitalismus.* Max Weber gestorben.

1921

1. Im *Neuen Merkur* erscheint *Bargan läßt es sein.* Seit November in Berlin. *Im Dickicht* fertiggestellt.
2. B. Diebold: *Anarchie im Drama.*
3. Käthe Kollwitz: *Gefallen* (Lithographie).
4. Charlie Chaplin dreht *The Kid.*
5. Einführung der NEP in Rußland: begrenzte Wiederzulassung privatkapitalistischer Wirtschaftsformen.
6. Eröffnung der Avus-Autostraße in Berlin. Funkwirtschaftsdienst in Deutschland.

1922

1. Wegen Unterernährung in der ‚Charité'. Aufführungen von *Trommeln in der Nacht* in München und Berlin. Erstveröffentlichung des *Baal.* Heirat mit Marianne Zoff (3. 11.). Kleist-Preis.
2. J. Joyce: *Ulysses;* S. Lewis: *Babbitt;* Toller: *Die Maschinenstürmer;* Proust gestorben.
3. Paul Klee: *Die Zwitschermaschine.*
4. Wittgenstein: *Tractatus logico – philosophicus;* Fritz Lang verfilmt *Dr. Mabuse der Spieler;* Murnau dreht *Nosferatu.*
5. Seit 1919 376 politische Morde in Deutschland. Vereinigung von SPD und USPD. B. Mussolinis „Marsch auf Rom": faschistischer Staatsstreich in Italien. Gründung der UdSSR.

1923

1. Geburt der Tochter Hanne Hiob (12. 3.). Uraufführung von *Im Dickicht* in München. Besuch einer Kundgebung Hitlers im Zirkus Krone. Erste Begegnung mit Helene Weigel. Durch Bernhard Reich und Asja Lacis Informationen über das Theater in Sowjetrußland. *Leben Eduards des Zweiten von England* (mit Feuchtwanger). Erlebnis des Hitler-Putschs in München. Uraufführung des *Baal* in Leipzig. Buchausgabe von *Trommeln in der Nacht*.
2. Rilke: *Sonette an Orpheus; Duineser Elegien*.
5. Ruhrbesetzung durch Frankreich. Kommunistisch-sozialistische Regierungsbildungen in Sachsen und Thüringen durch Reichsexekution beseitigt. Kommunistischer Aufstand in Hamburg scheitert. Hitler-Putsch in München. Höhepunkt der Inflation in Deutschland.
6. G. Lukács: *Geschichte und Klassenbewußtsein*. K. Korsch: *Marxismus und Philosophie*. Erste Sendung des deutschen Unterhaltungsrundfunks.

1924

1. Uraufführung von *Leben Eduard des Zweiten von England* in München. Arbeit am *Galgei*. Übersiedlung nach Berlin. Geburt von Brechts und Helene Weigels Sohn Stefan (3. 11.). Erste Begegnung mit Elisabeth Hauptmann.
2. Döblin: *Berge, Meere und Giganten;* Kisch: *Der rasende Reporter;* Th. Mann: *Der Zauberberg;* Shaw: *Die Heilige Johanna;* Kafka gestorben; Conrad gestorben.
3. Kollwitz: *Selbstbildnis, Brot*. Abstrakte Periode in der Malerei Picassos [*Großer Harlekin*].
4. Entstehung bedeutender Filme: Murnau: *Der letzte Mann* (mit Jannings); Fritz Lang: *Nibelungen;* Griffith: *Amerika;* René Clair: *Entre-acte*. Stanislawsky: *Mein Leben in der Kunst*. Reinhardt übernimmt die Leitung des Theaters in der Josefstadt und der Festspiele in Salzburg neben dem Deutschen Theater, den Kammerspielen und der Komödie in Berlin. 1. Deutsches Hörspiel: Hans Flesch: *Zauberei auf dem Sender*. Marinetti: *Futurismus und Faschismus*.
5. Dawesplan regelt die deutschen Reparationen. Ausländischer Kapitalzufluß schafft Voraussetzungen für die „Goldenen Zwanziger". Lenin gestorben.

1925

1. Gründung der ‚Gruppe 1925' (u. a. Becher, Brecht, Döblin, Klabund, Kisch, R. Leonhard, Tucholsky). Fertigstellung von *Mann ist Mann*. Freundschaft mit dem Boxer Samson-Körner.
2. Dos Passos: *Manhattan Transfer;* Feuchtwanger: *Jud Süß;* Kafka: *Der Prozeß*.
3. Alban Berg: *Wozzek*.
4. Benjamin: *Ursprung des deutschen Trauerspiels* (1928 ersch.); André Breton: *Surrealistisches Manifest; Goldrausch* (Chaplin).
5. Fr. Ebert gestorben, Wahl Hindenburgs zum Reichspräsidenten. A. Hitler: *Mein Kampf*. Gründung des I. G. Farben-Konzerns.
6. W. Heisenberg entwickelt Quantenmechanik f. Atome. J. B. Watson: *Der Behaviorismus*.

1926

1. Aufführung von *Lebenslauf des Mannes Baal* in Berlin. Erste Konzepte für das ,epische Theater'. Vorarbeiten zu einem Stück über Vorgänge an der New Yorker Weizenbörse *(Joe Fleischhacker)*. Nationalökonomische Studien und erste Marx-Lektüre. Uraufführung von *Mann ist Mann*. Privatdruck der *Taschenpostille*.
2. H. Grimm: *Volk ohne Raum;* Kafka: *Das Schloß.*
4. Le Corbusier: *Kommende Baukunst;* Entstehung bedeutender Filme: F. Lang: *Metropolis;* Murnau: *Faust;* Eisenstein: *Panzerkreuzer Potemkin;* Pudowkin: *Die Mutter* (nach Gorki); Nillo: *Ben Hur;* Renoir: *Nana.*
5. Mussolini ,,Duce del Fascismo".

1927

1. *Hauspostille, Im Dickicht der Städte* und *Mann ist Mann* erscheinen im Propyläen-Verlag. Mit Kurt Weill Songspiel *Mahagonny* für Musikfest in Baden-Baden. Bekanntschaft mit Fritz Sternberg. Scheidung von Marianne Zoff.
2. Hesse: *Der Steppenwolf;* Toller: *Hoppla, wir leben!*
3. Křenek: *Jonny spielt auf;* K. Weill: *Der Protagonist* und *Royal Palace* (Jazzopern).
4. Heidegger: *Sein und Zeit;* Mies van der Rohe: Wohnbauten in Berlin.
5. Sinowjew und Trotzki aus der KPdSU ausgeschlossen. Hinrichtung von Sacco und Vanzetti in den USA.
6. Ch. Lindbergh überfliegt Nord-Atlantik in Ost-West-Richtung in 26 Stunden. Eröffnung des Nürburgrings.

1928

1. *Dreigroschenoper* – Uraufführung im Theater am Schiffbauerdamm (31. 8.). Arbeit am *Fatzer.*
2. L. Renn: *Krieg;* A. Seghers: *Der Aufstand der Fischer von St. Barbara.*
3. Bedeutende Plastiken von Barlach: *Geistkämpfer, Singender Mann;* O. Dix: *Großstadt;* Gershwin: *Ein Amerikaner in Paris;* Ravel: *Der Boléro.*
4. W. Disney: Erste Mickey-Mouse Stummfilme. Pudowkin: *Sturm über Asien.*
5. Erster Fünfjahresplan (Industrialisierung, Zwangskollektivierung der Landwirtschaft) in der UdSSR beschlossen.
6. W. Heisenberg: Unbestimmtheitsrelation in der Quantenphysik. Th. H. Morgan begründet Genforschung.

1929

1. Heirat mit Helene Weigel (10. 4.). Plagiatsvorwurf von Alfred Kerr: Brecht habe ohne Angabe die Villon-Übersetzung von Ammer benutzt. Bekanntschaft mit Benjamin. Uraufführung des *Flugs der Lindberghs* und des *Badener Lehr-*

stücks vom Einverständnis bei den Baden-Badener Musikfestwochen (Musik von Weill und Hindemith).

2. Th. Mann erhält den Nobelpreis. Döblin: *Berlin Alexanderplatz;* Kästner: *Emil und die Detektive;* Remarque: *Im Westen nichts Neues;* Tucholsky: *Deutschland, Deutschland über alles* (Satiren). Hofmannsthal und A. Holz gestorben.

4. Piscator: *Das politische Theater;* Gründung der ‚Katakombe' in Berlin. Gründung des Museum of Modern Art in New York und des Folkwang-Museums in Essen.

5. Stresemann gestorben. Young-Plan für Reparationen. Kursstürze an der New Yorker Börse leiten tiefe weltweite Rezession (Weltwirtschaftskrise) ein.

6. H. Oberth: *Wege zur Raumschiffahrt.*

1930

1. Uraufführung von *Aufstieg und Fall der Stadt Mahagonny* in Leipzig. *Die Maßnahme:* Uraufführung nach Auseinandersetzungen. Ablehnung des Filmentwurfs *Die Beule* durch die Nero-Filmgesellschaft: *Dreigroschenprozeß. Der Jasager.* Nach Diskussionen Neubearbeitung: *Der Jasager* und *Der Neinsager.* Bei Kiepenheuer erscheinen die beiden ersten Hefte der *Versuche.* Geburt der Tochter Barbara (18. 10.).

2. Fallada: *Bauern, Bonzen, Bomben;* Feuchtwanger: *Erfolg;* Musil: *Der Mann ohne Eigenschaften* (Bd. 3 1943 posth.); Freitod Majakowskis.

3. Beckmann: *Selbstbildnis mit Saxophon.*

4. Wöchentlich 250 Mio. Kinobesucher weltweit. Freud: *Das Unbehagen in der Kultur;* Ortega y Gasset: *Der Aufstand der Massen;* A. Rosenberg: *Der Mythos des 20. Jahrhunderts.*

5. Rücktritt der Regierung Müller (Große Koalition). Mit H. Brüning Beginn der Präsidialdiktaturen.

6. Horkheimer übernimmt die Leitung des Instituts für Sozialforschung (Frankfurter Schule); J. M. Keynes: *Vom Gelde.*

1931

1. Brechts Inszenierung von *Mann ist Mann* in Berlin. Drehbuch für *Kuhle Wampe* (mit Ottweil und Dudow). *Die Mutter. Die heilige Johanna der Schlachthöfe.*

2. H. Broch: *Die Schlafwandler* (seit 1928); J. Roth: *Radetzkymarsch* (ersch. 1932); Zuckmayer: *Der Hauptmann von Köpenick.*

3. Feininger: *Marktkirche in Halle;* Strawinsky: *Psalmensymphonie.*

4. Weltweit Produktion von 1000 Tonfilmen. R. Ingarden: *Das literarische Kunstwerk;* Jaspers: *Die geistige Situation der Zeit.*

5. NS-Studentenbund erlangt die Mehrheit in der deutschen Studentenschaft. Harzburger Front: Hitler (NSDAP), Hugenberg (DNVP) und Seldte (Stahlhelm) verbünden sich. Gründung der Eisernen Front (SPD, Reichsbanner, Gewerksch.).

1932

1. Erste Aufführung der *Mutter*. Beginn der Freundschaft mit Margarete Steffin. Brecht hört bei Karl Korsch Vorlesungen über ‚Lebendiges und Totes im Marxismus'. *Die Spitzköpfe und die Rundköpfe.*
2. E. Jünger: *Der Arbeiter, Herrschaft und Gestalt.*
3. A. Schönberg: *Moses und Aaron.*
4. R. Arnheim: *Film als Kunst.*
5. In Juli-Wahlen wird die NSDAP stärkste Partei (37,4%). Höhepunkt der Weltwirtschaftskrise.
6. K. Popper: *Logik der Forschung.*

1933

1. Brecht flieht am Tag nach dem Reichstagsbrand (28. 2.) mit Helene Weigel und Sohn Stefan nach Prag. Dann über Wien, Zürich, Carona nach Paris; Suche nach einem Exilland. In Paris Uraufführung der *7 Todsünden der Kleinbürger*. Inzwischen reist Helene Weigel mit den Kindern nach Dänemark. Kauf eines Hauses in Skovbostrand bei Svendborg. Bekanntschaft mit Ruth Berlau.
2. Tod Georges. H. Johst: *Schlageter.*
3. Matisse: *Der Tanz.*
4. Öffentliche Bücherverbrennung in Berlin.
5. Die „Machtergreifung“: Hitler wird von Hindenburg zum Reichskanzler ernannt. Ermächtigungsgesetz. Gleichschaltung der Verbände. Verbot der Gewerkschaften und politischen Parteien. Terror und Verfolgung. Bis 1939 60000 Emigranten.
6. Projektor für 16 mm Tonfilm.

1934

1. *Dreigroschenroman, Die Rundköpfe und die Spitzköpfe.* Eisler und Benjamin in Svendborg. Zusammentreffen mit Korsch in London.
2. Fallada: *Wer einmal aus dem Blechnapf frißt.* Ermordung E. Mühsams im KZ.
3. Hindemith: *Mathis der Maler.*
4. I. Allunionskongreß der Sowjetschriftsteller in Moskau.
5. Röhmputsch (Ausschaltung der SA zugunsten der SS und der Reichswehr). Ermordung Dollfuß' in Österreich.

1935

1. Reise nach Moskau. Aberkennung der deutschen Staatsbürgerschaft. Teilnahme am Internationalen Schriftstellerkongreß für die Verteidigung der Kultur in Paris. Zur Aufführung der *Mutter* in New York. *Die Horatier und die Kuriatier.*
2. Canetti: *Die Blendung;* H. Mann: *Die Jugend des Königs Henri Quatre (Die Vollendung des Königs Henri Quatre,* 1938). Freitod Tucholskys.

Synoptische Tabelle

3. Gershwin: *Porgy and Bess.*
5. Enzyklika: *Mit brennender Sorge.* Friedensnobelpreis für C. v. Ossietzky. Arbeitsdienstpflicht und allgemeine Wehrpflicht in Deutschland. Nürnberger Rassegesetzgebung. Beginn politischer Schauprozesse in Moskau.
6. Farbfilm Kodachrom. Erste Teilstrecke der Moskauer U-Bahn eröffnet.

1936

1. Korsch in Skovbostrand: er schreibt sein Marx-Buch. Teilnahme am Internationalen Schriftstellerkongreß in London. In Moskau beginnt die Exilzeitschrift *Das Wort* zu erscheinen (Hrsg. Brecht, Bredel, Feuchtwanger). Benjamin in Skovbostrand.
2. Gorki, Kipling, Pirandello gestorben.
3. Schönberg: *Violinkonzert.*
4. Chaplin dreht *Modern Times.*
5. Vierjahresplan in Deutschland (Kriegswirtschaft im Frieden). Achse Berlin–Rom. Beginn des spanischen Bürgerkrieges (endet mit dem Sieg der faschistischen Truppen unter Franco; Beteiligung Internationaler Brigaden; Hilfeleistung faschistischer Verbände aus Deutschland und Italien). Volksfrontregierung in Frankreich.
6. Olympische Spiele in Berlin.

1937

1. Teilnahme am Internationalen Schriftstellerkongreß in Paris. Brecht verweigert die Weiterreise nach Madrid. *Die Gewehre der Frau Carrar.* Arbeit am *Me-ti.*
2. Fallada: *Wolf unter Wölfen.*
3. Klee: *Revolution des Viadukts*; Picasso: *Guernica*; die NS-Ausstellung ‚Entartete Kunst‘ diffamiert die künstlerische Avantgarde. C. Orff: *Carmina Burana.*
4. Gründgens wird Generalintendant des Preußischen Staatstheaters.
5. Stalinistische Säuberungen in der UdSSR.
6. Volksempfänger organisiert Massenpublikum für Rundfunk in Deutschland.

1938

1. Benjamin in Skovbostrand. Irritation durch die Stalinschen Prozesse. Beginn der Auseinandersetzung mit Lukács (Expressionismus/Realismusdebatte). Erscheinen der Malik-Ausgabe (*Gesammelte Werke* Bd. 1, 2). Arbeit am *Cäsar*-Roman. *Furcht und Elend des Dritten Reiches. Leben des Galilei* (erste, dänische Fassung). Arbeit am *Messingkauf.*
2. Sartre: *La Nausée (Der Ekel).*
3. Bartók: *Violinkonzert.*
4. Steinhoff dreht *Tanz auf dem Vulkan* mit Gründgens; Pudowkin: *Sieg.*
5. Judenpogrome in Deutschland („Kristallnacht“). Deutsche Besetzung des Sudetenlandes nach Münchner Abkommen zwischen Deutschland, England, Frankreich, Italien.

1939

1. Übersiedlung nach Schweden (4. 5.): Wohnort Lidingö bei Stockholm. *Über experimentelles Theater* als Vortrag in Stockholm. Arbeit am *Messingkauf* und am *Guten Menschen von Sezuan*. *Mutter Courage und ihre Kinder, Das Verhör des Lukullus*.
2. A. Seghers: *Das siebte Kreuz*. Freitod Tollers.
3. Chagall: *Brautpaar mit Eiffelturm*.
4. Gründgens verfilmt Fontanes *Effi Briest: Der Schritt vom Wege*.
5. Mit dem deutschen Überfall auf Polen beginnt der 2. Weltkrieg. Hitler-Stalin-Pakt.

1940

1. Nach dem Einmarsch der deutschen Truppen in Dänemark und Norwegen Flucht nach Finnland. Aufenthalt in Helsinki und während des Sommers auf Hella Wuolijokis Gut Marlebäk in Kausala. *Der gute Mensch von Sezuan* und *Herr Puntila und sein Knecht Matti*. Arbeit an den *Flüchtlingsgesprächen*.
2. Hemingway: *Wem die Stunde schlägt*.
3. Paul Klee gestorben.
4. V. Harlan dreht *Jud Süß*; Chaplin: *Der große Diktator*.
5. Deutsche Truppen besetzen Dänemark und Norwegen. Im „Blitzkrieg" werden Belgien, Luxemburg und die Niederlande überrollt und Frankreich erobert: Waffenstillstand. In England wird W. Churchill Regierungschef. Britische Niederlage in Dünkirchen. L. Trotzki in Mexiko ermordet.

1941

1. Einreisegenehmigung für die USA. Abreise aus Helsinki (15. 5.). Reise über Moskau nach Wladiwostok, wo Brecht die Nachricht vom Tode Margarete Steffins in Moskau erhält. Überfahrt nach Los Angeles. Ansiedlung in Santa Monica (Hollywood) auf Feuchtwangers Rat. Drehbucharbeiten. *Der aufhaltsame Aufstieg des Arturo Ui* (in Finnland fertiggestellt). Arbeit an den *Gesichten der Simone Machard*.
2. Joyce gestorben.
3. Beckmann: *Perseus* (Triptychon).
4. Orson Welles dreht *Citizen Cane*.
5. Deutschland greift die UdSSR an.

1942

1. Eisler in Santa Monica. Filmarbeiten (u. a. *Hangmen also die* für Fritz Lang). Arbeit mit Feuchtwanger an den *Gesichten der Simone Machard*.
2. Camus: *Der Fremde*. Freitod Stefan Zweigs im Exil.
4. Walt Disney: *Bambi*.

5. Beginn der systematischen Ausrottung der europäischen Juden. Bis Kriegsende werden in den Massenvernichtungslagern ca. 6 Millionen Juden umgebracht. („Endlösung")
6. E. Fermi: Erzeugung von Atomenergie durch Uranspaltung. Beginn des Atomzeitalters.

1943

1. Februar bis Mai in New York bei Ruth Berlau. Auseinandersetzungen mit Thomas Mann über eine Erklärung zur Gründung des ‚Nationalkomitees Freies Deutschland'. *Schweyk im zweiten Weltkrieg.*
2. Hesse: *Das Glasperlenspiel.*
3. Beckmann: *Odysseus und Kalypso.*
4. Sartre: *L'Etre et le Néant (Das Sein und das Nichts).*
5. Niederlage der deutschen Truppen bei Stalingrad. Wendepunkt des Krieges. Beginn der systematischen Bombardierung deutscher Großstädte durch alliierte Bomberverbände. Landung der Alliierten auf Sizilien.

1944

1. Beginn der Zusammenarbeit mit Charles Laughton. Bearbeitung von Websters *Duchess of Malfi* mit H. R. Hays und Elisabeth Bergner. Geburt von Brechts und Ruth Berlaus Sohn (3. 9.), der nach wenigen Tagen stirbt. *Der kaukasische Kreidekreis,* Fotoepigramme für die *Kriegsfibel.*
2. St. Zweig: *Die Welt von Gestern* (posth.).
3. Kandinsky und Munch gestorben.
5. Landung der Alliierten in der Normandie.

1945

1. Versuch einer Versifizierung des ‚Kommunistischen Manifests' für ein Lehrgedicht *Über die Unnatur der bürgerlichen Verhältnisse.* Übersetzung von *Leben des Galilei* mit Charles Laughton: Herstellung einer neuen Fassung des Stücks.
2. A. Haushofer: *Moabiter Sonette.*
3. Käthe Kollwitz gestorben.
4. M. Carné dreht *Die Kinder des Olymp;* R. Rosselini: *Rom offene Stadt;* Eisensteins letzter Film: *Iwan der Schreckliche.*
5. Gründung der UNO. Nach Besetzung des größten Teils Deutschlands und nach Selbstmord Hitlers deutsche Gesamtkapitulation. Konferenz von Potsdam. Einrichtung der alliierten Zonenverwaltung. Flucht und Vertreibung in den deutschen Ostgebieten. USA werfen Atombomben auf Hiroshima und Nagasaki. Bürgerkrieg in China zwischen kommunistischen Truppen und der Kuomintang.
6. K. R. Popper: *Die offene Gesellschaft und ihre Feinde.*

1946

2. O. M. Graf: *Das Leben meiner Mutter;* G. Hauptmann gestorben.
4. *Frankfurter Hefte* beginnen zu erscheinen; Rowohlts Rotations-Romane (rororo) erscheinen.
5. Nürnberger Kriegsverbrecherprozesse.

1947

1. Aufführung von *Leben des Galilei* in Beverly Hills (Regie: J. Losey. Titelrolle: Charles Laughton). Verhör vor dem ,Committee of Unamerican Activities' (30. 10.). Abreise nach Paris (1. 11.) und Zürich (5. 11.). Bearbeitung der *Antigone des Sophokles.*
2. Benn: *Statische Gedichte, Der Ptolemäer;* W. Borchert: *Draußen vor der Tür;* A. Camus: *Die Pest;* H. Kasack: *Die Stadt hinter dem Strom;* H. Manns Autobiographie: *Ein Zeitalter wird besichtigt.*
4. H. W. Richter gründet die ,Gruppe 47'. Horkheimer/Adorno: *Dialektik der Aufklärung.*

1948

1. *Die Antigone des Sophokles* in Chur (15. 2.). Pläne für Salzburg. Uraufführung des *Puntila* in Zürich (5. 6.). Arbeit am *Kleinen Organon für das Theater.* Von Salzburg über Prag nach Ost-Berlin (22. 10.). Vorbereitung der deutschen Erstaufführung von *Mutter Courage und ihre Kinder* (mit Erich Engel).
2. Sartre: *Les mains sales (Die schmutzigen Hände);* N. Mailer: *Die Nackten und die Toten.*
3. Cole Porter: *Kiss me, Kate.*
4. Neorealismus im italienischen Film (Rosselini, de Sica).
5. Berlinblockade und alliierte Luftbrücke. Marshall-Plan für europäischen Wiederaufbau.

1949

1. Berliner Premiere von *Mutter Courage und ihre Kinder* (11. 1.). Gründung des ,Berliner Ensembles'. Bemühungen um einen österreichischen Paß (Vermittlung durch Gottfried von Einem). *Die Tage der Commune.* Bearbeitung des *Hofmeisters* von Lenz.
2. G. Greene: *Der Dritte Mann* (verfilmt durch C. Reed 1950); H. H. Jahnn: *Das Holzschiff* (erster Teil des Romans *Fluß ohne Ufer*); Th. Mann: *Die Entstehung des Doktor Faustus. Roman eines Romans;* George Orwell: *1984.*
4. Zeitschrift *Sinn und Form* erscheint. Adorno: *Philosophie der neuen Musik.*
5. Konstituierung der BRD und der DDR. K. Adenauer erster deutscher Bundeskanzler. W. Pieck u. O. Grotewohl an der Spitze der DDR. Die UdSSR verfügt über die Atombombe. Indien gewinnt die Unabhängigkeit. Die kommunistische Volksarmee unter Mao Tse-tung erobert China. Gründung der Chinesischen Volksrepublik.

1950

1. Brecht erhält österreichische Staatsbürgerschaft. Theaterarbeit: *Der Hofmeister* in Berlin, *Mutter Courage* in München. Bearbeitung von Hauptmanns *Biberpelz* und *Roter Hahn*.
2. Ionesco: *Die kahle Sängerin*. Ein Antistück. Beginn des ‚absurden Theaters'. H. Mann im Exil gestorben.
3. Gründung der ‚Wiener Schule' des phantastischen Realismus (Brauer, Fuchs, Hausner, Hutter, Lehmden). Kurt Weill gestorben.
4. Cocteau dreht *Orphée*.
5. Erste Überlegungen zur Remilitarisierung Westdeutschlands unter Einbeziehung in das westliche Bündnis. Beginn des Korea-Konflikts.

1951

1. Formalismus-Debatte. *Die Verurteilung des Lukullus*.
2. Benn: *Probleme der Lyrik;* Koeppen: *Tauben im Gras*.
3. Le Corbusier baut ‚Cité Radieuse' in Marseille.
4. W. Staudte verfilmt Heinrich Manns *Der Untertan*. Internationale Filmfestspiele in Berlin.

1952

1. Kauf eines Landhauses in Buckow. Bearbeitungen: *Urfaust, Coriolan, Der Prozeß der Jeanne d'Arc zu Rouen*.
2. S. Beckett: *Warten auf Godot;* Hemingway: *Der alte Mann und das Meer*.
3. H. W. Henze: *Der Landarzt* (Funkoper nach Kafka).
4. Clouzot dreht *Lohn der Angst;* Paul Tillich: *Der Mut zum Sein*.
6. NWDR eröffnet Fernsehen im Nachkriegsdeutschland.

1953

1. *Faustus*-Diskussion. Strittmatters *Katzgraben* in Brechts Regie. Umzug in die Chausseestraße 125. *Buckower Elegien. Turandot oder der Kongreß der Weißwäscher*.
2. Koeppen: *Das Treibhaus*.
3. Stockhausen: *Elektronische Studie I*.
4. F. Zinnemann dreht *Verdammt in alle Ewigkeit*. Lomonossow-Universität in Moskau eröffnet.
5. Gegen die Stimmen der SPD stimmt der deutsche Bundestag dem Deutschland-Vertrag über die Europäische Verteidigungsgemeinschaft zu. (EVG scheitert am Widerstand Frankreichs). Aufstand vom 17. Juni in der DDR. Bei der Bundestagswahl starke Stimmengewinne für die Kanzlerpartei CDU. Stalin gestorben. Beginn des „Neuen Kurses" in der Sowjetunion. Waffenstillstand in Korea.
6. Baubeginn für das erste größere Atomkraftwerk in Calder Hall/Großbritannien.

1954

1. Das Berliner Ensemble erhält das Theater am Schiffbauerdamm als eigenes Haus. Eröffnung mit *Don Juan* nach Molière (19. 3.). Inszenierung des *Kaukasischen Kreidekreises* am Berliner Ensemble.
2. Max Frisch: *Stiller.*
3. S. Dali malt *Brennende Giraffe.* Kriegsthematik im deutschen Film (Käutner: *Des Teufels General* und *Die letzte Brücke;* Benedek: *Kinder, Mütter und ein General;* Weidemann: *Canaris).* Fellini dreht *La Strada;* Kazan: *Die Faust im Nacken.*
5. Pariser Verträge sehen Wiederbewaffnung der Bundesrepublik vor.
6. 440 Fernsehstationen, 31,7 Mill. Fernsehempfänger in den USA.

1955

1. Gastspiel des Berliner Ensembles in Paris.
2. Th. Mann gestorben. *Tagebuch der Anne Frank;* Nabokov: *Lolita.*
3. *documenta* in Kassel.
4. Gründgens übernimmt die Leitung des Hamburger Schauspielhauses. George Grosz' Autobiographie *Ein kleines Ja und ein großes Nein.* Kazan dreht *Jenseits von Eden;* Hitchcock: *Das Fenster zum Hof.* A. Andersch gibt Kulturzeitschrift *Texte und Zeichen* heraus.
5. Bertelsmann G. m. b. H. gegründet.
6. A. Einstein gestorben.

1956

1. Vorbereitung einer Inszenierung von *Leben des Galilei,* durch Brechts Krankheit unterbrochen. Aufenthalt in Mailand, wo Strehler die *Dreigroschenoper* inszeniert. Tod Brechts am 14. August 1956.
2. Benn gestorben; H. v. Doderer: *Die Dämonen;* Dürrenmatt: *Der Besuch der alten Dame;* Ionesco: *Die Stühle;* John Osborne: *Blick zurück im Zorn.*
3. Anfänge des ‚Pop-Art' in New York und London.
4. Ernst Bloch: *Das Prinzip Hoffnung* (seit 1954). A. Gehlen: *Urmensch und Spätkultur.* D. Riesman: *Die einsame Masse.*
5. Aufbau der Bundeswehr. Wehrpflichtgesetz. Aufbau der Nationalen Volksarmee in der DDR. Verbot der KPD. Gefahr weltweiter Auseinandersetzung anläßlich der Suez-Krise. Mao: ‚Laßt 100 Blumen blühen.'

Gesamtbibliographie

1. Werkausgaben

214 Versuche. Heft 1–7 Berlin 1930–1933. Neudruck Heft 1–8 Frankfurt/M. 1959, Berlin 1963. Heft 9–15 Berlin/Frankfurt und Berlin/Weimar 1949–1956. Sonderheft Berlin 1953.

215 Gesammelte Werke. 2 Bände. London 1938 (Malik-Ausgabe).

216 Stücke. 14 Bände. Frankfurt/M. 1953–1967; Berlin/Weimar 1955–1968.

217 Gedichte. 10 Bände. Frankfurt/M. 1960–1965 (1–9) und 1976 (10); Berlin/Weimar 1961–1969 (1–9) und 1978 (10).

218 Schriften zum Theater. 7 Bände. Frankfurt/M. 1963/64; Berlin/Weimar 1964.

219 Prosa. 4 Bände. Frankfurt/M. 1965; Berlin/Weimar 1973–1975.

220 Schriften zur Literatur und Kunst. 3 Bände. Frankfurt/M. 1967; 2 Bände. Berlin/Weimar 1966.

221 Schriften zur Politik und Gesellschaft. Frankfurt/M. 1968; 2 Bände. Berlin/ Weimar 1968.

222 Texte für Filme. 2 Bände. Frankfurt/M. 1969; Berlin/Weimar 1971.

223 Gesammelte Werke in 20 Bänden (werkausgabe edition suhrkamp). Frankfurt/M. 1967 (text- und seitenidentisch mit: Gesammelte Werke. Dünndruckausgabe in 8 Bänden. Frankfurt/M. 1967).

224 Gedichte aus dem Nachlaß. 2 Bände. Frankfurt/M. 1982 (Supplementbände zur werkausgabe III–IV).

225 Tagebücher 1920–1922. Autobiographische Aufzeichnungen 1920–1954. Hrsg. v. Herta Ramthun. Frankfurt/M. 1975.

226 Arbeitsjournal. 3 Bände. Hrsg. v. Werner Hecht. Frankfurt/M. 1973. Berlin/Weimar 1977. (Als Supplementbände zur werkausgabe I–II. Frankfurt/M. 1974.)

227 Briefe. 2 Bände. Hrsg. und kommentiert v. Günter Glaeser. Frankfurt/M. 1981. Berlin/Weimar 1983.

2. Modellbücher, Materialien, Sammlungen, Reprints

228 – Baal. Drei Fassungen. Kritisch ediert u. kommentiert v. Dieter Schmidt. Frankfurt/M. 1966. [K⁺ S. 93]

229 Brecht, Bertolt: Trommeln in der Nacht. Materialien Abbildungen, Kommentar. Von Konrad Feilchenfeldt. München 1976. [K⁺ S. 99]

230 – Im Dickicht der Städte. Erstfassung und Materialien. Ediert u. kommentiert v. Gisela E. Bahr. Frankfurt/M. 1968. [K⁺ S. 107]

231 – Leben Eduards des Zweiten von England. Vorlage, Texte, Materialien. Ediert v. Reinhold Grimm. Frankfurt/M. 1968. [K⁺ S. 115]

232 Brechts *Mann ist Mann.* Hrsg. v. Carl Wege. suhrkamp taschenbuch materialien. Frankfurt/M. 1982. [K⁺ S. 116]

233 – *Der Jasager* und *Der Neinsager.* Vorlagen, Fassungen, Materialien. Hrsg. und mit einem Nachwort vers. von Peter Szondi. Frankfurt/M. 1966.

234 – *Der Brotladen.* Ein Stückfragment. Die Bühnenfassung und Texte aus dem Fragment. Frankfurt/M. 1967.

235 – *Baal. Der böse Baal der asoziale.* Texte, Varianten, Materialien. Kritisch ediert u. kommentiert v. Dieter Schmidt. Frankfurt/M. 1968. [K⁺ S. 93]

236 – *Die Maßnahme.* Kritische Ausgabe mit einer Spielanleitung von Reiner Steinweg. Frankfurt/M. 1972. [K⁺ S. 152 f.]

237 – *Die heilige Johanna der Schlachthöfe.* Bühnenfassung. Fragmente, Varianten. Kritisch ediert v. Gisela E. Bahr. Frankfurt/M. 1971.

238 Materialien zu Bertolt Brechts *Die Mutter.* Zusammengestellt und redigiert v. Werner Hecht. Frankfurt/M. 1969. [K⁺ S. 156]

239 – *Die Mutter.* Regiebuch der Schaubühnen-Inszenierung. Hrsg. v. Volker Canaris. Frankfurt/M. 1971. [K⁺ S. 156 f.]

240 – *Die Rundköpfe und die Spitzköpfe.* Bühnenfassung, Einzelszenen, Varianten. Hrsg. v. Gisela Bahr. Frankfurt/M. 1979. [K⁺ S. 256]

241 Brechts *Gewehre der Frau Carrar.* Hrsg. v. Klaus Bohnen. suhrkamp taschenbuch materialien. Frankfurt/M. 1982. [K⁺ S. 271]

242 Aufbau einer Rolle. Brecht, *Leben des Galilei.* Laughtons Galilei. Hanns Eisler, Buschs Galilei. = Ruth Berlau, Modellbücher des Berliner Ensembles 2. Berlin 1956. [K⁺ S. 273]

243 Materialien zu Brechts *Leben des Galilei.* Zusammengestellt v. Werner Hecht. Frankfurt/M. 1963. [K⁺ S. 273]

244 Brechts *Leben des Galilei.* Hrsg. v. Werner Hecht. suhrkamp taschenbuch materialien. Frankfurt/M. 1981. [K⁺ S. 273]

245 *Couragemodell 1949.* Brecht. *Mutter Courage und ihre Kinder.* Text. Aufführung. = Ruth Berlau, Anmerkungen. Modellbücher des Berliner Ensembles 3. Berlin 1958. [K⁺ S. 280]

246 Materialien zu Brechts *Mutter Courage und ihre Kinder.* Zusammengestellt v. Werner Hecht. Frankfurt/M. 1964. [K⁺ S. 280]

247 Brechts *Mutter Courage und ihre Kinder.* Hrsg. v. Klaus-Detlef Müller. suhrkamp taschenbuch materialien. Frankfurt/M. 1982. [K⁺ S. 280]

248 Materialien zu Brechts *Der gute Mensch von Sezuan.* Zusammengestellt und redigiert v. Werner Hecht. Frankfurt/M. 1968. [K⁺ S. 284]

249 Brechts *Guter Mensch von Sezuan.* Hrsg. v. Jan Knopf. suhrkamp taschenbuch materialien. Frankfurt/M. 1982. [K⁺ S. 284]

250 Bertolt Brecht. *Herr Puntila und sein Knecht Matti.* Volksstück. Mit 64 Szenenfotos aus der Aufführung des Berliner Ensembles von 1949. Berlin/Weimar 1978. [K⁺ S. 289]

251 Brechts *Aufhaltsamer Aufstieg des Arturo Ui.* Hrsg. v. Raimund Gerz. suhrkamp taschenbuch materialien. Frankfurt/M. 1983. [K⁺ S. 263]

252 Materialien zu Bertolt Brechts *Schweyk im zweiten Weltkrieg.* Vorlagen (Bearbeitungen), Varianten, Fragmente, Skizzen, Brief- und Tagebuch-

notizen. Ediert und kommentiert v. Herbert Knust. Frankfurt/M. 1974.
[K⁺ S. 268]

253 Materialien zu Brechts *Der kaukasische Kreidekreis*. Zusammengestellt v.
Werner Hecht. Frankfurt/M. 1966. [K⁺ S. 293]

254 Brechts *Kreidekreis*, ein Revolutionsstück. Eine Interpretation v. Betty
Nance Weber. Mit Texten aus dem Nachlaß. Frankfurt/M. 1978.
[K⁺ S. 293]

255 Brecht, Neher. *Antigonemodell 1948*. Redigiert v. Ruth Berlau (Versuche
34). Berlin 1949.

256 – *Die Antigone des Sophokles*. Materialien zur *Antigone*. Zusammengestellt v. Werner Hecht. Frankfurt/M. 1965. [K⁺ S. 357f.]

257 Brechts *Tage der Commune*. Hrsg. v. Wolf Siegert. suhrkamp taschenbuch
materialien. Frankfurt/M. 1983.

258 *Bertolt Brechts Taschenpostille*. Mit Anleitungen, Gesangsnoten und einem
Anhange. Berlin/Weimar 1978.

259 *Bertolt Brechts Hauspostille*. Mit Anleitungen, Gesangsnoten und einem
Anhange. Faksimile-Drucke deutscher Literatur. Hrsg. mit einem Beiheft
v. Klaus Schuhmann. Frankfurt/M. 1970. [K⁺ S. 73]

260 Bertolt Brecht. *Hundert Gedichte*. Hrsg. v. Wieland Herzfelde. Berlin/Wei-
mar 1951.

261 Bertolt Brecht. *Kriegsfibel*. Berlin 1955.

262 Bertolt Brecht. Gedichte für Städtebewohner. Hrsg. v. F. Buono. Frankfurt/
M. 1980. [K⁺ S. 82]

263 Brechts Gedichte über die Liebe. Ausgewählt v. Werner Hecht. Frankfurt/
M. 1982.

264 Bertolt Brecht. *Über Lyrik*. Hrsg. v. Elisabeth Hauptmann u. Rosemarie
Hill. Frankfurt/M. 1964.

265 *Bertolt Brechts Dreigroschenbuch*. Texte, Materialien, Dokumente. Hrsg.
v. Siegfried Unseld. 2 Bde. Frankfurt/M. 1973.

266 Brechts Romane. Hrsg. v. Wolfgang Jeske. suhrkamp taschenbuch materialien. Frankfurt/M. 1984. [K⁺ S. 185]

267 – *Kuhle Wampe*. Protokoll des Films und Materialien. Ediert v. Wolfgang
Gersch und Werner Hecht. Frankfurt/M. 1969.

268 Brecht im Gespräch. Diskussionen, Dialoge, Interviews. Hrsg. v. Werner
Hecht. Frankfurt/M. 1975. [K⁺ S. 128].

3. Bibliographien

269 Nubel, Walter: Bertolt Brecht-Bibliographie. In: Sinn und Form. 2. Sonderheft Bertolt Brecht. Berlin 1957, S. 479–623. [Nubels (kommentierte)
Bibliographie gilt als Standardwerk, dem sich spätere Auswahlbibliogra-
phien (Grimm, Petersen u.a.) verpflichtet wissen. Nubels Zusammenstellung setzt das bibliographische Verzeichnis von G. Nellhaus (SuF Sonderheft Bert Brecht I) fort. Sie erfaßt einen Zeitraum von annähernd 30
Jahren von der Mitte der 20er Jahre bis zum Tode Brechts, verzeichnet
schwerpunktmäßig die seit Brechts Rückkehr aus dem Exil erschienene

Literatur und ist durch den Nachweis entlegener Quellen und Zeugnisse auch der heutigen Brecht-Forschung namentlich für die Darstellung der Wirkungsgeschichte unentbehrlich.]

270 Petersen, Klaus-Dietrich: Bertolt-Brecht-Bibliographie. Bad Homburg/Berlin/Zürich 1968. [Früher bio-bibliographischer Versuch. Unvollständiges, unsystematisches und inkonsequent notiertes Bücherverzeichnis. Überholt.]

271 Grimm, Reinhold: Bertolt Brecht. Stuttgart 1961, ^{2}1963. 3. völlig neubearbeitete Aufl. 1971 (Sammlung Metzler). [Materialiensammlung zu Leben und Werk Brechts mit ausführlichen Hinweisen zu Problemen und Aufgaben der Brecht-Forschung. Wegen des gewaltigen Anschwellens der Brecht-Literatur liegt der Hauptakzent der 3. Auflage bei der bibliographischen Erfassung und Aufschlüsselung der Forschungsbeiträge. Detaillierte Einzelnachweise, wenngleich nicht mühelos zu benutzen. Für die ältere Forschung ein unentbehrliches Hilfsmittel.]

272 Ramthun, Herta: Bertolt-Brecht-Archiv. Bestandsverzeichnis des literarischen Nachlasses.

1. Stücke Berlin/Weimar 1969.

2. Gedichte 1970.

3. Prosa, Filmtexte, Schriften 1972.

4. Gespräche, Notate, Arbeitsmaterialien 1973.

273 Seidel, Gerhard: Bibliographie Bertolt Brecht. Titelverzeichnis. Bd. 1, Berlin 1975.

274 Bock, Stephan: Brecht, Bertolt. Auswahl- und Ergänzungsbibliographie. Bochum 1979. [Ergänzungsbibliographie vor allem zu Grimm (L$^+$ 271). Unvollständig, vielfach willkürlich, unzuverlässig.].

4. Biographisches

275 Anders, Günther: Brecht-Porträt. Tagebuch-Aufzeichnungen Santa Monica. 1942/43. In: Merkur 11/1957, S. 838–847. [Tagebuchaufzeichnungen aus Santa Monica über Gespräche mit Brecht. A. entwickelt den experimentellen Status des epischen Theaters und die Theorie des Zeigens aus der Analogie zum naturwissenschaftlichen Experiment, wobei die dialogisch experimentierende Vermittlungsform des Gesprächs Anordnung und Verlauf des Theaterexperiments modellartig abbildet und von Brecht auf den Begriff gebracht wird. Demgegenüber haben die übrigen Gedanken und Erinnerungen mehr essayistischen Charakter. In der Erörterung der Rechtmäßigkeit von Moralbegriffen wird Brecht von Anders als „schiefgewickelter Theologe" bezeichnet.]

276 Fassmann, Kurt: Brecht. Eine Bildbiographie. München 1958. [Flüssig geschriebene und durch geschickt ausgewähltes Bildmaterial gut ausgestattete Bildmonographie, die aus vielen Quellen schöpft (Brecht, Bronnen, Feuchtwanger, Fischer u.a.) und mit der Betonung der Einheit von Politik und Dichtung im Werk des Dichters zu den repräsentativen Beispielen ‚rettender' Darstellung am Ende der 50er Jahre gehört. Problema-

tisch erscheint der Versuch, ausgehend von der Biographie durch deutende Hinweise den Zusammenhang von Leben und Werk zu belegen. Interessant durch kontextuelle Informationen, etwa zur Berliner Theatersituation der 20er Jahre. Zeittafel, Bilderverzeichnis, Personenregister.]

277   Kesting, Marianne: Bertolt Brecht in Selbstzeugnissen und Bilddokumen-
ten. Reinbek 1959, [12]1968. [Kestings 1959 erstmals veröffentlichte Mo-
nographie gilt vom Standpunkt gesicherter Forschungsergebnisse als
„fehlerhaft und einseitig" (Knopf), hat aber angesichts der seinerzeit
noch unvollkommen erschlossenen oder unzugänglichen Quellen und
der durch Polemik und Ressentiment verzerrten Darstellung von Leben
und Werk Brechts den Rang einer Pionierleistung, deren Breitenwirkung
maßgeblich zu einer gerechteren Einschätzung des Autors beitrug. Doku-
mentarischer und bibliographischer Anhang von Paul Raabe. Neubearbeitung der Bibliographie durch Helmut Riege und Manfred Nigbur
(1972). Namenregister.]

278   Bronnen, Arnolt: Tage mit Bertolt Brecht. Die Geschichte einer unvollendeten Freundschaft. München 1960. [Aufschlußreiche Darstellung einer
frühen Arbeitsbeziehung des Stückeschreibers, deren Schwerpunkt allerdings weniger in der gemeinsamen Produktion als in der ebenso skan-
dalträchtigen wie öffentlichkeitswirksamen Selbstinszenierung der beiden jungen Autoren im Berlin der frühen zwanziger Jahre liegt.]

279   Anders, Günther: Bert Brecht. Gespräche und Erinnerungen. Zürich 1962.
[Inhaltlich mit L[+] 275 übereinstimmend. Interessanter durch die mitgeteilten Reflexionen über das epische Theater als durch die eigenen Beobachtungen und Anmerkungen des Verf. zu den Themen der „Rechtmäßigkeit der Verwendung von Moralbegriffen" und der Verwendung des
Wortes „Freundlichkeit".]

280   Münsterer, Hans Otto: Bert Brecht. Erinnerungen aus den Jahren
1917–1922. Berlin 1966. [Verbesserter Neudruck des zuerst 1963 in
Zürich erschienenen Erinnerungsberichts des Brecht-Freundes. Enthält
wertvolle Details über die Entstehung früher Werke (besonders *Baal*,
Trommeln). Schildert die gerade für die Lyrik-Produktion des jungen
Brecht aufschlußreiche Atmosphäre der Augsburger und Münchner Zeit.
Faksimiles und photographische Dokumente.]

281   Sternberg, Fritz: Der Dichter und die Ratio. Erinnerungen an Bertolt
Brecht. Göttingen 1963. [Erinnerungsbericht des zu Unrecht vergessenen
Soziologen S., der dem Stückeschreiber als einer seiner ‚Lehrer' galt.
Unentbehrliches Zeugnis für die gesellschaftswissenschaftliche Wendung
Brechts und damit für die Formationsphase des episch-dialektischen
Theaters.]

282   Bunge, Hans Joachim/Hecht, Werner/Rülicke-Weiler, Käthe: Bertolt
Brecht. Sein Leben und Werk. Berlin 1969.

283   Bunge, Hans: Fragen Sie mehr über Brecht. Hanns Eisler im Gespräch.
Nachwort v. Stephan Hermlin. München 1970. [Tonbandaufzeichnun-
gen von Gesprächen, die Brechts Assistent B. mit dem marxistischen
Komponisten von 1958 bis 1962 führte. Informativ durch Einblicke in
die Arbeitsweise des Stückeschreibers, die Eisler in langjähriger Zusam-

menarbeit gewinnen konnte. Wichtige Details über die Entstehung einer Reihe von Stücken, Gedichten und Erzählungen. Namen- und Werkregister.]

284 Völker, Klaus: Brecht-Chronik. Daten zu Leben und Werk. München 1971, ²1973. [Materialsammlung und Vorarbeiten für eine Brecht-Biographie. V. hat eine Fülle neuer Daten ermittelt, mußte aber verschiedene Quellen aus Gründen des Urheberrechts paraphrasieren. Daher gelegentlich mißverständlich.]

285 Frisch, Max: Erinnerungen an Brecht. In: Kursbuch 7/1966, S. 54–79. Auch in: MF, Tagebuch 1966–1971. Frankfurt/M. 1972, S. 24–44. [Anschauliche Schilderungen von Gesprächen mit Brecht als Mensch und als Theaterautor und Regisseur.]

286 Völker, Klaus: Bertolt Brecht. Eine Biographie. München 1976. [Die erste umfassende und relativ zuverlässige Biographie mit einer Reihe neuer, nicht immer überzeugender Werkanalysen und Darlegungen zur Theatertheorie und zur Regiepraxis. Die Rolle der Frauen in Brechts Leben, insbesondere die Beziehung zu Ruth Berlau, wird überakzentuiert.]

287 Frisch, Werner/Obermeier, K. W.: Brecht in Augsburg. Erinnerungen, Texte, Fotos. Frankfurt/M. 1976. [Materialreiche Dokumentation über die Kindheit und die Jugendjahre Brechts (bis 1921) auf der Grundlage einer Befragung von Zeitgenossen und Jugendfreunden sowie einer Publikation von Archivmaterialien und Dokumenten. Veröffentlichung bisher weitgehend unbekannter Texte Brechts aus seiner Jugendzeit. Zahlreiche Fotos und ein nützliches Register.]

288 Hecht, Werner: Bertolt Brecht. Sein Leben in Bildern und Texten. Frankfurt/M. 1978. [Ein ausnehmend schöner, von Willy Fleckhaus gestalteter Bildband zu Brechts 80. Geburtstag. H. hat eine Chronik aus zu einem großen Teil erstveröffentlichten Fotos und Faksimiles zu Leben, Werk und Arbeitsbedingungen zusammengestellt, sie durch Äußerungen Brechts aus Tagebüchern, Selbstdarstellungen und Briefen erläutert und im Anhang knapp durch Anmerkungen kommentiert. Der Band enthält eine Fülle neuer Informationen.]

289 Schumacher, Ernst und Renate: Leben Brechts in Wort und Bild. Berlin 1978. [Ein umfassender Bildband (775 Abbildungen) zu Leben, Werk und zeitgeschichtlichem Kontext Brechts mit 25 farbigen Reproduktionen von Bühnenbildentwürfen Caspar Nehers, Theo Ottos, Heinrich Kilgers und Karl von Appens. Sch. schildert die Stationen von Brechts Werdegang sowie seine Rezeption nach 1956 aus marxistischer Sicht.]

290 Lyon, James K.: Bertolt Brecht's American cicerone. With an appendix containing the complete correspondence between Bertolt Brecht and Ferdinand Reyher. Bonn 1978. [Materialreiche Darstellung der Freundschaft Brechts mit dem amerikanischen Schriftsteller Ferdinand Reyher. Aufschlußreiche Einsichten über Brechts Arbeit im amerikanischen Exil. Im Anhang erstmals der vollständige Briefwechsel zwischen Brecht und Reyher.]

291 Lyon, James K.: Das FBI als Literarhistoriker. Die Akte Bertolt Brecht. In: Akzente 27/1980, S. 362–383.

292 Lyon, James K.: Bertolt Brecht in Amerika. Frankfurt/M. 1984. [Eine umfassende biographische Darstellung von Brechts Leben und Arbeit im
amerikanischen Exil auf der Grundlage von Materialien und Selbstzeugnissen sowie einer großen Zahl von Interviews mit Zeitgenossen, denen
Brecht in den USA begegnete. Im Zentrum steht die von L. mit ‚kritischer
Sympathie' gewürdigte Persönlichkeit des Stückeschreibers. Neue Informationen über Lebens- und Arbeitsbedingungen sowie über die Überwachung durch das FBI und das Verhör vor dem MacCarthy-Ausschuß.]

5. Forschungsbericht

293 Knopf, Jan: Bertolt Brecht. Ein kritischer Forschungsbericht. Fragwürdiges
in der Brecht-Forschung. Frankfurt/M. 1974. [Polemisch-aggressive
Auseinandersetzung mit ausgewählten, von K. für ‚fragwürdig' erklärten
Positionen der Brecht-Forschung. Orientiert auf Probleme der Dialektik
(Verfremdung, Lehrstücktheorie, Realismusdebatte, Bedeutung Korschs,
Verhältnis zum Behaviorismus, Individuum/Gesellschaft) sowie des lyri-
schen Werks. K. unterläuft bewußt die gewohnte Form des Forschungs-
berichts, bevorzugt vernichtende Urteile.] [K⁺ S. 82]

6. Handbücher

294 Knopf, Jan: Brecht-Handbuch. Theater. Eine Ästhetik der Widersprüche.
Stuttgart 1980. [Die derzeit wichtigste Grundlageninformation zum dramatischen Werk. In Einzelartikeln zu allen Stücken, Fragmenten, Projekten und unveröffentlichten Fragmenten werden Daten zur Entstehung
und zum Text wiedergegeben, Analysen des Autors entwickelt und Deutungen der Forschung referiert, die wichtigsten Aufführungen bespro-
chen. Im zweiten Teil wird die Theatertheorie systematisch dargestellt.
Höchst eigenwillig ist der ‚hermeneutische' Ansatz: K. beansprucht eine
zeitbedingt objektive ästhetische Erkenntnis und uneingeschränkte Kompetenz. Demgemäß wählt er aus den Deutungen der Forschungsliteratur
selbstgewiß aus, ordnet die Ergebnisse seinen ‚objektiven' Analysen zu
und verschweigt, was er nicht akzeptiert: ein für ein Handbuch zumindest unübliches Verfahren. Im einzelnen oft neue und wichtige Ergebnisse. Ausführliche Register.]

295 Knopf, Jan: Brecht-Handbuch. Lyrik, Prosa, Schriften. Mit e. Anhang:
Film. Stuttgart 1984. [Ergänzt mit der Darstellung des lyrischen und
erzählerischen Werks, der Schriften zur Literatur, Kunst, Gesellschaft
und Philosophie und der medientheoretischen und -praktischen Arbeiten
die Grundlageninformation zum dramatischen Werk zu einer Gesamtdarstellung, die alle wesentlichen Aspekte des Werks erfaßt. Der erste
Teil gibt in chronologischer Form einen Überblick über das lyrische
Gesamtwerk. K. folgt dabei dem Trend der Forschung zur eingehenden
Behandlung der Struktur der lyrischen Zyklen und ihrer Historizität, die
das einzelne Gedicht nur zur exemplarischen, d.h., übertragbaren Darstellung der ästhetischen Verfahrensweisen des Autors heranzieht. Der

zweite Teil behandelt umfassend das erzählerische Werk und beansprucht hier die Richtlinienkompetenz für die Einschätzung der Forschungspositionen. Gemessen daran fällt die Würdigung der ‚Schriften‘ eher skizzenhaft aus. Verdienstvoll, auch in der problematischen Kürze, ist die Berücksichtigung des Mediums Film und der Medientheorie. Ausführliche Register, unter denen das Sachregister Hervorhebung verdient.]

296 Marsch, Edgar: Brecht-Kommentar zum lyrischen Werk. München 1974. [Erste auf der Basis der *werkausgabe* (Stand 1974) vollständige Einzelkommentierung der Brechtschen Gedichte mit Angaben über Entstehung, Druck, biographische Anlässe, Einflüsse, Anspielungen usw. Besonderes Gewicht ist auf den Nachweis thematisch-motivischer Querverweise gelegt. Zeittafel, Bibliographie, Gedichtregister. Sehr knappe, vielfach nicht überzeugende Einführungen. Im einzelnen oft unzuverlässig, teilweise schon überholt.]

297 Müller, Klaus-Detlef: Brecht-Kommentar zur erzählenden Prosa. München 1980. [Erste Gesamtdarstellung zu Brechts erzählender Prosa. Die Einleitung kennzeichnet die Bedeutung der Prosa im Werkganzen. Es folgen Einzelkommentare zu jedem in der *werkausgabe* (Bd. 11–14) veröffentlichten Text mit Angaben zur Entstehung, zu Quellen, Anregungen und Beziehungen, zur Forschungsliteratur, Einzelerläuterungen und Interpretationsvorschlägen. Zahlreiche neue Materialien aus dem Brecht-Archiv. Zeittafel, Bibliographie, Namen- und Werkregister.]

298 Völker, Klaus (unter Mitarbeit v. H. J. Pullem): Brecht-Kommentar zum dramatischen Werk. München 1983. [Die feuilletonistisch gehaltene ‚Einführung‘ beansprucht kühn, „die aktuellen Schwierigkeiten mit dem Stückeschreiber Brecht zu erläutern und sie unter dem Gesichtspunkt einer dem Autor entgegenkommenden Weise zu kritisieren oder umzudenken“. Die Aneinanderreihung werkbiographischer und wirkungsgeschichtlicher Details bleibt aber eine kohärente Darstellung von Theorie und Praxis des Stückeschreibers schuldig. Der ‚Kommentar‘ schwankt unentschieden zwischen Inhaltsangabe und bisweilen willkürlichem interpretatorischen Zugriff; sein Informationsgehalt ist eher gering. Die ‚Anmerkungen‘ beschränken sich auf allzu wenige Sacherläuterungen und Verweise. Als „praktikables Arbeitsinstrument“ unbrauchbar.]

7. Wichtige Sammelbände

299 Sinn und Form. 1. Sonderheft Bertolt Brecht. Berlin 1949. [Enthält neben einigen inzwischen klassischen Aufsätzen von Ihering, Hans Mayer und Niekisch sowie einer ersten Bibliographie von Nellhaus Erstdrucke des *Kleinen Organons für das Theater*, des *Kaukasischen Kreidekreises*, einiger Exilgedichte und des 2. Buches der *Geschäfte des Herrn Julius Cäsar*.]

300 Theaterarbeit. 6 Aufführungen des Berliner Ensembles. Dresden 1952/ Frankfurt/M. [2]1961. [Dokumentiert den Zusammenhang von Bearbei-

tungstechnik, Inszenierungspraxis und Probenarbeit. Die Aufführungen der folgenden Stücke werden behandelt und ausgewertet: *Herr Puntila und sein Knecht Matti, Die Mutter* und *Mutter Courage und ihre Kinder* von Brecht; *Der Hofmeister* von J. M. R. Lenz und *Biberpelz und roter Hahn* von G. Hauptmann in der Bearbeitung von Brecht; *Wassa Schelesnowa* von Maxim Gorki. Beiträge von Brecht, darunter Erstveröffentlichungen (Gedichte und Reden aus dem *Messingkauf*, Reden, Briefe, Gespräche, Szenenbeschreibungen) und Beiträge der Mitarbeiter und Freunde. Ungefähr 500 Abbildungen, darunter 23 mehrfarbige Bühnenskizzen von Caspar Neher.]

301 Sinn und Form. 2. Sonderheft Bertolt Brecht. Berlin 1957. [Enthält neben Erinnerungen und Aufsätzen sowie der Bibliographie von Nubel zahlreiche Erstveröffentlichungen, u. a. *Der aufhaltsame Aufstieg des Arturo Ui*, das erste Kapitel der *Flüchtlingsgespräche*, das 3. Buch der *Geschäfte des Herrn Julius Cäsar, Geschichten vom Herrn Keuner* und Gedichte (darunter *Buckower Elegien*).]
     alternative

302 41/1965: Karl Korsch – Lehrer Bertolt Brechts [K⁺ S. 203];

303 78–79/1971: Große und kleine Pädagogik. Brechts Modell der Lehrstücke;

304 87/1972: Eisler. Brecht. Verhöre vor dem Ausschuß für unamerikanische Tätigkeit;

305 91/1973: Brecht-Materialien I: Zur Lehrstück-Diskussion;

306 93/1973: Brecht-Materialien II: Zur Rezeption in der BRD;

307 105/1975: Brecht/Korsch-Diskussion [K⁺ S. 203].

308 Brecht-Dialog 1968. Politik auf dem Theater. Hrsg. v. Werner Hecht. Berlin 1968/München 1969.

309 Brecht heute. Brecht today. Jb. d. Internationalen Brecht-Ges. 1/1971, 2/1972, 3/1973. Frankfurt/M.

310 Text und Kritik. Sonderbände Bertolt Brecht I und II. München 1972, ²1978; 1973.

311 Brecht 73. Brecht-Woche der DDR. Hrsg. v. Werner Hecht. Berlin 1973.

312 Brecht-Diskussion. Hrsg. v. Joachim Dyck/Heinrich Gossler/Jan Knopf et al. Kronsberg 1974. [Selbständige und unabhängig voneinander entstandene Beiträge zu einem Versuch, „mit und an Brecht Ideologiekritik historisch zu betreiben".]

313 Brecht-Jahrbuch 1974–1980. Hrsg. v. J. Fuegi/R. Grimm/J. Hermand. Frankfurt/M.

314 Brechts Tui-Kritik. Aufsätze, Rezensionen, Geschichten. Argument-Sonderband 11. Karlsruhe 1976. [Der Band hat den zuvor wenig beachteten Komplex der Tui-Kritik als Teil des eingreifenden Denkens in die Brecht-Diskussion eingebracht.]

315 Wer war Brecht? Wandlung und Entwicklung der Ansichten über Brecht. Sinn und Form. Hrsg. v. Werner Mittenzwei. Berlin 1977. [Wiederabdruck von 39, vor allem in *Sinn und Form* veröffentlichten DDR-Beiträgen zur Brecht-Forschung. Instruktiver Überblick über die wechselnden Einschätzungen im Zeichen des Formalismus-Streits, der Realismus-Dis-

kussion und der Klassik-Debatte. Wichtiger Quellenband zur Brecht-Rezeption in der DDR.]

316 Brecht 78. Brecht-Dialog. Kunst und Politik. Hrsg. v. Karl-Claus Hahn. Berlin 1979.

317 Zu Bertolt Brecht. Parabel und episches Theater. Hrsg. v. Theo Buck. Stuttgart 1979, ²1983. [Sammelband ausgewählter, zuvor schon publizierter Arbeiten zu Theorie und Praxis des epischen Theaters, Modellinterpretationen zu den Parabelstücken und Auseinandersetzungen mit der Parabelform. Weiterführende Bibliographie.]

318 Aktualisierung Brechts. Hrsg. v. Wolfgang Fritz Haug/Klaus Pierwoss/Karen Ruoff. Argument-Sonderband 50. Berlin 1980. [Beiträge zu einer „Fehlerkritik" und schöpferischen Erneuerung der „brechtschen linie" als Widerspruch zur „Brecht-Müdigkeit".] [K⁺ S. 317]

319 bertolt brecht, Political Theory and Literary Practice. Ed. by Betty Nance Weber/Hubert Heinen. Athens 1980. [Publikationen der meisten (überarbeiteten) Vorträge des 4. Kongresses der Internationalen Brecht-Gesellschaft in Austin/Texas 1976.]

320 Brecht 81. Brecht in sozialistischen Ländern. Dokumentation. Berlin 1981.

321 Koopmann, Helmut/Stammen, Theo (Hrsg.): Bertolt Brecht – Aspekte seines Werkes, Spuren seiner Wirkung. München 1983.

322 Hinderer, Walter (Hrsg.): Brechts Dramen. Neue Interpretationen. Stuttgart 1984. [Sammelband mit zehn Einzelinterpretationen, fünf zusammenfassenden Darstellungen (zu den Einaktern, den Opern, den Lehrstücken, den antifaschistischen Dramen und den Bearbeitungen), einem Essay zur Theater- und Dramentheorie, Daten zu Leben und Werk und Auswahlbibliographie (letztere nicht fehlerfrei). Hrsg. versteht den Band als Angebot zu erneuter Auseinandersetzung jenseits unkritischer Überschätzung und kritikscheuer ‚Brecht-Müdigkeit'.] [K⁺ S. 336]

8. Spezielle Forschungsliteratur

323 Adorno, Theodor W.: Engagement. In: TWA, Noten zur Literatur III. Frankfurt/M. 1965, S. 109–155.

324 Benjamin, Walter: Versuche über Brecht. Hrsg. und mit einem Nachwort von Rolf Tiedemann. Frankfurt/M. 1966. [K⁺ S. 82, 185] [Darin u.a. Kommentare zu Gedichten von Brecht (S. 49–83): Schon in den 30er Jahren versucht B., Brechts Gedichte als „klassische Texte" zu lesen. Er zeigt an ausgewählten Beispielen, daß auch rein lyrische Texte politische Inhalte haben. Die Form des ‚Kommentars' ist methodisch grundlegend.]

325 Best, Otto F.: „Epischer Roman" und „Dramatischer Roman". Einige Überlegungen zum Frühwerk von Alfred Döblin und Bert Brecht. In: GRMNF 22/1972, S. 281–309.

326 Birkenhauer, Klaus: Die eigenrhythmische Lyrik Brechts. Theorie eines kommunikativen Sprachstils. Tübingen 1971. [Problematischer Versuch, die „Theorie eines kommunikativen Sprachstils" aus der Erörte-

rung von Sachverhalten kompliziert zu entwickeln, die Brecht einfach erklärt *(Über reimlose Lyrik mit unregelmäßigen Rhythmen)*. Verzeichnungen. Kolometrische Analyse ausgewählter Gedichte.]

327 Bock, Sigrid: Roman im Exil. Entstehungsbedingungen. Wirkungsabsichten und Wirkungsmöglichkeiten. In: Erfahrung Exil. Antifaschistische Romane 1933–1945. Analysen. Hrsg. v. S. Bock u. M. Hahn. Berlin/Weimar 1979, S. 7–53.

328 Böckmann, Paul: Provokation und Dialektik in der Dramatik Bert Brechts. Krefeld 1961.

329 Bohnert, Christiane: Brechts Lyrik im Kontext. Zyklen und Exil. Königstein/Ts. 1982. [Umfassende Untersuchung der Gedichtzyklen, beginnend mit der *Taschenpostille/Hauspostille*, unter Berücksichtigung der veröffentlichten oder projektierten Zyklen nach Krieg und Rückkehr aus dem Exil (ausschließlich der *Buckower Elegien*), mit Schwerpunktsetzung auf die Zyklen des Exils *(Lieder, Gedichte, Chöre; Svendborger Gedichte)*. Unter begründetem Verzicht auf Einzelinterpretationen eine fundamentale Untersuchung der Entstehung lyrischer Zyklen aus den historisch-gesellschaftlichen Kontexten und den Funktionen ihres ‚Gebrauchswerts‘. Überzeugende Abhebung des marxistischen Zyklusverständnisses von der Folie des bürgerlichen Zyklusbegriffs. Eine Fülle zuverlässig recherchierter Daten, notwendiger Korrekturen, Ansätze, die der Forschung neue Orientierungen vermitteln.]

330 Boie-Grotz, Kirsten: Brecht – der unbekannte Erzähler. Die Prosa 1913–1934. Stuttgart 1978. [Deutet die frühe Prosa als Übungsfeld der Selbstfindung zunächst im autobiographischen Sinne, dann in der Einstellung auf den literarischen Markt. Trotz dieses verengenden Ansatzes gute und materialreiche Einzelanalysen.]

331 Bormanns, Peter: Über 3 Gedichte Bertolt Brechts zum Thema der Nachgeborenen. In: Revue des Langues Vivantes 45/1979, S. 54–63.

332 Brandt, Helmut: Zur Erneuerung des Erzählens in den Geschichten Bertolt Brechts. In: Erzählte Welt. Studien zur Epik des 20. Jahrhunderts. Hrsg. von H. Brandt u. N. Kakabadse. Berlin/Weimar 1978, S. 169–209.

333 Brandt, Thomas O.: Die Vieldeutigkeit Bertolt Brechts. Heidelberg 1968.

334 Brüggemann, Heinz: Theodor W. Adornos Kritik an der literarischen Theorie und Praxis Bertolt Brechts. Negative Dialektik des ‚autonomen‘ Werks oder kultur-revolutionäre Fundierung der Kunst auf Politik. In: alternative 84–85/1972, S. 137–149.

335 – Literarische Technik und soziale Revolution. Versuche über das Verhältnis von Kunstproduktion, Marxismus und literarischer Tradition in den theoretischen Schriften Bertolt Brechts. Reinbek 1973. [Engagierte Untersuchung der politisch-ästhetischen Theorie Brechts. Breite Rekonstruktion der Marxismusrezeption (Korsch, Benjamin) des Stückeschreibers. Historisch weit ausgreifende Erörterung der Traditions- und Erbeproblematik (Hegel, Heine, Bloch, Expressionismusdebatte). Das Fehlen einer klaren Argumentationsstruktur verstärkt die Tendenz zu einem unkritischen, zuweilen bekenntnishaft ausgreifenden theoretischen Eklektizismus.]

336 – Bert Brecht und Karl Korsch: Fragen nach Lebendigem und Totem im Marxismus. In: Jahrbuch der Arbeiterbewegung. Hrsg. v. C. Pozzoli. Bd. 1: Über Karl Korsch. Frankfurt/M. 1973, S. 177–188.

337 Buck, Theo: Brecht und Diderot oder Über Schwierigkeiten der Rationalität in Deutschland. Tübingen 1971.

338 Buono, Franco: Zur Prosa Brechts. Frankfurt/M. 1973. [K⁺ S. 186]

339 Charbon, Rémy: Die Naturwissenschaften im modernen deutschen Drama. Zürich/München 1974.

340 Claas, Herbert: Bertolt Brechts Schreibweisen der Wahrheit. In: Antifaschistische Literatur. Programme, Autoren, Werke. Hrsg. v. L. Winckler. Kronberg/Ts. 1977. Bd. 2, S. 101–124.

341 Claas, Herbert: Die politische Ästhetik Bertolt Brechts. Vom *Baal* zum *Caesar*. Frankfurt/M. 1977. [Der kursorischen Darstellung materialistischer Elemente im Frühwerk und der Genese dialektischer Theoriebildung bei Brecht folgt eine interessante Untersuchung der Exilproduktion (*Fünf Schwierigkeiten, Deutsche Satiren*) und eine gründliche Analyse des *Cäsar*-Romanfragments. Reicher Materialanhang enthält unveröffentlichte Texte zum *Cäsar*.]

342 Dahmer, Helmut: Bertolt Brecht und der Stalinismus. (Rez.) In: C. Pozzoli (Hrsg.), Jahrbuch der Arbeiterbewegung. Bd. 1, Frankfurt/M. 1973, S. 349–356.

343 Dickson, Keith A.: Towards Utopia. A Study of Brecht. Fair Lawn, New Jersey 1979.

344 Dort, Bernard: Lecture de Brecht. Paris 1960. [Darstellung der inneren Entwicklung des Brechtschen Schaffens und der Struktur seines Werks. Vorzügliche, immer noch lesenswerte Einzelwerkanalyse und eine zuverlässige Bibliographie der französischen Forschungsliteratur bis 1960.]

345 Eckhardt, Juliane: Das epische Theater (Erträge der Forschung). Darmstadt 1983. [Darstellung der ‚Diskussion‘ um Brechts episches Theater nach 1945 (Parteilichkeit, Verfremdung, Lehrstück). Überblick über ‚historische Vorläufer‘ des epischen Theaters (von der Antike bis zum bürgerlichen Drama), wobei Bezug zum begrifflich nicht klar umgrenzten Gegenstand tendenziell verloren geht. Dramatik in der Nachfolge Brechts.]

346 Ehrlich, Lothar: Zur Tradition des epischen Theaters. Brecht und Grabbe. In: Weimarer Beiträge 24/1978, 2, S. 148–160.

347 Ekmann, Björn: Gesellschaft und Gewissen. Die sozialen und moralischen Anschauungen Bertolt Brechts und ihre Bedeutung für seine Dichtung. Kopenhagen 1969. [Vulgärpsychologische Warnung vor dem „erzromantischen narzißtischen Träumer“ Brecht, der sein Heil in der „blutigen Härte der marxistischen Lehre“ gesucht habe und dessen Werk ein Monument der Inhumanität sei. Im Durchgang durch das Werk werden ‚Belege‘ für diese eifernde These gesucht.]

348 Engberg, Harald: Brecht auf Fünen. Exil in Dänemark 1933–1939. Wuppertal 1974 (zuerst auf dänisch, Odense 1966). [Materialreiche Darstellung zu Brechts Biographie im dänischen Exil, zu seinen hier entstandenen literarischen Arbeiten und zur Rezeption in Dänemark. Die Werk-

analysen sind schlicht und unwissenschaftlich. Unbefriedigende Übersetzung.]

349 Esslin, Martin: Brecht. Das Paradox des politischen Dichters. München 1970. [Seinerzeit vielbeachteter Versuch, zwischen dem Dichter und dem politischen Autor Brecht zu unterscheiden: die politische Haltung wird psychologisierend als rationale Kontrolle der anarchistisch-nihilistischen Produktivität gedeutet. Die Arbeit hat genauere Analysen der Bedeutung der marxistischen Voraussetzungen des Brechtschen Werks provoziert.]

350 Ewen, Frederic: Bertolt Brecht. Sein Leben, sein Werk, seine Zeit. Frankfurt/M. 1973.

351 Fischbach, Fred: L'Evolution de Bertolt Brecht de 1913 à 1933. Villeneuve d'Ascq (Lille) 1976.

352 Fradkin, Ilja: Bertolt Brecht. Weg und Methode. Frankfurt/M. 1974.

353 Fuegi, John: The essential Brecht. Los Angeles 1972.

354 Giese, Peter Christian: Das ,Gesellschaftlich-Komische'. Zu Komik und Komödie am Beispiel der Stücke und Bearbeitungen Brechts. Stuttgart 1974. [Grundlegende Untersuchung zum Komödienbegriff Brechts, die die marxistische Kategorie des ,Gesellschaftlich-Komischen' auch an den Einaktern und Komödien des vormarxistischen Brecht darstellt (z.B. *Trommeln in der Nacht, Mann ist Mann*), die Intention der Gattung Komödie mit Hilfe der Begriffe ,Kritik' und ,Utopie' bestimmt und das Verhältnis von Komödie und Bearbeitung durch Historisierung am Beispiel der Bearbeitungen des *Dom Juan* und des *Hofmeisters* klärt. Die Deutung der ,Deutschen Misere' als ,Leitmotiv' von Komik und Komödie bei Brecht verdankt der Arbeit H. Mayers (L 406) Anregungen.] [K+ S. 99]

355 Gnüg, Hiltrud: Gespräch über Bäume. Zur Brecht-Rezeption in der modernen Lyrik. In: Basis 7/1977, S. 89–117; 235–237.

356 Grimm, Reinhold: Bertolt Brecht. Die Struktur seines Werkes. Nürnberg 1959, ⁵1968. [Pionierarbeit der Brecht-Philologie. Versucht die Gesamt-„Struktur" (?) des Werks mit dem Prinzip der Verfremdung zu erfassen. Exemplarisches Vorgehen fördert eine große Zahl sprachlich-dramaturgischer Verfremdungstechniken zutage, greift aber in Begründung und Bestimmung der Verfremdung zu kurz.]

357 – Brechts Anfänge. In: W. Paulsen (Hrsg.), Aspekte des Expressionismus. Heidelberg 1968, S. 133–153. Auch in: RG, Brecht und Nietzsche (L+ 360), S. 55–76.

358 – Marxistische Emblematik. Zu Bertolt Brechts *Kriegsfibel*. In: Wissenschaft als Dialog. Studien zur Literatur und Kunst seit der Jahrhundertwende. Hrsg. v. R. v. Heydebrand und K. G. Just. Stuttgart 1969, S. 351–379 und S. 518–524. Auch in: RG, Brecht und Nietzsche (L+ 360), S. 106–137.

359 – Nach dem Naturalismus. Essays zur modernen Dramatik. Königstein 1978.

360 – Brecht und Nietzsche oder Geständnisse eines Dichters. Fünf Essays und ein Bruchstück. Frankfurt/M. 1979. [G. stellt die vor allem für das Frühwerk bedeutsame nihilistische Orientierung Brechts auf eine neue

Grundlage, indem er verschwiegene, positiv kaum nachweisbare Beziehungen zum Werk Nietzsches in eindrucksvoller Zahl und Dichte aufzeigt. Provozierend ist die in verschiedenen Zusammenhängen entwickelte These eines Zusammenhangs von christlichem Erbe und marxistischer Weltanschauung für Brechts Dichtertum.]

361 Haas, Willy: Bert Brecht. Berlin 1958, ²1960.

362 Hauptmann, Elisabeth: Notizen über Brechts Arbeit 1926. In: SuF. 2. Sonderheft Bertolt Brecht. Berlin 1957, S. 241–243.

363 Hammer, John C.: Brecht and the Intellectuals. In: German Life and Letters 29/1975, S. 382–388.

364 Hecht, Werner: Brechts Weg zum epischen Theater. Beitrag zur Entwicklung des epischen Theaters 1918 bis 1933. Berlin 1962. [Grundlegende Studie, die die Entwicklung des episch-dialektischen Theaters im Rahmen dreier unterschiedlicher ‚Phasen‘ rekonstruiert. Problematisch ist die Teleologie des Vorgehens, das durch Konzentration auf *eine* politisch-ästhetische Strategie die Lehrstücke, die Opern und das soziologische Experiment systematisch unterschätzt.]

365 – Sieben Studien über Brecht. Frankfurt/M. 1972.

366 – Brecht. Vielseitige Betrachtungen. Berlin 1978.

367 Heeg, Günther: Die Wendung zur Geschichte. Konstitutionsprobleme antifaschistischer Literatur im Exil. Stuttgart 1977.

368 Heidsieck, Arnold: Das Groteske und das Absurde im modernen Drama. Stuttgart 1969. [Versuch einer Formbestimmung grotesker Stilmittel in der avantgardistischen Dramatik in systematischer Abgrenzung gegen das Absurde: das Groteske als zeitgemäße, realistische Kunstform. Versteht das *Dickicht* als Vorform des absurden Theaters. Dagegen beginne mit *Mann ist Mann* Brechts folgenreiche Entdeckung der Möglichkeiten grotesker Darstellung.]

369 Heinrich, Klaus: Versuch über die Schwierigkeit Nein zu sagen. Frankfurt/M. 1964.

370 Hermand, Jost: Utopisches bei Brecht. In: Brecht-Jahrbuch 1974, S. 9–33.

371 Hermsdorf, Klaus: Brechts Prosa im Exil. In: Weimarer Beiträge 24/1978, 2, S. 30–42.

372 Herrmann, Hans Peter: Von *Baal* zur *Heiligen Johanna der Schlachthöfe*. Die dramatische Produktion des jungen Brecht als Ort gesellschaftlicher Erfahrung. In: Poetica 5/1972, S. 191–211. [Vorstudie einer geplanten größeren Untersuchung, die ‚Erfahrungsschritte‘ des jungen Brecht an den Dramen herausarbeitet, kritisch reflektiert und zu modellieren versucht. Kritik an den Unzulänglichkeiten und der Unangemessenheit vorwissenschaftlicher bürgerlicher ‚Entfaltungs- und Kontrastmodelle‘ (Grimm, Esslin). Bezugnahme auf das marxistische ‚Erfüllungsmodell‘ Schumachers, um daraus das ‚Lernmodell‘ zu entwickeln und durch analytische Anwendung zu überprüfen.]

373 – Wirklichkeit und Ideologie. Brechts *Heilige Johanna der Schlachthöfe* als Lehrstück bürgerlicher Praxis im Klassenkampf. In: Dyck u. a., Brechtdiskussion. Kronberg 1974, S. 52–120. [Maßgebliche Deutung einer verfehlten Rezeption des Dramas. Faßt die Intention des Stücks in die The-

se, Brecht habe an den falschen Erwartungen des bürgerlichen Theater-
publikums bewußt angeknüpft, um sie zu unterlaufen und zu destru-
ieren. Belegt die Diskrepanz von bürgerlicher Ideologie und tatsächlicher
semantischer Struktur an 120 repräsentativen Zeugnissen der Rezeption
(nach 1959).]

374 Heselhaus, Clemens: Brechts Verfremdung der Lyrik. In: Wolfgang Iser
(Hrsg.), Immanente Ästhetik, ästhetische Reflexion. Lyrik als Paradigma
der Moderne. Poetik und Hermeneutik Bd. 2, München 1966,
S. 307–326. [Problematischer Versuch der Übertragung des theatertheoretischen Begriffs auf Techniken der Infragestellung der ‚Stimmungslyrik‘ (‚Parodie‘, ‚Satire‘ und ‚entstellende Zitate‘). Exemplarische Darstellung von Verfremdungseffekten (V-Effekten) „in der lyrischen Sprachform" (‚verfremdete Metaphorik‘; ‚emblematische Vereinfachung‘;
‚rhythmische Verfremdung‘), die, gemessen an der Funktionsbestimmung: ‚Verfremdung als Medium der Belehrung‘, unergiebig ist. Hinweise auf die Sprachform der *Deutschen Satiren*. Unreflektierte Wertungen.]

375 Hill, Claude: Bertolt Brecht. München 1978. [Gut lesbare Einführung für
nicht-spezialisierte Leser. Passagenweise anspruchsvoll.]

376 Hinck, Walter: Die Dramaturgie des späten Brecht. Göttingen 1959,
⁴1966. [Das Buch bezeichnet eine entscheidende Wende in der Brechtforschung. H. beschreibt die Brechtsche Verfahrensweise als ‚offene Dramaturgie‘, ordnet diesen Formtypus in die Geschichte der dramatischen
Gattung ein (vom Lehrtheater des 16. und 17. Jahrhunderts und der
commedia dell'arte bis zu Wilder und Claudel), analysiert Stückaufbau,
Publikumsbezug und Spielweise und verdeutlicht den gesellschaftskritischen Anspruch. Erstmals sind damit Kategorien für ein intentionales
Verständnis entwickelt, allerdings bezogen auf die Parabelstücke.]

377 – Bertolt Brecht. In: Deutsche Literatur im 20. Jahrhundert. Heidelberg
⁴1961, Bd. 2, S. 323–344.

378 – Die deutsche Ballade von Bürger bis Brecht. Kritik und Versuch einer
Neuorientierung. Göttingen 1968.

379 – Das moderne Drama in Deutschland. Vom expressionistischen zum dokumentarischen Theater. Göttingen 1973. [Knapper und prägnanter
Überblick über die Haupttendenzen des modernen, vornehmlich des gesellschaftskritischen Dramas vom Expressionismus bis zur Gegenwart.]

380 – (Hrsg.): Ausgewählte Gedichte Brechts mit Interpretationen. Frankfurt/
M. 1978. [Reizvoll durch den hohen Anteil von Beiträgen erklärter und
germanistisch-verhinderter Poeten. Anregende und fundierte Beiträge
von Bödeker, Gnüg, Hermand, Hinck, Jens, Segebrecht, Ueding und
Weinrich. Schwerpunkt auf Lyrik des Exils und später Lyrik (*Buckower
Elegien*). Gute Auswahlbibliographie (Bödeker).] [K⁺ S. 317]

381 Holthusen, Hans Egon: Versuch über Brecht. In: HEH, Kritisches Verstehen. München 1961, S. 7–137.

382 Ihering, Herbert: Bert Brecht hat das dichterische Antlitz Deutschlands
verändert. Gesammelte Kritiken zum Theater Brechts. Hrsg. v. Klaus
Völker. München 1980. [Sammlung von Theaterkritiken, Reden, Vor-
trägen und Aufsätzen des verständnisvollsten Brecht-Rezensenten, dem

Hrsg. zu Recht produktiven Einfluß auf das Theater zuschreibt. Ein wichtiges Rezeptionszeugnis.]

383 Jendreiek, Helmut: Bertolt Brecht. Drama der Veränderung. Düsseldorf 1969. [Faßt den seinerzeit aktuellen Kenntnisstand zum episch-dialektischen Theater zusammen und grenzt die Brechtsche Dramaturgie gegen das aristotelisch-lessingsche Drama ab. Eingehende Analysen von *Die heilige Johanna der Schlachthöfe, Mutter Courage, Der gute Mensch von Sezuan, Galilei, Der kaukasische Kreidekreis.*]

384 Jens, Walter: Poesie und Doktrin, Bertolt Brecht. In: WJ, Statt einer Literaturgeschichte. Pfullingen 1957, ⁵1965, S. 159–192.

385 – Gelegenheitsdichtung des jungen Brecht. In: Stimmen der Zeit 10/1958, S. 276–289.

386 – Der Lyriker Brecht. In: WJ, Zueignungen. 12 literarische Porträts. München 1962, S. 18–30.

387 Jeske, Wolfgang: Bertolt Brechts Poetik des Romans. Frankfurt/M. 1984. [Entwickelt Brechts von der vorgefundenen Tradition abweichende Romanpoetik und verdeutlicht sie an den Romanen und Romanfragmenten. Durch die intensive und materialreiche Darstellung von Entstehungs- und Fassungsgeschichte, Quellen und Anregungen ergeben sich gesicherte Erkenntnisse über Brechts Produktionsweise.]

388 Kaufmann, Hans: Brecht, die Entfremdung und die Liebe. Zur Gestaltung der Geschlechterbeziehungen im Werk Bertolt Brechts. In: Weimarer Beiträge 11/1965, S. 84–101.

389 Kesting, Marianne: Das epische Theater. Zur Struktur des modernen Dramas. Stuttgart 1959, ³1967.

390 – Wagner/Meyerhold/Brecht oder die Erfindung des ‚epischen‘ Theaters. In: Brecht-Jahrbuch 1977, S. 111–130.

391 Klotz, Volker: Bertolt Brecht. Versuch über das Werk. Darmstadt 1957, Bad Homburg ⁵1967. [Forschungsgeschichtlich wichtige Untersuchung des Gesamtwerks. Wegweisend im Plädoyer gegen eine Trennung des Dichters vom Politiker Brecht. Motivische, sprachliche und kompositorische Stückanalysen, deren interpretatorischer Ertrag inzwischen veraltet ist. Aufschlußreiche Beobachtungen zu epischen Strukturelementen.]

392 Knopf, Jan: Geschichten zur Geschichte. Kritische Tradition des ‚Volkstümlichen‘ in den Kalendergeschichten Hebels und Brechts. Stuttgart 1973.

393 – Bertolt Brecht und die Naturwissenschaften. In: Brecht-Jahrbuch 1978, S. 13–38.

394 – (Hrsg.): Brecht-Journal. Frankfurt/M. 1983.

395 Koerner, Charlotte: Das Verfahren der Verfremdung in Brechts früher Lyrik. In: Brecht heute 3/1973, S. 173–197.

396 Kohlhase, Norbert: Dichtung und politische Moral. Eine Gegenüberstellung von Brecht und Camus. München 1965.

397 Krusche, Dietrich: Dialektik des Wissens. Die Lehr- und Lerngedichte Bertolt Brechts. In: DU 23/1971, H. 1, S. 21–35.

398 Kuhnert, Heinz: Zur Rolle der Songs im Werk Bertolt Brechts. In: Neue deutsche Literatur 11/1963, H. 3, S. 77–100.

399 Lacis, Asja: Revolutionär im Beruf. Berichte über proletarisches Theater, über Meyerhold, Brecht, Benjamin und Piscator. München 1971.

400 Lerg-Kill, Ulla C.: Dichterwort und Parteiparole. Propagandistische Gedichte und Lieder Bertolt Brechts. Bad Homburg 1968.

401 Ludwig, Karl-Heinz: Bertolt Brecht – Philosophische Grundlagen und Implikationen seines Denkens und seiner Dramaturgie. Bonn 1975.

402 – Bertolt Brecht: Tätigkeit und Rezeption von der Rückkehr aus dem Exil bis zur Gründung der DDR. Kronberg 1976. [Untersucht die Arbeits- und Wirkungsbedingungen in den Jahren 1948/49 im Kontext der kulturpolitischen Vorgaben. Ausführliche Darlegungen zum Streit um die Courage-Inszenierung des Berliner Ensembles.]

403 Lüthy, Herbert: Vom armen Bert Brecht. In: Der Monat 4/1952, H. 44, S. 115–144. Auch in: HL, Nach dem Untergang des Abendlandes. Zeitkritische Essays. Köln 1964, ²1965. [Prototyp einer verbreiteten psychologisch-charakterologischen Deutungstradition: der „chaotisch expressionistische Bänkelsänger" habe sich durch die „Bekehrung zum Marxismus" zum „lehrhaften Asketen und Pedanten" zurückgenommen und seine dichterischen Möglichkeiten verraten. Die Theorie des epischen Theaters sei kommentierende „Spiegelfechterei".]

404 Lyon, James K.: Bertolt Brecht and Rudyard Kipling. Frankfurt/M. 1976. [Gründlicher Nachweis der Rezeption Kiplings durch Brecht und der äußerst spannungsvollen Aneignungen. Besonders instruktiv ist das Kapitel über Mann ist Mann. Allerdings wird die Bedeutung Kiplings wohl überschätzt.]

405 Mann, Otto: B. B. Maß oder Mythos? Ein kritischer Beitrag über die Schaustücke Bertolt Brechts. Heidelberg 1958. [M. erklärt die marxistische Gesellschaftsanalyse als „demagogisches Geschwätz" und mißt Brecht an naiv dogmatisierten Normen der literarischen Tradition: zum Drama habe er es nicht gebracht.]

406 Mayer, Hans: Bertolt Brecht und die Tradition. Pfullingen 1961. Auch in: HM, Brecht in der Geschichte. Drei Versuche. Frankfurt/M. 1971, S. 7–159. (Vgl. Mayer, L⁺ 408).

407 – Anmerkungen zu Brecht. Frankfurt/M. 1965.

408 – Brecht in der Geschichte. Drei Versuche. Frankfurt/M. 1971. [Bedeutende wirkungsgeschichtliche Untersuchungen, die in Form dreier selbständiger Essays/Reden unter den Gesichtspunkt der Traditionsaufhebung zusammengefaßt worden sind. ,Brecht und die Tradition', 1964 erstmals veröffentlicht, entwickelt die Veränderungen des Traditionsbezugs von der radikalen Materialwertthese des frühen zu einem dialektisch vertieften Geschichtsverständnis des späten Brecht. An den sich verändernden Bearbeitungskonzeptionen wird Brecht theoretisch fundierte Tätigkeit der Umfunktionierung klassischer Werke beispielhaft erläutert und auf den Begriff der Traditionsstiftung gebracht.]

409 Mennemeier, Franz Norbert: Modernes deutsches Drama. Kritiken und Charakteristiken. Bd. 1, 2. München 1973/75. [Material- und perspektivenreicher Überblick über die deutsche Dramatik vom Expressionismus bis zur Gegenwart. Mit unterschiedlicher Akzentuierung autor- oder

werkorientiert. Der 1. Band enthält ausführliche Einzelinterpretationen des Brechtschen Frühwerks und der Lehrstücke, der 2. Band rekonstruiert Brechts Faschismustheorie, analysiert die antifaschisten Dramen und (im Vergleich mit Dürrenmatt) *Leben des Galilei* und geht in verschiedenen Zusammenhängen auf die Theatertheorie ein. Ein wichtiger, wenngleich weder ausreichend systematischer noch vollständiger Überblick über die Geschichte des modernen deutschen Dramas (von Brecht fehlen vor allem die nicht-antifaschistischen Parabelstücke).] [K⁺ S. 164]

410 – Bertolt Brechts Faschismus-Theorie und einige Folgen für die literarische Praxis. In: Literaturwissenschaft und Geschichtsphilosophie. Festschrift f. Wilhelm Emrich. Hrsg. v. H. Arntzen u. a. Berlin/New York 1975, S. 561–574. [Textanalytische Rekonstruktion des Brechtschen Faschismusverständnisses. Ähnlich auch in: Mennemeier (L⁺ 409), Bd. 2, S. 42–54.]

411 – Bertolt Brechts Lyrik. Aspekte, Tendenzen. Düsseldorf 1982. [Aspektreiche Untersuchung, die in lockerer chronologischer Folge und in essayistisch-unsystematischer Form ungleichgewichtige Beiträge zur Lyrik Brechts aneinanderreiht, Ansätze zur Neubewertung vernachlässigter oder ideologisch befrachteter Bereiche entwickelt *(Satiren)*, aber auch eingefahrenen Wertungen verpflichtet bleibt *(Buckower Elegien)*.]

412 Milfull, John: From Baal to Keuner. The ‚Second Optimism‘ of Bertolt Brecht. Bern/Frankfurt/M. 1974. [Anregende Untersuchung, die Kontinuitäten im Wechsel der künstlerischen Entwicklung Brechts aufdecken will. Das Frühwerk wird unter dem Aspekt einer ‚negativen Entwicklung‘ betrachtet, die ihren Höhepunkt und Abschluß in *Mahagonny* findet. Die marxistisch bestimmten *Versuche* sind dieser Negativität stärker verpflichtet als bisher angenommen. Sichtung des dramatischen Spätwerks (von *Galilei* bis zum *Kreidekreis*) als Ausdruck eines ‚zweiten Optimismus‘.]

413 Mittenzwei, Werner: Bertolt Brecht. Von der *Maßnahme* zu *Leben des Galilei*. Berlin/Weimar 1962, ²1965. [Orthodox-marxistische Analyse am Maßstab des sozialistischen Realismus. Orientierung an der Kulturpolitik der Kommunistischen Partei. Kritik an den Tendenzen zur Abstraktion (Lehrstücke), zur Typisierung und zur Parabel. Aufwertung der geschichtlich-konkreten, ‚realistischen‘ Stücke *(Furcht und Elend des Dritten Reiches, Die Gewehre der Frau Carrar, Leben des Galilei)*. Materialreich.]

414 – Gestaltung und Gestalten im modernen Drama. Zur Technik des Figurenaufbaus in der sozialistischen und spätbürgerlichen Dramatik. Berlin/Weimar 1965, ²1969.

415 – Brecht und die Naturwissenschaften. In: Brecht 73. Hrsg. v. H. Hecht. Berlin 1973, S. 153–167.

416 – Brecht und die Schicksale der Materialästhetik. Illusion oder versäumte Entwicklung einer Kunstrichtung? In: Dialog 75. Positionen und Tendenzen. Berlin 1975, S. 9–44; 234–235. Auch in: Mittenzwei (L 315), S. 695–731.

417 Müller, Joachim: Dramatisches und episches Theater. Zur ästhetischen

Theorie und zum Bühnenwerk Bertolt Brechts. In: Wiss. Zschr. der
F. Schiller Universität Jena. Gesellschafts- und sprachwiss. Reihe
8/1958–1959, S. 365–382.

418   – Phasen und Formen von Brechts Lyrik. In: JM, Gesammelte Studien.
Bd. 3. Epik, Dramatik, Lyrik. Halle 1974, S. 410–430.

419   Müller, Klaus-Detlef: Die Funktion der Geschichte im Werk Bertolt
Brechts. Studien zum Verhältnis von Marxismus und Ästhetik. Tübingen
1967, ²1972. [Erste gründliche Untersuchung des für Brechts Werk fundamentalen Zusammenhangs von Marxismus und Ästhetik. Nicht so
sehr eine umfassende Aufarbeitung der von Brecht rezipierten marxistischen Theorien, als vielmehr Nachweis der ästhetischen Vermittlung der
materialistischen Grundlagen in Theorie und Praxis des Stückeschreibers. Zentrale Momente des episch-dialektischen Theaters werden von
hier aus bestimmt und im Rahmen exemplarischer Textanalysen in ihrer
Funktion gedeutet: Historisierung und Verfremdung, Parabeltyp und
-form, Realismus.] [K⁺ S. 157]

420   – Utopische Intention und Kritik der Utopien bei Brecht. In: G. Ueding
(Hrsg.), Literatur ist Utopie. Frankfurt/M. 1978, S. 335–366.
[K⁺ S. 137, 294]

421   Müller-Waldeck, Gunnar: Vom *Tui-Roman* zu *Turandot*. Berlin 1981.

422   Neumann, Peter Horst: Der Weise und der Elefant. Zwei Brecht-Studien.
München 1970.

423   Pietzcker, Carl: Die Lyrik des jungen Brecht. Vom anarchischen Nihilismus
zum Marxismus. Frankfurt/M. 1974. [P. deutet die Lyrik des jungen
Brecht als Äußerung eines bürgerlichen, von der Erfahrung der Entfremdung bestimmten Individuums, das an die Grenze des bürgerlichen Individualismus gelangt und die vorgegebene Sozialisationsform schließlich
produktiv überwindet. Er versteht das Gedicht als den Niederschlag
eines widerspruchsvollen Prozesses im Ich, der mit Hilfe der beiden Wissenschaften rückwirkend zu erschließen ist, die die antagonistische Einheit von Individuum und bürgerlicher Gesellschaft systematisch zu erfassen vermögen: historischer Materialismus und Psychoanalyse, die vorerst noch als komplementäre Disziplinen verstanden werden. Der komplexe, sich als exemplarisch verstehende literaturpsychologische Ansatz
wird an nur fünf Beispieltexten und einigen Exkursen subtil und ergeb-
nisreich durchgeführt, aber es bleibt offen, ob die weitreichenden Konsequenzen, die die allmähliche Ablösung Brechts von seiner bürgerlichen
Sozialisation bezeichnen, damit hinreichend begründet sind.]

424   Riedel, Manfred: Bertolt Brecht und die Philosophie. In: NR 82/1971,
S. 65–85.

425   Rischbieter, Henning: Bertolt Brecht. 2 Bde. Velber 1966, ²1968. [Enthält
einen Überblick über Lebensdaten, ein Werkverzeichnis und paraphrasierende Einführungen zu den Dramen. Die Ausführungen zu Brechts
Regietätigkeit sind sehr vorläufig, das Bildmaterial (Bühnenskizzen und
Szenenfotos) ist knapp.]

426   Rosenbauer, Hansjürgen: Brecht und der Behaviorismus. Bad Homburg
1970. [Unterstellt mittelbare Beziehungen zwischen der sachlichen Be-

schreibung von Verhaltensabläufen in Brechts soziologischer Phase und den Lehren des Behaviorismus. Sieht im gestischen Prinzip eine behavioristische Verfahrensweise und interpretiert die Technik des epischen Theaters als ‚marxistischen Behaviorismus‘. Interpretationen zum *Dickicht, Mann ist Mann, Die Ausnahme und die Regel* und *Mutter Courage.* Vehementer Widerspruch gegen die Thesen bei Knopf (L⁺ 293).]

427 Rülicke, Käthe: *Die heilige Johanna der Schlachthöfe.* In: SuF 11/1959, S. 429–444. Auch in: Mittenzwei (L 315), S. 260–275.

428 Rülicke-Weiler, Käthe: Die Dramaturgie Brechts. Theater als Mittel der Veränderung. Berlin 1966, ²1968. [Die zeitweilige Mitarbeiterin in Brechts Berliner Ensemble untersucht systematisch Theorie, Stückgestaltung und Spielweise des epischen Theaters. Längere Darstellung des ‚Fabelbaues‘ als ‚Anwendung der materialistischen Dialektik‘ bei der Darstellung der Gesellschaft. Dabei tendenzieller Kurzschluß von Gesellschaftstheorie und Stückfabel, der ästhetische Vermittlung übersieht.]

429 Sauer, Michael: Brecht in der Schule: Beiträge zu einer Rezeptionsgeschichte Brechts (1949–1980). Stuttgart 1984. [Gründliche, materialreiche und methodisch sichere Untersuchung eines wichtigen Teilbereichs der Brecht-Rezeption.]

430 Schlaffer, Hannelore: Dramenform und Klassenstruktur. Eine Analyse der dramatis persona ‚Volk‘. Stuttgart 1972.

431 Schöne, Albrecht: Bertolt Brecht. Theatertheorie und dramatische Dichtung. In: Euphorion 52/1958, S. 272–296.

432 Schrimpf, Hans Joachim: Lessing und Brecht. Von der Aufklärung auf dem Theater. Pfullingen 1965.

433 Schuhmann, Klaus: Der Lyriker Bertolt Brecht 1913–1933. Berlin 1964/ München 1971. [Erste Gesamtdarstellung zum lyrischen Frühwerk, faktenreich, aber primär inhaltlich orientiert. Wertungskriterium ist die Übereinstimmung mit der marxistischen Wirklichkeitsdeutung. Im *Hauspostillen*-Kapitel sorgfältige Analyse des Gebrauchswerts der Lyrik.] [K⁺ S. 82]

434 – Untersuchungen zur Lyrik Brechts. Themen, Formen, Weiterungen. Berlin 1973. [Verbindet im wesentlichen zwei frühere Publikationen zu Brechts *Hauspostille* und zu den ‚Themen und Formen des lyrischen Spätwerks‘ (*Svendborger Gedichte,* Aufbaulyrik, Neue Kinderlieder, Liebesgedichte, *Buckower Elegien* u.a.). Die umstrittenen Thesen zur Kontinuität des lyrischen Werks und zu einer Rückgewinnung des ‚Privaten‘ – gleichbedeutend mit einer Entpolitisierung des späten lyrischen Werks – sind kaum modifiziert. Unsystematisch, durch neuere Arbeiten überholt.]

435 Schulz, Gudrun: Die Schillerbearbeitungen Bertolt Brechts. Eine Untersuchung literarhistorischer Bezüge im Hinblick auf Brechts Traditionsbegriff. Tübingen 1972. [Darstellung des Rezeptionszusammenhangs und des Traditionsverständnisses von den Augsburger Schillerkritiken zur *Turandot,* unter Einbeziehung des *Dickichts* und des *Arturo Ui.* Schwerpunktsetzung auf die Untersuchung der drei Fassungen der *Heiligen Johanna der Schlachthöfe* als Prozeß der Annäherung an das klassische

Vorbild. Wird der Komplexität des wirkungsgeschichtlichen Zusammenhangs Schiller/Brecht nicht in allen Punkten gerecht.]

436　Schumacher, Ernst: Die dramatischen Versuche Bertolt Brechts 1918–1933. Berlin 1955, Reprint 1977. [Die erste grundlegende Arbeit zur Dramatik Brechts von den Anfängen bis zur *Heiligen Johanna der Schlachthöfe,* noch zu Lebzeiten Brechts erschienen und auf Auskünften des Stückeschreibers, Helene Weigels und der Mitarbeiter beruhend. Außergewöhnlich materialreich und mit wichtigen Informationen zur Theatergeschichte und Dramatik der Weimarer Republik. In der Beurteilung doktrinär marxistisch: für die frühen Stücke wird ein naiver Soziologismus, für die Lehrstücke ein intellektuell-kleinbürgerlicher Dogmatismus konstatiert. Erst die Beherrschung der materialistischen Dialektik und der proletarisch-revolutionäre Standpunkt ließen wirklichkeitsgerechte Lösungen zu. Das gesamte Frühwerk wird als vorläufig verstanden, die Anfänge des epischen Theaters werden als unlebendig verurteilt. Das Werk des marxistischen Dramatikers gilt als Widerlegung der Anfänge. Trotz dieser extremen Einseitigkeit ein immer noch lesenswertes Buch, ein Klassiker der Brecht-Forschung.]

437　– Er wird bleiben. In: Neue deutsche Literatur 4/1956, H. 10, S. 18–28. Auch in: Witt (L 468), S. 324–340. [Wichtiger Bericht über Gespräche mit Brecht in seinem letzten Lebensjahr. Brecht äußert sich über die Vorzüge der Komödienform, die Darstellbarkeit der Masse, die Qualitäten der Parabel und Schwierigkeiten bei der Vermittlung der Darstellungsintentionen des epischen Theaters.]

438　– Brecht. Theater und Gesellschaft im 20. Jahrhundert. Berlin 1973.

439　Schwarz, Peter P.: Brechts frühe Lyrik. 1914–1922. Nihilismus als Werkzusammenhang der frühen Lyrik Brechts. Bonn 1971. [Gegen die Thesen vom expressionistischen Charakter der frühen Lyrik Brechts einerseits und von deren vitalistisch-anarchistischem Grundzug andererseits arbeitet Schwarz den Nihilismus als ‚Werkzusammenhang‘ des lyrischen Frühwerks heraus. Der Verlust metaphysischer Werthaltungen wird in der ironischen Kontrafaktur der geistlichen Lyrik und in der kritischen Grundhaltung der Balladen und Lebenslauf-Gedichte nachgewiesen, freilich oft einseitig und unter Systemzwang.]

440　Seidel, Gerhard: Bertolt Brecht – Arbeitsweise und Edition. Das literarische Werk als Prozeß. (Erw. Neuausg.) Stuttgart 1977. [Grundlegende Darstellung der Probleme einer historisch-kritischen Brecht-Ausgabe im Rahmen einer Theorie, Funktionsbestimmung und Beschreibung der Verfahrensweisen der neugermanistischen Edition. Schwierigkeiten und Lösungsvorschläge werden am Beispiel einiger Gedichte, des *Manifests* und des *Lebens des Galilei* entwickelt. Auch unabhängig von Brecht ein editionsphilologisches Standardwerk.]

441　– An den Quellen der Brecht-Forschung. In: SuF 31/1979, S. 178–185.

442　Seliger, Helfried W.: Das Amerikabild Bertolt Brechts. Bonn 1974. [Materialreiche Darstellung der wechselnden Einstellungen Brechts zu Amerika: vom Exotismus über den Amerikanismus zur Kapitalismuskritik und den Exilerfahrungen. Behandelt insbesondere wichtige Anregungen und den Reflex der Haltungen in Lyrik, Stücken (Dickicht, Mahagonny, Lindberghflug, Heilige Johanna der Schlachthöfe, Ui) und Fragmenten.]

443 Sokel, Walter H.: Brecht und der Expressionismus. In: R. Grimm u. J. Hermand (Hrsg.), Die sogenannten Zwanziger Jahre. Bad Homburg/Berlin/ Zürich 1970, S. 47–74.

444 – Brechts gespaltene Charaktere und ihr Verhältnis zur Tragik. In: V. Sander (Hrsg.), Tragik und Tragödie. Darmstadt 1971, S. 381–396.

445 Steffensen, Steffen: Bertolt Brechts Gedichte. Kopenhagen 1972.

446 Storch, Wolfgang: Material Brecht – Kontradiktionen 1968–1976. Erfahrungen bei der Arbeit mit den Stücken von Bertolt Brecht. Austin/Texas 1976.

447 Tatlow, Antony: Brechts chinesische Gedichte. Frankfurt/M. 1973.

448 – The Mask of Evil: Brecht's Response to the Poetry, Theatre and Thought of China and Japan. A Comparative and Critical Evaluation. Bern/ Frankfurt/Las Vegas 1977.

449 Tauscher, Rolf: Brechts Faschismuskritik in Prosaarbeiten und Gedichten der ersten Exiljahre. Berlin 1981.

450 Thiele, Dieter: Brecht als Tui oder Der Autor als Produzent? In: Brechts Tui-Kritik. Argument-Sonderband 11. Karlsruhe 1976, S. 213–233.

451 Thole, Bernward: Die ‚Gesänge' in den Stücken Brechts. Zur Geschichte und Ästhetik des Liedes im Drama. Göppingen 1973.

452 Turk, Horst: Wirkungsästhetik: Aristoteles, Schiller, Brecht. Theorie und Praxis einer politischen Hermeneutik. In: Schiller-Jahrbuch 17/1973, S. 519–531.

453 Vinçon, Inge: Die Einakter Bertolt Brechts. Königstein/Ts. 1980.

454 Voigts, Manfred: Brechts Theaterkonzeptionen. Entstehung und Entfaltung bis 1931. München 1977. [Pionierrhetorisch aufgemachter forschungskritischer Rundumschlag leitet die Untersuchung ein, die auf einen neuen, ‚authentischen Brecht' zielt. Das Frühwerk schließe an den Reflexionsstand bürgerlicher Ästhetik an. Aus Überwindung der Sachlichkeit, die bislang unterschätzt wurde, ergeben sich drei Theaterkonzeptionen, die unterschiedlich stark einer utopischen Revolutionstheorie verpflichtet sind: das epische Theater, das Lehrstück, das soziologische Experiment. Anregende Deutungsvorschläge, deren Nachweis oft im Ansatz steckenbleibt.] [K+ S. 164, 172]

455 – 100 Texte zu Brecht. Materialien aus der Weimarer Republik. München 1980. [Nützliche, wenn auch lückenhafte Sammlung von Kon-Texten, die Brechts Produktion in den zeitgenössischen Zusammenhang stellen. U. a. zu Sachlichkeit, Medien, Lehrstück, Oper.]

456 Volckmann, Silvia: Brechts Theater zwischen Abbild und Utopie. In: W. Hinck (Hrsg.), Handbuch des deutschen Dramas, S. 440–452; 574–576.

457 Wagner, Peter: Bertolt Brechts Die heilige Johanna der Schlachthöfe. In: Schiller-Jahrbuch 12/1968, S. 493–519.

458 Weisstein, Ulrich: Vom dramatischen Roman zum epischen Theater. In: R. Grimm (Hrsg.), Episches Theater. Köln ³1972, S. 36–87.

459 – Soziologische Dramaturgie und politisches Theater. In: R. Grimm

(Hrsg.), Deutsche Dramentheorien, Bd. II. Frankfurt/M. 1973, S. 516–547.

460 – Die Komödie bei Brecht. In: W. Paulsen (Hrsg.), Die deutsche Komödie im 20. Jahrhundert. Heidelberg 1976, S. 134–153.

461 Wekwerth, Manfred: Theater in Veränderung. Berlin 1960.

462 – Notate. Über die Arbeit des Berliner Ensembles 1956 bis 1966. Frankfurt/M. 1967/Berlin 1967.

463 – Schriften, Arbeit mit Brecht. Berlin 1973. [Bericht über Begegnungen mit Brecht und Studien zu den Voraussetzungen seiner Dramaturgie. Notate über Inszenierungen des Berliner Ensembles in den 50er und 60er Jahren. Überlegungen zum Theater nach Brecht.]

464 Werner, Hans-Georg: Gestische Lyrik. Zum Zusammenhang von Wirkungsabsicht und literarischer Technik in Gedichten Bertolt Brechts. In: Etudes Germaniques 28/1973, S. 482–502. Auch in: Germ. Wrat. 22/1975, S. 5–27.

465 Wiese, Benno von: Der Dramatiker Bertolt Brecht. Politische Ideologie und dichterische Wirklichkeit. In: BvW, Zwischen Utopie und Wirklichkeit. Düsseldorf 1963, S. 254–275.

466 Willet, John: The Theatre of Bertolt Brecht. A Study from Eight Aspects. London 1959. Dt. Fass.: Das Theater Bertolt Brechts. Eine Betrachtung. Reinbek 1964.

467 Wirth, Andrzej: Über die stereometrische Struktur der Brechtschen Stücke. In: SuF. 2. Sonderheft Bertolt Brecht. Berlin 1957, S. 346–387. Auch in: Reinhold Grimm (Hrsg.), Episches Theater. Köln 1972, S. 197–230. [Untersucht Formen des Autorenkommentars bei der Entstehung des epischen Theaters und stößt dabei auf die ‚stereometrische Struktur‘. Oberhalb der Handlungsebene ist eine poetische und philosophische Ebene anzusetzen (Chöre, Songs), die Vorgänge und Einsichten der Handlung verallgemeinert. Exemplarische Analysen.]

468 Witt, Hubert (Hrsg.): Erinnerungen an Brecht. Leipzig 1964.

469 Witzmann, Peter: Antike Tradition im Werk Bertolt Brechts. Berlin 1964, [2]1965. [Früher Versuch einer Überblicksdarstellung, der die Veränderung der Einstellung Brechts und sein Interesse primär an der römischen Antike, an der Behandlung von Themen und Motiven besonders von Horaz und der freien Verwendung bestimmter literarischer Formen (Epigramm, Elegie, Epistel) und Techniken belegt. Analysen des *Cäsar*-Romans und der Bearbeitungen der *Antigone* und des *Coriolan*. Älterer Forschung verpflichtet (Bunge, Kaufmann, Mayer).]

470 Wyss, Monika (Hrsg.): Brecht in der Kritik. Rezensionen aller Brecht-Uraufführungen sowie ausgewählter deutsch- und fremdsprachiger Premieren. Eine Dokumentation. München 1977. [Sehr nützliche Sammlung von Besprechungen der Brecht-Uraufführungen und wichtiger fremdsprachiger Erstaufführungen der Stücke, Bearbeitungen und Dramatisierungen. Instruktives Material zur Erstaufführung der *Heiligen Johanna der Schlachthöfe*. In der Auswahl nicht frei von Zufälligkeiten.]

Namenregister

Erfaßt sind alle im Text und in der kommentierten Bibliographie vorkommenden Namen. Nicht berücksichtigt sind die Bibliographie zum Arbeitsbereich I und die Synoptische Tabelle. Kursive Stellen beziehen sich auf kommentierte Literaturangaben.

Register der Brecht-Werke

Verzeichnet sind alle Nennungen von Werken Brechts im Text und in der kommentierten Bibliographie. Um das Register übersichtlicher zu machen, sind die Gedichttitel (Zyklen und Einzeltitel) und die Titel der kleineren Schriften zusammengefaßt. Die Register wurden von Frau cand. phil. Astrid Heyer zusammengestellt. Ihr sind die Verfasser auch für die umsichtige und gewissenhafte Durchführung der redaktionellen Arbeiten und für viele Hinweise zu großem Dank verpflichtet.